Robert von Zimmermann

Die Formen der Ästhetik

Robert von Zimmermann

Die Formen der Ästhetik

ISBN/EAN: 9783742894021

Hergestellt in Europa, USA, Kanada, Australien, Japan

Cover: Foto ©Thomas Meinert / pixelio.de

Manufactured and distributed by brebook publishing software
(www.brebook.com)

Robert von Zimmermann

Die Formen der Ästhetik

Inhalt.

Erstes Buch.

Die allgemeinen Formen.

Zweites Kapitel. Die ursprünglichen Formen. (§. 81—166.)

Ursprünglichen; der Schein der verständigen Beseeltheit, 139. Der bewegende Geist und der Geist der Bewegung 140. Die immanente und transcendente Geistigkeit, 141. Der harmonische und der disharmonische Geist, 142. Die Form des Fortschritts, 143. Die Selbstzerstörung des disharmonischen Fortschreitens, 144. Die Form des abschliessenden Ausgleichs, 145 Das Beispiel der musikalischen Dissonanz, 146. Das Werk des harmonischen Geistes, 147. Schluss der Reihe der ursprünglichen ästhetischen Formen; Vollständigkeit derselben, 148. Die Form des Schönen als Zusammenfassung derselben, 149. Die Form des Ausgleichs allein für sich genügt nicht, sie muss als abschliessender, also harmonischer Ausgleich in's Schöne eintreten, 150. Das Schöne in Ruhe und Bewegung, 151. Möglichkeit der pantheistischen wie der theistischen Auffassung des Schönen, 152. Ueberschreitung der Grenzen der Aesthetik durch den Schluss vom Gefallen auf das Sein, 153. Die ästhetische Welt als blosse Vorstellungswelt, schöner Schein, nicht Erscheinung, 154. Theoretische statt ästhetische Natur der speculativen Aesthetik, 155. Das Schöne ist kein Seiendes und keine Idee im platonischen Sinn. 156. Die Thatsache des vollendeten Vorstellens gehört der Psychologie, nur ihr Ergebniss, das ästhetische Urtheil, der Aesthetik an, 157. Die Gegentheile der ästhetischen Formen, 158. Der Geist des missfälligen Scheins und der Schein des absolut missfälligen Geistes, 159. Der „Lügenfreund", 160. Die Unmöglichkeit eines in jeder Beziehung, also absolut Hässlichen, 161. Die Formen des Hässlichen, 163. Das Hässliche im Schönen, 163, als blosser Schein 164, und Mittel zum Schönen, 165. Die Gleichgiltigkeit des Stoffs für die schöne Form, 166.

Drittes Kapitel. Die abgeleiteten Formen (§. 167—224).

Unbestimmte Mehrheit der Formglieder, 167. Beginn mit der Hinwegschaffung des missfälligen Störenden, 168. Der künstliche Geschmack, als Anwendung der Form des Correcten auf die Mehrheit, 169. Die Form der Reinheit: das Geschmacksgesetz, 170. Willkürlichkeit des künstlichen Geschmackes, 171. Der künstliche Geschmack als möglicher Ungeschmack, 172. Missfälligkeit der Verletzung des künstlichen Geschmacks, 173 Gründe der Herrschaft eines künstlichen Geschmacks, 174. Das künstliche Geschmackssystem, 175. Wohlgefälligkeit desselben als System, abgesehen von seinem Inhalt, 176. Das ästhetische im Verhältniss zum theoretischen System, 177. Das System der freien Bewegtheit als Anwendung der Form der Ausgleichung auf die Mehrheit, 178. Der Schein der Lebendigkeit und Beseeltheit, 179. Der Schein der immanenten oder transcendenten Geistigkeit, 180. Der Geist der Harmonie und der harmonische Geist 181. Die Freiheit als gebundene Ungebundenheit und ungebundene Gebundenheit, 182. Der Fortschritt zum Neuen, 183. Aesthetische Nothwendigkeit und ästhetische Freiheit, 184. Hypothetische Natur beider, 185. Der musikalische Fortschritt

Zweites Buch.

Die besonderen Formen,

a) der Natur, b) des Geistes.

Erstes Kapitel. Die schöne Natur. (§. 225—274.)

A. Der vorstellende Geist.

B. Der fühlende Geist.

C. Der wollende Geist.

Drittes Kapitel. Die idealen Kunstwerke des Vorstellens.
(§. 367—676.)

Drittes Buch.
Die besonderen Formen.
c. des socialen Geistes.

Erstes Kapitel. D e r s c h ö n e s o c i a l e G e i s t.

Zweites Kapitel. Der sociale schöne Geist. (§. 721—888.)

Der Geist als vorstellender, fühlender, wollender Socialgeist, 721.

A. Das sociale schöne Vorstellen: die ästhetische Gesellschaft.

Drittes Kapitel. Die realen Kunstwerke des Vorstellens.
(§. 889 969.)

966. Es liegt ausserhalb der Grenzen der Aesthetik, 967. Das „subjectlose" Erkennen als erfolgreichstes „Reden" 968. Die wirkliche Welt als „göttliche Comödie." 969.

S c h l u s s. (§. 970—980.)

Die praktische Aesthetik, 970. Der Einfluss des Stoffs, 971. Die Musterbilder der Natur, des Einzel- 972, des socialen Geistes, 973. Die Kunstlehren der bildenden, tönenden und poetischen Kunst, 974. Die Kunstlehre des logischen Denkens, 975. Die vier ästhetischen Hauptkunstlehren, 976. Die Kunstlehre des Lehrens und Lernens, 977. Ihr pädagogischer Charakter, 978. Die Pädagogik der schönen Geister, 979. Die ästhetische Erziehung der Geisterwelt, 980.

Verbesserungen.

S 6. Z 11 v. o. st. die ersteren l. den ersteren.
„ 8, „ 4 v. o st, den l. der
„ 115, „ 9 v. o st. relativer l. relatives
„ 224, „ 10 v. u. st. dsss l. dass
„ 241, „ 14 v o. st vermindeter l. verminderter
„ 481, „ 16 v u. st. beredetster l beredtester

———

ERSTES BUCH.

Die allgemeinen Formen.

...

Erstes Kapitel.

Die Vorfragen.

___

§. 1. Philosophie ist die Wissenschaft, welche entsteht durch Bearbeitung von Begriffen. Ihr Verhältniss zur Nichtphilosophie besteht nicht darin, dass sie Anderes, sondern dass sie anders weiss. Ihr Charakteristisches liegt darin, dass sie sich nicht wie andere Wissenschaften, z. B. Geschichte, Mathematik, Naturwissenschaft, mit den Gegenständen, sondern mit den auf diese bezüglichen Begriffen zu schaffen macht. Sie entsteht daher erst dann, wenn ein gewisser Begriffsvorrath bereits vorhanden, d. h. wenn die Wissenschaft, insoferne sie sich blos auf die Objekte bezieht, zu einem gewissen Höhegrad gediehen ist.

§. 2. Um zu philosophiren, muss vor Allem etwas gegeben sein, worüber philosophirt wird. Wird nun dieses wie gewöhnlich in den Gegenständen gesucht, so übersieht man das Nächste, nämlich dass die Objekte nicht das uns Nächste sind. Die Vorstellung der Sache liegt uns näher als diese. Ja wir haben kein anderes Mittel zur Sache zu gelangen, als durch die Vorstellung. Wollen wir nun nicht behaupten, dass die Vorstellung d. h. dass unser Denken die Sache selbst d. h. dass unser Denken eben die einzige Sache sei, welches schon Kant verbot, so müssen wir entweder überhaupt verzichten, uns der Sache, oder wir müssen uns begnügen, uns ihrer allein in der Vorstellung zu bemächtigen. Fordern, wir sollen das erstere ohne Hilfe des letzteren thun, hiesse verlangen, dass wir vorstellen sollen ohne vorzustellen. Das zum Philosophiren Gegebene kann daher nur die vorgestellte Sache d. i. Vorstellungen sein.

1 *

§. 3. Jede unserer Vorstellungen lässt sich in doppelter Hinsicht betrachten; in Bezug auf ihr Vorstellen und ihr Vorgestelltwerden. Insofern sie vorstellt, hat sie Bezug auf ein Objekt, insofern sie vorgestellt wird, auf ein Subjekt. In der ersten Beziehung d. h. vom vorstellenden Subjekt abgesehen, ist sie richtig oder unrichtig, giltig oder ungiltig, und heisst Begriff, in der letzteren gegenwärtig oder vergangen, klar oder dunkel, und heisst psychische Vorstellung. In letzterer Hinsicht, also vom vorgestellten Objekte abgesehen, macht sie den Gegenstand einer Wissenschaft, die es mit dem Entstehen und Vergehen der Seelenerscheinungen, in jener derjenigen aus, die es mit Begriffen und ihrer Bearbeitung zu thun hat. Jene ist Psychologie, diese Philosophie.

§. 4. Das Gegebene der Philosophie sind daher zwar Vorstellungen, aber nicht insofern sie dies, sondern insofern sie Begriffe, d. h. aus der psychischen Erscheinung herausgehoben sind. Wollen wir den Gedanken, insofern vom vorstellenden Subjekte dabei keine Rede sein soll, objektiv nennen, so beschäftigt sich die Philosophie im Gegensatz zur Psychologie mit dem objektiven, diese mit dem subjektiven Gedanken.

§. 5. Der objektive Gedanke im Verhältniss zum subjektiven betrachtet, macht dessen Inhalt, dieser im Verhältniss zu jenem dessen Erscheinung aus. Schliessen wir diese, als nur einer besonderen Wissenschaft, der Psychologie, angehörig, vorläufig von der Betrachtung aus, so beschränkt sich dieselbe rein auf den Inhalt gegebener Begriffe. Wie wir zu diesen gelangen, gehört nicht der Philosophie an zu untersuchen. Sie empfängt die Begriffe, sie schafft sie nicht. Woher sie dieselbe empfange, darauf gibt es nur die Antwort: Ueberall her! Die Natur, das Leben, die menschliche Thätigkeit erzeugen unaufhörlich Begriffe. Je grösser der Reichthum, die Mannigfaltigkeit des unabweislich gelieferten Materials, desto willkommener der Philosophie. Sie sucht Stoff, um ihn zu bearbeiten.

§. 6. Der Begriff als objektiver Gedanke ist nicht leerer Gedanke. Ein Denken, das nichts dächte, reiner Akt, wäre blosses Vermögen, todte Kraft, ein Denken ausser dem Denken, gedankenloser Gedanke. Der Begriff als objektiver Gedanke ist aber nicht einmal ein Denken, denn letzteres setzt ein Subjekt voraus oder ist selbst Subjekt. Der objektive Gedanke ist erfüllter Gedanke, denn er ist der Gedankeninhalt.

§. 7. Der erfüllte Gedanke ist Stoff für die Philosophie, während er in sich zugleich Form und Stoff umschliesst. Als Gedankeninhalt nimmt er entweder den Inhalt anderer Gedanken als Bestandtheil in sich auf, oder geht selbst als ein solcher in den Inhalt anderer ein. In jenem Fall besitzt er Stoff, in diesem ist er selbst Stofl. In jenem ward der Inhalt anderer Gedanken auf irgend eine Art und Weise zu seinem Inhalt verknüpft, in diesem verbindet er sich selbst auf eine Art mit solchen anderen Gedanken zu einem neuen Gedanken. Dort besitzt er selbst Form, hier nimmt er solche an. Der Begriff als objektiver Gedanke besteht aus Materie und Form.

§. 8. Daraus folgt, dass die Bearbeitung der Begriffe ihrem Stoff oder ihrer Form abgesondert gelten kann. Diese ohne jenen ist vergleichungsweise leer, jener ohne diese gestaltlos. Wird nur die Form objektiver Gedanken isolirt in's Auge gefasst und der Bearbeitung, welche hier, da sie nur den Begriff als Begriff angeht, blosse Verdeutlichung ist, unterzogen, so entsteht die Logik, die sonach selbstverständlich formale d. i. Wissenschaft der objektiven Gedankenformen ist.

§. 9. Es war ein glücklicher Griff von einer objektiven Logik, aber ein entschieden unglücklicher von einem Form und Inhalt zugleich producirenden reinem Denken zu sprechen. Indem die Philosophie sich mit Begriffen, d. h. mit den Gedanken abgesehen von ihrer psychischen Erscheinung beschäftigt, kann die Logik als Theil derselben nicht anders als objektiv, d. h. sie kann eben so wenig wie die Philosophie selbst eine Wissenschaft von subjektiven Gedanken sein. Ebendarum aber kann von einem „producirenden", also selbstschaffenden Denken, einer lebendigen Bewegung der Begriffe, die nur im Subjekte selbst denkbar, oder bei welcher das Denken selbst als Subjekt gedacht ist, in der Logik keine Rede sein. Die Gedanken, welche der Philosophie als Stofl zur Bearbeitung dienen, setzen das subjektive d. h. das allein ebendige Denken schon voraus. .

§. 10. Ansichten, subjektive Gedankengruppen müssen sich gebildet haben, wenn sie nun aus ihrer subjektiven Erscheinnng sollen herausgehoben und als Begriffe von der Philosophie verarbeitet werden können. Weit entfernt das Erste zu sein, ist die Philosophie vielmehr der Zeit nach das Letzte. Von dem objektiven Gedanken kann man zwar, insofern bei ihm von der Erscheinung im Subjekte, also dem zeitlichen Dasein abgesehen wird, durch eine kühne Metapher allenfalls behaupten, er sei vor dem subjektiven und werde insofern durch den letzteren vorausgesetzt. Auch dann aber wäre derselbe weder das reine inhaltlose, noch ein Denken überhaupt, und noch viel weniger, da er als Inhalt Stoff und Form ungetrennt befasst, die ersteren durch die letztere produzirende, also lebendige sich selbst erfüllende „Leere.“

§. 11. Neben der Logik als formaler können die übrigen an die Materie der Begriffe sich haltenden philosophischen Zweige insofern materiale Begriffswissenschaften heissen. Da es die Philosophie nach Obigem nur mit Begriffen (nicht mit den Gegenständen) zu thun hat, so folgt, dass die Gegenstände jener Begriffe eben sowohl wirkliche körperliche Objekte als blosse Formen von solchen, seiende Wesen oder blosse Verhältnisse zwischen solchen, Realitäten oder Bilder sein können, ohne dass die materiale Begriffswissenschaft, deren Begriffe Formen zum Gegenstande haben, deshalb im Sinne der Logik zu einer rein formalen würde. Vielmehr könnte eine solche mit Bezug auf die Objekte ihre Begriffe recht gut eine formale, mit Bezug auf das Objekt der Bearbeitung an ihren Begriffen eine materiale Wissenschaft heissen, wenn man sich erinnert, dass sie jenes in Bezug auf ihre Gegenstände, dieses auf ihre Begriffe sei. Wollte mancher darauf bestehen, Gegenstände, die blosse Formen seien, leer zu schelten, so würden demungeachtet die Begriffe einer solchen Wissenschaft, die sich auf jene bezieht, nicht dafür gelten dürfen. Die Wissenschaft selbst also wäre, obgleich die Objekte ihrer Begriffe „leere“ Formen wären, doch selbst keine leere, sondern von inhaltsvollen Begriffen handelnde Wissenschaft. In diesem Sinne ist selbst die Logik keine „leere“ Wissenschaft, denn obgleich die Gegenstände ihrer Begriffe Begriffsformen, also „leere“ Formen sind, so sind diese Begriffe der Begriffsformen keine „leeren“ sondern „erfüllte“ Begriffe, die „formale“ Logik also zwar eine Wissenschaft von leeren Formen, aber selbst keine leere Formenwissenschaft. Wenn wir sie gleichwohl „formal", andere philosophische Disciplinen „materiale", Begriffswissenschaften nennen, so geschieht dies, weil die Bearbeitung, die beidesmal die Begriffe trifft, dort die Form, hier die Materie derselben ausschliesslich angeht. Der Inhalt der Logik ist mit anderen „Formwissenschaften" verglichen, gerade ebenso „leer" und so erfüllt, wie deren, und der Unterschied liegt nur darin, dass die Objekte ihrer Begriffe „Begriffsformen", wie die der Begriffe anderer Formwissenschaften z. B. der Geometrie und Stereometrie, Raum- und Zeitformen sind. Letztere sind aus diesem Grunde keine philosophischen Disciplinen ; obgleich ihre auf Raum- und Zeitformen bezüglichen Begriffe als solche philosophische Bearbeitung vertragen.

§. 12. Wenn vom Gesichtspunkt der blossen Form der Begriffe, der unserem gegenwärtigen Zwecke fern bleibt, ihre Eintheilung in einfache und zusammengesetzte am nächsten liegt, so wird in Bezug auf die Materie derselben der Umstand von Gewicht sein, ob wir sie als blosse Bilder oder als sein sollende Abbilder eines Scienden betrachten. Fühlen wir uns, wenn das letztere der Fall ist, durch das in der Erfahrung unabweisliche Gegebensein der Begriffe formell und materiell gebunden, während gleichzeitig die aus der Betrachtung der Begriffsformen stammende logische Norm das Gedachtwerden des Gegebenen, so wie es gegeben ist, formell verbietet, so entspringt zwischen dem gegebenen, aber nicht denkbaren Begriffs-Inhalt, und der zu denkenden, aber nicht gegebenen Begriffsform ein Widerspruch, der so lang unlösbar ist, als das Gegebene auf seinem Inhalt nach Form und Stoff und die Logik auf ihrer Forderung beharrt. Die Unphilosophie begnügt sich in solchem Falle einfach bei den durch Beschäftigung mit den Gegenständen der Erfahrung sich ergebenden Begriffen, deren Widerspruch mit den durch die Gesetze der Logik gebotenen Formen sie entweder gar nicht sich zum Bewusstsein bringt, aus Unkenntniss, oder mit Bewusstsein ableugnet, aus Verstocktheit. Das Bedürfniss der Philosophie aber stellt sich gerade in letzterem Falle am entschiedensten heraus, indem jeder der logischen Vorschrift widersprechende Begriffsinhalt weder abgewiesen, noch behalten, sondern höchstens dieser ge-

8

mäss verändert d. i. berichtigt werden kann, und folglich muss. Die materiale Begriffswissenschaft, welche auf diesem Wege durch Bearbeitung der auf das Seiende bezogenen Erfahrungsbegriffe entsteht und die formale den Logik bereits voraussetzt, ist Metaphysik.

§. 13. Obige Schwierigkeit entsprang aus dem Umstand, dass der zur Bearbeitung vorliegende Begriffsinhalt, als schlechthin gegeben und zwar mit der Bestimmung gegeben angesehen ward, dass derselbe seinen näheren oder entfernteren Ursprung einem Seienden verdanke, für dessen Abbild er gelten soll. Dieselbe verschwindet sonach, sobald letzterer Umstand hinwegfällt, die Begriffe zwar als gegeben, aber ohne Beziehung auf ein Seiendes, durch das sie gegeben sein sollen, vorliegen. Ein Widerspruch obiger Art kann hier schon deshalb nicht eintreten, weil die gegebenen Bilder, sobald sie mit der logischen Forderung in Widerstreit treten, dieser gemäss geformt werden können, ohne Widerstand zu leisten. Begriffe der Art fordern daher überhaupt nicht oder doch nicht aus obigem Grunde zur Bearbeitung auf, haben also überhaupt nicht oder doch wenigstens nicht aus obigem Grunde philosophisches Interesse.

§. 14. Aber sie können dasselbe aus einem anderen Grunde haben. Ungeachtet nicht Abbilder, können sie doch als Bilder, gleichviel ob gegebene oder selbstgemachte angesehen werden, deren Gedachtwerden im Denkenden einen gewissen Zusatz des Gemüthes mit sich führt. Wenn nicht als Abbilder, d. h. insoferne wir durch sie über die Vorstellung hinaus zur Sache gelangen, so können sie uns doch als blosse Bilder, die innerhalb des Vorstellens allein vorhanden sind, d. h. insoferne sie gefallen oder missfallen, interessiren.

§. 15. Schon wer inmitten der Welt der umgebenden Dinge lebt, und die Vorstellungswelt für das Abbild von dieser ansieht, wird von ihr auf mehr als eine Weise berührt und berührt sie wieder. Das Bild der Umgebung prägt sich in seinem Vorstellen ab, aber es bleibt nicht beim Abbilden. Das eine, abgesehen ob es treu oder nicht treu sei, verwirft er als ihm und seinen Neigungen, Zwecken u. s. w. nicht zusagend, das andere schätzt er und hält er werth. Er macht einen Unterschied zwischen den Abbildern, der nicht aus ihrer

Eigenschaft als Abbilder entspringt. Nicht genug; nach dem Vorbilde des Vorgezogenen versucht er das Zurükgewiesene umzugestalten, bis es als Nachbild dem Muster gleicht. So verhält er sich zugleich zu seiner Umgebung passiv und aktiv, jenes indem er sie nachbildet, dieses indem er sie nach Vorbildern beurtheilt und umbildet.

§. 16. Ersteres hat man seit jeher theoretisches, letzteres praktisches Verhalten zu den Dingen genannt. In jenem bequemt das Subjekt dem Objekt sich an, in diesem umgekehrt versucht es das Objekt sich anzubequemen. In wiefern letzteres gelingt, ist von dem Grade des Widerstandes, den das Objekt zu leisten, wie von dem der Energie, welche das Subjekt aufzubieten vermag, abhängig. Der Fall liesse sich denken, wo das Objekt einen absoluten Widerstand leiste und jeder Versuch des Subjekts dasselbe sich dienstbar zu machen, unwirksam bliebe. In letzterem Fall bliebe das praktische Verhalten, insoferne es die Bewältigung des Objekts in sich schliesst, völlig aus. Die Beurtheilung des Objekts würde aber nichts desto weniger erfolgen können.

§. 17. Das aktive Verhalten des Subjekts gegenüber dem Objekte umfasst ein Doppeltes, das nicht immer vereint sein muss, die Beurtheilung des Objekts nach einem Vorbild, und die Umbildung desselben zu dessen Nachbilde. Letztere kann nie ohne die erstere; wol aber kann die erstere ohne die letztere erfolgen. Erstere wäre ein kritisches, letztere künstlerisches Verhalten zu den Dingen. Das praktische schliesst beide ein.

§. 18. Das künstlerische Verhalten setzt das kritische voraus, weil zunächst das Verhältniss des Objekts zu seinem Vorbilde bestimmt sein muss, ehe es diesem gemäss umzubilden versucht werden kann. Das kritische Verhalten aber, welches nach Vorbildern beurtheilt, setzt die Kenntniss des Vorbildes selbst voraus, d. i. die Kenntniss desjenigen, dem das Objekt gleichen, und, wenn es nicht gleicht, durch das künstlerische Verfahren gleichgemacht werden soll.

§. 19. Diese Vorbilder des kritischen und des künstlerischen Verfahrens dürfen nicht wieder Abbilder, aber sie müssen doch Bilder sein. Wäre das erstere der Fall, d. h. müsste das Vorbild selbst wieder Abbild sein, so kämen wir auf einen regressus in infinitum. Ist das letztere der Fall, so werden wir auf Bilder geführt, die ohne Abbilder zu sein, Vorbilder abgeben können, d. h. auf solche, deren Eigenschaft als Abbilder gleichgiltig ist, um sie als Vorbilder zu gebrauchen.

§. 20. Alles was jener regressus in infinitum verbietet, ist das Vorbild selbst wieder als Abbild zu denken; was er aber gestattet, ist Bilder zu denken, ohne Rücksicht, ob sie als Vorbilder dienen sollen, können und werden. Jene Bilder müssen daher nicht nothwendig Urbilder, d. h. erste Vorbilder, sie können auch blosse Bilder sein und bleiben. Wenn schon nicht als Abbilder eines Seienden, brauchen sie ebenso wenig als Vorbilder eines Nochnicht-Seienden gedacht zu werden.

§. 21. In dieser Eigenschaft sind sie nichts Anderes als eben Bilder, durch deren Gedachtwerden man weder theoretisch über das Vorstellen hinaus zur Erkenntniss, noch praktisch über dasselbe hinaus zur Beurtheilung und Umbildung der Sache, sondern lediglich innerhalb des eigenen Vorstellens zu einem Zusatz veranlasst wird, welcher dieselben als gefallend oder missfallend, vorgezogen oder verworfen kennzeichnet. Begriffe der Art heissen ästhetische Begriffe.

§. 22. Mit dem Gegebenen, auf welches die metaphysischen Begriffe sich beziehen, hängen sie eben nicht weiter zusammen, als durch die Rücksicht, dass ihr Inhalt in dem Sinne, wie bei diesen, nicht gegeben zu sein nöthig hat. Aus dem ästhetischen Begriffsinhalt soll nichts erkannt, derselbe soll nur gedacht und der billigende oder missbilligende Zusatz, den er mit sich führt, abgewartet werden. Während im theoretischen, auf das Gegebene bezüglichen Begriff das Subjekt etwas von diesem empfängt, wird dem ästhetischen umgekehrt etwas von jenem hinzugefügt. Das Bild sammt dem Zusatze erst macht den ästhetischen Begriff; an ihm, der auf diesem Weg nicht ist, sondern erst im Subjekt wird, hat auch das Subjekt seinen Antheil.

§. 23. Die materiale Begriffswissenschaft, welche die philosophische Bearbeitung der ästhetischen d. i. deren Ergänzung, wie die Metaphysik die der metaphysischen Begriffe d. i. deren Berichtigung zum Gegenstand hat, ist die Aesthetik. Erst wenn mit ihrer Hilfe

gefallende und missfallende B i l d e r gefunden worden sind, kön
nen dieselben entweder durch Vergleichung mit den Abbildern des
Seienden als dessen N a c h b i l d e r erkannt, oder umgekehrt der
K r i t i k und U m b i l d u n g des Seienden, sowie der H e r v o r b r i n-
g u n g des Nochnichtseienden als V o r b i l d e r vorgehalten werden.
Sowohl das kritische und künstlerische Verhalten z u r S a c h e,
wie das Neuschaffen d e r S a c h e setzt das ästhetische Verhalten z u m
B i l d e, d. i. den durch blosses Gedachtwerden des letzteren im
Subjekte erfolgenden Zusatz des Gefallens oder Missfallens voraus.
§. 24. Daher können sich erst an die Aufstellung wohlgefälliger und missfälliger Bilder die Anleitungen zu deren Verwirklichung i m oder zur entsprechenden Veränderung des Gegebenen d. i. die K u n s t l e h r e n anschliessen. Eigentlich würde
jedes der auf obigem Wege aufgefundenen Bilder seine eigene
Kunstlehre erfordern; die Verwandtschaft derselben unter einander gestattet für die gleichartigen unter gewissen Einschränkun-
gen eine gemeinsame Anleitung zu geben.
§. 25. Da die ästhetischen Begriffe blosse Bilder und nicht
Abbilder sind, so folgt von selbst, dass der Zusatz nicht durch
die theoretische Richtigkeit und Giltigkeit, d. h. nicht durch
Wahrheit und Falschheit ihres Begriffsinhalts bestimmt sein könne.
Letztere hängt vom Verhältniss der Vorstellung zur S a c h e, der
ästhetische Zusatz dagegen von der blossen V o r s t e l l u n g ab.
„Erkenntniss" und „Einbildung", Geschichte und Märchen gilt
daher in Bezug auf den ästhetischen Zusatz gleich. Gesetzt wir
stellten der Wissenschaft zum trotz den Himmel noch immer als
Hohlkugel mit unzähligen Flämmchen besetzt vor, so möchte dies
wohl eine theoretisch irrige, in ästhetischer Beziehung aber keineswegs verwerfliche Vorstellung sein. Die theoretische und die ästhetische Weltansicht haben verschiedene Interessen.
§. 26. Der Z u s a t z, der im Subjekte zu dem B i l d e hinzukömmt, wird im allgemeinsten Wortsinn G e f ü h l genannt. Wo
er mangelt, da findet reines Vorstellen statt; der Vorstellende
heisst g l e i c h g i l t i g. Das Verhalten des reinen F o r s c h e r s
gegen die Vorstellung, die er empfängt, liefert das anschaulichste
Beispiel. Ganz auf die S a c h e gerichtet, hat er nur für Dasjenige Augen, was im Inhalt der Vorstellung jene erstere a b b i l-

det. Die prachtvollste Blüte ist für ihn nichts mehr als die äussere Hülle der Geschlechtsorgane von so und so viel Griffeln und Staubfäden. Die Schönheit der Hand zu bewundern, die er eben seciren will, hat der Anatom eben so wenig Zeit und Laune, als der Arzt, der sie etwa amputiren soll. Er will keine Zusätze zur Vorstellung, die nicht aus der Sache, und nur aus dieser stammen. Wo sie sich unwillkürlich aufdrängen, weist er sie gewaltsam zurück.

§. 27. Ganz anders der Theilnehmende. Ihm heisst der Forscher, der in der Vorstellung nur das Abbild der Sache erblickt. ohne für deren Wohlgefälligkeit als Bild Augen zu haben, blind; der Arzt, der im Kranken nur ein Objekt seiner Studien ohne Mitleid mit dessen Leidensucht, gefühllos. Der beste Theil seines psychischen Lebens geht in den Zusätzen auf, welche aus seinem Innern den von Aussen kommenden Eindrücken entgegeneilen. Er begehrt, wünscht, will, lobt, tadelt, verwirft, bewundert, liebt und hasst, sein Inneres gleicht einem Resonanzboden, der jeder anklingenden Taste einen tönenden Nachhall gibt. Das Gemüth ist ein inneres Schatzhaus, das sich dem Anklopfenden öffnet; ob von freien Stücken, oder gezwungen durch die Wünschelruthe des Schatzgräbers, ist noch zu entscheiden.

§. 28. Wie die Saite des Bogenstrichs, harrt der Zusatz der veranlassenden Vorstellung. Dies allein beweist schon, dass das Gefühl kein ursprünglicher Seelenzustand sei; so wenig wie das Begehren. Beide setzen Vorstellungen voraus und sind Zustände derselben. Wo die letzteren fehlten, gäbe es weder Gefühle noch Strebungen.

§. 29. Scheinbar zwar entstehen oft Gefühle, wo keine Vorstellungen vorhanden sind. Wir sagen dann, wir fühlten zwar, aber wir wüssten nicht was. Wir sagen dann wohl, das Gefühl sei dunkel. Genau genommen ist es nur das „Gefühlte," welches dunkel ist. Des Zusatzes der Billigung oder Missbilligung, des Gefallens oder Missfallens zu der veranlassenden Vorstellung sind wir uns klar bewusst, nur dieser d. h. ihres Inhaltes nicht. Wissen wir auch nicht anzugeben, welcher Zahn uns schmerzet, dass es schmerzt, wissen wir leider oft nur gar zu gut.

§. 30. Durch das Nichtwissen des Inhaltes der veranlassenden Vorstellung erscheint das Gefühl selbst unbestimmt Derselbe Zusatz kann möglicherweise den verschiedensten Vorstellungsinhalten zukommen. Zwar denselben Bedingungen müsste wie es scheint immer dieselbe Wirkung entsprechen: dieselbe veranlassende Vorstellung denselben Zusatz herbeiführen. Wenn aber der Inhalt der Vorstellung d. i. diese selbst unbekannt bleibt, wer ist im Stande zu sagen, dass die veranlassende Vorstellung in zwei verschiedenen Fällen des entstehenden Gefühles dieselbe sei? §. 31. Dazu gesellt sich eine andere Schwierigkeit. Der Zusatz sammt dem Bilde gibt den ästhetischen Begriff. Jener entspringt im Subjekt, vielleicht durch das Subjekt. Wenn das letztere der Fall ist, hängt der ästhetische Begriff, auch bei gleichem Inhalt der veranlassenden Vorstellung, von dem veränderlichen Zustand des Subjektes ab, und ist somit selbst veränderlich. Lässt sich nach Obigem das Was des Gefühlten nicht angeben, so erscheint nach dem Gesagten das Wer des Fühlenden zweifelhaft. Der ästhetische Begriff aber ist eine Funktion von beiden.

§. 32. Aesthetik als Wissenschaft läuft Gefahr zu scheitern Nicht aus Mangel an Begriffen, aber aus Mangel an Wissen um die Begriffe. Der ästhetischen Begriffe gibt es so viele, als es veranlassende Vorstellungsinhalte gibt, welche gedacht im Subjekte Zusätze des Gefallens und Missfallens mit sich führen. Unaufhörlich und überall wird gefühlt; wenn man aber weder wissen kann, was, noch von wem gefühlt werde, lässt sich auf dieses doppelte Nichtwissen keine Wissenschaft gründen.

§. 33. Wo der Zusatz entsteht, muss der Ort seines Entstehens von dessen Veranlassung getrennt werden. Jener ist immer das Subjekt; diese kann entweder der Inhalt der Vorstellung, abgesehen vom Subjekt, oder umgekehrt das Subjekt, abgesehen vom Inhalt der Vorstellung, oder das Zusammenwirken beider sein. Geschieht das Erste, so ist der Zusatz sammt dem Bilde zwar im Subjekte, aber der Zusatz erfolgt durch das Bild unabhängig vom Subjekt. Geschieht das Zweite, so erfolgt der Zusatz nicht nur im Subjekt, sondern auch unabhängig vom Bilde nur durch das Subjekt. Geschieht das Dritte, so ist er das Resultat des Subjekts und des Bildes zusammengenommen im Subjekt. Im ersten Falle spielt das Subjekt die Rolle des Schauplatzes, auf dem das

Bild, das den Zusatz erzeugt. für sich allein agirt. Es lässt seine
Zwecke, Tendenzen, Wünsche, Begierden und Strebungen bei Seite
und verhält sich ganz passiv. Im zweiten Fall begleitet das Subjekt die Vorstellung mit einem seiner eben gegenwärtigen Gemüthsstimmung entsprechenden Zusatz; aber es würde auch jede
andere Vorstellung in diesem Moment mit demselben Zusatz begleiten. Es ist ganz allein aktiv; die veranlassende Vorstellung
dient nur als Stichwort. Im dritten Falle begleitet das Subjekt die
gegebene Vorstellung gleichfalls mit einem Zusatz, der seiner individuellen Gemüthsstimmung entspricht, aber es würde eine andere
dem Inhalt nach verschiedene auch seinerseits mit einem verschiedenen Zusatze begleiten, d. h. es bezieht den Inhalt der veranlassenden Vorstellung auf seine individuelle Gemüthslage.

§. 34. Einen Zusatz der ersten Art kann man subjektlos
(objektiv), einen der zweiten objektlos (subjektiv) nennen, wenn
unter Subjekt das individuelle Gemüth des Vorstellenden, unter
Objekt dagegen der veranlassende Vorstellungsinhalt (nicht die
vorgestellte Sache) verstanden wird. Der Zusatz der dritten Art
ist dann subjektiv - objektiv, d. h. sowohl das Objekt, der Vorstellungsinhalt, als das Subjekt, die individuelle Gemüthslage
wirken zusammen. Dies ist z. B. dann der Fall, wenn dieselbe
Vorstellung, welche als Objekt d. h. als Veranlassung des Zusatzes dient, im Subjekt als Streben vorhanden ist, d. i. dessen
individuelle Gemüthslage ausmacht. In diesem Falle wird durch die
eintretende Vorstellung, das Objekt, ein Begehren des Subjekts in
dessen gegenwärtiger Gemüthslage erfüllt, woraus ein Lustgefühl
entspringt. Dieses erscheint nun als Zusatz zu der veranlassenden Vorstellung, welche dadurch zur ästhetischen wird; es ist jedoch
nicht der Inhalt der Vorstellung als solcher, sondern der diesem
äusserliche und zufällige Umstand, dass sie eben als begehrte
in der individuellen Gemüthslage des Subjekts vorhanden war,
welcher denselben erzeugt.

§. 35. Zusätze der zweiten und dritten Art, davon jene
nur, diese wenigstens theilweise aus der individuellen Gemüthslage Desjenigen hervorgehen, in welchem sie entstehen, können relativ, jene der ersten, welche von der individuellen Gemüthslage
durchaus unabhängig nur in der Inhaltsbeschaffenheit der veranlas-

senden Vorstellung ihren Grund haben, müssen dann absolut heissen. Der Antheil des Subjekts an der veranlassenden Vorstellung ist in jenem Fall dieser äusserlich und willkührlich, in diesem innerlich und unwillkührlich. Jene werden, da sie von der individuellen Gemüthslage desjenigen, in dem sie entstehen, ganz oder doch theilweise abhängig sind, je nach der Verschiedenheit dieser in Verschiedenen oder auch in Demselben zu verschiedenen Zeiten auch bei gleichem Inhalt der veranlassenden Vorstellung verschieden, diese müssen, da sie von ihr gänzlich unabhängig sind, trotz der verschiedensten individuellen Gemüthlage bei gleichem Inhalte der veranlassenden Vorstellung stets auf gleiche Weise erfolgen. Jene sind daher zufällig und individuell, diese nothwendig und allgemein; diese objektiv, jene ganz oder theilweise subjektiv.

§. 36. Objektive Zusätze, insofern sie an einen gewissen Inhalt der veranlassenden Vorstellung gebunden sind, so dass sie unabhängig von der individuellen Gemüthslage, durch diesen allem im Subjekte erzeugt werden, kann man auch fixirte, subjektive im Gegensatze hiezu vage nennen. Im Falle der begleitende Zusatz vom Inhalt der veranlassenden Vorstellung gänzlich unabhängig ist, stehen beide gänzlich ausser einander. Die Vorstellungswelt Desjenigen, in welchem der Zusatz entsteht, hat mit der Welt seines Antheils nichts zu schaffen. Ob die veranlassende Vorstellung dem Inhalt nach diese oder jene sei, ist für den Zusatz gleichgiltig. Sieht man aber vom Inhalt (der Qualität) der veranlassenden Vorstellung ab, so bleibt von derselben nur die Stärke (die Quantität) übrig. In diesen Fall wird die blosse Intensität (das Psychische) der veranlassenden Vorstellung Ursache des begleitenden Zusatzes, welcher sonach in jeder Weise nur der individuellen Natur des Vorstellenden und Antheil Nehmenden angehört.

§. 37. Ist dagegen der Zusatz von der Beziehung abhängig, welche der Inhalt der Vorstellung auf die individuelle Gemüthslage des Vorstellenden hat, so muss er mit dieser stets wechseln, auch wenn der Inhalt der Vorstellung derselbe bleibt. Dieser Fall tritt beim Nützlichen ein, welches gefällt, wenn der Inhalt der veranlassenden Vorstellung zu den individuellen Zwecken des Vorstellenden ein förderndes, missfällt, wenn er ein hemmendes Verhältniss hat. Mit der Veränderung der Zwecke ändert sich auch dieses Verhältniss, obgleich der Inhalt der Vorstellung derselbe bleibt. Dasselbe geschieht beim A n g e n e h m e n, insofern es lediglich durch Befriedigung eines Begehrens verursacht wird. Während der Inhalt der Vorstellungen derselbe bleibt, wechselt das Ziel des Begehrens. Trifft nun einmal der Inhalt der zugeführten Vorstellung mit dem Ziel des Strebens zusammen, so entsteht ein Lust-, in jedem andern Falle ein Unlustgefühl. Beide werden durch den Inhalt der zugeführten Vorstellung zwar v e r a n l a s s t, aber nicht durch sie, sondern durch das individuelle Strebensziel v e r u r s a c h t. Wäre dieses ein anderes, so würde dieselbe Vorstellung, die jetzt angenehm erscheint, unangenehm erschienen sein.

§. 38. Auf v a g e Zusätze, die in der individuellen Gemüthslage des Vorstellenden gegründet sind, lässt sich keine Wissenschaft basiren von dem, was a l l g e m e i n und n o t h w e n d i g gefällt und m i s s f ä l l t. Aber auch auf f i x i r t e Zusätze, deren Grund in dem Inhalt der veranlassenden Vorstellung allein und ausschliesslich liegt, lässt sich keine Wissenschaft gründen, so lange das W a s dieses Inhalts nicht angebbar ist. Dort hängt der Zusatz nicht vom Bilde ab; hier ist das Bild selbst nicht vorstellbar. Aber nur Zusatz u n d Bild z u s a m m e n gibt den ästhetischen Begriff.

§. 39. Wenn alle Zusätze, auch die f i x i r t e n, blosse „Gefühle" sind, ist der Aesthetik nicht zu helfen. Das Gefühl, besser gesagt, das „Gefühlte" im Gefühl, das W a s der veranlassenden Vorstellung bleibt dunkel. Wenn die Gefühlsästhetik die Klippe der vagen Gefühle glücklich vermeidet, so fährt sie bei den fixirten in der Dunkelheit auf den Strand. Wie sich über die „vagen" Zusätze nicht streiten lässt, so ist eben so wenig über die „dunkeln" eine Einstimmigkeit möglich. Es lässt sich niemals v o r a u s s a g e n, welche v a g e n Gefühle mit einem gewissen Vorstellungsinhalt verknüpft sein werden; es ist aber eben so unmöglich zu erkennen, welcher Vorstellungsinhalt mit einem fixirten d u n k e l n Gefühl verbunden sei.

§. 40. Um dieser Dunkelheit willen ist das fixirte Gefühl für die Aesthetik als Wissenschaft so unbrauchbar wie das vage

Wenn es unmöglich ist, zu einen Zusatz zu gelangen, dessen veranlassender Vorstellungsinhalt eben so deutlich vorstellbar, als jener selbst in diesem fixirt ist, muss sie die Hoffnung aufgeben, das Absolutwohlgefällige und Missfällige in Begriffen aufzählen zu können.

§. 41. Wie im Processe des Urtheilens vom Subjekt das Prädikat, so wird in dem des fixirten Gefühls vom Was des Gefühlten das Gefühl mit sich geführt. Dieser wie jener beruht auf dem Inhalt vorhandener Vorstellungen allein; das Subjekt, dessen Vorstellungen es sind, gibt nur den Schauplatz dazu her. Wer das vorstellende Subjekt noch ausserhalb seiner Vorstellungen sucht, wird freilich schwer zugeben, dass dasselbe passiv bleibe, während die Vorstellungen sich regen. Je unpersönlicher wir den Vollzug beider Prozesse uns denken, desto reiner denken wir ihn. Die individuelle Natur des urtheilenden, wie die individuelle Gemüthslage des Antheil nehmenden Subjektes haben damit nichts zu thun; die Wechselwirkung der sich selbst überlassenen Subjekts- und der sich anbietenden und einander unter sich ausschliessenden Prädikatsvorstellungen führt das Urtheil, die veranlassende Vorstellung das in ihr allein begründete Gefühl herbei.

§. 42. Darin liegt eine Verwandtschaft des fixirten Gefühls mit dem Urtheile, wie andererseits in dem deutlichen Vorgestelltsein aller Theile des letztern dessen Vorzug vor jenem liegt. Jedes hat etwas vom andern; das fixirte Gefühl hat mit dem Urtheilen gemein, dass es wie dieses auf dem Inhalt der Vorstellungen allein beruht; das Urtheil hat vor ihm voraus, dass das Was dieses Inhalts in Subjekt und Prädikat klar vorgestellt ist. Liesse sich auf eine Weise das Was des Gefühlten in klare Vorstellung verwandeln, dann hätte das auf solche Art umgestaltete fixirte Gefühl die klare Vorstellbarkeit aller Theile mit dem Urtheile, den Zusatz des Beifalls oder Missfallens mit dem Gefühle gemein; es entstünde ein Drittes, das ästhetische Urtheil.

§. 43. Das ästhetische Urtheil erst macht Aesthetik als Wissenschaft möglich. Wenn der Zusatz im Subjekt durch den Inhalt einer bestimmten veranlassenden Vorstellung fixirt, letztere selbst aber abgesondert von jenem klar vorstellbar ist, dann ist es möglich sowohl die Bilder, als die Zusätze, die allgemein und nothwendig zu jenen gehören, d. h. das Absolutwohlgefällige und Missfällige in Begriffen aufzuzählen.

§. 44. So hängt Aesthetik als Wissenschaft von der Bedingung des ästhetischen Urtheils ab. Wie das Gefühl sie ausschliesst das ästhetische Urtheil sie ein. Fragen wir ob es selbst möglich sei?

§. 45. Mit dem fixirten Gefühl hat dasselbe gemein, dass es allein durch den Inhalt der veranlassenden Vorstellung abgesehen von der individuellen Gemüthslage des Vorstellenden in Letzterem hervorspringt. Die erste Bedingung für dasselbe muss daher die Absonderung aller inviduellen Erregungen, das vollendete Vorstellen des Vorstellungsinhaltes selbst sein. Alles was nicht dieser ist, darf gleichzeitig nicht vorgestellt, oder doch nicht so vorgestellt werden, als gehörte es zu ihm. Aber auch nicht in einer anderen Form als in der des blossen Vorstellens darf der Inhalt auftreten, also nicht etwa in der eines Strebens ihn vorzustellen. Der Inhalt in Form des Strebens ist zwar schon die Vorstellung des Erstrebten, denn ein anderes „Erstrebtes" als Vorstellung gibt es ebensowenig als Streben ohne Vorstellung des Erstrebten, aber eben nur als „Erstrebtes" nicht als „Erreichtes," als Vorstellung, die sich gegen hemmende Widerstände zum vollendeten Vorgestelltwerden heraufarbeitet, dieselben jedoch noch nicht überwunden hat.

§. 46. Beide Rücksichten sind wichtig. So lange etwas mitbeiträgt zur Entstehung des Zusatzes, das nicht im Bilde (d. i. in der Vorstellung) liegt, gehört der Zusatz nicht bloss dem Bilde. So lange die Vorstellung nur in der Form des Strebens, nicht in jener des vollendeten Vorstellens gegeben ist, ist das Bild noch nicht vorhanden, zu dem der Zusatz gehört. In dem einen wie im anderen Fall fehlt der ästhetische Begriff.

§. 47. Die Vorstellung im Zustande des Strebens ist Begehren. So lange Begierde vorhanden ist, fehlt die Bedingung des fixirten Gefühls wie des ästhetischen Urtheils. Zwar werden auch hier Gefühle entstehen und durch das Eintreten des Begehrten herbeigeführt werden, aber dieselben gehören nach §. 37 nicht dem Inhalt der Vorstellung allein, sondern dem Umstand an, dass derselbe mit dem Inhalt unseres Begehrens zusammentrifft. Es sind vage

Gefühle, die das fixirte begleiten, ihm vorangehen oder nachfolgen.

§. 48. Das Begehren ist Bewegung, das vollendete Vorstellen Ruhe. In jenem arbeitet die Vorstellung sich erst gegen Hindernisse empor; in diesem kennt sie keine. Erst wenn die Begierden schweigen, kann das fixirte Gefühl wie das ästhetische Urtheil rein hervortreten. Denn die Begierde ist dahin gerichtet, die erstrebte Vorstellung in jenem Grade der Klarheit und Ungehemmtheit zu besitzen, wie sie das Kennzeichen der Gegenwart ihres Gegenstandes ist. Das vollendete Vorstellen besitzt sie schon in diesem Grade. Jene sucht das Zukünftige zur Gegenwart zu machen, das vollendete Vorstellen ist vollendete Gegenwart. Die Existenz des Vorgestellten ist ihm daher gleichgiltig; denn sie kann zu seinem Vorstellen nichts mehr Weiteres hinzufügen.

§. 49. Das fixirte Gefühl wie das ästhetische Urtheil muss, was es fühlt und beurtheilt, in vollendeter Gegenwart besitzen. Das Angenehme insoweit es nicht blosse Befriedigung einer Begierde ist, das Schöne, das Gute erfüllt und fesselt den Geniessenden völlig. Aller bloss individuelle Gemüthsinhalt ist abgestreift: nicht der Mensch hat das Objekt, das Objekt hat ihn. Alle subjektiven Affekte, der Hoffnung, der Sehnsucht, der Liebe, und des Hasses sterben ab ; der Einzelne als solcher geht ganz in's Vorgestellte auf, in das jeder Andere an seiner Statt ebenso aufgehen müsste. Das Individuum, das Subjekt, tritt von Schauplatz ab, den die veranlassende Vorstellung, das Objekt, ganz allein ausfüllt. Jenes ist passiv, diese aktiv; das fixirte Gefühl oder das hervorspringende ästhetische Urtheil sind ganz allein ihr Werk, unvermeidliche Effekte des vollendeten Vorgestelltwerdens im Subjekt, nicht durch das Subjekt.

§. 50. In diesem Zustand der ästhetischen Contemplation decken Bild und Zusatz, Objektives und Subjektives einander gänzlich. Der Zusatz gehört nur dem Bilde und nur das Bild bewirkt den Zusatz. So weit dasselbe Bild reicht, so weit reicht auch derselbe Zusatz; der Unterschied von Ort Zeit und Individuation hört im Momente der Contemplation für die Contemplirenden auf. Die Vielen sind wie Einer, weil das Bild und der Zusatz nur Eines sind.

2 *

§. 51. Das Bild und sein Zusatz sind der objektive ästhetische Begriff. Wo vollendetes Vorstellen vorhanden ist, muss demselben Bild auch derselbe Zusatz folgen. Aber welchem Bilde folgt dieser, welchem jener Zusatz? Diese Frage vermag das dunkle fixirte Gefühl für sich niemals zu beantworten.

§. 52. Die theoretische Auffassung ist klar, denn sie stellt das Vorgestellte für sich ohne Zusatz aus dem Subjekte vor; die ästhetische durch das Gefühl dunkel, denn sie stellt die veranlassende Vorstellung nur durch den Zusatz und ununterscheidbar von demselben vor. Wenn nun ein und derselbe Gegenstand sich sowohl theoretisch, als durch das Gefühl ästhetisch auffassen liesse, so würde er das einemal klar durch eine Vorstellung ohne Zusatz, das anderemal dunkel durch einen Zusatz ohne Vorstellung gedacht. Gleichwohl scheint ein und derselbe Gegenstand d. i. ein und derselbe Vorstellungsinhalt nur eine adäquate Auffassung zulassen zu können. Wir haben die Wahl: Entweder derselbe Gegenstand lässt nicht zwei Auflassungen zu; oder das zweimal verschieden Aufgefasste ist nicht derselbe Gegenstand.

§. 53. Ein Widerspruch liegt vor. Ein Drittes ist undenkbar. Gleichwol brauchen wir bloss die Thatsache in's Auge zu fassen, dass der Naturforscher und der Aesthetiker beide mehr als häufig dieselben Gegenstände jeder auf seine Weise betrachten, um den Widerspruch ebensosehr als gegeben, wie als undenkbar zu erkennen. Ein und dasselbe plastische Werk ist dem Mineralogen ein blosser Stein, dem Kritiker ein Halbgott. Ein und dasselbe lässt zweierlei Auffassungen zu, die es zugleich nicht zulassen darf. Einmal ohne Zusatz vorgestellt, erzeugt es das anderemal vorgestellt den Zusatz. Wir folgern, dass zu demjenigen, welches für sich vorgestellt keinen Zusatz erzeugte, etwas hinzugekommen sein müsse, um es zu demjenigen zu machen, als welches es den Zusatz erzeugt. Aber dieses Hinzugekommene für sich allein erzeugt ebensowenig den Zusatz, sondern nur indem es zum Ersten hinzukömmt. Ohne jenes vorgestellt wird es gleichfalls ohne Zusatz, also rein theoretisch vorgestellt. Der Grund des Zusatzes liegt daher weder im Ersten noch im Zweiten für sich allein vorgestellt, sondern nur indem Beide zusammen vorgestellt werden.

§. 54. Der Zusatz gehört nicht dem Ersten und nicht dem Zweiten, sondern B e i d e n zusammen. Das Bild, zu dem er gehört, ist kein einfaches. Jedes von beiden, insoferne es für sich allein, abgesondert vom Zusatz vorgestellt wird, ist u n ä s t h e t i s c h. Beide zusammen, insoferne sie den Zusatz erzeugen, sind ästhe-tisch. Das Bild hat M a t e r i e und F o r m. Jene beiden insoferne sie jedes für sich abgesondert vom Zusatz vorgestellt werden, also unästhetisch sind, machen die M a t e r i e; ihr „Zusammen" macht die F o r m des Bildes aus, die den Zusatz mit sich führt. Die Materie des Bildes, ausserhalb der Form, gefällt nicht und missfällt nicht, ist ästhe-tisch gleichgiltig. Die Form des Bildes, die allerdings nicht ohne die Materie vorgestellt werden kann, und nur an i h r vorgestellt den Zusatz mit sich führt, ist es, die dieses gefallend und missfallend macht; d e r Z u s a t z g e h ö r t z u d e r F o r m d e s B i l d e s.

§. 55. Kein Einfaches gefällt oder missfällt ästhetisch. An dem Zusammengesetzten gefällt und missfällt nur die Form. Die Theile ausserhalb der Form, die Materie, sind ästhetisch gleichgiltig. In diesen drei Sätzen ruht die Grundlage einer Aesthetik als reiner Formwissenschaft nicht nur, sondern als Wissenschaft überhaupt. Untersuchen wir sie.

§. 56. Der Zusatz, der zum Bilde gehört, ist Gefallen oder Missfallen, fixirtes Gefühl. Wenn das Bild kein einfaches ist, son-dern aus Theilen besteht, deren jeder für sich abgesondert klar vorgestellt werden kann, so ist das W a s des veranlassenden Bil-des hiermit selbst v o r s t e l l b a r. Das Bild lässt sich zergliedern, wobei freilich, da die Theile aus der Form herausgenommen wer-den, der Zusatz aufhört. Wer das Bild nur so hat, der „hat die Theile in seiner Hand", aber das ästhetische „Band" fehlt. Dasselbe stellt sich aber sogleich wieder her, sobald die Theile als G a n z e s, d. i. z u-s a m m e n gedacht werden. Das Bild und der Zusatz, die im Gefühl zusammenfielen, lassen sich sondern, ohne dass der letztere auf-hört, im ersteren fixirt zu sein; die Verwandlung des fixirten Gefühls in ein ästhetisches Urtheil ist vollzogen. (§. 42.)

§. 57. Nur zusammengesetzte Bilder lassen sich vom Zu-satz gesondert vorstellen. Einfache Bilder rinnen immer ununter-scheidbar mit dem Zusatz zusammen. Fixirte Gefühle beziehen sich auf einfache, ästhetische Urtheile nur auf zusammengesetzte

Bilder. Insoferne alle zusammengesetzten Bilder einfache als Elemente ihrer Materie voraussetzen, kann die Materie zusammengesetzter Bilder für sich genommen fixirte Gefühle, die Form derselben jedoch nur ästhetische Urtheile erzeugen. Nur durch die letzteren lässt sich Aesthetik als Wissenschaft gründen. Gegenstand der Aesthetik können daher nur Formen, insoferne sie absolut wohlgefällig oder missfällig sind, diese selbst kann nur Formwissenschaft sein. Nennen wir die Materie der zusammengesetzten Bilder den ästhetischen Stoff, so können fixirte Gefühle innerhalb der Aesthetik als Wissenschaft nur als Stoffgefühle auftreten.

§. 58. Aesthetik als Wissenschaft entsteht durch die Bearbeitung d. i. Ergänzung (§. 23) der ästhetischen Begriffe. Da zu den letzteren erfordert wird, dass sich das Bild, zu dem der Zusatz gehört, klar vorstellen lasse, da dieses nur bei zusammengesetzten Bildern möglich ist, und der Zusatz der Form des Bildes angehört, so folgt, dass alle ästhetischen Begriffe Formbegriffe sein müssen, und das Was des ästhetisch Gefallenden und Missfallenden demnach im Grunde ein Wie sei.

§. 59. Auf die Frage, welche Formbegriffe ästhetische Begriffe, d. h. diejenigen Bildformen seien, welchen absolutes Wohlgefallen oder Missfallen zukomme, antwortet das ästhetische Urtheil. Da dieses nichts Anderes ist als der nothwendige und unvermeidliche Effekt der vollendeten Vorstellung eines zusammengesetzten Bildes, vermöge dessen das Subjekt nicht urtheilt, sondern durch das Objekt urtheilen gemacht wird, so ist das Prädikat, nämlich das Lust- und Unlustgefühl in diesem Fall nichts Anderes als der Ausdruck der Spannung zwischen den Theilen des zusammengesetzten Bildes, d. h. die Form selbst, sonach Subjekt und Prädikat identisch und folglich das Urtheil evident.

§. 60. Die Bearbeitung der ästhetischen Begriffe besteht demnach lediglich in der Aussonderung derjenigen Bilder, welchen der begleitende Zusatz vermöge ihres Inhalts allgemein und nothwendig zugehört, von denjenigen, denen er bloss vorübergehend vermöge der individuellen Gemüthslage des Subjektes beigelegt wird. Ihr erstes Erforderniss ist, die „subjektiven Erregungen", welche die veranlassende Vorstellung ob willkürlich oder unwillkürlich begleiten, zu entfernen und den Inhalt der letzteren in reiner und vollendeter

Vorstellung wirken zu lassen. Das zweite, denselben von dem begleitenden Zusatz getrennt vorzustellen, und auf diese Weise das Was des Gefallenden und Missfallenden zum deutlichen Bewusstsein zu bringen. Das erste bewirkt die Einsicht, dass das Gefallen und Missfallen ein allgemeines und nothwendiges, das letztere, was der Gegenstand derselben sei. Der allgemein und nothwendig gefallende Vorstellungsinhalt ist der richtige und giltige ästhetische Begriff.

§. 61. Die Bearbeitung des ästhetischen weicht von jener des theoretischen Begriffs darin ab, dass der letztere erst aus dem Widerspruch im Gegebenen gefunden, verändert und erzeugt, der erstere dagegen nur vor subjektiver Entstellung durch fremdartige Zusätze gewahrt und so wie er als Effekt des vollendeten Vorstellens sich ergibt, unverändert behalten werden muss. Das klare Vorstellen führt daher beim ästhetischen zu dem entgegengesetzten Resultat wie bei dem metaphysischen Begriff. Bei diesem wird es, je deutlicher er gedacht wird, desto entschiedener, dass er so wie er als gegebener gedacht wird, nicht behalten werden kann, bei jenem dagegen, dass er so wie er im vollendeten Vorstellen sich einstellt, behalten werden muss. Jener muss auf Grundlage des Gegebenen mit Hilfe der logischen Denkforderung gemacht, erworben werden; dieser besitzt „eine ursprüngliche Evidenz, vermöge deren er klar ist, ohne gelernt und bewiesen zu werden". Der Grund dieser Evidenz ist die Identität des ästhetischen Urtheils.

§. 62. Das ästhetische Urtheil ist keineswegs stets der erste psychische Zustand, der auf Veranlassung eines gegebenen Formbildes sich einstellt. Vage Gefühle, auf der individuellen Gemüthslage beruhend, gehen demselben voraus, fixirte Gefühle, in den Elementen des Stoffes wurzelnd, an dem die Form des Bildes haftet, begleiten es, folgen ihm nach, oder überdauern dasselbe. Weder die ersten, noch die letzten Momente des Auftretens der veranlassenden Vorstellung im Subjekte sind jener ungetrübten Auffassung derselben, aus welcher das evidente Urtheil allein entspringt, günstig. Das Entstehen und Vergehen desselben bietet das Bild eines Kampfes, welchen die zusammengesetzte Vorstellungsmasse, in welcher das ästhetische Gefallen und Missfallen, als Ausdruck des Verhaltens der Theile zu einander und, zum Ganzen fixirt ist, mit denjenigen eingeht, die bereits im Gemüthe vorhanden sind. So lang die letzteren vorherrschen, ist die Auffassung des Bildes gehemmt; die Theile desselben können ihre gegenseitigen Beziehungen nicht rein zur Geltung bringen; die Lust- und Unlustgefühle, welche nur im Verhalten der Theile des Bildes zu einander und zum Ganzen ihren Sitz und Ursprung haben, sich nicht ungestört entfalten. Sobald jene schweigen, und dadurch diesen den Platz räumen, den nun die veranlassende Vorstellungsmasse allein erfüllt, treten auch die in letzterer allein wurzelnden Lust- und Unlustgefühle ausschliesslich hervor; im Gemüth gibt es keine andere Lust und Unlust als die aus dem Verhalten der Theile des Bildes unter einander und zum Ganzen ausschliesslich entspringenden ; das Gemüth ist, wie die Sprache bezeichnend sagt, dem Genusse des ästhetischen Gegenstandes völlig h i n g e g e b e n.

§. 63. Tritt das ästhetische Urtheil gleich im Beginn des Processes mit dem Auftreten des veranlassenden Bildes zu gleicher Zeit ein, so fällt dieser Kampf, der von der B e w e g u n g des Gemüths durch vage, zu der R u h e desselben in fixirten Gefühlen geht, natürlich hinweg. Dieser Umstand veranlasst die häufige Unterscheidung zwischen bewegter und ruhiger Schönheit, die dem gefallenden und missfallenden Objekte zugeschrieben wird, während er doch lediglich dem Subjekte angehört. Letzteres allein wird durch das auftretende Bild in Gemüthsbewegung versetzt, aus welcher sich langsam wie die Sonne über die Sturmwogen, dasselbe in ungehemmter Freiheit des vollenden Vorgestelltwerdens erhebt, oder es bleibt in Ruhe und wird durch das auftretende Bild widerstandslos ausgefüllt. In letzterem Fall gleicht das Gemüth einer stillen, im ersteren einer wild aufgeregten Wasserfläche, deren erste das auffallende Bild in liebevoller Treue zurückgibt während die letztere es zerreisst, theilweise verschlingt und nur in getrennten Fragmenten vorübergehend zum Ausdruck bringt.

§. 64. Das Fernhalten der vagen kann doch die im Stoffe fixirten Gefühle nicht hindern, zugleich mit dem durch die Form erzeugten ästhetischen Urtheil des Beifalls oder Missfallens sich geltend zu machen. Da das fixirte Gefühl nur dadurch vom ästhetischen Gefallen oder Missfallen sich unterscheidet, dass das „Gefühlte" seiner Einfachheit wegen vom Gefühl sich nicht trennen, dagegen das „Beurtheilte" seiner Zusammengesetztheit halber sich auch abgesondert vom Zusatz theoretisch vorstellen lässt, andererseits aber eben so sehr durch den Inhalt der betrachteten Verstellung allein erzeugt wird, wie das Urtheil: so muss es, da das ästhetische Bild Form und Materie zugleich enthält, mit der Materie, an der es haftet, zugleich ins Gemüth eintreten, d. h. in dem letztern mit dem ästhetischen die Form angehenden Urtheil zugleich gegenwärtig sein. Die Folge davon ist, dass jedes ästhetische Urtheil von Gefühlen begleitet sein kann, die dem Stoff, wie von solchen, die der individuellen Gemüthslage des Subjekts angehören, von denen die ersten aber eben so wenig mit dem Gefallen und Missfallen, das nur die Betrachtung der Form erregt, dürfen verwechselt werden wie die letzteren. Zwar stehen jene dem Stoffe angehörigen Gefühle als fixirte höher und dem ästhetischen Urtheil näher, als diese vagen nur aus der individuellen Gemüthslage des Subjekts entspringenden. Die Lust, die dem Einfachen des Bildstoffes angehört, ist durch den Vorstellungsinhalt, nicht wie diejenige, welche aus der individuellen Gemüthslage des Subjekts stammt, durch das zufällige und vorübergehende Begehren des Letzteren bestimmt; dennoch ist sie, weil das „Gefühlte" seiner Einfachheit wegen sich vom Gefühl nicht getrennt vorstellen lässt, keine ästhetische Form-, sondern bloss materielle Lust, nicht Schönes, sondern bloss Angenehmes. Man kann diese letztere mit der von Plato im Philebus angeführten reinen Lust zusammenstellen, die sich von der unreinen gemischten dadurch unterscheidet, das dieser ein Begehren vorangeht, jener nicht, von der höchsten Lust, die aus dem Schönen entspringt, aber dadurch dass die letztere stets ein Vergleichen mehrer unter einander, ein Verhältniss, fordert und nur aus dessen Betrachtung entspringt, während jene nur einem Vereinzelten gilt. Der Hauptunterschied aber bleibt, dass das blosse Angenehme als „obgleich fixirtes" Gefühl das abgesonderte Vorstellen des „Gefühlten" unmöglich macht, das Schöne dagegen, mehr als selbst fixirtes Gefühl, das Beurtheilte auch getrennt für sich vorzustellen und eben darum auch in Begriffe zu fassen gestattet.

§. 65. Gegen das „Zusammen" der Theile des zusammengesetzten Bildes als Grund des Gefallens und Missfallens, hat man eingewendet, dasselbe sei ein lebloses, insofern es bloss durch die mechanische Nebeneinanderordnung der durch das Pluszeichen verbundenen Summanden erläutert werde. Man braucht aber nur die Vorstellung des zusammengesetzten Bildes, das selbst ein „lebendiges" d. h. eine psychische Vorstellungsgruppe ist, klar zu denken, um zu begreifen, dass auch das Z u s a m m e n der Theile dieser Gruppe, die selbst psychische Vorstellungen, lebendige Kräfte sind, ein lebendiges und thätiges, Spannung und Lösung derselben gegen und unter einander bewirkendes sein müsse. Das Bild, von dem alle vagen d. h. auf der individuellen Gemüthslage des Subjekts, i n dem es erscheint, beruhenden Einflüsse der Voraussetzung nach ferngehalten sind, stellt ein System thätiger Vorstellungskräfte vor, das seinen Schwerpunkt in sich trägt. Da nun jede derselben als Vorstellung eine bestimmte E n e r g i e (Quantität) und einen gewissen I n h a l t (Qualität) besitzt, und sie sämmtlich sich selbst überlassen sind, so werden sie ihre Wechselwirkung auch nur auf einander selbst nach Massgabe ihrer Qualität und Quantität äussern und dadurch Lust- und Unlustgefühle erzeugen, welche lediglich auf s i e und i h r specifisches Verhalten zu einander und zum Ganzen bezüglich sind. Wie eine Welt für sich schliesst das Bild mit seinen Theilen auch die in deren Verhalten zu einander begründeten Gefühle ein und schwebt, vom Hintergrunde der individuellen Gemüths lage abgelöst, frei im Innern des Subjekts als abgerundete Schöpfung.

§. 66. Eben daraus ergibt sich, dass die Art dieses „Zusammen" nicht überall die nämliche sein werde. Die Vorstellungen als Theile des im vollendeten Vorstellen schwebenden Bildes haben als lebende Kräfte Quantität und Qualität. Beide werden natürlich auf die Art des „Zusammen" entweder g e s o n d e r t oder v e r e i n i g t ihren Einfluss ausüben. Wo nur die eine, sei es nun Quantität oder Qualität das Zusammen bestimmt, wird es anders ausfallen, als wo es durch beide beeinflusst wird. Da das Gefallen und Missfallen ausschliesslich der Form, d. i. dem Zusammen angehört, wird das Gefallende und Missfallende wenigstens so v i e l f a c h sein müssen, als verschiedene Möglichkeiten das Zusammen nach Quantität und Qualität gegeben sind. Von diesem Gesichtspunkte wird die Untersuchung dessen, was unbedingt gefällt und missfällt, später auszugehen haben.

§. 67 Dass es sich hier um ein „Zusammen" von Vorstellungen d. i. von lebendigen Kräften handelt, verhindert schon bei den Formen, welchen das ästhetische Gefallen und Missfallen gilt, an lediglich m a t h e m a t i s c h e, statt an Verhältnisse im specifisch ä s t h e t i s c h e n Sinn dieses Wortes zu denken. Das mathematische Verhältniss, da es sich nur auf die Art, wie eine Grösse aus der andern hervorgegangen gedacht werden könne, bezieht, kann durch den Exponenten oder durch die Differenz vorgestellt werden, in denen beide Glieder des Verhältnisses aufgehen. Die im Zusammen befindlichen Glieder des ästhetischen Bildes sind lebendige K r ä f t e, wirkliche psychische A k t e mit Inhalt und Stärke, die einander zwar spannen und hemmen, aber nicht vernichten, also auch nicht in ein Drittes, das dem Exponenten gliche, irgend verschmelzen können. Vielmehr bleibt jede als solche völlig was sie i s t; nur insofern sie in das Zusammen mit der oder den andern eingeht, versetzt sie diese und wird von ihnen in jene gegenseitige Spannung versetzt, deren Ausdruck das derselben zugehörige Lust- oder Unlustgefühl ist. Wie Sternhaufen für das Auge des entfernten Beobachters in Nebelflecke zusammenfliessen, ohne dass dadurch einer der dieselben ausmachenden Sterne seine Einzelnheit einbüsst, so gehen die Theile des Bildes als solche ein gefallendes oder missfallendes Verhältniss zu einander ein, ohne dass einer derselben sein Sonderdasein als Vorstellung darum aufgegeben hätte. Gefallen und Missfallen ist ein s e c u n d ä r e r Erfolg, welcher durch das Zusammen der Theile des Bildes zwar begründet, durch welchen aber die Vorstellung, insofern sie nicht Theil, sondern selbst Ganzes ist, für sich nicht weiter berührt wird.

§. 68. Die einfachsten Beispiele sind hier die besten. Die einzelne Ton- die einzelne Farbenempfindung bleibt als solche was sie ist, ob sie nun mit dieser oder jener Ton- und Farbenvorstellung als Theil eines Ton- oder Farbenbildes in eine gefallende oder missfallende Form eingehe. Der einzelne Wille als solcher gefällt und missfällt nicht; ob er v e r g l i c h e n mit der Gesinnung oder mit dem Willen eines Andern, Lob oder Tadel erfahre, ändert seine Beschaffenheit als vereinzelter Wille nicht. Die einzelne Vorstellung ist wie der einzelne Laut, der sich in die verschiedensten Combinationen, wie der einzelne chemische Grundstoff, der sich in verschiedenartige stöchiometrische Verhältnisse einreihen lässt, ohne darum seine Natur als dieser Laut, als dieser Grundstoff aufzugeben. Da alles ästhetische Gefallen und Missfallen nur die Form angeht, so bleibt der ästhetische Stoff gegen die Form, in welche er einbezogen wird, gleichgiltig.

§. 69. Jedoch geht dies nicht so weit, dass eben beliebige also auch nicht entfernt homogene Stofftheile in ein ästhetisches Verhältniss zusammengewürfelt werden dürften. Das „Zusammen" der Materie in der Form wäre dann wirklich ein lebloses. Die Materie des ästhetischen Bildes sind eben lebendige Vorstellungskräfte; die Gefühle der Lust und der Unlust, die aus ihrem Zusammen entspringen, können nur der lebendigen Gegenwirkung der Vorstellungen nach Quantität und Qualität ihren Ursprung verdanken. Die Theile des Bildes müssen demnach so geartet sein, dass sie als Vorstellungen gegeneinander zu wirken, einander zu spannen und zu hemmen im Stande seien. Dazu taugt aber weder die incommensurable Quantität, noch die völlig disparate Qualität. Kräfte die in ein Quantitätsverhältniss eintreten sollen, müssen dem Masse, solche die ein Qualitätsverhältniss eingehen, der Art nach comparabel sein. Farben- und Tonempfindungen sind nun der Qualität nach unvergleichbar; ebenso Farben- und Linear-Grössenvorstellungen. Dagegen sind Farben- und Farben-, Ton- und Ton-, Linear-Grössen- und Linear-Grössenvorstellungen homogen.

§. 70. Wenngleich nur homogene Theile eines ästhetischen Bildes ein Gefallen und Missfallen mit sich führendes Verhältniss einzugehen vermögen, so folgt doch keineswegs, dass jedes in vollendeter Vorstellung vorschwebende ästhetische Bild deshalb nur aus durchgehends homogenen Bestandtheilen zusammengesetzt sein dürfe. Vielmehr folgt nur daraus, dass wo mehrerlei heterogene Materien zu einem ästhetischen Ganzen vereinigt sind, die unter einander homogenen Stofftheile ihrerseits ästhetische Verhältnisse unter einander darstellen, und der Effekt des Ganzen die Summe der Einzeleffekte der untereinander heterogenen Gruppen von Stoffbestandtheilen ausmachen wird. In einem Gemälde z. B., das eine historische Scene darstellt, welche von dem Gemälde abgesehen auch in Worten erzählt werden könnte, werden sich neben den ästhetischen Linear- und Farbenverhältnissen (der Zeichnung und dem Colorit) auch noch ästhetische Verhältnisse in den durch Vorstellungen aufgefassten geschichtlichen Vorgängen finden, ohne dass weder Linien mit Farben, noch eines von beiden mit Gedanken in ein und dasselbe Verhältniss zusammengeworfen, wol aber so, dass der Gesammteffekt des Gemäldes als die Summe der Effekte seiner Zeichnung, seines Colorits und seines durch Worte ausdrückbaren Vorstellungsinhalts angesehen werden dürfte.

§. 71. Wo durch Natur- oder Kunstwerke grosse zusammenhängende Vorstellungsmassen zur ästhetischen Beurtheilung im vollendeten Vorstellen dargeboten werden, da sind es fast niemals Stofftheile einer und derselben Art (blosse Ton- blosse Farbenvorstellungen u. s. w. in ästhetischen Formen), sondern fast immer Complexionen heterogener Materie, deren Bestandtheile je unter sich wohlgefällige oder missfällige Verhältnisse ausfüllen. So vereint der Anblick landschaftlicher Natur Farben- und lineare, Flächen- und körperliche Formen. Mit den in lebendiger Rede vorgetragenen Gedankenformen vereinigen sich die rhythmischen des Numerus und Metrums, die Klangformen der abwechselnden Vocale und Consonanten. Dennoch pflegt das Wohlgefallen und Missfallen, das nur von den Formen unter sich h o m o g e n e r Stofftheile geweckt werden kann, für die Gesammtgruppe in ein, auf a l l e, unter sich heterogenen Stofftheile bezügliches Urtheil des Lobs oder des Tadels zusammenzurinnen, welches demnach nicht als r e i n e, sondern nur als v e r w o r r e n e Gesammtwirkung angesehen werden kann. Das erste Geschäft des ästhetischen Beurtheilers muss sein, dieses Gesammturtheil a u f z u l ö s e n, und jeder in sich homogenen von mehreren gleichzeitig anwesenden oder ablaufenden Reihen ästhetischer Formen das i h r gebührende a u s z u s o n d e r n. Wo in einem Gemälde Zeichnung, Colorit und poetische Gedanken enthalten sind, können die erste trefflich, das zweite lebhaft und die dritten unbedeutend und abgebraucht sein.

§. 72. Mit der Aussonderung der v a g e n und der blossen S t o f f g e f ü h l e beginnt, mit der Aussonderung der verschiedenen ästhetischen Formen und Formenarten schliesst der ästhetische Prozess. Nachdem jene ausgeschieden, was n i c h t, entscheidet diese w a s gefalle oder missfalle. Das Ganze ist einem Gerichts

verfahren ähnlich, in welchem zuerst durch Entfernung der nicht
dazugehörigen Nebenumstände der Thatbestand hergestellt und über
demselben Jedem der darin Verwickelten sein Urtheil gesprochen
wird. Oder dem Verfahren des Chemikers, der den vorhandenen
Naturkörper erst nach Abscheidung alles nicht dazu Gehörigen, in
seine einfachen Elementarbestandtheile aufzulösen sich bemüht,
um jedem derselben an dem Gesammteffekt der körperlichen Erscheinung seinen Antheil zuzuweisen. Wie aber dieser vor Allem die
einfachen Grundstoffe sucht, um auf dieselben alle Materie zurück
und aus denselben durch Combination wieder in's Dasein zu bringen, so geht das Bestreben des Aesthetikers dahin, alles ästhetisch
Gefallende und Missfallende auf ä s t h e t i s c h e G r u n d f o r m e n
zurückzuführen, aus deren Anwendung auf beliebige, ästhetisch
gleichgiltige Stoffe alles berechtigte Gefallen und Missfallen sich
erklärt.

§. 73. Die Aesthetik als reine Formwissenschaft ist eine
M o r p h o l o g i e d e s S c h ö n e n. Indem sie zeigt, dass nur F o r -
m e n gefallen und missfallen, legt sie unter Einem dar, dass Alles,
w a s gefällt oder missfällt, d u r c h Formen gefallen und missfallen müsse. Man versuche es die Form vom Gefallenden hinweg-
zudenken; das Gefallen selbst schwindet. Ich kann vom Vers
das Metrum, den Wohllaut der Sprache, aber ich darf nicht das
Ebenmass der Gedanken, das Poetische, Bildhafte hinweglassen,
oder ich habe sogleich alles Aesthetische abgestreift. Umgekehrt,
wenn es unbedingt wohlgefällige Formen gibt, müssen sie an jedem Stoff, allenthalben und Jedem wohlgefällig erscheinen, wenn
die Bedingung des Gefallens, das vollendete Vorstellen, überhaupt erfüllt ist. Man darf die Frage nicht aufwerfen, ob sie zu
dem Stoffe, passen; da sie gleichgiltig sind gegen den Stoff, so
passen sie zu jedem. Ueberflüssig ist es zu fragen, ob die Form
auch das Gleichgiltige zu verklären vermöge; da jeder Stoff,
welcher immer, ästhetisch gleichgiltig ist, so kann die Form gar nicht
anders, als ihren Glanz über Gleichgiltiges ausströmen. Theil-
nahmlos wie die Sonne über Gerechten und Ungerechten, schwebt
die gefallende Form über der todten Materie, die durch sie Seele
und Theilnahme gewinnt.

§. 74. Der erste Theil der Aesthetik als Formwissenschaft

die allgemeine F o r m e n l e h r e, ist der Aufsuchung der allgemein
und nothwendig gefallenden und missfallenden Formen gewidmet. Ob ihrer eine oder mehrere, ob eine vollständige Aufzählung derselben möglich sei, muss sich erst zeigen: dass sie
unmöglich wäre, wenn der Stoff gegen die Form n i c h t gleichgiltig wäre, erhellt von selbst. Denn die Menge und Mannigfaltigkeit dessen, was überhaupt Glied eines ästhetischen Verhältnisses
werden kann, ist schon bei einzelnen Stoffgattungen unübersehbar,
z. B. bei den Farben, wo uns die Worte und über eine gewisse
Grenze hinaus auch die Sinne fehlen, um alle einzelnen Nuancen
derselben festzuhalten, die mit andern ein harmonisches oder disharmonisches Verhältniss eingehen können. Die Frage, w e l c h e
Farbenverbindungen gefallen und missfallen, berührt den S t o f f,
die Verhältniss g l i e d e r, und ihre Beantwortung, so weit die Erfahrung sie zu geben gestattet, gehört der besonderen Theorie der
Farbenharmonik als Grundlage der Malerkunst an; die Aesthetik
als Formwissenschaft hat nur die Frage zu lösen, durch w e l c h e r l e i
F o r m e n d. i. durch welcherlei „Zusammen,‟ Farbenverbindungen
ästhetisch gefallen oder missfallen. Die Harmonie selbst ist diese
Form; die Disharmonie die ihr entgegengesetzte.

§. 75. Darum kann dem Versuch, die unbedingt d. i. allgemein und nothwendig gefallenden Formen aufzusuchen, auch nicht
der Einwurf entgegengehalten werden, der z. B. bei dem Versuch in
vorhinein alle harmonischen Ton- oder Farbenverbindungen festzustellen, am Platze wäre, dass was wohlgefällig oder missfällig sei, sich nur
durch die Erfahrung entscheiden lasse. Denn allerdings, welche
Töne oder Farben zusammenpassen oder nicht, darüber entscheidet das Ohr und das Auge. Aber w o d u r c h überhaupt etwas gefalle oder missfalle, d. h. da nur Formen gefallen oder missfallen. d u r c h w e l c h e r l e i F o r m e n etwas, gleichviel was, gefalle
oder missfalle, darüber vermag weder das Auge, noch das Ohr,
noch überhaupt die E r f a h r u n g, sondern das D e n k e n allein
zu entscheiden. Denn dazu bedarf es der Frage: welche Formen
d. h. welcherlei Zusammen zwischen den Vorstellungen (gleichviel w a s sie vorstellen) überhaupt m ö g l i c h seien, und diese
vermögen wir zu entscheiden, ohne auf die specifische Natur des
Inhalts der im Zusammen befindlichen Vorstellungen, wie er durch

das Ohr bei der Ton-, durch das Auge bei der Farbenempfindung gegeben wird, vorerst Rücksicht zu nehmen. Der Begriff psychischer Vorstellungen, die einen Inhalt (Qualität) und eine gewisse Energie (Quantität) besitzen, reicht dazu hin.

§. 76. Die Aesthetik insoferne sie es allein mit denjenigen Formen zu thun hat, durch welche jeder Stoff, wenn er nur überhaupt Formen anzunehmen vermag, d. h. homogen ist, gefällt oder missfällt, ist daher keine empirische, sondern eine apriorische Wissenschaft. Empirisch ist nur der Stoff, der in die Formen fällt. Ihre Fragen lassen sich beantworten, ohne den ganzen bis jetzt unerschöpften Umfang des letzteren zu kennen. Es wäre Vermessenheit zu behaupten, dass kein Musiker hinfort neue Harmonien erfinden werde, aber es ist keine sich sicher zu fühlen, dass das Musikalisch-Schöne stets das Harmonische werde in sich schliessen müssen. Alle Bereicherung, welche die Aesthetik von der fortschreitenden Erfahrung nicht nur, sondern auch von der wagenden Kunst zu erwarten hat, können nur den Stoff betreffen; die nothwendig und allgemein gefallenden Formen werden einmal gefunden ewig und allenthalben dieselben bleiben. Wer will es berechnen, was Menschen noch je wollen und thun werden; aber die Formen, durch welche Wollen und Handlung wohlgefällig oder missfällig wird, sind unwandelbar.

§. 77. Diese ihre apriorische Natur macht die ästhetischen Formen fähig, als Normen zur Beurtheilung alles Desjenigen zu dienen, welches die letztere herausfordert. Die ästhetischen Formen sind keine Gebote und Verbote. Sie sind nur das absolut Wohlgefällige und Missfällige selbst. Was überhaupt dem ästhetischen Urtheil wohlgefällig und missfällig sich darstellt, kann es nur dadurch, dass seine Formen die Abbilder der ästhetischen sind. Wer gefallen will, muss die ästhetischen Formen zu Normen seiner Kunst, wer recht beurtheilen will, die ästhetischen Normen zum Massstab seiner Kritik machen. Sie sind die Grundformen, welche gefallen oder missfallen, eben deshalb auch grundlos gefallende und missfallende Formen. Ihr Gefallen und Missfallen, weil es nur das Werk der im Zusammen befindlichen Vorstellungen selbst ist, heisst unbedingt.

§. 78. Der zweite Theil der Aesthetik als Formwissenschaft

umfasst die besonderen Formen, welche durch Anwendung der allgemeinen auf die Hauptklassen des Seienden, die Natur und den Geist,
als Einzel- und als Socialgeist, sich ergeben. Von letztern weiss
die Aesthetik als solche nichts, sie entlehnt ihre Begriffe der
Wissenschaft vom Seienden. Ihr sind sie, indem sie der letzteren
die Verantwortlichkeit für deren Richtigkeit und Giltigkeit überlässt, nichts als blosse Bilder, welche durch die Anwendung
der ästhetischen Formen auf dieselben wohlgefällig und missfällig
werden, ohne zu fragen, ob diesen als schönen oder hässlichen Bildern
ein Gegenstand entspreche oder nicht. Derselbe hat daher drei
Theile, deren erster vom Bilde einer absolut wohlgefälligen Natur,
der zweite von dem eines absolut wohlgefälligen Einzel-, der
dritte von dem eines ebensolchen Socialgeistes handelt, und diese
Bilder als blosse Bilder, d. h. ohne Behauptung weder der
Realität noch der Nichtrealität derselben, im Allgemeinen entwirft.

§. 79. Insofern die ästhetischen Formen zugleich als Normen auftreten, bilden sie die Obersätze der Kunstlehren, der
praktischen Aesthetik, welche im empirisch gegebenen Stoff, als
dem Untersatze, die Verwirklichung derselben, den Schlusssatz, herbeizuführen anleiten. Ihrer sind mehrere, je nach der Verschiedenheit des empirischen Stoffs, an welchem die Formen erscheinen sollen. Während die Formenlehre gegen den Stoff gleichgiltig ist, ist der Kunstlehre dieser die Hauptsache. Von ihm
namentlich hängt es ab, wie weit das Ziel, die Verwirklichung
der Formen gelingen kann. Während daher die Formenlehre es
mit dem Gefallenden und Missfallenden ohne Rücksicht,
ob es ein Seiendes oder Nicht-Seiendes ist, zu thun hat, beschäftigt sich die Kunstlehre mit demselben, insofern es ein noch nicht
Seiendes, aber Seinsollendes oder ein zwar Seiendes, aber
Nichtseinsollendes ist. Das Ziel der Kunstlehren ist das
Sein des Gefallenden, das Nichtsein des Missfallenden.

§. 80. Insofern die Aesthetik Formwissenschaft ist,
kommt sie mit der Logik als Formwissenschaft zusammen.
Während aber die letztere von den Formen der Vorstellungen handelt, insofern diese durch jene zu richtigen und giltigen
Begriffen, thut es die Aesthetik, insofern sie durch dieselben
wohlgefällig oder missfällig als blosse Vorstellungen werden.

Jene sucht sie durch ihre Formen zu treuen Abbildern, diese nur zu wohlgefälligen Bildern zu gestalten. Die Formen der Logik sind auf das Sein und Erkennen, die der Aesthetik auf das Gefallen gerichtet. Beide gehören ganz getrennten Gebieten an; die Parallelstellung beider findet nur darin ihren Grund, dass die logischen Formen ebenso Normen für das richtige, wie die ästhetischen Normen für das gefällige Vorstellen, ausserdem aber auch noch für das Fühlen und Wollen sind, für welche es in der Logik keine Analogie gibt.

Zweites Kapitel.

Die ursprünglichen Formen.

§. 81 Um eine erschöpfende Uebersicht der möglichen unbedingt gefallenden und missfallenden Formen zu gewinnen, ist es nothwendig, von den einfachsten Voraussetzungen auszugehn, unter welchen Gefallen und Missfallen überhaupt stattfindet. Da nur das Zusammengesetzte gefällt oder missfällt, so müssen der Glieder, aus welchen die Form besteht, wenigstens zwei, es können ihrer aber auch mehrere sein. Die letztern müssen sich sodann auf die einfachsten von nur zwei Gliedern zurückführen, d. i. in solche zerlegen lassen. Daraus entspringt die Unterscheidung zwischen Elementar- oder einfachen und abgeleiteten oder zusammengesetzten Formen. Wir beginnen mit den erstern.

§. 82. Da der Zusatz (Gefallen oder Missfallen) aus dem vollendeten Vorgestelltwerden des Bildes, letzteres nach der Voraussetzung aus dem Zusammen wenigstens zweier Glieder, die selbst wieder Bilder d. i. Vorstellungen sind, entspringt, die Materie dieser letzteren aber gleichgiltig für den Zusatz ist, so haben wir jene Glieder nur insofern sie überhaupt Vorstelluugen, nicht aber insofern sie diese oder jene Vorstellungen sind, ins Auge zu fassen. Als Vorstellung nun besitzt jedes derselben eine logische und eine psychische Seite, jenachdem man ihren Inhalt, das Was, oder ihre Stärke, das Wie des Vorstellens berücksichtigt. Bezüglich des erstern können die Glieder nun entweder gleichen oder mehr oder weniger verschiedenen, jedenfalls aber müssen sie als Glieder einer und derselben Form vergleichbaren Inhalts sein. Bezüglich der letzteren kann, auch bei gleichem Inhalt, die eine lebhafter als die andere, jedenfalls aber muss ihre beiderseitige Intensität durch ein gemeinschaftliches Mass, oder muss wenigstens die eine durch die andere messbar sein.

3*

§. 83. Halten wir dieses im Auge, so erhellt von selbst, dass in allen denjenigen Fällen, in welchen Vorstellungen, sei es dem Inhalt sei es der Stärke nach unvergleichbar sind, eine ästhetische Form niemals zu Stande kommen könne. Dergleichen sind von vornherein auszuschliessen.

§. 84. Da die Vorstellungen von ihrem concreten Inhalt abgesehen, im allgemeinen keine andern Gesichtspunkte, als den einer gewissen Energie und den eines gewissen Was des Vorstellens darbieten, so folgt, dass alle Beziehungen zwischen denselben, aus welchen bei vollendetem Vorstellen Gefallen oder Missfallen hervorspringt, nur entweder dem ersteren oder dem letzteren angehören, nur die Quantität oder die Qualität des Vorstellens angehen können. Unter jener verstehen wir die Intensität, unter dieser den Inhalt des Vorstellens.

§. 85. Der Gesichtspunkt der Qualität aber zerfällt von selbst in weitere Unterabtheilungen. Sieht man von der concreten Beschaffenheit des Inhalts ab, so lassen sich nicht mehr als drei Fälle denken: es sind die Qualitäten beider im Zusammen befindlicher Vorstellungen entweder gleich oder ungleich, im letztern Fall entweder unvergleichbar oder doch vergleichbar, d. h. sie haben entweder gar nichts oder doch einen Theil ihres Inhalts gemein mit einander. Da in unserem Falle nur auf die Qualität gesehen wird, so würden sich Vorstellungen von gleicher Qualität, die sich sonach nur rücksichtlich der Quantität ihres Vorstellens unterscheiden könnten, durch gar nichts unterscheiden, d. h. sie würden nicht bloss gleich, sondern vollkommen identisch, eine einzige, nicht zwei Vorstellungen sein. Damit fiele aber die Möglichkeit einer ästhetischen Form überhaupt hinweg, denn diese setzt nach Obigem (§. 81.) wenigstens zwei Glieder voraus. Der erste Fall ist sonach gleich auszuschliessen.

§. 86. Ebenso der zweite, in welchem die Qualitäten beider Glieder nicht nur ungleich, sondern unvergleichbar (disparat) wären (§. 83.) Folglich bleibt nur der dritte übrig, in welchem die Qualitäten beider Glieder zum Theile gleich, zum Theile zwar ungleich aber doch vergleichbar sind, d. i. in gewisser Beziehung unter einen gemeinschaftlichen Gesichtspunkt fallen. Einen in diesem Sinne ungleichen Inhalt nennen wir entgegengesetzt.

§. 87. Die drei möglichen Fälle, die unter den Gesichtspunkt der Qualität fallen, reduciren sich daher auf den einzigen, in welchem die Qualitäten beider Glieder theilweise gleich, theilweise entgegengesetzt sind. Dieser selbst aber zerfällt wieder in drei, jenachdem in den beiderseitigen Qualitäten das Gleiche das Entgegengesetzte überwiegt, oder umgekehrt des Entgegengesetzten mehr als des Gleichen, oder endlich des Gleichen ebensoviel als des Entgegengesetzten ist. Im letztern Falle unterscheiden sich, da von der concreten Inhaltsbeschaffenheit ebenso wie von der Quantität abgesehn wird, beide Qualitäten offenbar gar nicht von einander, sondern sind vom blossen Gesichtspunkt der Qualität aus als identisch anzusehn. Die Bedingung des Zusammen, dass wenigstens zwei Glieder vorhanden sein sollen, ist somit hier ebenso wenig wie oben §. 86. erfüllt. Dieser Fall ist daher von den möglichen gleichfalls auszuschliessen.

§. 88. Abermals reduciren sich die drei möglichen Fälle, jedoch diesmal auf zwei: der überwiegend gleichen, und der überwiegend entgegengesetzten Qualität. Da von der Quantität abgesehen wird, so sind die Vorstellungen, insofern sie der Qualität nach gleich sind, wirklich als identisch zu betrachten und sonach überwiegt im ersten, unterwiegt im zweiten Fall die Identität beider Formglieder.

§. 89. Ob jeder der beiden letztgenannten Fälle sich noch weiter zerspalten lasse, werden wir später sehen; für jetzt muss einleuchten, dass ein dritter coordinirter nicht denkbar sei. Der Gesichtspunkt der Quantität aber bietet keine Gelegenheit zu weiteren Untertheilungen dar. Denn Vorstellungen, bei welchen vom Inhalt abgesehen wird, können sich der Intensität nach nur als stärkere und schwächere, durch ein Mehr oder Minder unterscheiden.

§. 90. Sonach ergeben sich drei Hauptfälle, in welchen die Bedingungen ästhetischer Formen so weit erfüllt sind, dass wir jetzt nur das ästhetische Urtheil unter Beobachtung der gehörigen Vorsicht zu befragen haben, welchen Bescheid es rücksichtlich des Gefallens oder Missfallens derselben auf evidente Weise ertheile.

§. 91. Rücksichtlich des ersten, der reinen Quantitätsform nun lautet derselbe: Die stärkere gefällt neben der schwächeren Vorstellung, die schwächere missfällt neben der stärkeren Vorstellung. Rücksichtlich der beiden andern, der reinen Qualitätsformen, lautet derselbe: Die überwiegende Identität der Formglieder gefällt, der überwiegende Gegensatz derselben missfällt unbedingt.

A. Die reine Quantitätsform.

§. 92. Wird von einer Vorstellung der Inhalt hinweggedacht so bleibt ihre Intensität übrig, d. i. ein gewisses Quantum des Vorstellens. Wenn nun eine Vergleichung zweier Vorstellungen angestellt und in beiden vom Inhalt abgesehen wird, so werden lediglich zwei Quanta des Vorstellens mit einander verglichen. Sind beide gleich, so sind die Vorstellungen identisch, und die Bedingung eines ästhetischen Verhältnisses fällt hinweg. Sind sie ungleich, so ist das Quantum der einen ein Theil des Quantums der andern, da sie nach der Voraussetzung commensurabel sein müssen, also in der einen ein Mehr des Vorstellens, in der andern ein Minder. Wenn nun alle Hemmung des Vorstellens Unlust erzeugt, so muss dort wo ein Mehr des Vorstellens ist, wenigstens der Unlust weniger sein, als wo ein Minder desselben vorhanden ist. Da nun in der ästhetischen Betrachtung vollendetes Vorstellen, d. h. ungehemmtes stattfindet, so ist dort, wo des ungehemmten Vorstellens mehr ist, nothwendig mehr Lustgefühl als dort, wo dessen weniger ist, daher wird die stärkere Vorstellung als solche d. h. als intensiveres Vorstellen nothwendigerweise mehr gefallen, als die schwächere d. i. das minder intensive Vorstellen.

§. 93. Das Vorstellen des Grossen und Kleinen ist aber nichts Anderes als ein Mehr oder Minder des Vorstellens. Alle Grössenvorstellung im weitesten Sinn erfolgt durch Wiederholen einer Einheit, d. h. durch Messen und Zählen. Wird nun das Vorstellen der letztern als Einheit des Vorstellens angesehen, so ist überall dort wo ein Mehr der Einheiten ist, auch ein Mehr des Vorstellens und das Grössere wird sonach als dieses, und um des Mehr des Vorstellens willen gefallen gegen das Kleinere. Und zwar ist dies, jenachdem die Einheit räumliche oder zeitliche ist, sowohl bei der extensiven als intensiven Grösse der Fall. Daher lässt sich allgemein aussprechen: Das Grosse gefällt neben dem Kleinen, das Kleine missfällt neben dem Grossen.

§. 94. Wo der Glieder, d. i. der Quanta nur zwei und beide nach der Voraussetzung commensurabel sind, wird das Eine zum Mass des Andern. Wird das Schwächere gesteigert, so verringert sich das Missfallen und verschwindet ganz, sobald jenes den Grad des ursprünglich Stärkeren erreicht, kehrt sich aber, sobald dieser überschritten ist, gegen das vorher Stärkere, welches nun zum Schwächern geworden ist. Wird dagegen das Stärkere verringert, so missfällt zwar das Schwächere in minderem Grade, weil sein Abstand von jenem kleiner wird, aber dafür gesellt sich ein neues Missfallen hinzu, indem das Bild der vorigen Höhe des Stärkeren übrig geblieben ist, und dieses mit seinem vorigen Standpunkte verglichen, nun seinerseits missfällt.

§. 95. Da das Gefallen der Quantität nur auf diese gebaut, von der Qualität dabei ganz abgesehen wird, so können Schwierig· keiten dort entstehen, wo die Qualität selbst quantitativer Beschaffenheit ist. So ist das Zarte, Milde an sich eine quantitative Beschaffenheit und müsste daher mit der Stärke, die gleichfalls eine solche ist, verglichen eigentlich missfallen. Dies geschieht nun auch sobald lediglich von der Stärke die Rede ist. Wird aber mit Rücksicht auf die Homogeneität der Formglieder Milde mit Milde verglichen, so zeigt es sich, dass die grössere Milde als grössere gefalle, obgleich sie als Milde eigentlich einen geringeren Grad von Energie ausdrückt, die geringere Milde missfalle, obgleich sie als höherer Stärkegrad eigentlich gefallen zu sollen schiene. Dieser scheinbare Widerspruch erklärt sich aus der Bedingung, dass die Glieder des Verhältnisses vergleichbar sein müssen. Sind sie es der Qualität nach nicht, so können sie es immerhin der Quantität nach sein; sind sie dagegen der Qualität nach nicht nur vergleichbar, sondern gleich, so sind sie noch überdies vergleichbar nach der Quantität. Milde und Strenge nun sind der Qualität nach ungleich, aber der Quantität nach vergleichbar, und von diesem Gesichtspunkt aus gefällt die Strenge. Milde und Milde sind der Qualität nach gleich, aber der Quantität nach vergleichbar, und hier gefällt die grössere Milde, die mit der Strenge verglichen um so mehr missfallen müsste.

§. 96. Das Wachsen des Stärkern ist so unbeschränkt wie das Abnehmen des Kleineren; nur wächst Beifall und Missfallen in demselben Verhältnisse. Da die verglichenen Quanta aber Quanta des Vorstellens sind, so folgt, dass wo das letztere sein Ende erreicht, auch das Gefallen das seine finden muss. Jenes, das wirkliche Vorstellen verwandelt sich über eine gewisse Grenze hinaus in blosses Streben vorzustellen und zwar in ein solches, das fortwährend misslingt. Die Folge ist statt des Gefallens, vielmehr ein Unlustgefühl, welches das Streben ein grösseres als jedes denkbare Quantum vorzustellen, begleitet, in Folge dessen das wirkliche gegen das angestrebte Vorstellen selbst klein und missfällig erscheint.

§. 97. Daraus entspringt das Wohlgefallen am unendlich Grossen, dessen Vorstellung bloss angestrebt, verglichen mit allem denjenigem Grössen, deren Vorstellung vollendet wird. Als Angestrebtes liegt es über jedes erreichbare Quantum des wirklichen Vorstellens hinaus; da aber jedes Anstreben eine Vorstellung vom Erstrebten voraussetzt, liegt es als Vorstellung des Erstrebten zugleich innerhalb des Vorstellens. Daraus folgt der Widerspruch, dass wir das Unendliche zugleich vorstellen und nicht vorstellen, zu fassen und nicht zu fassen vermögen, um des letzteren willen uns klein und unbedeutend, um des erstern willen dagegen selbst gross und unendlich erscheinen. Derselbe löst sich dadurch, dass das Vorstellen das einemal ein wirkliches, das andremal ein bloss angestrebtes ist, und das Streben nach dem Unbegrenzten über jede Begrenzung hinausgeht. Der Ausdruck dieses Widerspruches ist die Form des Erhabenen.

§. 98. Dieselbe ist jedoch keine ursprüngliche mehr, weil darin auf den Stoff des Verhältnisses, die Qualität der Verhältnissglieder bereits Rücksicht genommen, das wirkliche Vorstellen der Quantität nach mit dem blossen Streben vorzustellen, Endliches mit Unendlichem verglichen wird. Die reine Quantitätsform sieht von der Qualität der Glieder gänzlich ab, und vergleicht blosse Quantitäten des Vorstellens mit eben solchen Quantitäten, Endliches mit Endlichem. Daraus entspringt die Form des Grossen, in welcher beide Formglieder begrenzte sind, während in der des Erhabenen das eine als blosses Streben vorzu-

stellen, selbst un begrenzt ist. Das Erhaltene wird daher ebenso nothwendig unbestimmt, als das Grosse stets bestimmt bleibt; und wird
durch das Dunkel begünstigt, während dieses die Helle des Tages sucht.
§. 99. Der ästhetischen Quantitätsform hat Herbart den Namen der Vollkommenheit gegeben, unter welchem sie in der einzigen von ihm ausgeführten Partie der Aesthetik, in der Aesthetik des Willens, in der praktischen Philosophie, auftritt. Derselbe erscheint so lang,
als das Mass der Verglichenen nur innerhalb dieser selbst und
zwar, da nur zwei Glieder gegeben sind, in dem grösseren von
beiden gesucht wird, völlig ausreichend. Das stärkere Glied stellt
für das schwächere das zu erreichende Ziel, also dessen relative
Vollkommenheit vor, mit dessen Erlangung für dieses das Missfallen aufhört. Keineswegs aber folgt daraus, dass das Stärkere
selbst keiner weiteren Fortbildung fähig, oder dass mit der Erreichung eines gewissen Intensitätsgrades auch jede andere qualitative Vollkommenheit erreicht sei. Vielmehr ist nicht nur alle
erreichte quantitative Vollkommenheit bloss relativ, sondern die
qualitative Vollkommenheit hier gänzlich bei Seite zu lassen. Das
ästhetische Gefallen oder Missfallen nach der Form der Vollkommenheit
bezieht sich in gar keinem Falle auf das Was, sondern ausschliesslich auf das Wie des Vorstellens, auf das Quantum, nicht auf
das Quale, also auf Menge, Fülle, Reichthum, Kraft,
Grösse, Umfassung, nicht aber etwa auf Wahrheit, Güte-
Trefflichkeit, Angemessenheit u. s. w. Der Schein qualitativer Vollkommenheit kann nur dort entstehen, wo die Qualität eines
Dinges selbst in einem Quantum gelegen ist. Dann erreicht dasselbe mit der Erlangung dieses Quantums, seiner quantitativen, allerdings auch sein Quale, seine qualitative Vollkommenheit. Das Gefallen aber, das sein jetziges Quantum neben dem früheren trifft.
gilt doch nur diesem, abgesehen von dem Umstand. dass es zugleich des Quale des Dinges ausmacht.
§. 100. Keinerlei Beurtheilung pflegt, wie schon Herbart mit Recht
angemerkt hat, den Menschen geläufiger zu sein, als die nach der
reinen Quantität. Da sich dieselbe als eine allgemeinste Form an
den sonst heterogensten Objekten finden kann, so verleiht sie ästhetisches Gefallen oder Missfallen auch dort, wo keine andere
der Qualität näherstehende ästhetische Form Zugang findet. Auch
das in anderer Hinsicht entschieden Verwerfliche, der künstlerisch

wie der sittlich Verirrte kann unter den Gesichtspunkt der Grösse allein gestellt noch lebhaften Beifall erwecken. Bei kriegerischen Völkern und Ständen macht sie beinahe das ganze Register des absolut Wohlgefälligen und Missfälligen aus; kraftvollen des vollen Inhalts ihres persönlichen Strebens sich bewussten Naturen wie Götbe's, Fichte's und Lessing's scheint dem wörtlichen Ausdruck nach die ganze Fülle des Erstrebenswerthen in die blosse Form wohlgefälliger Energie aufgegangen zu sein. („Wer immer strebend sich bemüht, den können wir erlösen.") Mag der Begriff der wahren Grösse nach Stand Zeitalter und Bildung noch so verschieden sein, in der Schätzung dessen, was jedem für Grösse gilt, begegnen einander Alle. Der Bauer bewundert die Kraft, die den Stein aus seinem Acker, der Geologe die, welche den Himalaya aus der Tiefe des Erdkerns gehoben hat, aber die Kraft bewundern beide. Fichte fand Napoleon so gross, dass er ihn eben um seiner Grösse willen als Feind der Menschheit ansah; die Mörder Cäsar's „zerlegen" ihn, „ein Mahl für Götter."

B. Die reinen Qualitätsformen.

§. 101. Sehen wir von der Quantität der im Zusammen befindlichen Vorstellungen ab, und lediglich auf deren Qualität, so ergeben sich nach §. 91. nur zwei mögliche ästhetische Formen, deren eine auf der überwiegenden Identität derselben ruhend, absolut wohlgefällig, die andere, auf den überwiegenden Gegensatz gegründet, absolut missfällig ist, die Harmonie und Disharmonie.

a. Die harmonische Qualitätsform.

§. 102. Dass das Lustgefühl, welches durch das Harmonische erweckt wird, auf der überwiegenden Identität der Qualitäten der Formglieder beruhe, hat durch Helmholtz's Beobachtungen über consonirende Tonempfindungen auch auf empirischem Wege eine gewichtige Bestätigung gewonnen. Seine Entdeckungen haben bewiesen, dass die Consonanz der Tonempfindungen auf der Coincidenz gewisser Obertöne, die mit dem Grundton zugleich vom Ohre vernommen werden, so wie auf deren gänzlichem oder überwiegendem Nichtzusammenfallen (den Schwebungen) die Dissonanz der Töne beruhe.[*] Es ist also gezeigt,

---

[*] Die Lehre von den Tonempfindungen etc. S. 287 ff. Vgl. auch Wundt Vorles. über die Menschen- und Thierseele S. 167 ff.

dass die consonirenden Tonempfindungen in ihren Qualitäten dasjenige, was auf die zusammenfallenden Obertöne sich bezieht, g e m e i n haben müssen, und es erklärt sich daraus das ihr Zusammenempfunden- werden begleitende Gefallen. Aehnliches wird man in Zukunft viel- leicht auch von den harmonischen Farbenempfindungen auf em- pirischem Wege nachzuweisen im Stande sein. Wenigstens ist es auffallend, dass gerade jene Farbenempfindungen mit einander harmoniren, von denen jede die complementäre der andern ist. Da nun bekanntlich das farbig gereizte Auge ein subjektives Nach- bild in der complementären Farbe zeigt, so läge es nahe, den Grund des Wohlgefallens zweier harmonirenden Farbenempfindungen in der Coincidenz des subjektiven Nachbildes je einer mit der an- dern Farbenempfindung zu vermuthen, das Verhältniss zwischen Farbenempfindung und deren complementären Nachbild, wie das zwischen Grund- und Oberton anzusehen *).

§. 103. Allgemein dargestellt wird das Identische des Inhalts beider Formglieder Ve r s c h m e l z u n g, das Entgegengesetzte H e m- m u n g herbeizuführen trachten. Jene, die infolge der theilweisen Einer-

---

*) Gegen die Farbenlehre von Chevreul, Rumford und Goethe, die sich darauf stützt, dass das Auge ein Bestreben habe, fortwährend die ganze Summe seiner Funktionen wirken zu lassen und sich die Nervenhaut daher, wenn eine oder zwei der drei Hauptfunktionen durch äussere Ursachen angeregt seien, im Maximum der Tendenz nach der gleichzeitigen oder im Nachbild erfolgenden Produktion der Ergänzungsfarbe befinde, hat man geltend gemacht, dass nicht jede Farbe genau ihr Complement hervorrufe und nach einer Entdeckung von Helmholtz, Gelb und Blau auch Weiss geben. (Vgl. R u e t e: Ueber die Exi- stenz der Seele S. 28). Letzterer Einwand wird dadurch ausser Kraft gesetzt, dass wie W u n d t (Vorl. über die Menschen- und Thierseele S. 150) bemerkt, die drei Grundfarben nur s u b j e k t i v e Grundfarben, Empfindungen seien, und alle Licht- und Farbenmischung zunächst und an sich nicht auf einer Mischung der objektiven Lichtarten, sondern auf einer Mischung mehrerer Empfindungen sich begründe. Die physiologische Optik nimmt nun an, dass jede Licht- und Farbenempfindung auf einer Erregung der Netzhaut unseres Auges, die Empfin- dung des Rothen natürlich auf einer anderen als die des Blauen u. s. w. be- ruhe. Man kann nun entweder für sämmtliche drei Grundempfindungen e i n e r- lei Endorgane auf der Netzhaut, die auf dreifache Art in Erregung versetzt werden, oder man kann für jede derselben b e s o n d e r e Endorgane voraus- setzen. Zwischen beiden Annahmen ist noch nicht mit Sicherheit entschieden. Hält man die letztere, für welche sich Helmholtz erklärt hat, als die einfachere

leiheit der Qualitäten erfolgen sollte, wird durch diese, welche die Formglieder auseinanderhält, gehindert. Der Gegensatz s p a n n t die Glieder, welche die Identität v e r e i n i g e n will. Dadurch entsteht ein Zustand, dem der Frage ähnlich. Ueberwiegt nun die Identität der Glieder, so löst sich diese Spannung; der spannende Gegensatz wird überwunden, ohne vernichtet zu werden; die Verschmelzung findet statt und damit ein Lustgefühl.

§. 104. Im Einzelnen psychologisch untersucht, findet in den Stadien des Vorgangs bei Vorstellungen verschiedener Inhaltsgattungen die „vollkommenste Ungleichartigkeit" statt. Das Harmonische z. B. in Tönen und Farben beruht auf der Verschmelzung vor der Hemmung, oder dem Streben dahin. Das räumliche und

fest, so reizt jede in der Natur wirklich vorkommende Licht- und Farbenerregung jede der drei Arten von Endorganen, nur in verschiedenen quantitativen Verhältnissen, also z. B. die Endorgane des Rothen stark, die des Blauen und Gelben schwach. (Vgl. Wundt a. a. O. S. 156, der aber für Blau und Gelb Grün und Violett als Grundfarben setzt, während Ruete a. a. O. S. 29 bei den bisherigen stehen bleibt). Es findet also bei jeder concreten äusseren Farbenempfindung in der That ein gleichzeitiges Empfinden m e h r e r e r Farben, wie bei jeder concreten äusseren Tonempfindung ein gleichzeitiges Hören m e h r e r e r Töne, des Grundtons und seiner Obertöne statt, und die Qualität der concreten Farben ist so wenig wie die der concreten Tonempfindung e i n f a c h. Dieselben können daher so gut wie die letzteren mit Rücksicht auf Gleichheit und Ungleichheit verglichen und kann der Grund des Wohlgefallens an der Verbindung zweier concreten Farbenempfindungen ebensowohl wie solcher Tonempfindungen in der überwiegenden Identität, oder dem überwiegenden Gegensatz ihrer Qualitäten gesucht werden. Die concrete Farbenempfindung, die wir nach ihrem überwiegenden Bestandtheile R o t h nennen, gerade so wie der Grundton den Namen für die Tonempfindung gibt, enthält zugleich die Empfindungen Blau und Gelb (wenn wir Roth, Gelb, Blau als Grundempfindungen des Auges festhalten), also die Mischempfindung Grün, obgleich schwach. Umgekehrt schliesst die concrete Farbenempfindung Grün auch Roth ein, weil gleichzeitig mit den Endorganen des Blau und Gelb auch die des Roth obgleich schwächer erregt worden sind. Die Qualität der concreten Farbenempfindung Roth ist demnach Roth als Haupt-, Grün als Nebenfarbe; die Qualität der Farbenempfindung Grün umgekehrt Grün als Haupt-, Roth als Nebenfarbe. Werden nun Roth und Grün als concrete Farbenempfindungen z u g l e i c h vom Auge empfunden, so ist jede Hauptfarbe der einen zugleich die Nebenfarbe der anderen; ihre beiderseitigen Qualitäten sind also ü b e r w i e g e n d identisch, und darin liegt der Grund der Wohlgefälligkeit jener Farbenverbindung als einer Farbenharmonie.

zeitliche Schöne dagegen setzt Räumliches und Zeitliches voraus, und hiermit die abgestufte Verschmelzung (Herb. Lehrb. z. Einl. 4. Aufl. S. 126.) Im Allgemeinen aber muss jedes ästhetische Gefühl zwei Perioden durchmachen: die einer Spannung und die einer Lösung. (Volkm. Psych. S. 323.) Beim Harmonischen verschmelzen die getrennten; beim Disharmonischen möchten sie gern auseinandertreten, werden aber durch das wenngleich nicht überwiegende Identische widerwillig z u s a m m e n g e h a l t e n.

§. 105. Die Identität überwiegt offenbar dann am stärksten, wenn sich der Inhalt des einen Gliedes gänzlich in dem des andern wieder findet, und das Zusammenfallen mit diesem nur durch Dasjenige, was sich wohl am einen, nicht aber am Inhalt des andern vorfindet, verhindert wird. So enthält das A b g e b i l d e t e offenbar Alles, was das B i l d, aber ohne Zweifel gar Manches, was dieses nicht enthält. Im Moment wo dasselbe für den Betrachter aufhören würde, B i l d, d. h. wo es anfinge, das Abgebildete selbst zu sein, würde mit der Identität beider Formglieder das ästhetische Verhältniss des Harmonischen verschwinden. Daher ist die vollkommene I l l u s i o n, so weit sie gelingt, auch vollkommen unästhetisch. Zeuxis Vögel, die an den Trauben p i c k t e n, waren schlechte Aesthetiker.

§. 106. Die Identität ist hier so gross, als sie nur überhaupt sein d a r f. Die Qualität des einen Gliedes steht zu jener des andern im Verhältniss der Unterordnung. Jene ist reicher, denn sie enthält Alles, was diese, diese ärmer, denn sie entbehrt Manches, was jene hat. Weil wir die Zeichnung eines Kopfes charakteristisch nennen, wenn sich an ihr kein Zug findet, der nicht am Originalkopfe enthalten ist, obwohl mancher fehlen mag, den man an jenem auch antrifft, so geben wir dieser Form der Harmonie den Namen der F o r m d e s C h a r a k t e r i s t i s c h e n. Was dem Nachbilde auch mangeln mag, und das Vorbild besitzt, die Form des Harmonischen bedingt schon, dass des vorhandenen Identischen mehr als des Mangelnden sei.

§. 107. Dem Charakteristischen gegenüber steht das Charakterlose. Sein Bestimmendes liegt darin, dass das Nachbild nicht nur Züge, die am Vorbilde nicht vorhanden sind, sondern dergleichen so viel enthält, dass des Identischen weniger als des Mangelnden wird. Jene sind zugleich fremdartig und überflüssig; durch letztern Umstand wird das Bild unähnlich und disharmonisch.

§. 108. Dabei versteht es sich von selbst, dass das Was des Abgebildeten gleichgiltig sei. Nicht dass dies oder jenes, dass überhaupt ein Vorbild im Nachbilde wiederholt werde, macht das Wesen des Charakteristischen aus. Daher kann das Vorbild ebensowohl an sich schon wohlgefällig als missfällig, es kann in der Welt des Seienden, Natur und Geschichte, g e g e b e n, oder im freien Schwung der Phantasie e r f u n d e n sein, ohne dass jene Form hiedurch eine Abänderung erleide. So bildet die Gesinnung das wirkliche Wollen, die in Natur und Geschichte g e g e b e n e die Welt der dieselbe n a c h a h m e n d e n Künste vor: so können die absolut wohlgefälligen Formen zusammengenommen das Vorbild abgeben zu einem dieselben abspiegelnden Nachbilde, welches die S c h ö n- h e i t ist. An sich rein formell, hängt es von der Beschaffenheit des Vorbildes ab, ob die wohlgefällige Uebereinstimmung desselben mit dem Nachbilde durch die wohlgefällige Qualität des Vorbildes als solchen um ein weiteres Gefallen vermehrt werden solle.

§. 109. Es gibt kaum eine ästhetische Form, welche allge- meiner anerkannt und angewandt würde, als die des Charakteristi- schen. Mit dem einzigen obgleich wesentlichen Unterschied, dass dabei irriger Weise an ein gewisses qualitativ bereits bestimmtes Vorbild ge- dacht zu werden pflegt, welches im Abbilde nachgeahmt werden soll. So fordern die Einen, dass die Idee, die Andern, dass die Natur, die Drit- ten dass Gott, die Vierten, dass die Antike zum Vorbilde genommen werde. Gerade das W a s des Nachzuahmenden aber geht die Form des Charakteristischen nicht, dagegen geht sie das W i e an. In der Uebereinstimmung des Bildes mit dem Abgebildeten gleichviel wel- ches es sei liegt der absolute Grund des Gefallens.

§. 110. Die Form des Charakteristischen pflegt man auch sonst wohl mit dem Namen der Wahrheit zu bezeichnen. Dieser Ausdruck ist zweideutig, denn er kann zu dem Glauben verleiten, dass das abzubildende Vorbild selbst e i n oder d a s W a h r e sein müsse. Die theoretische Wahrheit, die Uebereinstimmung des Bil- des mit der abgebildeten S a c h e (der Vorstellung mit dem rich- tigen und giltigen Begriff) liegt über die Grenzen der Aesthetik hinaus, die sich bloss innerhalb der V o r s t e l l u n g als solcher ohne Bezug auf die Sache bewegt. Will man demungeachtet von Wahrheit sprechen, so kann diese nur ästhetische, d. h. es kann nur die Uebereinstimmung eines B i l d e s mit einem anderen B i l d e sein, abgesehen davon, ob das abgebildete Bild seinerseits wieder eine S a c h e abbilde. Die Ausserachtlassung dieses Unterschiedes hat die Aesthetik der spekulativen Philosophie, wie die der Baumgarten'schen, welche in dem Schönen nur das Abbild des (theoretisch) Wahren erblickten, verdorben.

§. 111. Aus diesem Grunde darf man die Form des Charakteristischen weder mit der des Symbolischen noch des Sinn- oder Bedeutungsvollen verwechseln. Diese alle haben mit ihr zwar den Umstand gemein, dass ein Vorbild im Nachbild abgebildet wird, aber sie unterscheiden sich von ihr dadurch, dass das W a s dieses Vorbildes nicht nur nicht gleichgiltig ist, sondern an sich selbst schon einen wesentlichen Werth besitzt. So wird im Symbolischen entweder Gott oder die Idee oder die Natur als Vorbild im Nachbilde symbolisirt; im Sinn- und Bedeutungsvollen ein Sinn oder eine Bedeutung im Abbild verkörpert, oder das Wesen des Schönen darin gesucht, dass das Uebersinnliche im Sinnlichen, die Idee im begrenzten Stoffe erscheine d. h. abgebildet werde. Alle genannten Formen sind, insofern dabei Rücksicht auf die concrete Materie der Formglieder genommen wird, nicht mehr rein ästhetische.

§. 112. Während in der Form des Charakteristischen e i n s e i - t i g e s, findet in jener d e s E i n k l a n g s, welche alle übrigen Formen des Harmonischen umfasst, gegenseitiges Abbilden beider Formglieder statt, jedoch so, dass jedes derselben ausser dem ihm mit dem anderen Gemeinsamen noch etwas ihm besonders Eigenthümliches und dem des anderen Entgegengesetztes einschliesst. Jedes der beiden Formglieder ist demnach beziehungsweise reicher, aber auch jedes wieder ärmer als das andere. Während das Gemeinsame beide zu einander hinzieht, strebt das Entgegengesetzte sie von einander zu entfernen. Da jedoch das Identische überwiegt, ohne doch das Entgegengesetzte gänzlich vernichten zu können, so entsteht H i n n e i g u n g des Einen gegen das Andere, während das Entgegengesetzte beide hindert, völlig zusammenzufallen.

§. 113. Wie stark oder wie schwach diese Hinneigung und das ihr entsprechende Lustgefühl ausfalle, geht die Form des Einklangs nichts, sondern höchstens die davon unterschiedene des Vollkommenen an. Ebenso ist auch das Wás des im Einklang Befindlichen von diesem selbst unabhängig. Ob dasselbe an sich selbst schon ein Angenehmes oder Werthvolles oder von beiden das Gegentheil sei, hebt das Wohlgefallen, das der Einklang erregt, nicht auf, sondern fügt nur in jenem Fall ein Gefallen, in diesem ein Missfallen aus zweiter Hand hinzu. An der Materie des Einklangs zwischen Tönen (Consonanz), d. i. an den einzelnen Tonempfindungen können stoffliche Gefühle haften. So liebt der Eine z. B. den Geigen-der Andere den Flötenton. Das Wohlgefallen aber, welches die Harmonie der Töne erregt, ist von diesem Beha gen an der Klangfarbe zu trennen. Wie verwerflich uns auch die Tendenzen Uebel- aber Gleichgesinnter von anderen Gesichtspunkten aus betrachtet erscheinen mögen, das Wohlgefallen, das der Einklang ihrer Gesinnungen erweckt, wird dadurch nicht aufgehoben. Die Harmonie, welche nach der Kant'schen Erklärung des Schönen zwischen den verschiedenen Geistesthätigkeiten des Sinnes und Verstandes, wie jene, welche nach Schiller's Definition zwischen Form- und Stofftrieb stattfindet, gefällt als solche in beiden Fällen aus ganz gleichem Grund.

§. 114. Die einfachsten Fälle, in welchen die Form des Einklangs sicht- und hörbar wird, sind die sogenannten symmetrischen Formen in Raum und Zeit, die Consonanzen der Farben und Töne, in der Poesie die Metapher welche auf der überwiegenden Identität des Inhalts zweier Vorstellungen beruht, der Reim, im Reiche des Fühlens das Mitgefühl, die Liebe, in dem des Wollens das Wohlwollen, die Güte. Distanzen gleicher Länge in entgegengesetzter Richtung von einem gemeinschaftlichen Berührungspunkt aus gerechnet gefallen in dem Grade, als das Identische ihres Inhalts, die Längen, das Entgegengesetzte, die Richtungen, im vollendeten Vorgestelltwerden überwiegt. Bei den Seiten eines gleichschenkelichen Dreiecks stellen die gleiche Länge der Schenkel und ihre gleiche Neigung gegen die Basis das Identische, die Lage derselben das Entgegengesetzte vor. Die Prime und Oktave, die Duodecime und zweite Oktave consoniren absolut, weil der höhere

Klang mit einem der Partialtöne des tiefern zusammenfällt *);
die complementären Farbenempfindungen geben gute Harmonien,
weil jede die andere zum subjektiven Nachbilde hat und diese
beide einander zum weissen Lichte ergänzen. In der Metapher wird statt
einer gewissen Vorstellung eine andere gesetzt, deren Inhalt mit
dem jener überwiegende Identität, aber doch zugleich einen Gegensatz besitzt, z. B. das Schiff der Wüste für Kameel. Das Gemeinsame liegt hier darin, dass das Schiff wie das Kameel zum Trans-
port durch unwirthbare Gegenden dient, der Gegensatz darin,
dass das eine auf dem Lande, das andere auf dem Meere gebraucht wird; dieser selbst aber wird dadurch gemindert, dass
das Meer mit der Wüste die Unbewohntheit, den Mangel an Pflan-
zenwuchs, das Trügerische und Gefährliche, ja selbst das äussere
Aussehen, die wellendurchfurchte Fläche, in gewisser Weise
gemein hat. So überwiegt das Gemeinsame und der Gegensatz
verhindert nur mehr das Zusammenfallen. Im Reime findet
Gleichklang, aber nicht nur Verschiedenheit des Sinnes, den das
Wort bezeichnet, sondern wenn er gut ist, auch nicht vollkommener Gleichklang statt. So ist Kommen und Frommen ein guter,
willkommen und entgegenkommen dagegen ein schlechter Reim.
Die Liebe fühlt m i t dem Andern, aber doch ist es nicht d e r Andere,
der in ihr fühlt; die Güte w i l l mit dem Andern, aber doch ist
es nicht Dieser, der in ihr will. Gänzliche Identität beider Fühlenden und Wollenden, wie es z. B. von Schopenhauer gefordert
wird, würde das M i t l e i d in Egoismus, die G ü t e in Selbstsucht
verwandeln **). Wo der Gegensatz v e r n i c h t e t, nicht bloss durch
die Identität ü b e r w o g e n würde, müsste mit dem Dualismus des Einen
und s e i n e s Andern auch die Schönheit ihrer beiderseitigen Uebereinstimmung aufhören.

b. Die disharmonische Q ualitätsform.

§. 115. Wie die Harmonie auf dem Ueberwiegen des Identischen in den Qualitäten beider Formglieder, so beruht die Disharmonie auf dem Ueberwiegen des Entgegengesetzten. Wie aber
jenes nicht so weit gehen darf, dass der Gegensatz vernichtet, so
darf dieses nicht so weit gehen, dass die Einerleiheit aufgehoben

---

*) Helmholtz a. a. O. S. 287.
**) Vgl. I. S. 646 ff.

Z i m m e r m a n n, Aestheti. II. Bd. 4

würde. Dort würden die Glieder zusammenfallen, hier würden sie sich von einander trennen; in jedem Falle würde das Verhältniss aufhören und damit auch das ästhetische Gefallen und Missfallen. Wie das Entgegengesetzte im Einklang die Vereinigung, so hindert hier das Identische die Trennung. Mehr Macht besitzt es nicht, als die disharmonirenden Formglieder gegenseitig festzuhalten, d. h. das Missfallen zu fixiren.

§. 116. Disharmonisches missfällt; und dieses Missfallen beharrt, so lange die Disharmonie bleibt. Da aber der Voraussetzung nach vollendetes Vorstellen stattfindet, so hat das Missfallen in den Vorstellungen allein seinen Grund, und kann daher auch so lange nicht aufhören, als nicht entweder diese Vorstellungen selbst verschwinden, oder doch wenigstens der Inhalt einer oder der andern oder beider sich dergestalt ändert, dass das Disharmonische und damit das Missfallen behoben wird. Geschieht das erste, so hört das Vorstellen überhaupt auf und damit auch das Beurtheilen. Geschieht aber das zweite, dann sind es, da eben der Inhalt sich ändern soll, welcher bei den reinen Qualitätsformen allein in Betracht kommt, nicht mehr die vorigen, sondern neue Vorstellungen, die beurtheilt werden.

§. 117. Im letztern Fall hört daher zwar das Missfallen auf, aber nur deshalb, weil an die Stelle der früheren andere Vorstellungen getreten sind. Und woher können diese gekommen sein? Aus dem Object des Vorstellens, dem disharmonirenden Inhalt, offenbar nicht, denn dieses bleibt was es ist; also nur aus dem Subject des Vorstellens, d. i. aus dem individuellen Vorstellungskreise des Vorstellenden. Dieser schiebt an die Stelle der bisherigen in vollendetem Vorgestelltwerden vorschwebenden andere im Inhalt so veränderte Vorstellungen aus Eigenem unter, dass das Missfallen verschwindet, d. h. dass die jetzt von ihm betrachteten nicht mehr missfallen.

§. 118. Nun herrscht allerdings kein Missfallen und keine Disharmonie mehr; aber die disharmonirenden Vorstellungen sind auch nicht mehr. Der Vorstellende hat sie bei Seite geschoben und andere an ihre Stelle gesetzt, Vorstellungen, die ihm nicht gegeben, sondern die von ihm, damit das Missfallen verschwinde, gemacht sind. Den Platz des im vollendeten Vorstellen gegebenen hat ein künstlich hervorgebrachter Vorstellungsinhalt eingenommen, dessen einziger Zweck und dessen einzige Entschuldigung der Wunsch des Subjects ist, Missfälliges zu vermeiden.

§. 119. Darin liegt die Sanction des auf diese Weise künstlich erzeugten Vorstellungsinhalts. Um Missfälliges zu vermeiden, denkt das Subject nicht mehr das gegebene Disharmonische, sondern ein von ihm selbst erfundenes Anderes, gleichviel was, wenn es nur nichts Disharmonisches ist. Es setzt einen gewissen Vorstellungsinhalt fest, der statt des gegebenen disharmonischen vorgestellt, das Missfallen vermeidet.

§. 120. Auf diese Art wird zwar Friede gestiftet zwischen den disharmonirenden Vorstellungen, aber nur dadurch, dass das Subject an die Stelle des eigentlichen einen scheinbaren Vorstellungsinhalt setzt. Für das Subject, das diesen vorstellt, existirt keine Disharmonie; sie beginnt für dasselbe erst wieder, sobald an die Stelle des scheinbaren, künstlichen, der eigentliche, gegebene Inhalt der Vorstellungen tritt. Das Subject hat daher zwar Ruhe vor Disharmonie, aber nur durch einen willkürlichen Akt; die disharmonirenden Vorstellungen haben Frieden, aber nur durch einen Gewaltstreich, der sie um ihre wahre Qualität gebracht und ihnen eine fremde aufgedichtet hat.

§. 121. Vorstellungen, zwischen welchen keine Disharmonie herrscht, sind als solche correct. Die Form, welche dadurch entsteht, dass die Disharmonie vermieden wird, gleichviel durch welche Mittel, ist die Correctheit. Aus dem Vorigen geht schon hervor, dass sie nicht anders als künstlich, den Vorstellungen aufgedrängt, nicht aus ihnen entsprungen sein könne. Wo disharmonirende Vorstellungen gegeben sind, sind sie als solche gegeben. Das Identische in ihren Qualitäten erlaubt nicht, dass sie sich von einander trennen, das Entgegengesetzte in denselben duldet nicht, dass sie beisammen bleiben. Also bleibt nichts übrig, als sie zu verändern. Da sie sich aber als im vollendeten Vorstellen gegebene nicht ändern lassen, so können sie nur ignorirt und andere für sie erdacht werden, durch welche das Missfallen aufhört.

§. 122. Auffallende Beispiele liefern die Trachten und Moden. Nichts kann disharmonischer sein, als das römische Costume und die gepuderte Frisur. Gleichwol hat der Franzose des 18. Jahrh. vermocht, beides zwar nicht harmonisch aber doch correct, d. h. nicht disharmonisch zu finden. Dieses wäre unmöglich, wenn er an die Stelle des gegebenen, d. i. des eigentlichen Inhalts der Formglieder nicht einen seinerseits gemachten scheinbaren untergelegt hätte. Eine bei Einsicht in den wahren Vorstellungsinhalt einleuchtende Disharmonie ist bei einem künstlich gemachten und unterschobenen Vorstellungsinhalt keine solche mehr. Woher diese Unterschiebung stamme, ob aus Gewohnheit, Erziehung, Stumpfheit der Sinne, wie denn z. B. für die Ohren mancher Völker Septimen und Sekunden nicht disharmonisch klingen *), und für die Augen des Bauers nach dem Sprichwort blau und roth keine hässliche Farbenzusammenstellung ist, diese Frage liegt über das Gebiet der Aesthetik hinaus. Es ist hier ein reiches Feld für physiologische, culturhistorische und ethnographische Untersuchungen. Die Einmischung des individuellen Vorstellungskreises des Subjects öffnet der Wandelbarkeit des Geduldeten in Sachen des Geschmacks einen weiten Spielraum.

§. 123. Die Correctheit, da sie auf künstlicher Fixirung des Vorstellungsinhalts beruht, wechselt, wenn diese sich ändert. Jeder Vorstellungsinhalt, der um Disharmonie zu meiden, an die Stelle des gegebenen gesetzt wird, ist darum nur so lange und für den gut als er und für wen er diesen Zweck erfüllt; von dem Augenblicke an, wo dies nicht mehr der Fall ist, verliert er, für Alle, für die er es nicht thut, hat er nie eine Bedeutung. Der Inhalt der Regel der Correctheit hat, da er aus dem individuellen, nationalen, historischen Subjecte stammt, auch nur für dasjenige Subject Bedeutung, aus dem er stammt.

§. 124. Der zur Vermeidung des Missfallens unterschobene Vorstellungsinhalt ist als solcher positiv, eine festgesetzte Schranke des Vorstellens. Sobald das Subject denselben zu-

---

*) Vgl. Helmholtz a. a. O. S. 345. „Es ist ein historisches Faktum, dass die Grenze zwischen consonanten und dissonanten Intervallen nicht immer dieselbe gewesen ist. Die Griechen z. B. haben immer die Terz als dissonant bezeichnet."

rücknimmt, kehrt das ursprüngliche Missfallen wieder. Da zur ursprünglichen Disharmonie beide Formglieder durch ihren Inhalt beigetragen haben, so trägt auch jetzt der für beide eigentliche unterschobene scheinbare Inhalt gleichmässig zur Vermeidung des Missfallens bei. Mag der Inhalt welcher von beiden Vorstellungen immer vom Subjecte zurückgenommen werden, die ursprüngliche Disharmonie und mit ihr das Missfallen tritt wieder hervor. Das Subject verletzt durch die Rücknahme die Regel, die es sich selbst vorgeschrieben hat, und ladet dadurch das Missfallen auf sich, welches scheinbar auf den an der Stelle des zurückgenommenen wieder auftauchenden ursprünglich gegebenen Vorstellungsinhalt fällt. Dieser erscheint missfällig, nicht weil er ursprünglich disharmonisch war, sondern, weil er den zur Vermeidung des Missfallens vorgestellten Inhalt aufhebt. Dieses Missfallen äussert sich im Versuch der Zurückweisung des ursprünglichen, der Wiederherstellung des an seine Stelle gesetzten Vorstellungsinhalts.

§. 125. Jeder Verletzung einer Regel der Correctheit folgt Missfallen. Die Wiederaufnahme einer verbotenen Vorstellungsweise ist als solche missfällig. Auf den concreten Inhalt weder der wiederaufgenommenen, noch der an ihre Stelle gesetzten Vorstellung kommt es dabei gar nicht an. Was Ursache wird, dass die missfällige Disharmonie wieder hervortrete, wird dadurch selbst missfällig. Hat man sich einmal daran gewöhnt, gewisse Disharmonien nicht disharmonisch zu finden, so wird derjenige zu unserem Feind, der diese Disharmonie schonungslos aufdeckt. Die Form der Correctheit ist ein Schleier, den wir über das gegebene Disharmonische breiten. Wehe dem, der ihn zerreisst!

§. 126. Es wird ihm nicht zur Entschuldigung dienen, dass er durch Vernichtung des künstlichen Scheins, des Nichtmissfallens, das ursprünglich gegebene Sein, wenn gleich ein missfälliges, herstelle. Nicht, dass durch Verletzung der festgestellten Schranken Missfälliges wieder zum Vorschein kommt, dass er die Schranke verletzt, ist das Missfällige. Vergebens wäre daher die Ausflucht, dass er bloss zur Herstellung der Wahrheit die von ihm selbst gesetzte Richtschnur zurückgenommen habe. Jener Zweck selbst als wohlgefälliger gedacht, könnte doch über die Missfälligkeit des Mittels nicht verblenden.

§. 127. Ist er aber auch wohlgefällig? Das Subject hat zur Vermeidung des Missfallens an die Stelle des Disharmonirenden einen Vorstellungsinhalt geschoben, welcher nicht mehr missfällt. Dieser untergelegte nimmt die Stelle des wahren ein, er gilt für den wahren. Aber er ist es nicht. Das Subject überredet sich selbst, dass dieser bloss scheinbare der eigentliche Inhalt, das Gemachte das Gegebene sei. Es setzt Schein für Sein und beurtheilt den Schein als ob er Wahrheit wäre.

§. 128. Man braucht diesen Vorgang nur rein im Denken abzubilden, um zu erfahren, dass das Missfallen an demselben hervorspringe. Im vollendeten Vorstellen, wie es dem Wesen der ästhetischen Betrachtung entspricht, herrscht der eigentliche Inhalt der Vorstellungen, wie er nun einmal gegeben ist, ohne Einmischung des Subjects. Es wird im Subject vorgestellt, nicht aus dem Subject. Dieser Zustand wird durch die Unterschiebung eines Vorstellungsinhalts aus dem Subject, gleichviel wie er beschaffen sei, eines gemachten an der Statt des gegebenen gestört. An die Stelle des ursprünglichen ist durch die Schuld des unterschiebenden Subjects ein anderer getreten, Schein für Sein ausgegeben. Diese Ersetzung des ursprünglichen, natürlichen, durch einen künstlich herbeigeführten Zustand missfällt, und zwar unbedingt, wie das Quale des Ursprünglichen und des Herbeigeführten sonst immer geartet sei. Das Missfallen aber springt auf denjenigen zurück, der die Störung veranlasst hat. Urheber derselben ist das unterschiebende Subject.

§. 129. Verglichen wird hier der ursprüngliche mit dem herbeigeführten, der gegebene mit dem gemachten Zustand. Den gegebenen Vorstellungen ist ein Inhalt als der ihre untergelegt, der ihnen nicht gehört. Das Missfallen daran hört nicht eher auf, als bis der ursprüngliche Zustand wieder hergestellt, an die Stelle des gemachten wieder der gegebene Vorstellungsinhalt getreten ist. So weit der künstliche Schein sich als gegebenes Sein vorgedrängt hat, soweit muss er auch wieder zurückgedrängt werden. Die hieraus entspringende ästhetische Form ist die der Ausgleichung.

§. 130. Mit der Form des Correcten hat sie gemein, dass

sie auf einem ursprünglichen Missfallen beruht, und dass sie Missfälliges vermeidet. Die Geltung des Scheins für Sein missfällt ;
die Wiederherstellung des Seins durch Nachweisung des Scheins
als Schein gefällt nicht, aber das Missfallen hört auf. Der ursprünglich gegebene Vorstellungsinhalt wird an die Stelle des gemachten, der seinen Platz usurpirt hat, restituirt.

§. 131. Durch Wen? Darüber ist in der Form der Ausgleichung nichts ausgesprochen. Die Geltung des Scheins für Sein
missfällt und damit auch der Urheber dieser Geltung, das unterschiebende Subject. Wenn nun der gegebene Inhalt wieder an
die Stelle des gemachten tritt, so hört das Missfallen auf, gleichviel, wie, wodurch und durch wen diese Herstellung des
status quo ante bewirkt sein mag. Das Subject, welches den scheinbaren an die Stelle des wahren Vorstellungsinhalts schob, und so
Urheber des Missfallens an der Geltung des Scheins geworden ist,
kann sich selbst eines besseren besinnen; es kann die Geltung
des Scheins zurücknehmen, ihn selbst für ungiltig erklären und
den gegebenen Vorstellungsinhalt wieder in sein Recht einsetzen,
d. h. es kann, wie es in das vollendete Vorstellen, in's Object, sich eindrängte, sich auch wieder aus demselben zurück-
ziehn. Oder es kann zur Zurücknahme jenes von ihm künstlich
componirten Vorstellungsinhalts gezwungen werden, indem der für
Sein ausgegebene Schein als solcher scheitert, seine blosse Schein-
barkeit offenkundig, seine Geltung unhaltbar wird, und durch
diese Selbstzernichtung des künstlichen der wahre Vorstellungsinhalt wieder im Vorstellen Raum gewinnt. Im ersten Fall hebt
das Subject den Schein auf; im letzteren hebt er sich selbst auf.
In beiden Fällen herrscht Bewegung; im ersten des Subjects
vom gemachten wieder zum ursprünglich gegeben gewesenen Vorstellungsinhalt, im zweiten des Vorstellungsinhalts aus Schein zum
Sein zurück.

§. 132. In jenem Fall erscheint das Subject, in diesem der
Schein selbst als Thätiges. Das sich besinnende Subject nimmt
sein Machwerk zurück; der im vollendeten Vorstellen gegebene zwingt den erkünstelten Vorstellungsinhalt zurückzuweichen. Das Subject ist dort, hier scheint der gegebene Vorstellungsinhalt selbst lebendig.

§. 133. Drei Momente sind in beiden Fällen an der Bewegung zu erkennen. Der erste der gegebene Vorstellungsinhalt v o r, der zweite der erkünstelte n a c h der Unterschiebung, der dritte die Wiederherstellung des gegebenen nach Auflösung des Scheines. Da die objective Qualität des gegebenen Vorstellungsinhalts unwandelbar ist, so kann alle Veränderung desselben nur eine scheinbare sein; der Process der W i e d e r h e r s t e l l u n g ist dem Wesen nach nur eine S e l b s t e r h a l t u n g des im vollendeten Vorstellen Gegebenen. Ein wirklicher F o r t s c h r i t t findet nicht statt; der Vorgang der Ausgleichung ist nur der Rückschritt zum Gewesenen, nur zum Schein Aufgehobenen, Wiederhellwerden des Verdunkelten, nicht neues Licht.

§. 134. Mit der Herstellung des Ursprünglichen, in Wahrheit nie Vernichteten, ist die Bewegung zu Ende. Der Schein des Lebens erlischt; weder das Subject noch der Vorstellungsinhalt bieten mehr das Bild eines Thätigen dar. Das Subject hat sich mit dem im vollendeten Vorstellen gegebenen Object in einen Kampf eingelassen, aus dem das letztere siegreich zurückgekehrt ist. Alles ist wieder wie es war, nicht besser, nicht schlechter. Die v e r s u c h t e Störung ist abgewehrt; ein g e s u c h t e s Ziel ist überhaupt noch nicht vorhanden.

§. 135. In der Form der Correctheit ward vom Subject an die Stelle eines disharmonischen gegebenen, ein künstlicher Vorstellungsinhalt gesetzt, welcher das Missfallen beseitigte. In der Form der Ausgleichung ergibt sich die Missfälligkeit dieser Unterschiebung des Gemachten für das Gegebene und wird dessen Zurücknahme gefordert. Darin liegt der Grund, warum alle e r k ü n s t e l t e Correctheit schon um deswillen Missbilligung erfahren muss, und beständig ein Streben nach ihrer Aufhebung sich fühlbar macht. Zwischen den Formen der Correctheit und der Ausgleichung muss unaufhörlicher Conflict herrschen. Jeder von jener an der Stelle des gegebenen disharmonischen fixirte Vorstellungsinhalt fordert das Missfallen der Form der Ausgleichung heraus, die lieber die offene Kluft als die nur scheinbare Ebene mag.

§. 136. Der Widerwille gegen die Geltung des Scheins beschränkt sich jedoch nicht auf den Fall, wo dieser Schein eine thatsächliche Disharmonie verhüllt. Wer den Schein hasst, hasst

ihn überall, an jedem Ort; den Schein, welcher gegebene Disharmonie verleugnet, nicht minder als den, welcher g e g e b e n e Harmonie versteckt. Das Subject, welches an der Stelle des im vollendeten Vorstellen gegebenen harmonischen, disharmonischen Vorstellungsinhalt e r k ü n s t e l t, trifft der Tadel der Form der Ausgleichung ebenso lebhaft, wie jenes, welches gegebener Disharmonie
ein correctes Mäntelchen umhängt. Das Missfallen, auf welchem die
Form der Ausgleichung ruht, ist von der Qualität der Formglieder
völlig unabhängig. Sei der gegebene und durch den Schein verdrängte Vorstellungsinhalt harmonisch oder disharmonisch, sie verlangt dessen Herstellung.

§. 137. Wenn schon nicht während, so wird doch am Schluss
des Wiederherstellungsprocesses die Qualität des ursprünglich gegeben Gewesenen und nun durch denselben Wiederhergestellten sich
dem ästhetischen Urtheil vernehmbar machen. Wo bisher nur
das Missfallen an der Geltung des Scheines seine Stimme
erhob, da wird, wenn das Gegebene ein Harmonisches war,
nach der Auflösung des Scheines und dem Verschwinden jenes
Missfallens, das Wohlgefallen an der hergestellten Form des
Einklangs, war es dagegen ein Disharmonisches, das Missfallen an diesem sich geltend machen. Und zwar, da es während des Processes durch die Einmischung des individuellen Sub-
jectes zurückgedrängt war, nun mit verdoppelter Stärke. Nichts
Schlimmeres könnte der Grundlegung der Aesthetik widerfahren, als
dass, wie es allerdings naheliegt, die zwei grundverschiedenen
Aeusserungen des ästhetischen Urtheils, die sich in diesem Falle ergeben, zusammengeworfen würden. Die Wiederherstellung des Gegebenen weckt als solche keinen Beifall, sondern hebt nur das an
der Geltung des Scheines bestandene Missfallen auf. Lob oder Tadel, die nach Beendigung der Ausgleichung zurückbleiben, können
daher nicht dieser, sondern sie müssen der Qualität des Ausge-
glichenen gelten. Das Harmonische g e f ä l l t, nicht weil es hergestellt, sondern weil es harmonisch ist; das Disharmonische, obgleich hergestellt, m i s s f ä l l t, weil es disharmonisch ist, beide jedoch
jetzt s t ä r k e r, weil sie verdunkelt gewesen sind.

§. 138. Die Ausgleichung ist zu Ende, wenn das Gegebene
wieder hergestellt ist; ob dieses für sich gefalle oder missfalle küm-

mert die erstere nicht. Ihre Sonne geht auf über Einklänge und Miss-
klänge, mit der Herstellung des Gewesenen erlischt auch ihr Schein
der Beseelung. Wiederherstellung, nicht das Wiederhergestellte ist das Ziel ihres Prozesses. Mit der Erreichung
derselben hört der Process selbst auf.

§. 139. Diese Auffassung verändert sich, wie man die
Qualität des Wiederhergestellten in's Auge fasst. Ist dasselbe
harmonisch, so erscheint der Bewegungsprocess nicht sowohl auf
Wiederherstellung allein, als auf das Harmonische gerichtet, welches dieselbe zurücklässt. Das Residuum des Processes wird zum
Ziel des Processes. Bei disharmonischer Beschaffenheit des Wiederhergestellten ist es derselbe Fall. Da nun das Wiederhergestellte,
aus der Verdunkelung hervorgetreten, stärker gefällt und missfällt,
als ohne dieselbe, weil es den Kampf mit dem Subject zugleich
siegreich bestanden hat, so stellt die Erhöhung des Gefallens
und Missfallens als Zweck sich dar, zu welchem die zeitweise
Verdunkelung durch den Schein des Gegentheils als zweck-
mässiges Mittel dient. Die Veranstaltung des Scheines aber wirft
den Schein der Verständigkeit auf die veranstaltende Urheberschaft
zurück; der Schein der Lebendigkeit, welchen die Form der Ausgleichung erzeugte, verwandelt sich in den einer verständigen
Beseeltheit.

§. 140. Und dies zwar gleicherweise, ob wir die Urheberschaft des als Zweck des Ausgleichungsprocesses zurückgelassenen
Beifälligen oder Missfälligen auf das Subject als Beweger oder
den gegebenen Vorstellungsinhalt als bewegten zurückführen.
Das Subject, das den Schein um der Erhöhung des Gefallens oder
Missfallens des Seins willen erregt, erscheint nicht minder verständig, als der im vollendeten Vorstellen gegebene Vorstellungsinhalt,
der um desto auffälliger zu erscheinen, seine zeitweise Verdunkelung verursacht. Mit gleichem Recht reden wir von dem bewegenden Geist wie von dem Geist der Bewegung.

§. 141. Theoretische Erörterungen, der Metaphysik und Logik wie der Psychologie angehörig, mögen uns bestimmen, der
einen Vorstellungsweise vor der andern, dem transcendenten vor
dem immanenten Geist den Vorzug zu geben. In der ästhetischen
Form der verständigen Beseelung liegen solche Gründe nicht. Der

durch die Form der Ausgleichung allein geforderten Entfernung des Missfallens an der Geltung des Scheins und der in Folge dessen herbeigeführten Wiederherstellung des ursprünglich gegebenen Vorstellungsinhalts wird durch beide genügt. Ob der Schein sich selbst setze, um sich zu vernichten, oder gesetzt werde vom Subject, um ihn wieder aufzuheben, in beiden Fällen entsteht der S c h e i n d e s L e b e n s ; ob er sich selbst setze oder gesetzt werde, d a m i t das am Schluss zurückbleibende Harmonische oder Disharmonische desto a u f f ä l l i g e r werde, in beiden Fällen entsteht d e r S c h e i n d e r G e i s t i g k e i t.

§. 142. Bisher ist nur auf den Umstand, dass der Ausgleichungsprocess überhaupt einen Rest übrig lasse, keineswegs auf die Q u a l i t ä t des Restes, den er zurücklässt, geachtet worden. Ist derselbe ein Harmonisches, so erscheint das Harmonische, ist er ein Disharmonisches, das Disharmonische als Zweck. Der Geist, sei er transcendent oder immanent, der den Schein um des Harmonischen willen s e t z t , ist selbst harmonischer, absolut beifälliger; jener, welcher den Schein um des Disharmonischen willen gesetzt hat, zwar nicht weniger Geist, aber disharmonischer, absolut missfälliger.

§. 143. Der Process der Ausgleichung ist R ü c k s c h r i t t zu dem bereits Gewesenen, der Process der Geistigkeit F o r t - s c h r i t t zur Setzung eines Neuen, noch nicht Gewesenen. Jene s u c h t Wiederherstellung, wenn der Schein statt des Seins gesetzt worden ; die Geistigkeit s e t z t den Schein, damit nach der Ausgleichung das Sein als Residuum zurückbleibe. Die absolut beifällige Geistigkeit setzt den Schein um des harmonischen, die absolut missfällige setzt ihn um des disharmonischen Restes willen.

§. 144. Dort ist Fortschritt zur Harmonie, hier zur Disharmonie. Aber der letztere zerstört sich selbst. Der Geist, der den Schein um des Disharmonischen willen setzt, ist dem absoluten Missfallen unaufhörlich ausgesetzt. Der Process der Ausgleichung zwar ist zu Ende und das Missfallen geschwunden, welches die Geltung des Scheins für Wahrheit trifft; aber das neue Missfallen welches der Disharmonie gilt, ist eingetreten. Der Zweck der Setzung zwar ist erreicht ; dieser selbst ist jedoch keiner, bei dem die Bewegung stehen bleiben kann, solange sie als Geistigkeit die Stimme des ästhetischen Urtheils zu vernehmen fähig ist

Zwar ist dasselbe keine Macht und vermag weder zu befehlen noch zu zwingen; aber es hat auch von Niemanden, wer es auch sei, Befehle anzunehmen oder Gewalt zu leiden. Das vollendete Vorstellen wird immerfort dasselbe Urtheil des Lobes und Tadels im Gefolge haben, und wer ihm beharrlich zuwiderhandelt, die Ruhe desjenigen geniessen, der unter dem überhängenden Felsen zu schlafen versucht.

§. 145. Nur der Abschluss im absolut Beifälligen ist wahrer Abschluss. So entsteht aus den allgemeinen Formen der Ausgleichung und des Fortschritts die des abschliessenden Ausgleichs. Jene für sich entfernt nur das Missfallen; diese für sich kann sowohl zu beifälligem wie missfälligem Ende führen. Nur der abschliessende d. i. zu einem beifälligen Ziel führende und zugleich das Missfallen an der Geltung des Scheins aufhebende Ausgleich gibt der Bewegung das Gepräge harmonischer Geistigkeit.

§. 146. Das nächstliegende Beispiel dieser ästhetischen Form gibt die musikalische Dissonanz. Ihr Wesen besteht nicht bloss darin, dass sie dissonirt, sondern dass sie sich zugleich für consonirend ausgibt. Wäre nur das erstere der Fall, so fiele sie einfach unter die Idee des Einklangs und müsste dem Gebot der Form der Correctheit zufolge gemieden werden. Wenn sie nun nicht gemieden, sondern gebraucht wird, so kann dies nur dadurch geschehen, dass sie zum Mittel herabgesetzt, und die schliessliche Consonanz der absolut beifällige Zweck wird. Zu dem Ende muss sie als Scheinconsonanz auftreten, damit die wahre Consonanz desto auffälliger werde. Durch ihre Auflösung wird nicht nur jener Schein vernichtet, sondern die wahre Consonanz, ein absolut Beifälliges, bei welchem das Ohr sich beruhigt, tritt ein und gewährt mit der befriedigenden Ausgleichung der Störung zugleich einen wohlgefälligen Abschluss.

§. 147. In dem Bewegungsprocess der Form der Ausgleichung lässt sich Anfang Mitte und Ende, aber nur in dem der Form des ausgleichenden Abschlusses ein wahres Ende erkennen. In jenem stellt der im vollendeten Vorstellen gegebene Vorstellungsinhalt den Anfang, der an die Stelle derselben geschobene künstliche die Mitte, der wiederhergestellte ursprüngliche das Ende dar; in diesem muss das Ende und darum auch der Anfang ein Harmonisches sein. Der Ausgleichungsprocess, dessen Anfang und Ende ein Disharmonisches wäre, ist darum ein r u h e l o s e r. Kaum ist der Schein der Harmonie des Disharmonischen verschwunden, so fordert schon wieder das Missfallen an dem offenliegenden Disharmonischem auf, an dessen Stelle ein Harmonisches zu setzen, welches nun selbst wieder ein wahres oder scheinbares sein kann, im letzterem Fall aber neuerdings aufgelöst werden muss u. s. f., bis es im Harmonischen zu einem wahren Abschluss kommt. Die scheinbaren Consonanzen unterhalten, die wahre beendet diesen Process. Derselbe spinnt sich daher so lange fort, als eine scheinbare Harmonie die andere scheinbare ablöst, wodurch der Schein der Beseelung sich über das Ganze ausdehnt und mit der am Schlusse eintretenden wahren Harmonie dasselbe als Werk eines h a r m on i s c h e n G e i s t e s oder d e s G e i s t e s d e r H a r m o n i e zeigt.

§. 148. Die Reihe der einfachen ursprünglichen ästhetischen Formen ist damit nicht nur geschlossen, sondern die letzte, indem sie auf die Qualität des Wiederhergestellten Rücksicht nimmt, ist im Grunde streng genommen schon über dieselbe hinausgegangen. Nur der Umstand, dass hiebei nicht sowohl die concrete Qualität als vielmehr nur der formelle Umstand, ob das wiederherzustellende Sein ein harmonisches oder disharmonisches Verhältniss sei, in Betracht gezogen wird, rechtfertigt ihre Aufnahme. Die Reihenfolge derselben hat sich aus dem eingeschlagenen Wege von selbst ergeben, so wie durch die logisch erschöpfende Eintheilung zugleich der Beweis geliefert ist, dass sich die Zahl derselben weder vermehren noch vermindern lasse. Ihre Namen rechtfertigen sich aus der Natur der bezeichneten Formen selbst und ihr Umfang umfasst Alles, was ohne Rücksicht auf die Materie, als reine Form überhaupt wohlgefällig oder missfällig werden kann.

§. 149. Versuchen wir nun dasselbe zusammenzufassen. Unter den Formen ist eine, die des Charakteristischen, welche die wohlgefällige Uebereinstimmung des Nachbildes mit dem Vorbilde darstellt. Die Natur dieses letztern selbst ist durch sie unbestimmt gelassen, indem das treue Nachbild des an sich Wohlgefälligen als N a c hb i l d angesehen nicht weniger gefällt, als das des Missfälligen. Umfassen nun aber die übrigen ästhetischen Elementarformen wirklich Alles, was als Form und somit überhaupt ästhetisch gefällt oder missfällt, so müsste ein Vorbild, das ihnen insgesammt Genüge thäte, offenbar ein absolut Gefallendes und sonach das Nachbild eines solchen nicht bloss als Nachbild überhaupt, sondern auch als Nachbild eines gefallenden Abgebildeten wohlgefällig sein. Setzen wir also ein Vorbild, welches der Form des Vollkommenen, des Einklangs, des Correcten und nicht bloss der Ausgleichung, sondern des abschliessenden Ausgleichs entspräche, so wäre das Nachbild eines solchen auch noch als Nachbild nach der Form des Charakteristischen absolut gefallend, und wir könnten es als Inbegriff alles dessen, wodurch überhaupt etwas wohlgefällig zu werden vermag, nicht bloss schön, sondern das Schöne selbst nennen.

§. 150. Warum die Form der Ausgleichung hiezu für sich nicht genüge, erhellt aus dem Umstande, dass dieselbe, gleichgiltig gegen das Wiederherzustellende, das Harmonische ebenso gut wie das Disharmonische herstellt. Da nun das letztere ein absolut Missfälliges ist, so käme hiedurch in das Schöne selbst möglicherweise ein solches, ohne wie es in der Form des abschliessenden Ausgleichs der Fall ist durch ein Harmonisches aufgelöst und so zum blossen Mittel herabgesetzt zu werden.

§. 151. Dadurch, dass das Schöne den Einklang doppelt, als ungestörten und aus der Störung wiederhergestellten enthält, ist die Möglichkeit eines Gegensatzes innerhalb desselben selbst gegeben, indem entweder bloss jener oder bloss dieser darin erscheint. Jeder derselben ist ein absolut Wohlgefälliges, aber erst die Zusammenfassung beider ist das ganze Schöne. Da die Bewegung zum Einklang eine zwar ausserhalb des Subjectes vorzugehen scheinende, aber in Wahrheit eine im Subjecte selbst vom gegebenen zum künstlichen und von diesem wieder zum gegebenen Vorstellungsinhalt vor sich gehende ist, so kann der ruhende Einklang auch der objective, der wiederhergestellte der subjective, das Schöne selbst, insofern es den ersten, reines, insofern es den zweiten, die Einmischung des Privatsubjectes bedingenden Einklang enthält, gemischtes Schönes heissen. Damit der aus einer ziemlich unbestimmten Auffassung des Geschichtlichen entlehnte Gegensatz des Antiken und Modernen insofern zusammenfällt, als jenes von einem gegebenen ruhenden, dieses auf den

durch Bewegung wiederherzustellenden Einklang ausgeht.

§. 152. Durch die Vereinigung aller genannten Formen im Schö
nen leuchtet ein, warum dasselbe zugleich Bewegung und Ruhe,
Spannung und Lösung, Subjectives und Objectives in sich schliessen und durch die Form des abschliessenden Ausgleichs den
Schein harmonischer Geistigkeit an sich tragen muss. Da nun die letztere sowohl immanent als transcendent sein kann, so liegt hier
die Möglichkeit, das Schöne sowohl in pantheistischer wie in thei
stischer, überhaupt in theologischer Weise aufzufassen d. h. aus
der blossen gefallenden Form der. Geistigkeit auf das Sein des
gefallenden Geistes zurückzuschliessen, womit die Grenzen der
Aesthetik zugleich überschritten sind.

§. 153. Da bei jeder der im Schönen vereinigten Formen
die Materie gleichgiltig ist, so muss sie es auch im Schönen selbst
sein. Das Schöne kann unter den Bedingungen gefallender Form
überhaupt an dem verschiedenartigsten Stoffe gefallen, am lebendigen und geistigen nicht weniger wie am Todten und Geistlosen,
weil es dem Obigen zufolge selbst die Form der Geistigkeit in
sich schliesset, und das Leb- und Geistlose mit dem Schein der
Geist- und Lebensfülle verklärt. Wenn man daher nicht selten behauptet hat, dass nur das Lebendige schön sei, so ist dies
nur insofern wahr, als nichts ohne den Schein des Lebens schön
sein, nicht aber so zu verstehen, dass das lebendig Scheinende
nicht todt sein könnte. Da die Aesthetik es mit Bildern, nicht
mit dem Seienden, ja nicht einmal mit den Abbildern des
Seienden, insofern sie eben Abbilder sind, zu thun hat, so liegt in
dem gefallenden Bilde des Lebens und des Geistes ganz und gar
nichts, was auf die Realität dieser Bilder einen Schluss zu machen
erlaubte d. h. das Sein lässt sich ebensowenig aus dem Gefallen,
wie das letztere aus dem ersteren „herausklauben." Das ästhetische
Gefallen bewegt sich in einer Vorstellungswelt, die ebensowohl ein Märchen, wie eine real existirende sein kann, dem
vorstellenden Subject aber nur als Vorstellung gegeben ist.

§. 154. Diese Vorstellungswelt ist Schein und als gefallende schöner Schein. Nicht Erscheinung, weil diese auf ein
Erscheinendes, auch nicht schöne Erscheinung, weil diese

auf etwas Weiteres, wodurch die Erscheinung eben schön werde, hinweist. Der schöne Schein hat, beides in sich, nicht ausser sich, Er ist seine eigene Erscheinung und das wodurch er gefällt, sind seine eigenen Formen. Das absolut Wohlgefällige bedarf keines fremden Adelsbriefs. Wenn man ihn dadurch zu demüthigen meint, dass man ihm vorwirft, es sei nichts hinter ihm, so erwiedert er, eben dadurch sei er ästhetischer d. i. gefallender Schein, weil ihn das hinter ihm Seiende, Metaphysische, nichts kümmere. Mit dem metaphysischen, dem psychologischen Schein ist es allerdings etwas anderes. Dieser deutet auf's Sein „wie der Rauch auf die Flamme," als Erscheinung des Seins für das und im Subject. Dieser wird durch das Sein im Subject bewirkt, der ästhetische umgekehrt bewirkt etwas im Subject. Der metaphysische Schein, das zusammenfassende Urtheil über das Seiende wird gemacht durch das Seiende; der ästhetische Schein macht das Subject urtheilen. Wodurch er selbst gemacht und ob er gemacht oder vom Subject selbst hervorgebracht sei, kümmert die unvermeidliche Folge des schönen Scheins, das ästhetische Urtheil nicht.

§. 155. Der Fehler der speculativen Aesthetik war, dass sie stets nach der Ursache des Scheins, statt nach den Gründen des Gefallens des Scheins suchte, und also ein theoretisches (psychologisches und metaphysisches) Problem bearbeitete statt des ästhetischen. Dadurch gerieth sie auf den Irrweg, die letzte Ursache, das Absolute, auch für den letzten Grund des Gefallens anzusehn und das Schöne nicht gefallen zu lassen, weil es schön, sondern weil es Erscheinung des Absoluten, der Idee, oder weil es von Gott sei.

§. 156. Das Schöne als absolut Wohlgefälliges könnte frei heissen, wenn dieses Wort nicht Veranlassung böte, dasselbe für mehr als gefallenden Schein, für eine Kraft, einen Willen, überhaupt für ein Seiendes anzusehn. Das Schöne als solches ist kein Seiendes. Es ist nichts als ein Formbild, das, im vollendeten Vorstellen gedacht, allgemeines und nothwendiges Gefallen nach sich zieht, ausserhalb des Vorstellens aber kein wie immer beschaffenes Dasein hat. Darum ist es auch keine Idee im platonischen Sinne. Ebensowenig ist es eine Idee im Sinne eines seine Verwirklichung leitenden und fordernden Gedankens. Die absolut wohlgefällige

Form kann zur Idee werden, wenn ihr gegenüber ein Bewusstsein vorhanden ist, fähig die Stimme des ästhetischen Urtheils zu vernehmen, ein Wille, fähig durch jenes Bewusstsein sich bestimmen zu lassen. Ueber die Werke dieses Bewusstseins und Willens ergeht ihr Urtheil unerbittlich, wenn sie unternommen werden; aber sie fordert nicht, dass man dergleichen unternehme. Das Schöne ist Bild und Zusatz; dass es den letztern unvermeidlich erzeugt, ist seine einzige Thätigkeit.

§. 157. Ob daher das Schöne in Natur und Kunst sich jemals verwirkliche, ist eine müssige, dagegen die wahre ästhetische Frage, ob das vollendete Vorstellen, welches der Sitz des Bildes und die Bedingung des reinen beurtheilenden Zusatzes ist, sich empirisch erreichen lasse. Die Beantwortung derselben muss die Aesthetik der Psychologie entlehnen. Was das vollendete Vorstellen fordert, ist die vollkommene Aussonderung alles dem Bilde Fremdartigen, Nichthineingehörigen, so wie aus der individuellen Gemüthslage des Vorstellenden allein Entspringenden. In wie weit dieses Ziel im concreten Fall zu erreichen oder bestimmt sei „Idee" d. h. unvollziehbare, nur durch Annäherung zu realisirende Forderung zu bleiben, hängt von der psychischen Naturanlage, sowie von dem Grade ästhetischer Cultur eines Jeden ab, welche letztere auf diese reine d. i. objective Auffassung des Vorgestellten und die Vermeidung nach Kant's Ausdruck „aller Privatgefühle" vorzüglich gerichtet ist.

§. 158. Zwischen den drei ersten und den zwei letzten ursprünglichen ästhetischen Formen findet der Unterschied statt, dass jene absolutes Wohlgefallen und ihre Gegentheile absolutes Missfallen erzeugen, während diese letztern bloss Missfälliges vermeiden. Daraus entspringen drei den ersten entgegengesetzte absolut missfällige und zwei weitere gleichfalls absolut missfällige Formen, welche durch die Ausserachtsetzung der beiden letzten Formen sich einstellen. Der Form des Vollkommenen steht die des Unvollkommenen, des Kleinen, welches grösser, des Schwachen, welches stärker, des Dürftigen, welches reicher, des Veralteten und Alltäglichen, welches neuer und ausserordentlicher sein könnte, gegenüber. Das Charakteristische hat sein Gegenbild im Charakterlosen, welches dadurch entsteht, dass das angebliche Nachbild

dem Vorbilde nicht oder doch nur so wenig gleicht, dass das Entgegengesetzte das Identische überwiegt. Dem Einklang steht der
Missklang entgegen. Durch Ausserachtlassung der Correctheit wird
Disharmonisches, welches dies nicht bloss i s t, sondern auch vom Subject als solches g e w u s s t wird, diesem zum Trotz festgehalten;
die Nichtberücksichtigung der Form der Ausgleichung lässt den
Schein für Sein, Disharmonie für Harmonie gelten und umgekehrt.
Da durch das letztere der Reiz zum Fortschritt erstickt, die Bewegung vom gemachten zum gegebenen Vorstellungsinhalt aufge-
halten wird, so erscheint das B e h a r r e n im Schein als Sein wie
A b s i c h t von Seite des Urhebers des Scheins, nicht die Bewegung, das Leben, sondern das Gegentheil der Bewegung, Ruhe,
der Tod, als Z w e c k der Erregung des Scheins; dieser daher
zwar b e s e e l t, aber vom Willen, den Schein für Sein gelten zu
lassen, unter dem Schein des Lebens den Tod, des Fortschritts
Erstarrung hervorzubringen; die Erregung des Scheins daher nicht
als Mittel zur erhöhten Auffälligkeit des Seins, sondern zum Festhalten des
Nicht-Seins, als G e i s t d e r L ü g e und des T r u g e s.

§. 159. Die Form der Ausgleichung fragt nicht, w e r den
Schein errege und für Sein ausgebe, sondern urtheilt bloss, dass
dieses Ausgegebenwerden missfalle. Durch was immer aber die Form der
Ausgleichung vermieden werde, das will das Missfallende, die Geltung des Scheins für Sein als Z w e c k und wählt die Erregung
des Scheins als M i t t e l dazu d. h. führt den Schein der Beseelung nicht
nur, sondern verständiger Beseelung mit sich d. i. der Geistigkeit,
und zwar weil es das absolut Missfällige will, absolut missfälliger Geistigkeit. Diese ist immanent, wenn der Schein zum Zweck des Be-
harrens sich selbst, transcendent, wenn das Subject ihn zu dem
Ende setzt, dort als G e i s t a b s o l u t m i s s f ä l l i g e n S c h e i n s,
hier als Schein eines a b s o l u t m i s s f ä l l i g e n G e i s t e s.

§. 160. Indem der Schein sich für Sein gibt oder dafür gegeben wird, ist er L ü g e, T r u g b i l d. Ob absolut Beifälliges für
missfällig, oder dieses für jenes ausgegeben werde, macht dabei
keinen Unterschied. Schön wird hässlich, hässlich schön, heisst es
im Munde der Hexen. Nicht wie bei der Form der Ausgleichung
wird gewartet, ob nach geschehener Auflösung des Scheins ein
Beifälliges oder Missfälliges zurück bleibe, die N i c h t a u f l ö s u n g

des Scheins ist selbst der Zweck, das der Ausgleichung widerstrebende Princip. Wer die Ausgleichung duldet, weil er an der Geltung des Scheins Missfallen empfindet, ist nicht mehr absolut verwerflich; wer den Schein selbst herbeiführt, damit er vernichtet werde, in sofern schon löblich; nur wenn er dies zu keinem andern Zweck thut, als damit die Disharmonie sichtbar werde, tadelnswerth. Wer an der Geltung des Scheins für Wahrheit Missfallen empfindet, ist insofern ein Freund der Wahrheit; wer den Schein selbst herbeiführt, damit die Wahrheit desto auffälliger werde, ein Feind der Lüge; wer aber damit nur das Disharmonische als Zweck will, ein Feind der Harmonie. Die Folge davon ist, dass das absolut Missfällige unter allerlei Gestalten erscheinen kann, je nachdem es die Ausgleichung zwar duldet, also als Wahrheitsfreund erscheint, aber nur damit das Disharmonische zum Vorschein komme, also als Feind des Einklanges, oder als Lügenfreund die Auflösung des Scheins nicht nur hindert, sondern diesen selbst erregt, damit er an die Stelle der Wahrheit als solche trete und gelte.

§. 161. Demnach lässt sich zwar das absolut Wohlgefällige in der Form des Schönen in ein Bild vereinigen, welches als Nachbild dem Vorbild, dem Inbegriff aller wohlgefälligen mit Vermeidung aller missfälligen ästhetischen Formen gleicht, nicht aber das absolut Missfällige. Versuchen wir es ein Bild zu denken, welches dem Vorbild d. i. der Summe aller absolut missfälligen Formen gliche, so würde dieses, eben weil es ihm gliche, nach der Form des Charakteristischen gefallen, also selbst nicht mehr absolut missfällig sein. Das Bild eines nach allen Seiten hin absolut Missfälligen ist in sich selbst widersprechend, und wenn wir ein solches nach der Analogie des Schönen das Hässliche nennten, so lässt sich mit Nachdruck aussprechen: Es kann kein Hässliches geben.

§. 162. Reicht aber für die Bezeichnung des Hässlichen schon die absolute Missfälligkeit nach einer ästhetischen Form hin, so gibt es des Hässlichen so vieles, als es absolut missfällige Formen gibt. Als solches bezeichnet man dann das Kleine, Schwache, Aermliche, das Charakterlose, Disharmonische, Geschmacksregelwidrige, Leb- und Geistlose, Starre, Trügerische, Lügenhafte, den Einklang Höhnende, deren jedes für sich hässlich, aber mit an-

dern wohlgefälligen oder doch nicht missfälligen Formen verbunden, durch diese einen Schein von Erträglichkeit, ja von Bei-
fallswürdigkeit erhalten kann, welcher jedoch nicht ihm, sondern
dem mit ihm Verbundenen eigentlich zugehört. So kann das
als Schwäche hässliche Wollen, wenn es zugleich gütig ist, als
Gutmüthigkeit minder zu missfallen, die Kunst des Lügners
und Trügers, wenn sie in grossem Massstab mit glücklichem
Erfolge (als diplomatische etwa; Immermann's Münchhausen) be-
trieben wird, sogar zu gefallen scheinen. Die Analyse des
Gesammteffects weist allerdings nach, dass das Gefallen nur
der Grösse, im ersten Fall der Güte, dem Luge und Truge,
so wie der Schwäche nach wie vor das Urtheil des Missfallens
gebühre. In diesem Sinn und mit dem Vorbehalt, dass man es
hier nicht mehr mit Elementarformen, sondern Combinationen
aus solchen zu thun habe, ist es zulässig, dass hie und da von dem Gefallen
des Hässlichen, sowie von einer Aesthetik desselben (Rosenkranz) ge
sprochen ward, da doch das Hässliche als Elementarform niemals gefallen kann.

§. 163. Insofern die Geltung des Scheins für Sein ein
Hässliches ist, nimmt die ästhetische Form der Ausgleichung
und durch diese die des ausgleichenden Abschlusses, sowie
jene des Schönen das Hässliche in sich auf, aber die erstere nur
um es in diesem Sinn zu vernichten, die beiden andern um es
zum Mittel herabzusetzen, mittelst dessen das Beifällige desto beifälliger werde. Die Form der Ausgleichung ruht auf der Geltung
des Scheins für Sein, die als solche ein Hässliches ist, und hebt
sie auf durch Wiederherstellung des Seins d. h. sie vernichtet
diese Form des Hässlichen. Sie weckt aber, indem sie dies thut,
vielleicht eine andere auf, wenn der für Sein geltende Schein
Harmonie, das wiederhergestellte Sein daher Disharmonie ist. Der
Teufel wird nach dem Sprichwort durch Beelzebub ausgetrieben. In
der Form des ausgleichenden Abschlusses nun wird der Schein
des Gegentheils nur zu dem Zweck eingeführt, damit das harmonische Sein desto auffälliger erscheine. Die Geltung des Scheins
für Sein, also das absolut Hässliche, ist nur eine scheinbare, an
die das Princip, welches ihn geltend macht, selbst nicht glaubt;
das Hässliche, das zu sein scheint, scheint es nur, ist es aber

nicht; das Schein als Sein geltend Machende nimmt ihn zugleich im eigenen Besserwissen als solchen zurück, weil es das Gegentheil seiner Geltung, die Geltung des harmonischen Seins will. So ist in diesem Processe das Hässliche nicht sowohl überwunden als von Anfang an gar nicht vorhanden. Der Schein gilt dem, der ihn als Sein geltend macht, gar nicht als Sein; die Disharmonie, die sich für Harmonie ausgibt, weiss nicht nur, dass sie der wahren Harmonie zuletzt den Platz räumen muss, sondern sie will dies auch, weil sie überhaupt nur da ist, damit diese auffälliger werde.

§. 164. In diesem Sinn ist im Schönen, das alle ästhetisch wohlgefälligen unter Vermeidung der missfälligen Formen umfasst, im Process der harmonischen Geistigkeit das Hässliche, das in der Geltung des Scheins für Sein liegt, als sich auflösender Schein mit aufgenommen. Andere Hässliche wie das Charakterlose, das Schwache, Kleine, Aermliche, das Incorrecte bleiben ausgeschlossen; auch das Disharmonische findet nur so weit im Schönen Raum, als die scheinbare Geltung des Scheins für Sein in der Form des ausgleichenden Abschlusses Disharmonie, die für Harmonie gilt, also scheinbare Harmonie ist, erforderlich macht. Daraus allein folgt schon, dass das Disharmonische, also ein Hässliches, nicht als solches, sondern nur insofern es Harmonie, also ein Wohlgefälliges scheint, im Schönen Aufnahme finde.

§. 165. Die Form harmonischer Geistigkeit duldet Missfälliges, sei es nun nach der Form des Einklanges oder der Ausgleichung, jederzeit nur als Mittel zu absolut Beifälligem als Zweck. Die wirkliche Disharmonie sowie die wirkliche Geltung des Scheins für Sein haben hier keinen Platz; nur die scheinbare Disharmonie und die scheinbare Geltung des Scheins, die noch innerhalb ihrer selbst ihre Auflösung finden. Die Form des ausgleichenden Abschlusses als Ganzes betrachtet, ist nur Harmonie und Nichtgeltung des Scheins.

§. 166. Das Schöne als Solches d. i. als treues Nachbild eines Vorbildes, das seinerseits allen ursprünglichen ästhetischen Formen entspricht, muss die Form eines geschlossenen vom harmonischen Geiste erfüllten Ganzen annehmen. Woran es immer sich zeige, als Tonschönes, Farben-, Formen-, Natur- oder Willensschönes, wird es den Eindruck eines grossen, kräftigen, reichen, harmonischen, correcten, von harmonischer Geistigkeit bewegten und beseelten Totalbildes darbieten. Diese Formeigenschaften machen sein Wesen aus, zu dem das darin Erscheinende — der Gehalt — wie das m i t ihnen erscheinende — der Stoff — zwar manches dem Schönen Un- und Ausserwesentliche hinzufügen, von dem aber weder der eine noch der andere ihm das Mindeste rauben kann. Sei der Gehalt, der darin erscheint, absolut oder nicht, sei der Stoff, an dem es erscheint, für sich gefallend oder nicht, das Schöne als Schönes ist absolut und gefallend.

Drittes Kapitel.

Die abgeleiteten Formen.

§. 167. Bei den bisher entwickelten ästhetischen Formen galt die einfachste Voraussetzung, dass der Formglieder, deren nicht weniger als zwei sein dürfen, auch nicht mehr sein sollten. Wir erweitern nun dieselbe, indem wir die gefallenden und missfallenden Formen unter der Annahme untersuchen, dass der auf einander bezogenen Formglieder unbestimmt viele gegeben seien. Da wir uns nicht mehr auf der Entdeckungsreise befinden, so scheint es überflüssig, bei der Aufstellung der zusammengesetzten ästhetischen Formen dieselbe Strasse einzuhalten. Wo im vollendeten Vorstellen eine unbestimmte Menge der Quantität und Qualität nach verschiedener, der Voraussetzung zufolge aber doch vergleichbarer Vorstellungen als Theile eines einzigen reich zusammengesetzten Bildes gegeben sind, da wird vor Allem das Störende Gelegenheit haben, sich geltend, d. i. in der Gestalt von Unlustgefühlen dem ästhetischen Urtheil merkbar zu machen, ehe nach Beseitigung der letzteren die Lustgefühle Raum finden hervorzutreten. Es erscheint daher passend, mit denjenigen Mehrheitsformen den Beginn zu machen, welche zunächst auf einem ursprünglichen Missfallen beruhen und zu dessen Hinwegräumung bestimmt sind.

§. 168. Sobald die mehreren Vorstellungen als Theile eines Bildes im vollendeten Vorstellen gegeben sind, versteht es sich schon nach §. 83 von selbst, dass sie homogen sein müssen, wenn sie mit einander überhaupt in ästhetische Beziehungen eintreten wollen. Also z. B. entweder durchgehende Tonempfindungen oder durchaus Farbenempfindungen, Form- oder durch Worte mittheilbare Vorstellungen. Im weiteren Sinne sodann, insofern sie überhaupt Vorstellungen sind, durch Empfindungen und durch Worte mittheilbare Vorstellungen; insofern sie psychische Zustände sind, Vorstellungen und Gefühle, solche und Strebungen u. s. w. In dem

Grade, in welchem sie einander homogen sind, werden nun Disharmonieen zwischen denselben und damit Quellen von lebhaften ästhetischen Unlustgefühlen zwischen so vielen nicht ausbleiben und desto empfindlicher fallen, je weniger sich das zuschauende Subject, in dem die Aufnahme des Bildes sammt dessen Zusätzen stattfindet, der letztern, die ja seine eigenen Gefühle sind, zu erwehren vermag. Die Vermeidung des Missfallens, unerreichbar, so lange der Inhalt der gegebenen Vorstellungen d e r s e l b e bleibt, fordert daher gebieterisch des letztern V e r ä n d e r u n g. Da nun der Inhalt des v o l l e n d e t e n Vorstellens, das ästhetische Object, sich nicht ändern kann, so bleibt nichts anderes übrig, als dass das Subject dazwischen trete und den gegebenen Vorstellungsinhalt aus E i g e n e m so weit umändere, dass das entstandene Missfallen beseitigt werde; d. h. das Subject schreibt den Vorstellungen den Inhalt vor, den sie, um Missfallen zu vermeiden, haben sollen. Begreiflich heisst dies nichts anders, als es schreibt sich selbst vor, wie es gewisse gegebene Vorstellungen anders als sie gegeben sind, zu denken und demgemäss zu urtheilen habe. Indem es nämlich den gegebenen durch einen gemachten Inhalt ersetzt, ersetzt es auch das aus jenem folgende durch das aus diesem folgende Urtheil, d. h. es setzt an die Stelle des natürlichen ein künstliches Geschmacksurtheil und damit an die Stelle des n a t ü r l i c h e n einen k ü n s t l i c h e n Geschmack.

§. 169. Dies ist nun nichts anderes als die Form der Correctheit auf eine Mehrheit von Vorstellungen, die auch die Allheit sein kann, angewandt. Was dort das Subject dem ästhetischen Elementarverhältniss von zwei, das thut es hier den unbestimmt vielen zugleich vorschwebenden disharmonischen Elementen gegenüber. Es ändert w i l l k ü r l i c h den Inhalt der im vollendeten Vorstellen gegebenen Vorstellungen um, und setzt einen an dessen Stelle zu denkenden fest, damit das Missfallen vermieden werde. Ist dies einmal geschehen und das Subject fällt selbst wieder beim Vorstellen von dem festgesetzten Inhalt ab, so trägt es selber die Schuld, wenn dadurch Disharmonie und folglich neuerdings Missfallen entsteht, und wird seinerseits m i s s f ä l l i g.

§. 170. Den zur Vermeidung des Missfallens an die Stelle des gegebenen festgesetzten Vorstellungsinhalts, aus welchem das an die Stelle des dem gegebenen entsprechenden tretende ästhetische Urtheil folgt, nennt man das Geschmacksgesetz und die Form, welche dasjenige Vorstellen, in dem dasselbe durchgeführt ist, annimmt, die Reinheit. Der Geschmack, d. h. das ästhetische Urtheil als Product des vollendeten Vorstellens, wird durch das erstere so wenig wie des letztern Evidenz aufgehoben. Das ästhetische Urtheil folgt nach wie vor mit Nothwendigkeit aus dem Inhalt des Vorgestellten; aber dieser letztere selbst ist durch Einmischung des individuellen Subjects ein anderer geworden. In diesem Sinne, d. h. in Bezug auf das positive, gemachte Geschmacks-gesetz, ändert sich der Geschmack, denn mit dem Inhalt der erzeugenden Vorstellungen wechselt auch das Urtheil. In Bezug auf das ungemachte, d. h. auf den sogenannten natürlichen Ge-schmack, wo im vollendeten Vorstellen jede Einmischung des Sub-jectes fernbleibt, kann er sich gar nicht verändern.

§. 171. Durch die Herrschaft des positiven Geschmacksge-setzes wird im ganzen Umfang des davon betroffenen Vorstellens Disharmonisches und dadurch das Missfallen vermieden. Da der Inhalt des an die Stelle des gegebenen unterschobenen Vorstellungs-inhaltes keinen andern Zweck hat, als Missfallen zu meiden, so hat er an dem Grade, in welchem er diesem genügt, auch den Masstab seiner Tauglichkeit. Es stünde ganz im Belieben des Sub-jectes an die Stelle des gegebenen unter dem Vorwand, möglichen Missklang zu vermeiden, jeden beliebigen Inhalt zu setzen, wenn nicht zu fürchten wäre, dass durch manchen derselben eher zum Missklang Anlass geboten, als solcher durch denselben vermieden werden würde. Dadurch wird der Inhalt manches positiven Ge-schmacksgesetzes sich als untauglich, dieses selbst als ein schlechtes, das Missfallen, welches es vermeiden soll, herausforderndes er-weisen. Es ist immer ein böses Zeichen, wenn das Gesetz eher zum Bruch, als zur Befolgung reizt. So könnte Jemand sich ein-bilden, Terz und Grundton seien keine Harmonie und man habe an deren statt Grundton und Septime zu setzen. Wenn er nun gleich dies sein Geschmacksgesetz durchzuführen bemüht wäre, sein Ohr würde ihm fortwährend zu widerlegen bereit sein. Der Neger folgt in der Wahl der Farben seiner Tracht seinem eigenen Geschmacksgesetz, das dem europäischen Auge Widerwillen einflösst.

§. 172. So lange das Subject es bei sich wirklich dahin bringt, an die Stelle des eigentlichen seinen künstlichen Vorstellungsinhalt zu denken, so lange behauptet das positive Geschmacksgesetz unwiderstehlich seine Herrschaft. Denn das vollendete Vorstellen ist mit dem Vorstellen des gemachten Vorstellungsinhaltes schon wirklich v o l l e n d e t und das Urtheil kann nicht anders ausfallen, als es fällt, weil keine anderen veranlassenden Vorstellungen vorhanden sind. Wer sein Geschmacksurtheil ändern will, muss daher an die Stelle des geltenden zuerst bei sich selbst einen andern Vorstellungsinhalt setzen d. h. sein bisheriges Geschmacksgesetz aufgeben. Ob nun der neue der w a h r e oder selbst wieder ein gemachter und in diesem Fall die Aenderung vom Neuen vorzunehmen ist, d. h. ob das Subject nun das Gegebene rein oder wieder mit Hinzuthat aus Eigenem vorstellt, davon hängt es ab, ob der neue Geschmack der natürliche oder nur wieder ein künstlicher sein werde. Solang die Geschmacksgesetze sich ändern, wechseln auch die Geschmäcke, folgt das Subject, sei es nun Einzelnes, sei es Stand, Nation, Zeitalter seinem eigenen Geschmack. Die Geschichte des Geschmacksgesetzes wäre die Geschichte des Geschmacks, aber die Totalität aller Geschmacksgesetze muss darum noch nicht „Geschmack" sein.

§. 173. Jede Verletzung des Geschmacksgesetzes macht den Verletzer missfällig, weil sie die Reinheit des Vorstellens aufhebt. Aber so lange der Inhalt, den das Geschmacksgesetz vorschreibt, nicht der im vollendeten Vorstellen gegebene selbst ist, kann jede Verletzung des Geschmacksgesetzes ein Schritt zum guten Geschmak sein. Die Missfälligkeit der Verletzung wird dadurch nicht aufgehoben. So lange der Inhalt alles übrigen Vorstellens nach dem Geschmacksgesetz „gereinigt" ist, bringt die einseitige Aufhebung des Gesetzes in dieser oder jenerVorstellung eine S t ö r u n g des Ganzen hervor. Die Störung hört auf zu missfallen, wenn die Verletzung nicht mehr vereinzelt, sondern vielfältig, wenn sie zuletzt im ganzen Umfange des bisher vom Geschmacksgesetze beherrschten Vorstellens erfolgt: der Inhalt der Störung ist dann selbst zum Gesetze geworden. In den Revolutionen des Geschmacks vollzieht dieser Umschwung sich unaufhörlich. Eine Tracht, ein Ausdruck, die heute als Beleidigung des herrschenden Geschmacks gelten, treten bald, indem sie allgemein werden, selbst als herrschende Mode auf.

§. 174. Wie es geschehe, dass das Subject seinen künstlichen an die Stelle des gegebenen Vorstellungsinhalts setzt, hat
nicht die Aesthetik zu erläutern. Psychologie, Culturgeschichte,
Ethnographie müssen die Antwort geben. Die Absonderung „aller
Privatgefühle,“ wie Kant sie fordert, ist leichter verlangt als ge-
leistet. Jene Frage ist eng verknüpft mit dem ganzen Umfang
dessen, was in die individuelle Gemüthslage des Subjectes
fällt. Wir meinen hier nicht bloss den Einzelnen, auch den Stand,
die Nation, das Zeitalter. Wenigen ist es gegeben, sich über die
Schranken, die ihnen Erziehung, Gewöhnung, Lektüre und Autoritäts-
glaube vom Affect des Moments, von Begierde und Vorurtheil noch
abgesehen, auferlegt, in den reinen Aether des „subjectlosen
vollendeten Vorstellens“ zu erheben. Denken wir darum nicht zu
gering von Denjenigen, die sich in das Aufgeben des angeerbten
Geschmacksgesetzes nicht im Handumkehren finden können, wenn
sie die Reinheit ihres vorhandenen Vorstellens nicht um die vielleicht zweifelhafte Richtigkeit eines sich darbietenden ver-
tauschen mögen. Nicht bloss die Furcht des Missfälligen, es ist
zugleich die Furcht der Zerstörung des Beifälligen, eines
Systems, das sie daran hindert.

§. 175. Indem die Form der Correctheit das ganze vorgestellte Bild, ja dasselbe Geschmacksgesetz den gesammten ästhetischen
Vorstellungskreis des Subjects beherrscht, dient beides als Band,
welches sämmtliche Theile des ersten wie des zweiten unter sich
verknüpft, entsteht ein System und zwar, da dasselbe sich auf
Formen bezieht und eine Form durchführt, ein Formensystem,
da diese ästhetische sind, ein ästhetisches Formensystem.
Die Herrschaft der Form der Correctheit drückt nicht nur allen
Formen das Siegel, die Herrschaft eines bestimmten positiven
Geschmacksgesetzes drückt sämmtlichen Formen ein bestimmtes
sich gleichbleibendes Gepräge auf. Wir unterscheiden genau,
was unter der Herrschaft des Geschmacks der Zeit Ludwigs XIV.
oder des ersten Kaiserreichs, was unter der römischen oder byzan-
tinischen Kaiserzeit, was unter dem Einflusse der Normannen oder
der Antike entstanden ist. Ein Hellene hätte es unpassend gefunden,
schwere Oberwände auf die zerbrechlich scheinenden Stützen dünner
Säulchen zu lasten, das normännische Auge nahm daran keinen

Anstoss. Wenn es dagegen der Grieche ganz in der Ordnung fand, dass das Weib eine dem Manne untergeordnete Rolle spiele, so hob der ritterliche Sinn des Mittelalters dasselbe weit über den Mann empor. Wir erkennen darin die Verschiedenheit herrschender Geschmackssysteme.

§. 176. Wir werden nachher sehen, dass die Form des Systems um der Einheit des Herrschenden willen, wodurch alles Beherrschte zusammengehalten wird, selbst ästhetisch gefallend sei und uns den Widerwillen, ein herrschendes Geschmacksgesetz zu verlassen, auch aus diesem Grunde erklären. Die Scheu vor einem Missfallen durch Störung der Reinheit vereinigt sich mit der Liebe zur gefallenden Einheit, um uns bei dem System hergebrachter Correctheit zu erhalten. Darum wächst das Vertrauen zu dem neuen Geschmacksgesetz in demselben Mass, als es zugleich allgemeiner und dadurch dessen systematische Einheit sichtbar wird, denn in dem Masse erweckt und erhöht es ästhetisches Gefallen.

§. 177. Das ästhetische Formensystem hat mit dem theoretischen Wissenssystem die Einheit des Princips gemein, nur dass dieses dort eine gefallende oder missfallende Form, hier ein wahrer oder doch vermeintlicher Inhalt ist. Das Copernikanische Weltsystem ist auf die fixe Stellung der Sonne inmitten des Planetensystems gebaut; das positive Geschmackssystem eines Hogarth z. B. auf die gefallende Form der Wellenlinie. Das System der ethischen Beurtheilung ruht bei kriegerischen Völkern auf dem Werth der Kraft, bei Denkern wie Sokrates auf der Einheit von Wissen und Willen, bei Religionsstiftern wie Christus und Buddha auf der Schönheit der Güte. Die ursprünglichen ästhetischen Formen auf eine Mehrheit von Formgliedern angewandt, bilden ästhetische Formensysteme.

§. 178. Wie der Form der Correctheit das System der Reinheit, so entspricht der Form der Ausgleichung das System der freien Bewegtheit. Wo an der Stelle des Seins der Schein sich geltend gemacht hat, da erzeugt das daraus entstehende unvermeidliche Missfallen eine Rückbewegung vom Schein zum Sein. Wo dies in grösserem Masse in einem reich zusammengesetzten Bilde oder wol gar in dem gesammten Vorstellungskreise statthat, da wirkt die künstliche Scheinmasse des Vorstellens, die an die Stelle des gegebenen bewegt worden ist, diesem entgegen und erzeugt durch das Missfallen, das ihre Geltung hervorruft, die Rückbewegung zum Gegebenen. So findet im ganzen Umkreis des Bildes zuerst ein Fortgang vom Gegebenen zum Gemachten, sodann ein Rückgang von diesem zum ursprünglich Gegebenen statt. Dadurch kommt Leben in's Vorstellen. Die Vorstellung begnügt sich nicht mit dem gegebenen Inhalt, sie ruft einen andern hervor, der für diesen steht, um ihn sodann durch diesen selbst wieder ablösen zu lassen. Der Erfolg ist der gleiche, aber der Weg ist ein Umweg. Vom Object zum Subject, von diesem wieder zum Object. Das Affirmirte wird negirt, um es durch Negation des Negirten wieder zu affirmiren. Das im vollendeten Vorstellen gegebene Object verharrt nicht, sondern es ruft die Einmischung des Subjects herbei, um sie sodann wieder siegreich, um nicht zu sagen spöttisch, abzulehnen. Das im vollendeten Vorstellen Gegebene kann nicht, wol aber kann das vollendete Vorstellen verloren gehen, aber nur um am Schluss wieder gefunden zu werden. Durch dieses Herbeiziehen des Subjects, wenn gleich nur in neckender Weise, wird die Form der Bewegtheit vorzugsweise anregend. Das seiner selbst gewisse Gegebene treibt mit dem individuellen Subject sein Spiel, lässt sich von ihm einen Inhalt geben, um ihm schliesslich denselben ins Gesicht zu werfen. Schatten verdunkeln das Licht und es strahlt dann von Neuem.

§. 179. Diese Bewegtheit von Vorgang und Rückgang erzeugt in der Form der Ausgleichung den Schein der Lebendigkeit und je nachdem die Ursache der Bewegung in das bewegende und sich besinnende Subject oder in das den Schein setzende und wieder aufhebende Gegebene verlegt wird, den der transcendenten oder immanenten Beseeltheit. Das im vollendeten Vorstellen vorschwebende Bild gewinnt Leben und Seele, das transcendente den Schein producirende Subject legt Leben und Seele hinein. Es entsteht ein ruhloser Wechsel von gesetztem und wieder aufgehobenem Sein, ein Process der stets beginnt und wieder erlischt, eine Parforcejagd des Scheins, eine Hetze des Vorstellens.

§. 180. Bei der Form der Ausgleichung schon hat es sich gezeigt, wie je nach der disharmonischen oder harmonischen Qualität des Gesetzten der Process der Ausgleichung nicht nur überhaupt ein Ziel, sondern ein verschiedenes Ziel zu erhalten scheint.

Was zunächst nur Residuum des Bewegungsprocesses ist, die am Schluss zurückbleibende Harmonie oder Disharmonie, die dem nun durch die vorausgegangene Bewegung lebhafter angeregten Subjecte auffälliger sich darstellt, nimmt unter Voraussetzung der Beseeltheit jenes Processes den Schein des Zweckes an, der Bewegungsprocess durch den Schein des Gegentheils hindurch erscheint als M i t t e l. Da nun der vermeintlich angestrebte Zweck, die Erhöhung der Auffälligkeit schliesslich wirklich erreicht wird, so erscheint das Mittel zweckmässig, die Beseelung selbst verständig, es entsteht der S c h e i n der immanenten oder transcendenten G e i s t i g-k e i t.

§. 181. Die Herrschaft der Form der Ausgleichung duldet keine Geltung blossen Scheins. Wo sich ein solcher zeigt, sei er nun scheinbare Harmonie oder Disharmonie, wird er vernichtet, seine Geltung aufgehoben. Dadurch werden geheime Harmonieen, aber auch Disharmonieen, die bisher verborgen waren, blossgelegt. Wo es nun bei diesen bliebe, da wäre zwar das Missfallen an der Störung durch den Schein behoben, aber das Missfallen an der Disharmonie bestünde fort. Sollte auch dieses behoben werden, so müsste an die Stelle jener Disharmonieen schliesslich Harmonie treten, d. h. es müsste ausser der Ausgleichung auch noch Einklang erzielt werden. Und zwar, da nach der Voraussetzung alle Theile des ästhetische Formen annehmenden Stoffes überhaupt vergleichbar sein müssen, durchgängiger Einklang, bei welchem das Disharmonische höchstens als Durchgangsphase aufträte, d. h. die Ausgleichung müsste schliesslich überall auf H a r m o n i s c h e s führen, d. h. Bewegung zur Harmonie, harmonische Ausgleichung sein, ihr Geist entweder ein Geist der Harmonie oder har-monischer Geist.

§. 182. In der Form der Ausgleichung liegt die N o t h-w e n d i g k e i t d e r F o r t b e w e g u n g. Beim Schein kann es nicht bleiben, er muss als missfällig aufgehoben werden· In der Form der harmonischen Ausgleichung liegt die F r e i-h e i t der Fortbewegung. Nicht zu der ursprünglich gegebenen Harmonie muss zurückgekehrt, es soll nur überhaupt Harmonie erreicht werden. Die Ausgleichung ist g e b u n d e n an das G e g e b e n e, die harmonische Ausgleichung nur an das H a r m o n i s c h e. Jene ist Rückschritt zu demjenigen Vorstellungsinhalte, von welchem ursprünglich ausgegangen und an dessen Stelle ein S c h e i n, ein anderer gesetzt worden. Die harmonische Ausgleichung ist zwar insofern der gegebene Vorstellungsinhalt Harmonie war, gleichfalls gebunden, denn sie muss wieder zur Harmonie führen, aber sie muss nicht zu j e n e r concreten Harmonie führen, die ursprünglich gegeben war, sie ist nicht dem Stoff nach, wie die Ausgleichung, sondern nur der F o r m nach gebunden, dem Stoff nach f r e i.

§. 183. Dies erhellt aus Folgendem. Dass Schein für Sein ausgegeben wird, ist missfällig, gleichviel was für Schein es sei. So lautet das Verdict der Form der Ausgleichung. So weit der Schein sich vorgedrängt hat, so weit muss er zurückgedrängt werden, damit das Frühere wieder hervortrete. Richtung und Ziel der Bewegung ist genau vorgezeichnet. Jene ist der Vorwärtsbewegung des Scheins entgegengesetzt, dieses die Herstellung des Status quo ante ohne Schmälerung. Es wird nichts e r z e u g t, nur h e r g e s t e l l t, dem Stoff und der Form nach, wenn es eine solche gab. Die harmonische Ausgleichung will nur H a r m o n i e herstellen. Es ist ihr gleichgiltig, ob diese sich am s e l b e n Stoffe finde, wo sie vorher war. Ihr genügt die beifällige F o r m. Ihr Zweck wird daher durch Wiederherstellung der Form auch im a n d e r n Stoff erreicht, jener der Ausgleichung nur durch Herstellung des Frühern nach Form und Stoff. Ihre Richtung und ihr Ziel ist ihr vorgezeichnet wie der Ausgleichung, aber da ihr Ziel nicht rückwärts im Status quo ante liegen muss, sondern auch vorwärts in einem Status post liegen k a n n, wenn seine Form nur dieselbe ist wie jene ante, so muss auch ihre Richtung nicht die dem Vorwärtsdrängen des Scheins entgegengesetzte, sondern kann selbst eine nach vorwärts, wo ihr Ziel liegt, gerichtete sein, d. h. sie ist F o r t s c h r i t t z u m (dem Stoff nach wenigstens) N e u e n.

§. 184. Die Form der harmonischen Bewegung ist F r e i - h e i t, die der ausgleichenden N o t h w e n d i g k e i t. Zwar trägt auch jene, insofern sie eben zur H a r m o n i e fortschreiten muss, Nothwendigkeit in sich, aber, da sie nicht an diese und jene, sondern nur überhaupt an Harmonie gebunden ist, so ist sie gegen die Nothwendigkeit der Ausgleichung gehalten, in der That relativ u n g e b u n d e n. Insofern der Ausgleichung Bewegung, der harmonischen Ausgleichung Geistigkeit entspricht, erscheint erstere selbst nothwendig, letztere frei. Das System der Bewegtheit als solche kann daher auch als System der ästhetischen Nothwendigkeit, jenes der harmonischen Ausgleichung als das der ästhetischen Freiheit bezeichnet werden.

§. 185. Schon der Beisatz „ästhetisch" zeigt was darunter verstanden werden darf. Die Geltung des Scheins fordert das Missfallen heraus; wenn nun das Missfallen vermieden werden soll, kann dies nur durch restitutio in integrum erfolgen. Wird es nicht vermieden, etwa weil seine Stimme entweder nicht vernommen wird oder nicht vernommen werden will, so geschieht nichts. Die harmonische Ausgleichung verlangt, dass nach Aufhebung des Scheins Beifälliges, nicht das frühere Beifällige, zurückbleibe ; wenn Niemand den Beifall verdienen kann, weil er die Stimme des ästhetischen Urtheils nicht hört, oder wol hört, aber ihn nicht verdienen will, so geschieht abermals nichts. Beides, die ästhetische Nothwendigkeit und Freiheit ist hypothetisch, unter Voraussetzung von und nur für Wesen, die für Lob und Tadel empfänglich und empfindlich sind.

§. 186. Das einfachste Beispiel liefert wieder die Musik. Es wäre die unerträglichste Einförmigkeit, wenn von der Dissonanz stets zu der Consonanz, aus der sie entstanden ist, durch Ausgleichung zurück-, wenn nicht eben so gut durch harmonische Bewegung zu neuer Consonanz fortgeschritten werden dürfte. Jenes wäre zwar Bewegung, aber ohne Geist, dieses ist geistige Bewegung. Dennoch wird, damit es Fortschritt, Bewegung von Einem zum Andern sei, zwischen der neuen Consonanz und der Dissonanz der Zusammenhang so wenig wie zwischen dieser und der ursprünglichen Consonanz aufgehoben werden dürfen. Anfang, Mitte und Ende sind ein Process, auch dann wenn das Ende verschieden vom Anfang ist. Auf wie vielerlei Art dies erreicht werden könne liegt in der Natur des Stoffes, dass es nicht auf einerlei Art erreicht werden solle, in der Natur der harmonischen Bewegungsform begründet. Hier zeigt sich die Freiheit, welche doch, insofern Harmonie erreicht werden muss, relative Gebundenheit ist.

§. 187. Wie der harmonische nur an Harmonie, so ist der Geist der Disharmonie nur an diese gebunden. Auch er hat nicht nöthig auf die ursprünglich gegebene zurück-, ihm genügt es überhaupt zu einer Disharmonie fortzugehen. Er schaltet so frei im Gebiet des Disharmonischen, wie der harmonische Geist in dem des Einklangs. Geistigkeit ist Freiheit, aber noch nicht Beifälligkeit. Weil aber nur der harmonische Abschluss w a h r e r Abschluss ist (§. 145), so kann der disharmonische Geist zu keinem solchen kommen. Seine Freiheit ist Zügellosigkeit, sein Fortschritt Ruhelosigkeit, sein Ende Endlosigkeit. Der Stachel des Missfallens, welchen die abschliessende Disharmonie mit sich führt, reizt immer zu weiteren Disharmonieen. Er ist der Geist des n i e e n d e n d e n W i d e r - s p r u c h s.

§. 188. Das System der harmonischen Ausgleichung räumt nicht nur innerhalb des gesammten ästhetischen Vorstellens alle bloss scheinbaren Harmonieen aus dem Wege, sondern rundet dasselbe zu einem mehr als befriedigenden, zu einem wohlthuenden Abschluss ab. Dasselbe erscheint nicht nur b e w e g t, sondern b e s e e l t, nicht nur beseelt, sondern d u r c h g e i s t i g t, nicht nur durchgeistigt, sondern vom G e i s t des H a r m o n i s c h e n erfüllt. Das Bild scheint zu athmen und dem Zweck der Harmonie gehorsam zweckmässig sich a u s z u g e s t a l t e n; es regt und streckt sich, beginnt, strömt und schliesst dem Schein nach wenigstens, als wenn es von Innen heraus von dem Hauche des Wohlgefälligen belebt und regiert würde d. h. sich selbst regierte. Dem Subject tritt es als Object, dem Ich wie ein zweites Ich, dem Beseelten als Beseeltes, dem Bewusstsein als Bewusstsein gegenüber, keiner Hilfe bedürftig und keine beanspruchend, eine Welt, getragen und sich selbst tragend, ein geschlossenes, lebendiges, sich selbst bauendes Ganzes.

§. 189. Wir vermeiden es die Bezeichnung des O r g a n i s c h e n zu gebrauchen, obgleich sie sich hier wie von selbst anbietet. Wir mögen nicht, auch nicht zum Scheine, den Fehler derjenigen gutheissen, die das B i l d für die S a c h e nehmend, das p h y s i s c h e Leben der letztern auf das s c h e i n b a r e des erstern unvorsichtig übertragen. Das Schöne ist nicht lebendig, wenn es auch zu seinem Wesen gehört, dass es zu leben scheine; denn es ist Schein, nicht Sein, gefallendes Bild, nicht Seiendes. Der Geist, den wir darin gewahren, ist nur der S c h e i n des Geistes, welchen die wohlgefällige Form der harmonischen Ausgleichung uns im selben vermuthen lässt.

§. 190. Die Form des Einklangs in einer Mehrheit von Formgliedern herrschend, fordert in jedem derselben die theilweise aber überwiegende Identität bei theilweiser Entgegengesetztheit des Inhalts, von welcher ihr Beifall bedingt ist. Dadurch wird unter den Mehreren eine Verwandtschaft der Qualität nach herbeigeführt, welche dieselben insofern als Eines, in Bezug auf das Entgegengesetzte, das jedem derselben für sich eigenthümlich ist, dagegen als Viele erscheinen lässt. Durch Jenes werden sie zusammengehalten, durch Dieses getrennt. In Betreff des Identischen bildet jedes der Mehreren alle übrigen, in Betreff des Nichtidentischen nur sich selber ab. Durch Jenes wird das Gemeinsame, welches das Band Aller ausmacht, beständig verstärkt, durch Dieses wird dafür gesorgt, dass nicht durch das Hinwegfallen der Unterschiede logische Einerleiheit, ästhetische Monotonie entstehe. Die Durchführung der Form des Einklangs im einzelnen zusammengesetzten Bilde oder im gesammten ästhetischen Vorstellen ist das System der Einheit.

§. 191. Dieselbe ist ästhetisch, d. h. durch die überwiegende Identität der Qualität der Formglieder gefallend, nicht logisch d. i. blosse Identität des Inhalts ohne Zusatz, noch metaphysisch, d. i. Identität der Sache nach. Logisch identische Vorstellungen sind nicht mehrere, sondern eine und dieselbe *); metaphysisch Identische sind identische Seiende, nicht Bilder, wie sie allein die Aesthetik kennt. Die Kunst kümmert es nicht, wie sich die Sachen verhalten mögen; wenn sie, wie z. B. Shakespeare im Lear, des Bildes eines Vorgangs als Bildes für einen verwandten Vorgang sich bedienen zu können hofft, so zieht sie jenes herbei, ohne Rücksicht, wie obige Vorgänge der Sache, statt dem Bilde nach sich zu einander verhalten mögen. In Gloster's Loos, den sein Sohn, spiegelt sich Lear's, den seine Tochter aus dem Hause gestossen hat; der Dichter verknüpft beide Bilder, mögen die Thatsachen historisch verknüpft, oder nur gleichzeitig, oder gar nicht gewesen sein. Die überwiegende Identität des Inhalts verbindet beide Handlungen als Bilder innerlich mit einander; der Tondichter wählt Ton-, der Maler Farbenempfindungen verwandter Qualität, Töne, welche demselben Ton-, Farben, welche demselben Farbengeschlecht angehören. Das

---

*) Vgl. des Verf. Philosoph. Propaedeutik (Wien, Braumüller 1860) 2. Aufl., Log. §. 16, S. 18.

Identische des Inhalts schlingt sich wie ein kenntlicher Einschlag durch das Gewebe des Ganzen, in dem durch dasselbe „ein Schlag tausend Verbindungen schlägt."

§. 192. Im Systeme der Einheit athmen wir in einer einträchtigen Atmosphäre. Nichts Ungehöriges, nichts Ueberflüssiges, nichts Fremdartiges schleicht sich ein; dafür kehrt das Geläufige in immer neuen Bildern, Anspielungen, Gestalten, Klängen und Tonarten wieder, stets wechselnd und doch immer dasselbe, immer sich selbst gleichend und doch immer auf's neue überraschend. Gleich weit von Zerfahrenheit und Einförmigkeit steht die ästhetische Einheit Winckelmann's „klarem Schönheitswasser" am nächsten. Wer sie langweilig findet, möge vorher bedenken, dass er nicht die logische, auf Reflexion gegründete, mit der ästhetischen, im Einklange von Bildern wurzelnden, vermenge. Sie ist wie die Gesundheit am reichlichsten dort, wo sie uns nicht an sich erinnert. Die sogenannte „Einheit der Handlung" ist nur ein Theil, wenn auch der auffälligste davon. Die Einheit der Zeit und des Ortes der französischen Tragödie sind nur ihre Carricaturen. Zum System der Einheit gehört, dass das Kleinste das Ganze und das Ganze das Kleinste abbilde. Leibnitz'ens Name für die Monaden: „Spiegel des Universums," bezeichnet ihr Wesen am treffendsten.

§. 193. Im durchgeführten Einheitssystem gibt es nur Verwandtes. Hamlet's Betrachtungen über den Schädel des Hofnarren, der dessen Geist zur Maske diente, welcher selbst nur eine närrische Maske war; sein eigener verstellter Wahnsinn; die Scheintugend Opheliens, des Königs und seiner Mutter; Polonius Scheinweisheit; die Scheinehre des Laertes; die Scheintrauer des Schauspielers, der um Hecuba weinen muss; die Scheinerzählung auf der Bühne; das Scheingefecht; die Geistererscheinungen am dänischen Hof; die Scheinstärke des „faulen" Dänemark und die nur äusserlich scheinende Kirchlichkeit, es gehört Alles zusammengenommen zur ästhetischen Einheit des Drama's. Hamlet und die Seinen, der Beschauer mit, schwimmen im S c h e i n wie in ihrem Elemente. Wie eine wohlgelungene Landschaft hat das Stück seine eigene Luft, seine Beleuchtung und seinen eigenen Boden unter den Füssen.

§. 194. Da die ästhetische Wirkung der Form des Einklangs von der Beschaffenheit des Stoffs, an welchem sie haftet, unabhängig ist (§. 68), so folgt, dass die unter einander verwandten Vorstellungen, in deren Umkreis ästhetische Einheit herrscht, ebensogut beliebige, als auch solche sein können, deren Inhalt sich lediglich auf blosse Formen des zusammenfassenden Vorstellens, d. i. auf sogenannte leere Mass-, Zahl-, Raum- und Zeitformen bezieht*). Nicht nur Begriffe, Ton- und Farbenempfindungen, sondern auch leere Formenvorstellungen müssen daher, wenn unter ihnen ästhetische Einheit herrschen soll, zu einem und demselben Begriffs-, Ton- und Farbenempfindungs-, Mass-, Zahl-, Raum- und Zeitformengeschlecht gehören, d. h. bei theilweisem Gegensatz, doch ihrem Inhalt nach überwiegend identisch sind. So sind die Töne des Dur und Moll Geschlechtes, die einzigen, welche von den zahlreichern der griechischen Musik noch in der harmonischen zur Verwendung kommen, alle untereinander verwandt; ebenso die Farben des Sonnen- und jene des Mondlichts, so wie wieder die einer künstlichen Beleuchtungsquelle. Soll dasselbe bei Mass-, Zahl-, Raum- und Zeitformen der Fall sein, so müssen dieselben unter sich gleichbleibenden Bedingungen auf übereinstimmende Weise gebildet, z. B. alle Massformen auf eine und dieselbe Masseinheit bezogen und nach einem bestimmten Modus aus derselben entweder durch Verkleinerung oder Vervielfältigung abgeleitet, alle Zahlformen aus einer und derselben Einheit auf dieselbe Weise hervorgegangen, alle Raumformen auf dasselbe Coordinatensystem und denselben Anfangspunkt im Raume, alle Zeitbestimmungen auf dieselbe fixirte Richtung, die Zeitlinie, und denselben fixirten Punkt, von welchem aus dieselbe nach vor- und rückwärts verläuft, reducirt sein. Welche Mass- oder Zahleinheit gewählt, welches Coordinatensystem und welcher fixe Anfangspunkt der Zeitrechnung zu Grunde gelegt werden soll, schreibt die ästhetische Einheit so wenig vor, als es ihr zukommt, zu bestimmen, ob ein Tonstück in Dur oder in Moll, ein Werk der Malerei in künstlicher oder natürlicher, Mond- oder Sonnenbeleuchtung gehalten werden solle; Alles was sie verlangt, ist die Uebereinstimmung der Gedanken, Töne, Farben, Mass-, Zahl-, Raum- und Zeitformen unter sich.

§. 195. Angewandt auf die Massformen führt die ästhe-

---

*) Vgl. des Verf. Phil.-Prop. S. 184.

tische Einheit den Namen der Proportionalität und durch die Anwendung der Masse auf die erste Dimension des Raumes und die einzige der Zeitform, noch abgesehen von dem möglichen Gegensatz der Richtungen, jenen der geradlinigen Propor tionalität (Eurythmie). Tritt bei der letzteren an die Stelle der ästhetischen Verwandtschaft die völlige Gleichheit der Masse, während die Richtung dieselbe bleibt, so entsteht der Tact (Raum oder Zeittact); sind dagegen bei Gleichheit der Masse die Richtungen entgegengesetzt, so kommt Symmetrie, und zwar geradlinige, zum Vorschein.

§. 196. Die Form des Symmetrischen beruht auf der Identität der Quantität bei entgegengesetzter, die der Proportionalität auf der Verwandtschaft der Quantitäten bei gleicher Qualität. Beide gehören daher zum Einklang und zur Einheit, sind jedoch abgeleitete Formen, weil dabei schon auf die Qualität der Formglieder, freilich nur im Allgemeinsten Rücksicht genommen wird. Da hier die Identität sehr bedeutend überwiegt und des Gegensatzes wenig ist, so wird das Wohlgefallen an derselben leicht ermüdend. Es ist zur Erhöhung des subjectiven Interesses rathsam, Abwechslung zu erzeugen, indem man entweder an die Stelle des völlig Gleichen bloss Gleichartiges treten lässt, oder den schwachen Gegensatz der Richtungen durch Ausfüllung mit contrastirendem Inhalt verstärkt, was dann Contrapost heisst. So steht in der Gruppe des Laocoon dem sterbenden Sohn ein noch unverwundeter gegenüber. In der Wirklichkeit sorgt die Natur durch perspectivische Vertheilung selbst dafür, dass auch das Symmetrische den Anschein des Gegentheils gewinne und gibt dadurch der Betrachtung den Reiz des harmonischen Abschlusses. Mit dem Proportionalen ist es der gleiche Fall. Rein genossen erschöpft es bald das Interesse; künstlich verborgen und am Schlusse hervorgezogen, so dass es dem Genusse einer befriedigten Erwartung oder eines gelösten Räthsels gleicht, belebt es das subjective Interesse und befriedigt zugleich am Schluss das ästhetische Urtheil. *) Welche Masse im Besonderen harmonisch erscheinen, untersucht die Proportionslehre ebenso wie die Harmonielehre der Farben

---

und Töne das Besondere des Musikalisch- und Chromatisch-harmonischen. Die Darstellung desselben gehört bereits dem Bereich der einzelnen Kunstlehren an.

§. 197. Wie das Einheitssystem der Form des Einklangs, so entspricht das System der Wahrheit der Form des Charakteristischen. Da letzteres nichts anderes bedeutet als Uebereineinstimmung des Nachbildes mit seinem Vorbilde, gleichviel woher dieses genommen sei, so drückt die Durchführung dieser Form in einem reich zusammengesetzten Bilde oder im gesammten ästhetischen Vorstellen nichts weiter aus, als dass in jedem Nachbilde die Nachahmung seines Vorbildes genau beobachtet, d. h. dass vom Was der Nachbildung abgesehen, das Wie derselben stets harmonisch sei. Dieses schliesst nicht aus, dass die Vorbilder selbst von den verschiedensten Seiten her entlehnt, theilweise oder gänzlich der Natur entnommen, theilweise den Ideen abgeliehen, ja selbst eine Combination aus beiden seien. Es bedingt daher nicht Einheit der nachgeahmten, sondern nur Treue der nachahmenden Formen. Tritt die erstere hinzu, so gewinnt sie nach der Form des Einheitssystems Beifall für sich, und das sich daraus ergebende ästhetische Vorstellen erlangt dergleichen von mehr als einer Seite her; bleibt sie aber hinweg, so nimmt dies der ästhetischen Wahrheit nichts an ihrem Werthe. Ebenso wenig vermag der Umstand, ob die nachgeahmten Bilder Realität besitzen, d. h. ob sie Abbilder eines in Natur und Geschichte Gegebenen oder Geoffenbarten seien, auf den Beifall, welcher der Wahrheit gebührt, Einfluss zu nehmen. Die Naturwahrheit hat vor der Naturunwahrheit ästhetisch d. h. vom Gesichtspunkte der Nachahmung eines Vorbildes aus, keinen Vorzug. Das charakteristische Nachbild gilt dem Bild, nicht dem Abbild; die Form ist Uebereinstimmung des Nachbildes mit seinem Vorbilde.

§. 198. Wenn das letztere der Natur entnommen ist, wird die ästhetische Wahrheit von selbst Naturwahrheit, wenn den absolut wohlgefälligen Formen, von selbst Schönheit. Die Uebereinstimmung des Bildes mit dem Nachbild ist von selbst schöne Wahrheit, wie auch das Vorbild seinerseits beschaffen sein möge, die treue Nachbildung eines Hässlichen nicht weniger, als die eines Schönen. Daher hat jedes Werk seine eigene Wahrheit, weil sein

eigenes Vorbild und will nur nach diesem beurtheilt sein. Die
Uebereinstimmung des Vorbildes mit einer dadurch a b g e b i l d e t e n
S a c h e ist theoretisch, nicht ästhetisch.
§. 199. Die letzte noch übrige Form ist die des V o l l-
k o m m e n e n. Dieselbe umfasst sowol intensive als extensive Grösse,
sowol S t ä r k e, als F ü l l e und M a n n i g f a l t i g k e i t. Auf eine
Mehrheit von Gliedern bezogen fordert sie nicht nur, dass alle
einzelnen s t a r k, sondern auch, dass sie m a n n i g f a l t i g und
w o h l g e o r d n e t seien. Das Ganze als solches betrachtet soll der
Form des Vollkommenen genügen, d. h. sowol übersichtlich als
abwechslungsreich und in jedem einzelnen Bestandtheile auf's
möglichste entwickelt sein. Da nun neue Vorstellungen am
lebhaftesten wirken, so ergibt sich als Folge des Vollkommenen
die Wohlgefälligkeit der N e u h e i t des Bildes. Da die a n s c h a u-
l i c h e Vorstellung verhältnissmässig intensiver wirkt, als die abstracte, so ergibt sich als weitere Folge die A n s c h a u l i c h k e i t
des Bildes. Da zu der Mannigfaltigkeit der Bilder gehört, dass
man jedes von jedem gehörig unterscheide, so ergibt sich als
weitere Folgerung die D e u t l i c h k e i t. Und da das Mannigfaltige
g e o r d n e t eine lebhaftere Wirkung hervorbringt als ordnungs-
los, so tritt zu der Stärke der einzelnen und der Mannigfaltigkeit
und Verschiedenartigkeit sämmtlicher Vorstellungen auch noch die
Forderung der A n o r d n u n g hinzu, damit jedes an seinem Platze
sich in voller Kraft und Eigenthümlichkeit geltend machen könne.
Die Durchführung dieser Form innerhalb einer Mehrheit oder der
Allheit der im vollendeten Vorstellen gegebenen Bilder gibt das
ä s t h e t i s c h e V o l l k o m m e n h e i t s s y s t e m.
§. 200. Das ästhetische Vollkommenheitssystem ist von dem
Einheitssystem dadurch unterschieden, dass bei jenem die Qualität
der einzelnen Theile des Bildes gleichgiltig und nur deren Quantität
wichtig, bei letzterem dagegen umgekehrt die wenigstens theilweise
Identität der Qualität bestimmend ist. Das Vollkommenheitssystem
duldet Vorstellungen jeder Qualität, sie mögen so disparat oder
disharmonisch untereinander sein, als sie wollen, wenn sie nur
s t a r k, also n e u, a n s c h a u l i c h, l e b h a f t, wenn der Vor-
stellungkreis durch sie m a n n i g f a l t i g, r e i c h, v e r s c h i e d e n-·
a r t i g und zu diesem Zweck d e u t l i c h unterscheidbar ist. Sein

Streben geht dahin, jedes an den Ort zu setzen, wo es diese seine Eigenthümlichkkeit in voller Stärke entwickeln kann. Dabei wird auf die übrigen nur in so weit Rücksicht genommen, dass bei diesen das Gleiche stattfinde, d. h. dass die übrigen ihre Eigenthümlichkeit gleichfalls möglichst zur Geltung bringen können. Die Anordnung geschieht demnach lediglich mit Rücksicht auf Kraftentfaltung jedes einzelnen bei möglichst gleicher aller übrigen, ihr Inhalt mag sonst beschaffen sein wie er wolle. Beim Einheitssystem dagegen gibt die Qualität den Ton an; es werden nur verwandte Vorstellungen zusammengeführt, das Disharmonische ebenso wie das Disparate dagegen vermieden.

§. 201. Im ästhetischen Wahrheitssystem kann zwar das Vorbild beliebig entlehnt sein, aber die Bilder, welche Nachbilder desselben oder doch verwandter Vorbilder sind, zeigen selbst unter einander Verwandtschaft, d. i. athmen gleichsam dieselbe Seele. So sind die Bilder, deren Vorbilder aus dem Kreise der wirklich erscheinenden Natur genommen sind, alle von einem Naturhauch, dagegen diejenigen, welche aus dem Kreise der absolut wohlgefälligen Formen entlehnte Vorbilder nachahmen, vom Geiste des absolut Wohlgefälligen beseelt. Wer wie Salvator Rosa seine Vorbilder der düstern, oder wie Claude Lorrain der sonnigen südlichen Natur entnimmt, prägt dadurch all seinen Landschafts bildern einen gemeinschaftlichen Charakter, einen und denselben Seelenausdruck auf. Die Sache der ästhetischen Wahrheit ist es nicht, den Werth dieser Vorbilder gegen einander abzuwägen; sie sind ihr alle gleich viel, oder streng genommen keines etwas werth. Ihr sind alle Arten von Vorbildern gleich berechtigt, wie die Stände in einer wohlgeordneten Gesellschaft. Weder die idealen noch die Naturformen geniessen in ihrem Auge irgend eines Geburtsvorzugs: es gibt vor der ästhetischen Wahrheit keinen Rang unter den Vorbildern. Dagegen gibt es einen solchen unter den Bildern, und zwar nimmt jedes Nachbild in seiner Classe einen desto höhern ein, je glücklicher es das Vorbild seiner Classe wiedergibt. Von der Treue, nicht vom Gegenstand der Nachbildung, hängt der Werth einer solchen in den Augen der ästhetischen Wahrheit ab.

§. 202. Diese hat man im Sinne, wenn man die antike

Kunst eben so sehr, wie die naturalistische ästhetisch wahr nennt. Dass die letztere überdies noch n a t u r w a h r ist, gibt ihr als treuer A b b i l d u n g der Naturformen neben der ästhetischen auch noch eine theoretische Bedeutung. In den Bildern des Teniers lernen wir das holländische Bauernleben, auch wie es w i r k l i c h ist, kennen und dies verleiht seinenWerken allerdings einen Reiz m e h r, aber k e i n e n ästhetischen. Die Landschaften eines Everdingen geben den Charakter der niederländischen Fläche auf's genaueste wieder, sie sind physiognomisch interessant, ihr ästhetischer Werth liegt aber nur in der T r e u e der Wiedergabe. Shakespeare malt in seinen historischen Dramen das englischeVolk seiner Umgebung, und ist dadurch für den, der über den englischen Volkscharakter Studien macht, von hoher theoretischer Wichtigkeit; für den Aesthetiker ist er es durch die T r e u e seiner Schilderung. Die S c h i l d e r u n g, das B i l d, hat die ästhetische, das G e s c h i l d e r t e, das A b g e- b i l d e t e, die theoretische Auffassung im Auge. Die Kunst auf das letztere statt auf das erste anweisen, heisst sie zu einer blossen I l l u s t r a t i o n d e r E r k e n n t n i s s herabsetzen.

§. 203. Wie sich die Schönheit vom blossen Charakteristischen dadurch unterschied, dass in diesem das Vorbild g l e i c h g i l t i g, in jener dasselbe selbst ein w o h l g e f ä l l i g e s war, so vereinigt sich einer Wahrheit, deren Vorbild der Inbegriff aller abgeleiteten ästhe- tischen Formen wäre, gegenüber der Beifall, welcher der Treue der N a c h b i l d u n g, mit demjenigen, welcher dem N a c h g e b i l d e t e n selbst gebührt, zu einem ästhetischen Gesammteffect. Wie dort das Vorbild den einfachen, so entspricht es hier den abgeleiteten ästhetischen Formen: dort umfasst es V o l l k o m m e n h e i t, E i n- k l a n g, C o r r e c t h e i t und a u s g l e i c h e n d e n A b s c h l u s s; hier R e i n h e i t, F r e i h e i t, E i n h e i t und V o l l k o m m e n h e i t; dort in der Form des C h a r a k t e r i s t i s c h e n, hier in jener der W a h r h e i t. Die S c h ö n h e i t als herrschende Form einer Mehr- heit oder der Gesammtheit von Bildern durchgeführt, gibt der- selben das Gepräge des Systems der C l a s s i c i t ä t.

§. 204. Reinheit, Freiheit, Wahrheit, Einheitlichkeit und Vollkommenheit ist der Charakter des C l a s s i s c h e n. Jene äussert sich darin, dass selbst das positive Geschmacksgesetz nicht ver- letzt und dadurch Missfallen erzeugt wird. Dies aber ist nur dadurch möglich, dass das Geschmacksgesetz, welches das Classische beherrscht, dasjenige sei, worin alle p o s i t i v e n Geschmacksgesetze übereinkommen, d. h. was von allen als nicht missfällig geduldet wird. Da aber das positive Geschmacksgesetz aus dem individuellen Vorstellungs- und Gemüthskreise des Subjects stammt, so folgt, dass das classische Geschmacksgesetz nicht aus diesem, sondern aus demjenigen hervorgegangen sein muss, was zwar im Subject, aber nicht d a s Subject ist, d. h. aus dem bei vollendetem Vorstellen des g e g e b e n e n, nicht eines gemachten Vorstellungsinhalts unabweislich entspringenden ästhetischen Urtheil, d. i. dem a b s o l u t e n G e s c h m a c k. Daraus allein schon geht hervor, dass die Form des Classischen, wenn das vollendete Vorstellen unvollziehbare Forderung bleibt, selbst I d e a l bleiben muss. Nur bei vollendetem Vorstellen ist das ästhetische Urtheil, der absolute Geschmack, und damit das absolute Geschmacksgesetz, die c l a s s i s c h e R e i n h e i t erreichbar.

§. 205. Die F r e i h e i t des Classischen entspringt aus dem Geiste der harmonisch abschliessenden Bewegung. In ihr vereint sich G e b u n d e n h e i t, wie sie die Form der Ausgleichung, und U n g e b u n d e n h e i t, wie sie die der verständigen Beseelung in sich schliesst. Jene nöthigt zur Herstellung der bestandenen nur zum Schein aufgehobenen Harmonie, diese gestattet die Wahl zu diesem Zweck unter verschiedenen gleich möglichen Harmonieen. Aber nur so weit, dass der Zusammenhang ersichtlich bleibe, welcher die abschliessende mit der ursprünglichen Harmonie verknüpft, und jene als durch die Wiederherstellung dieser g e f o r d e r t e darstellt. Also mit Freiheit der Nöthigung, aber auch mit Nothwendigkeit der Freiheit gegenüber. Die F r e i h e i t des Classischen ist G e b u n d e n h e i t i n d e r U n g e b u n d e n h e i t und U n g e b u n d e n h e i t i n d e r G e b u n d e n h e i t.

§. 206. Die E i n h e i t l i c h k e i t des Classischen liegt in der innern Verwandtschaft aller dasselbe erfüllenden B i l d e r und B i l d g r u p p e n. Nicht nur Disharmonisches zu meiden, wie die Reinheit, nur Harmonisches zu geben strebt die Einheit. So hält das Tonwerk den Tact und die Tonart, das Gemälde den Lichtton, das Gedicht den Bildton, der Redner den Gedankenkreis, das Gefühl die Stimmung, der Charakter die Willensrichtung fest.

Nicht nur alles Unpassende wird fern gehalten, das thut die Reinheit; auch alles Passende wird herbeigeschafft und festgehalten,
das thut die Einheit. Der Dichter, indem er ein bestimmtes Bild
verfolgt, zieht Alles herbei, was demselben verwandt und harmonisch ist, auch das Contrastirende, um dadurch den Einklang
stärker hervorzuheben. Der Wallenstein führt uns in's Lager des
30jährigen Krieges: der Freibeuter, der noble Soldat, der soldatische
Pedant, der Schelm, der Dummkopf, die Dirne, der Feldpater,
nichts fehlt, was uns das Bild ausmalen kann; zum Ueberfluss
noch die hinreissende Schilderung des Friedens, der von dieser
Schaar seit Jahrzehnten gewichen ist.

§. 207. Die Vollkommenheit des Classischen liegt in der
Stärke, Mannigfaltigkeit und Wohlordnung seiner Bilder, in ihrer Neuheit, Anschaulichkeit und Deutlichkeit. Dass nichts Disharmonisches mit
unterlaufe, dafür sorgt die Reinheit; dass alles Harmonirende sich
zusammenfinde, die Einheit; dass das Zusammengefundene mannigfaltig, jedes einzelne Bild für sich lebens- und kraftvoll sei,
die Vollkommenheit; dass das Einträchtige aus sich selbst heraus-
wachse, durch den Schein des Gegentheils belebt, anregend und
in befriedigender Lösung wohlgefällig sei, die Freiheit. Zur
Stärke gehört, dass diese nicht einem zufälligen Umstande verdankt werde, das Neue z. B. nicht bloss dem individuellen Subject neu sei, Andern alt erscheine; denn der Eindruck des Classischen ist nicht auf ein Individuum berechnet. Also Vorstellungen
entweder, die unter allen Umständen neu, oder doch solche, die unter
allen Umständen lebhaft bleiben; also wieder nicht solche, die ihre Anschaulichkeit bloss seltenen Begünstigungen verdanken, deren irgend ein
individuelles Subject geniesst, sondern nur solche, die neu, und unter
allen Umständen anschaulich bleiben. Desgleichen ist nicht sowol das
Seltene, Unerhörte, als das Jedermann Bekannte, Zugängliche, mit einem
Worte, das von der Individualität des Subjects unabhängige
Allgemeine, das Allgemeinmenschliche, Allverständliche, also eher
das Einfache als das Gesuchte, das Leicht- als das Schwerverständliche.
Zur Ordnung endlich gehört, dass jedes neben jedem an den Ort gestellt werde, wo es sich möglichst seiner specifischen Qualität nach
geltend machen und die höchst mögliche Quantität erreichen kann,
also zugleich deutlich wird und lebhaft wirkt; also nicht das

Unklare, Verschwommene, Nebelhafte, sondern das Klare, Wohlbegrenzte, Gestaltete. Das Vollkommene des Classischen besteht in Stärke ohne Uebermass, Fülle ohne Ueberfluss, Neuheit ohne Neuerung, Gewähltheit ohne Gesuchtheit, Anschaulichkeit, Allverständlichkeit, Klarheit, Deutlichkeit, Ordnung.

§. 208. Die Wahrheit des Classischen offenbart sich in der Nachbildung des absolut wohlgefälligen Vorbildes. Je treuer das Reine, Freie, Eine und Vollkommene gebildet wird, desto classischer ist die Wahrheit. Nicht das Was, sondern das Wie der Nachahmung dessen, was selbst ein Wie, d. h. blosse Formeneigenschaft ist, macht dieselbe aus. Homer ist wahr, nicht weil er die Griechen seiner Zeit gemalt, sondern weil er die absolut wohlgefälligen Formen der Reinheit, Freiheit, Einheit und Vollkommenheit seinem Bilde so bewunderungswürdig einzuverleiben gewusst hat. Was Shakespeare's Wahrheit so classisch macht, ist die hohe Reinheit, Freiheit, Einheit und Vollkommenheit, die aus seinen Bildern in solcher Treue hervorglänzt. Wenn er mitunter unsere positiven Geschmacksgesetze verletzt, so verletzt er doch nie dasjenige, was allen Geschmacksgesetzen gemeinsam oder vielmehr über alle erhaben ist, die classische Reinheit, den absoluten Geschmack. Wenn er den Schein des Disharmonischen erregt, so thut er es nie, ohne uns schliesslich zu einer reinen und überraschenden Harmonie zu führen. In der Kunst, seine Bilder mit einer bis ins Kleinste harmonischen Atmosphäre zu umgeben, hat ihn Niemand übertroffen; in Einfachheit, Klarheit, Deutlichkeit, Ordnung und Anschaulichkeit ist er der Lehrmeister aller Zeiten. Alles dies spricht aus seinen Bildern, und dass es aus ihnen spricht, gibt ihnen classische Wahrheit. Dass sie daneben auch Naturwahrheit, dass wir in ihnen nicht bloss classische Bilder, sondern zugleich treue Abbilder des wirklichen Lebens besitzen, dass sie uns nicht bloss gefallen, sondern wir auch durch sie die seiende Welt kennen lernen, ist ein weiterer, aber kein ästhetischer, sondern ein theoretischer Vorzug. Shakespeare ist nicht blos Künstler, auch Lehrer; seine Werke sind nicht bloss Kunst- sondern auch Unterrichtswerke. Für diese mag ihm der Denker, der Menschenbeobachter dankbar sein; für jene allein ist es ihm der reine Aesthetiker.

§. 209. Wie zum Schönen kein Hässliches, so gibt es auch zum Classischen kein Gegenstück. Dächten wir uns ein Vorbild, welches von dem des Classischen das vollendete Gegentheil ausmachte, und ein Nachbild, das diesem vollkommen entspräche, so würde das letztere, um dieses Entsprechens willen, nach der Form der Wahrheit gefallen, und je mehr es dies thäte, desto mehr selbst vom Classischen an sich tragen. Das Bild eines nach allen Seiten hin absolut Missfälligen ist daher auf die Mehrheit der Formglieder angewandt ein eben solcher Widerspruch wie auf die Zweiheit derselben; wir dürfen mit Nachdruck behaupten: es gibt kein absolutes Gegentheil des Classischen.

§. 210. Reicht aber für die Bezeichnung des Unclassischen schon die absolute Missfälligkeit nach einer der entwickelten abgeleiteten Formen hin, so gibt es dessen so viel, als es der letzteren selbst gibt. Dahin gehört einmal die Unreinheit im classischen Sinn des Wortes, also insofern darunter nicht sowol die Verletzung irgend eines positiven Geschmacksgesetzes, sondern desjenigen verstanden wird, was vor und über allen positiven Geschmacksgesetzen steht, d. h. des absoluten Geschmacks. In diesem Sinn kann das positive Geschmacksgesetz, insofern es Bestimmungen gegen den absoluten Geschmack enthält, selbst zum Ungeschmack werden und zur Unreinheit führen. Dadurch entsteht der Gegensatz zwischen (künstlicher) Correctheit und (natürlicher) Reinheit. Jene findet überall dort statt, wo ein positives Geschmacksgesetz ohne Rücksicht darauf, dass es selbst die classische Wahrheit verletze, durchgeführt wird, also selbst vom Standpunkt der letztern angesehen zur Unreinheit wird. Das positive Geschmacksgesetz ist von diesem Gesichtspunkt aus relativer (nicht absoluter), d. i. falscher Geschmack, wie es aus der Einmischung des Subjects, das dem vollendeten Vorstellen fern bleiben sollte, von selbst zu erwarten war (§. 64). Dem Classischen stehen daher vom Gesichtspunkt der Reinheit aus alle positiven Geschmackgesetze, in so weit sie nicht mit demselben übereinstimmen, als eine Reihe von ebensovielen Geschmacksirrthümern gegenüber, deren äussere Verkörperung in geschichtlichen Persönlichkeiten, Völkern und Zeitaltern die Geschichte des Geschmacks oder dasjenige ausmacht, was man die Phänomenologie des ästhetischen Urtheils im

94

Gegensatz zu der Noumenologie desselben, d. h. dessen stets
gleichbleibender Aeusserung im vollendeten Vorstellen nennen kann.

§. 211. Da nun der absolute Geschmack als der Ausdruck
des ästhetischen Urtheils im vollendeten Vorstellen den ästhetischen
Formen nicht, so können nur ihrerseits die Geschmacksirrthümer diesen letztern zuwider sein, d. h. sie müssen entweder
eine oder alle ästhetischen Formen für Unformen erklären. Dies
gibt ein Mittel, eine Uebersicht über die möglichen Geschmacksirrthümer zu gewinnen, d. h. die Reihe der möglichen falschen
dem wahren Geschmack gegenüber zu stellen. Da es sich hier
aber um positive Geschmacksgesetze, d. h. um Formen handelt,
welche als herrschende angegeben werden sollen, so können dieselben
sich nur auf die einfachen Formen beziehen; es muss daher
in der Leugnung dieser die Reihe der möglichen Geschmacksirrthümer begründet sein.

§. 212. Nun sind der einfachen ästhetischen Formen fünf:
die Vollkommenheit, das Charakteristische, der Einklang, die Correctheit, die Ausgleichung und als deren
Ausfluss der ausgleichende Abschluss. Es sind also auch
nur fünf einfache Geschmacksirrthümer möglich, welche als solche
eben so viel falsche Formensysteme erzeugen, die jenen der Reinheit, Freiheit, Einheit, Vollkommenheit und Wahrheit gegenüber-
stehen. Einem derselben oder einer Combination aus mehreren
muss sodann jeder geschichtlich auftretende Geschmacksirrthum
bei Einzelnen, Völkern oder ganzen Zeitaltern entsprechen.

§. 213. Dieselben mit Namen zu bezeichnen, die wie der
des Romantischen, Modernen, Antiken u. s. w. der Geschichte
entnommen sind, ist nicht Sache der Aesthetik. Diese weiss nichts
vom Seienden und damit auch nichts von der Geschichte.
Alles, was sie vermag, ist die unbedingt gefallenden und miss
fallenden Formen, die überhaupt möglich sind, aufzuzählen. Aufgabe der Geschichte ist es, die gegebenen Formen festzustellen,
Sache der Kritik die gegebenen mit den ästhetischen zu vergleichen, jene nach diesen zu beurtheilen. Auch der Name des
Classischen hat nichts gemein mit der geschichtlichen Erscheinung
des mit Recht so genannten classischen Alterthums. Alles, was unter

den Resten desselben der Form desClassischen entspricht, verdient diesen Namen, der aber, wenn die Bedingungen erfüllt sind, auch Werke und Thaten der mittleren und der neuern Zeit, ja der Gegenwart zieren darf. Shakespeare ist nicht weniger classisch als Homer; auch Raphael steht n e b e n Phidias. Nur eine von Winckelmann geleitete Zeit, welche mit ihm ausschliesslich in den Werken der Griechen den a b s o l u t e n Geschmack, das Classische verkörpert sah, konnte damit auch den Irrthum begehen, dass alles Vollendete wie die Hellenenzeit in der V e r- g a n g e n h e i t liege, das einzige Heil in der W i e d e r h e r s t e l l u n g der Antike zu suchen sei. Die rein ästhetische Form des Classischen schliesst k e i n e Zeitbestimmung ein; das Classische ist i n der Zeit, die C l a s s i c i t ä t ist a u s s e r aller Zeit. Ob j e m a l s realisirt oder nicht, das absolut Gefallende bleibt dies.

§. 214. Aus dem kunstkritischen Axiom von der absoluten Geschmacksgeltung der geschichtlichen Antike ist der Versuch entstanden, die Reihe der geschichtlich gegebenen positiven Ge- schmacksgesetze als eben so viele Versuche zu betrachten, den im Alterthum gegebenen und in der Neuzeit verlorenen absoluten Geschmack wieder zu gewinnen. Auf diesem Wege hat Schiller den Gegensatz des Naiven und Sentimentalen, haben die Roman- tiker den des Heidnischen und Christlichen, Antiken und Romantischen, hat die speculative Aesthetik über die Gegensätze hinaus die „höhere" Einheit des Modernen in die Aesthetik eingeführt. Aber so brauchbar diese Bezeichnungen sich erweisen, bestimmte Perioden der Geschichte für die ästhetische Beurtheilung zu charakterisiren, für die Aesthetik als reine Formwissenschaft, die es mit B i l d e r n, nicht S e i e n d e m und dessen Beurtheilung zu thun hat, sind sie unwesentlich. Die Formen des Classischen e r d e n k t sie unabhängig vom Alterthum, die des Unclassischen stellt sie eben so unab- hängig von den Erscheinungen des Orients, der christlichen oder der neuern Zeit fest. Mit Recht hat schon Tieck obige Auffassung der Aesthetik als „Reise nach dem guten Geschmack" verspottet. Es braucht keiner „Reise" durch die gesammte Culturgeschichte der Menschheit. Das ästhetische Urtheil ist evident, ohne bewiesen und gelernt werden zu müssen. Damit es vernehmbar werde, erfordert es nur des vollendetenVorstellens unter Zurückhaltung aller „Privatgefühle ;" das a b s o l u t e Geschmacksurtheil wird „unvermeidlich" hervortreten.

§. 215. Das Object der Beurtheilung, die Form, bleibt dasselbe; der Effect, die Beurtheilung, so lange die individuelle Gemüthslage des Subjects, in dem sie vor sich geht, von der Einmischung abgehalten wird, derselbe. Nur wenn das Subject, statt
dem willenlosen Urtheil sich hinzugeben, das Urtheil zwingt, sich
seinem Willen und Vorstellen anzubequemen, tritt auch bei
scheinbar demselben Object eine verschiedene Beurtheilung ein.
Scheinbar demselben Object, sagen wir, denn in Wahrheit ist es
immer ein anderes, vom individuellen Subject gemachtes, nicht
das gegebene. Sei es, dass das Subject statt auf die Form, das
wahre, auf den Stoff, als unterschobenes Object der Beurtheilung
sein Vorstellen fixire, sei es, dass es an die Stelle der gegebenen
eine gemachte Form, wie bei dem positiven Geschmacksgesetz
unterlege, d. h. im ersten Fall etwas beurtheile, was gar nicht
Gegenstand einer ästhetischen Beurtheilung ist, im zweiten Fall
etwas, was doch ihm nicht als solcher gegeben ist. Aus einer
der beiden letztgenannten Veranlassungen entspringt alle Ungleichheit der ästhetischen Beurtheilung.

§. 216. Nennen wir alle Beurtheilung, die aus vollendetem
Vorstellen des Gegebenen mit gänzlicher Enthaltung von allen Privatgefühlen des Subjects hervorgeht, classisch, so mögen wir, um für das
Gegentheil, die Einmischung des individuellen Subjects, einen
Namen zu haben, jede solche romantisch nennen. Im Grunde
ist damit nichts weiter als der Gegensatz zwischen vollendetem
und nicht vollendetem Vorstellen, gegebenem und gemachtem Vorstellungsinhalt bezeichnet. Das vollendete Vorstellen
erfolgt ohne Einmischung des Begehrens, das nicht vollendete
mit derselben, d. h. in der Form des Strebens nach dem Besitz
des Vorgestellten, als Sehnsucht, Wunsch, Leidenschaft.
Das vollendete Vorstellen schliesst die Möglichkeit ein, jeden Theil
des Vorgestellten auch abgesondert für sich, d. i. ohne Rücksicht
auf den Zusatz, der nur dem Zusammen der Form angehört, mit
Klarheit vorzustellen; das nicht vollendete gestattet auch das Einfache, d. h. das vom ästhetischen Zusatz Untrennbare, das für
sich gesondert nicht vorgestellt werden kann, das Angenehme und
Unangenehme, das am Stoff, nicht an der Form haftet, das Un-
vorstellbare, Unsagbare, Undarstellbare in der blossen Form des

Gefühls mit aufzunehmen, als Dunkelheit, Ahnung, Vor-
gefühl, Affect. Das vollendete Vorstellen schliesst alle subjective Erregung vager Gefühle aus, das nicht vollendete lässt
sie zu.

§. 217. Das Romantische ist daher subjectiv anregender, als
das Classische, denn es wendet sich an das Individuum selbst,
dessen „Privatgefühle," sein Begehren, sein Fühlen, aber der
Kreis seiner Anregungen ist enger, weil es sich nur an das Individuum und dessen „Privatgefühle" wendet. Das Bereich des Classischen ist das „Allgemeinmenschliche," das des Romantischen
das Individuelle, Nationale, Geschichtliche. Es gibt daher eine gewisse romantische Beurtheilung, die immer individuell, persönlich
oder national, entweder auf die Grenzen eines gewissen Volksstammes,
oder geschichtlich, auf den Zeitraum einer gewissen Periode beschränkt ist. Wer diesen relativen Standpunkt als absoluten geltend
zu machen versucht, wird lächerlich, bornirt, „Romantiker;" sitze
er nun auf dem Throne der Cäsaren oder in einer Künstlerwerk-
statt. Der griechische Sittlichkeitsmassstab auf unsere Tage übertragen
wird romantisch, wie christlich-germanische Sitte dem Griechen
„romantisch" erschienen wäre. Das Romantische ist daher nothwendigerweise „ungesund," das Classische „gesund"; ob die Griechen oder
mittelalterlich romanisirte Germanen dieser Gesundheit näher standen,
muss die Kritik des geschichtlich Gegebenen an der Hand der
ästhetischen Normen entscheiden. Das Urtheil derselben wird kaum
zweifelhaft ausfallen; die Aesthetik aber als solche hat es nicht
zu fällen.

§. 218. Ueber dem Classischen und Romantischen in diesem
(rein formalem, nicht historischem) Sinne gibt es kein Drittes, weil
es kein Vorstellen geben kann, dass zugleich vollendet, d. h. von
allen Privatgefühlen frei, und unvollendet, d. h. mit solchen versetzt wäre. Das sogenannte „Moderne" als dieses Dritte gedacht,
ist ein Unding, denn entweder wendet es sich an das vollendete
Vorstellen und dann ist es classisch, oder an das nicht vollendete,
d. h. es appellirt an die Gefühle und Strebungen des individuellen
Subjects, dasselbe sei ein- oder vielköpfig, und dann ist es romantisch. Bei demselben soll das Subject, das im Classischen
schweigt, im Romantischen spricht, zwar sprechen, aber so wie es

beim Classischen schweigt, d. h. es soll sprechen, wie das im Classischen allein sprechende Object spricht. Dies aber geschieht beim Classischen ohnehin, denn das vollendete Vorstellen wie das Beurtheilen findet doch im Subject statt, d. h. das Subject stellt vor und beurtheilt, d. h. spricht, nur nicht activ als das Object Beherrschendes, sondern passiv als vom Object Beherrschtes, willenlos, nicht willkürlich. Zwischen dem Modernen und Classischen in diesem Sinne ist sonach kein Unterschied.

§. 219. Inwiefern das Classische die Freiheit einschliesst, d. i. die Bewegung vom Sein zum Schein und von diesem wieder zu einem harmonischen Sein, nimmt es auch das Romantische in sich auf, aber nur als Mittel und um es schliesslich wieder aufzuheben. Durch die Durchführung der Form des ausgleichenden Abschlusses wird der Schein erzeugt, als sei eine im vollendeten Vorstellen gegebene nichts desto weniger keine Harmonie, d. h. das vollendete Vorstellen wird verdunkelt, ein scheinbarer Inhalt an die Stelle des wahren untergeschoben, es wird dem Beurtheilenden etwas vorgemacht, damit durch die Zurücknahme desselben am Schlusse das wiederhergestellte Harmonische desto auffälliger werde. Diese Einmischung des scheinbaren an die Stelle des gegebenen Vorstellungsinhaltes, die nur aus dem individuellen Subject gekommen sein kann, ist romantisch; da sie aber nicht bestehen, sondern nur zur Erhöhung der Lust am Harmonischen dienen soll, der Schein nur zum Schein als Sein gesetzt, eigentlich aber als Schein gekannt und innerlich von dem Setzenden längst zurückgenommen ist: so ist dies Romantische im Zusammenhang des Ganzen betrachtet nur zum Schein ein Romantisches, der wahre Zweck das vollendete, durch den Schein des Gegentheils zu erhöhende Vorstellen, also das Classische.

§. 220. Da das Romantische auf dem nicht vollendeten Vorstellen ruht, so ist es insofern dem Hässlichen, das aus dem vollendeten hervorgeht, ebenso entgegengesetzt wie dem Schönen und Classischen. Da es aber zugleich in den subjectiven Erregungen, Begehrungen, Gefühlen, die es mit sich führt, eine reiche Quelle des Angenehmen, wenn auch nicht des durch vollendetes Vorstellen ästhetisch Gefallenden in sich trägt, so scheint durch die Verbindung mit diesen das Hässliche an seiner Missfälligkeit zu verlieren, während das im unvollendeten Vorstellen, also gestalt- und formlos gegebene Romantische durch das im vollendeten Vorstellen gegebene Hässliche Begrenzt- und Formbestimmtheit gewinnt. Der Grund dessen aber, dass sich das Hässliche zwar mit dem Romantischen, nicht aber mit dem Schönen und Classischen verbinden lässt, liegt darin, dass sowol das Hässliche, wie das Schöne und Classische, ein vollendetes Vorstellen bedingen, also einander ausschliessen, das Hässliche und Romantische dagegen, so wie dieses und das Schöne und Classische sich an verschiedenartiges Vorstellen, das Romantische an das unvollendete, das Schöne und Classische (so wie das Hässliche) dagegen an das vollendete wenden, dieses jedoch von subjectiver Erregung, Begehrung, Strebung immerhin b e g l e i t e t, wenn auch von ihnen unmöglich a b h ä n g i g sein darf. Durch das Romantische erhält daher das Hässliche Anmuth, da es sonst k e i n e, während das Schöne und Classische durch dasselbe noch Reize empfängt ü b e r die, die es schon an sich selber hat; es vergoldet das Hässliche und versüsst das Schöne und Classische.

§. 221. Nur in ungenauer Redeweise kann daher von s c h ö n e m, ohne Anstand jedoch von einem a n g e n e h m e n Hässlichen die Rede sein, sowie das Schöne und Classische durch die Beimischung des Romantischen ausser dem ästhetischen Urtheil, auch noch dem G e f ü h l e gefällig wird. Da den Sitz des letztern das individuelle, nationale und geschichtliche Subject abgibt, so wird es begreiflich, wie nicht nur das Hässliche durch die Beimischung des Romantischen subjectiv erträglich, ja gefällig, sondern auch wie das Schöne und Classische durch dieselbe überdies individuell, national und geschichtlich ansprechend, reizend, liebens- und begehrenswerth werden könne.

§. 222. Alle jene Formeigenschaften, welche man dem Romantischen beizulegen pflegt, lassen sich aus der oben bezeichneten Eigenthümlichkeit des unvollendeten Vorstellens erklären. Indem das letztere auf das Vorstellen überhaupt bezogen in ein blosses Streben vorzustellen sich verwandelt, verräth es den Zug zum Erhabenen, das auf der stets misslingenden, aber immer wiederholten Zusammenfassung beruht (§. 96). Weil es in Bezug auf das besondere Vorstellen als Streben diesen oder jenen bestimmten Inhalt vorzustellen sich äussert, denselben also wol als Vorstellung des Begehrten, aber nicht als Begehrtes selbst besitzt, ruft es jenen bezeichnenden Zug des Romantischen hervor, der als S e h n s u c h t nach einem Nichtbesessenen, und zwar entweder mit der begleitenden Vorstellung der Erreichbarkeit als W o l l e n, oder mit jener der Unerreichbarkeit als W u n s c h bekannt genug ist. Ist nun das Nichtbesessene ein V e r l o r e n e s, so gesellt sich zu der Sehnsucht noch der Schmerz um den Verlust, der wenn er unersetzlich ist, den Wunsch zur Verzweiflung, wenn ersetzlich, den Willen zur Leidenschaft steigert, und all die vagen Gefühle, die zu Affecten sich erhöhen können, mit sich führt, welche nur im Gefolge lebhaften Begehrens auftreten, wie Zorn, Hoffnung, Grimm, Wehmuth u. s. w. Inwiefern das unvollendete Vorstellen endlich es zur Trennung des Gefühls vom Gefühlten nicht zu bringen vermag, schliesst es die ganze Menge fixirter Inhaltsgefühle, das Angenehme sowol wie das Unangenehme ein, die an dem als Formglied gefallenden und missfallenden Stoff, a u s s e r h a l b der Form betrachtet, haften, all das unaussprechliche Etwas, das in dem besondern Klange, Lichtschimmer, Stimmlaut, Glätte und Weiche des Marmors, Metallglanz, Kühle und Farbenton zu uns spricht. Durch die rein subjectiven Erregungen endlich sind dem Romantischen auch all die ganz zufälligen und rein individuellen Vorstellungen zugänglich, welche durch blosse Association der Vorstellungen mittels der gegebenen im Subject angeregt werden, und weil sie wie alles unvollendete Vorste len diesem näher als das vollendete liegen, es zu dem Hervortreten des letztern oft gar nicht gelangen lassen. Darin liegt das „Anheimelnde," das wir dem Romantischen zuschreiben, weil es in uns gewohnte Saiten berührt. Sie gehören dem äusserlichen, empirischen, das Schöne und Classische dagegen gehört dem innerlichsten, überempirischen, d. h. nicht mehr dem individuellen, sondern dem Allgemeinsubject, dem Noumenon, nicht dem Phänomenon an. Ungeachtet daher das Classische dasjenige im Einzelnen angeht, worin er kein Einzelner, das Romantische dasjenige, worin er nur Einzelner oder doch überhaupt particulär ist, das Classische also auf das Gleiche, das Romantische auf das Ungleiche im Subject sich basirt, ist dieses doch demokratischer, als das erstere, weil der Weg zum vollendeten nur durch das unvollendete, durch das Individuelle und Particuläre zum Allgemeinen, Universellen führt, das empirische Subject aber das häufigere und leichter, das ästhetische das seltenere und schwerer zu befriedigende ist.

§. 223. Der natürliche Fortschritt ist daher beim Einzelnen, dass er früher für Romantisches, später für Classisches empfänglich werde, wie wir alle in der Jugend für Schiller zu schwärmen, in reiferem Alter uns an Göthe zu freuen pflegen. Während uns dort die subjective Erregung, das nationale Pathos, der philosophische Gehalt mindestens neben der reinen Form besticht, erwacht erst im späteren Alter der Sinn für die Schönheit der classischen Form auch ohne subjective Hinzuthat. Wenn etwas die Beibehaltung der Alterthumsstudien in den Schulen des heranwachsenden Geschlechts befürworten kann, so ist es der Umstand, dass hier an der Sprache und Literatur todter Völker Veranlassung geboten ist, mit Vermeidung subjectiv parteiischer Erregungen in den Kern der Sache, in das vollendete Vorstellen sich versetzen zu lernen.

§. 224. Auch in Völkern geht die Entwicklung einen ähnlichen Gang. Dass die Hellenen davon eine Ausnahme zu machen scheinen, kommt vielleicht nur daher, weil uns die Werke vorangegangener „romantischer" Epochen des Kunstgeschmacks verloren gegangen sein mögen. Sollten nicht auch sie eine Epoche der vorherrschend subjectiven Erregung, des „nationalen" Geschmacks durchgemacht haben, ehe sie sich jenem Gipfel näherten, auf dem stehend sie uns mit Recht in der Glorie des Allgemeinmenschlichen erscheinen? Alte und neue Völker haben ihr „Mittelalter" gehabt und so dürfen auch wir annehmen, dass mit dem goldenen Zeitalter unserer Literatur und der glorreichen Periode unseres philosophischen Aufschwungs die Epoche des „vollendeten Vorstellens" ein- und der Deutsche in die Reihe der „classischen Völker" getreten sei.

ZWEITES BUCH.

Die besonderen Formen:

a) der Natur, b) des Geistes.

Erstes Kapitel.

Die schöne Natur.

———

§. 225. Mit der Auffindung der allgemeinen absolut wohlgefälligen und missfälligen Formen ist die Aufgabe der allgemeinen Formenlehre erfüllt. Wenn die Aufzählung erschöpfend ist, so kann, was überhaupt gefällt oder missfällt, nur unter eine oder die andere der angegebenen Formen fallen. Alle weitern ästhetischen Formen können nur Anwendungen der allgemeinen Formen auf Formglieder einer gewissen qualitativen Beschaffenheit und somit nicht mehr rein ästhetische sein. Wenn sie nun dennoch hier erscheinen, so geschieht es, weil die Qualität des Stoffes, an welchem sie sich ergeben, eine noch sehr allgemeine, die Materie der ästhetischen Formen daher zwar nicht mehr absolut, aber doch immer noch relativ gleichgültig ist. Da sie aber gleichwol nur durch die Besonderheit des Stoffes entstehen, so stellen wir sie als besondere den allgemeinen gegenüber.

§. 226. Da der Stoff selbst unästhetisch ist, so kann ihn die Aesthetik nur von andern Wissenschaften entlehnen. Da es aber überhaupt nur drei Wissenschaften geben kann, eine, welche vom Wissen als Wissen, eine zweite, welche vom Seienden, und eine dritte, welche vom Gefallenden und Missfallenden handelt, letztere aber die Aesthetik selbst, die erste wie sie selbst, reine Formwissenschaft ist (§. 8), so bleibt als Wissenschaft, welche der Aesthetik den Stoff liefert, nur die vom Seienden übrig. Da nun, was hier weder zu bestreiten, noch zu rechtfertigen, sondern einfach zu entlehnen der Ort ist, alles Seiende entweder Natur oder Geist, bewusstloses oder bewusstes Sein, letzteres selbst aber entweder einzelnes oder geselliges ist, so folgt, dass die Beziehungen des Seienden zu den ästhetischen Formen entweder die N a t u r, oder den e i n z e l n e n oder den g e s e l l i g e n G e i s t angehen und die besonderen ästhetischen Formen demnach in N a t u r-, E i n z e l- und S o c i a l g e i s t e s f o r m e n zerfallen müssen. Daraus ergeben sich drei Theile der besonderen Formenlehre: die A e s t h e t i k d e r N a t u r, des E i n z e l- und des S o c i a l g e i s t e s.

§. 227. Die Aesthetik folgt hier der üblichen Eintheilung des S e i e n d e n, für welche sie als Wissenschaft von blossen B i l d e r n keine Verantwortung übernimmt. Für sie sind auch die Begriffe vom S e i e n d e n nicht mehr als B i l d e r, obgleich solche, die sich zugleich für A b b i l d e r ausgeben. Ob mit Recht oder Unrecht, die Aesthetik kümmert es nicht. Sie hat unter der Voraussetzung, dass diese Bilder Bilder des oder einer Art des Seienden seien, lediglich zu untersuchen, wodurch sie als solche Gefallen oder Missfallen erregen. Ihre Aufmerksamkeit ist daher nicht auf das S e i n der Natur und des Geistes, sondern auf das G e f a l l e n oder M i s s f a l l e n beider gerichtet. Das S e i n derselben ist für sie lediglich ein entlehntes, h y p o t h e t i s c h e s, ein Bildsein, nicht reales Sein. Wenn eine Natur ist, so muss sie, um zu gefallen, diese oder jene Formen an sich tragen. O b sie sei, darüber hat die Wissenschaft vom S e i n als Naturwissenschaft den Ausspruch zu thun.

§. 228. Wie die ästhetischen Formen überhaupt, so sind auch die besondern a p r i o r i s c h; Bilder, welchen das Seiende ent-sprechen muss, w e n n es gefallen soll. O b es ihnen entspreche, lässt die Aesthetik ebenso zweifelhaft, wie die Frage, ob überhaupt ein Seiendes sei. Von der g e g e b e n e n Natur als solcher weiss sie nichts, ebenso wenig wie von der gegebenen Geisteswelt. Diese beiden zu erforschen ist Sache der Erfahrung als Natur- und Ge-schichtswissenschaft. Das Verhältniss der g e g e b e n e n Natur- und Geisteswelt zur g e f a l l e n d e n zu untersuchen, ä s t h e t i s c h e K r i t i k, ist aber dann erst möglich, wenn das, w o d u r c h Natur und Geist überhaupt gefallen, gefunden ist. Wir beginnen mit den N a t u r f o r m e n.

§. 229. Die ästhetischen Naturformen ergeben sich aus den allgemeinen ästhetischen Formen dadurch, dass an die Stelle der unbestimmt gelassenen Materie der Formglieder die bestimmte Vorstellung nicht bloss eines Seienden, sondern zugleich eines bewusstlos Seienden tritt, d. h. eines solchen, welches die Stimme des absolut Wohlgefälligen und Missfälligen nicht zu vernehmen im Stande ist. Der Einfachheit wegen und da sich das Ganze, das wir Natur nennen, aus einer unbestimmten Menge einzelner Erscheinungen zusammensetzt, betrachten wir wieder den einfachen Formen entsprechend, zuerst nur zwei, und hierauf den abgeleiteten entsprechend eine Mehrheit von Naturerscheinungen im Zusammen, und warten den Erfolg des ästhetischen Urtheils in vollendetem Vorstellen ab. Jenes ergibt die ursprünglichen, dieses die abgeleiteten ästhetischen Naturformen.

§. 230. Die Reihe ursprünglicher ästhetischer Naturformen eröffnet die Anwendung der Quantitäsform auf Naturerscheinungen. Wo ihrer nur zwei im vollendeten Vorstellen vorliegen, da gefällt die der Quantität nach überlegene neben der, welche zurückbleibend missfällt. Die Vorstellung des Herdfeuers verschwindet neben jener des kochenden Kraters, der Sturm „im Wasserglase" neben dem aufschäumenden Meere. Das Missfallen nimmt ab in dem Masse, als die der Quantität nach geringere Naturerscheinung sich steigert, es wächst, wie die der Quantität nach überlegene sich verringert. Ob die Quantität dabei intensiv oder extensiv sei, macht keinen Unterschied; nur tritt im ersten Fall die hinter der Naturerscheinung gedachte verursachende Kraft, im zweiten die Nöthigung des vorstellenden Subjects der räumlichen oder zeitlichen Ausdehnung im Vorstellen zu folgen, in den Vordergrund Im ersten Fall ist die Naturerscheinung dynamisch, im zweiten mathematisch gross oder klein, d. h. im ersten Fall stark oder schwach. Steigert sich beides so weit, dass der Versuch des Vorstellens misslingt und sich in ein blosses Streben vorzustellen verwandelt, dem gegenüber alles wirkliche Vorstellen klein erscheint, das aber doch selbst die Vorstellung des Erstrebten als Streben einschliesst und sich dadurch über das wirkliche Vorstellen in Gedanken wenigstens emporschwingt, so wird die Naturerscheinung erhaben, im andern Fall bloss gross. Jene ist nothwendig unbestimmt, da das wirkliche Vorstellen sich in ein blosses Streben verwandelt hat, die Form selbst wird formlos, weil das Verhältniss jetzt zwischen einem unbestimmten Gliede und einem bestimmten statt hat, und darum begünstigt Alles, was der Form die Bestimmtheit nimmt, ohne ihr die Grösse zu rauben, die Erhabenheit der Naturerscheinung. Ein Berg, dessen Spitze sich in Wolken verliert, dünkt uns immer erhabener, als einer, dessen Gipfel sich klar am Horizonte abzeichnet. Damit hört aber schon das reine Wohlgefallen an der Form auf, weil diese selbst aufhört; das Erhabene ist kein rein ästhetisches mehr, sondern bereits ein mit subjectiven Erregungen versetztes Ge-' fallen; die eigentlich quantitativ ästhetische Naturerscheinung ist daher nur die zwar grosse, aber unser Vorstellen nicht übersteigende, also übersichtliche, messbare, begrenzte Erscheinung, das „nicht zu gross und nicht zu klein" des Aristoteles.

§. 231. Die zweite ursprüngliche Form ist die des Charakteristischen. Auf die Naturerscheinungen angewandt, fordert sie, dass dieselbe etwas abbilde, das Nachbild irgend eines wie immer beschaffenen und woher immer genommenen Vorbildes, d. h. dass sie typisch sei, irgend ein Gepräge, einen Stempel an sich trage. Wo diese Eigenschaft irgend einer Naturerscheinung mangelt, ist sie unbedeutend, ästhetisch indifferent, während sie, das Vorbild an sich mag noch so abscheulich sein, als treues Abbild desselben sogleich Interesse erweckt. So ist das Geschlecht der Wale an sich hässlich; ein Exemplar desselben, welches den Gattungscharakter recht treu ausdrückt, aber als Typus ästhetisch. Das Mineral, die Pflanze, das Thier, die ihren Gattungscharakter recht anschaulich machen, „Muster ihrer Gattung" sind, gefallen als solche, wie auch die Gattung beschaffen sei. Ein hässlicher aber typischer Neger- oder Botokudenkopf findet darin seine ästhetische Rechtfertigung. Es ist die Schönheit des Naturforschers, der vor Allem das treue Abbilden des Wesentlichen liebt, und als Arzt an dem eckelhaftesten Hautaussatz Gefallen findet, wenn der Gattungscharakter des Ausschlags sich darin rein ausprägt.

§. 232. Die dritte ursprüngliche Form ist der Einklang. Auf zwei Naturerscheinungen angewandt verlangt sie, dass deren Qualität überwiegende Identität bei theilweisem Gegensatz zeige, dass sie also verwandt seien, und sich unter einen gemeinsamen Begriff zusammenfassen lassen, dessen Umfang sie darstellen, den Gattungsbegriff, das Gesetz. Was sich nicht unter ein Gemeinsames bringen lässt, ist g e s e t z l o s, was sich wider das Gemeinsame empört, g e s e t z w i d r i g. Jenes ist bloss disparat, unvergleichbar, dieses vergleichbar, aber disharmonisch. So erschien die Bahn des Uranns den Astronomen g e s e t z w i d r i g, weil sie sich nicht mit den Gesetzen in Einklang bringen liess, welche sich aus den bekannten Bewegnngen aller übrigen Planeten ergaben. Die dritte ästhetische Naturform ist die des G e s e t z l i c h e n.

§ 233. Wo sich g e g e b e n e Erscheinungen zwar vergleichen, aber nicht unter ein Gesetz stellen lassen, da ist Disharmonie, die als missfällig entfernt werden soll. Da sich nun die Naturerscheinungen als gegebene nicht hinwegdisputiren, so bleibt, um sie gesetzlich erscheinen zu lassen, kein anderes Mittel, als so lange an ihnen herumzuändern, bis ihre Disharmonie ver schwindet. Aber die so veränderten sind nicht mehr die gegebenen Naturerscheinungen. Sie sind vom Subject gemacht, dem Gegebenen aufgedrungen, um das Missfallen am Gesetzwidrigen zu vermeiden. Das Subject schreibt den Naturerscheinungen einen Inhalt vor, den sie nicht haben, es m a c h t sich eine Natur, der Liebe zum Gesetzlichen zu Gefallen, die das Widergesetzliche nicht duldet. Dieser g e m a c h t e Inhalt der Naturerscheinunge: ist insofern ein N o t h b e h e l f, um das Widergesetzliche gesetzlich erscheinen zu lassen, ein v o r l ä u f i g e r Abschluss, aber auch eine V e r f ä l s c h u n g der Natur. Der Schein der Abwesenheit des Widergesetzlichen, der auf diesem Wege erreicht wird, ist bloss k ü n s t l i c h erzeugt und muss sogleich ver schwinden, wie an die Stelle des unterschobenen, veränderten, der wahre gegebene Inhalt der Naturerscheinungen tritt, d. h. so wie an die Stelle der e r d i c h t e t e n die w a h r e Natur, an die Stelle der P h a n t a s i e die B e o b a c h t u n g tritt. Solcher vorläufiger Abschlüsse, die bloss der Gesetzlichkeit zu Liebe gemacht werden, kennt die Geschichte der Naturwissenschaften zahllose. Die Theorie war fertig; man mochte sie um einer widersprechenden Erscheinung willen nicht gern aufgeben; man änderte die Erscheinung solange, bis sie der Theorie nicht mehr widersprach und man hielt diesen künstlichen Inhalt der Erscheinungen aufrecht, um die Theorie aufrecht erhalten zu können. Die Natur ward corrigirt, um nicht die Theorie corrigiren zu müssen, und derjenige Inhalt, unter dessen Annahme die Wider gesetzlichkeit verschwand, ward als Naturgesetz festgestellt.

§. 234. Dasselbe ist jederzeit p o s i t i v und stammt aus dem individuellen Vorstellungskreis des S u b j e c t s. Da es nur dazu da ist, um Missfallen zu vermeiden am Widergesetzlichen, so liegt seine einzige Sanction in dem Zweck, zu dem es da ist, und in der Art, wie es diesen erfüllt. Sowie es den Widerstreit nicht mehr vermeidet, d. h. die Erscheinungen trotz demselben disharmoniren, ist es unhaltbar und muss mit einem andern vertauscht werden. Nichts destoweniger ist jede Verletzung des Naturgesetzes eine Störung und wir lassen uns in unsern festgewordenen Naturtheorieen nicht gerne stören. Was hat Copernikus nicht alles erfahren müssen, als er sich einfallen liess, an die Stelle der „Naturgesetze" seiner Zeit s e i n Naturgesetz zu setzen? Die Geschichte der inductiven Wissenschaften zeigt den beständigen Wechsel der „Naturgesetze" von den Zeiten der jonischen Naturphilosophen an bis auf die moderne Physik, Chemie und Physiologie herauf.

§. 235. Freilich, wer von der T h a t s a c h e einer in sich einheitlichen Natur ausgeht, der wird das „Naturgesetz" nicht für etwas der Natur Aufgedrungenes, sondern ihr Inwohnendes erklären, und schon gegen die Annahme Protest erheben, dass es w i d e r s p r e c h e n d e Naturerscheinungen in Wahrheit geben könne. Die Aesthetik weiss davon nichts, weil sie von der Natur wie sie i s t, überhaupt nichts weiss, und sich nur angelegen sein lässt, zu erforschen, w o d u r c h s i e g e f a l l e, w e n n sie sei, und wie sie gedacht werden müsse, wenn sie gefallen solle. Alles was ihr vorliegt, ist die Annahme disharmonirender Naturerscheinungen, der zu Liebe um Missfallen zu meiden, ein künstliches Naturgesetz für so lange erfunden und festgehalten wird, als es seinen Zweck, den Widerstreit unter den Erscheinungen der Natur für die Vorstellung aufzuheben, erfüllt. Thut es dies nicht mehr, so ist es Zeit, ein besseres an seine Stelle treten zu lassen.

§. 236. Das Subjective eines künstlichen an der Stelle des wahren Naturgesetzes rächt sich übrigens von selbst. Ist in Folge desselben der Schein der Widergesetzlichkeit gewisser Naturerscheinungen aufgehoben, d. i. ist der Schein des Nichtwiderstreits derselben erzeugt, oder auch sind umgekehrt nicht widerstreitende Erscheinungen in Folge der einmal gefundener und festgehaltenen Theorie für widerstreitend erklärt worden, so muss ein Moment, früher oder später, kommen, wo in Folge des Naturlaufs selbst dieser künstlich erzeugte Schein verschwindet. Denn da die Natur sich nicht, und das dem Missfallen am Widerstreitenden zulieb s e i n e Vorstellungen von ihr ändernde Subject doch die Natur nicht ändern kann, so muss der S c h e i n sich ändern, den das Subject geschaffen hat. Sei es nun, dass das Subject, indem es besser zusieht, s i c h s e l b s t b e s i n n t und den Schein zurücknimmt, sei es, dass es wider Willen von den Erscheinungen dazu gezwungen wird, das scheinbar Gesetzwidrige als gesetzlich oder das scheinbar Gesetzliche als gesetzwidrig anzuerkennen, d. h. das von ihm der Natur o k t r o y i r t e Naturgesetz fallen zu lassen: eine B e w e g u n g ent steht nicht nur vom gegebenen zum gemachten Inhalt der Naturerscheinungen, sondern auch wieder zurück vom gemachten zum gegebenen. In jenem i s t das Subject, in diesem s c h e i n t die Natur selbst das T h ä t i g e. Der im vollendeten Vorstellen gegebene zwingt den erkünstelten Inhalt der Naturerscheinungen, die w a h r e die g e m a c h t e Erfahrung zurückzuweichen. Das Subject ist dort, hier erscheint die den Schein vernichtende Naturerscheinung selbst l e b e n d i g.

§. 237. Diese Lebendigkeit ist Schein, aber nothwendiger Schein. An die Stelle der gegebenen hat das Subject eine angebliche Erfahrung gesetzt, und muss es jetzt, durch die Beobachtung genöthigt, wieder die wahre setzen. Es allein erfährt daher einen wirklichen Wechsel, während das Sein, das immer beharrt, wie es i s t, keinen solchen erleiden kann. Aber da das Subject zur Zurücknahme des Scheins genöthigt wird, so sieht es den sich vernichtenden Schein selbst als den Urheber der Nöthigung, d. h. als die Ursache der Vernichtung des Scheins an, welcher dadurch den Schein der Veränderung und da der Grund dieser Veränderung in ihn selber fällt, das Lebens und der Beseelung gewinnt. Die Form der N a t u r b e s e e l u n g ist die Anwendung der Form der Ausgleichung auf die Naturerscheinungen.

§. 238. Die Aufhebung des gegentheiligen Scheins stellt die ursprüngliche g e g e b e n e Form der Naturerscheinung wieder her. Da diese nun, sei sie Gesetzlichkeit oder Widergesetzlichkeit in Folge der früheren Verdunkelung jetzt einen auffälligeren Eindruck hervorbringt, so erscheint diese Erhöhung desselben von Seite des Scheiner-

regenden als Zweck, zu welchem der Schein selbst als Mittel
dient. Da dieser scheinbare Zweck erreicht wird, so nimmt die
Beseelung, immanent oder transcendent, den Schein der Verständigkeit, die Naturbeseelung den einer Naturbegeistung
an. Die Natur erscheint nicht nur lebendig, sondern der Zweck-
setzung, der Absicht und Wahl der Mittel, mit einem Worte der
Einsicht und des Willens fähig, das den Schein setzende Subject, oder die diesen setzende Natur als verständige Seele,
als Geist.

§. 239. Es kommt nur darauf an, ob die ursprünglich gegebene gesetzliche oder widergesetzliche Form war, damit die am
Schluss hergestellte gleichfalls eines von beiden sei. Ist sie ge
setzliche Form, so gefällt diese als solche. Da sie nun als gewollter
Zweck eines immanenten oder transcendenten Geistes angesehen wird, so
gefällt dieser um des Gefallens seines von ihm gesetzten Zwecks
willen, d. h. er erscheint als die Gesetzlichkeit wollender,
d. i. als gesetzlicher, selbst absolut wohlgefälliger Geist, die Naturerscheinung selbst als das Werk eines Geistes der Gesetzlichkeit in der Natur oder als eines die Gesetzlichkeit
in der Natur wollenden und setzenden Geistes. Jenes
ist immanent der Schein eines Geistes in der Natur, dieses
transcendent der Schein eines Gesetzlichkeit als Zweck setzenden
Geistes ausser der Natur, einer baumeisternden
Natur dort, hier eines Naturbaumeisters.

§. 240. Diese Naturform entspricht der allgemeinen des
abschliessenden Ausgleichs. Mit ihr kommt das ästhetische
Urtheil zur Ruhe; über das schliesslich Gesetzliche d. i. absolut Wohlgefällige hinaus, begehrt es nichts weiter im Kreis der Naturerscheinungen. Es bleibt daher unbefriedigt, wenn das Ergebniss des Processes der
Aufhebung des Scheins das entgegengesetzte, ein absolutes Missfallen, wenn die Auflösung des Scheins die Herstellung eines ursprünglich gegebenen Widergesetzlichen ist. Hier ist das
Missfallen an der Geltung des Scheins für Wahrheit zwar verschwunden, aber statt dessen das andere an dem Widergesetzlichen
geblieben. Dieses beharrt so lange, als nicht an die Stelle des am
Schluss übrigbleibenden Widergesetzlichen ein Gesetzliches tritt. Die
Versuche das Widergesetzliche als solches verschwinden zu machen,

werden daher immer fortgesetzt und nicht eher unterlassen, als
bis es gelungen ist oder gelungen zu sein scheint, den Schein der
Widergesetzlichkeit völlig aufzuheben. Da nun sowol in als ausser der
Natur der Schein des Geistes entsteht, das Wesen des letzteren aber in
der Fähigkeit beruht, die Stimme des absolut Wohlgefälligen und Missfälligen zu vernehmen, so ergeht sowol an jenen wie an diesen
die Forderung das Missfällige zu meiden, d. h. an beide die Forderung
nach Naturgesetzen (§. 233) zu verfahren. Dieselben werden hiebei
einmal als natürliche, d. i. von der Natur selbst gegebene
und befolgte, das anderemal als künstliche, d. h. vom Subject
gemachte betrachtet, mit der Forderung jedoch nicht eher nach-
gelassen, bis beide so beschaffen sind, dass das Widergesetzliche
der Naturerscheinungen gegen dieselben aufgehört hat.

§. 241. Dadurch entsteht eine unvermeidliche Unruhe, sobald die Auflösung des Scheins ein Widergesetzliches als gegeben
zeigt. Der Grund desselben kann nur entweder im Subject als
Urheber der Setzung des Scheins, oder in der Natur selbst liegen,
im Baumeister der Natur oder in der baumeisternden Natur.
Beide sind Geist, sie können also die Stimme des absolut
Wohlgefälligen und Missfälligen vernehmen; wenn sie sie nicht
vernehmen wollen, so setzen sie sich dem unaufhörlichen
Tadel des Missfallens aus. Zwar hat nun dieser keine Macht
zu befehlen oder zu zwingen ; aber durch beständige Fortsetzung des
Tadels, wenn auf Seite des Geistes beim Missfälligen beharrt wird, kann
er eine Macht werden, die zuletzt über alle andern Mächte an-
wächst und schliesslich siegen muss. Es kann daher zwar an die
Stelle des Widergesetzlichen am Schluss des Ausgleichungsprocesses
abermals ein Widergesetzliches, an dessen Stelle ein drittes, zuletzt
aber muss dennoch ein Gesetzliches eintreten, d. h. die Erscheinung
kann zwar von einem gewissen, dann wieder von einem andern,
und endlich von einem dritten ponirten Naturgesetz Ausnahmen darbieten, zuletzt aber muss aller Schein der Ausnahme verschwinden, es muss zu ausnahmslosen Naturgesetzen
kommen.

§. 242. Jede Ausnahme von einem Naturgesetz, wodurch dessen Geltung aufgehoben, d. h. etwas mit ihm Disharmonisches in der Naturerscheinung gesetzt wird, ist als solche ein

Wunder. Jedes solche missfällt daher als Aufhebung eines Naturgesetzes nach der Form der Correctheit. Da jedoch das Naturgesetz ein auf Veranlassung des gegebenen Disharmonischen zur Vermeidung des Widergesetzlichen gemachter, d. i. dem Inhalt der Naturerscheinungen aufgedrängter Inhalt ist, so kann das Wunder auch die Wiederkehr des wahren Inhalts der Naturerscheinung sein, und ist dann nur als Ausnahme von einem künstlichen Naturgesetz, und nur für denjenigen, der an dem letztern festhält ein (relativer) Wunder. Wer im vollendeten Vorstellen den gegebenen Inhalt der Naturerscheinungen vor sich hat, für den existirt das künstliche, das gemachte Naturgesetz nicht und folglich auch nicht die Ausnahme. Für ihn zeigt sich eben die ursprüngliche Disharmonie in den Naturerscheinungen wieder, die zu vermeiden das künstliche Naturgesetz erfunden ward. In diesem Falle nun verschwindet zwar das Missfallen, welches das Wunder als Ausnahme von einem geltenden Naturgesetze trifft, aber das andere stellt sich ein, von welchem jedes sichtbare Gegentheil der Form des Gesetzlichen begleitet ist. Soll auch dieses vermieden werden, bleibt abermals nichts übrig, als das als gesetzwidrig Missfallende so zu denken, dass das Missfallen vermieden werde, d. h. ein neues Naturgesetz zu construiren, jedoch, um nach jeder Seite das Missfällige zu meiden, so, dass die vorige Ausnahme jetzt mit darunter befasst werde. Gelingt dies, so ist der Abschluss vorläufig hergestellt. Die vorher als Ausnahme missfällige Naturerscheinung ist jetzt nicht mehr missfällig, weil nicht mehr Ausnahme. Zugleich ist der Schein, als wäre das vorherige vermeintliche Naturgesetz wirklich ein solches, beseitigt. Aber auch das neue Naturgesetz ist nur mit Rücksicht darauf gebildet, dass die vorhin als Ausnahme geltende Erscheinung nun darunter befasst werde. Es können neue Ausnahmen, also neue Naturwunder eintreten; der Process beginnt von Neuem; auch das neugewonnene Naturgesetz verliert seine Geltung; auch die neuen Wunder hören auf, dergleichen zu sein; der vollständige Abschluss aber ist nicht eher erreicht, als bis solche Naturgesetze gefunden sind, die keine Ausnahme dulden und also auch keine Naturwunder mehr zulassen.

§. 243. In dem Begriff der ästhetischen Naturform des har-

monischen Geistes in der Natur liegt die Ausschliessung aller
Wunder. So lange es deren noch gibt, ist die Bewegung noch nicht
zur Ruhe gelangt, der ausgleichende Abschluss der Naturerscheinungen
nicht erreicht. Ausnahmslosigkeit der Naturgesetze ist die unvermeidliche Folgerung aus der harmonisch ausgleichenden Naturform.
Die ästhetische Natur schliesst nicht nur die Gesetzlichkeit, sondern
die Voraussetzung einer allem Schein des Gegentheils zum Trotz
immer wieder, wenn auch nach noch so langem Wege sich herstellenden und zu findenden Gesetzlichkeit derselben in sich ein;
wer eine ästhetische Natur d e n k t, kann sie nicht anders denken,
ob die s e i e n d e Natur ästhetisch sei, ist eine andere Frage.

§. 244. Fassen wir nun die erwähnten einfachen Naturformen zusammen, so lässt sich wie vorher §. 149 beim Schönen
ein Nachbild denken, dessen Vorbild nach den Formen der N a t u r-
g r ö s s e, der G e s e t z l i c h k e i t, der N a t u r g e s e t z m ä s s i g k e i t,
und der h a r m o n i s c h a u s g l e i c h e n d e n Geistigkeit gebildet, und das zugleich für dieses t y p i s c h sei. Diese Naturform
würde dann mit vollem Recht den Namen des N a t u r s c h ö n e n
führen dürfen. Die Folge ist, dass das Naturschöne nicht nur in
quantitativer Beziehung als ein Begrenztes, Uebersichtliches, Gestaltetes, weder zu Grosses noch zu Kleines, sondern auch in qualitativer
Beziehung als ein gesetzlich Gebildetes, auch das für geltend an-
genommene Naturgesetz nicht Verletzendes, zugleich aber in sich
lebensvolles, beseeltes und geschlossenes Ganzes, als durchgeistigtes
Product, sei es eines transcendenten oder immanenten Baumeisters,
als Werk eines Schöpfers oder seiner eigenen Schöpfungskraft erscheinen
muss. Abermals ist in dem letzten Umstand die Möglichkeit sowol einer
theistischen wie pantheistischen Auffassung des Naturschönen, wie
durch beide die einer solchen gegeben, welche darin die Darstellung eines Geistes sieht. Dass alle diese Auffassungen beim
Naturschönen entstehen, ist daher eben so natürlich, als es irrig
wäre, daraus einen Schluss auf die s e i e n d e Natur ziehen zu wollen.
Der Schein des (immanenten wie des transcendenten) Geistes in der
Natur entsteht eben nur durch die Anwendungen der allgemeinen
ästhetischen Formen der Ausgleichung und des harmonischen Ab
schlusses auf die Naturerscheinungen; ob er m e h r sei als Schein,
d. i. ob es eine wirklich geistbeseelte seiende Natur, eine geschaffene

oder sich selbst schaffende gebe, hat nicht die Aesthetik, sondern die Metaphysik und Religionsphilosophie zu entscheiden.

§. 245. Wie dem Schönen das Hässliche, steht dem Natur-schönen das Naturhässliche entgegen. Hier wie dort ist es un-möglich ein Bild eines solchen zu denken, welches als treues Nachbild eines allen ästhetischen Naturformen widersprechenden Vorbildes nicht wenigstens das Verdienst des Typischen hätte. Es gibt daher kein absolut Hässliches in der Natur. Wol aber tritt wie dort jeder einzelnen schönen Naturform ein Hässliches gegenüber; nicht nur dem Starken das Schwache, dem Grossen das Kleine, dem Bestimmten und Begrenzten das Unbestimmte und Verschwommene, dem Geformten das Formlose, sondern auch dem Typischen das Unbedeutende, das gleichgiltige Gattungsexemplar, das Verkommene, Verkrüppelte, Unfertige, Unausgegohrene, dem Gesetzlichen das Gesetzlose nicht weniger wie das Gesetzwidrige, Regellose und Regelwidrige, Unzusammenhängende und Zusammen-hangwidrige, während das Naturgesetzwidrige irgend be-stimmte anerkannte Gesetze verletzt, das Bewegungs- und Seelen-lose, das Starre und Steife, so wie das Geistlose, Unlebendige, Gemachte, nicht Gewordene, das Natur- nicht Product, sondern Fabrikat der Form des harmonischen Naturgeistes wider-spricht. Vor Allem ist es das Leblose und Naturgesetzwidrige, was alle übrigen Vorzüge schweigen macht, während Leben- und Natur gesetzgemässheit auch über den Mangel der Grösse, der harmonischen Abrundung, des Typischen, ja selbst der wahren Gesetzlichkeit hinüberhelfen. Widerlich und eckelhaft wird das Naturhässliche erst dann, wenn sich subjective Erregungen des Abscheues und der Abneigung, des Hasses dazu gesellen. Da-durch kann uns selbst das Lebendige, ja das nach anderer Form-seite hin positiv Gefallende zuwider werden, wie dies z. B. bei einer Menge von Thieren, Pflanzen und organischen Producten der Fall ist, welche unser Geruchs- und Geschmacksorgan unangenehm afficiren.

§. 246. Die abgeleiteten Naturformen entspringen wie die abgeleiteten allgemeinen aus der Anwendung der ursprünglichen auf eine Mehrheit, ja wol auf die Allheit der Naturerscheinungen. Auch hier beginnen wir mit den beiden zunächst auf Vermeidung des Missfälligen ausgehenden, weil sich bei einer Zusammenfassung des Mehreren voraussichtlich dieses zuerst ergibt, und beginnen daher mit der Form des Naturgesetzmässigen.

§. 247. Da die Glieder der ästhetischen Form vor allem vergleichbar sein müssen, so folgt, dass dasselbe von der Mehrheit der hier in Betracht kommenden Naturerscheinungen gelte. Sie alle müssen entweder als Naturerscheinungen überhaupt, oder als solche einer gewissen Classe unter einander homogen sein. Entsteht nun durch das Zusammensein der mehreren ein mehrfaches Missfallen, so wird auch hier, damit dasselbe verschwinde, der Inhalt der gegebenen verändert und zwar überall so verändert werden müssen, dass kein Missfallen mehr im ganzen Umkreise der vorgestellten Naturerscheinungen entstehe. Es werden demnach nicht bloss ein sondern je nach den verschiedenen als disharmonisch gegebenen Naturerscheinungen mehrere positive Naturgesetze gebildet werden, zu dem Zwecke das Missfallen zu meiden, von deren jedem dasselbe gilt, was oben §. 233 von den einzelnen bemerkt ward, d. h. die Form des Naturgesetzmässigen wird durch den ganzen Umfang der gegebenen Naturerscheinungen durchgeführt, es wird ein Inbegriff von positiven Naturgesetzen, ein künstliches Natursystem gebildet werden.

§. 248. Das Wesen desselben liegt darin, dass es nur gebildet wird, um das bei Zusammenfassung einer Mehrheit, ja der Allheit der Naturerscheinungen entstehende Missfallen zu vermeiden. Daher kommt es hiebei grundsätzlich nicht auf das Gegebene, sondern auf die Veränderung des Gegebenen in solcher Weise an, dass dasselbe kein Missfallen wegen Nichteinklangs der einzelnen Erscheinungen untereinander darbiete. Letzteres ist dem künstlichen Systeme die Hauptsache und dasselbe besinnt sich um deswillen keinen Augenblick, dem Inhalt der gegebenen Naturerscheinungen Zwang anzuthun. Was nicht gesetzlich ist, soll wenigstens nicht widergesetzlich scheinen, und demgemäss wird das künstliche System der Natur angefertigt. Dasselbe duldet daher innerhalb des Kreises der von ihm eingeschlossenen Naturerscheinungen keinerlei Ausnahmen, bezeichnet folglich jede als solche sich darbietende Naturerscheinung als Wunder, und findet dasselbe als Verletzung eines Natursystems missfällig.

§. 249. Da das auf solche Weise entstandene positive Naturgesetz den veränderten Inhalt der gegebenen Naturerscheinungen nur aus dem individuellen Vorstellungskreise des entweder nicht zum vollendeten Vorstellen des Gegebenen gelangten, oder diesen um des darin enthaltenen Widerstreits willen verleugnenden Subjects empfängt, so folgt, dass das einzelne Naturgesetz ebenso wie das k ü n s t l i c h e N a t u r s y s t e m das Gepräge des individuellen, nationalen oder geschichtlichen Subjects tragen muss, v o n dem und a u s dem es geschaffen worden ist. Da es sich hier um die Veränderung des g e g e b e n e n Inhalts der Naturerscheinungen handelt, welche letzteren als solche den Inhalt v o l l e n d e t e r E r f a h r u n g ausmachen, so wird das Subject den Inhalt seiner künstlichen Naturgesetze aus s e i n e r u n v o l l e n d e t e n o d e r a u s g a r k e i n e r E r f a h r u n g, sondern aus blosser Phantasie schöpfen, d. h. es wird dem wahren Erscheinungsinhalt einen unwahren, entweder b e s c h r ä n k t e n oder e r d i c h t e t e n substituiren, und dadurch werden seine Gesetze sowol als sein System der wahren Natur gegenüber das Gepräge der Beschränktheit und Erdichtung an sich tragen, d. h. es wird zwar nicht missfällig, aber der objectiven Natur gegenüber unzulänglich sein. In der That tragen alle Natursysteme, welche und in so weit sie nicht aus dem vollendeten Vorstellen des Gegebenen (der Totalität der Erfahrung) hervorgegangen sind, diese Beschränktheit an sich, und die Folge ist, dass der g e g e b e n e aber nur unvollendet vorgestellte oder gegen erträumten zurückgestellte Inhalt der Naturerscheinungen, da er sich nicht ändern kann, gegen die unzureichenden Naturgesetze und künstlichen Natursysteme Protest einlegt, Ausnahmen und g e g e n die Unterordnung unter das System sich unbotmässig zeigt und dadurch den Inhalt desselben als blossen S c h e i n aufweist, dessen Geltung für Sein absolut missfällig ist.

§. 250. Nichts ist den künstlichen Natursystemen daher mehr und dem wahren Natursystem weniger gefährlich als sogenannte N a t u r w u n d e r. Jene, da es für ein System keine Ausnahmen geben darf, Wunder aber Ausnahmen von ihren Gesetzen sind, werden durch solche zerstört; das wahre Natursystem, da es als System gleichfalls ausnahmslos ist, kennt überhaupt keine. Letzteres, da es auf dem v o l l e n d e t e n Vorstellen der gegebenen Naturerscheinungen, d. h. auf der Totalität der Erfahrung ruht, stellt ganz indifferent unter einander harmonische, wie disharmonische Naturerscheinungen, wenn sie gegeben sind, vor. Das als harmonisch, d. i. gesetzlich Gegebene, nimmt es dankbar an; an dem als disharmonisch Gegebenen ändert es nichts, trotz dem ästhetischen Missfallen. Es kann also niemals in den Fall kommen, wie das künstliche Natursystem, Gesetze zu geben, wo keine sind, und es kann auch nie Ausnahmen von Gesetzen, d. i. Wunder finden, wo es keine Gesetze geben kann. Wo es dergleichen gibt, existiren ohnehin keine Gesetze.

§. 251. Das Stattfinden von Wundern und Ausnahmen ist daher immer ein Zeichen, dass entweder aus unvollendetem Vorstellen unwillkürlich, oder trotz vollendetem Vorstellen willkürlich aus ästhetischem Grunde, nämlich um Widergesetzlichkeit oder Gesetzlosigkeit als missfällig zu meiden, der Inhalt der gegebenen Naturerscheinungen von dem individuellen Gesicht- und Erfahrungskreise des Subjects aus geändert und damit auch künstliche Naturgesetze und Systeme geschaffen worden seien. Die Frage ist nun, ob diese Substitution bloss um Missfallen zu vermeiden, oder zugleich um Beifall zu erwecken, vollzogen werden, d. h. ob nur durch Einführung künstlicher Naturgesetze Disharmonisches ausgethan, oder durch ein harmonisch gegliedertes, geistbeseeltes Natursystem (Naturorganismus) vielmehr Bewunderung erregt werden soll. Jene begnügt sich mit Correctheit, dieses strebt nach Einklang.

§. 252. Die Zerstörung des künstlichen Naturgesetzes durch eine als Ausnahme sich darbietende Naturerscheinung stellt die ursprünglich gegebene Nichtvereinbarkeit zweier fälschlich für vereinbar erklärter Naturerscheinungen wieder her und erzeugt durch die Aufhebung des Scheins von Seite des Gegebenen den Schein der Naturbeseelung. Wo innerhalb einer Mehrheit, ja der Allheit gegebener Naturerscheinungen ein künstlicher für den gegebenen Inhalt derselben gilt, da entsteht Missfallen an der Geltung des Scheins für Sein, das dessen Aufhebung erheischt. Dasselbe verschwindet, wenn der Schein aufgelöst, das Gegebene hergestellt wird. Geschieht das im ganzen Umfang der gegebenen Naturerscheinungen, so fällt, obwol die Zurücknahme des substituirten Scheins, wie dessen ursprüngliche Substitution nur durch das Subject erfolgt, der Schein dieser Thätigkeit auf den veranlassenden Naturlauf, d. i. auf die gegebenen Naturerscheinungen selbst, die den künstlichen Inhalt überwinden und ihren wahren herstellen, dadurch lebendig und beseelt erscheinen. Und da dies im ganzen Umkreis der vorgestellten Naturerscheinungen der Fall ist, so entsteht der Schein einer a l l g e m e i n e n N a t u r b e s c e l u n g, eines die ganze Natur durchdringenden, überall sich äussernden Lebens.

§. 253. Dieses Naturleben ist vielleicht b l o s s e r Schein, aber für die ästhetische Naturauffassung n o t h w e n d i g e r Schein. Nicht nur die sogenannte lebendige Natur erscheint so unter obigem Gesichtspunkt, auch die ihr entgegengesetzte l e b l o s e, die physikalischen Naturerscheinungen, die Erdrevolutionen, der feuerspeiende Berg, das ebbende und flutende Meer, der Edelstein, der Krystall, der „Kühleborn,“ der Wasserfall, das Gewitter, Donner und Blitz. Gerade durch den Schein der Gesetzwidrigkeit wird die nachher ersichtliche Gesetzlichkeit, gerade durch jenen der Gesetzlichkeit die ursprüngliche Gesetzwidrigkeit auffälliger. Durch scheinbare Ausnahmen und scheinbare Uebereinstimmungen, wo keine sind, treibt die Natur gleichsam ihr Spiel mit der zusammenfassenden Betrachtung, lockt Naturgesetze hervor, um sie wieder zu zerstören, legt Gesetzlosigkeiten bloss, um sie nachher von höheren als den blindem Auge ersichtlichen Gesetzen beherrscht zu zeigen. Eine neckende Seele scheint in ihr zu sitzen, die sie zugleich fassbar und unfassbar, begreiflich und unbegreiflich erscheinen lässt, den Beobachter zugleich demüthigt und reizt, die Beobachtung fortzusetzen. Erhöhung des Eindrucks, der Gesetzlichkeit wie der Gesetzlosigkeit, scheint ihr Z w e c k ; der Mensch soll ihre Gesetzlichkeit bewundern, aber er soll auch seine Ohnmacht, sie mit kurzsichtigem Auge abzumessen, stärker fühlen lernen. Zu diesem Zweck, den sie erreicht, dient ihr der Schein als M i t t e l ; in ihrem Verfahren ist M e t h o d e, ihr System planmässig, ihre Thätigkeit verständig, ihre Beseelung G e i s t i g k e i t. So weit das gegebene Bild der Naturerscheinungen reicht, also im g a n z e n Naturbild ebensogut wie in dessen einzelnen Theilen, duldet sie keinen S c h e i n; mit unerbittlicher Hand wird die falsche Gesetzmässigkeit wie die falsche Gesetzlosigkeit vernichtet ; der Täuschung folgt die Enttäuschung unabweislich nach ; in dem ganzen Gebiete der gegebenen und scheinbaren Natur herrscht das Gesetz der Ausgleichung in einer

Strenge, welche dasselbe zu einem System der Naturnoth-
wendigkeit macht. Der Geist der Natur, soweit ihn die Form
der Ausgleichung bestimmt, ist ein Geist der Nothwendigkeit.
§. 254. Diese Zerstörung jedes künstlichen durch den wahren,
jedes gemachten durch den im vollendeten Vorstellen sich aufdrängen-
den Inhalt der Naturerscheinungen beweist, dass sich der Natur nichts
aufzwingen lässt, oder richtiger, dass das Subject unter dem Druck
des Missfallens an der Geltung blossen Scheins nicht bei diesem
beharren kann. Eine Bewegung muss eintreten, die zunächst nichts
als Rückschritt zu dem ursprünglich Gegebenen ist, da dieses
aber selbst Gesetzlichkeit oder Gesetzwidrigkeit zeigt, zum Fortschritt werden kann. Ist das ursprünglich Gegebene Gesetzlichkeit,
so ist der Herstellung genügt, wenn wieder Harmonie, ist es Unvereinbarkeit, wenn wieder Unvereinbarkeit zu Tage kommt. Die Form
der Ausgleichung fordert nicht, dass diese oder jene bestimmte,
sondern nur, dass wieder Harmonie oder Disharmonie überhaupt sichtbar
werde. Der Stoff derselben ist gleichgiltig, nur die hergestellte
Form wichtig. Die Nothwendigkeit ist zugleich Freiheit, denn
sie gestattet die Wahl unter mehreren Harmonieen oder Disharmonieen, wenn es nur eben Harmonieen oder Disharmonieen
sind. Die Gebundenheit des Naturlebens ist zugleich Ungebundenheit, indem sie zur Herstellung des Ursprünglichen nicht
dem Stoff und der Form, sondern nur der Form nach nöthigt. Sie
gestattet ein Neues dem Stoffe nach, wenn es nur das Alte ist
der Form nach. So schliesst sie das Neue nicht aus, und damit
nicht die Production, das Erzeugen, Erschaffen, im Gegensatz zum
blossen Stoffwechsel, welcher den beharrenden Stoff in für ihn neue
Formen giesst. Der Geist der Natur ist ein schaffender Geist;
im Gegensatz gegen die Nothwendigkeit, welche das Alte dem
Stoffe und der Form nach wiederholt, ist er ein Geist der
Freiheit, welcher ästhetische, gesetzliche oder gesetzwidrige
Formen neuem Stoff aufprägt.

§. 255. Nicht ohne in der Ungebundenheit selbst wieder gebunden
zu sein. Wenn das Neue als die Wiederherstellung des Alten
der Form nach gelten soll, darf der Zusammenhang zwischen diesem
und jenem nicht gänzlich aufgehoben sein. Die Bewegung, die vom
Gegebenen durch den Schein wieder zum Gegebenen (der Form

nach) fortschreitet, muss sich als eine und dieselbe, als eine un-
zerreissbare und ununterbrochene Kette, nicht als blosses Nach-
sondern als Auseinander darstellen. Die Absicht, das Gegebene
auffälliger zu machen, hat die Anwendung des Scheins, die Geltung
des Scheins die Herstellung der ursprünglich gegebenen Form
herbeigeführt. Die Gesetzlichkeit treibt das Widergesetzliche, dieses
die alte Gesetzlichkeit aus sich hervor. Das Ende bestimmt den
Anfang, dieser die Mitte und wieder das Ende. Freiheit und Nothwendigkeit gehen im System des freien Naturgeistes in
Eins zusammen; jene ist Ungebundenheit in der Gebundenheit, diese
Gebundenheit in der Ungebundenheit; jene ist schaffend dem Stoff,
diese erhaltend der Form nach. Das im vollendeten Vorstellen
gegebene, d. h. sich dem Subject aufdrängende Naturbild,
sei es harmonisch oder disharmonisch, gesetzlich oder gesetzlos,
erhält sich trotz allem Schein, ja durch den Schein in immer-
gleicher Reinheit und Selbstständigkeit.

§. 256. Aber das Bild drängt zum Abschluss. So lange das
Ergebniss des Schein auflösenden Processes ein solches ist, welches
selbst wieder zur Vermeidung auffordert, ist kein solcher erreicht.
Nur dort kommt das ästhetische Urtheil zur Ruhe, wo es das an-
geschaute Werk mit einem absolut Beifälligen krönen kann. Der
Geist der Fortschrittsbewegung muss sich als ein harmonischer,
als ein solcher enthüllen, dem die Herstellung des Harmonischen
Zweck, der Schein der Disharmonie nur Mittel zu diesem ist. Ueberall,
wo sich Missfallen am geltenden Schein zeigt, muss die Auflösung
des letztern zur auffälligen Einsicht in die Gesetzlichkeit führen; der Geist
der Natur nicht nur freier, sondern, immanent oder transcendent, als
sich bauende Natur oder als Naturbaumeister, gesetzlicher Geist
sein. Die ästhetische Auffassung eilt der theoretischen zuvor;
wenn diese Schritt für Schritt mühsam Gesetzlichkeit in den Naturerscheinungen nachzuweisen strebt, so anticipirt jene die durchgängige
Gesetzlichkeit in der Natur als Bedingung, unter welcher allein
diese nicht missfällig erscheint.

§. 257. Dies System durchgängiger Gesetzlichkeit in der
Natur ist nicht Eins mit dem System gesetzlicher Einheit in
der Natur. Jene fordert nur, dass überall Gesetzlichkeit
herrsche, aber sie schliesst nicht aus, dass verschiedenartige

Gesetze zugleich herrschen. Sie widerspricht nur der entgegengesetzten Anschauung, welche unter dem Schein freier Geistigkeit der Natur auch die Absicht, das Gesetzlose als Wesen derselben auffälliger zu machen, als solche gelten lässt. Wie jene durchgängige Gesetzlichkeit, so will diese durchgängige Gesetzlosigkeit als Ziel und Zweck des scheinauflösenden Processes. Es ist schon gesagt (§. 187), warum ein Geist dieser Art zu keinem wahren Abschluss gelangen könne. Das zurückbleibende Missfallen an dem gesetzlosen Ergebniss, welches immer wieder zu seiner Vermeidung von neuem auffordert, übt einen Druck aus, dem auf die Länge, unter Voraussetzung der des ästhetischen Urtheils fähigen Geistigkeit, zu widerstehen unmöglich ist. Ein Geist durchgängiger Gesetzlosigkeit in der Natur mag zu denken versucht werden, als Geist ist er unmöglich. Geistigkeit d. i. Fähigkeit die Stimme des absolut Beifälligen und Missfälligen zu vernehmen, und durchgängige Gesetzlosigkeit, d. h. permanentes Wollen des absolut Missfälligen, schliessen einander aus. Der unvermeidliche Tadel, welchen das letztere unaufhörlich wach erhält, muss zuletzt zu solcher Macht im Gemüthe heranwachsen, dass er des Strebens sich bemeistert. Die Bekehrung eines Geistes der Gesetzlosigkeit in der Natur ist nur eine Frage der Zeit.

§. 258. Niemand ist fester von dieser Ueberzeugung durchdrungen, als die Naturforschung aller Zeiten. Sie sucht das Gesetz der Natur, d. h. sie setzt überall Gesetzlichkeit in derselben voraus; sie kann sich eine durchgängig gesetzlose Natur gar nicht als möglich denken. Diese Gewissheit kommt ihr selbst unwissentlich aus der Aesthetik. Eine durchgängig gesetzlose Natur ist absolut missfällig. Wenn sie sagen: eine solche kann nicht sein, so sagten sie wahrer: eine solche gefällt nicht; wir mögen nicht und darum glauben wir auch nicht, dass sie sei. Stat pro ratione voluntas! Eigentlich das willenlose Urtheil.

§. 259. Der Geist durchgängiger Gesetzlichkeit sichert die Natur vor Missfallen, aber er macht sie noch nicht beifällig. Dazu gehört mehr. Die Form des Einklangs angewandt auf Naturerscheinungen hat den Begriff der Gattungsverwandtschaft, d. h. theilweiser Identität der Qualitäten derselben ergeben. Ausgedehnt auf alle Theile des im vollendeten Vorstellen gegebenen Naturgesammtbildes, erwächst daraus die Vorstellung einer durchgängigen Verwandtschaft aller Naturerscheinungen, d. h. eines Systems der Einheit in der ganzen Natur und ihren Gesetzen, des n a t ü r l i c h e n S y s t e m s d e r N a t u r. Dasselbe steht dem künstlichen, wie der im vollendeten Vorstellen gegebene dem durch das Subject gemachten Inhalt der Naturerscheinungen, wie n a t ü r l i c h e einer e r k ü n s t e l t e n Gesetzlichkeit gegenüber. Es ist das absolut wohlgefällige Bild eines Natursystemes, welchem das künstliche sich zu nähern und an dessen Stelle es sich zu setzen strebt, das Ziel und Ende aller echten Naturforschung, die dabei, ohne es zu wissen, von einem willenlosen ästhetischen Beifall getrieben wird. Dasselbe schliesst als System alle Naturwunder d. h. Ausnahmen von der Einheit der Naturgesetze aus, und ist von der Frage nach der metaphysischen M ö g l i c h k e i t einer in ihren Gesetzen durchaus einheitlichen Natur gänzlich unabhängig. O b eine solche sei, ist immerhin eine Frage; dass d a s B i l d einer solchen absolut gefalle, ist k e i n e Frage. Die Kenner der g e g e b e n e n Natur mögen den Ausspruch thun, ob ihr treues A b b i l d jenem ästhetischen B i l d e entspreche.

§. 260. Die ästhetische Form des T y p i s c h e n drückt die beifällige Uebereinstimmung einer Naturerscheinung mit ihrem Vorbilde, also gleichfalls einer Naturerscheinung aus. Auf eine Mehrheit von Naturerscheinungen angewandt, fordert sie die Uebereinstimmung jeder derselben mit einem aus der Natur entnommenen Vorbilde, gieichviel ob es für alle dasselbe, oder für jede ein anderes, oder für mehrere darunter das gleiche sei. Im letztern Falle tragen mehrere, im erstern alle denselben, im mittleren jede einen anderen Typus. Alle, welche d e n s e l b e n tragen, gehören als solche auch als Nachbilder desselben Vorbildes der A b b i l d l i c h - k e i t nach zusammen, bilden der ä u s s e r n E r s c h e i n u n g nach ein R e i c h, eine C l a s s e, ein G e s c h l e c h t; da aber ihre Abbildlichkeit auf der überwiegenden Identität ihrer Qualität mit jener des Vorbildes beruht, so sind sie als solche auch der Qualität nach verwandt, im Einklange, d. i. zur selben Gattung, unter die Herrschaft desselben Gesetzes gehörig. Auf die G e s a m m t h e i t aller Naturerscheinungen angewandt, spricht diese ästhetische Naturform aus, dass dieselben e i n e n Typus, der allgemeinen Verwandtschaft, der Einheit aller Naturgesetze entsprechend, an sich tragen. d. h. dass

die i n n e r l i c h eine Natur auch ä u s s e r l i c h als e i n e e r-
s c h e i n e. Die ganze Natur stellt ästhetisch nach der Form des
Typischen e i n R e i c h, das N a t u r r e i c h dar, während die einzelnen
Theile dieses Gesammtbildes, insofern sie denselben Typus zeigen,
als ebensoviele einzelne untergeordnete T h e i l r e i c h e, Mineral-
reich, Pflanzenreich, Thierreich, sowie als Theile der letztern, als
Classen, Ordnungen, Geschlechter, Familien, Varietäten u. s. w.
sich gliedern. Von denselben hat keines, vom Gesichtspunkt der
Form des Typischen aus, einen Vorzug vor dem andern, weder
das Thier vor der Pflanze, noch diese vor dem Stein in Anspruch
zu nehmen. Unter den Typen als solchen gibt es von diesem
Standpunkt aus keinen Unterschied im Rang; innerhalb jedes einzelnen weist die grössere oder geringere Angemessenheit an das
gemeinsame Vorbild jeder einzelnen dahin gehörigen Naturerscheinung ihren gebührenden Standort an. Auf die Hervorbringung
des T y p i s c h e n müsste das Wesen einer dem ästhetischen Bilde
entsprechenden wirklichen Natur, aber nicht auf die Hervorbringung
dieses oder jenes Typus, etwa des thierischen oder gar bloss des menschlichen ausschliesslich oder auch nur vorzugsweise gerichtet sein.
Vom Standpunkt des Typischen aus angesehen gleicht die ästhetische Natur einer guten Mutter, welcher das blonde wie das braune
Kind gleich lieb und welche bemüht ist, jedes s e i n e m Typus
gemäss entsprechend zu entwickeln.

§. 261. Die Analogie mit einem wohlgegliederten Staate,
in welchem jeder Stand gleiche Rechte und keiner einen Vorzug
vor dem andern geniesst, jedem Einzelnen aber die Erfüllung
seiner Standespflicht in s e i n e m Stande den ihm zukommenden
Rang anweist, möge es hier hinreichen angedeutet zu haben. Es
ist zu viel Missbrauch mit falschen und schielenden Analogieen des
„organischen Staats“ und der „organischen Natur“ getrieben worden, als dass man nicht auch gegen die wahren und wirklichen
Vergleichungspunkte sollte misstrauisch geworden sein. Immerhin hat
schon der Gebrauch des Wortes „Naturreich“ auf die ästhetischen
Formen, welche beiden gemeinsam sind, und die man niemals
hätte mit metaphysischen verunstalten sollen, zur Genüge ver-
wiesen. Wie der gemeinsame T y p u s des N a t u r-, so ist die gemeinsame G e s i n n u n g die „Seele“ eines G e i s t e r r e i c h s.

§. 262. Die Form des Naturvollkommenen, bezogen auf die Mehrheit, ja Gesammtheit der Naturerscheinungen, ist noch übrig. Intensiv wie extensiv fordert sie, dass das Ganze der Naturerscheinungen vom Gesichtspunkt der Form des Vollkommenen angesehen einen wohlgefälligen Eindruck gewähre. Nicht nur alle denkbaren Naturerscheinungen sollten darin vertreten, jede soll es zugleich in dem höchsten Masse sein, das ihr Zusammen mit allen übrigen gestattet. Fülle und Mannigfaltigkeit auf der einen, Entfaltung jeder gegebenen Naturkraft auf der andern Seite, ist die Erfüllung dieser Forderung. Totalität in intensiver und extensiver Beziehung, Universalität zugleich und Absolutheit aller Naturkräfte. Dadurch treten von selbst die nothwendigen Beschränkungen ein, wo die beiderseitigen Anforderungen in ihren Bedingungen mit einander feindlich zusammenstossen. Die Entfaltung aller Kräfte schliesst von selbst die Entfernung der unvereinbaren ein; die Entfaltung jeder einzelnen zum höchsten Grade gestattet die Entfaltung a l l e r nur bis zu einer bestimmten, der höchst möglichen Höhe. Das System der N a t u r v o l l k o m m e n h e i t gewinnt dadurch selbst einen bestimmten begrenzten, von der Natur der vorhandenen und zu entwickelnden Naturkräfte abhängigen Charakter. Die v o l l - k o m m e n e Natur ist diejenige, in der keine einzelne Naturkraft absolut, jede auf jede bezogen, jede von jeder abhängig, aber jede mit allen übrigen vereinbar nicht nur vorhanden, sondern in r e l a t i v, d. h. in Bezug auf die gleichzeitige Vollkommenheit der übrigen, höchstem Grade vorhanden ist.

§. 263. Fassen wir nun diese abgeleiteten Naturformen, das künstliche Natursystem, den Geist der Freiheit in der Natur (die Gesetzlichkeit), die Form der Einheit in der Natur (das natürliche System), die Form der Wahrheit in der Natur (die Durchführung des Typischen) und die Form der Vollkommenheit in der Natur zusammen, so lässt sich wieder, wie oben bei der Form des N a t u r s c h ö n e n oder der schönen Naturform, ein Bild der g e - s a m m t e n Natur denken, als freies typisches Abbild eines Vorbildes, das nach den sämmtlichen abgeleiteten ästhetischen Naturformen gebildet ist. Dieses typische Abbild einer zugleich den Naturgesetzen gemässen, vom Geiste durchgängiger Gesetzlichkeit lebendig erfüllten, einheitlichen und vollkommenen Natur ist das Bild des

Kosmos, die Form des schönen, d. i. absolut wohlgefälligen Naturganzen.

§. 264. Ob die gegebene Natur diesem Bilde entspreche, d. h. Kosmos sei, hat nicht die Aesthetik zu entscheiden. Um es zu können, müsste sie erst die gegebene Natur kennen, d. h. statt Aesthetik Naturwissenschaft, und die gegebene mit jenem gefallenden Bilde vergleichen, d. i. Kritik der Natur sein. Sie ist nun weder das eine noch das andere. Sie weiss, was zu einem Kosmos gehört, nicht aber ob ein solcher existirt. Sie weiss nichts vom Seienden.

§. 265. Wie das Naturschöne die Anwendung des Schönen auf die Naturerscheinungen, so ist der Kosmos die Anwendung der Form des Classischen auf die Natur. Wie diese die Reinheit, so fordert die Form des Kosmos dieAbwesenheit des Gesetzwidrigen. Selbst das positive Naturgesetz will nicht verletzt werden durch das Ganze der Naturerscheinungen. Dies ist nur dadurch möglich, dass wie dort das Geschmacksgesetz des Classischen, so hier das Einheitsgesetz der Natur, d. i. das natürliche System, nur dasjenige umfasst, was alle künstlichen Systeme auch umfassen, d. h. was von allen als nicht widergesetzlich angesehen wird. Nun stammt aber das künstliche Naturgesetz und künstliche Natursystem, insofern durch dasselbe an die Stelle des gegebenen ein gemachter Inhalt der Naturerscheinungen tritt, aus dem Individuellen des Subjects, aus demjenigen, was nicht bloss im Subject, sondern nur durch und vom Subject ist, während das wahre Naturgesetz und das wahre Natursystem demjenigen entspricht, was zwar im Subject, aber nicht vom Subject, im vollendeten Vorstellen gegeben, nicht durch unfertiges, unvollendetes gemacht ist, d. h. aus dem gegebenen, nicht aus dem erkünstelten Inhalt der Naturerscheinungen. In demjenigen, was in jedem aus dem Gegebenen desselben, nicht Unterschobenen stammt, müssen alle künstlichen mit dem natürlichen Natursystem, alle bloss vorläufigen Erfahrungs- mit dem wahren Naturgesetze zusammenfallen.

§. 266. Schon daraus ist ersichtlich, dass, wenn das vollendete Vorstellen überhaupt eine unvollziehbare Forderung sein sollte, wie die Form des Classischen, so auch die eines Kosmos ein Ideal bleiben müsste. Nur im vollendeten Vorstellen ist das

ästhetische Urtheil und damit auch das über Harmonie oder Disharmonie der gegebenen Naturerscheinungen, d. h. das wahre
Naturgesetz erreichbar.

§. 267. Die F r e i h e i t im Kosmos entpringt aus dem Geist
der harmonisch sich ausgleichenden Naturform. Allenthalben muss
sich am Schluss des ausgleichenden Processes zwischen Gesetzlichkeit und Gesetzwidrigkeit zuletzt nicht nur Gesetzlichkeit
herausstellen, sondern in Folge der E i n h e i t d i e s e l b e das
Ganze durchdringende Gesetzlichkeit. Jede einzelne Erscheinung
steht mit ihrem Gesetz und dadurch mit allen übrigen Gesetzen
und deren Erscheinungen im Kosmos in Beziehung; wer einen
Stein herausnehmen wollte, würde dadurch, wie in einem Mosaik-
bilde, das Ganze verunstalten. Die Welt der organischen und der
unorganischen Gesetze gehören nicht zwei verschiedenen Gesetzgebungen, sondern nur dem Schein nach geschiedenen Theilen
einer dem Wesen nach einheitlichen Gesetzgebung an, sei es nun, dass
alles Organische auf Unorganisches oder dieses auf jenes reducirt,
oder dass beide als Erscheinungen eines von beiden unterschiedenen
Dritten angesehen werden müssten. Alle drei Annahmen thun
der Forderung einheitlicher Gesetzgebung auf gleiche Weise
Genüge; welche von i h n e n die thatsächlich in der g e g e -
b e n e n Welt herrschende sei, kann abermals nur die Wissenschaft von der s e i e n d e n N a t u r, die N a t u r w i s s e n s c h a f t,
nicht die von den g e f a l l e n d e n N a t u r f o r m e n, die
A e s t h e t i k der N a t u r entscheiden. Da nun die erstgenannte,
welche alles Unorganische auf Organisches, d. i. Beseeltes zurückführen möchte, mit der Form der B e s e e l u n g der Natur, als
ästhetischer Naturform allein, deren Gegentheil, die Zurückführung
alles Beseelten auf Unbeseeltes, sich mit dieser gar nicht verträgt, so leuchtet ein, warum alle ä s t h e t i s c h e d. h. auf die
Natur als K o s m o s gerichtete Naturauffassung sich den organischen Naturwissenschaften günstig, den anorganischen ungünstig
erwiesen, lieber Biologie und Physiologie als Physik und Chemie,
und wieder lieber die Physiologie als Lehre von einer Lebenskraft,
denn als moleculare Atomistik getrieben, überhaupt der dynamischen
Naturansicht sich lieber als der atomistischen, der causa finalis
vor der causa efficiens sich zugewendet hat. Das auffallendste Bei-

spiel liefert die Astronomie, die noch von Kepler als harmonia mundi, von den Neueren ohne Rücksicht auf das Ganze, als lediglich das Einzelne beobachtende, rechnende und messende Wissenschaft getrieben wird. Der Versuch, der allmälig fortschreitenden Erfahrung vorzugreifen und das System der gesammten oder doch eines Theils der Himmelskörper als ein abgeschlossenes, als Kosmos, darzustellen, wird immer wieder gemacht und misslingt immer wieder. Hegels Versuch ist zu einer unglücklichen Berühmtheit gelangt und ebenso kehrt auch von derselben Seite die Lehre von einer „Beseelung" der Weltkörper immer wieder. Umgekehrt hat die auf dem Boden der unabgeschlossenen und niemals abschliessenden Erfahrung sich haltende Forschung Unrecht, wenn sie durch den Namen „Kosmos" den Schein einer abgeschlossenen Weltanschauung erweckt, welche sie durch den Zusatz „Entwurf einer physischen Weltbeschreibung" sogleich selbst zurücknimmt. Der „Kosmos" ist, wie die Sachen noch heute stehen, ein bloss ästhetischer Begriff, ein absolut wohlgefälliges Naturbild, mit dem das gegebene Naturbild, der wirkliche „Kosmos", wie er sich der Erfahrung bis zu diesem Zeitmoment der Vergleichung dargestellt hat, wohl verglichen, aber nicht identificirt werden darf, vielmehr der Anspruch der wirklich erfahrenen Welt, Kosmos zu heissen, erst vom Ausfall dieser Vergleichung abhängt.

§. 268. Die Vollkommenheit des Kosmos besteht in der grösstmöglichen Entfaltung aller mit einander verträglichen und unter der Einheit seiner Gesetze stehenden Naturkräfte. Dieselben müssen in Folge der Einheit alle unter einander der Qualität nach verwandt, sie müssen in Folge der harmonischen Beseeltheit des Kosmos alle auf ein und dasselbe zu erreichende Ziel gerichtet und dieses selbst Einklang aller Naturkräfte, Harmonie des Weltalls sein. Jeder einzelnen Kraft muss so viel Raum vergönnt sein, als sich mit der Mitthätigkeit aller übrigen zum selben Ziel verträgt, und jede muss ihrerseits sich so hoch anspannen, als ihr Raum gelassen ist. Forderung von Seiten des und Leistung für das Ganze müssen einander auf das Vollkommenste decken. Auch die kleinste Kraft darf nicht ungenützt vorübergehen und auch die grösste darf sich nicht über das ihr im Ganzen gesteckte Ziel hinaus geltend machen. Wie in einer Maschine müssen die Thätigkeiten der einzelnen Kräfte in einander greifen, damit mit den kleinsten Mitteln (Gesetz der Sparsamkeit) das Grösste (Gesetz der Vollkommenheit) erreicht werde.

§. 269. Die Wahrheit des Kosmos ruht in der durchgängigen Herrschaft des Typischen, jedoch so, dass diese Typusse selbst ihrerseits ein System und zwar das System der Einheit und innern Verwandtschaft darstellen. So geschieht es, dass das Kleinste das Grösste und jeder Theil das Ganze abspiegelt, beide sich wie Mikro- und Makrokosmos verhalten. Da nun das Ganze das Gepräge der Beseelung und Geistigkeit an sich trägt, so muss das selbe auch bei dem Kleinsten der Fall sein, der Kosmos bis in seine kleinsten Theile herab bewegt, belebt, beseelt und begeistet sich erweisen. Leibnitz'ens Monadenwelt ist das vollendetste Beispiel eines solchen.

§. 270. Kein Weltbild ist denkbar, welches ein absolutes Gegenbild vom Kosmos ausmachte. Der Grund ist derselbe wie §. 209 und §. 245. Auch wenn es zum Vorbild das entschiedene Gegentheil des Vorbildes des Kosmos hätte, so würde doch die Treue der Nachbildung nach der Form der Wahrheit gefallen und die absolute Missfälligkeit unthunlich machen. Eine absolut hässliche Natur ist daher ebenso unmöglich, als ein absolut Hässliches (§. 161) und ein absolut Unclassisches (§. 209). Aber wie dort einzelne Hässlichkeiten, so sind Naturbilder denkbar, die nach einer oder der andern oder auch mehreren Seiten hin absolut missfällig erscheinen. So steht der Reinheit des Kosmos, d. h. eines Weltbildes, in dem nur das natürliche System herrscht, das Bild einer Welt der Herrschaft künstlicher Systeme gegenüber wie dem Classischen, der Welt des absoluten, die unclassischen Welten der positiven, individuellen, nationalen und geschichtlichen Geschmacksgesetze. Inwiefern jene aus dem individuellen Gesichtskreise des Subjects als gemachte dem gegebenen Inhalt der Naturerscheinungen unterschoben sind, treten sie als eben so viele irrthümliche Natursysteme dem wahren Natursystem entgegen und bilden, insofern sie in geschichtlichen Persönlichkeiten, Völkern und Zeitaltern zum Vorschein gekommen sind, eine Reihe, welche die Geschichte des Natursystems oder dasjenige ausmacht, was man die Phänomenologie des natürlichen Systems im Ge-

gensatz zu diesem selbst als sich immerfort im vollendeten Vorstellen des g e g e b e n e n Naturbildes gleichbleibenden N o u m e n o n
nennen kann.

§. 271. Da der Kosmos das wahre Abbild eines dem natürlichen System, der Freiheit und Geisterfüllung, der durchgängigen
Gesetzlichkeit, der Einheit der Gesetzgebung und der Vollkommenheit entsprechenden Vorbildes ist, so sind ausserdem nur fünf
Naturbilder denkbar: a) eines, in welchem statt des natürlichen
ein bloss künstliches oder beschränktes Natursystem herrscht;
b) eines, in welchem statt Bewegung Bewegungslosigkeit, statt
Leben Tod, statt Beseelung Seelenlosigkeit, statt des verständigen
Geistes Verstand- und Geistlosigkeit, statt des harmonisch ausgleichenden Abschlusses entweder zwecklose Setzung und Wiederaufhebung des Scheins oder absichtliche Setzung eines unerträglichen und also seine Wiederaufhebung fordernden Missfälligen
stattfindet; c) eines, welches auf zwie- und mehrspältige Gesetzgebung oder völlige Gesetzlosigkeit in der Natur; d) eines, welches
auf eine räumlich zeitliche, sowie dynamische Unvollkommenheit,
endlich e) eines, welches auf die ungetreue Nachbildung des womöglich vorzüglichen Vorbildes sich gründet. Von einem der
ersten Art bietet jeder auf dem beschränkten Standpunkt seiner
z e i t l i c h e n Erfahrung stehende allgemeine Zusammenfassungs-
versuch des Naturganzen ein Beispiel dar; nicht nur die mangelhaften Naturphilosophieen der Jonier und Pythagoräer, sondern auch
die Physiken Plato's, des Aristoteles, der Alexandriner, des Orients,
des christlichen Mittelalters, der neuern italienischen und deutschen
halbmystischen Naturphilosophen, der französischen Encyclopädisten
und deutschen speculativen Philosophen bis zu den neuesten Versuchen einer allgemeinen Naturwissenschaft herauf, welche sich
dem Ideal des natürlichen Systems in ihren künstlichen Systemen,
Dank dem Aufschwung der Naturwissenschaften, schon bedeutend genähert haben. Ein Beispiel der zweiten Art liefert zunächst jede m e-
c h a n i s c h e, den sei es immanenten oder transcendenten Zweck
ausschliessende Auffassung der Natur, insofern sie dieselbe nicht
als das Werk eines sie bauenden, oder eines sich selbst sein Gehäuse
bauenden Geistes betrachtet, sowie die mittelalterlich - christliche,
welche dieselbe als des Teufels Werk, als ein absichtliches häss-

9 *

liches Trugbild des Freundes und Vaters der Lüge und des absolut Missfälligen ansieht. Von der dritten Art ist diejenige, welche in der Natur einen unversöhnten Kampf zweier Gesetzgebungen erblickt, davon die eine das absolut Gesetzliche, die andere das Gesetzlose und Gesetzwidrige will, und in ihr selbst ein Princip des Lichts und eines der Finsterniss unterscheidet, sei es nun, dass dieser Kampf ein ursprünglich gesetzter oder entstandener (verschuldeter) und also der endlichen Aufhebung fähiger sei. Hiezu gehören alle diejenigen Naturauffassungen, welche wie die der Mystiker die gegenwärtige Natur als eine gefallene und verunreinigte ansehen. Aber auch strengere Naturauffassungen können in dieser Zwie- und Mehrspältigkeit der Gesetzgebungen befangen sein. So ist es noch immer die Frage, wie sich die biologischen Lebens- mit den mechanischen Gesetzen der Physik vereinen lassen; weder die durchgängige Herrschaft der physikalischen, noch weniger die der Lebenskräfte ist im Naturbild der Gegenwart entschieden, und gross ist immer noch die Zahl derjenigen, welche für die Erscheinungen der lebendigen andere als die für die leblose Natur geltenden Gesetze annehmen zu dürfen und behalten zu müssen glauben. Noch ist der Kampf der sogenannten Imponderabilien mit den ponderablen Stoffen nicht ausgefochten; die Einheit der Gesetzgebung innerhalb der Imponderabilien selbst für Licht, Wärme, Schall, die allgemeine Wellenlehre erst seit Kurzem hergestellt. Die moderne Naturwissenschaft ringt nach Einheit der Gesetzgebung in der Natur als einem Ideal, unter dessen ästhetischem Druck sie lebt, aber das sie noch lange nicht anders als durch kühnes Vorgreifen besitzt. Endlich ein Beispiel der fünften Art liefert jedes hinter seinem Vorbilde zurückbleibende, lückenhafte und mit Mängeln behaftete Naturbild, aller Wahrscheinlichkeit nach auch das Abbild der gegebenen Natur, wie es sich der geschärften Beobachtung des Naturforschers darlegt.

§. 274. Alle die genannten Naturbilder sind mit dem Kosmos verglichen, nach einer Seite hin wenigstens, hässlich. Da aber alle auf der Unterschiebung eines aus dem individuellen, nationalen und geschichtlichen Subject entnommenen Inhalts an die Stelle des im vollendeten Vorstellen gegebenen Inhalts der Naturerscheinungen, also auf einem unwillkürlichen oder willkürlichen unvollendeten Vorstellen, einer gemachten künstlichen statt der gegebenen natürlichen Erfahrung beruhen, so können, wenn Alles dasjenige, was aus unvollendetem Vorstellen entspringt, nach §. 216 romantisch heisst, auch diese Naturbilder im Gegensatz zum Kosmos so genannt werden. Sie sämmtlich setzen eine romantische, dem Subject entnommene, an die Stelle der classischen, im Subject gegebenen Erfahrung. Jedes künstliche Natursystem, das sich an die Stelle des natürlichen schiebt, jede mechanische Naturansicht, welche den Schein des Geistes daraus verbannt, jede fanatisch mittelalterliche, welche das Werk des Satans in derselben sieht, jede, welche Willkür und Gesetzlosigkeit oder das Walten widerstreitender Gesetzgebungen darin erblickt, jede, welche ein in Zeit und Raum wie an Kraft begrenztes Bild derselben entwirft, aber auch jede, welche sich nur für das mangelhafte Abbild eines unerreichbaren, eines besessenen oder verlorenen Idealreichs, Paradieses, Götterreichs ausgibt, jede solche Naturauffassung ist in ihrer Art romantisch.

§. 273. Es ist schon oben bemerkt (§. 220), dass das Romantische, was ihm vom ästhetischen Beifall, welcher der Form gilt, seiner hässlichen Seite wegen mangeln muss, durch subjective Erregungen zu ersetzen sucht. Das künstliche Natursystem täuscht über die Seite seiner Künstlichkeit durch die Befriedigung, welche es dem Subject gewährt, ein Ganzes zu liefern. Lieber als es sich eingesteht, seine Erfahrung reiche zum Abschluss des Natursystems nicht hin, versucht es wol umgekehrt, das Naturbild in die fertige Formel seines Systems zu zwängen. Der Hang zur Systematik kann zur Leidenschaft, zur Systemsucht werden. Die mechanische Naturauffassung ersetzt den Reiz, den ihr die mangelnde Beseelung der Naturkörper nimmt, durch die Befriedigung des Subjects, in die Auffassung der Natur nichts von ihr fremden Zwecken hineingetragen, den unwillkürlichen Zusatz, welchen der Beifall oder das Missfallen des ästhetischen Urtheils zu den Erfahrungsbegriffen hinzubringt, völlig bei Seite gelassen zu haben. Sie weiss, dass der Schein einer Veränderung des Objects nur von der in Wahrheit stattfindenden des Subjects, des Beobachteten von einer des Beobachters abhängt. Dieser, welcher vorher falsch beobachtete, nimmt nun besser und richtiger wahr; die grössere

Auffälligkeit der r i c h t i g e n, ist zwar die F o l g e der vorangegangenen falschen Beobachtung, aber keineswegs die b e a b s i c h t i g t e; die gegebene Natur verhält sich vielmehr gegen ihre Auffassung indifferent und begehrt weder zu gefallen noch zu missfallen. Die mechanische Naturauffassung weiss den Geist in der Natur als einen derselben g e l i c h e n e n S c h e i n; aber d a s s sie dies w e i s s, gewährt ihr eben ihre specifische Befriedigung, die in der Verachtung der „Naturphantasten" ihren Ausdruck findet. Um dieser Befriedigung willen, welche sie, da sie dieselbe nicht in der ästhetischen Beschaffenheit des Objects, d. i. ihres Naturbildes, finden kann, a u s s e r h a l b desselben, im wissenden S u b j e c t sucht und antrifft, ist die mechanische Naturauffassung romantisch. Die g e s e t z l o s e Naturansicht gewährt dadurch, dass sie in dieser keine oder doch keine einheitliche Gesetzgebung anerkennt, dem Subject die Aussicht, es gebe auch für dieses keine solche, so dass gerade in dieser vorgespiegelten absoluten oder doch relativen Ungebundenheit, indem das Subject aus dem Bereich der einen in das der widerstreitenden Gesetzgebung sich retten zu können hoffen darf, ihr Verlockendes liegt. Die mittelalterliche Anschauung, welche in der Natur das Werk des Bösen sieht, gewährt derselben dadurch einen schauerlichen Reiz, jenes prickelnde Gefühl des Gruselns, das uns bei Anhörung von Schauer- und Gespenstergeschichten, in der geglaubten Gegenwart des Teufels aber dann beschleicht, wenn wir uns zugleich bewusst sind, er vermöge uns nichts anzuhaben. Der Teufel des Mittelalters ist vor allem „dummer Teufel." Der „Geist", d. i. die Kirche, das harmonische Princip, hat nach seiner Auffassung Macht über die Natur; das böse Princip, Magie, Geisterbeschwörung, der Teufel und seine Heerschaaren, alle Gattungen gesetzloser, neckender Naturgeister, Nixen und Kobolde sind romantisch. Ebenso aber auch jene beschränkten Weltbilder, welche derselben bald einen bestimmten Anfang in der Zeit, wie das indische, bald Grenzen in Raum, wie das ägyptische und griechische (in Ei- und Sphäroidgestalt), oder ein bestimmtes Kraftmass, eine Dauer und ein endliches Vergehen beizulegen versuchen. Das subjectiv Befriedigende derselben stammt aus der Uebersichtlichkeit, welche das Gegentheil des bei der Auffassung des Erhabenen stets misslingenden Versuchs der Zusammenfassung ist, aus der vermeinten Fähigkeit, das Unermessliche in Grenzen einzufangen, das Alter der Natur nach Jahren, ihre Kräfte nach Pfunden, ihre Ausdehnung nach Meilen bestimmen zu können. Astronomische Systeme gewähren den Laien diese Art romantischen Reizes, der zu der Bezeichnung der „Wunder des Himmels" geführt hat. Die reichste subjective Anregung endlich entquillt den romantischen Naturbildern der letzten Art. Die Unvollkommenheit des Nachbildes gibt zu sehnsüchtigen Klagen um das verlorene, zu hinreissender Sehnsucht nach dem zukünftigen Urbild Anlass. Kein Dichter der alten und neuen Zeit hat hier Plato's dithyrambische Verherrlichung des vorirdischen Idealreiches übertroffen.

§. 274. An kein bestimmtes Zeitalter, an keine Nation, an kein einzelnes Individuum, obwol immer an Individuen, Nationen, Zeitalter ist das geschichtliche Auftreten des romantischen Naturbildes gebunden. Subjectiv anregender als das des absolut wohlgefälligen „Kosmos", gehört es doch immer dem Standpunkt des unvollendeten Vorstellens an, und ist bestimmt bei vollendetem dem Kosmos Platz zu machen. Die Zeiten des unvollendeten Vorstellens bei dem Einzelnen, bei Nationen wie bei der ganzen Menschheit sind daher auch die der romantischen Naturauffassung. Nur die mechanische Naturauffassung gibt dem Kosmos niemals Raum, weil sie gegen den Zusatz, gegen die ästhetische Auffassung, sei sie auch die gegebene, überhaupt indifferent ist. Sie leugnet ihn nicht, wenn er im vollendeten Vorstellen der Naturerscheinung als unvermeidliche Folge sich mit einstellt; aber sie achtet seiner auch nicht. Sie ist eben unästhetisch, nicht wie die übrigen wider-ästhetisch. Sie kann darum im Manne ganz gut neben der ästhetischen, es kann der Kosmos als gefallendes Bild neben der mechanischen Naturansicht, als Abbild des Seienden, bestehen. Im Kindheits- und Jugendalter des Einzelnen, der Nationen und der Menschheit, aber als sogenannte „Naturphilosophie" allzuoft auch an der Stelle der strengen Naturwissenschaft, blüht das romantische Naturbild.

Zweites Kapitel.

Der schöne Geist.

———

§. 275. Dass sich der Geist zur Natur verhalte wie Bewusstes oder doch Bewusstseinsfähiges zum Bewusstlosen und des Bewusstseins Unfähigen, ist ein Lehrsatz, den, weil er das S e i e n d e angeht, die Aesthetik von der Wissenschaft vom Seienden, von der Metaphysik entlehnt. Indem sie es dieser überlässt, zu entscheiden, ob dieser Begriff G e l t u n g habe, legt sie sich die Frage vor, wodurch ein diesem Begriff entsprechendes Seiendes als B i l d gedacht Gefallen oder Missfallen errege. Sie entwirft ein ästhetisches G e i s t e s b i l d, wie sie ein ästhetisches N a t u r b i l d entworfen hat.

§. 276. Der Nachdruck im Begriff des G e i s t e s liegt auf dessen B e w u s s t s e i n. Dass er Seiendes ist, hat er mit der Natur, dass er e r s c h e i n t, mit den Erscheinungen der Natur gemein. Der Unterschied liegt darin, dass er, während die Natur als Bewusstloses weder um ihre Erscheinungen wissen, noch die Stimme des absoluten Beifalls und Missfallens, des ästhetischen Urtheils, vernehmen kann, der Geist als Bewusstes, dies b e i d e s v e r m a g. Die Natur w i r d b e u r t h e i l t, d. i. verglichen mit dem absolut Bei- und Missfälligen; der Geist b e u r t h e i l t sich selbst. Seine Erscheinungen sind seinem e i g e n e n, nicht wie die der Natur bloss f r e m d e m Blicke ausgesetzt. Er kann nicht erscheinen, ohne seine Erscheinung vorzustellen; er kann sie nicht vollendet, vorstellen, ohne Lob oder Tadel über sie auszusprechen. Mag er jedem Urtheil entrinnen, seinem eigenen entflicht er nicht.

§. 277. Der Geist vernimmt die Stimme des ästhetischen Urtheils, er k e n n t das absolut Wohlgefällige und Missfällige. Er ist bewusst, d. h. er erscheint, wenn keinem Andern, wenigstens sich selbst. Als was er sich erscheint, d. h. das Bild, das er von sich selbst gewinnt, ist dem ihm bekannten Absolut-Wohl gefälligen und Missfälligen entweder gemäss oder widersprechend. Im ersten Fall lobt, im zweiten tadelt er es, d. h. sich selbst. Sein Bild ist es, das ihm erscheint. Er selbst ist beifällig oder missfällig.

§. 278. Wenn er sich beifällig erscheint, so ist zwischen dem, was er als beifällig kennt und was er ist, kein Unterschied Er kann auch, was er kennt. Wenn er sich missfällig erscheint, so liegt zwischen dem, was er als beifällig kennt, und dem, was er selbst ist, eine unausgefüllte Kluft; er soll können, was er kennt. Zwar das ästhetische Urtheil zwingt ihn nicht, es spricht nur; aber es lässt sich auch von ihm nicht zwingen, es spricht immer. Wo er sich immer erscheine, seiner Erscheinung folgt sein Urtheil nach, und wenn er sich missfällig erscheint, so verurtheilt er sich selbst. Wie er sich drehen und winden mag, post equitem sedet atra cura!

§. 279. Das, was er als beifällig kennt, die Form, wird so zu demjenigen, mit dem er sich selbst vergleicht, zur Norm. Wenn er dem immerwachen Tadel ausweichen will, bleibt ihm nichts anderes übrig, als seine Erscheinung der Norm, d. i. der wohlgefälligen Form anzupassen, d. h. nicht bloss zu kennen, sondern auch zu können, was er kennt. Er wird zum Künstler.

§. 280. In dem Begriff des Geistes als des Bewussten, liegt ebenso nothwendig, dass er Künstler sei, als es aus dem Begriff der ästhetischen Natur sich ergab, dass sie als beseelt, als das Gesetzliche wissendes und wollendes Geistiges d. h. als Künstlerin erscheine. Die Natur als solche ist ihrem Begriff nach bewusstlos, als gefallende Natur scheint sie Geist, bewusst. Der Geist ist seinem Begriff nach schon bewusst; nicht nur erscheinend, sondern auch wissend um seine Erscheinung; nicht nur vernehmend die Stimme des ästhetischen Urtheils, sondern auch seine Erscheinung beurtheilend nach der Norm dieser Stimme; bald sich durch Lob befeuernd, bald durch unabweislichen Tadel sich selbst peinigend.

§. 281. Nur zwei Wege gäbe es, dieser Pein zu entkommen. Entweder sich immer so zu erscheinen, dass das Bild dem Vorbilde gemäss sei, oder sich gar nicht zu erscheinen. Ersteres erfordert einen Zusatz zum Begriff des Geistes, letzteres widerspricht dem Begriff des Geistes. Ein Geist, der sich immer so erschiene, wie es die Norm des absolut Wohlgefälligen erheischt, wäre nicht mehr bloss Geist, sondern absolut wohlgefälliger Geist. Ein Geist, der sich nicht erschiene, d. h. der nichts wüsste von sich, wäre ein Widerspruch wider den Geist als Bewusstes. Daher ist nur das Dritte möglich: der Geist erscheint sich, aber bald als der Norm entsprechend, bald nicht entsprechend, und wenn nicht entsprechend, so fordert er von sich selbst, dass er ihr entspreche.

§. 282. Diese Forderung absolut wohlgefälliger Erscheinung die der Geist an sich selbst stellt, ist die Kunstforderung; die Ausführung dieser Forderung, der Gehorsam des erscheinenden gegen den normirenden Geist, also gegen sich selbst, ist die Kunst. Derselben kann kein Geist entrinnen, soweit und insofern er Geist ist; dieselbe erfüllt kein Geist von vornherein und mit Nothwendigkeit, ausser und inwiefern er mehr als bloss Geist, inwiefern er bereits absolut wohlgefälliger Geist ist.

§. 283. Da das absolut Wohlgefällige und Missfällige nur Formen sind (§. 55), so ist alle Kunstforderung an die Erscheinung des Geistes auf die Formen der Erscheinung gerichtet, alle Kunst als Ausführung dieser Forderungen nothwendig Formkunst. Was sonst immer der Inhalt dieser Erscheinung sein möge, die Kunstforderung hat nur ein Interesse daran, dass die Formen dieser Erscheinung die ästhetischen seien, die Kunst hat die einzige Aufgabe, ihr diese Formen zu geben. Der Stoff der Erscheinung ist gleichgiltig, nur die Form ästhetisch-wichtig.

§. 284. Die Formen zu finden, durch welche die Erscheinung des Geistes, d. h. das Bild desselben ästhetisch gefallend oder missfallend werde, beginnen wir wie bei dem Naturbilde von den einfachsten Annahmen. Da nur das Zusammengesetzte gefällt und missfällt (§. 55), so kann die Erscheinung des Geistes (das Bild) nicht einfach, aber sie soll, um bei dem Einfachsten zu bleiben, auch aus nicht mehr als zwei Bestandtheilen, d. i. einzelnen

Geisteserscheinungen zusammengesetzt sein. Wir setzen weiter voraus, dass, weil nach §. 69 nur zwischen Vergleichbarem ästhetische Formen statthaben, auch diese beiden quantitativ commensurabel, oder qualitativ comparabel und zugleich im v o l l e n d e t e n Vorstellen gegeben seien. Daraus ergeben sich folgende ästhetische Geistesformen.

§. 285. Die ästhetische Quantitätsform auf die beiden Geisteserscheinungen angewandt, ergibt sich wie oben, dass die intensiv überlegene neben der zurückstehenden gefalle, die letztere missfalle. Um nicht durch Wiederholung zu ermüden, sei nur kurz angedeutet, dass auch hier die intensive Ausdehnung des Bildes über jedes gegebene Mass hinaus zum Misslingen des Versuches führt, das Bild selbst als Bild, d. h. von Seite des Geistes als Erscheinung seiner selbst, des Geistes zu fassen. Davon ist die Folge, dass der Geist sich als unvergleichbar mit seiner Fähigkeit sich zu erscheinen, d. h. weil sein Bild sich in ein blosses Streben nach einem Bild von sich verwandelt, als e r h a b e n sich erscheinen muss, während die nothwendige Unbestimmtheit und Formlosigkeit, die Folge des blossen Strebens anstatt des wirklichen Bildes, allem demjenigen, wodurch Unbestimmtheit und Formlosigkeit des Geistesbildes gefördert wird, den Schein des Erhabenen verleiht. Das Erhabene, indem es zur Unvergleichbarkeit des Bildes mit dem Abgebildeten, der Erscheinung mit dem Geiste führt, fällt dadurch über die gefallende ästhetische Form hinaus, innerhalb welcher nur das G r o s s e in der Erscheinung des Geistes absolut beifällig, dies Kleine missfällig wird. Am B i l d e des Geistes wird ebensowenig wie an jenem der N a t u r das Unbestimmte, Formlose, Unbegrenzte, Dunkle, Geheimnissvolle, sondern nur das Bestimmte, Geformte, Gestaltete, Begrenzte, Uebersichtliche, das Aristotelische „Nicht zu gross und nicht zu klein" ästhetisch geduldet.

§. 286. Unter den qualitativen Formen ergibt die des C h a r a k teristischen auf zwei Geisteserscheinungen angewandt die Forderung, dass die eine derselben das B i l d der andern sein solle. Da beide Geisteserscheinungen aber Erscheinungen des Bewussten sind, so liegt darin die Folgerung, dass der Geist um diese Abbildung der einen seiner Erscheinungen durch die andere w i s s e, also selbst

die eine durch die andere a b b i l d e, d. h. die eine die andere
vertreten, sie b e d e u t e n, lasse. Ob die durch die andere bedeutete Geisteserscheinung ihrerseits selbst wieder etwas „bedeute"
ist dabei gleichgiltig. Das Wohlgefällige der Uebereinstimmung
zwischen Vorbild und Nachbild bleibt, wenn nur die eine durch die
andere bedeutet wird, mag sie auch an und für sich nichts selbst
bedeuten. Es ist darum zu warnen, diese F o r m des B e d e u t e n-
d e n etwa mit der Form des Bedeutungsvollen zu verwechseln
welche letztere, weil sie Gewicht, nicht auf die Uebereinstimmung
des Nachbildes mit dem Vorbilde, sondern auf die Qualität des
V o r b i l d e s als eines für sich werthvollen legt, schon über die
reine Formästhetik hinaus liegt. Die Null, die nichts bedeutet, ist
doch als Zeichen bedeutend; der Sinnspruch, der eine Wahrheit
ausdrückt, ist überdies b e d e u t u n g s v o l l. Dass das Bedeutende
aber mehr als blosses Z e i c h e n sei, geht daraus hervor, weil jenes
B i l d eines Andern ist, während dieses zwar Bildnatur haben kann
aber durchaus nicht haben muss, sondern ganz willkürlich festgesetzt sein kann.

§. 287. Die Form des E i n k l a n g s, angewandt auf zwei Geisteserscheinungen, verlangt, dass dieselben in ihrer Qualität überwiegend
Identisches neben theilweisem Gegensatz zeigen. Da beide Erscheinungen eines Bewussten sind, so versteht es sich, dass das letztere um
das Gemeinsame sowol, als das Entgegengesetzte beider w i s s e,
wie oben um die Abbildung des Einen im Andern, und zugleich,
dass durch das beiden Gemeinsame die Harmonie zwischen beiden
bewirkt worden sei. Es erscheint daher das Gemeinsame als R e g e l,
welche beide Erscheinungen umfasst und verknüpft, diese selbst,
insofern das Gemeinsame in ihnen überwiegt, als der R e g e l g e m ä s s.
Die Form des Einklangs geht, auf bewusste Erscheinungen angewandt, in die Form des R e g e l m ä s s i g e n, wie auf unbewusste
bezogen, in die des G e s e t z m ä s s i g e n über. Was bei der Natur
Gesetz, heisst beim Geiste Regel; jenes ist unbewusste Regel, diese
bewusstes Gesetz. Jene befolgt ihr Gesetz, der Geist k a n n die
Regel befolgen oder auch nicht; im letzten Fall trifft i h n der
Tadel, während die Natur von keinem getroffen wird, wenn sie
von ihrem Gesetze abfällt. Die Unterschiebung des Bewusstseins
in der ästhetischen Natur verwandelt auch deren Gesetze zum Schein

in Regeln und veranlasst auch sie wegen der Befolgung oder Nicht-
befolgung ihrer Gesetze zu tadeln oder zu loben, als ob sie die
Stimme des absolut Wohlgefälligen und Missfälligen vernehmen
könute, da sie es doch nicht kann. Der bewusstlose Geist sinkt
daher zur Natur herunter; seine Regeln verwandeln sich für ihn
in blosse Gesetze, denen er folgt ohne es zu wissen und zu wollen.
Seine Erscheinung ist wie die der Natur für Andere, nicht für ihn,
seine scheinbare Regelmässigkeit in der Erscheinung in Wahrheit
blosse G e s e t z m ä s s i g k e i t.

§. 288. Die im vollendeten Vorstellen gegebenen Erscheinungen
des Geistes müssen nicht nothwendig harmonisch sein. Sind sie nun
das Gegentheil, so erfolgt von Seite des um sie wissenden Geistes
das Urtheil des Missfallens. Beide sind nun einmal da, sie lassen sich
nicht wegdisputiren; alles, was der Geist vermag, ist sich selbst
zu binden, dass sie sie ein anderesmal nicht da seien. Da aber das
Urtheil des Missfallens aus dem ihm selbst im vollendeten Vorstellen gegebenen Inhalt seiner Erscheinung entspringt, so bleibt,
um dem Tadel zu entgehen, ihm nichts übrig, als den Inhalt seiner
Erscheinung zu ä n d e r n, d. h. sich in einer Weise zu erscheinen,
die kein Missfallen nach sich zieht. Der Geist schreibt sich daher,
um Missfallen zu vermeiden, eine Regel seiner Erscheinung vor,
ungeachtet er als bewusster weiss, dass diese g e m a c h t e Erscheinung der g e g e b e n e n n i c h t entspricht; er gibt sich eine
k ü n s t l i c h e R e g e l des Sicherscheinens zu keinem andern Zweck,
als um Missfälliges zu vermeiden. Der Unterschied ist der, dass das
R e g e l m ä s s i g e positiv g e f ä l l t, das der k ü n s t l i c h e n R e g e l
G e m ä s s e aber nur n i c h t m i s s f ä l l t. Beide verhalten sich zu
einander wie das Gesetz in der Natur und das künstliche Naturgesetz; jenes entspringt aus g e g e b e n e m, dieses aus g e m a c h t e m
Inhalt. Wo aber wird nun der Geist den künstlichen Inhalt
seiner Erscheinung, durch welchen er das Missfallen vermeidet,
hernehmen? Aus dem gegebenen nicht, denn dieser missfällt. Also
woher?

§. 289. Nirgend anderswoher kann er ihn nehmen, als woher
auch das Subject, welches das künstliche Naturbild schafft, dessen
erkünstelten Inhalt entlehnt. Im vollendeten Vorstellen ergab das
Naturbild Missfallen; man musste daher ·zu dem unvollendeten Vor

stellen, d. i. zur Einmengung des individuellen Gesichtskreises des Subjects schreiten. Das Privatsubject trat heran mit seinen Vorstellungen, seinen Gefühlen, Strebungen, Erregungen. Hier, wo der Geist sich selbst erscheint und seine im vollendeten Vorstellen gegebene Erscheinung missfällig findet, greift er zu der im unvollendeten Vorstellen sich ergebenden; der „Privatgeist" tritt heran mit seinem individuellen, nationalen, geschichtlichen Vorstellungskreise, seinen privaten Gefühlen, Strebungen, Erregungen; er fälscht seine Erscheinung als „Geist" überhaupt durch Einmischung dessen, was ihm als „Particulargeist" angehört, und bringt so eine künstliche Erscheinung heraus, die jetzt nicht mehr missfällt, weil sie eben nicht mehr die missfallende ist. Da der Geist Bewusstes ist, so wird hier die Fälschung zugleich wissentlich, also Lüge; er betrügt sich selbst, indem er sich ein Bild als seine Erscheinung vormacht, das sie nicht ist.

§. 290. Der Zweck aber ist erreicht: das Missfällige in der Form der Selbsterscheinung ist vermieden; um theuern Preis! Der Geist kann aber nicht hindern, dass der verdrängte wahre Inhalt seiner Selbsterscheinung gelegentlich wieder zum Vorschein komme, und das Scheinbild, das seine Stelle eingenommen hat, vernichte. Dadurch kehrt zwar das Missfällige wieder, aber ein anderes Missfälliges wird dadurch aufgehoben, das in der Geltung des Scheinbildes für das wahre liegt. Jeder Schein, der für Wahrheit gilt, missfällt (§. 128). Dieses Missfallen verschwindet nicht eher, als bis der Schein vernichtet, das wahre Bild, sei es missfällig oder beifällig, wieder hergestellt ist. Gibt der Geist nicht freiwillig das verfälschte Bild auf, so wird das wahre Bild selbst lebendig und verjagt den Usurpator. So scheint es wenigstens, wenn auch in Wahrheit der Geist selbst es ist, der sein Machwerk zurücknimmt und die wahre Erscheinung wieder hervortreten lässt. So sehr daher der Geist thätig ist, so thätig scheint die wahre Erscheinung, sein im vollendeten Vorstellen ihm gegebenes Object selbst zu sein. Das Bild löst sich ab von dem Geist, dessen Bild es ist; es scheint auf eigenen Füssen zu stehen, eigene Bewegung, Leben und Beseelung anzunehmen, activ, der Geist dagegen passiv sich zu verhalten; der seinem Bild transcendente Geist scheint immanent in das Bild selbst übergegangen zu sein.

§. 291. Wir bezeichnen diese Form als die der Objectivität des Bildes. Sie entspricht der Form des Lebens in der Natur, der Ausgleichung unter den allgemeinen Formen. Was durch den aufgelösten Schein hergestellt worden, ist für sie zunächst gleichgiltig; sie geht nur darauf aus, dass hergestellt werde. Wenn das durch den Schein des Gegentheils Hindurchgegangene, sei es nun Regelmässiges oder Regelwidriges, auffälliger durch diesen Umstand gemacht worden ist, und nun diese Erhöhung des Eindrucks hier wie dort als Zweck, der Schein des Gegentheils als Mittel zur Erreichung erscheint, so nimmt die Beseelung des Bildes den Schein einer verständigen Beseelung, welche das Wissen um den Zweck und die Mittel einschliesst, d. i. selbst eines Bewussten, eines Geistes an; das Bild als solches erscheint nicht nur als beseelt, sondern als geistbeseelt.

§. 292. Zwar ist wie die Beseelung des Bildes überhaupt, so auch seine Geistbeseelung nur Schein. Der dem Bilde transcendente Geist, dessen Erscheinung es ist, haucht ihm wie die Seele so den Geist ein, welche jetzt immanent als des Bildes Seele, als des Bildes eigener Geist sich dem Betrachtenden darstellen. Aber dieser Schein ist unwillkürlich und nothwendig, er entspringt wie oben bei dem Naturbilde (§. 237) aus dem Umstande, dass der Geist für die Veränderung, die mit dem Bilde vor sich geht, indem an die Stelle des Scheinbildes das wahre Bild tritt, eine Ursache sucht, und diese, da er sich genöthigt findet, das Scheinbild zurückzunehmen, in das Nöthigende, d. i. in das Bild selbst verlegt. Die Erhöhung des Eindrucks ist nur die Folge des vorausgegangenen Scheines des Gegentheils; da aber die Ursache der Aufhebung des Scheins einmal in das Bild verlegt worden ist, so wird nun auch diesem die Folge als beabsichtigter Erfolg, d. i. als Zweck untergeschoben, zu dessen Erreichung der Schein des Gegentheils hervorgebracht ward, es wird nicht nur Ursache, sondern zwecksetzende, bewusste Ursache, Geist in das Bild gelegt.

§. 293. Wie oben (§. 239) bestimmt sich nach der Qualität des Wiederhergestellten das Quale dieses Geistes. Ist das Wiederhergestellte ein Beifälliges, so erscheint der Geist selbst als das Beifällige beabsichtigend, beifällig; im Gegentheil als missfällig.

Wie oben (§. 2ö4) erscheint die Wiederherstellung als Ausgleichung
n o t h w e n d i g, als blosse Wiederherstellung der F o r m nach
f r e i, der Geist des Bildes ungebunden in der Gebundenheit, gebunden in der Ungebundenheit. Die Forderung an das Bild ist
erfüllt, wenn nur überhaupt Regelmässigkeit und Regelwidrigkeit
wie sie ursprünglich im vollendeten Vorstellen gegeben war, wiederhergestellt, nicht etwa nur dann, wenn d i e s e l b e Regelmässigkeit
und Regelwidrigkeit hergestellt ist. Es steht dem Geiste des Bildes
frei, nach Aufhebung des Scheins eine a n d e r e Regel zu befolgen,
wenn er nur überhaupt eine R e g e l befolgt, eine a n d e r e Regelwidrigkeit einzuführen, wenn sie nur gegen die Regel verstösst.
Das Gegentheil wäre S t e i f h e i t und M o n o t o n i e, R ü c k-
s c h r i t t, nicht F o r t s c h r i t t. Nur dass der Zusammenhang nicht
zerissen werde, welcher das N e u e als die W i e d e r h e r s t e l l u n g
des Alten, nicht als ein schlechthin Neues charakterisirt! Hörte
dieser Zusammenhang auf, so hörte das Missfallen an der Geltung
des Scheins n i c h t auf. Man muss es merken, dass die neue Regel
den Schein auflöst, als habe die Regel k e i n e Geltung. Die Wiederherstellung ist eine Bewegung, die Anfang, Mitte und Schluss besitzt. Damit das Neue als S c h l u s s erscheine, darf sein Zusammenhang mit der Mitte und dem Anfang nicht übersehen werden
können. Die Freiheit des fortschreitenden Geistes besteht darin,
dass er, indem er das Alte w i e d e r herstellt, ein N e u e s herstellt, r e f o r m i r t, aber weder r e s t a u r i r t, noch r e v o l u-
t i o n i r t.

§. 294. Der Widerspruch, welcher in diesem Begriff der
Freiheit liegt, ist o f f e n b a r, aber u n v e r m e i d l i c h. Seine Lösung
erfolgt auf dieselbe Weise, wie die ähnlicher Widersprüche mit
Hilfe der Herbart'schen Methode der Beziehungen. Das Unverein-
bare besteht darin, dass das Alte wieder hergestellt, aber zugleich
ein Neues sein soll. Ohne das Erste wäre es nicht Ausgleichung,
ohne das Zweite kein Fortschritt. Dieses wäre unmöglich, wenn
das Wiederherzustellende e i n f a c h, aber es wird sogleich möglich,
wenn es m e h r f a c h ist. Die Mehreren z u s a m m e n können etwas
ergeben, was keinem Einzelnen, aber ihnen allen zusammengenommen
gleich ist. Das Wiederherzustellende ist hier die alte Regel; wenn
ihrer nun mehrere sind, so können diese mehreren zusammenge-

nommen sich unter eine gemeinsame beziehungsweise höhere Regel fassen lassen, die als solche keiner der alten, also nur allen alten zusammengenommen gleich ist, also aus der alten hervorgeht, als selbst alt.

§. 295. Der Geist der Freiheit im Bilde ist daher nichts als der einer höhern Geregeltheit, wie jener der Freiheit in der Natur der einer höhern Gesetzlichkeit. Das scheinbar Regelwidrige ist nur dem niedern Gesichtspunkte gegenüber so, für einen höhern löst es sich als Regelmässiges auf. Es gibt ebenso wenig Kunst- wie Naturwunder. Das Neue am Schluss ist gegen das Alte am Anfang wirklich neu; aber es ist zugleich alt, d. h. nicht dem einzelnen, aber den mehreren Alten zusammengenommen gleich, eine neue Regel, welche die alte unter sich befasst.

§. 296. Dies unter der Voraussetzung, dass das Ursprüngliche ein Geregeltes war. War es ein Regelwidriges, so schliesst schon der Begriff des Regelwidrigen die Befassung mehrerer unter eine höhere Regel, wodurch sie ja regelmässig würden, aus. Hier äussert sich die Freiheit als absolute Regellosigkeit, indem sie fort und fort Regelwidriges herzustellen sich bemüht, und jene einzelnen Regelwidrigkeiten unter nichts als den allgemeinen Begriff des Regellosen überhaupt befasst. Dadurch aber kommt, wie oben ein wahrer Abschluss (§. 147), so hier ein progressus in infinitum zu Stande, indem das Regelwidrige als absolut Missfälliges fort und fort seine Ersetzung durch ein Nichtmissfälliges fordert, der Geist der absoluten Regelwidrigkeit demnach ein Geist steter Unruhe und zielloser Hast ist, welcher zuletzt der immer anwachsenden Macht des ästhetischen tadelnden Urtheils wohl oder übel unterliegen muss.

§. 297. Die Form des ausgleichenden Abschlusses zeigt sich angewandt auf das Bild des Geistes als Form freier Geregeltheit. Durch diese genügt es dem absolut Beifälligen des Geregelten, durch jenen Zusatz dem Geiste als Freiheit. Auch hier vermeiden wir es, uns der Bezeichnung des Organischen zu bedienen, welche ausschliesslich dem Gebiete des scienden Lebens, nicht des gefallenden angehört. Ist schon die Beseelung des Bildes Schein, so ist es die Selbsterfüllung desselben mit

dem Geiste freier Regelmässigkeit nicht weniger, aber zum Gefallen desselben ebenso nothwendig wie psychisch unvermeidlich.
Die Regel hält dasselbe zusammen, während es der Regel zu
spotten scheint; die Fesseln zerbrechend ist es selbst gefesselt.

§. 298. Fassen wir nun alle diese Formen zusammen, so
lässt sich eine Geisteserscheinung denken, welche nach der Form
des Bedeutenden das treue gefallende Nachbild eines andern als
ihres Vorbildes wäre, während letzteres selbst sämmtlichen angeführten
Formen des Geistes gemäss ist. Also sowol quantitativ vollkommen, als qualitativ geregelt, keine künstliche Regel verletzend,
objectiv und erfüllt scheinend vom Geiste freier Geregeltheit. Ein
solches B i l d ist das K u n s t s c h ö n e. Die Folge ist, dass dasselbe,
nicht nur in quantitativer Beziehung als Bestimmtes, Begrenztes,
Geformtes, Gestaltetes, nach des Aristoteles Ausdruck weder zu Grosses
noch zu Kleines, sondern in qualitativer sowol g e r e g e l t, als
sich s e l b s t   r e g e l n d, als begrenzt und sich begrenzend, abgeschlossen und sich abschliessend, als beseeltes durchgeistigtes
K u n s t g a n z e s erscheinen muss.

§. 299. „Lege man nichts in diesen §. hinein, was nicht
hineingehört.“ Diese Warnung, welche Herbart bei einer ähnlichen
Gelegenheit ausspricht, scheint auch hier wol am Platze. Von nichts
anderem ist hier die Rede, als w o d u r c h die Erscheinung des
Geistes diesem selbst im vollendeten Vorstellen wohlgefällig werde.
Also von den F o r m e n der Erscheinung, nicht von d i e s e r
selbst, ihrem I n h a l t. Dieser sei welcher er wolle. Wir wissen
nichts vom Geist als dass er das b e w u s s t e   S e i e n d e sei, wie
die Natur das b e w u s s t l o s e. Was sonst seinen Inhalt ausmache,
geht uns hier nichts an. Als w a s er sich erscheine, ist der Aesthetik
gleichgiltig, nicht, w i e er sich erscheine. Wenn die Erscheinung
des Geistes einen „idealen Gehalt“ hat, so geht dieser die F o r m e n
der Erscheinung ganz und gar nichts an. Welcher Art er auch
sein möchte, die E r s c h e i n u n g, deren Inhalt er ausmacht, würde
durch die F o r m e n, die sie an sich trägt, nicht durch i h n wohlgefällig oder missfällig werden.

§. 300. Insofern diese Erscheinung Selbsterscheinung des
Geistes, also ihm allein w a h r n e h m b a r ist, mögen wir sie i d e a l

nennen. Diese I d e a l i t ä t aber, welche nur der R e a l i t ä t, d. h.
der Wahrnehmbarkeit auch für das A n d e r e, entgegengesetzt ist,
begründet für sich nicht den geringsten Anspruch auf Gefallen oder
Missfallen. Alles hängt von den F o r m e n ab, welche die ideale
Geisteserscheinung an sich hat. Quantitative Vollkommenheit,
Bedeutendheit, Geregeltheit, Regelgemässheit, Schein der freien
Selbstregelung, macht die ideale Geisteserscheinung schön ; quantitative Unvollkommenheit, Nichtbedeutendheit, Ungeregeltheit, Regel-
verletzung, Schein absichtlicher Regellosigkeit macht sie h ä s s l i c h.
Die letztgenannten stehen den oben angeführten Formen als eben
so viele Negationen entgegen. Eine absolut hässliche Geisteserscheinung ist auch hier unmöglich wie ein absolut Hässliches
überhaupt (§. 161) und in der Natur (§. 245). Als bedeutend
wenigstens würde auch noch eine solche gefallen, deren treu nach-
geahmtes Vorbild allen ästhetischen Formen des Kunstschönen zuwider wäre. Wol aber missfällt das Unbestimmte, Gestalt- und
Formlose, das zu Grosse und zu Kleine, so gut wie das Nichts-
bedeutende und dasjenige an der Geisteserscheinung, das die künstliche Regel ius Gesicht schlägt und nicht nur keine Regel, sondern
das Nichtwollen, den Hass jeder Regel, die Freude am Regelwidrigen und Regellosen ahnen lässt, ein Geist, dem es Genuss ist,
nicht nur gegen künstliche, sondern gegen jede Regel als Regel
sich aufzulehnen.

§. 301. Das Kunstschöne wie die hässlichen Geisteserscheinungen
setzen gefallend und missfallend v o l l e n d e t e s Vorstellen voraus.
Jenes wie diese sind als solche frei von subjectiven Erregungen,
von der Einmischung des „Privatgeistes." Mit den vagen sowol als
stofflichen Gefühlen, welche den Inhalt der Geisteserscheinung entweder im vollendeten Vorstellen begleiten oder durch unvollendetes
Vorstellen desselben entstehen, also mit Allem, was entweder am
I n h a l t der g e g e b e n e n Erscheinung, oder am Wesen des i n-
d i v i d u e l l e n Geistes haftet, i u dem die Erscheinung vor sich
geht, hat weder die Schönheit noch die Hässlichkeit der Geisteserscheinung zu thun. Sind dieselben angenehm, so gewinnt die
schöne Geisteserscheinung dadurch einen ihr gleichgiltigen und
überschüssigen R e i z ; sind sie unangenehm, so verschwinden sie
für die Betrachtung, die gewohnt und fähig ist, nur der F o r m

10 *

sich zu widmen. Die hässliche Erscheinung aber deckt ihre Hässlichkeit gern durch pikanten Gefühlsschmuck, ohne das an die Form allein sich haltende ästhetische Urtheil dadurch blenden zu können.

§. 302. Die einfachen Geistesformen auf eine Mehrheit, ja die Allheit der Geisteserscheinungen bezogen, ergeben die abgeleiteten Geistesformen. Der §. 167 bezeichnete Gang führt zunächst auf die Anwendung der Form der Regelgemässheit, welche unter den allgemeinen Formen der Reinheit entspricht. Es wird nicht fehlen, dass, wo dem vollendeten Vorstellen eine Mehrheit von Geisteserscheinungen oder gar die Allheit derselben gegeben ist, sich mannigfach Unharmonisches, d. h. solche zeigen werden, deren Qualitäten keine überwiegende Identität aufweisen, die sich also nicht unter den Begriff eines gemeinsamen Inhalts, einer Regel bringen lassen. Wird nun hier, um das Missfällige im ganzen Umfang des vorliegenden Geistesbildes zu vermeiden, zur Festsetzung künstlicher Regeln gegriffen, so entsteht ein Inbegriff von solchen, d. h. der Geist schreibt seiner gegebenen Erscheinung den Inhalt von Formen vor, welche sie allein haben darf, um nicht Missfallen zu erregen, er ändert an seiner Erscheinung, und zwar da diese gegeben, nicht gemacht ist, seinerseits machend, also willkürlich. Diese veränderte Erscheinung aber kann, da in der gegebenen nichts davon gegenwärtig, im vollendeten Vorstellen aber nichts als die gegebene Geisteserscheinung enthalten ist, der Geist nicht aus dem vollendeten, er muss sie aus dem unvollendeten Vorstellen, aus dem „Privatgeist" nehmen, d. h. aus dem individuellen, nationalen und geschichtlichen Geist. Der Inhalt der Aenderung d. i. die Formen, welche der Geist seiner Erscheinung gibt, um Missfallen zu vermeiden, ist daher nothwendig individueller nationaler oder geschichtlicher; sie sind nur für den Geist giltig, der sie, um Missfallen zu meiden, an die Stelle der gegebenen Erscheinung gesetzt hat, und nur so lange erträglich, als sie das Missfallen, zu dessen Vermeidung sie allein gemacht sind, wirklich vermeiden. Aus dem Privatgeist entsprungen, haben sie auch nur private Giltigkeit, einerlei, ob der Privatkreis enger oder weiter gezogen, auf ein einzelnes Individuum oder auf eine Familie, einen Stamm, eine Nation oder ein gewisses Zeitalter beschränkt sei.

Positiv, wie dies künstliche Regelsystem ist, gilt es auch nur für den Geist, der es ponirt; aber so lang er es ponirt, da es System ist, ausnahmslos. Was seinen Regeln widerspricht, verurtheilt es als regelwidrig und regellos; für das System der französischen Kunstrichter war Shakespeare ein „besoffener Wilder."

§. 303. Da die künstliche Regel nur das Missfallen zu vermeiden trachtet, welches im vollendeten Vorstellen der Geisteserscheinung wirklich vorliegt, so stellt sich bei Wiederkehr der gegebenen Geisteserscheinung in der That Missfälliges dar. Da sie aber dabei den Inhalt der gegebenen Erscheinung aus Eigenem verfälscht, einen gemachten an die Stelle des gegebenen gesetzt hat, so ruft diese Geltung des Scheins für Sein, eines Gemachten für Gegebenes selbst wieder Missfallen hervor. Jener Schein soll vernichtet werden, wie jeder, der sich für Wahrheit ausgibt. Die gegebene Erscheinung beharrt; da sie nur durch unvollendetes Vorstellen entstellt worden ist, so kehrt sie, sobald vollendetes eintritt, unvermeidlich wieder; einmal muss der Moment kommen, wo der künstliche Inhalt dem gegebenen oder doch einem diesem nahe stehenden Platz macht, der Geist sein bisheriges künstliches System entweder selbst fallen lässt oder gezwungen wird durch den Zwang des Gegebenen, es fallen zu lassen. Das Gegebene, wie es nun immer sei, taucht auf, wird lebendig und durchlöchert das System.

§. 304. Dies gilt allgemein, wo Schein an die Stelle des Seins getreten ist. In einer Mehrheit, ja in der Allheit der Geisteserscheinungen wird es daran nicht fehlen. Da der Geist sich selbst erscheint, so liegt auch die Ursache, warum er sich anders scheint, als er ist, in ihm. Er täuscht sich selbst, er macht sich etwas vor, ob besser, schlechter, gleich viel; der Nachdruck liegt auf dem „anders." Dieser Schein muss vernichtet, die Phantasmagorie der Geisteserscheinung, das Wahnbild muss zerstört werden. Entweder er nimmt es zurück, sieht sich wieder in seiner wahren Gestalt; oder es nimmt sich selbst zurück, die wahre Gestalt kehrt wieder. Das Bild löst sich los vom Geist, die wahre Gestalt gewinnt selbst Leben und verjagt die Truggestalt; Amphitryon vertreibt seinen Rivalen. Es wird objectiv gegen den Geist, selbst Geist, ein vom Ich wenigstens scheinbar gesondertes Du.

§. 305. Diese Form der Objectivität unterscheidet sich von der §. 270 geschilderten nur dadurch, dass das Bild dort e i n e, hier eine Mehrheit, ja die Allheit der Geisteserscheinungen ist. Die g a n z e Erscheinung des Geistes empört sich gegen den Geist, der eine e r l o g e n e an ihre Stelle setzen will; sie tritt nur um so auf-fälliger, einleuchtender, nachdrücklicher als dessen w a h r e s Bild auf, je mehr das falsche bisher im Vordergrunde gestanden hat. Wessen Zweck immer es gewesen sein mag, diese Erhöhung des Eindrucks des wahren Bildes zu bewirken, er erreicht dieses Ziel. Es tritt aus der Verdunkelung in die Sonne mit neuem Glanze hervor, es erlegt seinen Feind wie der pythische Apoll, und der Glanz seiner Erscheinung fällt auf den Urheber zurück. Ist dieser der Geist, ist er das Bild?

§. 306. Wir haben oben geschildert, wie das Subject dazu komme, die Ursache der Ueberwindung des Scheins in das Wesen zu verlegen. Der Geist ist es selbst, der transcendent das Scheinbild zurücknimmt und das wahre wieder hervortreten lässt; aber zum S c h e i n ist es das Bild, das sein Scheinbild setzt, um durch dessen Zurücknahme desto heller zu strahlen. Der dem Bilde t r a n s c e n d e n t e erscheint als demselben i m m a n e n t e r Geist, als Seele des Bildes, nicht des Geistes, dessen Bild es ist. Zwar ist „des Herrn eigener Geist" der Geist des Bildes, aber im Bilde s c h e i n t doch ein Geist zu sein.

§. 307. Mit dem scheinbaren Geist kommt der scheinbare Zweck, die scheinbare Freiheit; es kommt auch mit der Qualität des Wiederhergestellten, der scheinbare Wille der Regel oder der Wille des Regellosen und Regelwidrigen, die freie Selbstregelung oder die freie Regelverachtung. Durch den Schein der Bewegung wird das Bild zum B e s e e l t e n, durch den Schein des Zweckes zum G e i s t, durch den der Freiheit, Selbstregelung und Regel-verachtung zur P e r s o n. Das Bild gewinnt den Schein der f r e i e n geistigen Persönlichkeit, welche, wenn der allein wahre Abschluss, das Geregelte (§. 277) erreicht wird, selbst abge-schlossene zugleich und sich abschliessende, a b s o l u t w o h l g e-fällige Person scheint.

§. 308. Mit dem Schein der Persönlichkeit ist der höchste denkbare Grad der Objectivität der Geisteserscheinung erreicht.

Das Spiegelbild selbst scheint zu l e b e n und zu s e i n, sich zu r e g e n und zu r e g e l n. Dem Geiste tritt s e i n e Erscheinung, s e i n Fleisch und Blut, wie ein A n d e r e r gegenüber, der auch Fleisch und Blut besitzt. Das Bild wandelt.

§. 309. S c h e i n b a r nur, aber w e n i g s t e n s scheinbar. Der Schein der Persönlichkeit gibt den Schein der von Innen aus kommenden zweckmässigen Willensbestimmung, der Selbstbestimmung; die Form des ausgleichenden Abschlusses, prägt derselben den Stempel eines durchgängigen Wollens der Regel und des Geregelten auf. Daraus folgt eben so wenig, wie aus dem Schein durchgängiger Gesetzlichkeit in der Natur die Einheit der Gesetze, so die Einheit der Regel. Der Form des ausgleichenden Abschlusses ist Genüge gethan, wenn das verfolgende Auge überall am Schluss eine Regel antrifft, in welche der Schein der Regelwidrigkeit sich auflöst. Dass diese Regeln selbst e i n e m u n d d e m s e l b e n System angehören, ist damit keineswegs gefordert.

§. 310. Dies ist erst das Ziel der Durchführung der dritten einfachen Geistesform, der Geregeltheit, innerhalb einer Mehrheit, ja der Allheit der Geisteserscheinungen. Wenn die Form des Einklangs auf Geisteserscheinungen angewandt zur gemeinsamen Regel, so wird dieselbe auf die Allheit der Geisteserscheinungen übertragen zur Verwandtschaft a l l e r Regeln, d. h. zur Unterordnung aller unter eine g e m e i n s a m e Regel. Das System dieser Regeln ist das R e g e l s y s t e m, der S t i l.

§. 311. Jede Regel als Einklang zweier oder mehrerer Geisteserscheinungen ist wohlgefällig. Das einheitliche Regelsystem begreift nur verwandte Regeln, also auch nur verwandte Geisteserscheinungen unter sich, und ist als durchgehender Einklang aller Geisteserscheinungen unter einander absolut wohlgefällig. Die Erscheinung des Geistes als Regelsystem gedacht ist durchgängige Harmonie aller einzelnen Theile des Gesammtbildes. Während der Grundsatz, das Missfallen durch künstliche Regeln zu vermeiden, innerhalb einer Mehrheit, ja der Allheit der Geisteserscheinungen zwar zu Regeln, aber nicht zu einer einheitlichen Regelung führt, es also zwar System ist, künstliche Regeln zu geben, diese selbst aber unter sich kein System bilden. liegt hier die Form eines einheitlichen wirklichen Systemes von Regeln vor, welche als solche absolut gefällt. Da dasselbe auf nichts anderem als auf der Verwandtschaft des Inhalts aller darin begriffenen Geisteserscheinungen, also auf der Natur dieser letztern beruht, so kann jedes einheitliche kein anderes als ein natürliches Regelsystem, der Stil also nicht anders als natürlicher, d. i. in der Natur der Sache selbst gelegener Stil sein.

§. 312. Die künstliche Regel kann daher niemals als Grundlage eines Stils dienen. Zwar kann sie auch zur Basis eines Systemes gemacht, d. h. es kann auf sie ein einheitliches Ganzes von Regeln gegründet werden, welche alle unter einander verwandt, aber eben darum auch alle künstliche Regeln sind, ein künstliches Regelsystem, eine Manier, ein „Affe des Stils." Der Ursprung aus dem „Privatgeist" klebt dem ganzen System von der Basis an, gibt ihm eine individuelle, nationale, geschichtliche Färbung, einen subjectiven Beigeschmack, den es nicht zu überwinden vermag und der in der ursprünglichen Unterschiebung einer gemachten an die Stelle der im vollendeten Vorstellen gegebenen Form der Geisteserscheinung seinen Sitz hat. Jede künstliche Regel ist als solche eine Lüge; die Verleugnung eines im vollendeten Vorstellen gegebenen Missfälligen, ein „übertünchtes Grab" der Schönheit, und diese Lüge pflanzt sich fort durch das ganze darauf gebaute einheitliche Regelgebäude, den „künstlichen Stil." Wenn dieses um seiner Einheitlichkeit willen gefallen könnte, so missfällt es um seiner ursprünglichen Aufrechthaltung eines blossen Scheins an der Stelle des Gegebenen willen. Während der Stil auf einem ursprünglichen Gefallen eines wirklich Geregelten, ruht sein Afterbild nur auf der Vermeidung eines ursprünglichen Missfallenden, also auf der Vertuschung eines Regellosen und Regelwidrigen durch eine künstliche, nicht gefallende, sondern nur Missfallen hintanhaltende Schranke.

§. 313. Es gibt daher keinen sogenannten geschichtlichen Stil, so wenig wie einen nationalen oder gar individuellen. Alle künstlichen Regelsysteme, sie mögen nun aus einem weitern oder engern „Privatgeist" geschöpft sein, sind bloss „Manieren." Der Stil setzt einen im vollendeten Vorstellen gegebenen Einklang der Geisteserscheinungen, ein positiv Wohlgefälliges, eine „natürliche Regel" als Basis voraus, welchen Einklang er sodann durch die gegebene Mehrheit, ja Gesammtheit homogener Geisteserscheinungen durchführt. Die Manier aber versucht dasselbe mit einem verschwiegenen und künstlich vermachten Missklang, der im vollendeten Vorstellen als solcher sich offenbart.

§. 314. Daher gibt es nur e i n e n Stil, aber es kann so vielerlei Manieren geben, als man künstliche Regeln zur Disposition hat, um auf sie künstliche Regelsysteme aufzuführen. Ferner ist aller Stil Formstil, denn er ist die Durchführung der Form des Einklangs durch eine Mehrheit oder die Einheit aller gegebenen Geisteserscheinungen. Alle Unterabtheilung des Stils richtet sich nur nach den verschiedenen Classen der Geisteserscheinungen, aus welchen seine Basis, der natürliche Einklang, die Regel genommen, und in welchen, als homogenen, diese Form von ihm durchgeführt ist. Es gibt einen Stil im Vorstellen, im Fühlen, im Wollen, in welchem letztern er Charakter heisst. Es gibt ferner innerhalb des Vorstellens Stil im musikalischen, bildnerischen, poetischen Vorstellen u. s. w.

§. 315. Die Form des Bedeutenden auf eine Mehrheit, ja die Allheit der Geisteserscheinungen bezogen, verlangt, dass jede derselben eine andere abbilde, mögen nun mehrere oder gar alle dieselbe, oder jede eine andere darstellen. Diejenigen, welche d a s s e l b e bedeuten, bilden als solche unter sich eine zusammengehörige Gruppe, deren gemeinschaftliche „Seele" ihr Bedeutetes ausmacht. In ihnen herrscht daher zugleich durch das gemeinschaftliche Vorbild, dessen Abbilder sie sind, Verwandtschaft des Inhalts, also zugleich Geregeltheit und Einheit der Regel. Dieselbe steigert sich in dem Grade höher, als die Gruppe der dasselbe bedeutenden Geisteserscheinungen sich dem Umfange des Gesammtbildes nähert; sie wird dort am stärksten, und daher auch am wohlgefälligsten, wo in dem ganzen Bilde Verwandtschaft des Inhalts, nach der Form des Bedeutenden, Einerleiheit der Bedeutung herrscht, das Bedeutete selbst möge überdies einen besondern Werth für sich besitzen oder nicht. Diese Einerleiheit des Bedeuteten gibt dem Ganzen Einheit, Haltung und Wahrheit; es tritt nichts in dem Gesammtbilde auf, was nicht auf einen und denselben Kern hinwiese; das Ganze scheint nicht nur geistbeseelt, sondern im Ganzen weht auch der Bedeutung nach d e r s e l b e Geist. Derselbe

154

Sinn, er sei sonst welcher er wolle, spiegelt sich im Grössten wie im Kleinsten. Alles weist auf dasselbe zurück, ein Hauch geht durch das Ganze. So entsteht die Form der W a h r h e i t; aber weil das Bedeutete eine Geisteserscheinung sein muss, die Erscheinung des Geistes aber nur ein B i l d des Geistes sein kann, als g e i s t i g e, wie die analoge (§. 260) als N a t u r w a h r h e i t.

§. 316. Noch erübrigt die Form der Vollkommenheit auf die Mehrheit oder Allheit der Geisteserscheinung anzuwenden. Das relative oder totale Ganze der Geisteserscheinungen soll der Form des intensiv oder extensiv Grossen entsprechen. Daraus folgt, dass keine Art der Geisteserscheinung unvertreten und jede im höchsten Grade entwickelt, zugleich aber auch, da dies von allen gilt, dass jede in Dasein und Kraftentfaltung durch die Gleichwichtigkeit der übrigen beschränkt sei. Vorstellen, Fühlen und Wollen, Kopf, Gemüth und Herz, verlangen jedes seine gebührenden Rechte.

§. 317. Schon aus der Form der Geisteswahrheit folgt dies. Sie gleichen drei Ständen, deren jeder in seinem Sinn volles Anrecht auf Pflege hat. Alle sind vom Standpunkt der Form des Vollkommenen gleich berechtigt. Der Kopf hat keinen Vorzug vor dem Herzen und dem Gemüth. (Innerhalb des gemeinsamen Bedeuteten weist die Angemessenheit an dasselbe jedem Nachbilde seinen Rang an). Daher wird nur dort ein volles Bild des Geistes gegeben sein, wo er g a n z, d. h. wo sowol Kopf, als Gemüth und Herz im Bilde wiedergegeben ist. (An sich muss das Bedeutete eine Geisteserscheinung, also entweder ein Vorstellen oder ein Fühlen oder ein Wollen sein). Die Vollkommenheit verlangt, dass sowol die Geisteserscheinung des Kopfes, als die des Gemüthes und Herzens, jede in dem Grade vertreten sei, welchen die gleichzeitige Vertretung aller übrigen gestattet. Also nicht die Begünstigung des Kopfes auf Kosten des Gemüths oder des Herzens. „Es darf das Herz wol auch ein Wörtchen sagen, doch ward es weislich in die Brust gesetzt, dass man's so hoch nicht wie den Kopf soll tragen." (Herwegh).

§. 318. Dies vorausgesetzt lässt sich eine Geisteserscheinung, ein Bild des Geistes denken, als Nachbild eines allen genannten Formen entsprechenden Vorbildes. Ein solches müsste nicht nur bedeutend, d. h. dem Vorbild entsprechend, es müsste auch keine wenn auch künstliche Regel verletzend, vom persönlichen Geiste freier Selbstregelung erfüllt, einheitlich geregelt, mannigfaltig, lebhaft, geordnet, d h. ein absolut wohlgefälliges Nachbild eines absolut wohlgefälligen und in keiner Weise missfälligen Vorbildes, ein Kosmos des Geistes, abgeschlossen und sich selbst abschliessend, geregelt und sich selbst regelnd, persönlich frei, geisterfüllt, alle gegebenen Geisteserscheinungen jede im grösstmöglichen Grade in sich vereinigend sein. Eine solche Geisteserscheinung ist das Kunstwerk.

§. 319. Jenachdem dasselbe nur homogene, oder zwar heterogene aber einstimmige, oder alle überhaupt denkbaren Geisteserscheinungen jeder Art im höchstmöglichen Grade umfasst, ist das Kunstwerk selbst einfaches oder zusammengesetztes oder absolutes. Von der erstern Art ist dasjenige, dessen sämmtliche Erscheinungen solche des Vorstellens oder einer besondern Art des Vorstellens, oder solche des Fühlens oder des Strebens, als der drei Aeusserungsweisen des Geistes sind. Von der zweiten führen wir beispielsweise die Verbindung des musikalischen und poetischen Vorstellens im Gesang, des musikalischen und rhythmischen in der Instrumentalmusik an.

§. 320. Das absolute Kunstwerk aber wäre die Selbstabbildung des absoluten Geistes, welche alle denkbaren Geisteserscheinungen im denkbar höchsten Grade, in welchem sie mit und nebeneinander möglich sind, in einem Gesammtbilde vereinigte, welches zugleich selbst den Schein der geisterfüllten freien und absoluten Persönlichkeit an sich trüge. Dieses Bild ist der Logos, die Selbstanschauung des absoluten Geistes. Das zusammengesetzteste Kunstwerk, weil es als Totalität alle denkbaren Geistesäusserungen zugleich umfasst, aber eben auch kein blosses Bild, nicht blosse Erscheinung mehr, weil das Denken, Fühlen und Wollen des absoluten Geistes mehr als Denken, Fühlen und Wollen, nämlich Wissen (theoretisches und praktisches) Wollen und Schaffen ist, der Logos nicht bloss Person scheint, sondern wirklich ist, das Bild nicht bloss Bild, sondern Seiendes ist, vollendet, gezeugt, nicht vorgestellt, Sohn, nicht Bild Gottes, der „lebendige Gott."

§. 321. Das absolute Kunstwerk überschreitet die Grenzen der Aesthetik, weil in ihm das Bild zugleich nicht bloss zum Abbild, sondern zur Sache selbst wird. Zwar ist es auch hier nur die Form, welche dasselbe zum Kunstwerk macht, also die Form der Nichtverletzung künstlicher Regeln, die Einheitlichkeit der Regelung, die Form der Persönlichkeit u. s. w., aber dieser Schein der Persönlichkeit ist hier wirkliche Person, das Bedeutende wird zum Bedeutungsvollen, das Bild zur Sache. Das Reich der Aesthetik hört auf, das der Metaphysik, der Wissenschaft vom Seienden, fängt an. Die Aesthetik tritt ihren Wanderstab an die rationale Theologie ab.

§. 322. Das Kunstwerk ist die Uebertragung der Form des Classischen auf die Geisteserscheinung. Ein absolutes Gegentheil desselben gibt es daher ebenso wenig wie ein solches des Classischen. Auch das einem durchaus unclassischen Geisteswerk entsprechende Nachbild, wenn es nur geistig wahr, d. h. treu wäre, würde um desswillen noch immer eine gefallende Seite darbieten. Nur die einzelnen zum Kunstwerk erforderlichen Formen können jede für sich und mehrere zusammen vernachlässigt und darum das Ganze des Namens eines Kunstwerkes unwürdig werden. Ob es überhaupt ein solches gebe, d. h. ob irgend eine gegebene Geisteserscheinung diesem Bilde entspreche, hat die Aesthetik so wenig wie das Sein oder Nichtsein des Kosmos zu entscheiden. Sie müsste hiezu die Summe aller gegebenen Geisteserscheinungen kennen, d. h. sie müsste Geisteswissenschaft, wie dort Naturwissenschaft, sie müsste Geschichtswissenschaft sein. Dann erst wäre sie im Stande, das geschichtlich gegebene mit dem gefallenden Bilde zu vergleichen und Kritik der geschichtlichen, der gegebenen Kunstwerke zu üben. Für jetzt weiss sie zwar, was zu einem Kunstwerk gehört, nicht aber, ob ein solches sei. Sie weiss nichts vom Seienden.

§. 323. Nur das absolute Kunstwerk scheint hier eine Ausnahme zu machen. Dasselbe umfasst alle denkbaren, die absolute Totalität der Geisteserscheinungen, vermöge der auf alle denkbaren Geisteserscheinungen bezogenen Form der Vollkommenheit, d. h. die gesammte Geschichte. Diese selbst ist das absolute Kunstwerk, die Selbsterscheinung des absoluten Geistes. Da nun das

Vorstellen des absoluten Geistes mehr ist als blosses Vorstellen, da es absolutes Vorstellen, d. i. Wissen, sachgemässes Vorstellen sein muss, die Vorstellung darin über sich selbst hinaus und in die Sache eingeht, so ist die Selbsterscheinung des absoluten Geistes nicht bloss Erscheinung, sondern selbst absoluter Geist, nicht blos s c h e i n b a r, sondern w i r k l i c h, nicht B i l d, sondern S e i e n d e s. Wenn daher die Aesthetik auch vom absoluten Kunst werk, so handelt sie in der That vom S e i e n d e m.

§. 324. Sie kann aber eben nicht davon handeln. Das ästhetische Urtheil, die Basis der Aesthetik, spricht nur dort, wo ein vollendetes Vorstellen möglich ist. Von seiner absoluten Selbsterscheinung aber kann nur der absolute Geist das vollendete Vorstellen besitzen. Nur Er, der sie selbst i s t, vermag die vollendete Geschichte vollendet zu überschauen; nicht aber derjenige, dessen Vorstellen in der Geschichte mitten innesteht, der e n d l i c h e Geist. Es bleibt dabei, dass die Aesthetik nur von solchen Geisteserscheinungen handelt, welche B i l d e r sind, vom absoluten Kunstwerk dagegen nur insofern, als es B i l d, d. i. B i l d des absoluten Geistes von sich selbst, S c h e i n, nicht S e i n ist.

§. 325. Wie das Classische die Reinheit, der Kosmos die Verletzung auch nicht einmal eines künstlichen Naturgesetzes, so schliesst das Kunstwerk die Unversehrtheit auch der k ü n s t l i c h e n Kunstregeln ein. Nach keiner Seite hin soll es missfällig werden, auch nach jener Seite hin nicht, wo nichts absolut Wohlgefälliges dadurch verletzt wird. Dies ist nicht anders möglich, als dadurch, dass das einheitliche Regelsystem des Kunstwerks, der S t i l, nichts von demjenigen gebiete, was nur durch künstliche Kunstregeln und darauf gebaute Systeme (Manieren) verboten wird. Beide Gebiete, des Stils und der Manier, berühren einander so wenig, wie das natürliche und die künstlichen Natursysteme. Der Stil beruht auf ursprünglichem E i n k l a n g, die Manier auf Vermeidung eines ursprünglichen M i s s k l a n g e s. Jener entspringt aus dem g e - g e b e n e n, das künstliche Regelsystem aus einem g e m a c h t e n Vorstellungsinhalt, jener aus dem vollendeten, dieses aus einem unfertigen oder willkürlich entstellten, in jedem Fall aus dem „Privatgeist" stammendem Vorstellen. Da sich der Stil nur an das im vollendeten Vorstellen G e g e b e n e wendet, so lässt er natürlich alles Gemachte unberührt, verletzt keine künstliche Regel, aber beobachtet sie auch nicht, denn die Region der Correctheit, der individuelle, nationale, geschichtliche Geist, ist nicht die seine.

§. 326. Sollte das vollendete Vorstellen überhaupt eine unvollziehbare Forderung sein, so müsste wie das Classische und der Kosmos auch das Kunstwerk ein Ideal bleiben. Das ästhetische Urtheil spricht nur im vollendeten Vorstellen und nur in diesen ist die wahre Regel, d. h. der absolut wohlgefällige Einklang von Geisteserscheinungen erreichbar.

§. 327. Die Freiheit des Kunstwerkes, seine Geistigkeit und Persönlichkeit entspringt aus der überall zur höhern Regelmässigkeit sich ausgleichenden scheinbaren Regelwidrigkeit, die Einheit desselben aus der Gemeinsamkeit der dasselbe im Kleinsten wie im Grössten beherrschenden Regel. Der Stil ist es, welcher dem Kunstwerk die Einheit, der Geist, der ihm das Leben gibt. Aus einen solchen lässt sich nichts weglassen, noch hinzufügen, es ist bis ins Kleinste gegliedert, durchgebildet, durchdrungen von dem zusammenhaltenden Formgedanken. Derselbe duldet nur Verwandtes, zwischen welchem Einklang und Regel stattfinden kann, also nur solches, das eine Vergleichung in qualitativer Beziehung zulässt, also nur Vorstellungen und Vorstellungen oder doch Vorstellungsbilder, Gefühle und Gefühle oder doch Gefühlsbilder, Wollen und Wollen oder doch Willensbilder. Hier beginnt daher die Scheidung der Kunstwerke nach den Classen der homogenen Geisteserscheinungen. Das einfache Kunstwerk duldet nur homogene, das zusammengesetzte zwar heterogene, aber doch wenigstens in einer Hinsicht vergleichbare Geisteserscheinungen. Es bilden dann je die gleichartigen ein Kunstwerk für sich, und beide Kunstwerke sodann mit einander combinirt geben durch die ästhetische Beziehung, in welche sie zusammen treten, ein Kunstwerk zweiter Ordnung. So ist der einzelne Geist in seiner Erscheinung Kunstwerk; aber die homogenen Geisteserscheinungen d. i. Kunstwerke mit einander verglichen und auf einander bezogen geben ein höheres zusammengesetztes Kunstwerk. Das rhythmische Gebäude eines Musikwerks ist Kunstwerk für sich; die dasselbe ausfüllenden Töne als melodische und harmonische

monische geben abermals ein Kunstwerk für sich. Beide zusammen, das rhythmische und das melodisch-harmonische machen als rhythmisch-musikalisches ein Kunstwerk höherer Ordnung aus.

§. 328. Die Wahrheit des Kunstwerks ist geistige Wahrheit. Was es nachbildet, ist selbst ein absolut wohlgefälliges Vorbild einer Geiste serscheinung. Erscheinung eines Bewussten scheint es selbst bewusst, eines Geistes, selbst Geist, eines zwecksetzenden und sich selbst regelnden selbst zweckbeseelt und sich regelnd, eines Persönlichen selbst persönlich. Es muss scheinen, nicht als wäre es gemacht, sondern als machte es sich selbst. Sonst ist es steif, leblos, Fabrikat. Ueber den Kosmos giesst die Form des harmonischen Naturgeistes, über das Kunstwerk der Geist, dessen Erscheinung es ist, den Zauberwahn des immanenten Geistes aus. Die Vollkommenheit des Kunstwerkes endlich besteht darin, dass es nicht wie das absolute alle denkbaren, sondern dass es alle im vollendeten Vorstellen gegebenen Theile der Geisteserscheinung im höchsten neben den übrigen möglichen Grade, dass es innerhalb der gegebenen die möglichste Mannigfaltigkeit umfasse, dass jede an demjenigen Ort im Ganzen stehe, wo sie ihre Eigenthümlichkeit am reichlichsten geltend machen, sich am höchsten emporschwingen kann, ohne dass die übrigen darunter zu leiden haben. Eine geschickte Disposition und Anordnung aller im Bilde gegebenen Geisteserscheinungen zum Ganzen ist die Forderung der Vollkommenheit. Jeder Theil gehört dahin, wo er durch keinen andern ersetzt werden kann.

§. 329. Mit diesen Seiten der classischen sind von selbst auch die Seiten unclassischer Geisteserscheinung gezeichnet. Der Reinheit des Kunstwerkes, in welchem nur Stil, d. i. das natürliche System der Kunstregeln, herrscht, steht die erkünstelte gegenüber, in welcher die Herrschaft einer Manier, d. i. eines Systems künstlicher Kunstregeln, dessen Schein erheuchelt. Inwiefern diese letzteren als aus dem individuellen, nationalen und geschichtlichen „Privatgeist" geschöpfte den im vollendeten Inhalt gegebenen Kunstregeln gegenübertreten, bilden sie eine Reihe ebenso vieler irrthümlicher Kunstregelsysteme, d. i. Stilirrthümer, welche durch geschichtliche Namen, Völker und Zeitalter verkörpert die Geschichte des Stils oder dasjenige ausmachen, was man, die

Phänomenologie des Stils im Gegensatz zu diesem selbst als im vollendeten Vorstellen unwandelbaren Noumenon nennen kann.

§. 330. Alle geschichtlichen Stile, der antike, romantische, moderne, gehören in diese Reihe. Durch das, was an ihnen wirklich Stil, d. h. im vollendeten Vorstellen gegebene Regel ist, stehen sie über und ausser der geschichtlichen Erscheinung; was an ihnen dem unvollendeten Vorstellen angehört, ist blosse Manier, „Affe des Stils." Wie die Naturbilder lassen sich auch die Missbildungen der Geisteserscheinung auf fünf zurückführen, die also nur fälschlich als Kunstwerke, wie jene als Kosmen bezeichnet werden: a) ein Geistesbild, in dem statt des Stils blosse Manier herrscht; b) eines, in dem statt des Scheins des persönlichen Geistes Tod-, Leb- und Geistlosigkeit, oder statt des harmonisch abschliessenden ein Geist ewiger Unruhe, zwecklosen Setzens und Wiederaufhebens oder die Unerträglichkeit des absolut missfälligen und also nur scheinbaren Abschlusses herrscht; c) Stillosigkeit d. i. gleichzeitige Herrschaft mehrerer Regelsysteme, welche dann nothwendig nur Manieren sein können; d) Unvollkommenheit und e) geistige Unwahrheit. Von der ersten bietet die ganze Geschichte der Geisteserscheinungen, sowol der Phantasie-, wie der Geschmacks- und Charakterverirrungen von der ältesten bis auf die neueste Zeit nur zu reichliche Beispiele dar. Die Manieren der Künstler, wie die ästhetischen und sittlichen Vorurtheile der Kunst- und Sittenrichter, die starken aber einseitigen Charakterentwicklungen der Handelnden, Helden und Staatsmänner gehören hieher. Die künstlichen Kunst- wie die künstlichen Moral- und Rechtssysteme, die verstockten und verhärteten und zur Durchbildung zu schwachen blossen Naturelle, die sich für Charaktere ausgeben und von denen jede Stunde uns Beispiele bringt, gehören zu diesen misslungenen Kunstwerken des Vorstellens, des ästhetischen Urtheilens, des Wollens. In jenen bringt es der Geist nicht über eine selbstgemachte Regel des Vorstellens, in den zweiten nicht über eine eben solche des Urtheilens, in den dritten nicht über eine solche des Wollens hinaus. Er begnügt sich, das Missfällige durch einen unterschobenen Inhalt zu meiden. Gelingt es ihm diesen als Systeme durchzuführen, so kommt zwar Einheit in sein Vorstellen, Fühlen und Wollen, aber bloss künstliche Einheit, die auf zerbrechlicher Basis ruht, welche vor dem vollendeten Vorstellen verschwindet. Unter die künstlichen Charaktere rechnen wir solche, welche auf einer blossen Anstandsregel, einem künstlichen Ehrenpunkt u. dgl. ruhen. Sie haben System in ihrem Wollen, aber es ruht auf hohlen Brettern. Bricht die Bühne ein, die sie sich errichtet haben, so stürzt das ganze Gebäude ein. Dahin gehören die sogenannten legalen Menschen, deren Gewissen im bürgerlichen Gesetzbuche begraben ist. Wehe wenn ihnen einmal der Glaube an das Positive verschwindet, ihr Halt ist damit über den Haufen geworfen. Mit der künstlichen Basis des Urtheils geht es ebenso. Wer sich an eine gewisse Auffassungsweise gewöhnt hat, erschrickt vor jeder, die ihm diese liebgewordene umstösst. Er hat auf diese Auffassung ein ganzes Gerüst ästhetischer Urtheile gebaut, Folgerungen gezogen, Schlüsse gehäuft; zeigt es sich, dass diese Auffassung eine falsche war, dass sie nur dem unvollendeten, nicht dem vollendeten Vorstellen zukomme, dass der Inhalt des Gegebenen anders sei, als er schien oder er ihn machte, so verlieren damit auch alle darauf gebauten Folgerungen ihren Werth. Mit der künstlichen Basis des Vorstellens nicht weniger. Wer seinem Vorstellen einmal eine künstliche Regel vorgeschrieben hat und sein ganzes Vorstellen darnach einrichtet, gewinnt allerdings ein zusammenhängendes Vorstellen, aber nur so lang, als im vollendeten Vorstellen das Missfällige, was jener Regel vorausging, nicht zum Vorschein kommt. Geschieht das, so büsst das ganze Vorstellen seinen Boden ein; es erscheint verschoben und gerade desto verschobener, je einheitlicher die künstliche Regel durchgeführt ist. Man erinnere sich nur an das Schicksal der französischen Poesie, als die künstliche Regel der drei Einheiten zum System erhoben war. Die Phantasie der französischen Dramatiker nahm dadurch eine solche Richtung, dass sie Shakespeare nicht gelten zu lassen im Stande waren. Die deutsche Schule unter Gottsched's, oder auch die romantische unter der Schlegel Führung zeigt ähnliche Erscheinungen. Das Einheitliche des Systems täuscht über die Künstlichkeit der Basis; es lügt den Schein des Stils vor, wo bloss Manier herrscht.

§. 331. Die zweite Art der misslungenen Geist-, die leb- und geistlose, steife oder ruhelose, zu keinem beifälligen, also überhaupt zu keinem Abschluss kommende Erscheinung zeigt sich am lebhaftesten im Vorstellen, aber auch im Fühlen und Wollen. In jenem, wenn zwischen dem Frühern und Spätern kein nöthigender Zusammenhang herrscht, die subjective Anregung fehlt, welche die Erregung des Scheins und dessen endliche Auflösung gewährt; wenn das Ganze statt von Innen, von Aussen mühsam bewegt geschoben, statt selbstschiebend erscheint. In diesem, wenn der Zusatz nicht aus der Betrachtung des Beurtheilten selbst hervorspringt, sondern künstlich angefügt, erzwungen wird, nicht sich selbst erzwingt, das urtheilende Subject statt des beurtheilten Objects in den Vordergrund tritt, letzteres sich passiv, jenes activ, statt umgekehrt verhält. Im Wollen endlich, wenn die Regel zwar da, aber ohne Macht über das Wollen ist; wenn das Wollen statt sich selbst zu regieren, Regierung von Aussen annimmt; knechtischer Gehorsam, Willenlosigkeit, statt bewusste Willensleitung. Die andere Art der Ruhelosigkeit zeigt sich im Schweifen des Vorstellens, in der Wandelbarkeit des Urtheils, in der Ziellosigkeit des Wollens.

§. 332. Die dritte Art der Missbildung, die Stillosigkeit zeigt sich als Mangel an Einheit im Vorstellen sowol, als im Fühlen und Wollen. Es herrschen mehrere Regelsysteme neben einander; der Geist stellt zwar nach Regeln vor, urtheilt nach Regeln, will nach Regeln, aber bald nach diesen, bald nach jenen, die sich unter einander nicht vertragen. Beim Kunstwerk des Vorstellens zeigt sich dies dadurch, dass die Theile nicht zum Ganzen passen (Cervicem pictor etc.) Beim Kunstwerk des Fühlens dadurch, dass dasselbe heut schön und löblich findet, was es morgen verurtheilen müsste, wenn es sich getreu bliebe. Beim Kunstwerk des Wollens dadurch, dass zwar Charakterzüge vorhanden sind, dass gewisse Partieen des Wollens von einer Regel beherrscht erscheinen, diese selbst aber sich unter einander ausschliessen.

§. 333. Die Unvollkommenheit des Kunstwerkes bezieht sich auf dessen intensive und extensive Seite. Es können Theile des gegebenen Bildes vernachlässigt, oder erforderliche ganz weggelassen, andere auf deren Kosten begünstigt oder überhaupt aufgenommen sein, da sie gar nicht gegeben sind. Dadurch werden die Theile in eine falsche Stellung, in falsches Licht gerückt, verstärkt, was geschwächt, geschwächt, was verstärkt, weggelassen, was aufgenommen werden sollte, aufgenommen, was ohne Schaden fehlen könnte.

§. 334. Die Unwahrheit desselben besteht darin, dass das Abbild hinter dem Vorbilde zurückbleibt. Es soll eine absolut wohlgefällige Geisteserscheinung nachbilden, und es liefert uns das Bild einer missfälligen oder gar keiner Geistes- sondern einer bewusstlosen, blinden, einer blossen Naturerscheinung. Von dieser Art ist das sogenannte naturalistische Kunstwerk. Nicht dass es das Bild einer Naturerscheinung, sondern dass es uns dieses als Bild einer bewusstlosen, blinden Naturerscheinung gibt, ist sein Mangel. Da das Kunstwerk nun das Bild einer Geisteserscheinung ist, so darf es nur insofern Naturerscheinungen abbilden, als diese selbst Geisteserscheinungen sind, d. i. als Geist in der Natur. Das naturalistische Kunstwerk stellt nicht den Geist in der Natur, sondern die geistlose Natur dar; es verstösst also gegen die Forderung des Kunstwerks überhaupt, Bild einer geisterfüllten Erscheinung zu sein und wird dadurch missfällig.

§. 335. Was den Missbildungen der Geisteserscheinungen an Formenwohlgefälligkeit abgeht, das suchen sie wie die Missbilder der Natur durch Reize anderer Art zu ersetzen. Weil aber das im vollendeten Vorstellen Gegebene ausser seinen Formen nichts als den Stoff enthält, an dem diese Formen gegeben sind, so müssen diese Reize nur entweder dem Stoff verdankt, oder sie müssen mittels Verdunkelung des vollendeten Vorstellens aus dem unvollendeten, d. i. aus der Einmischung „des Privatgeistes" (des individuellen, nationalen und geschichtlichen) genommen werden. Fixirte Stoff- oder subjective Gefühle und Erregungen müssen die Formenblössen decken. Das „romantische" Geisteswerk verdankt die Nachsicht mit seinen Formmängeln den Befriedigungen, welche es durch seinen stofflichen Reiz dem Gefühl, der Begierde, dem persönlichen, National- oder herrschenden Zeitbewusstsein, den vagen Affecten gewährt, mit welchen es die widerstrebende Stimme des ästhetischen Urtheils übertäubt. Demnach führt dasselbe stets nur eine precäre Existenz; das ästhetische Urtheil lässt sich wohl überschreien, aber sich nicht den Mund stopfen, das vollendete Vorstellen zeitweise sich verdrängen, aber nicht für immer und von jeden fernhalten. Der Effect des romantischen Geisteswerks beruht daher wesentlich auf zufälligen, den ästhetischen Formen fremden, der des Kunstwerks auf bleibenden, der ästhetischen Form allein innewohnenden Gründen. Ersteres rechnet auf den individuellen, nationalen, den Zeitgeist; letzteres überdauert jede Zeit-, National- und persönliche Stimmung.

§. 336. Das Kunstwerk des Geistes zerfällt nach dessen dreifacher Aeusserung in ein Kunstwerk des Vorstellens, des Fühlens und des Wollens. Die schöne Aeusserung des Geistes ist entweder ein Vorstellens- oder ein Fühlens- oder Wollensschönes. Die Anwendung der Formen, durch welche eine Geisteserscheinung überhaupt gefällt, braucht nur nach dem Besondern jeder dieser drei Arten specificirt zu werden. Dieselben verlangen von der einzelnen Vorstellung, dass sie energisch, lebhaft, da die sinnliche Vorstellung vor der unsinnlichen, die concrete vor der abstracten, die Anschauung vor dem Begriff, die neue vor der alten den Vorzug grösserer Intensität hat, dass sie eines von diesen wenigstens, wenn nicht mehreres davon zugleich sei. Die Form des Bedeutenden erheischt, dass die einzelne Vorstellung bedeutend, d. h. Nachbild eines Vorbildes, d. h. dass das wirkliche Vorstellen idealisch sei. Die Empfindung z. B. des Tones C soll das treue Nachbild dieses Tonbildes, nicht durch Neben- und Anklänge getrübt, reine Tonempfindung sein. Die wirkliche Vorstellung einer Palme, eines Löwen u. s. w. soll nichts enthalten, was nicht im Inhalt dieser Vorstellung, aber auch alles, was darin gelegen ist. Die Geregeltheit des Vorstellens verlangt, dass die Vorstellungen nach derselben Regel gebildet um deswillen wohlgefällig seien. So die verschiedenen Anschauungen, welche unter denselben Begriff zusammenfallen und daher überwiegend identischen Inhalt besitzen. So die consonirenden Tonempfindungen, deren Töne nach Helmholtz nach einer gemeinsamen Regel gebildet sind, indem die Obertöne derselben von einem bestimmten angefangen zusammenfallen. Auf einem ähnlichen Grunde lässt sich erwarten, dass das Consoniren der Farbenempfindungen beruhen werde. Von den harmonischen Linearformen lässt es sich zeigen. Die Gerade gefällt, weil ihre Stücke alle nach derselben Regel gebildet sind, ebenso der Kreis. Die Spirale, weil das Identische in der Regel der Bildung ihrer einzelnen Stücke überwiegt. Ebenso die ebene Fläche, die Kugel, das Sphäroid. Wo das vollendete Vorstellen Missfälliges zeigt, d. i. keine gemeinsame Regel erkennen lässt, da sucht das Vorstellen dieses Missfällige zu vermeiden. Es trachtet anders zu sehen, als es sieht, zu hören, als es hört, zu denken, als es denkt. Es weicht künstlich Störungen der Formen, Töne und Farben aus, bringt künstlich Eintracht der Vorstellungen hervor. Aber der Schein hält nicht Stich. Das vollendete Vorstellen macht die Anstrengung zu nichte; es kehrt die wahre Disharmonie statt der erkünstelten Harmonie, oder die wahre Harmonie hervor, wo das Vorstellen sie nicht wahrgenommen h a t oder nicht wahrnehmen w o l l t e. Das vollendete Vorstellen gibt dem wirklichen Vorstellen einen Lebenshauch, der auf beständige Auflösung des Scheins, auf die Wiederherstellung, aber auch nur auf die Herstellung von Consonanzen oder Dissonanzen dringt, übrigens die Wahl frei lässt zu andern Consonanzen oder Dissonanzen als die ursprünglich gegebenen fortzugehen. Das ästhetische Urtheil hängt nicht vom Stoff, sondern nur von der Form ab; es schliesst daher die alte Form am neuen Stoff nicht aus, sondern lässt den letztern zu. Wenn nur der Zusammenhang gewahrt, d. h. das dem Stoff nach Neue als Wiederherstellung des Alten der Form nach gegeben ist, so ist der Form der Ausgleichung genügt. Das Vorstellen erscheint bewegt, beseelt, lebendig, geisterfüllt, persönlich, es geht auf einen ausgleichenden Abschluss los. Das Bild einer Vorstellung, welche das treue Nachbild eines auf diese Weise geschaffenen, zugleich neuen, lebhaften, energischen, harmonischen, keine künstliche Regel verletzenden, lebensvoll abschliessenden Vorbildes ist, gibt das S c h ö n e d e s V o r s t e l l e n s.

§. 337. Die ästhetische Vorstellung in diesem Sinne ist ein Kunstwerk im Kleinen. Ein solches ist schon die reine Ton-, die reine Farbenempfindung. Die reine Tonempfindung ist der psychische Abdruck des musicalischen Tones, welcher letztere als solcher schon ein Zusammengesetztes nicht nur, sondern ein G e r e g e l t e s ist. Die p e r i o d i s c h e Aufeinanderfolge der Schallwellen ist es wodurch er sich vom blossen Geräusch unterscheidet. Die einzelne Schallwelle erzeugt keine Tonempfindung; aber die unbestimmte Menge derselben ebensowenig. Periodicität und Anzahl der Schallwellen gehören zusammen. Von der ersteren hängt seine Natur, das Tonsein ab; von der zweiten seine specifische Höhe und Tiefe als dieser bestimmte Ton und kein anderer. Ausserdem kommt noch die W e i t e, nach Ohm's Entdeckung auch noch die F o r m der Schwingungen und die dadurch veranlasste der W e l l e n in Berücksichtigung. Von jener hängt die Intensität, von dieser die Färbung des Tons ab. Der empfundene Ton ist, wie Helmholtz bewiesen hat, kein abstracter einfacher, sondern ein zusammengesetzter aus mehreren Tönen. Die ihm zu Grunde liegenden Wellen lassen sich der Form nach in einfache Wellen zerlegen; derselbe ist demnach eine Combination aus denjenigen Tönen, welche den Elementarwellen entsprechen. Helmholtz gründet darauf seine Unterscheidung der Haupt- und der Obertöne. Rückwärts gelingt es durch Combination der einfachen Wellen die zusammengesetzte, welche Ursache der concreten Tonempfindung wird, zu erzeugen. Der physikalische Vorgang, welcher der concreten Tonempfindung zu Grunde liegt, ist also sehr complicirt.

§. 338. Was soll das hier? Die Wahrscheinlichkeit beweisen, dass auch die musikalische reine Tonempfindung schon etwas nicht nur Complicirtes, sondern geregelt Complicirtes und eben durch diese ihre Form Aesthetisches sei. Das sogenannte unmusikalische Ohr hat gar keine ästhetischen Tonempfindungen. Ihm fehlt die erste Bedingung, um an der Musik Vergnügen zu finden, die musikalische Tonempfindung, es kennt daher weder Consonanzen noch Dissonanzen. Und weil es keine concrete musikalische Empfindung hat, so hat es folgerichtig auch keine musikalischen Gemeinbilder, d. h. allgemeine Tonvorstellungen. Für den Besitzer eines solchen kann das Gemeinsame, was die einzelnen concreten Tonempfindungen besitzen, weder untereinander verschmelzen, noch das Specifische sich hemmen und verdunkeln, bis ein Abstractum, das psychische Gemeinbild der Tonempfindung übrig bleibt. Seinem Seelenleben fehlt eine ganze Partie, die keine Entwicklung gefunden hat, und die sich auf die concreten Tonempfindungen und die daraus erwachsenden abstracten Tonempfindungsbilder, Tonbegriffe, bezieht. Ein Solcher ist eben „unmusikalisch."

§. 339. In Bezug auf Farben und (lineare, planare und körperliche) Formen findet Aehnliches statt. Es gibt eben Geister, denen das musikalische sowol, wie das chromatische Empfinden fehlt. Der

Grund dieses Mangels mag zunächst in physiologischen Verhältnissen des Seh- und Hörnervs, auch der Bewegungsmuskeln, in
letztern insbesondere für die Formen, zu suchen sein. Die Aesthetik
geht das nichts an. Dieser genügt, aufgestellt zu haben, welche
Formen das Vorstellen haben müsse, um wohlgefällig, d. i. ästhetisch
zu sein. Dies gilt dann von allen Arten des Vorstellens, dem
Vorstellen blosser räumlicher und zeitlicher Formen ebensowohl,
wie dem Empfinden (Sehen, Hören) und demjenigen Vorstellen,
welches sich durch Worte ausdrücken lässt. Für Psychologie und
Physiologie liegen hier fruchtbare Probleme vor.

§. 340. Aus den Formen des schönen ergeben sich von
selbst als deren Gegentheile die des hässlichen Vorstellens. Nicht
nur das schwache, matte, alte, auch das abstracte, begriffliche, unsinnliche Vorstellen ist vom ästhetischen Gesichtspunkte aus ein Hässliches. Das nicht idealische Vorstellen, also ein solches, das seinem
Vorbild nicht entspricht, eine unreine Empfindung, die sich für
rein, ein verschwommenes Gemeinbild, das sich für eine individuelle
Anschauung ausgibt, sind hässlich. Von dem Verletzenden der Dissonanz, die ohne Auflösung bleibt, ist es kaum mehr nöthig zu
reden. Schon in der unreinen Tonempfindung ist ein solches enthalten. Wo man Periodicität der Wellen erwartet, findet Unregelmässigkeit statt; wo eine bestimmte Menge von Schallwellen gefordert war, kommen deren mehrere oder wenigere zu Gehör. Die Regel,
welche das Ohr aus den concreten Tonempfindungen sich abstrahirt
hat, wird durch den falschen Ton, die unreine Tonempfindung,
verletzt, das Empfinden wird hässlich.

§. 341. Auf eine Mehrheit des Vorstellens bezogen, erweitert
sich das kleine Kunstwerk des Vorstellens, die ästhetische Vorstellung, zum grossen, d. i. zum ästhetischen Vorstellen überhaupt,
zur Phantasie. Wie das Geräusch zum Ton, so verhält sich beispielsweise das unästhetische Schallempfinden zum musikalischen
Tonempfinden. Jenes zeigt sich selbst ungeregelt, dieses geregelt.
Dem Unmusikalischen fehlt selbst die Basis zur musikalischen
Phantasie, die musikalische Tonempfindung, während der musikalische Geist diese psychische Welt besitzt. Der Phantasievolle
stellt nicht bloss vor, wie der Phantasielose auch, sondern er
stellt anders, er stellt in einer Weise vor, die selbst schon

ästhetisch ist. In seinem Vorstellen sind die Formen, die das Vorstellen schön machen, durchgeführt. Es ist nicht bloss alles Missfällige gemieden, sondern jede Vorstellung ist lebhaft, energisch,
sinnlich, neu, concret, anschaulich, geistreich, spannend und lösend,
i d e a l i s c h, d. h. so wie sie sein soll, ihrem Vorbild entsprechend,
g e r e g e l t und zwar nach einerlei Regel, soweit das Gebiet homogenen Vorstellens reicht, also z. B. alle Tonempfindungen nach
d e r s e l b e n Regel der Tonalität, es herrscht Einheit im Vorstellen. Nach den verschiedenen Classen der Vorstellungen, jenachdem es blosse räumliche und zeitliche Formvorstellungen oder
Empfindungen (Ton- und Lichtempfindungen) oder durch Worte
ausdrückbare Vorstellungen sind, ist die einheitliche Regel eine
v e r s c h i e d e n e, aber die Einheitlichkeit der Regel ist allem
ästhetischen Vorstellen gemeinsam. Die malerische Phantasie denkt
in Farben, die musikalische in Tönen, die plastische in körperlichen, die zeichnende in linearen Formen, die poetische in Wortvor-
stellungen. Die Phantasie ist das Kunstwerk des Geistes im Vorstellen; mit den Formen des Kunstwerks durchdringt und beseelt
der phantasievolle Geist sein gesammtes Formenvorstellen, Empfinden und in Worten Vorstellen. Durch diese F o r m e n seines Vorstellens unterscheidet sich der ästhetische vom unästhetischen Geist;
durch das W i e, nicht durch das W a s seines Vorstellens, seines
Zusammenfassens, Empfindens, Denkens.

§. 342. Wir wählen die letzten drei Worte, um nicht immer
Umschreibungen anwenden zu müssen. Es ist unerlässlich für unsern
Zweck, diese drei disparaten Gattungen des Vorstellens zu scheiden.
Die Unterlassung dieser Sonderung hat in der Aesthetik grosse
Verwirrung hervorgerufen. In der allgemeinen Bezeichnung: Vorstellung, Gedanke, hat man zu lange und zu oft übersehen, dass
die Vorstellungen und Gedanken des bildenden und tonischen
Künstlers ganz andere sind, als die des Dichters oder gar des
Denkers. Das Höchste, was man zuzugeben pflegte, ist der Unterschied zwischen abstracten und sinnlichen Gedanken und man
wies jene dem Denker, diese dem Dichter zu. Aber der Maler
und Musiker haben doch auch „Gedanken," obgleich nicht solche,
wie sie der Dichter hat. Der musikalische Geist erscheint sich
nur wieder in Ton-, der poetische nur wieder in poetischen

Bildern, der malerische nur wieder in Farben, der plastische in
Formen. Sie verhalten sich unter einander nicht so wie Menschen
die verschiedene Sprachen sprechen, um dieselben Ideen mitzutheilen; sie haben auch Verschiedenes zu sagen. Der
Unmusikalische begreift gar nichts von dem, was im Innern des
musikalischen Geistes vorgeht; das Innere desselben ist ihm ein
fremdes Reich, wo ihm ganz unbekannte Pflanzen, Blüthen und
Früchte gedeihen. Was Jenem das Wichtige, hat für ihn gar
keinen Werth und was er aus seiner Habe dem Andern unterschiebt, hat es ebenso wenig für Jenen. Man beobachte einmal einen
Musiker und einen Laien beim Anhören eines Tonstückes und
man wird bald bemerken, wie der Eine für das, was den Andern
berührt, völlig gleichgiltig bleibt, der Eine im Ton, im Thema, in
der Melodie-, in der Stimmführung schwelgt, der Andere sich vergebens zerarbeitet, jetzt die Schilderung eines Hirtenfestes, jetzt
eines Gewitters, jetzt einer Regen- oder Sonnenlandschaft in die
Musik hineinzulegen, kurz, wie der Eine den Ton geniesst, der
Andere durch den Ton etwas hinter dem Ton sucht. An der
Statue des Laokoon sieht der Laie vor allem den Vater, die Söhne,
die Schlangen, den entsetzensvollen Tod. Der Plastiker bewundert
den Schwung der Linien, die kühne Vertheilung der Massen, die
feine Symmetrie der Gruppe, das herrliche Schwellen der Muskeln,
den Lebensschein, das Geisthauchende des todten Steines. In
Bildern solcher Formen schwelgt seine Phantasie, die sich in Worten
nicht sagen, die sich für Andere erst dann vorstellig machen
lassen, wenn sie aus dem Hirn des Meisters heraus, sei es durch
Marmor oder Palette, den Schwingungen des Lichtäthers aufgeprägt
sind, welche sie in das Auge und in die Seele des entzückten Beschauers tragen.

§. 343. Herrscht denn nur dort ein Vorstellen, wo es auch
Worte gibt, es zu bezeichnen? Sind denn die Empfindungen nicht
das Ursprünglichste, was unser psychisches Leben überhaupt auf-
zuweisen hat? Muss denn all' unser Empfinden sich zu Complexen
vereinigen, welche Bilder umgebender oder uns zu umgeben
scheinender Gegenstände darstellen? Können nicht Empfindungen
als solche wohlgefällige und missfällige Verbindungen unter einander eingehen, Lob und Beifall hervorrufen, ohne eben etwas

Anderes als sich selbst vorzustellen? Kann der Geist insofern er eben empfindender ist, sich anders erscheinen, denn als empfindender? Welcher Classe die Vorstellungen angehören, an denen sich Phantasie, d. h. die Formen zeigen, welche dies Vorstellungsbild absolut wohlgefällig machen im vollendeten Vorstellen, ist gleichgiltig; diese Vorstellungen als solche sind blosser Stoff; durch die ästhetischen Formen erst werden sie geformter Stoff, Kunstwerk des Vorstellens.

§. 344. Die Phantasie ist die Form des Classischen auf das Vorstellen angewandt. Daraus allein folgt schon, dass es kein absolutes Gegentheil der Phantasie gebe. Kein Vorstellen ist schlechthin missfällig, d. h. trägt nicht wenigstens die eine oder die andere wohlgefällige Seite an sich. Wenn in der Phantasie Reinheit, Freiheit, Einheit, Vollkommenheit und Wahrheit des Vorstellens herrscht, so würde ein Vorstellen, welches das treue Nachbild eines dem gerade entgegengesetzten Vorbildes darstellte, doch zum wenigstens als wahr gefallen. Wenn die Reinheit der Phantasie darin besteht, dass sie wie das Natur- und das natürliche Regelsystem keinerlei künstliche aus dem individuellen, nationalen und geschichtlichen Subject stammende Regel des Vorstellens verletzt, weil sie nur dem natürlichen Einklange gehorcht, so zeigt sie dadurch dass sie dem künstlichen Vorstellen gegenüber sich wie Stil zur Manier verhält. Sie ruht auf ursprünglichem Einklang, während das Streben, Missfälliges zu vermeiden, künstlichen, aus der „Privatphantasie" entsprungenen Inhalt ins Vorstellen bringt und indem es diesen zum System erhebt, ein Afterkunstwerk des Vorstellens, eine „Afterphantasie" schafft. Die Freiheit der Phantasie hat zu ihrem Gegentheil die Steifheit, Bewegungslosigkeit, Geistlosigkeit des Vorstellens; die Einheit derselben die Zügellosigkeit und Ungeregeltheit, das Abenteuerliche der Phantastik; der Vollkommenheit steht die Beschränktheit, Abstractheit, Aermlichkeit, Unanschaulichkeit und Ordnungslosigkeit des Vorstellens, die Phantasielosigkeit, der Wahrheit die Unfähigkeit ein Vorbild im Nachbild treu wiederzugeben, also die Bedeutungslosigkeit, Sinnlosigkeit des Vorstellens gegenüber, die Phantasmatik.

§. 345. Die Afterphantasie, die an die Stelle des im voll-

endeten Vorstellen gegebenen Missklangs eine künstliche Aenderung
des Gegebenen, einen nun nicht mehr missfälligen aber von ihr
gemachten Inhalt setzt und indem sie dies systematisch durchführt, in das gesammte Vorstellen zwar Uebereinstimmung, aber
auf einer „gemachten" Basis bringt, kann diesen Inhalt nirgend
anderswo hernehmen, als aus dem „Privatvorstellen," also aus dem
unvollendeten, denn im vollendeten Vorstellen liegt eben der
Misston vor. Also aus dem Privatkreise der Vorstellungen des
Subjects, sei er nun enger oder weiter, erstrecke er sich nur auf ein
einzelnes Individuum oder auf eine ganze Nation oder ein ganzes
Zeitalter. Diese Afterphantasieen, wie sie sich in Persönlichkeiten,
Völkern, Zeitaltern geschichtlich verkörpern, stellen als solche eine
Reihe von Phantasieverirrungen dar, welche zusammen die
Geschichte, die Phänomenologie der Phantasie im Gegensatz
zu dieser selbst als dem im vollendeten Vorstellen unwandel-
baren, wohlgefälligen Noumenon bilden.

§. 346. Diese geschichtlich gegebenen Aeusserungen der Afterphantasie anzuführen, ist nicht Sache der Aesthetik, so wenig wie
die geschichtlichen künstlichen Natursysteme. Die „Manieren" des
Vorstellens, wie sie geschichtlich gegeben sind, zu verzeichnen,
ist Aufgabe der Kunstgeschichte. In Anbetracht, dass sie
sämmtlich aus unvollendetem Vorstellen stammen, kann man sie
(§. 216) romantisches Vorstellen nennen. Wie die Missbildungen
des Kunstwerks sind sie genöthigt, ihre Formmängel durch fremdartige, entweder dem Stoffe, an welchem die ästhetischen Formen
erscheinen, d. i. den Vorstellungen anhaftende, oder den subjectiven
Erregungen, in welche das Subject des Vorstellens durch sie versetzt wird, entspringende Reize zu ersetzen. Das romantische
Vorstellen greift darum gern zu vagen und nur am Stoff fixirten
Gefühlen, erregt Begierden, Affecte, kitzelt durch Klangfarben)
Farbentöne, durch mit dem Inhalt seiner Gedanken zufällig beim
Hören verknüpfte und durch Association reproducirte Ideen, also
durch Solches, was nicht in, sondern ausser dem Gegebenen
des Vorstellens liegt; es erregt Vorstellungen die dem Hörer schon
bekannt, vertraut, lieb sind, um ihn glauben machen, das Vergnügen, das er empfindet, werde durch das Gegebene hervorgebracht, während er selbst es hinzubringt. Das sogenannte

„nationale Kunstwerk" ruht zunächst auf solchen dem Werke selbst fremdartigen Reizen.

§. 347. Nur weil die Entwicklung der Kunstwerke des Vorstellens für sich ein eigenes Kapitel beansprucht, fügen wir hier an das Kunstwerk des Vorstellens sogleich das des Gefühls und des Willens. Das Fühlen ist ein secundärer Zustand, der das Vorstellen voraussetzt; ein Zusatz, der dem Vorstellen aus dem Subjecte entgegenkommt, die Rückwirkung des Vorstellens auf dieses. Wenn nun gefragt wird, wodurch ein Fühlen gefalle, so findet darauf dieselbe Antwort wie bei der Geisteserscheinung überhaupt statt. Schön würde ein Fühlen sein, welches das treue Abbild eines vollkommenen, geregelten, keine künstliche Gefühlsregel verletzenden, den Schein der Lebendigkeit und Selbstregelung darbietenden Gefühls wäre. Alle diese Eigenschaften finden sich erfüllt im ästhetischen Urtheil. Es ist das treue Bild eines Gefühls, welches nicht vollkommener sein kann, denn es entspringt aus vollendetem Vorstellen; nicht geregelter, denn es ist schlechthin fixirt, objectiv, es stellt sich überall auf gleiche Weise ein, wo derselbe Inhalt im vollendeten Vorstellen gegeben ist; das keine künstliche Gefühlsregel verletzen kann, weil jede solche aus Gemachtem, es selbst aber aus dem Gegebenen entspringt; das endlich den Schein des Lebens und der Selbstregelung im höchsten Grade an sich trägt, weil es ohne Einmischung des Subjects aus der subjectlosen Betrachtung des Gegebenen von selbst hervorspringt. So ist das ästhetische Urtheil mit seiner Evidenz und Unwandelbarkeit das eigentliche Gefühlsschöne, gleichviel über welcherlei Gegebenes es ergehe, wie es beim Schönen des Vorstellens indifferent ist, welches das Object und der Inhalt des Vorstellens sei. Das Wie, nicht das Was, ist auch beim Fühlen die Hauptsache.

§. 348. Daraus leuchtet schon ein, sowol, dass es kein absolutes Gegentheil des ästhetischen Urtheils geben, als wie es nach jeder der einzelnen Seiten der Schönheit des ästhetischen Urtheils hin ein Hässliches des Fühlens geben könne. Das erste davon ist das unvollkommene, d. h. aus unvollendetem Vorstellen entspringende Gefühl, einerlei ob es nun subjective Erregung, vages, oder vom Gefühle unabtrennbares, obgleich fixirtes Gefühl sei. Beides ist vom

ästhetischen Gesichtspunkt aus ein Hässliches des Fühlens, wie
reizend, lockend, angenehm es uns auch von andern aus erscheinen
möchte. Die Befriedigung der Begierde, der Erwartung, der Hoffnung bietet wol Interessantes, der Genuss des vom Gefühl
Unablöslichen, d. i. gesondert Unvorstellbaren wol Angenehmes,
keines von beiden Gefallendes dar, wiewol das letztere als
fixirtes Gefühl demselben näher kommt, als das erste als vages.
Das Angenehme der einzelnen reinen Ton- und Farbenempfindungen
ist nach dem oben Gesagten jedoch schon mehr als bloss Angenehmes. Das Vorstellen der Phantasie ist bis in seine Elemente hinein, die einzelnen Empfindungen, Formvorstellungen,
Wortgedanken, geformtes und zwar ästhetisch geformtes
Vorstellen. Die musikalische Empfindung schwelgt nur in Ton-
nicht in Schallempfindungen überhaupt; die malerische in Farben-
nicht in unbestimmten, formlosen Lichtäthereindrücken. Hier ist
bereits ästhetisch, d. h. durch seine Form, Wohlgefälliges vorhanden; wie sich auch daraus zeigt, dass sich zwar nicht die
Empfindung, aber der ihr zugehörige Sinnesnervenreiz und der
physikalische Vorgang des Tons und der Farbe analysiren lässt.
Bis zu gewissem Grade ist dies auch bei der Geschmacksempfindung
der Fall und darum steht das Angenehme der letztern jenem der
Ton- und Farbenempfindung am nächsten. Darum hat der Geschmack zwischen denjenigen Sinnen, welche durchaus keine und
jenen, welche die relativ vollkommenste Analyse der Empfindung
zulassen, d. i. unedlen und edlen mitten innestehend, dem den
ersten entsprechenden blossen Gefühl und dem aus den letztern
stammenden ästhetischen Urtheil seinen Gesammtnamen
gegeben.

§. 349. Dem ästhetischen Urtheil als geregelt sich gleichbleibendem steht das vage Gefühl als schlechthin zufälliges, das
des Angenehmen und Unangenehmen als ein zwar fixirtes, aber
keine Sonderung des Gefühlten zulassendes, beide als insofern Hässliches gegenüber, weil sie entweder keine Regel haben, wie das
erste, oder doch nicht ihre Aussprache und ihr gesondertes Vorstellen
zulassen, wie das zweite, also als regelloses Gefühl. Ueber
diese Art des Fühlens lässt sich allerdings „nicht streiten" und
gibt es keine „objective Geschmacksregel." Mit dem ästhetischen

Urtheil verglichen ist ferner das künstliche Gefühl, welches das ursprünglich Missfällige zu vermeiden sich der gemachten Gefühlsregel anpasst, ein Hässliches, weil es dem vollendeten Vorstellen Gewalt anthut, aus einem erkünstelten Vorstellen hervorgeht, nicht fühlt wie es muss, sondern wie es will. Dieses künstliche Fühlen ist ein willkürliches, wie das ästhetische ein willenloses Urtheil. Es zwingt sich nicht missfällig zu finden, was doch bei jedem genauen Zuschen missfällig wird. Es macht sich einen Vorstellungsinhalt, welchen es dann für einen gegebenen und das daraus entspringende Urtheil für das aus dem gegebenen entspringende ästhetische ausgibt; ein solches ist das Afterbild des ästhetischen Urtheils.

§. 350. Dem Schein der Selbstbewegung und Selbstregelung des ästhetischen Urtheils steht als Hässliches gegenüber die Leblosigkeit und Unfähigkeit, das sichtlich Gemachte und Erzwungene des Gefühls, der Schein zu fühlen, wo nichts gefühlt wird. In diesem Fall entspringt der Zusatz des Beifalls oder Missfallens nicht aus der Betrachtung des Vorgestellten wie von selbst, sondern wird von Aussen daran geheftet, das Motiv sei welches es wolle. Dabei ist es gleichgiltig, ob der Zusatz selbst wichtig oder unwichtig, gebührend oder ungebührend sei; der Umstand, dass er nicht aus dem Betrachteten entspringt, aber doch zu entspringen scheint, ist das für diese Art des hässlichen Fühlens Bezeichnende. Mag es sein, dass sich das Subject nicht bis zur Höhe jener Betrachtung des wenn auch nur gemachten Vorstellungsinhaltes zu erheben vermag, auf welcher der Zusatz wie von selbst sich zu ergeben scheint, oder dass es nur zu bequem ist, das im gegebenen Augenblick zu thun, gleichviel, sein Urtheil erscheint unlebendig, bloss angeklebt, nicht herausgewachsen. Der Urtheilende macht die Mode mit; er urtheilt wie er Andere urtheilen hört, ohne selbst zu betrachten; er scheint zwar zu urtheilen, aber sein Zusatz ist nicht nur transcendent, sondern er scheint auch so, er hat nicht einmal den Schein der Immanenz.

§. 351. Das ästhetische Urtheil zerfällt je nach dem Beurtheilten in Classen; es ist, jenachdem sich die Formen, aus deren Betrachtung es entspringt, am Wollen oder an andern Objecten, gleichviel welchen, finden, sittliches oder eigentliches Kunsturtheil im engern Sinne. Als jenes bestimmt es was beifällig oder missfällig am Wollen, als dieses, was so an jedem beliebigen andern Objecte sei. Auf dem ästhetischen Urtheil, dem Fühlensschönen des Geistes, beruht die gesammte Wissenschaft der Aesthetik (§. 43).

§. 352. Die Formen, durch welche das Fühlen gefällt, auf eine Mehrheit, ja auf die Gesammtheit des Gefühls bezogen, gibt das Kunstwerk des Geistes als Fühlenden, den Geschmack. Wie die Phantasie das ästhetische Gesammtvorstellen, so ist er das absolut wohlgefällige Gesammtfühlen, d. i. der Inbegriff aller ästhetischen Urtheile. Er ist die Anwendung der Form des Classischen auf das Gefühl. Durch seine Reinheit steht er der erkünstelten Reinheit des auf eine künstliche Gefühlsregel, ein Afterbild des ästhetischen Urtheils, gebauten künstlichen Gefühlsregelsystems, dem Aftergeschmack entgegen. Beide verhalten sich zu einander wie Stil und Manier. In beiden ist Einheit der Regel, aber die Basis des wahren Geschmacks ist Einklang, die des Aftergeschmacks künstlich, durch willkürliche Abänderung des im vollendeten Vorstellen gegebenen Vorstellungsbildes, vermiedener Missklang. Da jene Abänderung des Gegebenen nur gemacht, d. h. aus dem Eigenen des Subjects, seinem Privatgesichtskreise genommen werden kann, so ruht alles künstliche Gefühlsregelsystem auf subjectiver (individueller, nationaler oder geschichtlicher) Grundlegung und ist insofern, als es das im vollendeten Vorstellen Gegebene und damit das aus demselben fliessende Urtheil verfälscht, Geschmacksverirrung. Diese Aftergeschmäcke, wie sie sich in geschichtlichen Persönlichkeiten, Völkern, Zeitaltern äusserlich verkörpern, stellen insofern eine neue Reihe dar, welche man die Geschichte, d. i. die Phänomenologie des Geschmacks im Gegensatz zu diesem selbst, als im voll. endeten Vorstellen unwandelbarem Noumenon heissen kann.

§. 353. Der Freiheit des Geschmacks steht, da es einen absoluten Ungeschmack, so wenig wie ein absolutes Hässliches geben kann, dessen Unfreiheit, d. h. der blosse Schein des Urtheilens, also die Urtheilslosigkeit gegenüber. Der Zusatz entspringt nicht aus der Betrachtung des Vorgestellten, sondern wird anders woher hinzugebracht, entweder aus dem Privatsubject desjenigen, der zu urtheilen scheint, vielleicht auch glaubt, aber nur subjectiv erregt, oder in ungesonderter Einheit des Gefühlten und des Gefühls befangen, zu dem vollendeten Vorstellen, welches das Urtheil erst möglich macht, noch gar nicht gekommen ist. Oder aus dem Urtheil Anderer, denen er sich ohne Selbstbetrachtung anschliesst, „nachplappert," also sich die Mühe gar nicht nimmt, zu eigener Betrachtung und dadurch auch zu eigenem Urtheil zu gelangen, sondern jenes „auf Autorität" hin gelten lässt. Dort möchte er urtheilen, aber trifft es nicht; hier lässt er Andere für sich urtheilen. Unter den Missbildungen des Geschmacks ist keine häufiger und sind wenige verderblicher.

§. 354. Der Einheit des Geschmacks gegenüber steht dessen Regellosigkeit, das car tel est mon plaisir. Diese ist von dem Aftergeschmack dadurch unterschieden, dass dieser zwar eine falsche Basis hat, von da aus aber consequent und systematisch urtheilt, jene jedoch gar keine gemeinschaftliche Basis für ihr Urtheil besitzt, sondern bald so, bald anders urtheilt. Es versteht sich, dass dies nur bei unvollendetem Vorstellen möglich ist, und dieses die Wurzel des Uebels ausmacht. Die Unvollkommenheit des Geschmacks betrifft theils den Mangel an Umfang des Beurtheilten, und hängt mit der Unvollkommenheit des Vorstellens zusammen, da das Gefühl das Vorstellen voraussetzt. Theils betrifft sie die Energielosigkeit des Fühlens und beruht damit abermals auf der gleichen des Vorstellens. Denn käme es zum vollendeten, d. i. zum intensiven Vorstellen, so müsste das ästhetische Urtheil entstehen. Regellosigkeit des Geschmacks, wie sie aus dem unfertigen Vorstellen entspringt, ist von selbst auch Ordnungslosigkeit desselben, während der Geschmack in seiner Geregeltheit und einheitlichen Selbstregelung von selbst als vollkommenste Ordnung sich erweist. Die Wahrheit endlich des Geschmacks hat zu ihrem Gegentheil die Unwahrheit, d. h. die Unfähigkeit es zu einem getreuen Nachbilde des ästhetischen Urtheils im wirklichen Urtheilen zu bringen, in Folge deren sich ein blosses Gefühl, eine subjective Erregung, ein „Afterbild" für das ästhetische Urtheil selbst ausgibt. Jeder Aftergeschmack als geschichtliche (individuelle, nationale und zeitalterliche) Erscheinung ist von diesem Gesichtspunkte aus ein Hässliches.

§. 355. Dass auch die Missbildungen des Fühlens, die, weil
sie in unvollendetem Vorstellen ihren Grund haben, r o m a n t i s c h
heissen mögen, ihre ästhetischen Mängel durch erborgte Hüllen
zu bergen bemüht sind, ist weniger wunderbar, als dass es ihnen
so oft und dauernd gelingt, dies unbemerkt und ungerügt zu
können. Aber gerade hier bewährt sich der Reiz der subjectiven
Erregungen, die dem ästhetischen Urtheil vorausgehen und über
das Ausbleiben desselben oder seinen dem Gegebenen ungünstigen
Ausspruch täuschen, am mächtigsten. Das „romantische Fühlen"
ist ganz eigentlich blosses „Gefühl," kein ästhetisches Urtheil,
und das letztere daher sein ärgster Feind. Alle romantische
Aesthetik sucht vor allem das vollendete Vorstellen fernzu-
halten, denn „im Trüben ist gut fischen." Sie duldet die Form-
verletzung, das Hässliche, weil dieses nur dem vollendeten Vorstellen sich offenbart, aber sie schwelgt in dem Unvorstellbaren,
Unendlichen, Unaussprechlichen, in demjenigen, was weder Formen,
noch Empfindungen, noch Wortgedanken erreichen, in dem
„dumpfen Weben des Geistes," im subjectiven Gefühl und im subjectiven Affect, im Persönlichen, auf Nationen, auf Zeitalter Beschränkten, im Zufälligen, Particularen, in den Nebeln des Geistes,
die vor der aufgehenden Sonne des vollendeten Vorstellens verschwinden.

§. 356. Inwiefern der Geschmack die sittlichen Urtheile umfasst, heisst er G e w i s s e n, in Bezug auf alle übrigen ästhetischen
Urtheile K u n s t g e s c h m a c k oder G e s c h m a c k im engern Sinne.
Der Geist als Fühlender bringt ein doppeltes Kunstwerk hervor,
das sich je nach den Objecten, an welchen die beurtheilten Formen
auftreten, in noch weitere Unterabtheilungen gliedert. So wird der
K u n s t g e s c h m a c k, je nachdem seine ästhetischen Urtheile auf
Töne, Farben, Formen oder Gedanken sich beziehen, zum musikalischen, malerischen, bildnerischen, poetischen Geschmack; das
G e w i s s e n, je nachdem das ästhetische Urtheil sich auf dasjenige,
wodurch das Wollen absolut g e f ä l l t, oder auf das, wodurch
es nur n i c h t missfällt, bezieht, zum m o r a l i s c h e n oder nur
zum l e g a l e n Gewissen.

§. 357. Die letzte Geisteserscheinung, die noch zu betrachten
bleibt, ist das S t r e b e n. Wenden wir auch auf dasselbe die Form

eigenschaften an, welche das Vorstellen und Fühlen absolut wohlgefällig machen, so finden wir an demselben als S t r e b e n s-
s c h ö n e m, dass es das Nachbild eines Vorbildes sei, an welchem
sich sowol Energie als Geregeltheit, Nichtverletzung einer zur
Vermeidung des Regelwidrigen eingesetzten k ü n s t l i c h e n Strebens-
regel, und endlich Freiheit und Schein wenigstens der Selbstregelung, das ist der Persönlichkeit, finde. Infolge des ersten
Punkts ist es Nachbild, d. h. es herrscht Uebereinstimmung
zwischen dem wirklichen Streben und seinem Vorbilde, dem
Bilde eines absolut wohlgefälligen Strebens. Im Vorbilde selbst
findet nicht nur Einklang statt, sondern er wird, wo er verloren gegangen zu sein scheint, scheinbar und nur zu dem
Zweck fallen gelassen, damit er hergestellt und desto auffälliger
werde; der Zweck des Einklangs wird nicht nur erstrebt, sondern
auch erreicht. Im Wollen, insofern es nicht bloss kräftig, sondern
auch mit dem eigenen Willensvorbilde harmonisch sich zu äussern
strebt, und diesen Einklang durch scheinbares Fallenlassen nur
auffälliger als seinen Zweck offenbar werden zu lassen trachtet,
d. h. im c h a r a k t e r f e s t e n Wollen ist ein solches Nachbild
gegeben. In ihm ist nicht nur Regel, sondern sie ist so mächtig,
dass s i e das eigentlich Herrschende scheint, die sich mittels desselben nur durchsetzt, und nur desshalb zeitweise verschwindet,
um ihre Rückkehr desto mehr ins Auge fallen zu machen.
Ein Afterbild solchen Wollens ist dasjenige, das zur Vermeidung
des Missfallens, welches zwei im vollendeten Vorstellen g e g e b e n e
aber einander ausschliessende Willensacte erregen, eine künstliche
V e r ä n d e r u n g mit diesen letztern vornimmt, infolge deren sie
jetzt nicht mehr absolut unverträglich scheinen, d. h. an die
Stelle des als ungeregelt Missfälligen eine k ü n s t l i c h e W i l l e n s-
r e g e l setzt und nun diese nachbildet. Jenes ist Willensschönes,
denn im vollendeten Vorstellen aufgefasst, zeigt seine Willensregel Einklang; dieses s c h e i n t zwar Willensschönes; sobald
wir aber das Vorbild desselben am Licht des vollendeten
Vorstellens besehen, verschwindet „das Gemachte" der künstlichen Willensregel und der ursprünglich vorhandene Missklang
tritt klar hervor.

§. 358. Dem Energischen des Willensschönen steht das

Energielose, der wahren die erkünstelte Willensregel, dem reinen,
d. h. keine, auch nicht eine künstliche Regel verletzenden das
correcte d. h. der künstlichen Regel nicht widersprechende, dem
sich selbst zu regeln scheinenden das sichtlich „gemassregelte,"
dem wenigstens scheinbar autonomen das merklich heteronome
Wollen als Willenshässliches entgegen. Gar keinem Vorbilde entsprechend, wird das Wollen „nichtsbedeutend;" es verliert den
Charakter einer Geisteserscheinung und sinkt zum ästhetisch Gleichgiltigen herab.

§. 359. Das Wollen gefällt, indem es energisch und frei
die Regel d. h. eine wirkliche, nicht gemachte Regel will. Diese
Formen des Willensschönen auf die Gesammtheit des im vollendeten Vorstellen gegebenen Willensbildes ausgedehnt, ergibt
das Kunstwerk des Wollens, das absolut wohlgefällige Bild des
Charakters.

§. 360. Dasselbe ist, wie wol von selbst erhellt, die Anwendung der Form des Classischen auf den Geist als Wollenden.
Die Reinheit desselben äussert sich in der durchgängigen Vermeidung jeder Verletzung einer Regel, auch der künstlichen, was
nur dadurch möglich wird, dass der Charakter das Gebiet der
letztern gar nicht berührt. Die Vermeidung des im vollendeten
Vorstellen gegebenen Missfälligen am Wollen führt zu der Feststellung künstlicher Willensregeln, die Durchführung dieses Grundsatzes durch das gesammte Wollen zum System der künstlichen
Regelung und in Verbindung mit dem Einheitsgedanken zu einem
System künstlicher Regeln des Wollens. Der reine
Charakter verletzt keine dieser künstlichen Regeln, weil er überhaupt nichts Missfälliges duldet, weil seine durchgehende Regel
der Einklang ist. Die von einem künstlichen Regelsystem durch-
drungenen Charaktere scheinen nun zwar auch rein, denn sie
verletzen keine Regel ihres Systems, und zugleich einheitlich,
denn alle ihre Regeln bilden ein System; aber während sie keine
Regel ihres eigenen Systems verletzen, vergehen sie sich vielleicht
gegen Regeln anderer künstlichen Willenssysteme und werden dadurch eo ipso missfällig. Nur der Charakter als Kunstwerk
verletzt schlechthin keine, weder eine im vollendeten Vorstellen
gegebene, noch eine irgend in einem künstlichen Willens-

regelsysteme g e m a c h t e Willensregel. Er verhält sich zu
ihnen wie S t i l zur M a n i e r. Sie entlehnen von ihm den Schein
der Reinheit, Freiheit, Einheit, Vollkommenheit und Wahrheit;
sie bilden das Aeussere des Charakters genau nach; aber ihre
Basis, die künstliche Willensregel, ist h o h l, hält das vollendete
Vorstellen, das Licht der Sonne nicht aus; „das Bowist platzt,"
der ursprüngliche Missklang des Wollens kommt einmal zum
Vorschein.

§. 361. Die wahre Reinheit des Charakters schliesst daher ein
nicht mit a l l e m übrigen harmonirendes Wollen schlechthin aus;
die künstliche Reinheit schliesst zwar auch ein nicht durchgehends
harmonirendes Wollen aus, aber die Basis seiner Vergleichung
hat es sich selbst g e m a c h t, sie ist ihm n i c h t g e g e b e n
worden. Jene Reinheit ist p o s i t i v; sie ist nur die andere
Seite der E i n h e i t des Wollens, d. h. des durchgängigen E i n -
k l a n g s desselben. Diese dagegen ist n e g a t i v; sie ist nur auf
der Basis eines vermiedenen Missklangs e r r i c h t e t e Einheit. Den
Inhalt der Aenderung des ursprünglich gegebenen in den jetzt zu
Grunde gelegten Inhalt des Willensbildes hat das (individuelle,
nationale und geschichtliche) Subject, da es ihn eben nicht aus
dem Gegebenen nehmen durfte, nur aus s i c h, s e i n e m Privatkreise nehmen können. Seine „Gemächte" sind daher dem „Kunstwerk" des Wollens gegenüber ebensoviele C h a r a k t e r v e r-
i r r ü n g e n, blosse „Manieren" des Wollens, A f t e r c h a r a k t e r-
b i l d e r, die, in geschichtlichen Persönlichkeiten, Nationen, Zeitaltern verkörpert, die Geschichte, d. i. die P h ä n o m e n o l o g i e
d e s C h a r a k t e r s im Gegensatz zu dessen im vollendeten Vorstellen unwandelbaren N o u m e n o n ausmachen.

§. 362. Der F r e i h e i t und Selbstregelung des Charakters als Kunstwerk betrachtet, steht die Unfreiheit und Gemacht-
heit des gesammten Wollens, die nicht bloss wirkliche, sondern
e r s c h e i n e n d e T r a n s c e n d e n z anstatt der s c h e i n b a r e n
Immanenz des Geistes entgegen. Was den Charakter zum Kunst-
werk macht, ist, dass die herrschende Regel sich von selbst
durchzusetzen, dass der Einfluss der Individualität völlig gebrochen scheint, das Wollen wie heute so morgen will, weil
die Regel dieselbe ist. Der Charakter hat sich sodann zum

Schein völlig losgelöst von seinem Inhaber, will und regiert auf eigene Faust; wenn ich den Charakter eines Menschen kenne, weiss ich wie er handeln wird, ohne dass ich ihn selbst zu kennen brauche. Der Charakter „stösst sich selbst;" der unfreie und gemachte Wille muss beständig gestossen werden; jener bedarf keines „Souffleurs," dieser lässt beständig die Fäden sehen, von welchen seine Willensacte wie Marionetten regiert werden.

§. 363. Der Einheit des Charakters, die darin besteht, dass nicht nur je zwei Wollen eine Regel, sondern dass alle einzelnen Wollen des gesammten Willensbildes Regeln derselben Art abbilden, steht nicht nur die absolute Regellosigkeit, sondern auch die Anwesenheit mehrerer beherrschenden Regeln im Wege. Beide im Grunde sind Eins. In der absoluten Regellosigkeit gibt es so viel Willensregeln als Willensacte; jeder ist seine eigene Regel d. h. keine Regel; denn zu einer solchen als Ausdruck des Einklangs am Wollen gehören zum wenigsten zwei homogene Wollen Das absolut regellose Wollen ist daher schlechthin unästhetisch, weil blosser Willenstoff, ungeformtes Wollen. Die Heterogeneität mehrerer obersten Willensregeln aber hebt die Einheit auf, erzeugt widersprechende Bestimmungen. Die Regeln alle müssen unter einander verwandt, harmonisch, homogen, es muss aber nicht gerade eine einzige oberste Willensregel vorhanden sein. Die Einheit ruht auf dem Einklang, d. i. auf dem qualitativen, nicht dem quantitativen Element des Wohlgefälligen. So wenig die Einheit der Phantasie ein einziges absolut wohlgefälliges Vorstellungsbild erheischt, so wenig fordert die Einheit des Charakters eine einzige absolut wohlgefällige Willensregel. Harmonische Geregeltheit, nicht numerische Einheit der Regel macht die Phantasie, den Geschmack, den Charakter zu absolut wohlgefälligen Kunstwerken.

§. 364. Die Vollkommenheit des Charakters zeigt sich dem Umfang nach darin, dass kein einzelnes Wollen von der Herrschaft der Regel ausgeschlossen, der Intensität nach darin, dass ein jedes so hoch gesteigert wird, als es die übrigen nur immer gestatten. Seine Ordnung äussert sich dadurch, dass jedes an seinen Ort gestellt und ihm so viel Spielraum gelassen wird, als es

im Ganzen nur immer einnehmen darf. Die Unvollkommenheit
desselben besteht daher in der Vernachlässigung einzelner Willensacte entweder ganz oder doch dem Grade ihrer Intensität nach,
den sie erreichen könnten und nicht erreichen, in der falschen
Stellung im Gesammtbilde, wodurch dasselbe weder so mannigfaltig
im Ganzen, noch so energisch im Einzelnen sich darstellt, als dies
nach den Umständen möglich wäre. Die W a h r h e i t desselben
endlich beruht auf der Treue des Nachbildes. Es ist wol ein Vorbild
da und auch merklich ; aber das Nachbild bleibt hinter demselben
zurück. Das wirkliche Wollen gleicht seinem Ideale nicht; das
Bild hat nicht Macht genug im Geist, um seine Nachbildung durch
das wirkliche Wollen zu erzwingen. Dieses wirkliche Wollen
liefert sodann ein ganz anderes Bild, als sein Vorbild ist; entweder das eines regellosen oder eines geistlosen oder eines schwachen
und nur durch ein künstliches Regelsystem beherrschten Wollens
d. h. diese Missbildung des Wollens ist selbst zugleich Bild einer
Missbildung desselben.

§. 365. Auch an den Missbildungen des Charakters hat das
unvollendete Vorstellen seinen Theil. Ohne dasselbe, welches sein
künstliches an die Stelle des im vollendeten Vorstellen g e g e -
b e n e n Willensbildes schiebt oder nicht gestattet, dass das Bild
der Regel, wie es im vollendeten Vorstellen müsste, den Schein
überwinde und das Wollen im Schimmer freier geistiger Persönlichkeit sich verklären lasse, könnte sich weder das A f t e r b i l d
den Schein des Charakters anmassen, noch an die Stelle der
wenigstens scheinbaren Autonomie des Charakters das trübselige
Bild eines unfreien Zwanges setzen. Nur bei unvollendetem
Vorstellen können Theile des Willensbildes, in falsches Licht ge
rückt, dasselbe unvollkommen erscheinen, das Vorbild nicht Kraft
genug gewinnen lassen, um im wirklichen Wollen das Abbild des
Charakterbildes, die E r s c h e i n u n g des Charakters zu bewirken.
Um desswillen mögen jene Missbildungen des Wollens im Gegensatz zu der auf das Wollen übertragenen Form des Classischen
r o m a n t i s c h heissen. Das halt-, ziel- und einheitlose Wollen,
die Charakterlosigkeit oder die künstliche Durchführung einer erkünstelten Willensregel (z. B. der Standesehre), der sich wegwerfende
Sklavensinn, der unter dem Namen der „romantischen Treue"

jeden Schatten der Selbstregelung und Geisteswürde von sich abstreift, die schweifende Abenteuerlichkeit, welche von ordnungsloser Willkür, wie die bedeutungslose Schwäche, welche, unfähig nach einem Vorbilde ihr Wollen zu gestalten, von ihren augenblicklichen Begierden und Strebungen sich blind hinreissen lässt, gehören hieher. Reichlich wissen dieselben für den Mangel an Formschönheit durch pikante Gewürze und Zukost zu entschädigen. Die Freiheit von unbequemer Regel, die Lockerheit und Ungebundenheit des nicht nur nicht sich selbst regelnden, sondern überhaupt ungeregelten Strebens, die ungescheute Hingabe an jedes auftauchende Begehren, die ganze Fluth vager Befriedigungsgefühle, denen sie die Schleussen öffnen, sind Reizmittel genug, um gegen den Tadel des ästhetischen Urtheils die Geniessenden abzustumpfen. Die „romantischen" Missbildungen des Wollens öffnen der wildesten Sinnlichkeit und der spitzfindigsten Künstlichkeit der Willensstrenge zugleich die Schranken, heben dort jede, auch die berechtigteste Regel auf, führen hier nach Gefallen auch die am wenigsten berechtigte ein und verwandeln das ernste Bild des in sich geschlossenen, mit dem Geist freigesetzter Regelmässigkeit erfüllten, energischen und bewussten Wollens in das widerliche Zerrbild entweder hin und her taumelnder schwächlicher Genusslaune oder den Schein des Ernstes nachkünstelnden Eigensinns.

§. 366. Der Geist, dessen Kunstwerk die Phantasie, ist insofern selbst Künstler, s c h ö n e r G e i s t; den Geist, dessen Kunstwerk der Geschmack und der insofern gleichfalls Künstler ist, bezeichnen wir als die s c h ö n e, d. h. über Schönes und Hässliches r i c h t i g urtheilende S e e l e; der Geist, insofern er Willenskünstler ist, d. h. in allem seinem Wollen Regel, in allen seinen Willensregeln E i n k l a n g herrscht, ist h a r m o n i s c h e r, d. i. s c h ö n e r C h a r a k t e r (§. 359). Der absolute Geist, dessen Vorstellen zugleich W i s s e n sein muss, ist daher nicht sowol schöner, sondern w i s s e n d e r Geist, Geist der W e i s h e i t; da er das absolut Beifallswerthe nicht wissen d. h. nicht richtig beurtheilen kann, ohne es auch zu w o l l e n, ist er nicht s c h ö n e Seele, sondern schöner, d. h. das absolut Beifällige w o l l e n d e r C h a r a k t e r: da er nicht wollen kann, ohne auch das Gewollte zu erreichen, ist er nicht bloss harmonischer Charakter, sondern h a r-

monisc|her Schöpfer. Das nicht bloss lebend scheinende,
sondern lebendige (§. 301) Kunstwerk seines Wissens ist das
lebendige Wissen; das lebendige Kunstwerk seines Wollens ist das
lebendige, absolut beifällige Wollen (das lebendige Gute); das Kunstwerk seines Schaffens kann nichts anders als die lebendige harmonische
Schöpfung sein. Also: das lebendige Wahre, Gute und Seiende, der
„lebendige Gott.“ Die Kunstwerke des absoluten Geistes, die nicht
mehr blosse Bilder, sondern Seiendes selbst sind, gehören nicht
mehr der Aesthetik, sondern der Metaphysik als Basis der Religionsphilosophie an.

Drittes Kapitel.

Die idealen Kunstwerke des Vorstellens.

---

§. 367. Das Bild der Phantasie gehört der Aesthetik an, nicht die Thatsache. Diese als gegebene nachzuweisen, ist Sache der Psychologie. Die Aesthetik bekümmert sich daher weiter auch nicht um die Streitfrage, ob die Phantasie producire oder lediglich reproducire dem Stoffe nach, weil sie eben der Stoff der Phantasie, der Inhalt des Vorstellens, dessen Was nicht, sondern nur die Form des Stoffs, wodurch er phantasievolles Vorstellen wird, sein Wie angeht.

§. 368. Sie hält dies so streng fest, dass sie eben darum gern zugesteht, die Vorstellungswelt der Phantasie sei von der gemeinen verschieden. Das gemeine Vorstellen geht nach Naturgesetzen vor sich, das phantasievolle entspricht obendrein noch ästhetischen Normen. Wie der logische Kopf nicht nur ebenso wie der unlogische nach psychischen Natur, sondern überdies zugleich gemäss den logischen Normalgesetzen denkt, so stellt der ästhetische Kopf nicht nur wie der unästhetische nach den psychischen Natur-, sondern überdies zugleich gemäss den ästhetischen Normalgesetzen vor. Er selbst ist ein Kunstwerk, ästhetisch geformter Geist, und dadurch grundverschieden von den Nicht-Kunstwerken, den nicht ästhetisch geformten Geistern. So wenig der Apfelbaum Birnen, sowenig kann der ästhetische Kopf gemeines Vorstellen tragen und umgekehrt. Die geistige Luft, in welcher er athmet, ist nicht die des Haufens. Mit Recht sagt das Sprichwort, der Dichter sehe die Dinge anders an als andere Menschen. Weil er von Bäumen, Bergen, Auen spricht, so nehmen wir an, seine Welt sei auch die unsere. Aber seine Vorstellungen sind andere, als die unsern; sie sind durch das läuternde Formfeuer der Phantasie hindurchgegangen, sind lebendig, bedeutend, geregelt, objectiv, beseelt, sie sind Kunstwerke im Kleinen. Der musikalische Kopf hat Tonempfindungen von einer Reinheit, welche der Unmusikalische so wenig zu haben im Stande ist, als der Taube Tonempfindungen überhaupt. Der coloristische Kopf hat Farbenempfindungen von solcher Schärfe und Feinheit, wie sie kein anderer nachzuempfinden, der poetische Vorstellungen von solcher Lebendigkeit und Anschaulichkeit, wie sie die Sprache nicht wiederzugeben, der unpoetische nicht nachzumachen vermag. Durch quantitative und qualitative Formeigenschaften ist das phantasievolle Vorstellen dem gemeinen überlegen.

§. 369. Wenn man die Phantasie oft als eine Verbindung der Einbildungskraft mit dem Verstande beschrieben hat, so hat man ohne Zweifel die regellose Thätigkeit jener, die geregelte des letztern im Auge gehabt. Wenn es sich aber wieder zeigte, dass im Bereiche der Phantasie Vorstellungen erscheinen, die aus den Regeln des Verstandes nicht ableitbar sind, ja denselben widersprechen, dann wäre es nah gelegen, auf den Gedanken zu gerathen, dass die N o r m e n, welchen das Vorstellen der Phantasie zu entsprechen sucht, ä s t h e t i s c h e, nicht logische seien. Die regellose Production des Traumes, dessen freisteigende Vorstellungen nur psychischen Naturgesetzen gehorchen, das Delirium des Wahnsinns sind n i c h t Phantasie; aber sie können phantasievoll werden, sobald ihre Producte, obgleich nur durch psychischen Mechanismus hervorgebracht, ästhetischen Normen genügen und damit giesst sich auch der Schimmer der Freiheit und geistigen Persönlichkeit, die Verklärung des Kunstwerkes über ihre Producte aus.

§. 370. So bildet die Phantasie das gemeine Vorstellen um, indem sie alles Gemeine daran vernichtet. Durch die Form der Vollkommenheit bringt sie vollendetes, reiches, mannigfaltiges, geordnetes, durch die der Reinheit verträgliches, durch die der Einheit verwandtes, durch die der Wahrheit treu nachgebildetes, durch die der Freiheit geist- und lebensvoll scheinendes Vorstellen hervor. W a s sie berührt, wird zu Gold durch die Art, w i e sie es berührt. Das unregelmässige Meer von Schallwellen, das durch Periodicität, Schwingungsdauer und Wellenform m u s i k a l i s c h e T o n w e l t wird, kann uns ein Bild geben von der Art, wie aus dem rohen Naturlauf der empfangenen und reproducirten Perceptionen der Seele ä s t h e t i s c h e s V o r s t e l l e n werde. Wohl den wenigen Bevorzugten, denen die Götter diese Gunst freiwillig gespendet haben. Ein ebener und glatter Spiegel gibt den auffallenden Bildern eine andere anmuthigere Gestalt, als ein gesprungener und trüber.

§. 371. Das W i e des Vorstellens gehört dem ästhetischen Kopf, der Phantasie; rücksichtlich des W a s geht er mit dem gemeinen zu einer und derselben Tränke. Auch der grösste musi-kalische Kopf kann nicht das Was der Schalleindrücke verändern, er kann nur die gegebenen zu r e i n e n T o n e m p f i n d u n g e n erheben. Der Dichter nimmt seine Vorstellungen aus der Welt der gemeinen Erfahrung, aber er formt sie zu ästhetischen um. Die Umgebung liefert dem Vorstellen unaufhörliche Veranlassung zu räumlichem und zeitlichem Zusammenfassen; aber nur die Phantasie schmilzt die regellos und unsymmetrisch gegebenen Formen zu gebildeten und symmetrisch geregelten um.

§. 372. Zur Eintheilung der Phantasie bieten sich zwei Ge-sichtspunkte dar, die sich unter einander durchkreuzen, beide vom Wesen des Vorstellens hergenommen. Alles Vorstellen erfolgt ent-weder im N a c h e i n a n d e r als zeitlich aufeinanderfolgendes oder im M i t e i n a n d e r , als gleichzeitiges. Alles Vorstellen ist ferner entweder blosses quantitatives Zusammenfassen eines Mehreren ohne Rücksicht auf dessen Qualität, oder es ist Empfinden einer bestimmten Sinnesqualität, oder es ist eigentliches Wahrnehmen, Anschauen und Denken d. i. Begriffe, Urtheile und Schlüsse bilden. Sieht man bloss auf den ersten Gesichtspunkt, so ist die Phantasie das ästhetische Nacheinander oder Miteinandervorstellen d. h. die ästhetischen Formen, durch welche das Vorstellen Phan-tasie wird, treten im Nach- oder Miteinander, s u c c e s s i v oder s i m u l t a n auf; die Phantasie ist S i m u l t a n - oder S u c c e s s i v-p h a n t a s i e. Hält man den zweiten fest, so ist die Phantasie entweder ästhetisches Zusammenfassen eines Mehreren, abge-sehen von der Qualität, des Zusammengefassten, oder ästhetisches

Empfinden, oder ästhetisches Wahrnehmen, Anschauen und Denken, also Formen-, Empfindungs- und Gedankenphantasie. §. 373. Beide Eintheilungen durchkreuzen einander. Jede Art der zweiten Eintheilung kann sowol in der ersten als zweiten Form des Vorstellens, Formen, Empfindungen, Gedanken können sowol mit- als nacheinander vorgestellt werden, es kann simultane wie successive Formen-, Empfindungs- und Gedankenphantasie geben, doch tritt hier das „Nicht zu viel und nicht zu wenig" des Aristoteles, die Form der Vollkommenheit, beschränkend ein. Es ist nur ein begrenztes Mass des Vorstellens, welches der simultanen wie der successiven Phantasie des endlichen Geistes zu fassen möglich wird. Der unendliche Geist, dessen Phantasie sowol im Mit- als Nacheinander schrankenlos ist, gehört schon nicht mehr hieher, denn seine Phantasie ist nicht mehr ästhetisches Vorstellen allein, sondern logisches Wissen; seine Phantasiebilder sind mehr als blosse ästhetische Vorstellungen, Bilder, sie sind wahre, d. i. richtige und giltige Vorstellungen, Abbilder nicht nur der Sachen, sondern diese selbst als Eins mit der Vorstellung.

I. Die einfachen Kunstwerke:

A. Die Kunstwerke des zusammenfassenden Vorstellens.

§. 374. Wir beginnen mit den einfachen Kunstwerken und zwar zuerst des blossen Formenvorstellens. Das einfachste Formvorstellen scheint die einfache Vorstellung des qualitativ völlig Unbestimmten, des einfachen Bildes, das beliebig durch Inhalt ausgefüllt sein könnte, aber durch keinen ausgefüllt ist, des schlechthinigen Etwas, des Punkts im Vorstellen. Allein eben seiner Einfachheit wegen, ist der Punkt schlechthin unästhetisch. Das Miteinander zweier Punkte aber ist gleichfalls unästhetisch, denn da jeder Punkt qualitativ völlig unbestimmt ist, so sind sie gar nicht von einander verschieden; es kann zwischen ihnen weder Harmonie noch Disharmonie stattfinden; sie sind ästhetisch indifferent, weil der Qualität nach identisch. Da nun jedes Miteinander zweier Punkte, die nicht in einander sind, weil sie als verschiedene vorgestellt werden, ein Aussereinander derselben sein muss, so folgt, dass jedes System zweier aussereinander befindlichen Punkte, also jede Entfernung, Distanz derselben, als solche betrachtet unästhetisch sei ebenso wie der Punkt selbst.

§. 375. Werden dagegen zwei solche Systeme zweier Punkte mit einander verglichen, so hört die ästhetische Indifferenz sogleich auf, vorausgesetzt, was Grundbedingung jedes ästhetischen Verhältnisses (§. 69) ist, dass sie vergleichbar sind. Jedes System für sich ist dann ein Aussereinander, eine Distanz. Da sie nun nach der Voraussetzung vergleichbar sein sollen, so muss entweder die Distanz der einen das Mass jener der andern sein, oder beide müssen ein gemeinschaftliches Mass besitzen. Wird nun die eine Distanz mit der andern verglichen, so gefällt nach der Form der Vollkommenheit die grössere, missfällt die kleinere. Zugleich aber gefällt an beiden zusammen der Einklang, indem entweder die eine ganz in der andern enthalten oder beide ein Multiplum eines gemeinschaftlichen Masses sind. Es entsteht kein Missfallen, indem beide zusammen gedacht werden, oder wenn es entsteht, so verschwindet es sogleich bei vollendetem Vorstellen, indem der gegebene Einklang der Distanzen gegen jede subjective entstellende Auffassung siegreich sich durchbringt und durch die temporäre Verdunklung nur noch auffälliger, beseelt, lebendig, vom Geiste des Harmonischen erfüllt erscheint. Das (simultane oder successive) Vorstellen aber, welches ein solches Vorbild treu abspiegelt, wird selbst als Nachbild eines vollkommenen, harmonischen, correcten und belebten Vorbildes absolut beifällig, das erste Beispiel eines Schönen des Formenvorstellens, das Metrische.

§. 376. Der Fall, in welchem blosse commensurable Distanzen durch ihren Einklang, d. h. durch die überwiegende Identität ihrer Qualität, die hier in nichts anderen, als einem Multiplum eines gemeinschaftlichen Quantums besteht, gefallen, ist der einfachste, der sich überhaupt denken lässt. Alles was hier von der Phantasie zu leisten gefordert wird, ist, dass sie ein Vorstellen herbeischaffe, fähig, Entfernungen überhaupt scharf vorzustellen. Allerdings wo diese Fähigkeit mangelt, wird auch das vollendete Vorstellen eines Metrischen fehlen, und damit auch die Möglichkeit des Gefallens an demselben. Das rohe Vorstellen des Kindes, das sich noch nicht zum Vorstellen von Formen erhoben hat, des Thiers, das sich niemals dazu erhebt, ist auch dem Gefallen am Metrischen unzugänglich.

§. 377. Dem Metrisch - Schönen stehen so viele Arten des Metrisch-Hässlichen gegenüber, als überhaupt einzelne Formen an jenem zum Vorschein kommen. Also einmal ein Vorstellen, das sich zur Auffassung von Entfernungen gar nicht aufschwingen kann, von Seite des Bedeutenden, ein charakterloses, nichts bedeutendes, ein blosses Bilden, kein Nachbilden. Von Seite der Vollkommenheit das Unermessliche sowol nach der einen, wie nach der andern Seite hin, das verschwindend Grosse, wie das verschwindend Kleine. Von Seite des Einklangs das Incommensurable, also weder durcheinander noch durch ein gemeinschaftliches Drittes Messbare; endlich das metrisch Incorrecte und metrisch Leblose.

§. 378. Beides bedarf näherer Auseinandersetzung. Wo im vollendeten Vorstellen zweier metrischer Distanzen Missklang gegeben ist, entsteht Missfallen. Dieser Missklang entsteht entweder dadurch, dass die eine Distanz in der andern oder eine gemeinschaftliche in beiden nicht rein aufgeht. Im ersten Fall herrscht Disproportion, im zweiten einfache Incommensurabilität durch eine Masseinheit. Dieses Missfallen zu vermeiden, unterschiebt das Subject aus Eigenem den gegebenen Distanzen andere solang, bis das Missfallen verschwindet. Es setzt also entweder eine künstliche Proportion, wo keine, oder Commensurabilität, wo sie nicht ist. Dies geht nur dadurch an, dass es sich ein Mass künstlich vorschreibt, welches nicht gegeben, sondern gemacht ist. Solang es daher über sich gewinnt, statt der gegebenen Distanzen jene andern gemachten mittels des künstlichen Masses festzuhalten, entsteht kein Missfallen.

§. 379. Allein diese Abwesenheit des Missfallens ist künstlicher Schein, der als solcher missfällt. Das künstliche Mass, welches Eintracht herstellt, gehört nur dem Subject, nicht dem Object an. Sobald vollendetes Vorstellen eintritt, entschwindet die Täuschung; die wahre Distanz und das wahre Verhältniss der Distanzen wird sichtbar. Das Sein überwindet den Schein und erscheint dadurch lebendig, geistvoll, absichtsvoll. Ist nun das Hergestellte Einklang, so dass dieser als Absicht erscheint, so erscheint dieser als harmonisch - metrischer, im entgegengesetzten Fall als disharmonischer, dem Metrischen feindseliger Geist, dort zum Abschluss bringend, hier rastlose Unruhe erzeugend.

§. 380. Im Metrisch-Schönen ist diese Unruhe überwunden. Die scheinbare Disproportionalität und Incommensurabilität zeigt sich als blosser Schein, nur bestimmt, die wirkliche Proportionalität und Commensurabilität desto auffälliger zu machen. Ein Geist des Lebens zugleich und der Versöhnung herrscht im Metrisch-Schönen und ruft den Schein des Gegentheils nur hervor, um ihn zum Einklang aufzulösen. Wo er fehlte, wäre Steifheit, wo nur künstlich das Missfallen vermieden wäre, blosse Correctheit, die vor dem voll-endeten Vorstellen nicht Stich hält.

§. 381. Durch die künstliche Masseinheit, welche nirgend anderswoher ihren veränderten Inhalt nehmen kann, als aus dem individuellen, nationalen oder geschichtlichen Privatgeist, kommt ein positives und subjectives Element ins Metrische. Das Metrisch-Schöne, wenn es das Missfallen nach jeder Seite hin vermeiden will, darf auch diese künstliche Correctheit nicht verletzen; dies geschieht, indem es sie gar nicht berührt. Es ruht auf dem Ein-klang, das künstliche Massgesetz auf einem Missklang als gege benem; dieses sucht zu vermeiden, jenes hat nichts zu ver-meiden. Sein ganzes Wesen ist Einklang, der zwar verdunkelt werden kann, aber am Schluss um desto glänzender auftaucht.

§. 382. Die griechischen Tempelbauten geben davon einen Beweis. Sie sind absichtlich so angelegt, dass sie disproportionirt erscheinen. Der Schein der Incommensurabilität soll ihre wahre Proportionalität in desto helleres Licht setzen. Die besten An-tiken sind von aller steifen Correctheit entfernt; auch dort wo die Metrik vorherrscht, wie im Bauwerk, sorgt schon die perspec-tivische Verschiebung der Ansicht dafür, dass der Schein der Unregelmässigkeit das herrschende Massgesetz zugleich verberge und zeige. Ueberall muss Harmonie herrschen, aber das volle Schöne ist nur da, wo auch der Schein des Gegentheils entsteht, um sich am Schluss aufzulösen.

§. 383. Die Form des Metrisch-Schönen auf eine Mehrheit, ja auf das Gesammtbild des Vorstellens übertragen, gibt das metrische Kunstwerk, die Uebertragung der Form des

Classischen auf das simultane wie auf das successive Massformvorstellen. Die Reinheit desselben liegt darin, dass es auch keines der künstlichen Massgesetze verletze, welche das (individuelle, geschichtliche und nationale) Subject zur Vermeidung des sich ihm darbietenden Missfälligen gebildet hat. Dies geschieht dadurch, dass es keines derselben berührt. Seine Einheit, das ist das System seiner Einklänge, seiner Proportionen und Massverhältnisse, ruht auf ursprünglichem Einklang, die künstlichen Proportions- und Masssysteme auf ursprünglich gegebenem Missklang. Diese erzwingen eine Einheit, welche jenes hat. Jenes verhält sich zu diesen wie Stil zur Manier, wie natürliches Natursystem zum künstlichen. Das Subject, sei es ein Einzelnes oder ein Volk oder ein Zeitalter, setzt, wo es Missfälliges findet, aus Eigenem eine Massregel fest, und errichtet auf dieser sein Masssystem. Das Alterthum rechnete acht Kopflängen auf die menschliche Gestalt, das Mittelalter bis zehn; jenem galt der hochgespaltene Unter-, diesem der tiefreichende Oberkörper für schön; das Verhältniss der griechischen Kirchen ist wie drei zu drei, das der lateinischen wie vier, wie fünf, ja wie sechs und mehr zu drei. Die künstlichen Mass- und Proportionssysteme stellen, wo sie mit dem natürlichen im Widerspruch stehen, eine Reihe von ästhetischen Massverirrungen dar, welche, in geschichtlichen Persönlichkeiten, Völkern, Zeitaltern verkörpert, die Geschichte, d. i. die Phänomenologie des natürlichen Proportional- und Masssystems im Gegensatz zu diesem selbst als im vollendeten Vorstellen sich unwandelbar gleichbleibenden Noumenon ausmachen.

§. 384. Zeising in seiner ästhetischen Proportionslehre hat als dieses natürliche Proportionssystem den goldenen Schnitt aufgestellt. Ein natürliches Masssystem ist schon desshalb unerreichbar, weil es eine absolute Masseinheit fordert. Ob der goldene Schnitt jener Anforderung entspreche, kann nur durch zahlreiche Versuche an offenbar wohlgefälligen Massverhältnissen erhärtet werden. Die von ihm selbst mitgetheilten sind der Sache allerdings günstig.

§. 385. Die Freiheit des metrischen Kunstwerks liegt in dessen scheinbarem Fallenlassen des Metrischen, wodurch dasselbe hierauf um desto auffälliger wird. Dahin gehört die sogenannte freie Proportionalität, welche den Gedanken des Einklangs anregt, die Erwartung durch scheinbare Nichterfüllung spannt und daher am Schlusse durch wirkliche Erfüllung um so mehr befriedigt. Die Einheit des metrischen Kunstwerks liegt in der durchgängigen Commensurabilität und Proportionalität, d. h. in der qualitativen Verwandtschaft aller stattfindenden Massverhältnisse, welche auf natürlichem Einklang, im Gegensatz zum künstlichen Masssystem, welches auf einem künstlich gemiedenen Missklang beruht. Die Vollkommenheit desselben macht die durchgängige Vorstellbarkeit und Uebersichtlichkeit der metrischen Verhältnisse aus, wodurch jedes an seinen Ort zu seinem Rechte kommt; die Wahrheit desselben besteht in der Treue des Nachbildes, dessen sämmtliche Theile vom Vorbild gleichmässig durchdrungen, gleichsam beseelt sind, und im vollendeten Vorgestelltwerden zum Gesammteindruck das ihrige beitragen. Der hellenische Tempel in seinen gleichzeitig, wie ein tragischer Chorgesang in seinen nacheinander gegebenen Massen, erfüllen diese Forderungen.

§. 386. Die Missbildungen des metrischen Kunstwerks entsprechen dessen absolut wohlgefälligen Formen. Die Reinheit desselben wird durch die Feststellung einer künstlichen Regel zur Vermeidung des Missklangs und durch die Errichtung eines Systems auf dieser aufgehoben. Ein solches wäre es, wenn z. B. die irrationale Diagonale des Quadrats zur Basis gemacht und darauf ein Masssystem sollte errichtet werden. Die Freiheit wird verletzt durch die Steifheit und Leblosigkeit, wie sie z. B. die ägyptischen Figuren aufweisen. Gegen die Einheit verstösst die Disproportionalität, wenn z. B. der Oberkörper einer Figur nach einem andern Proportionssystem, als der Unterkörper gebildet wäre; gegen die Vollkommenheit die allzu grosse Verwicklung, welche die Uebersicht unmöglich macht, wie die Ordnungslosigkeit der metrischen Verhältnisse, welche dieselbe erschwert; gegen die Wahrheit dessen Lücken- und Mangelhaftigkeit, die Unterbrechung durch disproportionale und unmetrische Bestandtheile u. s. w. Für diese Mängel der Form suchen dieselben Ersatz zu bieten durch den Reiz des darin aufgenommenen Inhalts, also durch anmuthige Klänge, bestechende Farben, lebhafte Vorstellungen, durch Allerlei, wodurch das aufnehmende Subject

von dem vollendeten Vorstellen der reinen Formen ab und auf
Anderes, sei es nun das die Formen ausfüllende Stoffliche,
oder seien es die vagen Gefühle und subjectiven Erregungen des
Messenden, hingelenkt werden kann. Für den Formmangel des
Unermesslichen entschädigt der Zauber des Erhabenen; für das
Leblose der ägyptischen Figuren die Kolossalität ihrer Grössen,
wodurch das messende Vorstellen sich gehoben und gefördert
fühlt; für den Mangel an Proportionalität das Angenehme der
häufigen Abwechslung der Proportionsgesetze u. s. w. Der Form
des Classischen als des Gemessenen und Massvollen steht auch
hier die des Romantischen als des Ungemessenen und Masslosen
wie unvollendetes dem vollendeten Vorstellen gegenüber.

§. 387. Bisher ist auf den Umstand, ob das Metrische mit-
oder nacheinander vorgestellt werde, keine Rücksicht genommen
worden. Das Vorstellen im Miteinander unterscheidet sich nun
von dem im Nacheinander dadurch, dass in letzterem die Reihe
des Gemessenen nur nach einer Richtung hin durchlaufen werden
kann, jeder Punkt daher durch einen frühern und einen spätern
seinem Orte nach bestimmt ist, während im Miteinander jeder
Punkt desselben zum Ausgangspunkt genommen und von ihm zu
den übrigen übergegangen werden kann. Bezeichnen wir die beiden
Punkte mit A und B, so muss im Nacheinander A, im Miteinander kann sowol A als B als Ausgangspunkt einer Richtung
angesehen werden. Letztere war bisher gleichgiltig, d. h. sie wurde
bei beiden verglichenen Distanzen als dieselbe vorausgesetzt.
Von nun an soll sie nicht mehr als gleichgiltig angesehen, sondern
die zu vergleichenden Distanzen sollen nach entgegengesetzten
Richtungen durchmessen werden. Da hierdurch, wenn sie auch als
Distanzen von ungleicher Länge wären, beide Systeme überwiegend
ungleich würden, so müssen, um das Ueberwiegen der Identität
beizubehalten, dafür die Distanzen der Länge nach gleich gedacht
werden. Anstatt der ungleichen (obgleich commensurablen) Quantität
bei gleicher Richtung (Qualität) findet jetzt bei gleicher Quantität
entgegengesetzte Richtung statt. Die so entstehende Form ist die des
Symmetrischen. (Vgl. §. 196).

§. 388. Symmetrisch sind die Systeme von A und B einmal
in der Richtung von A nach B, das anderemal von B nach A bei

gleicher Distanz A B vorgestellt. Dasselbe wird erreicht, wenn man die Distanz A B halbirt, so dass C A und C B der Quantität nach gleich in entgegengesetzten Richtungen liegen. Der Punkt C stellt dann die Mitte vor, um welche A und B symmetrisch angeordnet sind. Diese Form gefällt nicht nur in quantitativer Hinsicht, weil sie die Menge des Vorstellungsquantums, das zwischen C und B liegt, bis zu der Höhe des zwischen A und C enthaltenen steigert, sondern auch in qualitativer durch die überwiegende Identität des Inhalts beider Quanta des Vorstellens, welche nur durch den Gegensatz ihrer Richtungen am Zusammenfallen verhindert werden. Sie fordert, um vollkommen schön zu sein, Nichtverletzung irgend einer künstlichen, sowie temporäre Verdunklung der wahren Symmetrie, um diese schliesslich desto lebhafter hervortreten zu lassen. Ein Vorstellungsbild, das einem so beschaffenen simultanen Vorbild genau im wirklichen Vorstellen entspricht, ist ein Schönes des symmetrischen Vorstellens.

§. 389. Um unnütze Wiederholungen zu vermeiden, genügt es darauf hinzuweisen, dass die Bedingungen, unter welchen das Symmetrische als Schönes auftritt, dieselben seien, unter welchen sich auch das Commensurable und Proportionale, überhaupt das Metrische, als schön darstellt. Durch Combination des Symmetrischen mit dem Proportionalen, d. h. des Gegensatzes der Richtungen bei gleichen und der Einheit der Richtungen bei ungleichen Distanzen, ist das metrische Kunstwerk der Entfaltung einer seltenen Formenfülle fähig, ohne dass dabei noch im Geringsten an eine Ausfüllung der distanten Punkte der Vorstellungsreihe durch irgend eine bestimmte Qualität des Vorstellens und an die Erfüllung der leeren Distanzen zwischen denselben gedacht werden dürfte.

§. 390. Der nächste Fortschritt entsteht dadurch, dass die zwischen den distanten Punkten befindlichen Distanzen gleichfalls als erfüllt, aber mit einem der Qualität nach völlig unbestimmtem Etwas, wie es die Punkte selbst sind, erfüllt gedacht werden. Das Vorstellen trifft von A nach B fortschreitend in derselben Richtung fortwährend Punkte an; es entsteht die gerade Linie, als Inbegriff aller in derselben Richtung zwischen A und B gelegenen Punkte. Zu der Entfernung und Richtung kommt hier noch die Einhaltung der Richtung, d. i. die Haltung des Fortschreitens

13 *

von A nach B hinzu, welche nun mit jenen zusammen die Qualität des zusammenfassenden Vorstellens ausmacht. Das System
von Punkten, das auf diese Weise entsteht und dem simultanen
Vorstellen angehört, weil es sowol in der Richtung von A nach B,
wie in jener von B nach A durchlaufen werden kann, lässt sich
mit andern nun nicht bloss in Beziehung auf Distanz (d. i. Grösse)
und Richtung, sondern auch auf Haltung vergleichen, je nachdem es nämlich dieselbe Richtung wie diese einhält, oder die
Richtung wechselt, und wenn das letztere der Fall ist, dies entweder gesetzmässig oder gesetzlos thut. Mit einer Linie verglichen,
welche ihre Haltung gesetzlos wechselt, ist diejenige, welche die
ihre unverändert beibehält, wohlgefällig; mit jener verglichen, welche
beständig dieselbe Richtung einhält, ist diejenige, welche die ihre
gesetzmässig wechselt, schöner; verglichen mit jener, welche zwar
ihre Richtung gesetzmässig wechselt, aber immerfort dasselbe Gesetz
der Abänderung beibehält, ist wieder jene vorzuziehen, welche auch
das Gesetz der Abänderung auf gesetzliche Weise abändert u. s. w.
Die Gerade, die Kreislinie, die logarithmische Spirale sind nahe-
liegende Beispiele. Das Schöne aber, welches auf diesem Wege
zu Stande kommt, ist Schönes des linearen Vorstellens.

§. 391. Die Schönheit des Linearen ist a) Vollkommenheit,
d. h. nicht allzu grosse noch zu kleine Ausdehnung, damit das
Ganze übersehen und das Einzelne in seiner Stellung zum Ganzen
wahrgenommen werden könne; b) Einklang, dass sich ein Gesetz
der Haltung in der Linie zeige; c) Correctheit, dass diese Haltung
nirgends verletzt werde; d) Beseeltheit, dass dieselbe scheinbar verletzt sich immer wieder im vollendeten Vorstellen herstelle. Ihre Hässlichkeit liegt in der unübersehbaren Grösse und unersichtlichen
Kleinheit, wie denn eine Ellipse vom Durchmesser der Erdbahn
in dem Theil, den wir zu übersehen vermöchten, den Eindruck
einer Geraden hervorbringen, eine solche, deren kleine Axe eine
Linie beträge, uns ebenso erscheinen würde. Ferner in der Haltungs-
losigkeit. Wollten wir aber, um einen scheinbaren Haltungsfehler einer
Linie zu verbessern, derselben ein künstliches Haltungsgesetz unterschieben, z. B. eine Ellipse als Parabel auffassen, so ist es billig,
dass dieser falsche Schein gebrochen, dass wir genöthigt werden,
das Gesetz der Linie, wie es gegeben, nicht wie sie von uns

willkürlich gemacht ist, um desto auffälliger aufzufassen. Lässt sich dagegen die Linie das ihr aufgedrängte Gesetz gefallen, so ist das ein Beweis, dass kein Leben in ihr, dass sie selbst unbestimmt gezogen sei und eben so gut nach ihrem wahren, wie nach diesem ihr aufgezwungenen Gesetz vorgestellt werden könne. Sie lässt sich dann ohne inneren Widerstand corrigiren, nach unserer Regel zurecht machen.

§. 392. Die Form der Vollkommenheit führt das Mass in die Linie ein und fügt dadurch zu der linearen auch noch die proportionale, so wie die Richtung der Linie die Anwendung der symmetrischen Schönheit gestattet. Linien, deren Haltung immer dieselbe bleibt, wie die Gerade, werden dadurch von selbst symmetrisch; denn immer findet sich ein Punkt in ihr, der für je zwei gleiche Abstände nach beiden entgegengesetzten Richtungen hin Nachbarn hat (die Mitte). Linien, deren Haltung zwar unaufhörlich wechselt, aber stets nach demselben Gesetz, wie die Kreislinie, werden dadurch gleichfalls symmetrisch, d. h. es gibt einen Punkt, der von allen ihren Punkten gleich weit entfernt ist, und jede durch diesen gezogene Gerade theilt den Kreis in zwei symmetrische Hälften. So wird die Wellenlinie durch eine Gerade in zwei symmetrische Theile getheilt, die Ellipse durch die grosse sowol wie durch die kleine Axe symmetrisch zerschnitten; die Parabel stellt zwei symmetrische, zu beiden Seiten der Axe gelagerte Aeste dar u. s. w.

§. 393. Die Formeigenschaften des linearen Schönen auf die Gesammtheit des linearen Vorstellens ausgedehnt, geben das lineare Kunstwerk, die Zeichnung, in Verbindung mit dem Metrischen, das architektonische Kunstwerk. Wodurch jenes vom metrischen Kunstwerk sich unterscheidet, das ist, während dieses nur Punkte aussticht und das Dazwischengelegene vernachlässigt, die ästhetisch wohlgefällige Haltung und Führung des Dazwischengelegenen, der Weg von einem zum anderen Punkte des Messens. Der Linie gehört das Stetige an und sie wird daher auch die Quelle der Leiden und Freuden des ihr entlang mit dem Punkte des deutlichen Sehens sich bewegenden Auges. Der geraden Linie folgt das Auge mit sich immer gleichbleibender, der sanft geschwungenen mit allmälig und gesetzmässig, der gebrochenen mit plötzlich und gewaltsam erfolgender Abänderung der Muskelempfindung. Hierauf beruht, abgesehen vom ästhetischen Gefallen und Missfallen auch noch der sinnliche Reiz, den eine Linienform vor der andern voraus hat, und welchen das spitze, scharfe Abbrechen der einen und unvermitteltes Einschlagenmüssen einer andern Richtung von dem nachfolgenden Auge als wahren Schmerz fühlen lässt. Um dieses Grundes willen vornehmlich hat Hogarth die Wellenlinie für die schönste erklärt, während den meisten Anspruch darauf diejenige Linienform hätte, welche noch mehr als dies bei der Wellenlinie der Fall ist, das Gesetz ihrer Haltung zugleich verbärge und offenbarte, um es aufs neue zu verbergen, und dadurch jenen anmuthigen Schein der harmonischen Beseeltheit erzeugte, welcher diejenige Linie zur schönsten macht, deren Zauber auf eine mathematische Formel zurückzuführen am wenigsten gelingt.

§. 394. Es gibt keine Schönheitslinie, aber es gibt schöne Linien; jene sind es, deren Vorstellung durch charakteristische Vollkommenheit, Einklang, Correctheit und holden Schein der Beseelung zugleich gefällt. Wo sich letztere Formeigenschaften finden, sei es nun an dem sanftgeschwungenen Oval der Sixtinischen Madonna oder an dem kühnen Lockenfall des belvederischen Apollo, da ist lineare Schönheit.

§. 395. Es wäre ebenso thöricht als unmöglich, von der Aesthetik als Formwissenschaft zu erwarten, dass sie statt die Formen aufzuzählen, welche absolut gefallen und missfallen, diejenigen aufzählen solle, welche durch jene gefallen und missfallen. Die metrischen, linearen und so weiter die planaren, körperlichen, auch die rhythmischen, musikalischen und poetischen Formen werden durch die Annahme der absolut wohlgefälligen selbst absolut wohlgefällig, durch die der missfälligen selbst missfällig, wie der Geist und die Natur es durch dieselbe werden.

§. 396. Finden sich für den Punkt A in einer solchen Menge von demselben ausgehender Richtungen Nachbarn (§. 392), dass dieselben von einer gewissen Entfernung angefangen und für jede kleinere stets eine zusammenhängende Linie ausmachen, so ist der Punkt A in einer Fläche gelegen. Hier werden nicht nur die Begriffe von Entfernung und Richtung wieder, sondern es wird auch jener der Haltung in der Linie angetroffen, welche die Nachbarn von A für denselben Abstand unter einander bilden. Derselbe erscheint aber zugleich in einer neuen Gestalt als H a l t u n g der Fläche, insofern er das Gesetz ausdrückt, welches die Nachbarlinien des Punktes A selbst unter einander beobachten. Denken wir uns nämlich von A aus nach zwei einander entgegengesetzten Richtungen in der Fläche Linien gezogen, so werden dieselben sämmtliche Nachbarlinien des Punktes A in je zwei auf entgegengesetzten Seiten von A gelegenen Punkten schneiden. Von der Haltung dieser Linien hängt die Haltung der Fläche ab. Ist dieselbe, nach welcher Richtung hin wir in der Fläche jene Linien ziehen mögen, stets gesetzmässig, so ist die Fläche selbst regelmässig; ist sie es nur bei gewissen Richtungen, so ist die Fläche nur in Bezug auf alle übrigen, ist sie es in keiner, so ist die Fläche gänzlich unregelmässig der Haltung nach.

§. 397. Nehmen wir den einfachsten Fall. Wir hätten eine Fläche vor uns, in welcher die sämmtlichen Nachbarn des Punktes A von einer gegebenen Entfernung angefangen und für jede kleinere unter einander je eine vollkommene Kreislinie bildeten. Zwei von dem Punkte A nach den entgegengesetzten Richtungen A B und A C in dieser Fläche gezogene Linien werden sonach die aufeinanderfolgenden concentrischen Nachbarkreise in den auf entgegengesetzten Seiten von A gelegenen Punkten B B′ B″, C C′ C″ schneiden. Von der Haltung dieser Linien wird nun jene der Fläche abhängen. Bleibt sie in jedem Abstande von A und in jeder Lage, in welcher jene Linien von A aus in der Fläche nach entgegengesetzten Richtungen

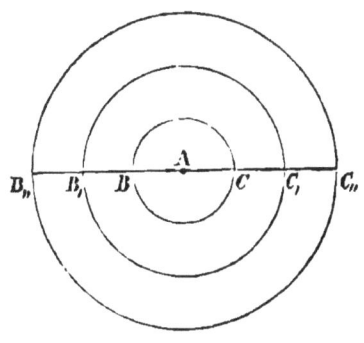

gezogen werden mögen, dieselbe, so ist die Fläche regelmässig. Setzen wir nun, jene Linien behielten überall und immer dieselbe Haltung und dieselben seien überdies so beschaffen, dass jedesmal

$$B \; A + A \; C \; = B \; C$$
$$B′ \; A + A \; C′ = B′ \; C′$$
$$B″ A + A \; C″ = B″ C″ \text{ u. s. w. sei,}$$

so sind jene Linien regelmässige G e r a d e und die vorliegende
Fläche selbst muss eine regelmässige E b e n e sein. Aendert sich
dagegen die Haltung jener Linien, so muss auch die Haltung der
Fläche sich ändern. Nun kommt es darauf an, ob jene Aenderung
der Haltung obiger Linien nach einem bestimmten Gesetze erfolge
oder das Gegentheil. In letzterem Falle entsteht eine regellose
Fläche; im ersteren dagegen ist zwar keine Ebene mehr vorhanden,
die Fläche selbst aber ist regelmässig.

§. 398. Nehmen wir nun an, jene Linien seien so beschaffen,
dass das Gesetz, welches durch die Formel $BA + AC = BC$
ausgedrückt wird, nur für einige oder für gar keinen Punkt des-

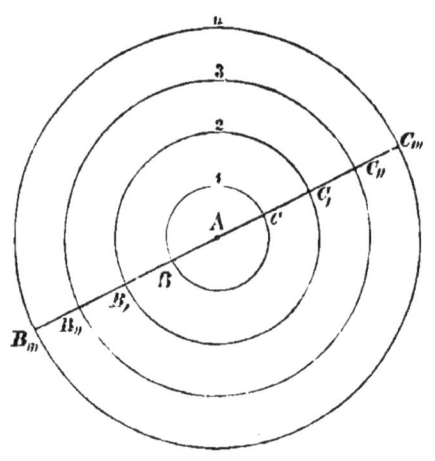

selben gelte, so werden dieselben in keinem Fall mehr
gerade, sondern im ersten Fall
g e b r o c h e n e , im zweiten
g e k r ü m m t e Linien, und
folglich die Flächen selbst, in
denen sie liegen, g e b r o c h e n e
oder g e k r ü m m t e sein.
Herrscht nun in der Brechung
oder Krümmung jener Linien
ein bestimmtes Gesetz, so
herrscht ein solches auch in
diesen gebrochenen oder ge-
krümmten Flächen; findet das Gegentheil statt, so brechen und
krümmen auch die letzteren sich regellos. Stellt z. B. die Linie
C'''AB''', welche die in den Nachbarkreisen 1, 2, 3, 4 gelegenen
Nachbarn B''' B'' B' B C C' C'' C'''
des Punktes A unter einander verbindet,
eine in jedem ihrer Punkte gleichförmig
gekrümmte, d. h. eine geschlossene Kreislinie dar, so ist die Fläche selbst eine
K u g e l o b e r f l ä c h e.

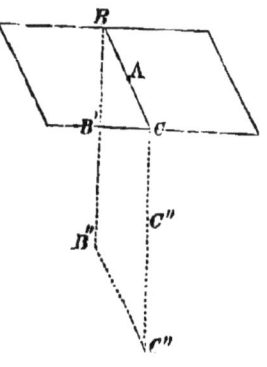

§. 399. Um Beispiele des Falles zu
geben, in welchem jene Linien gebrochene
sind, betrachten wir die Oberfläche des
Würfels und des Kegels. Die Linie B' B A

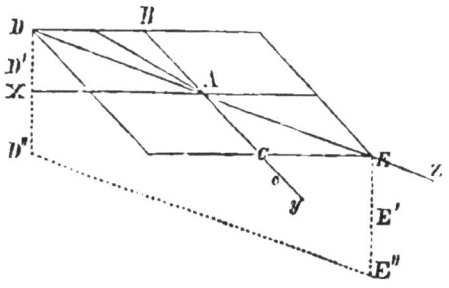

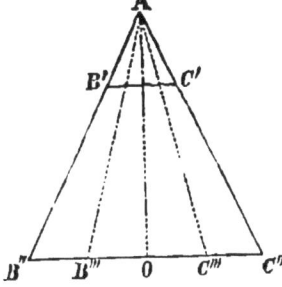

C C' B' bildet in jener ein vollkommenes Quadrat von der Höhe B C und ein eben solches in der auf B C y senkrechten Richtung A X, in jeder dazwischenliegenden dagegen (z. B. D A E Z) Rechtecke (z. B. D'' D' D A E E' E'' D''), deren Höhe D D'' = E E'' = B C ist und deren Längen die doppelten Hypotenusen aller zwischen B und D mit der gemeinschaftlichen Kathete B A um den Scheitelpunkt A möglichen rechtwinkeligen Dreiecke sind. In dieser dagegen stellt die Linie B'' B' A C' C'' C''' O B''' B'' wie jede andere von A ausgehende und in der Oberfläche des Kegels gezogene den Umfang eines gleichschenkeligen Dreiecks dar, dessen Höhe und Basislänge immer dieselben bleiben. Durch die Gesetzmässigkeit der Brechung dieser Linien ist nun auch die Gesetzmässigkeit der von ihnen abhängigen Würfel- und Kegeloberflächen vollkommen bestimmt.

§. 400. Es gibt kein anderes Mittel mittels des Auges und der Hand zur Auffassung von Flächen zu gelangen, als indem beide sämmtliche oben durchgeführte Operationen sehend und tastend verrichten. Indem das Auge von einem Punkte in der Ebene nach allen Richtungen auf und ablaufend gewahr wird, dass es das Gesetz seiner Bewegung niemals zu verändern brauche, d. h. indem es in jeder Richtung diejenige Bewegungshaltung einhält, welche das Sehen der Geraden charakterisirt, kömmt es zur Vorstellung einer ebenen Fläche. Ebenso die Hand. Solange die Muskelempfindung sich nicht ändert, tastet sie in einer Ebene fort: dieselbe ändert sich aber augenblicklich, wie die Hand eine andere Stellung annehmen muss, um wieder einen tastbaren Punkt zu erreichen, d. h. in der frühern Bewegungsrichtung beharrend, ins Blaue hinaus greifen würde. Muss sie, um wieder einen tastbaren Punkt zu erreichen, sich zurückziehen, so biegt die Fläche sich gegen den

Tastenden ein-, muss sie sich vorstrecken, vom Tastenden abwärts. Folgt die Abänderung der Muskelempfindung der tastenden Hand einem erkennbaren Gesetze, so erlangt auch der Tastende die Vorstellung einer regelmässig gestalteten, folgte sie keinem, einer unregelmässigen unebenen Fläche. Wie das Gesetz der Richtung die Qualität der linearen, so macht das Gesetz der Haltung die Qualität der Flächenform aus.

§. 401. Aus der Beschaffenheit des absolut Wohlgefälligen geht hervor, dass, wie bei der linearen, so auch bei der Flächenform nur die geregelte Form Anspruch darauf habe, ästhetisch zu heissen. Die unregelmässige Linie widerspricht ebenso wie die unregelmässige Fläche der Forderung, welche an das ästhetische Vorstellen überhaupt, also auch an das Vorstellen blosser Formen ergeht, geregelt zu sein. Ein Vorstellen, das sich zur Auffassung reiner linearer, geregelter Flächenformen eben noch gar nicht erhoben hat, ist an und für sich kein ästhetisches. Wer nicht einmal in Gedanken eine reine Fläche, Gerade, einen vollendeten Kreis, eine Ebene, eine Kugelfläche vorstellen kann, besitzt ebensowenig bildnerische, wie jener, der keinerlei Distanz und Mass auffasst, metrische Phantasie. Nur das treue Nachbilden eines vollkommenen, also weder zu complicirten, noch zu wenig umfassenden, geregelten, nicht erkünstelten, zugleich aber durch den Schein des Unregelmässigen zugleich belebten und denselben siegreich in schliessliche Regelmässigkeit auflösenden Vorbildes einer Flächenform ist ästhetisches Flächenvorstellen.

§. 402. Damit aber ist zugleich das ästhetische Körpervorstellen erklärt. Wenn die von den Nachbarn des Punktes A in gewissen Entfernungen nicht nur, sondern in jeder Entfernung gebildete Linie eine in sich zurückkehrende (gebrochene oder gekrümmte) ist, so ist die Fläche eine geschlossene, d. h. eine Körperoberfläche. Diese mit den von ihr eingeschlossenen Raumpunkten zusammen gibt den geometrischen Körper. Geschlossene Flächen vorstellen, heisst daher Körperoberflächen, also Körperformen vorstellen, so dass sich das Vorstellen der ungeschlossenen zu dem der geschlossenen Flächen verhält, wie Flächen- zum Körpervorstellen. Wir haben sonach drei Arten von Flächen: ebene, geschlossene gekrümmte oder gebrochene, ungeschlossene gekrümmte oder gebrochene Flächen. Jede davon untersuchen wir besonders.

§. 403. Das Vorstellen e b e n e r Flächen entspricht dem g e r a d e r Linien. Alle Nachbarn des Punktes A in derselben Entfernung bilden einen K r e i s : alle Nachbarn desselben in derselben Richtung in verschiedener Entfernung eine g e r a d e Linie. Hier herrscht das einfachste Gesetz der Flächen-, wie bei der Geraden das einfachste der Linienbildung. Eben darum wird die Ebene, wie die Gerade, am leichtesten langweilig. Die Ganzen von Raumpunkten, die beide ausmachen, werden nicht von e i n e m e i n z i g e n R e g e l s y s t e m, sondern von einer e i n z i g e n, stets wiederkehrenden Regel beherrscht. Zwischen den Regeln der einzelnen Theile der Geraden wie der Ebene herrscht nicht Harmonie, sondern I d e n t i t ä t. Dadurch erscheinen beide steif, regelrecht, monoton. Beide werden nur ästhetisch, wenn die Form der Ausgleichung hinzutritt, d. h. scheinbare Abweichungen von der Geraden wie von der Ebene stattfinden und sich immer wieder aufheben, so dass die Regel verschwindet und wieder zum Vorschein kommt, d. h. wenn Abwechslung eintritt wie bei der trotz mannigfacher Abweichung sich behauptenden Hauptlinie eines plastischen Werkes, bei der Hauptrichtung eines sich windenden Flusses, bei der von Hügelwellen durchschnittenen Ebene. Die Einförmigkeit des Meeresanblicks wäre unerträglich ohne die stets hindurchschneidenden Wellenkämme.

§ 404. Die Ebene steht gleichwol höher als die Gerade, weil sie dasselbe Haltungsgesetz, das die Gerade nur in einer, in unzähligen Richtungen darbietet und insofern auch Mannigfaltigkeit besitzt. Sie gewinnt daher, mit der Geraden, verliert, mit der geschlossenen oder ungeschlossenen, gebrochenen oder gekrümmten Fläche verglichen. Ebenen unter einander aber lassen sich so wenig vergleichen, wie Punkte, da sie als Ebenen i d e n t i s c h sind. Alles, wodurch sie sich unterscheiden, können nur ihre G r e n z e n sein d. h. der Inbegriff derjenigen Punkte in der Ebene, welche nur nach einer, nicht wie alle übrigen nach zwei entgegengesetzten Richtungen hin, Nachbarn in derselben besitzen. Diese Punkte bilden zusammengenommen eine in sich zusammenhängende nicht nur, sondern bei jeder allseitig begrenzten Ebene eine in sich zurückkehrende Linie, den Contour, Umriss. Durch die Distanz derselben kommt metrische, wie durch den Umriss lineare Form zur Form der Ebene hinzu. Die umgrenzte Ebene stellt daher nicht bloss eine planare Form, sondern diese vereinigt mit einer linearen und metrischen Form dar. Da jedoch letztere beide der Ebene nicht als solcher angehören, sondern architektonische Schönheit für sich besitzen können (§. 393), so werden planare Formen als solche entweder gar nicht oder nur rücksichtlich dessen verglichen werden, was dieselben ausfüllt, d. h. nicht als Formen, sondern als erfüllte Formen, durch ihren Inhalt.

§. 405. Da es sich hier um Formenvorstellen handelt, diese leeren Formen aber nur durch wiederholte Setzung des einfachsten Vorstellungsinhaltes, der Empfindung, und durch gegenseitiges Auslöschen dieses Inhalts vermöge des Gegensatzes der Empfindungen unter sich entstanden sind, so folgt, dass der Inhalt, durch welchen planare Vorstellungsformen sich von einander unterscheiden können, nur Empfindungsinhalt sein könne. Jeder leere Ort der Ebenenform, d. h. jeder leere Punkt der Ebene muss mit Empfindungsinhalt, und da jeder Punkt als solcher mit jedem andern identisch ist, mit demselben (homogenen) Empfindungsinhalt erfüllt sein, um zwei mit verschiedenen (obgleich in jedem homogenen) Empfindungen erfüllte Ebenenbilder im Vorstellen vergleichen zu können. Und zwar da die Ebeneform eine des simultanen Vorstellens ist, so muss der ausfüllende Empfindungsinhalt von der Art sein, dass er a) gleichzeitig, b) distinct vorgestellt werden kann, jenes, um verschiedene Stellen der vorgestellten Ebeneform auf einmal, dieses, um verschiedene Stellen derselben auszufüllen. Jener Umstand schliesst die nur in der Form des zeitlichen Nacheinander gegebenen, dieser dagegen diejenigen Empfindungen aus, welche sich wie die des Geruchs- und Geschmackssinns nicht localisiren lassen. Es bleiben sonach nur Gesichts- und Gehörsempfindungen, aber auch diese nur insofern zu diesem Zweck zu verwenden übrig, als sie gleichzeitig können aufgefasst werden. Allein die gleichzeitigen Gehörsempfindungen haben das Eigenthümliche an sich, dass sie, um unterschieden zu werden, heterogen sein müssen, während die Vergleichung zweier Ebenen durchaus homogene gleichzeitige und doch distincte Empfindungen verlangt. Letzteres leistet nur der Gesichtssinn im höhern, der Tastsinn im beschränkten Grade. Innerhalb gewisser Grenzen, des sogenannten Empfindungskreises, hat der Tastsinn keine Unterscheidungsfähigkeit mehr, also auch keine distincten Empfindungen. Beim Auge sind die Empfindungskreise viel kleiner, die Distinction der Empfindungen ist daher viel weiter reichend. Der mittels des Auges gewonnene Empfindungsinhalt ist daher zur Ausfüllung der Ebenenform am geschicktesten.

§. 406. Sollen mithin Ebenenformen ohne Rücksicht auf ihre Grenzlinien und Masse, also auf Zeichnung und Metrik (auf Architektonik) verglichen werden, so kann dies vornehmlich durch den optischen Empfindungsinhalt geschehen, von dem beide erfüllt sind, d. h. Ebenen ohne Rücksicht auf ihre Begrenzungslinien können sich nur durch ihre Beleuchtung unterscheiden. Da aber jede Empfindung als solche eine gewisse Intensität (Quantität) und Inhalt (Qualität) besitzt, so kann die Unterscheidung entweder bloss mit Rücksicht auf Intensität bei gleicher Qualität, oder bloss mit Rücksicht auf Inhalt bei gleicher Quantität vor sich gehen, d. h. die Ebenen werden entweder bloss durch die Stärke der Beleuchtung oder durch die Verschiedenartigkeit des Lichtes unterschieden. In ersterer Hinsicht tritt der Gegensatz des Hellern und Dunkleren (Licht und Schatten), in letzterer die Farbenreihe (das Chromatische) hervor.

§. 407. So führt die planare Form als solche von selbst über die Vorstellungsform hinaus und zu einem diese ausfüllenden Empfindungsinhalt. Wie wir dagegen die planare Form verlassen und zur gebrochenen und gekrümmten Flächenform übergehen, so verschwindet diese Nöthigung. Während nämlich die Ebene mit der Ebene keine Vergleichung zulässt, weil beide der Qualität nach identisch sind, so lässt die gekrümmte mit der gebrochenen Fläche sogleich eine Vergleichung zu, weil sie der Qualität nach nicht identisch sind. Hier ist es nicht nöthig, über die leere Form hinaus zu einem dieselbe ausfüllenden Inhalt seine Zuflucht zu nehmen, die Form allein genügt. Der ausfüllende Empfindungsinhalt ist der gebrochenen und gekrümmten Flächenform zufällig, der ebenen Form dagegen, um mit einer andern Ebene verglichen werden zu können, wesentlich. In diesem Sinne ist daher die Ebene

wirklich der Sitz des Malerischen (des Luminaren und Chromatischen); die gebrochene und gekrümmte Flächenform dagegen
achromatisch (sogenannte reine Form).

§. 408. Die gebrochene und gekrümmte Flächenform ist
plastische Form. Es macht dabei keinen Unterschied, ob sie
geschlossen oder ungeschlossen, d. h. ob sie Körperoberfläche
oder blosse hohle Fläche sei. Als letztere ist sie wenigstens ein
Theil einer Körperfläche, was die blosse Ebene nie sein kann.
Ueber die Körperoberfläche, d. i. die Form des Körpers, hinaus aber gibt es für das zusammenfassende Vorstellen nichts mehr.
Um von ihr zum wirklichen Körper, vom geometrischen zum
physikalischen zu gelangen, dazu bedarf es abermals eines bestimmten
Empfindungsstoffes, der Druckempfindung, der Schwere, mit welcher
die leeren Punkte der Körperoberfläche ausgefüllt werden. Wie
Ebenen von Ebenen ohne Rücksicht auf den ausfüllenden Empfindungsinhalt nur durch den Umriss, so können Körper von Körpern,
ohne Rücksicht auf den ausfüllenden Empfindungsinhalt des Ge-
wichts, nur durch die Form der Körperoberfläche unterschieden
werden.

§. 409. In der Reihe der Formen des zusammenfassenden
Vorstellens wiederholt die Ebene den Punkt, die gebrochene oder
gekrümmte Fläche die Linie, der Körper die Ebene. Der Punkt,
wie die Ebene und der Körper, bedürfen, wenn sie unter einander
verglichen werden, d. h. ein ästhetisches Verhältniss eingehen sollen,
eines ausfüllenden Dritten, des Empfindungsinhaltes. Doch sind
sie unter einander insofern unterschieden, als der Punkt, der Anfang alles Zusammenfassens, ein schlechthin Einfaches, also
aller Form unfähig, die Ebene, das Flächeneinfache, ein selbst
schon Zusammengesetztes, Geformtes, und zwar ein Regelmässiges, der Körper dagegen schon mehr als blosse zusammenfassende Form, erfülltes Geformtes, ist. Die ästhetischen
Formen lassen sich daher auf den Punkt noch nicht, auf den
Körper nur rücksichtlich seiner Form, nicht seines erfüllenden
Inhalts, auf die Ebene nur rücksichtlich ihrer linearen Grenzen,
ihres optischen Empfindungsinhaltes und insofern anwenden, als
ihre Regelmässigkeit durch scheinbare Aufhebung sich wieder herstellen und dadurch Leben und Bewegung zu gewinnen scheinen

kann. Der wahre Sitz der Anwendung der ästhetischen auf die Formen des zusammenfassenden Vorstellens sind das Metrische, das Lineare, die gebrochene und gekrümmte Theil- oder ganze Körperoberfläche.

§. 410. Die eigentliche planare Form, die Ebene, ist daher ästhetisch wenig bedeutend, sowie die Gerade unter den linearen Formen; sie wird erst durch scheinbare Aufhebung zu etwas. Aber sie ist wichtig, insofern sie den Anknüpfungspunkt für das Malerische, für die optische Empfindung, bietet. Ihre wahre Stelle ist daher weniger unter dem Aesthetischen des zusammenfassenden Vorstellens, dem Schönen der Formen, als unter jenem des empfindenden Vorstellens, dem Schönen der Empfindung. Um als Form zu gefallen, bedarf sie wie die Gerade vor allem des Scheins der Beseelung. Der Gegensatz zwischen dem ruhigen und dem bewegten Element im Schönen, tritt an der Geraden und an der Ebene am fühlbarsten hervor. Aber die Wiederherstellung der Geraden und der Ebene nach geschehener Verdunkelung führt nicht nur zur Herstellung des Einklangs, sondern vielmehr zu jener der Identität, nicht des ästhetisch Wohlgefälligen, sondern des Unästhetischen, nicht einer Regel, sondern immerfort derselben Regel und ermüdet dadurch, statt zu beleben. Das Element des Neuen, die Ungebundenheit des Fortschritts, welche nur die Herstellung des Einklangs, der Regelmässigkeit fordert, diesen selbst, wie die Regel aber freilässt (§. 183), wenn nur der Zusammenhang nicht aufgehoben wird, fehlt der Ebene wie der Geraden und in gewisser Weise jeder Flächen-, wie linearen Form, welche und insofern sie statt eines harmonischen, ein identisches Gesetz befolgt. Linien und Flächen, die sich auf eine mathematische Formel bringen lassen, deren Gesetz beständig identisch wiederkehrt, sind daher auch bei dem kunstreichsten Schein der Beseelung weniger schön, als jene, deren freie geistige Bewegung zwar immerfort zum Einklang, aber stets zu neuem Einklang fort- statt zum ursprünglichen zurückschreitet.

§. 411. Was das absolut Wohlgefällige fordert, ist Vollkommenheit, Charakteristik, Einklang, Correctheit, Schein der Beseelung, ausgleichender Abschluss. Das planare Vorstellen genügt diesem Verlangen indem es ein treues Bild entwirft einer weder zu grossen noch zu kleinen, also wohl begrenzten und gestalteten, das Haltungsgesetz der Ebene beobachtenden, also nirgends eine wirkliche, dagegen wol absichtlich scheinbare Unterbrechung veranlassenden, jedoch aus dieser das gleiche Haltungsgesetz stets wiederherstellenden Fläche. Ein solches ist das S c h ö n e d e s p l a n a r e n V o r s t e l l e n s.

§. 412. Man sieht von selbst, was dessen Kehrseite ausma hen muss. Planar hässlich ist ein Vorstellen einer grenzenlosen oder das Haltungsgesetz der Ebene nicht beobachtenden, dasselbe also nicht bloss zum Schein, sondern wirklich unterbrechenden Flächenform. Es kann diese Formmängel zwar decken, indem es die grenzenlose Ebene als erhaben vorstellt, d. h. aus dem wirklichen Vorstellen in ein blosses Streben vorzustellen übergeht, oder an die Stelle der Ebene eine gebrochene oder gekrümmte, als solche gefallende Flächenform treten lässt, d. h. aufhört planares Formvorstellen zu sein, also eine schönere Form an die Stelle der weniger schönen schiebt, was doch nicht verhindert, dass es die minder schöne h ä s s l i c h gibt.

§. 413. Auf eine Mehrheit, ja die Gesammtheit des planaren Formvorstellens bezogen und mit dem architektonischen Kunstwerk, der architektonischen Phantasie, verbunden, ergibt sich das K u n s t w e r k d e s p l a n a r e n V o r s t e l l e n s, die planare Formphantasie. Die Vollkommenheit als System des planaren Vorstellens gedacht, fordert nothwendig Grenzen der Ebene und führt dadurch Mass und Linie in das planare Formvorstellen ein. Das Haltungsgesetz der Ebene auf das gesammte planare Vorstellen ausgedehnt, gibt demselben Einheit nicht nur, sondern seiner Einerleiheit wegen zu dessen ästhetischem Nachtheil Monotonie. Die Correctheit wird zur Reinheit, die Beseelung zur systematischen Verdunklung und Wiederherstellung des ebenen Vorstellens, welches dasselbe doch auf die Länge nicht vor ermüdender Einförmigkeit, der Identität des Haltungsgesetzes wegen, retten kann. Von dem architektonischen unterscheidet sich das planare Kunstwerk dadurch, dass jenes die von den Umrissen eingeschlossenen Flächen vernachlässigt, dieses dagegen das architektonische Kunstwerk nur als Umriss, Gestalt der eingeschlossenen Ebenen betrachtet. Den Zeichner bekümmert nur Mass und Linie; im Feuerwerk zeichnet er buchstäblich in die leere Luft. Den planaren Künstler dagegen kümmert die eingeschlossene Ebene, der „Grund" der Zeichnung, und um diesen gegen den Umriss recht abzuheben, „illuminirt" er ihn, d. h. er führt ein fremdes, die leere Ebene ausfüllendes Element, die optische Empfindung, das Licht und die Farben auf denselben ein. Das planare Formkunstwerk verbindet sich mit dem optischen Empfindungskunstwerk, die Form- mit der Empfindungs-, die planare mit der malerischen Phantasie.

§. 414. Denselben ästhetischen Anforderungen, die an das lineare und planare Formvorstellen ergehen, genügt das körperliche Formvorstellen auf seine eigene durch die Natur des körperlichen Formvorstellens bedingte Weise. Der Vollkommenheit, welche Begrenzung verlangt, entspricht die entweder vollkommene Geschlossenheit, oder wo sie ungeschlossen ist, die Begrenztheit der gebrochenen oder gekrümmten Fläc..enform. In jenem Fall ist die Fläche selbst zugleich ihre Grenze; in diesem erfolgt die Begrenzung wie bei der ebenen Fläche durch Linien. So ist die Kugelfläche eine geschlossene, die Fläche des Kugelsegments dagegen eine offene aber begrenzte Fläche. In jener gibt es für den Punkt A, der auf der Fläche der Kugel liegt, nur einen einzigen in der ganzen Kugelfläche, welcher von ihm die grösste Entfernung hat, während die aller übrigen kleiner ist; dieser ist der andere Endpunkt des Durchmessers, dessen Anfangspunkt A ist. Dadurch wird Entfernung, Metrisches, in die Vorstellung der Kugelfläche eingeführt, während zugleich der Inbegriff der Nachbarn, welche A in jeder von ihm in der Kugelfläche ausgehenden Richtung hat, eine in sich geschlossene Linie, eine Kreislinie ausmacht, und in die Vorstellung der Kugelfläche Lineares einführt. In der ungeschlossenen Fläche des Kugelsegments dagegen gibt es für den Punkt A Nachbarpunkte, welche in der begrenzenden Linie liegen, wodurch Entfernung, Metrisches, in das Flächenvorstellen, und dieselben bilden miteinander eine zusammenhängende Kreislinie, wodurch Lineares in dasselbe eingeführt wird. Das körperliche Form vorstellen umfasst daher sowol das metrische wie das linearische, also das architektonische Vorstellen, aber nicht das planare, wie dieses seinerseits das metrische sowol als das lineare, nur nicht das körperliche zulässt. Das Architektonische (§. 393) verbindet sich sowol mit dem planaren als körperlichen Formvorstellen, d. h. es begrenzt sowol Ebenen- als Körperformen.

§. 415. Die Form des Einklangs verlangt von dem Vorstellen gekrümmter oder gebrochener Flächenformen, dass darin Regel herrsche, gleichviel ob dieselbe complicirt oder einfach sei. Wie complicirt sie sein könne, davon geben Flächenformen, wie die Fresnel'sche, einen hinlänglichen Begriff; letztere ist nicht ohne die lebhafteste Anstrengung vorzustellen. Einfache Formen sind die Oberflächen der Kugel, des Würfels, der Pyramide, des Tetraeders, kurz der sogenannten regelmässigen Körper, aber auch die Fläche des Kugelsegments, die krumme Kegeloberfläche, die Fläche des Parabolids u. s. w.

§. 416. Die Form der Correctheit fordert, dass das Missfällige vermieden werde. Wenn sich daher im vollendeten Vorstellen Flächenformen finden, welche als solche missfällig erscheinen, so corrigirt sie das Vorstellen, um dieses Missfallen zu vermeiden. Es stutzt das Gegebene zu, solange bis es nicht mehr missfällt. Geschieht das mit Formen, welche sich wie die im vollendeten Vorstellen eines in der Natur gegebenen Seienden aufgedrungenen Erfahrungsformen nicht abweisen lassen, so heisst das Stilisiren. Sind es dagegen wie hier blosse Bilder des zusammenfassenden Vorstellens, in denen das ästhetische Urtheil Missfälliges findet, so sind es künstliche Körperformen, die der Vermeidung des Missfallens zu lieb erdacht, nicht gegeben sind. Alles, womit die Vorstellung des Unregelmässigen verbunden ist, missfällt. Die Vorstellung eines Körpers z. B., der zehntausend Ecke hätte, aber unregelmässig wäre, missfällt auch. Es soll daher auch das Zehntausendeck als nicht missfallend gedacht, d. h. eine künstliche Körperform demselben untergeschoben werden, die nicht die seine ist. Es entsteht künstliche Correctheit.

§. 417. Eine solche ist Schein, dessen Geltung nicht bestehen soll. Wie man jenes Zehntausendeck deutlich zu denken unternimmt, verschwindet der Schein seiner Regelmässigkeit. Aber auch der Schein der Unregelmässigkeit kann sich auflösen bei vollendetem Vorstellen. Die Kugelform erhält dadurch, dass sich ihre wahre ästhetische Beschaffenheit aller Verdunklung zum Trotz immer wieder herstellt, ja durch dieselbe nur noch auffälliger wird, sowol den Schein der Beseelung wie der Freiheit und Persönlichkeit. Es kommt „Geist in die Form." Der Würfel, die Kugel, die Pyramide, trotz aller Versuche, sie unregelmässig, das amorphe Gestein, trotz aller Bemühung es regelmässig erscheinen zu lassen, erhalten sich als das was sie ihrer Form nach wirklich sind. Ist es nun vollends nicht nur Einklang, sondern stets n e u e r Einklang, der sich trotz des Scheins vom Gegentheil immer wieder herstellt, so kommt zur Freiheit noch Fortschritt, zur Persönlichkeit noch absolute Beifälligkeit, die Körperform s c h e i n t nicht nur zu leben, beseelt zu sein, sondern auch nach harmonischen Zwecken zu leben, sich selbst zu regeln, nicht bloss Geist, sondern absolut wohlgefälligen Geist zu beherbergen. Stellt sich dagegen das Unregelmässige her, so e r s c h e i n t der „Geist" der Körperform „eigensinnig," widerspenstig gegen das absolut Beifällige, verhärtet, ein „Geist der Verneinung," die Form selbst wie dort Werk des Geistes des Lichts, so hier des Geistes der Finsterniss.

§. 418. Dieser „Schein" des Geistes ist, wie aus früher Gesagtem (§. 253) erhellt, ebenso nothwendig, als er blosser „Schein" ist, und sein scheinbares Dasein bloss der ästhetischen F o r m der Ausgleichung verdankt. Mit dem s e i e n d e n Geist hat die Aesthetik nichts zu schaffen. Sie ist weder Theo-, noch Dämono-, noch Psychologie. Wenn wir der Körperform des vaticanischen Torso folgen und der stets sich erneuernde Versuch dieselbe in Regeln einzufangen, sich immer wieder in den holden Schein der Unregelmässigkeit und dieser von neuem in den Wahn höherer Regelmässigkeit auflöst, der zuletzt als harmonischer Zauber den mächtigen Gliederbau umschwebt, dann s c h e i n t diese Formeinheit, die allen Auffassungsversuchen zum Trotz in sich selbst besteht und ruht und immer verkannt, immer aufs Neue sich zu erkennen gibt, ein Geist höherer Art, eine überlegene Persönlichkeit, das absolut Beifällige wissend, wollend und könnend, „ein Gott im Stein."

§. 419. Ein treues Bild einer weder zu grossen noch zu kleinen wohlbegrenzten und gestalteten, einheitlich in ihrer Haltung geregelten, also nirgends eine wirkliche Regel, dagegen absichtlich zum Schein dieselbe verletzenden, obgleich nach einem mit jenem harmonischen Haltungsgesetz sich wieder herstellenden gekrümmten

oder gebrochenen (geschlossenen oder ungeschlossenen) Flächenform, ist das S c h ö n e des körperlichen F o r m-, d. i. des
plastischen Vorstellens. Dasselbe auf eine Mehrheit oder
auf die Gesammtheit des körperlichen Formvorstellens ausgedehnt,
ist ein oder das Kunstwerk des plastischen Vorstellens, die oder
eine plastische Phantasie.

§. 420. Dass es sich hier nur um eine Uebertragung der
Form des Schönen und jener des Classischen auf das körperliche
Form-, d. i. auf das plastische Vorstellen handle, ist klar.
Wo das körperliche Formvorstellen Mass und Gestalt überschreitet,
wird es plastisch hässlich, es mag auf anderem Wege durch die
Schauer des Kolossalen, Gigantischen und Erhabenen diese Blössen
noch so schlau zu verstecken sich bemühen. Wo es unter dasjenige Mass herabgeht, bei welchem Grenzen und Verhältnisse noch
wahrnehmbar sind, oder die Formen so unter einander wirft, dass
kein Theil sich an seinem Orte befindet, da kann von Vollkommenheit begreiflich ebenso wenig die Rede sein. Wo es die
R e g e l vermissen lässt, die es entweder wirklich nicht h a t, oder
doch nicht wahrnehmbar werden lässt, auch bei vollendetem Vorstellen (für den ästhetischen Beschauer, dessen vollendetes Vorstellen
doch nicht vollendeter werden kann, ist das einerlei), da fehlt die Erfüllung der Form des Einklangs; wo es der Regel Wider-
streitendes stehen lässt, ohne es als blossen Schein aufzulösen, da verletzt es die C o r r e c t h e i t; wo es in Alltagsklarheit und mittagheller
Beleuchtung auf einmal das Ganze seines Haltungsgesetzes
überblicken lässt, weder durch scheinbare Verdunklung den alten
Einklang zu beleben, noch durch Fortschritt zu n e u e m zugleich ge-
schlagene Wunden zu heilen und höheres Leben zu geben vermag,
da ist auch bei untadelhafter Reinheit, vollkommenster Begrenztheit und Ordnung und harmonischer Regelung, der Zauber der
s c h e i n b a r e n Bewegung, das holde T r u g b i l d eines innewohnenden harmonisch bauenden Geistes fern, der das Geregelte
nicht bloss s e i n, sondern w e r d e n, sich selbst regeln, die „leere
Form" zur vermeinten Wohnstätte eines erwärmenden Geistes macht.

§. 421. Der R e i n h e i t der plastischen Phantasie steht vor
Allem die Herrschaft künstlicher Formen des körperlichen Vorstellens entgegen, die, um im vollendeten Vorstellen gegebenes

Missfälliges zu meiden, zum künstlichen plastischen Formsystem ausgebildet wird. Jene vermeidet alles Missfällige, was durch die Vereinigung disharmonischer körperlicher Formen in einem plastischen idealen Formganzen müsste hervorgerufen werden. Diese vermeidet gleichfalls, was disharmonisch ist, im vollendeten Vorstellen, aber sie schiebt an dessen Stelle nicht das absolut Harmonische, wie es gleichfalls im vollendeten Vorstellen gegeben ist, sondern ein beliebiges Etwas, das sie aus ihrem eigenen Vorrath nimmt, eine (individuell, national, geschichtlich) begünstigte Form, die ihr als (einzelnem, nationalem und geschichtlichem) Individuum wohlgefällig dünkt, eine künstliche Form und entwickelt dieselbe zu einem zusammenhängenden System, dessen Einheit-lichkeit über die Künstlichkeit seiner Phantasie täuscht, und als systematische Manier zu einem Afterbild des plas-tischen Stils wird. Ein solches ist z. B. der indische, welcher aus unbedingter nationaler Vorliebe für das Weiche, Weichliche, Gerundete auch dort, wo im vollendeten Vorstellen diese Formen als missfällig erscheinen, gleichwol dieselben unterschiebt und z. B. bei der Darstellung der menschlichen Gestalt einen skelettlosen Thurmbau fleischiger Wülste und Polster zum Systeme erhebt. Sein Gegenbild ist der ägyptische, welcher in eben solchem nationalen Festhalten an den einfachsten regelmässigen Körperformen das im vollendeten Vorstellen Missfällige nichts desto weniger zur gelten-den Form erhebt. Da dieser künstliche Inhalt nicht dem Gegebenen entnommen, da er nur dem eigenen Innern des weitern und engern (individuellen, nationalen und geschichtlichen) Subjects entlehnt sein kann, indem bei vollendetem Vorstellen das absolut Missfällige auch ihm hätte missfällig erscheinen müssen, so stellen diese plastischen Manieren, wo sie nicht mit dem Stil zusammenfallen, eine Reihe von plastischen Formverirrungen dar, welche insofern sie in geschichtlichen Persönlichkeiten (Individuen, Völkern, Zeit-altern) hervortreten, die Phänomenologie der plastischen Formphantasie im Gegensatz zu dem im vollendeten Vor-stellen stets sich gleichbleibenden Noumenon der absolut wohl-gefälligen körperlichen Form ausmachen.

§. 422. Der plastische Stil ist nur einer, der Manieren sind unzählige. Jener herrscht überall dort, wo auf einen im vollendeten

Vorstellen gegebenen ursprünglichen absoluten Einklang zwischen Körperformen ein damit in Einklang stehendes System von Körperformen in der plastischen Phantasie gebaut ist. Mehr als in jeder andern Naturerscheinung ist in der menschlichen Gestalt diese Forderung erfüllt. Wo nicht der Kunst fremde Zwecke (physiologische, statische Bedingungen u. s. w.) hindernd in den Weg treten, waltet bei der grössten Mannigfaltigkeit der Abschnitte, Sectoren u. s. w. die Kugelform in derselben vor, durch welche fast alle Theile der menschlichen Körperform mit einander in qualitativer Verwandtschaft stehen. Die antike Plastik, indem sie daher diese Formverwandtschaft festhält, erhebt sich dadurch zum Stil und sie nähert sich diesem um so mehr, je mehr sie es aufgibt, e i n e einzelne Form zur durchgreifenden zu machen und sich dagegen an ein grosses blutsverwandtes F o r m e n g e s c h l e c h t hält. Die ägyptische Plastik und die indische bilden hier wieder Gegenstücke. Beide halten sich bei der Darstellung der menschlichen Körperform an eine durchgehende, jedes an die entgegengesetzte Form; jene an die Kugel und den Cylinder, diese an die Pyramide und den Kegel. Sie suchen überall d i e s e l b e n, nicht wie die Natur und die griechische Kunst unaufhörlich n e u e, aber stets v e r w a n d t e Formen, Identität, nicht Einklang. Ihr System hat daher etwas vom pedantischen Zwange der conventionellen Gesellschaft, während der Stil der Natur und der Griechen die Umgangsfreiheit der Familienverwandtschaft athmet. Dort herrscht m a t h e m a t i s c h e, hier ä s t h e t i s c h e E i n h e i t.

§. 423. So sicher es daher ist, dass aller Stil in der Form der Einheit ruhe, und aller plastische Stil nur die Einheit plastischer Formen sei, so kann es doch so wenig je gelingen, den Stil eines concreten, plastischen Formkunstwerks auf die zu Grunde liegenden einzelnen plastischen Formen vollständig zurückzuführen, als die Verwandtschaft des Menschengeschlechts bis auf das erste Menschenpaar darzuthun. Das unsichtbare und doch reale Band, welches das Blut durch die Menschheit und welches der Stil durch das Kunstwerk schlingt, ist auf gleiche Weise unfassbar. Alle Formen des Körpers des vaticanischen Apolls gehören zum Geschlecht der einfach, doppelt und mehrfach gekrümmten Flächen: die einen sind Kugel-, die andern Ellipsoid-, die dritten Paraboloid-,

Hyperbolid-, Kreissegmentflächen u. s. w., jede Form für sich
gefallend und alle unter einander harmonisch verwandt;
darin liegt der Zauber, der aus den Formeigenschaften blosser
plastischer Formen wol entsprungen, aber zum Glück der voll-
zähligen Angabe der mathematischen Körperformen, welchen jene
Segmente angehören, zum ästhetischen Genuss nicht bedürftig ist.

§. 424. Die Auffindung der Raumformen ist ein geo-
metrisches, nur die Auffindung der ästhetischen Formen des
Räumlichen das ästhetische Problem. Longimetrie, Planimetrie,
Stereometrie, und die Lehre von den linearen, ebenen und körperlichen Formen geben der Aesthetik den Stoff, die räumlichen
Formen, auf welche sie die allgemeinen ästhetischen anwendet.
Wodurch Raumformen schön, wodurch ein oder der Inbegriff
räumlicher Formen ein räumliches Kunstwerk werde, dass
beide dasselbe nur durch die allgemeinen ästhetischen Formen
werden können, das geht die Aesthetik als Formwissenschaft an,
für welche die Raumform als solche eben so Stoff ist, wie die
Empfindung und die in Worten ausdrückbare Vorstellung.

§. 425. Sollte sie selbst die Möglichkeiten, wie räumliche Formen
an einander gereiht und auseinander scheinbar wie von selbst entwickelt werden können, erschöpfen, sie müsste damit die Totalität
aller jemals möglichen räumlichen Phantasieen vorwegnehmen. Denn
wie alle Worte der Sprache aus der Combination der einzelnen
Laute, so gehen alle Schöpfungen der räumlichen Phantasie aus
den Combinationen einzelner Raumformen hervor. Der Architekt
legt den Zirkel, das Quadrat, das Dreieck zum Grunde, und er-
schafft durch Synthese dieser einfachen linearen Formen nach verschiedener Lage, Menge und Richtung eine architektonische Phantasie. Der einfache Grundriss vieler Kirchen zeigt ein Quadrat als
Grundlage, das zwei gleiche zur Rechten und Linken gelagert hat
und mit ihnen das Querholz eines Kreuzes bildet, dessen Stamm
aus fünf ihm gleichen Quadraten, das Grundquadrat als zweites
in der Reihe gerechnet, und zu beiden Seiten der letztern aus
ebenso vielen Halbquadraten besteht, welche letztere auch den
Seitenquadraten des Querholzes, sowie dem Schlussquadrat des
Stammes angehängt und zu halbrunden Absiden abgeschnitten
sind, während je ein aus einem Viertheil des Grundquadrats ge-

bildeter Halbkreis den entsprechenden Abschluss für die beiden Seitenschiffe des Kreuzstammes bildet. Fenstermasswerke gothischer Kirchen werden in der besten Zeit dieses Stils fast nur durch Combination des Halbkreises und der Geraden gewonnen. Der Thurm steigt entweder wie in Ravenna als einfacher Cylinder, oder wie in Florenz als Parallelopiped auf, oder er geht wie am Strassburger Münster aus dem vierseitigen ins achtseitige Prisma über, um als Krönung des Ganzen als sechzehnseitige Pyramide sich in die Wolken zu verlieren.

§. 426. Die Freiheit der plastischen Phantasie liegt wie die Freiheit des Classischen darin, dass der Schein, sei es der Regelmässigkeit, sei es der Unregelmässigkeit der plastischen Formen nicht bestehen kann, dass er aber zugleich nicht in die ursprüngliche Regel sich auflösen muss. Alles was die Form der Ausgleichung fordert, ist Herstellung der Regelmässigkeit, wenn sie, der Unregelmässigkeit, wenn diese das ursprünglich Gegebene war. Dem wird genügt, ohne dass dieselbe Regel oder Nichtregel hergestellt zu werden braucht, vielmehr wenn das letztere der Fall ist, so entsteht leicht Monotonie, Ermüdung, Unfreiheit. Die Ungebundenheit darf aber nicht so weit gehen, dass der Zusammenhang zwischen der ursprünglich gegebenen und wiederherzustellenden Form zerissen würde. Die wiederhergestellte Regelmässigkeit muss eben als Wiederherstellung sich fühlbar machen. So ist die Platte gegen den Säulenschaft gehalten eine Unregelmässigkeit, ein Sprung von der gekrümmten zur gebrochenen Fläche. Soll nun die letztere als Auflösung des ersten, soll die scheinbare Unregelmässigkeit der Form sich in eine neue Regelmässigkeit auflösen, so müssen die in der gebrochenen Fläche liegenden Krümmungs-, wie die in der gekrümmten gelegenen Gebrochenheitselemente versöhnt, das Band zwischen beiden muss hergestellt werden, entweder durch die Gebrochenheit der gekrümmten Fläche, Cannellirung, oder durch die Abrundung der gebrochenen Fläche, den Wulst, also duerh eine Regelmässigkeit, welche über den beiden ursprünglichen gelegen ist.

§. 427. Dieser Schein des Lebens, indem eine Form die andere, eine Regel die andere aus sich hervorzutreiben scheint, ist es, was man als das „Quellen der Formen" zu bezeichnen liebt.

Eine naturphilosophische Aesthetik hat daher in dem o r g a n i s c h e n
Hervortreten des Stengels aus der Wurzel, der Blüthe aus dem
Stengel das Vorbild der Kunst gesehen, während gerade umgekehrt die rein ästhetische Form der Ausgleichung und die sich
fortschreitend wiederherstellende und harmonisch abschliessende
Form es ist, welche der Pflanze, von ihrem physiologischen Leben
ganz abgesehen, rein äusserlich betrachtet, den ästhetischen S c h e i n
des Lebens gewährt. Mit weiser Kunst haben die griechischen Tempel-
architekten deshalb an der Stelle des cylindrischen Säulenschaftes ein
Conoid oder selbst eine Combination zweier mit ihren Grundflächen zu-
sammenstossender Conoide gewählt, um dadurch an der Statt der
in übersichtlicher Regel aufsteigenden Säule eine Abwechslung
körperlicher Formen zu gewähren, deren jede zuerst eine Abweichung von der andern scheint, zuletzt aber als Wiederherstellung der Regel in neuer Wendung sich auflöst. Wie in der
Musik Consonanz und Dissonanz, so wechseln in der Plastik
regelmässige und scheinbar unregelmässige obgleich sich zu neuer
Regel herstellende Körperformen ab und gewähren dem Blick, der sie
nachfassend durchirrt, einen Genuss, denn man mit Recht als
„Formenmusik" bezeichnet hat. Wie dort Uebergänge von einer
Harmonie zur andern, so finden dergleichen hier von einer plastischen Regel zur andern statt; wie jene in einer abschliessenden
Harmonie, so findet die plastische Phantasie in einem abschliessenden
plastischen Einklang ihre beruhigende Vollendung.

§. 428. In der plastischen Phantasie, insofern sie das
Metrische und das Lineare mit aufnimmt, findet nur das Planare
und damit das Malerische keinen Platz. Die plastische Phantasie
schliesst die E b e n e aus; alle Flächenformen, die sie umfasst,
sind gebrochene oder gekrümmte. Das Vorherrschen der gebrochenen
oder gekrümmten Flächen, ja das ausschliessliche Vorhandensein
der einen oder der andern entscheidet daher über den Charakter
der plastischen Phantasie. Es lässt sich eine solche denken, welche
ausschliesslich aus gekrümmten, wie eine, die ausschliesslich aus
gebrochenen und eine dritte, die aus beiderlei Formen zusammengenommen bestünde. Die plastische Phantasie, welche den griechischen
Tempel schuf, scheint den gekrümmten Flächen nur in den Säulen
einen, keineswegs den Hauptplatz neben den überwiegenden ge-

brochenen Flächen einzuräumen; aber es scheint nur so. Genaue Beobachtungen haben nachgewiesen, dass keine einzige Fläche des griechischen Tempels eine reine Ebene, wie keine einzige Begrenzungslinie desselben eine vollkommene Gerade sei. Die gebrochenen Flächen sind Polyeder, deren Seitenflächen statt Ebenen, Segmente der verschiedenartigsten Rotationskörper, Kugel, Ellipsoid, Sphäroid, Parabolid, Hyperbolid u. s. w. sind und daher den gekrümmten Flächen selbst am nächsten kommen. Anderseits verwandelt die Cannellirung der dorischen und corinthischen Säulen die gekrümmte Oberfläche der Säulen selbst in eine gebrochene und tritt dadurch dem Charakter der übrigen Theile der plastischen Phantasie des Tempelgebäudes wieder näher. An der menschlichen Gestalt haben aufmerksame Beobachter längst dargelegt, dass ihr vorherrschendes Kennzeichen in der ausschliesslichen Herrschaft der gekrümmten Fläche beruhe. Nicht nur keine Ebene, nicht einmal eine bloss gebrochene, also kantige Fläche, ist aufzufinden. Da die gekrümmte Fläche nun der gebrochenen im Allgemeinen an Gefälligkeit vorangeht, so hat die griechische Tempelphantasie wie die menschliche Körperphantasie, jene, indem sie selbst die gebrochenen Flächen den gekrümmten nähert, diese, indem sie die gebrochenen ganz verbannt, zu ihren einfachsten Elementen die wohlgefälligsten Flächenformen, jene bloss genähert, diese ausschliesslich. Indem sie dieselben auf seelenvolle, d. h. auf solche Weise aneinanderreihen, dass sie auseinander hervorzuwachsen scheinen, d. h. nicht willkürlich, sondern nothwendig, und doch wieder nicht erzwungen, sondern sich erzwingend, erreichen sie jenen „Lebensschimmer," welcher die Phantasie des griechischen Tempels, wie der menschlichen Gestalt verklärt.

§. 429. Halten wir dagegen z. B. den ägyptischen Tempelbau als plastische Phantasie. Die gebrochene Fläche herrscht vor, und zwar in strenger geometrischer Regelmässigkeit. Die gekrümmte Fläche erscheint nur in der Säulenoberfläche und hier ohne Cannellirung, d. i. jene wie diese ohne den Reiz, der sie einander nähert, und dadurch mit einander harmonisirt. Das Gebrochene und das Gekrümmte stehen unentwickelt neben einander. Beide einander heterogene Geschlechter von Flächenformen sind zusammengewürfelt, nicht ästhetisch verbunden. In der plastischen Phantasie

als solcher herrscht nicht Einklang, sondern Zwietracht; nicht ein
einziges verwandtes Formengeschlecht, sondern zwei unver-
wandte feindselige Geschlechter unversöhnt neben einander. Die
Einheit der Formregel, der Stil mangelt. Allerdings auch in der
griechischen Tempelphantasie gibt es Gekrümmtes und Gebrochenes;
also zwei Formengeschlechter. Aber indem die gebrochene Fläche
sich der gekrümmten, die gekrümmte der gebrochenen nähert,
schwindet die Feindseligkeit; die Verwandtschaft, das einigende
Band, tritt hervor; beide Geschlechter erscheinen als ein Formgeschlecht, es entsteht Stil.

§. 430. Eine körperliche Flächenform wie die der menschlichen Gestalt ist das Höchste, was die plastische Phantasie zu
erreichen vermag. Der Genuss, welchen das Durchlaufen der
Oberflächen, etwa des Apollo, des Laokoon, des Torso, der
Venus von Melos gewährt, lässt sich nur dem vergleichen, welchen
das Anhören eines fortrauschenden Tonwerks mit sich führt. Nirgend
stösst das Auge auf eine fremdartige, nirgend auf eine unschöne
Flächenform; jede scheinbare Disharmonie löst sich in neue Harmonie auf. Ein Formgeschlecht, verwandt, harmonisch unter sich,
wie die Töne eines Tongeschlechts, macht die ganze Körperoberfläche aus. Man könnte sie aus der oder jener Form gesetzt
nennen, wie man ein Tonwerk in Dur- oder Molltonart setzt.

§. 431. Die Vollkommenheit der plastischen Phantasie
liegt darin, dass sie jeden Bestandtheil des Ganzen, jede plastische
Form selbst lebendig, energisch, dass sie innerhalb des Gesammtbildes die grösste Mannigfaltigkeit plastischer Formen zeigt, und
dass sie jeder derselben im Zusammenhang des Gesammtbildes
den Ort anweist, wo sie ohne Beeinträchtigung aller übrigen sich
am vollständigsten geltend machen kann. Auch hier ist wieder
die plastische Phantasie, welche die körperliche Oberfläche der
menschlichen Gestalt zeigt, allen erdenklichen überlegen. Innerhalb
der durch den Stil geforderten Verwandtschaft aller Formen
herrscht die allergrösste nur erfindbare Mannigfaltigkeit. Die
Mathematik hat es noch nicht dahin gebracht, mehr als den geringsten Theil der Rotationsflächen zu berechnen, von denen die
Oberfläche der menschlichen Gestalt Segmente aufweist. Und doch
hindert keine Form die andere. Einträchtig schwillt eine Muskel-

form neben der andern empor, ein Ocean von Wogenflächen der verschiedensten Krümmungshalbmesser, der verschiedensten Wellenlängen, auf deren Kämmen die plastische Phantasie sich entzückt, wie die musikalische auf den Fluthen einer Beethoven'schen Symphonie wiegt.

§. 432. Die Wahrheit der plastischen Phantasie liegt in der Treue, mit welcher das Nachbild das Vorbild, die Reinheit, die Freiheit, die Einheit und die Vollkommenheit des plastischen Formganzen wiedergibt. Unwahr ist dieselbe, wo das wirkliche Vorstellen hinter dem Vorbilde zurückbleibt, wo entweder ein künstliches Formensystem die Stelle des Stils vertritt, oder mitten im plastischen Formganzen der Riss zweier verschiedenen Formgeschlechter sichtbar wird, oder das ungezwungene Hervorsprossen willkürlicher Aneinanderreihung der Formen Platz macht, oder eine geringe Menge von Formen das Gesammtbild ärmlich, eine erdrückende dasselbe überhäuft, eine ungeordnete dasselbe verworren und undeutlich macht. Der Hauch des Vorbildes muss das ganze Nachbild, die plastische Phantasie in allen Theilen beseelen; der absolut wohlgefällige Stempel macht das wohlgetroffene Gepräge absolut gefallend.

§. 433. Die dem vollendeten Vorstellen sichtbaren Formenmängel der plastischen Phantasie sucht das plastische Vorstellen wie das übrige Formvorstellen theils durch den Reiz des Stoffs, mit dem es die leeren Stellen der Form ausfüllt, theils durch subjective Erregungen zu verbergen, welche dem vollendeten Vorstellen bald voran-, bald begleitend zur Seite gehen. Der stoffliche Reiz ist der Empfindungsreiz, sei es der optische des Lichts und der Farbe, sei es der statische des Widerstandes. Die unregelmässig gekrümmte oder gebrochene Flächenform mit abwechselnder Licht- und Dunkel-, oder mit bunter Farbenempfindung ausgefüllt, vermag wie der schöne Teint einem hässlichen Gesicht jenen Reiz zu verschaffen. Die angenehm betonte Druckempfindung der weder übermässigen Weichheit noch schmerzenden Härte verleiht einer selbst eckigen und scharfkantigen Flächenform sowie einer gesetzlos gekrümmten einen anmuthigen Beigeschmack. Wir ziehen die Glätte des Marmors der Porosität des Sandsteins bei gleicher Formbeschaffenheit vor. Unter den Formschönheiten der steinernen und jenen der belebten Gestalt gibt die nachgiebige Zähigkeit des Fleisches den letztern einen nicht ästhetischen, aber stofflichen Vorzug. Mit dem vollendeten Vorstellen der körperlichen Form verbinden sich Associationen, die mit ihr selbst nichts zu schaffen haben. Der Schönheit derselben am weiblichen Körper angeschaut, geht der geschlechtliche Trieb, das physische Begehren zur Seite. Es ist falsch, dass die Schönheit die Begierden erwecke, denn das vollendete Vorstellen, aus welchem allein das ästhetische Urtheil fliesst, erfolgt ohne, ja gegen das Begehren. Die reine Form wird nur beurtheilt, insofern und nachdem die Begierden schweigen. Was die sinnliche Begierde erweckt, ist einmal die Vorstellung des W e i b e s, nicht der Form, ist der stoffliche Empfindungsreiz, mit dem die Form selbst ausgefüllt ist, T e i n t, W e i c h h e i t, F ü l l e (nicht Rundung), D u f t, ist am allermeisten die Vorstellung, dass im Andern dieselbe Begierde lebe. Die sogenannte „Bauernschönheit" ist „Weiss und Roth," das „Dralle," „Füllereiche" und vor allem das „Begehrliche." Wo die Begierde nach reiner Formenschönheit wählt, hat sie ihren Charakter als sinnliche Begierde schon zu gutem Theile abgestreift, ist zur Eitelkeit, zum Stolz auf beneideten Besitz des schönen Gegenstandes geworden; dann gleicht sie dem Kunstliebhaber, der den ästhetischen Genuss des schönen Kunstwerks nicht durch den Besitz erhöhen, sondern sich durch den Besitz dessen W i e d e r h o l u n g dauernd s i c h e r n will; dann ist das Weib nicht mehr als Weib sondern als S c h ö n h e i t Gegenstand einer ästhetischen Beurtheilung und der ä s t h e t i s c h e Genuss Gegenstand des Begehrens.

§. 434. Setzen wir wieder das romantische als unvollendetes dem classischen als vollendetem Vorstellen gegenüber, so ist das plastische Vorstellen, das seine mangelhafte Formseite durch Reize, wie sie aus unvollendetem Vorstellen entspringen, ergänzt, r o m a n t i s c h. Ein solches stellt die Körperform mit Empfindungsreiz erfüllt, also die Oberfläche gefärbt oder von der und jener bestimmten Textur, wie sie dem Tastorgan als Drucksinn erwünschlich ist, vor; es denkt seine Statuen b e m a l t, seine B i l d s ä u l e n lebendig; substituirt dem spröden Gestein den glattpolirten Marmor, dem Stein am liebsten die warme schmelzende Weichheit der menschlichen Haut: es lässt sich auch die hässliche Flächenform gefallen, wenn sie am kostbaren Material, an Gold, Elfenbein, Edelgestein ausgeführt ist. Die formverwildertsten Zeiten der plastischen Künste waren durchschnittlich die in ihren Schöpfungen buntesten und prachtvollsten. Aber man darf daraus nicht folgern, dass, weil, wo Formmängel vorhanden sind, das plastische Vorstellen, um sie zu verhüllen, zu unplastischen Reizen griff, dasselbe überall, wo sich zur körperlichen Flächenform anderweitige Reize gesellen, jene Formenmängel zeigen müsse. Die Polychromie des Alterthums beweist das Gegentheil. Die plastische Phantasie des antiken Tempels hatte nichts zu verbergen, so wenig wie die der Chryselephantinen des Phidias wird durch den kostbaren Stoff gut zu machen gehabt haben. Hier ist die Polychromie kein romantischer Nothanker, sondern das Resultat eines freiwilligen Bündnisses der plastischen mit der m a l e r i s c h e n Phantasie, wie sie ein solches u n f r e i w i l l i g mit der m e t r i s c h e n und l i n e a r e n eingehen muss, weil sich plastische Formen ohne Mass und lineare Begrenzung nicht denken lassen. Aber darin geht das Vorstellen schon über das einfache Kunstwerk, die einfache Phantasie hinaus, und erhebt sich zum z u s a m m e n g e s e t z t e n der z u s a m m e n g e s e t z t e n Phantasie, von welchem erst nachher die Rede sein kann, wenn alle denkbaren einfachen gefunden sind.

§. 435. Im metrischen, linearen, planaren und körperlichen Flächenvorstellen erschöpft sich die Möglichkeit des simultanen Formenvorstellens überhaupt. Davon sind die letztgenannten drei dem simultanen Formenvorstellen ausschliesslich eigen, das erstgenannte dagegen, das metrische Vorstellen, theilt es mit dem successiven. Dasselbe ist überall dort, wo Entfernung, diese ist aber auch da, wo successives Vorstellen vorhanden ist. Es gibt sowol z e i t - l i c h e als r ä u m l i c h e Distanzen, und damit sowol ein zeitlich als räumlich Metrisches, eine C h r o n o m e t r i e, wie es eine G e o - m e t r i e, und folglich auch ein c h r o n o m e t r i s c h Schönes, wie es ein S c h ö n e s der R a u m f o r m, aber es gibt nur e i n Schönes der Zeitform, weil es überhaupt nur e i n e Zeitform gibt.

§. 436. Weil jede Entfernung ein System zweier Punkte ist, so wird sich die chronometrische Distanz von der räumlichen nur dadurch unterscheiden, dass die Punkte jener dem N a c h -, die Punkte dieser dem M i t -, aber A u s s e r - d. i. dem N e b e n e i n a n d e r des

Vorstellens angehören. Da es hier ferner um blosse Form des Zusammenfassens zu thun ist, so wird die Qualität der diese Punkte des Vorstellens ausfüllenden Vorstellungen selbst gleichgiltig sein; mehrere Systeme zweier Zeitpunkte, d. i. zeitliche Distanzen, werden sich nur rücksichtlich ihrer Qualität, d. h. der Grösse der Distanzen nach unterscheiden. Da ferner hier von der Richtung auch ebenso wenig wie vorher beim Metrischen die Rede ist, so wird dieselbe bei allen Systemen zweier Zeitpunkte für identisch gelten, d. h. sie werden alle als in derselben Richtung liegend vorgestellt werden, oder was dasselbe ist, sie liegen alle in derselben geraden Linie, d. i. der Zeitlinie.

§. 437. Da nun die letztere eine stetig erfüllte ist, so werden auch die Distanzen zweier Punkte in derselben, d. h. das metrische System zweier Zeitpunkte wird stetig erfüllt sein, d. h. sie werden sich zugleich als Linienstücke einer Geraden ansehen lassen. Als solche sind sie, da alle darin gelegenen Punkte derselben Richtung folgen, also einerlei Regel beobachten, zugleich ein lineares Schönes, obgleich der einfachsten Art, und es ist nun die Frage wodurch diese als Stücke der Zeitgeraden schon wohlgefälligen Zeitdistanzen noch metrisch wohlgefällig werden können.

§. 438. Die Antwort erfolgt durch einfache Anwendung der Bestimmungen des Metrisch-Schönen auf die Theile einer geraden Linie, der Zeitlinie. Es gehört dazu, dass sie sowol der Form des Vollkommenen als des Einklangs, der Correctheit und der Beseelung genügen. Das Bild eines solchen Vorbildes im Vorstellen ist ein absolut wohlgefälliges chronometrisches Vorstellen.

§. 439. Der Form der Vollkommenheit entspricht dasselbe durch ein weder zu Gross noch zu Klein. Zeitdistanzen, welche über alle Vorstellungsfähigkeit hinausgingen und sich in ein blosses Streben vorzustellen verwandelten, sowie solche, bei denen das- selbe um ihrer Kleinheit willen der Fall wäre, würden die Ver- gleichbarkeit des ästhetischen Verhältnisses aufheben, und statt dessen den Widerspruch hervortreten lassen, der zum Erhabenen führt (§. 97). Die erste Bedingung eines ästhetischen Verhältnisses ist aber Vergleichbarkeit der Glieder. Incommensurable Zeitdistanzen geben daher kein ästhetisches Verhältniss.

§. 440. Der Form des Einklangs genügt das chronometrische

Vorstellen durch die Proportionalität der Zeitdistanzen. Von Symmetrie kann hier nicht die Rede sein, da die Richtung stets eine und dieselbe ist, während die Form des Symmetrischen entgegengesetzte Richtungen bedingt. Dieselben müssen, da sie sich nur durch die Quantität unterscheiden können, sonach ihre Qualitäten selbst Quanta sind, wenn dieselben überwiegend identisch sein sollen, sich entweder so verhalten, dass die eine ganz in der andern enthalten sei, oder dass beide ein Multiplum einer dritten als ihres gemeinschaftlichen Masses ausmachen. Durchaus gleiche Zeitdistanzen ergeben Identität, nicht Einklang; denn da die Richtung der Linienstücke dieselbe, die Qualität der ihre Endpunkte ausfüllenden Vorstellungen indifferent ist, so würden sich dieselben, wenn nun auch noch ihre Quantität dieselbe wäre, durch gar nichts unterscheiden. Wenn nun gleichwol der Takt, d. i. die Eintheilung der Zeitlinie in gleiche Theile, gefällt, so liegt der Grund nicht im Metrischschönen sondern im Linearschönen der Zeitlinie. Es wird nicht sowol die Gleichheit der Zeittheile, als das Festhalten derselben Richtung des Fortschreitens in der Zeitlinie, d. h. es wird dasjenige schön gefunden, wodurch dieselbe als regelmässige gerade Linie, als Linearschönes, ästhetisch erscheint. Als Metrischschönes gefällt der Takt nicht; er wird leicht langweilig, wie die gerade Linie auch, und es gibt kein anderes Mittel das zu vermeiden, als das bei der geraden Linie auch empfohlene, scheinbare Unterbrechung, aus welcher sich die Identität wieder herstellt.

§. 441. Die Form der Correctheit fordert, dass Disharmonisches, also Disproportionalität der Zeitdistanzen, vermieden werde. Nun hängt aber die Schätzung der Zeit wesentlich vom natürlichen Verlaufe des psychischen Vorstellens ab, im Vergleich zu welchem uns eine Zeitdistanz kürzer oder länger erscheint *). Folglich hängt auch die Proportionalität und ihr Gegentheil der Zeitdistanz wesentlich von der Schätzung ab, welche wir aus dem Lauf unseres Vorstellens gewonnen haben. Für Wesen von rascherem Vorstellungsablauf werden die Zeiträume, in denen bei Wesen von minder raschem Vorstellungsablauf weniger Vorstellungen sich

---

*) Vgl. des Verf. Phil. Propaed. S. 261.

bilden, deren mehrere enthalten, d. h. der Zeitraum wird ihnen länger erscheinen, weil er für sie mehr Glieder als für diese umfasst, und man annimmt, dass jedes derselben ungefähr gleich viel Zeit in Anspruch nehme. Jenen gilt als Zeiteinheit der Zeitabschnitt, in welchem s i e, diesen derjenige, in welchem sie selbst eine Vorstellung haben. Zählen nun jene sechzig ihrer, diese sechzig ihrer Zeiteinheiten zusammen, so werden sich dieselben nicht unter einander decken, also auch ihre Zeitdistanzen, auf ihre verschiedenen Zeiteinheiten bezogen, nicht unter einander p r o p o r t i o n a l sein. Daraus entsteht das Bedürfniss einer g e m e i n s c h a f t l i c h e n Masseinheit der Zeit, die natürlich desto vollkommener sein wird, je näher sie der n a t ü r l i c h e n E i n h e i t des Vorstellungsablaufes kommt, auf welche bezogen die Theile der Zeitlinie, d. i. der Linie des successiven Vorstellens, alle untereinander proportional sind.

§. 442. Wird nun statt dieser der natürlichen Einheit der Zeit entsprechenden, e i n e k ü n s t l i c h e M a s s e i n h e i t festgesetzt und alle Zeitdistanzen auf diese bezogen, so wird zwar innerhalb dieser Beziehungen selbst das Disproportionale vermieden, es herrscht Correctheit, aber die Frage ist, ob die auf diesem Wege erlangten proportionalen Zeitdistanzen auch von dem natürlichen Vorstellen werden proportional gefunden werden.

§. 443. Werden sie es nicht, so ist die Proportionalität nur s c h e i n b a r. Ueber kurz oder lang bricht die Disproportionalität durch. Es zeigt sich, dass das Vorstellen nicht nachkommen könne, dass seine Zeitschätzung mit der künstlich vorgeschriebenen nicht im Einklang stehe; die scheinbar proportionalen Zeitdistanzen erweisen sich als disproportional, und die disproportionalen im Gegentheil als proportional. Der falsche Schein schwindet; sein Gegentheil wird nur desto lebhafter fühlbar. Es entsteht der Schein der Absichtlichkeit der Aufhebung der Regel, um dieselbe desto merklicher zu machen; die Regel selbst erscheint belebt, beseelt, frei, setzt sich trotz dem Schein und mittels des Scheins als solche durch und gelangt auf diese Weise zu einem absolut beifälligen Abschluss.

§. 444. Das treue Abbild eines Vorbildes zeitlichen Vorstellens, das zugleich wohlbegrenzt und gestaltet, proportional, correct und beseelt vom Geiste der Proportionalität durch scheinbares Aufheben und Wiederherstellen derselben erscheint, ist chronometrischschönes Vorstellen, d. i. das rhythmische Vorstellen. Das Gegentheil eines solchen wäre nicht nur ein solches, dessen Zeiteinheit alle Vorstellungsfähigkeit überschritte, z. B. ein Rhythmus, der nach Jahrhunderttausenden oder einer, der nach Decillionteln einer Sekunde mässe, sondern auch Disproportionalität der einzelnen Distanzen, sowie Verstösse gegen ein einmal festgesetztes Zeitmass, wie wenn der Spieler mitten im Spiele ein schnelleres Zeitmass einschlüge, endlich Geist und Seelenlosigkeit des Rhythmus, in Folge dessen derselbe zwar nie verletzt, aber auch nie durch scheinbare Verletzung auffällig gemacht würde, also mechanisch als Machwerk, statt sich wie von selbst machend erschiene.

§. 445. Da die verglichenen Zeitdistanzen, so lange sie identisch sind, unästhetisch, sobald nicht identisch, aber proportional sein müssen, so kann von denselben nur entweder eine ein Theil der andern, z. B. die Hälfte, ein Drittel, ein Viertel u. s. w. oder beide müssen ein Multiplum einer Dritten sein, z. B. sich verhalten wie 2 m : 3 m = 2 : 3. Sind sie keines von beiden, aber doch ungleich, so sind sie überhaupt gesetzloses zeitliches Vorstellen und verhalten sich zum chronometrischen, wie das gesetzlose Raumzum geometrischen Raumvorstellen, das Vorstellen ist ametrisch. Wenn man nun solche „wilde Rhythmen" auch noch Rhythmen nennt, so thut man dies im selben Sinne, wie man eine unregelmässige Gerade auch noch Gerade nennt, man hebt den Begriff, den man setzt, auf, indem man ihn setzt.

§. 446. Gegen diese Unrhythmen ist selbst der Takt, obgleich er nur identische Zeitdistanzen, weil er wenigstens gleiche setzt, noch ein Rhythmus zu nennen. Der wahre Rhythmus aber entsteht erst bei ungleichen, obgleich proportionalen Zeitabschnitten, also bei einer zu Grunde liegenden Zeiteinheit, von welcher alle übrigen Multipla sind. Jedem derselben liegt also der Takt, d. i. die Eintheilung der Zeitlinie in gleiche Theile, zu Grunde und durch die Abwechslung grösserer und kleinerer Multiplen dieser gleichen Zeitabschnitte entsteht der eigentliche Rhythmus. Wirkliche messbare Grösse aber erhält der Rhythmus erst durch die fixirte Grösse der Zeitmasseinheit, d. h. des Abschnittes, welcher der Zeiteintheilung zu Grunde liegt. Derselbe Rhythmus läuft rascher ab, wenn dieser kleiner, langsamer, wenn er grösser genommen wird, hat daher gleiche Qualität bei verschiedener Quantität. Auf die letztere hat die Form der Vollkommenheit, auf die Qualität die des Einklangs Einfluss. Wird die Quantität der Zeiteinheit zu gross oder zu klein genommen, so leidet der Rhythmus, seine Qualität an sich sei noch so reizend, aufs heftigste, wie man bei jedem Vorleser oder Spieler hören kann, der zu langsames oder zu rasches „Tempo" hält.

§. 447. Die Länge ist ein bestimmtes Multiplum der zu Grunde liegenden Zeiteinheit, welche im Gegensatz zu jener dann Kürze heisst. So ist im Trochäus die Länge ein Duplum der Kürze: beide zusammen stellen daher ein Ganzes von drei Zeiteinheiten vor, dessen Form dadurch vorgezeichnet ist, dass sich die beiden Theile desselben wie 2 : 1 verhalten und der grössere vorausgehen soll. Kommt nun noch die bestimmte Grösse der Zeiteinheit z. B. eine Sekunde hinzu, so stellt das Ganze eine rhythmische Figur vor, analog dem architektonischen Kunstwerk (§. 393), bei welcher die Qualität, das Verhältniss der Theile wie 2 : 1, der linearen, die Quantität, die dreifache Grösse der Masseinheit, der mit jener verbundenen metrischen Form entspricht.

§. 448. Die rhythmische Figur lässt sich daher auch graphisch darstellen, d. h. auf eine Linie auftragen, es kann nicht nur eine Figur mit der andern wechseln, sondern diese Abwechslung kann selbst wieder ein rhythmisches Gesetz befolgen u. s. w. Werden die Formen der Vollkommenheit, Freiheit, Einheit, Reinheit und des harmonischen Abschlusses auf das rhythmische Vorstellen in seiner Mehrheit und Gesammtheit angewandt, so entsteht ein oder das Kunstwerk des rhythmischen Vorstellens, eine oder die rhythmische Phantasie.

§. 449. Die Formeigenschaften derselben sind dieselben, wie die aller andern Kunstwerke des Vorstellens. Als Anwendung der Form des Classischen auf das zeitliche Vorstellen fordert sie vor Allem dessen Reinheit. Keine der künstlichen Regeln, welche den Ablauf des zeitlichen Vorstellens aus was immer für einem subjectiven Grunde beherrschen, soll verletzt werden. Dies ist nur wieder nicht anders möglich, als indem das rhythmische Kunstwerk dieselben gar nicht berührt, d. h. keine erkünstelte, sondern die dem natürlichen Laufe des Vorstellens entsprechende Masseinheit, das rechte Tempo einhält, in welchem auf keinem Punkte des zeitlichen Ablaufs der Vorstellungen länger, aber auf jedem so lange verweilt wird, als erforderlich ist, damit das Bewusstsein jener Zeiteinheit sich entwickle, von welchem das Urtheil über Proportionalität und Disproportionalität der Zeitabschnitte abhängt. Wird z. B. das Tempo im Vorlesen und Spielen gleich ursprünglich für die Fähigkeit des Hörers zu schnell genommen, und dann auf diese künstliche Basis ganz consequent weiter gebaut, d. h. alle weitern Proportionen auf dieselbe bezogen, so thut man damit dessen Ohre einen unerträglichen Zwang an; die Vorstellungen können sich nicht entwickeln, die Töne rauschen vorüber, vermengen und hemmen sich, die Zeitdistanzen, die uns aufgezwungen werden, und die Zeitschätzung, die wir gewohnt sind, mengen sich; das der künstlichen Basis nach allerdings Proportionale wird unserer unabweislichen Gewohnheitsschätzung nach disproportional, der Eindruck des Rhythmischen ist gestört. Wie die Folgen bloss künstlicher Willensregeln in consequenten Charakter-, so zeigt sich die Folge erkünstelter Zeitmasseinheiten in gleichfalls consequenten Zeitmassverirrungen, dergleichen man nur zu oft in Concertsälen und Theatern, sowie auf Lehrkanzeln und Rednerbühnen vernehmen kann, und die, wo sie in geschichtlichen Persönlichkeiten (vornämlich Individuen, aber auch in Völkern und Zeitaltern; ein Beispiel liefert z. B. die übermässig gedehnte Recitationsmanier des Theatre français) auftreten, eine Reihe darstellen, welche man die Geschichte, d. i. die Phänomenologie des natürlichen Zeitmasses im Gegensatz zu dem im vollendeten Vorstellen d. i in dem normalen Vorstellungsablauf sich gleichbleibenden Noumenon desselben nennen kann.

Anm. Gewöhnlich ist vom Zeitmass erst bei den sogenannten reproducirenden Künsten die Rede. Gleichwol ist es keine Frage, dass schon dem schaffenden Künstler eine Vorstellung des zu beobachtenden Zeitmasses, das Bild eines „Tempo" vorschwebt, und der reproduciren te Künstler zeigt seine Genialität d. h. Congenialität mit dem erfindenden darin, dass er das richtige, d. h. dasjenige findet, welches der Erfinder selbst dabei in Gedanken angenommen

bat. Einen Versuch das Zeitmass zu fixiren hat man durch das Metronom gemacht für die Musik: für die übrigen im Nacheinander vorstellenden Künste,
die Declamation und Recitation aber bleibt die Wahl des Zeitmasses meist noch
immer dem natürlichen Gefühle des Recitirenden überlassen, der darin als mit-
schaffender Rhythmiker auftritt.

§. 450. Die Freiheit des Rhythmischen besteht, wie die
jeder andern Phantasie, in der Anwendung nicht nur der Form
der Ausgleichung, sondern jener des harmonischen Abschlusses auf
das rhythmische Vorstellen. Jene verlangt, dass stets dieselbe, die
Freiheit nur, dass überhaupt eine rhythmische Regel hergestellt
werde. Durch jene kommt ein gebundener und auf die Länge ermüdender, durch diese dagegen ein wechselnder und doch der
Form nach immer einhelliger Rhythmus zu Stande. So bildet die
Grundlage des Hexameters eine rhythmische Periode von vier Zeiteinheiten, davon die zwei ersten stets in eine Länge zusammengezogen sein müssen, die zwei andern es sein können. Werden
auch die beiden letzten in eine zusammengezogen, so entsteht der
Spondeus, im andern Falle der Dactylus. Das rhythmische Gesetz
des Hexameters besteht nun darin, dass diese Figur sechsmal
wiederholt und dabei mit Spondeen und Dactylen beliebig ge-
wechselt wird, jedoch so, dass die fünfte oder wenigstens die vierte
Stelle jedesmal ein Dactylus einnehmen muss, auf der sechsten
dagegen an die Stelle der vierten Zeiteinheit eine Pause, um den
Absatz des Verses zu bezeichnen, eintreten kann.

Wird nun dieselbe Figur unaufhörlich wiederholt, so geräth der
Rhythmus zwar regelmässig, aber steif. Wenn sich dagegen nach
den ersten Perioden eine andere Regel der Aufeinanderfolge, aber
doch wieder nur in anderem Kleide dieselbe zeigt, erscheint der
Rhythmus frei. Durch Combination der fünf ersten rhythmischen
Perioden sind folgende Formen des Hexameters möglich, deren
jede, je nach der Form der sechsten Periode selbst wieder zwei
verschiedene Formen gibt. Es kann nämlich die rhythmische Form
des Hexameters nur einen Spondeus oder nur einen Dactylus enthalten: gibt zusammen 10 Formen, je nachdem derselbe in der

ersten, zweiten u. s. w. Periode steht. Oder zwei, die entweder
die zwei ersten oder die zwei letzten oder die erste und dritte
oder die zweite und dritte oder die zweite und vierte oder die
dritte und vierte oder die dritte und fünfte Stelle einnehmen. Gibt
14 Formen. Oder drei, entweder die drei ersten oder die drei
letzten Stellen oder die erste, dritte und vierte oder die erste,
vierte und fünfte u. s. w. Dies gibt ein Beispiel von der Ungebundenheit des Rhythmus in seiner Gebundenheit. Dieselbe steigert
sich natürlich mit der Menge der verbundenen rhythmischen Glieder,
vermindert sich mit der Menge der zu erfüllenden Bedingungen.
So fallen von den möglichen Formen des Hexameters sogleich
einige hinweg, sobald festgesetzt wird, die dritte oder vierte
rhythmische Periode (Fuss) müsse zwei Längen enthalten u. s. w.

Anm. Da hier nur von Zeiteinheiten, nicht von der Ausfüllung derselben
durch Worte und Töne die Rede ist, so gibt es auch hier noch weder Pausen noch
Haltpunkte, weder Silbenmessung noch Silbenzählung, sondern nur gleiche und
ungleiche, proportionale Zeittheile in bestimmter Regel der Aufeinanderfolge.

§. 451. Die Einheit der rhythmischen Phantasie besteht
in der Verwandtschaft aller vorkommenden Rhythmen unter einander,
d. h. in der Durchführung der Form des Einklangs im rhythmischen
Gesammtbild. Und zwar, da die rhythmische Figur sowol Grösse
als Form, Quantität und Qualität zeigt, sowol Verwandtschaft der
Grösse wie der Form nach. Zu jener ist erforderlich, dass im
gesammten rhythmischen Bilde dieselbe, wie die Vollkommenheit
fordert, dass die natürliche Zeitmasseinheit festgehalten werde.
Zu dieser ist erforderlich, dass alle Theile des rhythmischen Gesammtbildes zum selben Geschlecht gehören, überwiegend, obgleich nicht völlig identisch seien, denn letzteres würde das
ästhetische Verhältniss aufheben. Hieraus fliesst, was man musikalische Takteintheilung nennt, dass nämlich eine bestimmte stets
gleiche Zahl Zeitmasseinheiten die rhythmische Periode ausmache.
So hält der Hexameter die rhythmische Periode von vier Zeitmasseinheiten fest; in der Musik bildet die sogenannte 32tel Note,
welcher nur selten noch die weitere Unterabtheilung der 64tel Note
folgt, die übliche Grenze der Zeitmasseinheit. Je zwei von jener gehen
auf die Sechzehntel, vier auf die Achtel, acht auf die Viertel,
sechzehn auf die halbe Note, alle zwei und dreissig auf die ganze

Note der rhythmischen Grundperiode. Das gebräuchliche Grundmass ist nun die Viertelnote. Werden davon nur drei oder zwei in die rhythmische Periode aufgenommen, so wird dieselbe kürzer, wie im $^3/_4$, $^2/_4$, $^6/_8$ Takt. Die kürzesten rhythmischen Perioden, die in der Musik angewandt zu werden pflegen, sind der $^3/_8$ und $^2/_8$ Takt. Sollen in diesen kurzen Perioden bei gleichem zu Grunde liegenden Zeitmass noch Variationen möglich und merklich sein, so muss die Menge der Glieder schon sehr gehäuft, die Zeitmasseinheit also sehr klein angenommen werden. Beim $^3/_8$ und $^2/_8$ Takt kommen zugleich Sechzehntel und Zweiunddreissigstel Noten vor. Sollen so kleine Zeittheile markirt werden, so muss das Ohr schon eine sehr feine Unterscheidungsfähigkeit und die Anlage besitzen, in sehr kurzer Zeit sehr viele Tonempfindungen aufzunehmen. Die angegeführte Theilung der ganzen Note, d. i. der rhythmischen Periode der Musik, empfiehlt sich durch die Leichtigkeit der Theilung nach den Potenzen von zwei. Man kann aber die rhythmische Periode auch in drei, fünf Theile theilen, ja man hat einen fünf und neuntheiligen Takt einzuführen versucht, die sich aber in der Musik nicht gehalten, während sie in der Poesie Platz gefunden haben. So ist der Pyrrhychius eine zweitheilige, der Trochäus und Jambus eine dreitheilige, der Choriambus eine sechstheilige, der Päon eine siebentheilige, der Amphimacer eine fünftheilige, der Amphibrachys, Spondeus, Daktylus sind viertheilge rhythmische Perioden. Die Combinationen derselben, die als solche wieder rhythmische Ganze mit bestimmten Gesetzen darstellen, sind Versfüsse, Dipodien, Tripodien, Verse, Strophen, Chöre, rhythmische Gesammtwerke. Das epische Gedicht der Griechen hält die viertheilige rhythmische Grundfigur in bestimmter Form und in freigebundener Aufeinanderfolge fest; das der Inder die rhythmische Form der Sloka; das der romanischen Völker die dreigliedrige Periode, entweder des Trochäus (Spanier) oder des Jambus (Italiener) in Strophenform. Das Tonwerk duldet nur verwandte Rhythmen, d. h. entweder nach dem System der Potenzen von 2 oder von 3, 5, 7, 9 und innerhalb des ersten mit einer rhythmischen Periode von vier Viertheilen, oder deren 2 oder 3, oder von 3 oder 6 Achttheilen der ganzen Note. Wo nicht nur diese Einheit des Rhythmus durchgeführt, sondern auch die natürliche Zeiteinheit zu Grunde gelegt ist, da herrscht rhythmischer Stil, wo das eine oder das andere mangelt, dagegen rhythmische Manier. So haben Virtuosen die Gewohnheit, das Zeitmass zu verkürzen, um ihre manuelle oder Kehlengeläufigkeit zu zeigen. Wird mitten im Werke zu einer andern Taktart übergegangen, z. B. aus $\frac{3}{4}$ in $\frac{3}{8}$, die aber doch noch zu demselben System der Grundeintheilung, also hier z B. zu 2^n gehören, so können die Rhythmen noch als verwandt gelten und der rhythmische Stil ist nicht verletzt. Wird aber zu einem Rhythmus übergegangen, der auf einer andern Grundeintheilung ruht, so ist dadurch die Einheit aufgehoben. So wenn von der Takteintheilung nach 2^n übergesprungen würde in eine nach 3^n oder 5^n oder 7^n u. s. w. Ebenso duldet das Gedicht die Anwendung des Trochäus in einem jambischen System, weil beide auf einer dreitheiligen rhythmischen Periode beruhen und nur die Stellung der Länge zur Kürze verändert ist, beide also, obgleich entfernt, noch verwandt sind. Dagegen ist der Spondeus ausgeschlossen, weil er zu einer andern rhythmischen Periode, zu einer viertheiligen gehört. Der Hexameter ist daher im Deutschen fast unerreichbar, weil die Sprache an Spondeen Mangel, dagegen an Jamben und Trochäen Ueberfluss hat, die letztern aber einem andern vom Hexameter ausgeschlossenen Systeme angehören.

§. 452. Die Vollkommenheit der rhythmischen Phantasie besteht in der Intensität und Mannigfaltigkeit, d. h. in dem gehörigen Verweilen auf jedem Zeittheile, um ihn von den andern unterscheiden zu können, und in der Abwechslung ungleicher Zeittheile. Der Takt ist in letzterer Beziehung unvollkommen, weil er auf durchaus gleichen Zeittheilen beruht. Die allzukleine Zeiteinheit ist es in der ersten Beziehung, weil sie als solche nicht zum Bewusstsein kommt, so wenig wie die zu grosse. Verworrenheit der Zeittheile ist das gerade Gegentheil des rhythmischen Vorstellens, das ja gerade in der Aufeinanderfolge des Gleichen und Ungleichen seine Form besitzt.

§. 453. Die Wahrheit der rhythmischen Phantasie endlich beruht in der treuen Wiedergabe eines vollkommenen, einheitlichen, reinen und harmonisch beseelten rhythmischen Gesammtbildes im wirklichen Vorstellen, ohne Rücksicht ob jenes selbst aus der

Natur entlehnt oder erfunden, sondern einzig darauf, ob es absolut wohlgefällig als Rhythmisches s e i. An dem berühmten Vergil'schen Galoppvers bewundern wir vom Gesichtspunkt der Rhythmik aus nicht sowol die glückliche Nachahmung, als die rhythmische Schönheit. Durch jene empfängt derselbe nur einen der Form f r e m d e n Reiz, den der Naturwahrheit, welcher als solcher jedoch der n a c h a h m e n d e n Kunst, dem Schönen nicht als B i l d, sondern als A b b i l d angehört.

§. 454. Das rhythmische ist wie das metrische, lineare, planare und körperliche Formvorstellen ein blosses Zusammenfassen. Vermag man es nicht, von dem Zusammengefassten ab-, und nur auf die Zusammenfassung zu sehen, so ist man der Auffassung der rhythmischen ebenso sehr, wie der räumlichen Form eben unfähig. Wenn aber schon die Qualität des Zusammengefassten für die Form des Zusammenfassens gleichgiltig ist, so ist doch der Unterschied der Grenzpunkte des Zusammenfassens von dem durch dieselben Begrenzten nicht gleichgiltig. Was auch immer zusammengefasst werden mag, die Grenzpunkte müssen als solche sich markiren, aus dem übrigen unterschiedslosen sich unterscheidend hervorheben. Zu diesem Ende müssen sie mit irgend einem übrigens wieder gleichgiltigen Inhalt erfüllt werden, von welchem wir nichts weiter zu wissen brauchen, als dass er nicht der des dazwischen Gelegenen sei. Am nächsten und einfachsten bietet sich dieser der Empfindung dar, durch welche gewisse Punkte des zeitlich zusammenfassenden Vorstellens als e m p f u n d e n e aus den übrigen als nichtempfundenen herausgezeichnet werden. Welcher Art der Empfindungen dieselben angehören, ist zunächst gleichgiltig. Es kann eine Gesichts-, Tast-, Gehörsempfindung, ja es könnten selbst die sich in rhythmischen Perioden wiederholenden Geruchs- und Geschmacksempfindungen sein. Ein periodisch aufglänzendes Licht, ein rhythmisch wiederholter Schlag markiren den Rhythmus eben so gut, wie ein wiederkehrender Schall. Man will oft beobachtet haben, dass Taube bei heftiger periodischer Lufterschütterung, wie sie durch rauschende Musik, Trommelwirbel u. s. w. hervorgebracht wird, ein Vergnügen empfanden, ohngeachtet sie schlechterdings keinen Ton vernahmen. Es leidet schwerlich einen Zweifel, dass die sich den Nerven mittheilende rhythmische Lufterschütterung in solchen Fällen den Grund des Wohlgefallens nicht am Musikalischen, sondern am blossen Rhythmischen ausmachte. Auch Taubstumme tanzen gerne. Der ganz unmusikalische Neger, dessen Melodie das Ohr eines Europäers zerreisst, zeigt doch Sinn für das Rhythmische. Das unmusikalischste Instrument, die Kesselpauke, die Trommel, das Tambourin, genügt dem Tanzlustigen, der sich am blossen Rhythmus vergnügt; daher man von jeder Tanzmusik auch nichts weiter verlangt, als dass sie rhythmisch sei.

§. 455. Wo das Rhythmische mangelt, sucht das Vorstellen Ersatz dafür, entweder im Inhalt des Zusammengefassten, d. i. im stofflichen Reiz des in Zeitform Vorgestellten oder in subjectiven Erregungen, die es nicht zum vollendeten Vorstellen der Form kommen lassen. Letzteres ist überall da der Fall, wo, wie im heftigsten Affect, im Enthusiasmus, im Orgiastischen, in der Extase, der Sinn für Zeit überhaupt und also auch für Zeitmessung verschwindet, die Zeit „stille steht.“ Der Orgiasmus der Mysterien sollte nach Aristoteles durch „heilige Rhythmen“ besänftigt werden, ein Beweis, dass jener selbst keine Rhythmen kannte. Der Odenstil, die Dithyrambe sagen sich im Verhältniss des gesteigerten Affects von jedem künstlerischen Rhythmus los und bewegen sich in „freien Massen,“ d. i. in solchen, die kein vollendetes Vorstellen mehr vertragen. Der höchste Affect ist stumm; die Leidenschaft spricht in ungebundener Rede. Die metrische Gebundenheit hebt uns schon über den wirklichen in das blosse Bild des Gemüthssturms hinauf; dass Ovid selbst im Affect in Versen sprach, verräth eben, wie seine ganze Natur es belegt, dass seine Affecte nicht tief gingen. Je inniger das Gemüthsleben der germanischen Völker sich aussprach, um desto mehr warfen sie die künstlichen Rhythmen der höfischen Dichter und der Meistersänger weg und griffen zum rhythmisch höchst einfachen Volksliede. Die Stelle des Rhythmischen nahm das rein Musikalische des Gleichklangs, der Allitteration, der Assonanz und des Reimes ein. Wo auch dieses ausblieb, musste der ausfüllende Inhalt der Empfindung oder der poetische Gedanke den mangelnden metrischen Reiz ersetzen.

§. 456. Das unvollendete zeitliche Vorstellen, das wir wie oben

(§. 216) r o m a n t i s c h nennen wollen, trennt die Zeitform nicht von demjenigen, was darin enthalten ist, von den Empfindungen und Vorstellungen Die Mängel des Rhythmischen verhüllt es mit dem Zauber der melodischen Töne, der poetischen Gedanken. An die Stelle der reinen rhythmischen tritt eine musikalische oder poetische Phantasie, auch wol keine blosse Phantasie mehr, sondern Interesse an den Vorstellungen, nicht insofern sie B i l d e r, sondern insofern sie A b b i l d e r, nicht so weit sie s c h ö n e, sondern insofern sie w a h r e Vorstellungen sind, die n a c k t e P r o s a. Je mehr die letztere vor-, um so mehr tritt das Rhythmische zurück; in der oratorischen Prosa, wo das Interesse am Wahren noch Hand in Hand mit dem Wohlgefallen am Schönen geht, hat es noch eine Stelle; in der wissenschaftlichen, wo nur das Interesse an der Wahrheit der Vorstellungen herrscht, verschwindet es gänzlich. Das wissenschaftliche Vorstellen ist auch von Seite seiner zeitlichen Form durchaus unästhetisch. Daraus folgt allerdings nicht, dass das rhythmische und insofern ästhetische Vorstellen unwissenschaftlich sein müsse, aber es zeigt sich, dass beides einander heterogene Gebiete seien. Die moderne Speculation hat durch den Rhythmus des dialektischen Prozesses auch der Wissenschaft den absoluten Beifall einer ästhetischen Form zu verschaffen gesucht. Indem sie das B i l d einer rhythmisch sich entwickelnden Wissenschaft entwarf, hat sie richtig gefühlt, dass ein solches ästhetisch, d. h. durch seinen Rhythmus absolut wohlgefällig sei. Aber indem sie, wie sie es that, dieses B i l d für das A b b i l d des gegebenen Wissens erklärte, that sie jenen Schritt über die Aesthetik als Wissenschaft von den gefallenden und missfallenden Bildern hinaus auf das der Metaphysik als Wissenschaft vom Seienden, der für sie und ihr vermeintliches Wissen vom Seienden verhängnissvoll geworden ist. Die rhythmisch sich entfaltende Wissenschaft ist ein ästhetisches B i l d; aber sie ist, für die Aesthetik wenigstens, n u r ein Bild, denn diese weiss nichts vom Seienden.

§. 457. Das zeitliche Vorstellen hat nur e i n e zusammenfassende Form, die der geraden Linie; es kann also auch nur e i n e s c h ö n e Form des Zusammenfassens haben, die r h y t h m i s c h e, und nur e i n Kunstwerk darstellen, die r h y t h m i s c h e

236

Phantasie. Die ästhetischen Formen des zusammenfassenden Vorstellens sind daher mit jenen des geometrisch und chronometrisch Schönen, die Kunstwerke des zusammenfassenden Vorstellens mit der räumlichen und zeitlichen d. i. rhythmischen Phantasie erschöpft. Der Stoff der ästhetischen Formen des zusammenfassenden Vorstellens sind die zusammenfassenden Formen selbst, die räumlichen und zeitlichen, die Masse, sowol Raum- als Zeitmasse, die linearen, planaren und gekrümmten und gebrochenen Flächen so wie die Masse der geradlinigen Zeitform. Werden diese ben auf anderes, als sie selbst, auf dasjenige, dessen Form sie ausmachen, auf die Welt der Objecte bezogen, so bilden sie die angewandte Messung, Raum- und Zeitmessung; werden sie lediglich auf einander als Grössen und Formgrössen bezogen, so bilden sie die reine Raumgrössen- und Zeitgrössenlehre; werden sie auf die Normen des ästhetischen Vorstellens bezogen, insofern sie nach diesen gefallen oder missfallen, so entsteht die Aesthetik des zusammenfassenden Vorstellens, dessen Kunstwerk die zusammenfassende d. i. im engsten Sinne die Formenphantasie ist.

§. 458. Die Arten der Formenphantasie sind die bildende und die rhythmische. Die Arten jener sind die architektonische (zeichnende), planare (malerische) und plastische (bildnerische), entsprechend den drei Theilen der Geometrie, deren erster von den Linien, deren zweiter von den Ebenen, deren dritter von den Körpern handelt (Longimetrie, Planimetrie, Stereometrie). Die rhythmische kat keine Arten, wie die Chronometrie keine Theile, und die Zeitform nur eine Dimension.

B. Die Kunstwerke des empfindenden Vorstellens.

§. 459. Wie das zusammenfassende Vorstellen, so hat das empfindende seinen bestimmten psychischen Charakter, den nicht die Aesthetik, sondern die Psychologie zu erörtern hat. Den allgemeinen ästhetischen Formen ist das gegebene Vorstellen ein geistiger Stoff, welcher, jene darauf angewandt, zum Schönen, als Ganzes zum Kunstwerk, zur Phantasie wird. Das Empfinden nun ist ein vom zusammenfassenden Vorstellen verschiedener Stoff, aber die allgemeinen ästhetischen Formen, die darauf Anwendung finden, bleiben nichts desto weniger dieselben. Auch hier muss Vollkommenheit, Bedeutendheit, Geregeltheit, Correctheit, Beseelt-heit, harmonischer Abschluss das Empfinden zum s c h ö n e n, müssen Vollkommenheit, Wahrheit, Einheit, Reinheit, Freiheit und harmonische Geistigkeit dasselbe als Ganzes betrachtet zum K u n s t-w e r k machen.

§. 460. Der Gegensatz des Simultanen und Successiven zieht sich auch durch das Empfinden hindurch, obgleich nicht in der-selben Strenge, wie bei dem Zusammenfassen. Bei diesem liegt sein Ursprung in dem Zusammenfassen selbst, das nur entweder gleichzeitig oder nacheinander erfolgen kann; hier handelt es sich um Zusammenzufassendes, das ebensowol auf einmal, als nacheinander zusammengefasst werden kann. Es ist grell widersprechend, dass die F o r m des gleichzeitigen Zusammenfassens zugleich successiv zusammenfassend sei; aber es ist nicht widersprechend, dass derselbe I n h a l t einmal simultan, das anderemal successiv zusammenge-fasst werde. Die Netzhaut des Auges empfängt in jedem gegebenen Augenblick der Eindrücke mehrere zugleich, d. h. sie fasst simultan auf; aber der Punkt des deutlichen Sehens bewegt sich auch der Reihe der Schreize entlang, d. h. es fasst successiv auf. Das Ohr empfängt in jedem gegebenen Moment nur eine einzige concrete Tonempfin-dung, es fasst also nur successiv auf; aber diese concrete Ton-empfindung ist selbst schon ein Resultat, das aus dem gleich-zeitigen Vernehmen mehrerer einzelnen Töne entspringt, d. h. es fasst simultan auf.

§. 461. Das letztere Ergebniss, welches Helmholtz durch seine Experimente ausser Zweifel gesetzt hat, indem er die einzelnen Töne, aus welchen der Ton, der der concreten Tonempfindung entspricht, sich zusammensetzt, den Grundton mit seinen Obertönen sogar namhaft machte, ist für die Aesthetik des Empfindens von durchschlagender Wichtigkeit. Es legt nemlich dar, dass die Grund-lagen des Harmonischen und Disharmonischen in der ursprüng-lichen Zusammengesetztheit der vermeintlich einfachen Empfindungen zu suchen, und dass die letzteren selbst, insofern sie ästhetisch in Betracht kommen, durch und durch formirt, d. h. selbst schon geregelt, also der Form nach wohlgefällig seien, das Harmoniren der Empfindungen sonach von der überwiegend identischen oder nichtidentischen Qualität ihres zusammengesetzten Inhalts, d. h. der Theile abhänge, aus denen sie selbst bestehen.

§. 462. Wäre die Empfindung streng einfach, d. h. ohne alle Theile, so wäre in der That nicht zu begreifen, wie durch das Ueberwiegen der identischen Qualität Harmonie entstehen könnte; denn wo es gar keine Theile gibt, da können auch nicht mehr identische als nichtidentische Theile sein. Herbart's Behauptung, die Empfindungen als primitive psychische Zustände seien streng einfach, hebt daher die Möglichkeit der Harmonie zwischen deren Inhalten geradezu auf und der Gegensatz zwischen denselben, in Folge dessen z. B. Roth dem Grün mehr entgegengesetzt sein soll als Blau, ist eine blosse Fiktion, wie er denn auch selbst zugibt, indem er denselben auf zufällige Ansicht und Selbsterhaltung zurückführt. Sind jedoch die Empfindungen nicht einfach, sondern zusammengesetzt, so kann sehr gut ein Theil derselben mit dem einer andern identisch, ein anderer im Gegensatz sein; sie lösen und spannen sich dann wie zusammengesetzte Vorstellungsmassen von theilweiser Gleichheit und theilweisem Gegensatz überhaupt sich spannen und lösen, und bringen, sich selbst überlassen, das objective Lust- und Unlustgefühl mit sich, das ihr Zusammen als ästhetischer Zusatz begleitet.

§. 463. Indem nun Helmholtz beweist, dass jede unserer concreten Tonempfindungen der Effect des gleichzeitigen Erklingens des Grundtons und seiner Obertöne sei, so folgt, da wir gar keine andern als concrete Tonempfindungen haben können, dass wir überhaupt nur zusammengesetzte Tonempfindungen haben können, d h. dass wir stets mehrere Töne gleichzeitig vernehmen, auch wenn wir nur einen zu hören glauben, und dass die Qualität jeder einzelnen concreten Tonempfindung das Compositum sei aus den Effecten des Grundtons und seiner Obertöne zusammengenommen.

§. 464. Es ist damit keineswegs, wie es scheinen könnte, behauptet, wir hätten gar keine einfachen Gehörsempfindungen. Nur sind die einfachen Gehörsempfindungen noch weder Klang- noch Tonempfindungen. Dies ist dadurch ausser Zweifel, weil bekannterweise eine einzelne Luftschwingung nicht hinreicht, um eine Schallempfindung zu erregen, während es doch kaum anders

sein kann, als dass auch die einzelne Luftschwingung den Hörnerv in Bewegung setze. Das letztere nun ist die eigentliche einfache Perception, während jede Klang- und Schallempfindung
schon eine zusammengesetzte sein muss. Nicht nur eine bestimmte
Menge derselben muss binnen eines sehr kleinen Zeittheiles zu-
sammenkommen, damit eine Schall-, dieselben müssen nach einem
gewissen Gesetze sich wiederholen, damit eine Tonempfindung
entstehe. Jede concrete Schallwellenerzeugung geht aber überdies
von einer concreten wellenerregenden Ursache aus, z. B. einer Violin-
saite, Trompete, dem menschlichen Stimmorgan, und Experimente
haben gezeigt, dass die Folge davon eine concrete Wellenform,
verschieden nach der Verschiedenheit der wellenerregenden Ursache, sei. Diese concrete Wellenform nach dem Ohm'schen Gesetze
in einfache Pendelschwingungen zerlegt, zerlegt auch die zusammengesetzte Schallwelle in mehrere einfache Schallwellensysteme, deren
jedes für sich eine Empfindung erzeugen müsste, deren Effect aber
zusammen in die einer concreten Tonempfindung aufgeht.

§. 465. Aus dem geht hervor, dass die vermeintlich einfache Tonempfindung C oder Cis das Schlussergebniss einer Menge
zusammenwirkender Factoren sei, ihre Qualität daher unmöglich
als einfach gelten könne. Wenn wir auch durchaus kein Gewicht
legen auf die Complicirtheit des physikalischen, wir legen ein
solches auf die nothwendige des psychischen Vorgangs bei der
Tonempfindung. Wenn es wahr ist, dass mit jedem vermeintlich einzelnen Ton deren drei, vier bis zum neunten Oberton
hinauf gehört werden, so ist die vermeintlich einfache Tonempfindung ein Complex von Tonempfindungen und wird nur nach demjenigen Ton benannt, der am stärksten empfunden wird, dem
Grundton.

§. 466. Da nun, was nicht gehört werden kann, auch keine
Musik ist, so sind die einzigen wahrhaft musikalischen Tonvorstellungen diejenigen, welche allein gehört werden können, d. h. die
concreten, der Grundton sammt seinen gleichzeitig klingenden
Obertönen. Da nun, wie Helmholtz gezeigt hat, die mitklingenden
Obertöne von der Form der Welle, diese selbst aber von der
schallerregenden Ursache abhängt, diese aber das Instrument ist,
so trifft dasjenige, was zu dem einfachen und als solcher un-

hörbaren Ton hinzukommt, wenn er gehört wird, genau mit demjenigen zusammen, was man sonst die Klangfarbe nennt und es begreift sich, warum der Tondichter nicht überhaupt Musik, sondern Musik für ein bestimmtes Instrument dichtet, also nicht überhaupt den Ton C, sondern den Complex von C mit denjenigen Obertönen, welche jenes Instrument mit denselben hervorbringt, als Tonempfindung des Hörers im Sinne hat. In seiner Phantasie hat die Tonempfindung C keine verschwommene, sondern eine ganz bestimmte individuelle Färbung; er denkt sie als Geigen-, als Claviertön, als die concrete Stimme seiner Schwägerin, wie Mozart bei der Partie der Königin der Nacht, und nur in dieser ganz präcisen Gestalt, von welcher die geschriebene Note nur ein bleiches Schattenbild ist, ist sie seine musikalische Schöpfung ganz und vollkommen.

§. 467. Die neuesten Versuche haben es mehr als bloss wahrscheinlich gemacht, dass auch die menschlichen Sprachlaute ganz wie die durch andere Instrumente hervorgebrachten Schalle behandelt werden können. Unter ihnen spielen die Vocale die Rolle der musikalischen Töne, die Consonanten jene der unmusikalischen Geräusche. Die Versuche, den Vocal auf künstlichem Wege mittels schwingender Stimmgabeln zu erzeugen, sind grösstentheils gelungen und Helmholtz hat namentlich gezeigt, dass auch sie aus einer ganzen Reihe zugleich gehörter Töne, dem Sprachgrundton und dessen Obertönen sich zusammensetzen, also ganz wie die übrigen Töne anzusehen seien. Da nun, was man Musik und Wohlklang der Sprache nennt, wesentlich auf dem Verhältniss der Consonanten zu den Vocalen und auf der Abwechslung und Reihenfolge der letztern beruht, so ist beides auch ganz nach den Gesetzen des Tonischen zu behandeln, sowol was die Abwechslungen der Intensität des Sprachtons, die Modulation, als was die Abwechslung des Inhalts desselben, die Qualität des Sprachlautes selbst betrifft.

§. 468. Dieses vorausgeschickt wenden wir nun auf die Empfindungen die allgemein ästhetischen Forderungen an und zwar zuerst auf die auszeichnungsweise simultan genannten des Auges, weil es bei diesem, der Ausdehnung der Retina wegen, auch am leichtesten wahrzunehmen ist, dass stets mehrere Stellen derselben

zugleich vom Licht berührt werden und folglich mehrere Gesichtsempfindungen zugleich entstehen müssen. Dieselben sollen vollkommen, bedeutend, geregelt, correct, beseelt und harmonisch abschliessend sein. Die erste Forderung bezieht sich auf die Quantität, alle übrigen auf die Qualität des Gesichtsempfindens. Jene
wird um so stärker sein, je intensiver der Lichtreiz, also je
grösser die Amplitude des schwingenden Aethers, der Aetherwellen
ist. Diese, die Qualität, richtet sich nach der Schwingungsdauer
und Schwingungszahl des Aethers. In Bezug auf die Quantität
unterscheidet man Helligkeit und Dunkelheit. Geschieht dies ohne
Rücksicht auf die Qualität, d. h. wird lediglich Lichtreiz und
Lichtempfindung (weisses Licht) in Betracht gezogen, so entstehen
die Gegensätze von Licht und Schatten. Jenes ist erhöhter,
dieser verminderter Lichtreiz. Völlige Abwesenheit des letztern,
absolute Finsterniss, findet niemals statt. Geschieht es mit Rücksicht auf die Qualität, d. h. auf Schwingungszahl und Schwingungsdauer, so entsteht die Farbe.

§. 469. Die Lichtempfindung, ohne Rücksicht auf die Qualität
des Lichts, ist achromatisch und bezeichnet nichts anderes, als
einen gewissen Grad des empfundenen Lichtreizes. Dieser Empfindung sind auch Sehorgane fähig, die keine Farben unterscheiden
können. Ein Empfinden dieser Art ist absolut wohlgefällig, wenn
es 1. vollkommen ist, d. h. wenn die Lichtempfindung sich weder
so hoch der Intensität nach steigert, dass sie Schmerz verursacht,
noch so tief sinkt, dass sie dem Auge nicht mehr als Lichtreiz
fühlbar wird, wie bei dem sogenannten latenten Licht, das seine
Anwesenheit nur mehr auf der jodirten Silberplatte bemerklich
macht. Es ist 2. bedeutend, wenn es seinem Empfindungsvorbilde
entspricht; 3. geregelt, wenn mehrere z. B. mindestens zwei achromatische Lichtempfindungen ihrer Qualität nach überwiegend übereinstimmen, ohne zusammenzufallen; 4. correct, wenn disharmonische
Lichtempfindungen vermieden sind; 5. beseelt, wenn alle bloss
scheinbaren Harmonieen und Disharmonieen zwischen denselben
aufgehoben und 6. harmonisch ausgeglichen, wenn die scheinbare
Disharmonie wie von selbst in harmonischen Einklang aufgelöst ist.
Ein achromatisches Empfindungsbild der Art ist das Empfindungs-
schöne des optischen Helldunkels und auf eine Mehrheit oder

die Gesammtheit des optischen Empfindens ausgedehnt, das K u n s t - w e r k d e s a c h r o m a t i s c h e n S e h e n s, eine oder die P h a n - t a s i e d e s H e l l d u n k e l s.

§. 470. Dasselbe verhält sich zu Licht und Schatten, wie sich die ästhetische Raumform zu der geometrischen, die rhythmische Zeitform zu der chronometrischen verhält. Licht und Schatten sind die Prosa, das Helldunkel ist die Poesie des achromatischen Sehens. Die Lehre von Licht und Schatten, die Schattenperspective, zeigt, wie sich Licht und Schatten nach physikalischen Gesetzen vertheilen m ü s s e n, die Aesthetik des Helldunkels, wodurch die Vertheilung von Licht und Schatten ästhetisch g e f a l l e n k ö n n e. Diese Eigenschaften können nun abermals keine andern als die allgemeinen ästhetischen Formeigenschaften sein, deren wichtigste im Helldunkel der E i n k l a n g, die Harmonie zwischen den Beleuchtungsgraden, d. h. zwischen den Intensitäten der einzelnen Lichtempfindungen ist. Ganz g l e i c h e sich periodisch wiederholende Intensitätsgrade, wie sie z. B. bei Beugungsphänomenen durch die Abwechslung lichter und dunkler Streifen erzeugt werden, gehören darum nicht in die Aesthetik des Helldunkels. Sie zeigen wol eine Regel, aber nicht Harmonie, sondern Identität der Lichtempfindungsintensität. Sie verhalten sich zum Helldunkel, wie der Takt zum Rhythmus (§. 446), wie die Gerade zu den übrigen ästhetischen Linien.

§. 471. Ueber die harmonischen oder disharmonischen Beleuchtungsempfindungen selbst lassen sich keine Regeln vorschreiben, das absolut Beifällige oder Missfällige derselben muss im vollendeten Vorstellen beurtheilt werden. Wo aber Missfälliges vorhanden ist, das Gegebene so abzuändern, dass die Missfälligkeit verschwinde, und auf diese Weise eine künstliche Beurtheilungsregel an die Stelle des aus vollendetem Vorstellen unvermeidlich sich ergebenden ästhetischen Urtheils zu setzen, ist ein Versuch, der sich beim Helldunkel ebenso schwer rächt, als bei allem anderswo versuchtem Unterschieben eines subjectiven an die Stelle des objectiven Vorstellens. Vollends wenn auf diese Beleuchtungsmarotte ein ganzes System der Beleuchtung gebaut, also auf einer erkünstelten Grundlage eine Beleuchtungsmanier durchgeführt wird, wie es z. B. von Gherardo delle notte (Honthorst), von Schalken, Maes u. A. oft versucht worden ist, heisst das Kunstwerk des achromatischen

Sehens zum bizarren Kunststück herabsetzen. Die Harmonie selbst
der einzelnen Lichtempfindungen kann, da lediglich deren Intensitäten
in Betracht kommt, in nichts anderem als in einem Verhältniss des
Lichtquantums bestehen, also in der P r o p o r t i o n a l i t ä t der Licht-
intensitäten, wie man dergleichen an dem berühmtesten Kunstwerk achromatischer Lichtphantasie, an der Nacht von Correggio
am deutlichsten wahrnehmen, sich aber auch durch jede beleuchtete
Kugeloberfläche anschaulich machen kann. Daher ist das Helldunkel zugleich eine Anwendung des allgemeinen M e t r i s c h-
S c h ö n e n auf die Intensität der Lichtempfindung, eine Rhythmik
des Lichts, und setzt wie dieses ein Grundmass, an welchem der
Intensitätsgrad gemessen wird, und welches das ganze Kunstwerk
hindurch dasselbe bleiben muss, wenn darin Einheit herrschen
soll, voraus. Die Grösse dieser Intensitätseinheit ist, je consequenter
proportional die ganze Beleuchtungsphantasie durchgeführt ist, desto
entscheidender, gerade so wie die Grösse der zu Grunde liegenden
Zeitmasseinheit (das „Tempo") im Rhythmischen es für das ganze
unter sich proportionale Kunstwerk des zeitlichen Vorstellens, die
rhythmische Phantasie, ist. Wie nun bei diesem die Vollkommenheit verlangt, dass eine natürliche Zeitmasseinheit, d. h. eine solche,
welche das Ohr verträgt, zu Grunde gelegt werde, so kommt es hier
darauf an, dass eine natürliche Beleuchtungseinheit, eine, welche
das Auge verträgt, angenommen werde. Photometrische Messungen,
z. B. von Jules Jamin, haben erwiesen, dass auf den Werken der
besten Coloristen die Abstufung des Lichts hinter jener der Natur
weit zurückbleibt und z. B. der Lichtfläche nur eine 2 bis 4mal so
grosse Helligkeit gegeben wird als dem beschatteten Theil derselben Fläche, während die Natur Unterschiede von einer 10 bis
20mal verstärkten Helligkeit zeigt. Die Masseinheit des ästhetischen
achromatischen Sehens ist daher eine ganz andere, als das unästhetische dem Eindruck der Naturumgebung gehorchende Sehen
sie aufweist. Die Helligkeit der reinsten weissen Farbe ist kaum
100mal grösser, als die des dunkelsten Schwarz; während die
hellsten Wolken mehrere tausend-, ja zuweilen mehrere millionen-
male heller sind, als die tiefsten Schatten in unserer Nähe *). Die

---

*) Vergl. Unger: Die bildende Kunst. S. 170.

Aesthetik des achromatischen Sehens, die Phantasie des Helldunkels, fordert daher nicht nur, dass die Abstufung der Lichtempfindungen proportional, sondern auch, dass die zu Grunde liegende Masseinheit derartig angenommen sei, dass sie dem menschlichen Auge oder überhaupt der Lichtempfindungsfähigkeit des empfindenden Wesens gemäss sei. Künstlich festgesetzte Lichtmasseinheiten wirken ähnlich wie künstlich festgestellte Zeitmasseinheiten (§. 449). Systematisch durchgeführt stellen sie Lichtmassverirrungen wie diese Zeitmassverirrungen dar, deren Verkörperungen in den Werken einzelner (individueller, nationaler und geschichtlicher) Persönlichkeiten die Phänomenologie des Helldunkels im Gegensatz zu diesem selbst als im vollendeten Vorstellen unwandelbar bleibenden Noumenon darstellen.

§. 472. Die Einheit des Helldunkels besteht nicht nur in durchgängiger Proportionalität des Beleuchtungsgrades, sondern in dieser zusammen mit der Vollkommenheit und der Festhaltung einer den Verhältnissen des empfindenden Wesens entsprechenden Masseinheit des Lichtes. Fiesole's Werke haben eine zu grosse, Leonardo's fast eine zu kleine Masseinheit. Jene erscheinen daher in Bezug auf das Helldunkel zu hell, diese zu dunkel gehalten. Gegen die Einheit sündigen Werke, in welchen zweierlei Systeme der Beleuchtung unvermittelt nebeneinander auftreten, also zweierlei Masseinheiten des Lichtes obwalten, wenn sie, wie die sogenannte doppelte Beleuchtung (bei den Niederländern häufig, z. B. bei Schalken, Honthorst u. s. w.) gewollt und beabsichtigt ist, ein Kunststück, wenn unwillkürlich herbeigeführt, eine Hässlichkeit.

§. 473. Die Vollkommenheit des Helldunkels ruht auf der gerechten Berücksichtigung jeder einzelnen Lichtempfindung. Jede soll so hoch entwickelt sein, als es in Bezug auf alle übrigen nur immer angeht, und an ihrem Ort jede all den Spielraum haben, den das Ganze erlaubt. Die Freiheit des Helldunkels ruht wie alle andere auf der Form der Ausgleichung, indem das bloss scheinbare Disproportionale oder Proportionale der Lichtintensität verschwindet und dem wahren Platz macht. Geschieht dies zugleich so, dass nicht die vorige, sondern nur überhaupt Proportionalität zurückkehrt, so entsteht der Schein des harmonischen Lichtgeistes, der um desto heller zu scheinen, sich selbst verdunkelt, jener eigenthümliche Zauber und Schimmer der Beseelung, welcher dem Helldunkel innewohnt. Die W a h r h e i t endlich desselben hat, wie aus dem obigen erhellt, nichts mit der Naturwahrheit zu schaffen, sondern besteht einzig in der gelungenen Abbildung des Vorbildes im wirklichen Vorstellen, welches dadurch i d e a l i s c h wird.

§. 474. Die Schönheit des Helldunkels entspringt aus dem vollendeten Vorstellen der Verhältnisse des intensiven Lichtempfindens. Da es im Wesen des Lichtempfindens liegt, dass stets mehrere Lichtempfindungen z u g l e i c h empfangen werden, so kann das Helldunkel mit allen Formen des simultanen Vorstellens, dem linearen, wie dem planaren und körperlichen Flächenformvorstellen, Verbindungen eingehen. Sowol die Linien als die Ebenen und die gebrochenen und gekrümmten Flächen können h e l l e r und d u n k l e r vorgestellt, d. h. die einzelnen Punkte ihrer leeren Formen mit mehr oder minder intensiven Lichtempfindungen ausgefüllt werden. Aber auch der Form des successiven rhythmischen Vorstellens ist die abwechselnde stärkere oder schwächere Lichtempfindung oder die Unterbrechung des Lichts durch periodische Finsterniss zugänglich, wie sie z. B. die Pyrotechnik anwendet.

§. 475. Die ä s t h e t i s c h e Licht- und Schattenvertheilung, das Helldunkel, ist nichts weniger als Eins mit der r i c h t i g e n, der Licht- und Schattenperspective. Jene geht das W i e der Darstellung an, diese hängt von dem W a s des Dargestellten ab, von dem wir an dieser Stelle noch nichts wissen können. Es ist bekannt, dass die mit der wachsenden Entfernung abnehmende Beleuchtungsintensität benützt werden kann, um das Zurückweichen der Gegenstände dem Auge vorstellig zu machen. Bei der Vorstellung gekrümmter oder gebrochener Flächen nun sind nicht alle Punkte derselben vom ruhenden Auge gleich weit entfernt gedacht, also erscheinen sie für dieses letztere in verschiedener Lichtintensität. Das war ein Mittel, rückwärts aus der verschiedenen Intensität des empfundenen Licht- reizes, auf die verschiedene Entfernung der Reizquelle zu schliessen, d. h. Körperformen für das Auge durch Intensitätsgrade der Licht- empfindungen darzustellen (körperliche Licht- und Schattenper- spective). Allein diese Abnahme der Lichtintensität hat lediglich physikalische, keine ästhetischen Gründe; sie ist daher nicht Eins mit dem Helldunkel. Zugleich erfolgt sie aber bekannterweise nach einem Proportionsgesetz, nämlich im umgekehrten Verhältniss des Quadrats der Entfernung. Es macht sich demnach in der Licht- und Schattenperspective selbst ein Proportionales, d. h. Aesthetisches in der Lichtempfindung geltend und darum erscheint, was an sich blosse Richtigkeit ist, zugleich als Schönheit, Licht- und Schattenperspective zugleich als Helldunkel. Was aber die achromatische Phantasie des Sehens sucht, die durchgängige Proportionalität der Lichtintensität, ist zunächst bloss Helldunkel, und nur insofern auch die Licht- und Schattenperspective auf proportionaler Lichtintensität beruht, auch diese.

§. 476. Wo das Helldunkel mangelt, wird dieses Fehlende durch Fremdartiges ersetzt, d. h. entweder durch stoffliche Reize oder durch subjective Erregungen. Da das Helldunkel blosse Intensität des Lichtreizes ist, so ist im Vergleiche damit die Qualität des Lichtreizes, die Farbe, stofflicher Natur, und daher sehen wir dort, wo das Helldunkel unbekannt ist, wie im Alterthum, bei wilden Völkern und bei den Chinesen, und noch in der voritalienischen Malerkunst, grelle bunte Farben entweder ohne alle oder nur mit geringer Abtönung dessen Stelle vertreten. Mengs urtheilt, selbst Raphael im Vergleich zu den spätern, namentlich Correggio, habe mehr durch die Harmonie der qualitativen Lichtempfindungen, als der quantitativen, mehr durch Farbe als durch Helldunkel gewirkt. Die subjectiven Erregungen aber werden entweder durch übergrosse Lichtintensität oder durch deren Gegentheil hervorgerufen. Fra Angelicos Gestalten scheinen in einem Glanzmeer zu schwimmen, Caravaggio's, Luca Giordano's, Guercino's u. A. wie aus der Finsterniss emporzutauchen. Jener wirkt durch das blendend Beseligende, ähnlich wie das Licht auf Kinder, diese durch das Geheimnissvolle, Schauerliche, was das Dunkel hervorruft; jener durch Licht verzückend, diese durch Nacht erdrückend. Insofern beides, sowol die subjectiven Erregungen, als jene stofflichen Farbenreize aus unvollendetem Vorstellen der Formen der Lichtempfindungsintensität hervorgehen, können wir gegen das Helldunkel, welches die Form des Classischen auf die Intensität des Lichtempfindens anwendet, gehalten, beides als romantisch bezeichnen.

§. 477. Die Lichtempfindung mit Rücksicht auf die Qualität des Lichtreizes ist chromatisch, Farbe. Die Qualität des

Lichtreizes wird bestimmt durch die Beschaffenheit der Lichtwellen, durch deren Schwingungsdauer und daher durch die Menge der Schwingungen innerhalb einer gewissen Zeiteinheit. Dabei wird vorausgesetzt, dass die Wiederkehr der gleichen Schwingung regelmässig, periodisch erfolge, d. h. dass der Lichtreiz rein sei, dass die Amplitude der Schwingungen eine gewisse Grösse habe, d. h. dass der Lichtreiz intensiv genug sei, um empfunden zu werden. Wo durchaus Schwingungen des Lichtäthers von derselben Amplitude und derselben Schwingungszahl vorhanden sind, da herrscht homogener Lichtreiz. Nach der Newton'schen Optik lassen sich nun bekanntlich in Bezug auf ihre Schwingungszahlen sechs der Qualität nach verschiedene Lichtreize unterscheiden, deren Orte im Sonnenspectrum des Prismas durch die sogenannten Frauenhofer'-schen Linien angedeutet sind:

Roth mit bei der Linie	}	B	448.2	Billionen
„ „ „	{	C	469.2	„
Orange „	„	D	523.6	„
Grün „	„	E	585 6	„
Blau „	„	F	634.9	„
Indigo „	„	G	717.8	„
Violett „	„	H	776.4	„

Schwingungen. Da die Qualitäten des Empfindungsreizes verschieden sind, so folgt, dass auch die der entsprechenden Lichtempfindungen verschieden sein müssten, obgleich jene Verschiedenheit der Reize nur in der Quantität der gleichen Aetherwellen in derselben Zeiteinheit einer Secunde besteht, während in der Farbenempfindung von quantitativen Bestimmungen durchaus nichts zu entdecken ist.

§. 478. Die nahezu gleiche Zahl der sieben (eigentlich sechs) Farben des Regenbogens und der sieben Töne der Tonscala hat frühzeitig den Versuch geweckt, Beziehungen zwischen beiden aufzufinden. Der umfassendste dieser Art ist neuerlich nach den früheren von Chevreul, Goethe u. A. von F. W. Unger gemacht worden. (Die bild. Kunst. Göttingen 1858. S. 192). Die Ergebnisse desselben sind überraschend und bestätigen vollkommen, wozu die Theorie der Undulation längst vorbereitet hat, dass zwischen allen Wellenbewegungen von Medien eine gewisse Analogie stattfinde. Die

S. 192 aufgestellte Scala der Farben und Töne enthält 12 Farben, welche ebenso vielen Tönen mit aller wünschenswerther Annäherung des Berechneten und erfahrungsmässig Gegebenen entsprechen. Daraus schliesst der Verfasser, dass auch die harmonischen Verhältnisse zwischen Tönen und Farben analog und es wie bei jenen möglich sei, zu jeder gegebenen Farbe die harmonische nach Analogie der musikalisch - harmonischen Intervalle zu finden.

§. 479. Wenn wir daher die allgemeinen ästhetischen Formen auf das qualitative Lichtempfinden anwendend verlangen, dass das chromatisch-schöne Empfinden das Abbild eines sowol vollkommenen als harmonischen, correcten und harmonisch abschliessenden chromatischen Empfindungsvorbildes sei, so bietet die Unger'sche Scala das Mittel zu jeder Farbenempfindung die harmonische zu finden und dadurch das farbenschöne Empfindungsbild herzustellen. Ausgedehnt aber auf mehrere oder das gesammte chromatische Empfinden gibt das chromatische Schöne das Bild eines oder des ästhetischen chromatischen Empfindungskunstwerks einer oder der chromatischen Phantasie.

§. 480. Das chromatisch Schöne fordert vor Allem die Anwendung der Form des Vollkommenen auf das chromatische Empfinden. Die intensivere Farbenempfindung hat von der Qualität der Farbe ganz abgesehen den Vorzug vor der minder intensiven. So wird unter den zweierlei Farbenempfindungen des Rothen und Blauen das Rothe der lebhaftern Wirkung halber vorgezogen. Als chromatisches Kunstwerk aber verlangt es nicht nur Intensität jeder einzelnen, sondern auch Mannigfaltigkeit der qualitativen Farbenempfindungen, obgleich mit der Bedingung, dass die eine die andere nicht störe, jeder an ihrem Orte derjenige Spielraum der Entfaltung gestattet werde, der ihr ohne Beeinträchtigung aller übrigen zukommen darf.

§ 481. Als Form des Bedeutenden erheischt das chromatisch schöne Empfinden, dass dasselbe ein Nachbild eines ästhetischen Farbenvorbildes, als Wahrheit der chromatischen Phantasie, dass dieses Vorbild in allen Theilen des wirklichen chromatischen Vorstellens durchgeführt sei. Als Form des Einklangs erfordert jenes eine überwiegende Identität der Qualitäten zweier Farbenempfindungen, als Form der Einheit verlangt diese, dass dieses

Ueberwiegen der Identität durch alle Farbenempfindungen der ganzen Farbenphantasie durchgeführt, nicht nur ein System, sondern das natürliche System der Farbenempfindungen, gegründet auf deren innere Verwandtschaft, zeige, d. h. dass Stil (§. 310) in dem Farbengesammtbild herrsche.

§. 482. Wir stehen hier wieder vor der schon §. 462 berührten Schwierigkeit. Wenn die Empfindungen als solche schlechthin einfach sind, so ist es nicht möglich, dass ein Ueberwiegen des Identischen in den Qualitäten derselben stattfinde, weil es überhaupt weder Identisches noch Nichtidentisches in denselben gibt. Wenn nun das vollendete Vorstellen unwidersprechlich zeigt, dass gewisse Farbenempfindungen, und gerade solche, welche Unger mit harmonirenden Tönen zusammenstellt, z. B. die Quinte Orange und Violett ($^2_3$) zusammengedacht absolut gefallen, so kann der Grund dieses letzteren nur in ihrer Harmonie d. h. in dem Umstande liegen, dass in ihren beziehungsweisen Qualitäten das Identische das Nichtidentische überwiege. Dann aber können ihre Qualitäten nicht einfach sein.

§. 483. Wir sehen nicht, wie aus dieser Klemme herauszukommen, wenn es zu kühn sein sollte, von der Analogie zwischen Tönen und Farben, auf welcher Unger's Theorie ruht, weitern Gebrauch zu machen, indem wir sie mit demjenigen, was Helmholtz von den Tonempfindungen gezeigt hat, verbinden. Erinnern wir uns zuerst, dass unsere sämmtlichen Farbenempfindungen so gut wie die Tonempfindungen concrete Empfindungen sind. Wenn nun Helmholtz gezeigt hat, dass unsere concreten Tonempfindungen nicht einfach, sondern aus dem gleichzeitigen Vernehmen des Grundtons und seiner Obertöne zusammengesetzt sein müssen, und nur nach dem Grundton, der am stärksten empfunden wird, benannt werden, warum sollen unsere concreten Farbenempfindungen einfach sein? (§. 102.)

§. 484. Die subjectiven Farbenerscheinungen bieten zu den Obertönen eine Analogie dar. Es ist durch sie ausser Zweifel gesetzt, dass mit einer bestimmten Farbenempfindung die complementäre Farbenempfindung zugleich erregt und nur durch jene unterdrückt werde, nach deren Verschwinden aber hervortrete und auch für die Empfindung allein vorhanden sei. Wir haben folglich

in jeder einzelnen concreten Gesichtsempfindung mehrere der Qualität
nach verschiedene Empfindungen, benennen aber die Empfindung nach
derjenigen, welche am stärksten empfunden wird. Treffen nun, schliessen wir weiter, mehrere concrete Farbenempfindungen gleichzeitig
zusammen, so ist jede derselben ihrer Qualität nach ein Complex
von mehreren, denn jede ist aus einer Haupt- und ihrer complementären Farbenempfindung zusammengesetzt. Ist nun richtig, was
Helmholtz von den Tonempfindungen nachweist, dass diejenigen,
bei welchen einer oder mehrere oder sämmtliche Obertöne zusammenfallen, c o n s o n i r e n, diejenigen, bei welchen diess nicht
der Fall ist, d i s s o n i r e n, sollte die Harmonie gewisser con-
creter Farbenempfindungen einen andern Grund haben, als das
Zusammenfallen ihrer begleitenden „Oberfarben"?

§. 485. Auch Unger's Farbenscala bestätigt im Allgemeinen
die von der Physik längst gemachte Erfahrung, dass bei einer
Scala von sechs Farben diejenigen Farbenverbindungen consoniren,
wo jedes Glied die Complementärfarbe des andern ist. Indem sie
jedoch die sechs Farben auf 12 erhöht, so dass jeder der frühern
Sectoren des Spectrums im Durchschnitt zweien des neuen entspricht, so erlangt sie eine grössere Mannigfaltigkeit von Verbindungen, weil mehrere unterschiedene Farbeneindrücke gegeben sind
Die harmonischen Verbindungen nach der Scala von sechs Farben
sind durchaus Terzen, die unharmonischen Secunden: Roth und
Grün, Orange und Blau, Gelb und Violett, Roth und Orange,
Orange und Gelb, Gelb und Grün, Grün und Blau, Blau und
Violett, Violett und Roth. Blau und Roth ist keine Secunde, aber
auch nicht complementär, weil die dritte Hauptfarbe Gelb fehlt.
Das Sprichwort nennt daher Blau und Roth „Bauernmode". Sein
häufiges Vorkommen auf Gemälden, besonders die typische Kleidung Christi und der Madonna in diesen Farben hat kirchlich
traditionelle, nicht ästhetische Motive. Es findet sich daher bei
guten Coloristen stets die Ergänzungsfarbe Gelb in der Nähe oder
es wird doch die Disharmonie dadurch aufgelöst, dass Roth Grün,
und Blau Orange in der Nähe antrifft. Die Verbindungen Grün und
Violett, Gelb und Blau sind gleichfalls Terzen, und nicht complementär, doch ist die erste erträglicher als die zweite, weil sie
alle drei Farben enthält, obgleich mit einem Uebermass von Blau,

so dass zur Ergänzung Roth und Gelb hinzutreten müssen. jenes als Complementärfarbe des Grün, dieses des Violett. Blau und Gelb aber wie Gelb und Roth sind so wie Roth und Blau disharmonisch und verlangen ihre Ergänzung durch die dritte Hauptfarbe.

§. 486. Unter den Verbindungen zu drei Farben (Accorden) sind Roth Gelb Blau (Dur) und Orange Grün Violett (Moll), deren Glieder je eine Farbenterze von einander abstehen, die am meisten harmonischen; minder jene, bei welchen zwei Glieder um eine Terz, das dritte nur um eine Secunde absteht z. B. Roth Gelb Grün, Blau Roth Orange u. s. w. am mindesten jene, deren Glieder neben einander liegen z. B. Gelb Grün Blau, Violett Roth Orange, obwohl auch unter diesen diejenigen, welche alle drei Hauptfarben enthalten, den übrigen voranstehen.

§. 487. Bei den Verbindungen zu vier Farben müssen nothwendig Farbensecunden unterlaufen, sie müssen also unharmonische Elemente enthalten und stehen daher den Verbindungen zu drei jedesmal nach. Bei den Verbindungen zu drei sind diejenigen welche entweder durchaus einfache oder durchaus gemischte Farben enthalten, die reinen Dur- oder die reinen Mollfarbenaccorde den übrigen, welche aus Dur und Moll gemischt sind, vorzuziehen. Bei den Verbindungen zu zwei wieder diejenigen, welche wie die complementären aus einer reinen und einer gemischten Farbe bestehen, jenen, welche aus zwei reinen oder aus zwei gemischten bestehen z. B. Blau Gelb, Grün Violett, unter den letztern aber wieder die letztere der ersten, weil sie der complementären näher kommt.

§. 488. Durch die Reinheit und Gemischtheit werden die Farben in zwei Farbengeschlechter geschieden, die sich mit dem musikalischen Dur und Moll vergleichen lassen. Die complementären Verbindungen gehören zu keinem von beiden und lassen sich daher in beiden verwenden, obgleich mit Hervorhebung der Farbe, welche zu dem Farbengeschlechte gehört. So geht die Verbindung Roth und Grün im Dur-Farbengeschlecht in Roth und Blau oder Roth und Gelb. im Moll-Farbengeschlecht dagegen in Violett und Grün oder Orange und Grün über. Blau und Orange wird in Dur zu Blau und Roth oder Blau und Gelb, in Moll zu

Violett und Orange oder Grün und Orange, Violett und Gelb zu Roth oder Blau und Gelb, oder zu Violett und Orange oder Grün. Durch die Erhöhung der Farbenscala auf zwölf compliciren sich alle diese Verhältnisse.

§. 489. Die Einheit des chromatischen Gesammtbildes fordert die durchgängige Verwandtschaft der Farbenempfindungen der Qualität nach d. h. die Durchführung eines und desselben Farbengeschlechts, sei es nun Dur oder Moll, und innerhalb desselben die durchgängige Harmonie der Farben, sei es in zwei oder in drei Verbindungen; die zu vier, da sie das Unharmonische einschliessen, stehen in zweiter Reihe. Die Durchführung einer bloss zweigliedrigen harmonischen Verbindung widerstreitet nicht der Einheit, aber der Vollkommenheit, welche die grösste Mannigfaltigkeit, also innerhalb des Spectrum's des Moll- oder des Durfarbengeschlechts die Totalität der drei Hauptfarben verlangt, die sich zum weissen Licht ergänzen. Daher sind nur jene zweigliedrigen Verbindungen zu dulden, die zugleich complementär sind. Der Anblick der blühenden Rose im grünenden Kelche ist darum auch chromatisch befriedigend, weil er alle drei Hauptfarben darbietet.

§. 490. Die Freiheit der chromatischen Phantasie zeigt sich wie bei jedem andern Kunstwerk als Ungebundenheit in der Gebundenheit. Die disharmonische Verbindung, die sich für die wahre gibt, fordert das Missfallen heraus und erheischt daher ihre Auflösung. Nun gibt es aber der Arten, wie diese und dadurch die Herstellung der Harmonie bewirkt werden könne, nicht eine einzige, sondern mehrere, dieselbe kann sogleich oder erst nach weiterer Fortleitung durch neue Dissonanzen bewirkt und der Faden auf diese Art fortgesponnen werden, solange nur der Zusammenhang des Spätern mit dem Frühern aufrecht erhalten und der befriedigende Schluss eben als Abschluss der Dissonanz ersichtlich wird. So kann die Dissonanz Blau und Violett entweder so aufgelöst werden, dass an die Stelle des Violett Roth, oder an die des Blau Grün tritt; oder sowohl Blau Orange, als Violett Gelb in seiner Nähe finde. Ist das herrschende Farbengeschlecht Moll, so ist die Auflösung nach Blau, ist es Dur, nach Violett hin stilgerecht. Erfolgt sie trotzdem auf die entgegengesetzte Weise, so ist sie nicht die wahre Auflösung, sondern eine neue Unregelmässigkeit; der Einklang ist aufgehoben und fordert eine neue Auflösung, und erst wenn diese in der Weise erfolgt ist, wie sie zugleich das im vollendeten Vorstellen hervortretende ästhetische Urtheil und das Farbengeschlecht als chromatischer Stil heischt, ist der Abschluss vollkommen und harmonisch befriedigend.

§. 491. Unger gibt S. 217 ein Beispiel einer chromatischen Phantasie an der Anordnung der Farben auf Raphaels Darstellung der Schule von Athen, und übersetzt sie zugleich seiner durchgeführten Analogie der Farben- und Tonscala gemäss S. 218 in die entsprechenden musikalischen Töne. Das musikalisch Unbefriedigende des Schlusses erklärt er daraus, dass bei dem Bilde die Hauptgruppe nicht in gleicher Weise wie der Schlussaccord in der Musik abschliesse, und bemerkt mit Recht, es bleibe bei aller Aehnlichkeit der musikalischen Harmonie mit der malerischen ein grosser und wesentlicher Unterschied unter einer Accordenreihe, die sich auf einer Fläche vor unseren Augen ausbreitet und einer solchen, welche in einer bestimmten Zeitfolge nach einander dem Ohre zugeführt wird. Die Vergleichung würde daher vielleicht besser ausfallen, wenn auch die Farbenempfindungen in successiver Ordnung, statt in simultaner erfolgten, wie das z. B. beim sogenannten Farbenclavier oder bei den pyrotechnischen Kunstwerken, bengalischen Feuern und Leuchtkugeln, die nach einander in verschiedenem Lichte strahlen, geschieht. An sich können Gesichtsempfindungen ebensowohl mit- als auch nacheinander eintreten, und daher sowohl mit den Formen des simultanen als des successiven Vorstellens in Verbindung treten. Geschieht das erste, so entsteht zuerst die gefärbte Linie, dann die gefärbte Fläche und zwar sowohl die farbige Ebene, wie die farbige gekrümmte und gebrochene Fläche. Geschieht das letzte, so erfolgt die rhythmische Farbenabwechslung, welche chromatische Melodie, wie oben in der Form des simultanen Farbenempfindens chromatische Harmonie heissen kann.

§. 492. Die Wahrheit der chromatischen Phantasie besteht nicht, wie jetzt kaum mehr nöthig ist zu sagen, in der Naturübereinstimmung, sondern in der Uebereinstimmung des wirklichen chromatischen Empfindungsbildes mit dessen nach Reinheit, Frei-

heit, Einheit und Vollkommenheit wohlgefälligen chromatischen
Vorbilde. Dass die Färbung auf den Werken der grössten Coloristen keine naturwahre, sondern wie wir diess oben beim Helldunkel aus Jamins photometrischen Messungen erwiesen haben,
eine den Regeln der Farbenharmonie und der ästhetischen Anforderung der chromatischen Phantasie gemäss geregelte sei, lässt
sich durch mancherlei Beispiele aus der Kunstgeschichte belegen,
wo die Maler keinen Augenblick Anstand nahmen die Naturwahrheit der Farbenharmonie aufzuopfern. Wo die malerische Phantasie,
wie dies bei der Ornamentik der Fall ist, nicht durch die Darstellung bestimmter Naturgegenstände an durch die Natur oder
Geschichte vorgeschriebene Farben gefesselt ist, wählt sie gewiss
solche, wie sie dem ästhetischen Gesetze der Farbenharmonie
entsprechen. Der Luxus an Gold und bunten Prachtgewändern
in den reinsten Farben, welchen die frommen Kirchenmaler Flan-
derns und Italiens entwickeln, ist gewiss nicht sowohl ihrem
Wunsch, die Heiligen Gottes mit irdischem Tand zu schmücken,
als vielmehr der echt malerischen Lust an Glanz und Buntheit
der Farben zuzuschreiben, in welcher die van Eycks und Fiesole's
sich berauschten.

§. 493. Die chromatische Phantasie ist die Uebertragung der
Form des Classischen auf die Form des chromatischen Empfindens.
Die Reinheit des letztern besteht nicht nur in der Vermeidung
alles Disharmonischen in der Farbe, wo es nicht der Auflösung
wegen zugelassen, ja gewählt wird, sondern auch in der Nichtverletzung jener künstlichen Regeln des Farbenempfindens, wie
sie zur Vermeidung einer im vollendeten Vorstellen unvermeidlich
missfälligen chromatischen Disharmonie gewissen Subjecten (Individuen, Nationen, Zeitaltern) geläufig sind. Gewisse Farbendishar-
monien, welche sich dem vollendeten chromatischen Vorstellen, das
durchaus nichts anderes als die Farbenempfindungen selbst rein
gedacht zulässt, im ästhetischen Urtheil evident ergeben, sind von
der Art, dass sie von Andern gar nicht als solche gefühlt werden.
Gewohnheit, Mangel an Aufmerksamkeit, Nachahmungssucht macht
uns gegen grelle Farbenmissklänge unempfänglich, ja die Verknüpfung anderer angenehmer Vorstellungen kann uns gewisse
Farbenzusammenstellungen sogar werth und theuer machen. Die

Grenzpfähle und Schlagbäume der Heimat mit ihren grellen Far
benstreifen sind dem Wanderer eine liebe Erscheinung, bei der er
das Hässliche des „Schwarz und Gelb," „Schwarz und Weiss,"
„Roth Orange Schwarz" u. s. w. gar nicht bemerkt. Wer aber
nun versuchen wollte, eine solche durch Hinzuthaten aus „Eigenem"
nicht mehr missfällige Farbenverbindung zur Grundlage eines chromatischen Systems zu machen, etwa ein ganzes Farbenbild in
Schwarz Orange und Roth (belgische Farben) oder in „Grün und
Gelb," in der Uniformfarbe der sächsischen Herzogthümer auszu-
führen, der würde damit vielleicht ein sehr patriotisches, aber für
das ästhetische Auge wenig erfreuliches Werk vollbracht haben.
Bei Malern z. B. der holländischen Schule äussert sich diese
Eigenmächtigkeit in einer Herabstimmung der Farben aus ihrer
natürlichen consonirenden zu einer Beschaffenheit, in welcher
dieselbe fast aufhört, ästhetisch zu sein, indem die Farbenunter-
schiede sich nahezu in Identität verflössen. Bei Rembrandt z. B.
gibt es fast keine distincte Farbe mehr; das Helldunkel löst sie
alle in ein mannigfach abgestuftes Braun auf. In Nationaltrachten,
Uniformen, Moden aber werden solche künstliche Farbenzusammenstellungen allem Widerspruch des vollendeten Vorstellens zum
Trotz eigensinnig festgehalten z. B. das hässliche gelbe Leder-
beinkleid und der rothe Scharlachfrack des englischen Jägers, Werther's gelbe Hose und blauer Frack u. dgl., und stellen so als
chromatische Manieren dem chromatischen Stil gegenüber, wo
sie geschichtlich in Individuen, Nationen, Zeitaltern verkörpert auftreten, eine Reihe von Farbenverirrungen dar, welche sich
wie die Phänomenologie oder Geschichte der Farbenharmonie
zu dieser selbst als im vollendeten Vorstellen unwandelbar behar-
rendem Noumenon verhalten.

§. 494. Da dieselben aus unvollendetem Vorstellen entsprin=
gen, welches entweder den stofflichen Reizen d. h. der Einzelfarbe, oder den subjectiven Erregungen, welche die Farbe oder
Farbenzusammenstellung mit begleiten, seinen Ursprung verdankt.
so wird es auch hier erlaubt sein, derartige Abirrungen des chromatischen Empfindens romantisch zu nennen. Was den stofflichen Reiz betrifft, der der chromatischen Phantasie fern steht,
so liegt er in der Annehmlichkeit der Einzelfarbe und zwar ent-

weder in deren Quantität oder Qualität, entweder in der Vorliebe
für eine besonders grelle Steigerung der Farben überhaupt oder in
der Caprice einer Lieblingsfarbe. Von den Negern ist es bekannt,
dass sie die s c h r e i e n d e n Farben über alles bevorzugen; aber
auch ganze Nationen geben gewissen Farben den Vortritt vor anderen, wie denn der Engländer sich gern in Roth kleidet, auch
wenn er weder Uniform noch Staatskleid trägt. Die modernen
gebildeten Stände begünstigen im Ganzen gebrochene Farben, während das 18. und die frühern Jahrhunderte helle liebten. Griechen
und Römer mit dem einfachen Weiss ihrer gewöhnlichen Tracht
bilden auch hierin einen Abstich gegen die Farbenpracht liebenden
Völker des Mittelalters. Wird die Intensität der Farben so schwach,
dass sie kaum mehr zu unterscheiden sind, so hört die chromatische Schönheit gleichfalls auf und an ihre Stelle tritt die Intensität
nicht des qualitativen, sondern des Lichts überhaupt, Licht und
Schatten, und damit die Aesthetik des Helldunkels, welches sonach
im Verhältniss zur Chromatik seinerseits unter das „Romantische"
der Farben fällt. Die begleitenden subjectiven Erregungen aber
gehören entweder den mit gewissen Farben individuell, national,
geschichtlich verknüpften Vorstellungen, oder solchen, welche allgemeiner damit verbunden werden, daher entweder der besondern
(individuellen, nationalen, historischen) oder a l l g e m e i n e n S y m-
b o l i k an. Ein Beispiel von jener liefert die G e s c h l e c h t s-
(d. i. Wappen-) oder L a n d e s f a r b e („Ich bin ein Preusse, kennt
ihr meine Farben?"), das „Napoleonsgrau," „Kaiseraugenblau," das
„Barbarossaroth" u. s. w. Die allgemeine Farbensymbolik beruht
auf der angeblichen Aehnlichkeit des Eindrucks gewisser Farben
mit gewissen Gemüthszuständen z. B. des Roth mit der Freude,
des Blau mit sanfter Trauer, des Grün mit heitrer Hoffnung. Wie
viel hiebei von zufälligen Umständen abhänge, beweist der Umstand,
dass in der Farbe derjenigen Gemüthsstimmung, welche zu den
allgemeinsten gehört, der Trauer, die grösste Verschiedenheit stattfindet. Die Chinesen und die Königinnen von Frankreich (reine
blanche) trauern weiss, die Cardinäle violett, die Inder blau, bei
den Hellenen und Römern gab es gar keine eigene Trauerfarbe. Bei
den christlichen Völkern ist eine bestimmte Symbolik der Farben
zumeist in den Kirchengewändern herrschend geworden, die an

gewissen Festtagen angelegt werden, und zwar weiss an den höchsten Feier-, Grün an den Pfingst-, Violett an den Passionstagen, Schwarz bei Todtenmessen. Am ausgebildetsten ist die Farbensymbolik bekanntlich bei den Orientalen, die zugleich am wenigsten Sinn für reine Farbenharmonie zeigen, während die Griechen, die keine Farbensymbolik hatten, es darin (in den pompejanischen Wandmalereien z. B.) am weitesten trieben.

§. 495. Wenn die Gesichtsempfindung vermöge der seitlichen Ausdehnung der Netzhaut, welche stets mehrere Punkte zugleich der Einwirkung des Lichts darbietet, vorzugsweise simultane, aber daneben auch succesive Form des Auffassens gestattet, unterscheidet sich die Gehörsempfindung vermöge der wenigstens scheinbar nur zur Aufnahme eines einzigen Schalls auf einmal geeigneten Einrichtung des Ohrs dadurch, dass sie vorzugsweise succesives, obgleich, wie Helmholtz's Versuche nachgewiesen haben, schon bei den sogenannten akustischen Einzelempfindungen simultanes Auffassen zulässt. Der physicalische Vorgang, welcher der Ton-, unterscheidet sich von jenem, welcher der blossen Schallempfindung zu Grunde liegt, durch die Periodicität der Schallwellen, welche einem bestimmten rhythmischen Gesetze folgen und bringt daher eine ebensolche rhythmische Aufeinanderfolge der einfachen Perceptionen des Hörers hervor, deren jede einer einzelnen Welle der erschütterten Luft entspricht. Die Menge der letztern innerhalb einer bestimmten Zeiteinheit, die Schwingungs zahl, bestimmt bekanntlich die Qualität, die Grösse der Einzelwelle, die Amplitude, die Quantität (Intensität) des Tons. Durch jene unterscheiden sich die Töne der Höhe und Tiefe, durch diese der Stärke nach. Der höchste Ton, der nach Despretz durch Streichen kleiner Stimmgabeln mit dem Bogen noch wahrnehmbar gemacht werden kann, ist das achtmal gestrichene d mit 38016, der tiefste, bei grossen Orgeln mit zwei und dreissigfüssigen Pfeifen, das A der zweiten Contraoctave mit 27 Schwingungen. Die musikalisch gut verwendbaren Töne gibt Helmholtz auf den Umfang von 7 Octaven von 40 bis zu 4000, die überhaupt wahrnehmbaren auf jenen von 11 Octaven (von 16 bis zu 38000 Schwingungen) an. Innerhalb dieser Grenzen bewegen sich alle menschlichen Tonempfindungen. Was darunter und darüber gelegen ist, ist latenter

Schall, wie das, was über den Umfang des Sonnenspectrums hinausliegt, latentes Licht ist.

§. 496. Periode und Schwingungszahl machen den abstracten, Stärke- und jenes eigenthümliche Etwas, wodurch die Empfindungen desselben Tons von einer Geige oder von einer Trompete oder von der menschlichen Stimme hervorgebracht sich unterscheiden, die Klangfarbe, den concreten Ton aus. Der abstracte Ton bestimmt die Reinheit des Tons; die einzelnen Wellen müssen nicht nur einander gleichen, sondern es dürfen derselben auch nicht mehr und nicht weniger sein als eine gewisse bestimmte Anzahl. Der sogenannte tremulirende Ton entsteht durch die Ungleichheit der einzelnen Schallwellen; der falsche durch ein Mehr oder Weniger der Schwingungszahl. In beidem steht der reine Ton mit der reinen Farbe auf gleicher Stufe. Die Stärke und Klangfarbe dagegen entsprechen dem Licht und Schatten des achromatischen, so wie dem Farbenton des chromatischen Sehens. Das Mondlicht z. B. gibt einen bläulichen Farbenton, das Sonnenlicht einen gelblichen, das Kerzen- und Herdfeuerlicht einen röthlichen, an welchem wir die Lichtquelle erkennen. Die chromatische Phantasie, da sie das Kunstwerk des concreten Farbenvorstellens ist, stellt dieselben mit ihrer ganzen concreten Eigenthümlichkeit, also auch mit der Spur vor, welche die Lichtquelle an ihnen zurücklässt. In den pompejanischen Ruinen trifft man auf reizend ausgemalte Kämmerchen, die gar keine Oeffnung nach aussen haben, deren Malereien also offenbar nur auf von künstlicher Lichtquelle ausströmendes z. B. Lampenlicht berechnet waren. Die Beleuchtung durch directes gibt den Farben einen andern Ton, als jene durch indirectes Sonnenlicht, und zum Ueberfluss braucht man nur dieselbe Landschaft bei hellem und bei trübem Wetter, bei Morgen- und Abendbeleuchtung zu betrachten, um zu wissen, wie der Ton aller Farben sich ändert. Das Analogon dazu nun bildet die Klang- farbe und es ist gar nicht gleichgiltig, ob wir eine für Orchester gesetzte Musik auf dem Clavier, oder eine für Clavier auf der Geige hören. Beethoven's Claviersonaten lassen in jedem Tone spüren, dass dem Tondichter eigentlich das Orchester vor Ohren schwebte.

§. 497. Wie das optische Empfinden demnach nach Licht und Schatten, Farbe und Farbenton, so zerfällt das aku-

stische nach Stärke, abstractem Ton und Klangfarbe.
Wie bei einerlei Licht durch dessen Verstärkung oder Schwächung
Hell und Dunkel, so kann bei einerlei Ton durch dessen Verstärkung und Verminderung, Forte und Piano, schon eine Abwechslung erreicht werden. Letzteres verhält sich zum reinen Ton-
bilde wie die schattirte zur bloss illuminirten Zeichnung. Es ist
das musikalische Helldunkel, und bietet dem musikalischen Vir-
tuosenthum, der darstellenden Musik, desshalb die grosse Schwierigkeit, weil sich dasselbe, so wie es in der Phantasie des Ton-
dichters enthalten ist, fast gar nicht schriftlich fixiren lässt, also
mehr errathen werden muss, als nachgemacht werden kann.
Der Tondichter aber legt das Bild der Stärke und Schwäche jedes
Tons mit vollkommener Schärfe; er macht aus den abwechselnd zu-
und abnehmenden Intensitäten der Tonempfindungen ein eigenes
akustisches Kunstwerk, in welchem sowohl jedem Ton seine eigenthümliche Stärke gesichert, als dafür gesorgt ist, dass keiner der
übrigen darunter leide, dass also Einklang zwischen den einzelnen
Intensitätsgraden der Tonempfindungen, d. i. Proportionalität
zwischen denselben herrsche. Er duldet keine erkünstelte, weder
überschraubte, noch überleise Masseinheit der Tonstärke, sondern
die natürliche, welche das menschliche Ohr verträgt und liebt, und
welche sich im Verlauf des Ganzen in proportionalen Massen festhalten, multipliciren lässt, ohne zum Ueberschreien oder zum Ab-
klappen des Tons zu führen; er weiss, was er dem Instrument,
für das er setzt, an Tonstärke zumuthen kann; und er sorgt endlich dafür, dass scheinbare Disproportionalitäten der Tonstärke nur
dazu beitragen, die Proportionalität desto hörbarer und fühlbarer
werden zu lassen, d. h. dass das abwechselnde Schwellen und Sin-
ken des Tons, die Modulation, geistvoll und lebendig erscheine.
§. 498. Wir haben das Helldunkel das Schöne des achromatischen Sehens genannt. Die Modulation können wir das Kunstwerk des atonischen Hörens nennen. Wie jenes Stärke und
Schwäche der Lichtempfindungen, so ebnet und ordnet diese Stärke
und Schwäche der Tonempfindungen zu einem harmonischen Ganzen.
Durch sie gewinnt der abstracte Ton Rundung und Fülle, wie
durch jene die ästhetischen Schatten, die farbige Fläche, Körper.
Und wenn man treffend die Malerei die Kunst des Schattens ge-

nannt hat, so kann man nicht weniger die Musik die Kunst der Modulation nennen.

§. 499. Wie das Helldunkel, die ästhetische, von der Licht- und Schattenperspective, der richtigen Licht- und Schattenvertheilung, so unterscheidet sich die Modulation, die ästhetische, von der Accentuation, der richtigen Betonung. Jene nimmt keine Rücksicht auf das Was des Dargestellten, die Modulation keine auf das Was des Tönenden, z. B. auf den Inhalt der Worte. Ein sehr angenehmer „Tonfall" kann in Bezug auf den Inhalt des Ausgesprochenen der allerunrichtigste sein, ohne darum seine ästhetische Schönheit einzubüssen. Wir ergötzen uns aus der Ferne an der Modulation eines Erzählers, ohne das, was er erzählt, zu verstehen. Hier bleibt der Dichter auf den Declamator, der Componist auf den Spieler angewiesen. Den richtigen Accent kann ihm jener noch durch den Inhalt der Worte vorzeichnen; die Modulation müssen beide bis auf wenige ungenügende Andeutungen dem selbstständigen Modulationstalent des ausführenden Künstlers überlassen.

§. 500. Die Modulation ist die Form des Classischen angewandt auf die atonischen Gehörsempfindungen, d. i. auf Stärke und Schwäche des Tones. Die Reinheit derselben besteht in der Ausschliessung jedes nicht proportionalen Tonstärkegrades, bezogen auf die natürliche Masseinheit der Tonstärke. Die Freiheit derselben in der scheinbaren Aufhebung jener Proportionalität und in ihrer stets in neuen Proportionen erneuerten Wiederherstellung. Die Einheit in der Verwandtschaft aller Tonstärken unter einander als Vielfache der natürlichen zu Grunde gelegten Einheit der Tonstärken. Die Vollkommenheit nicht nur in der Mannigfaltigkeit der Tonstärken, deren doch keine mehr Raum gewinnt, als sie im Verhältniss zu allen übrigen einnehmen darf, sondern zugleich in der zweckmässigen Festsetzung jener Masseinheit der Tonstärken, welche dem Ganzen als Massstab dienen soll. Wer zu laut oder zu leise beginnt, wird nicht im Stande sein, alle Tonstärken, welche der Vortrag erheischt, proportional, er wird gezwungen sein, sie bald im Verhältniss zu stark, bald zu gering zu machen. Die Wahrheit endlich der Modulation liegt in der Treue der Nachbildung, mit welcher das wirkliche Empfinden das ästhetisch wohlgefällige Vorbild der atonischen Hörempfindung wiedergibt.

§. 501. Die Modulation wird hässlich, wenn sie eine erkünstelte Masseinheit der Tonstärken wählt, und sie wird desto hässlicher, je consequenter sie nur auf diese künstliche Masseinheit ein proportionales System von Tonstärken errichtet. Sie liefert in diesem Fall das After bild wahrer Modulation, zu welcher sie sich wie modulatorische Manier zu modulatorischem Stil verhält, und stellt als erkünsteltes im Gegensatz zum natürlichen Modulationssystem eine jener Modulationsverirrungen dar, welche, in (individuellen, nationalen, geschichtlichen) Leistungen und Gewohnheiten verkörpert die Geschichte d. h. die Phänomenologie der Modulation im Gegensatz zu dieser selbst als im vollendeten Vorstellen, unwandelbarem Noumenon darstellen.

§. 502. Beinahe jeder Mensch, jedes Volk hat seine eigene Modulation, seinen „Tonfall.“ Den Sachsen, den Berliner erkennt man an seiner Betonungsmanier. Wo die echte Modulation fehlt, da sucht sich ihr Mangel durch Hilfsmittel zu decken, die entweder aus dem Inhalt des Vorgetragenen oder aus subjectiven Erregungen genommen sind. Das unmodulirte Spiel sucht desto treuer zu sein; der Anfänger und der Pedant klappert seine Noten gewissenhaft auf den Tasten herunter, wie der Chinese seinen Tassen die schönsten Farben gibt, aber keine Schatten. Der nicht modulirende Sprecher bemüht sich dagegen desto richtiger zu sprechen, d. h. den Accent überall auf dasjenige Wort zu legen, wohin er dem Sinne nach gehört. Diese Tugend des richtigen ist nichts desto weniger ein Mangel des ästhetischen Sprechens. Die Musik der Sprache leidet darunter, während die Logik derselben gewinnt. Oder der Ton sucht sich für den Mangel an ästhetischer Vertheilung der Stärke durch ohrenzerreissende Intensität an der einen und lispelndes Flüstern an der andern Stelle schadlos zu halten. Der Heldenspieler „donnert“ seine Zuhörer in den Boden; die schmachtende Liebhaberin säuselt sie in den Schlaf.

§. 503. Wer kein Ohr für Modulation hat, berauscht sich dafür gern in den Klangfarben der einzelnen Töne; in dem Weichen, Schmelzenden der menschlichen Stimme, im sanften Flöten-, im Geigenton, welcher der menschlichen Stimme am nächsten kommt, oder er lässt sich durch das Schmettern der Trompete, den dumpfen Hauch des Fagotts nervös erregen. Hier wie im vorigen

§. 502 entspringt das Unmodulatorische aus dem Mangel des vollendeten Vorstellens modulatorischer Form und kann aus diesem Grunde so gut wie das Gegentheil des Helldunkels (§. 476) „romantisch" heissen. §. 504. Wie die Modulation auf der Quantität, so ruht der Einklang der Töne auf der Qualität der Tonempfindung. Es ist schon gesagt, dass nach Helmholtz's Versuchen die concrete Tonempfindung auf einer Mehrheit gleichzeitig klingender Töne beruhe, von welchen der am stärksten empfundene, der Grundton, der Empfindung den Namen gibt. Während der abstracte Ton bloss aus Periode und Schwingungszahl besteht, kommt beim concreten Ton, wie er durch ein musikalisches Instrument erzeugt wird, noch die Form der Wellen zu betrachten. Diese kann während derselben Schwingungsperiode sehr verschieden angenommen werden und ist es jedesmal nach der Verschiedenheit der wellenerregenden Ursache. Ist diese letztere z. B. ein Pendel, so nimmt die Welle die

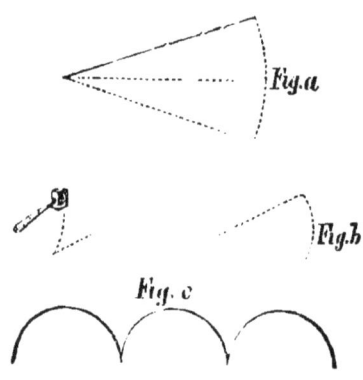

Form Fig. *a* an ; ist es dagegen ein aufgehobener und fallen gelassener Hammer, oder ein fallender und zurückgeschleuderter Ball, so treten statt dessen andere Formen auf, wie z. B die in Fig. *b* und Fig *c*. Man erhält dieselben mittelst des auf Seite 33 von Helmholtz beschriebenen Phonautographen. Nun gibt es aber nach Ohm nicht mehr als eine einzige Schwingungsform, welche den einfachen Ton, den abstracten, erzeugt, die pendelartige, die Schwingung der Stimmgabel. Alle denkbaren Schwingungsformen lassen sich in solche zerlegen, und da jeder concreten musikalischen Tonempfindung, wie sie durch andere Instrumente als die Stimmgabel hervorgebracht werden, eine besondere Form der Welle entspricht, so muss die concrete Tonempfindung auch gerade so vielen einfachen Tönen entsprechen, als sich die Wellenform ihres Tones in viele einfache Wellen von pendelartiger Schwingung zerlegen lässt, d. h. es muss jede concrete Tonempfindung eine Mehrheit von Tönen umfassen.

§. 505. Die empirische Bestätigung dieses durch Rechnung

gefundenen Satzes liefert nun die Thatsache der Obertöne. Dieselben wurden zunächst an der Violine beobachtet. Sie sind stets dem tiefsten Ton, dem Grundton, demjenigen, welchen man allein zu hören glaubt, und nach dem man die Tonempfindung nennt, harmonisch, und ihre Schwingungszahlen sind daher irgend ein Vielfaches von der seinigen. Der erste Oberton ist die Octave, deren Schwingungszahl das Doppelte, der zweite die Quinte der Octave, deren Schwingungszahl das Dreifache von jener des Grundtons ist. Der dritte ist dann die zweite Octave (4), der vierte die grosse Terz der zweiten Octave (5), der fünfte die Quinte der zweiten Octave (6) u. s. f. Es enthält sonach jeder Klang Particulartöne, und sonach auch verschiedene, nicht eine einzige, Tonhöhen, ist also ein Vielfaches von Tönen. (Ebend. S. 39.)

§. 506. Es zeigt sich auf diese Art, dass alle concreten Tonempfindungen ein Simultanes von Tönen sind, und zwar von solchen, die unter einander harmoniren. Ihre Qualitäten werden daher durch diejenigen ihrer Particulartöne bestimmt und es ist rücksichtlich derselben nur Eines von beiden möglich: entweder es fallen bei dem Zusammen zweier concreten Tonempfindungen einige oder alle Obertöne derselben zusammen, oder es fällt nicht ein einziger der einen mit einem der andern zusammen, d. h. es entstehen theilweise oder durchaus Schwebungen. Findet das letztere statt, so d i s s o n i r e n, findet das erstere, so c o n s o n i r e n die Töne.

§. 507. Die Obertöne und der Grundton consoniren im buchstäblichen Sinne des Wortes; sie klingen immer z u s a m m e n. Ihre Schwingungszahlen aber stehn zu einander in dem einfachen Verhältniss des fortschreitenden Vielfachen von jener des Grundtons. Dass aber andere Töne consoniren, daran sind ihre Obertöne schuld, die sie unter einander gemein haben. Es herrscht also unter den Qualitäten der consonirenden Tonempfindungen in der That theilweise Identität, in Bezug nämlich auf die coincidirenden Obertöne. Es muss sich also durch Rechnung bestimmen lassen, welche Töne harmoniren, wenn sich aus den bekannten Schwingungszahlen der Grundtöne und Obertöne berechnen lässt, ob etwelche ihrer Obertöne zusammenfallen. So ist die Schwingungszahl der Octave das Doppelte des Grundtones. Klingt nun der Grundton mit seiner Octave zusammen, so fällt der erste Oberton des

Grundtons mit dieser selbst zusammen, das Verhältniss zwischen einem Ton und seiner Octave ist daher identisch. Das Intervall der Quinte ist $^3/_2$. Klingt nun der Grundton und die Quinte zu sammen, so coincidirt der zweite Oberton des Grundtons, welcher die Quinte der Octave ist, mit dem ersten der Quinte, welcher deren Octave ist, und beide Töne consoniren daher.

§. 508. Es versteht sich von selbst, dass es uns hier nicht in den Sinn komme, die einzelnen Harmonien selbst aufzuzählen. Der Einklang ist nur eine jener Formen, durch welche die Tonempfindung ästhetisch wird, und es könnte nichts langweiligeres geben, als ein Tonganzes, dass sich in durchgehends harmonischen Tonempfindungen fortbewegte. Vielmehr sind die Formen, durch welche Tonempfindungen rücksichtlich ihrer Qualität ästhetisch werden, abermals die allgemeinen: Vollkommenheit, Geregeltheit, Correctheit, wenigstens scheinbare Beseeltheit mit harmonisch befriedigendem Abschluss. Das treue Nachbild eines diesen Beziehungen sämmtlich entsprechenden Vorbildes ist das eigentlich schöne Tonempfinden, das Tonempfindungsschöne im wahren Sinne des Wortes, und ausgedehnt auf ein mehrere oder alle Tonempfindungen umfassendes Gesammtbild, ein oder das Kunstwerk des Tonempfindens, die phonetische Phantasie.

§. 509. Die Vollkommenheit des qualitativen Tonempfindungsschönen liegt darin, dass bei gleicher Qualität die relativ stärkere der relativ schwächern vorgezogen wird, also unter übrigens gleichen Umständen der stärkere Laut mehr gefällt, als der schwächere. Auf das phonetische Kunstwerk ausgedehnt, verlangt die Form der Vollkommenheit nicht nur grösste Mannigfaltigkeit der Tonempfindungen, sondern auch hinreichende Intensität jeder einzelnen, um sich als Ton im Ganzen bemerklich zu machen und zu dem Ende zweckmässige Vertheilung und Anordnung derselben. Der Einklang des Phonetisch-Schönen erheischt Harmonie der einzelnen Tonempfindungen und auf das phonetische Kunstwerk ausgedehnt, Einheit d. i. Verwandtschaft aller dasselbe ausmachenden Tonempfindungen, d. h. er fordert, dass dieselben Glieder eines und desselben Tongeschlechts und auf einer gemeinsamen natürlichen Basis ruhend seien. Da nun die Consonanz der Tonempfindungen nach Obigem auf dem Zusammenfallen

der Obertöne beruht, dieses aber voraussetzt, dass bei allen Tonempfindungen das Gesetz der Obertöne dasselbe sei, so folgt, dass
die natürliche Basis eines solchen Tongeschlechts nur dasjenige
Harmoniegesetz sein könne, welches sich auf Tonempfindungen von
einerlei Tonquelle, also auf einerlei Klangfarben bezieht, und
also z. B. die Einheit forderte, dass sämmtliche Tonempfindungen
auf den Violinton bezogen, und ihre Consonanz oder Dissonanz
nach diesem geregelt werden. Die Einheit des phonetischen Kunstwerks schliesst daher auch die Einerleiheit der Klangfarbe ein,
sowie die Einheit des chromatischen die Einerleiheit des Farben-
tons, d. h. die Beziehung auf Farben von einerlei Lichtquelle ein-
begreift.

§. 510. Die Tongeschlechter fallen verschieden aus, jenachdem man einen andern Ton zum Ausgangspunkt nimmt, und von ihm
aus die harmonischen Intervalle, die auf den einfachsten Zahlen-
verhältnissen ruhen, berechnet. Die Einheit des Kunstwerks verlangt die Festhaltung desselben Tongeschlechts, z. B. wenn in A-Dur
begonnen worden ist, so muss die gesammte phonetische Phantasie
in diesem beharren. Die Klangfarbe ist auch verschieden, je nachdem die von den Tonquellen angeregten Obertöne beschaffen wird.
Gewisse Consonanzen lassen sich daher mittels gewisser Instrumente gar nicht herstellen, weil diese letztern die zusammenfallenden Obertöne gar nicht ertönen lassen, oder andere nicht zusammenfallende erzeugen, und also dissonirend werden. Wer sich daher verschiedener Tonquellen bedienen will, muss vor allem deren Umfang
genau kennen, und denselben nur solche Consonanzen auferlegen,
die auch von diesen Instrumenten hervorgebracht wirkliche Consonanzen sind. Die Obertöne der von dem menschlichen Stimmorgan hervorgebrachten Tonempfindung gelten daher als allgemeines
Regulativ der Consonanz und Dissonanz, und da ihnen hierin als
Instrument die Violine am nächsten kommt, zunächst diese. Die
von andern Instrumenten erzeugten Töne werden nur so weit in
Betracht gezogen, als sie auf dieses System bezogen wirkliche
Consonanzen liefern, also auch im orchestralen Tonwerk die Einheit der phonetischen Phantasie streng festhalten.

§. 511. Das harmonische System, welches auf den Obertönen des
menschlichen Stimmorgans oder der Geige ruht, gilt daher für das natür-

liche phonetische System, so lang man nicht auf die einzigen Tonquellen, durch welche abstracte Töne und Tonempfindungen erzeugt
werden, auf die Stimmgabel und die offene Orgelpfeife Rücksicht nimmt.
Allein da bei diesen die Obertöne fehlen, so sind sie auch nicht
harmonisch, sondern völlig disparat, weder consonirend, noch
dissonirend, unvergleichbar und demnach auch völlig unästhetisch.
Im strengen Sinne des Wortes sind alle harmonischen Systeme künstlich, weil sie alle auf der Annahme irgend einer bestimmten Tonquelle beruhen, für welche ihre Consonanzen und Dissonanzen berechnet werden. Die menschliche und die Geigenstimme
sind die Schlüssel für das als natürlich angesehene Harmoniensystem.

§. 512. Man könnte nun auch eine andere Tonquelle zu
Grunde legen und alle Consonanzen und Dissonanzen von da aus
bestimmen, z. B. die Flötenstimme, oder ein anderes Blasinstru-
ment. Die Harmonien, die von da aus zum Vorschein kämen,
würden mit jenen der Saiteninstrumente und des menschlichen
Stimmorgans nicht überall zusammentreffen müssen, weil die eigenthümliche Klangfarbe dieser Tonempfindungen auf Obertönen beruht,
und die Coincidirung der letztern Consonanzen begründet, welche
die andern, weil ihre Obertöne andere sind, nicht kennen. Da nun
das im vollendeten Vorstellen des Menschen gegebene Tonverhält-
niss die Grundlage seines Urtheils über Gefallen oder Missfallen
des Tones ist, so liegt es am nächsten, dass er dasselbe an Tonempfindungen äussere, welche durch seine eigene Stimme hervorgebracht werden, und daher baut er auf die Obertöne dieser letztern sein harmonisches System. Die Unterschiebung einer andern
Tonquelle mit andern Obertönen und darauf gegründeten Consonanzen
erzeugt daher mit jenem verglichen ein künstliches System, und
würde, wenn es wirklich aufgestellt würde, ein Afterbild des
wahren Harmoniensystems, eine Harmonienverirrung darstellen, und
geschähe dies zu verschiedenen Zeiten, so würde die Reihe derselben die Geschichte oder die Phänomenologie des wahren
Harmoniesystems der Töne im Vergleich zu diesem selbst als im
vollendeten Vorstellen, solange die Menschennatur dieselbe bleibt,
stets unwandelbaren Noumenon darbieten.

§. 513. Der Zusatz ist hier nicht überflüssig, insofern das

sogenannte natürliche Harmoniegesetz selbst nur ein künstliches, d. i. auf die Consonanzen der Obertöne der menschlichen Stimme gegründet ist. Wir haben eben nur die Wahl zwischen einfachen durch die Stimmgabel oder die Orgelpfeifen erzeugten Tönen, die nicht consoniren, und solchen, die von anderer Tonquelle erzeugt zwar consoniren, aber auch nicht mehr einfach sind, sondern eine Klangfarbe besitzen. Wir sind darin so gebunden wie beim Farbensehen, wo eben jede Farbenempfindung von der Lichtquelle beeinflusst und dadurch modificirt ist. Wer ein System der Farbenharmonie auf Einstimmungen begründen wollte, die er nur bei Licht aus künstlicher Lichtquelle wahrgenommen hat, würde dadurch ebenso einseitig, wie derjenige, welcher ein Tonharmoniesystem auf Harmonien gründen wollte, die er z. B. nur bei von der Flöte erzeugten Tönen erzielt hat.

§. 514. Die Reinheit des phonetischen Kunstwerks gilt daher wesentlich nur dem Harmoniensystem der menschlichen Stimme oder des Geigentons. Die auf andern Basen gebauten künstlichen Harmoniensysteme werden dadurch nicht berührt, und also auch nicht verletzt. Aber auch innerhalb des Systems des menschlichen Stimmtons gilt sie nur demjenigen, was im vollendeten Vorstellen als missfällig beurtheilt wird. Das unvollendete Vorstellen, d. h. dasjenige, welches es zur reinen Tonempfindung gar nicht bringt, findet manches missfällig, was im vollendeten nicht als solches erscheinen kann, weil eben in diesem gar nicht jene Tonempfindungen gegeben sind, und schafft daher auch künstliche Regeln, Missfälliges in Tönen zu vermeiden, welche das Gegebene gar nicht treffen. Man erzählt von einem Musikfreunde, der ein äusserst feines Gehör besass, dem aber alle Instrumente verstimmt und alle Aufführungen falsch erschienen, solange er mit beiden Ohren hörte, dagegen ganz richtig, wenn er das eine verschloss. Die Ursache war, dass er auf dem einen Ohre um einen Viertelton höher hörte, als auf dem andern. Ein vollendetes Vorstellen war hier aus Naturgründen unmöglich und die Folge ein Missfallen von Tonvorstellungen, die nur ihm, seinem Privatohr gegeben waren. Seine Regeln, Missfälliges zu meiden, hätten sonach nothwendig künstlich ausfallen müssen. Aber auch ganze Völker z. B. die gänzlich unharmonischen Neger, zeigen darin Ab-

weichungen, die vermuthen lassen, dass es mit ihrer Harmonienlehre ganz anders aussehe, als mit der z. B. eines Europäers.
Wird auf dergleichen „verstimmtes Gehör" ein Harmoniesystem
gegründet, führt z. B. ein falsch intonirender Sänger seinen Part
obgleich consequent doch auf dieser falschen Basis durch, nimmt
er z. B. alle Töne um einen Viertelston zu hoch, so kommt dadurch in
dem natürlichen Harmoniesystem der menschlichen Stimme eine Har-
monieverirrung zu Stande, die jetzt innerhalb derselben wie
früher (§. 512) bei verschiedenen Klangfarben, ein Afterbild
wahrer Harmonie, eine harmonische Manier ausmacht, deren in
(individuellen, nationalen oder geschichtlichen) Subjecten verkörperte Erscheinungen die Phänomenologie des natürlichen
Harmoniensystems der menschlichen Stimme gegenüber dem im
vollendeten Vorstellen unveränderlich beifälligen harmonischen
Noumenon darstellen.

§. 515. Diese Missbildungen der harmonischen Phantasie sind um desto gefährlicher, je consequenter sie sind. Da sich
die Laute der Sprache wie Töne behandeln lassen, so lässt sich
der auffallendste Beleg dafür in demjenigen finden, was man das
Musikalische in der Sprachphantasie nennen kann. Vergleicht man
z. B. in verschiedenen Sprachen die relative Menge der Vocale
gegen die Consonanten, so zeigt sich eine derselben reicher, die
andere ärmer an jenen, jene also vergleichsweise musikalischer,
da die Vocale Tönen, die Consonanten blossen Geräuschen
entsprechen. Vergleicht man wieder in Bezug auf die Vocale die
Sprachen je nach der relativen Menge des einen oder des andern
so zeigen sich gewisse Sprachen gleichsam in i, andere in a oder
o, wieder andere in e und u gesetzt, d. h. sie stellen jede phonetisch ein besonderes Klangsystem dar, dessen Grundton i oder
a und o oder e und u ist. Das Urtheil über den Wohlklang
der Sprachen fällt hienach verschieden aus, und eine z. B. aus i
oder e gesetzte Sprache erscheint harmonisch betrachtet, als Missbildung der phonetischen Phantasie. Es ist bekannt genug,
dass geschichtlich angesehen, die meisten indogermanischen Sprachen dem Fortschritt dieser Missbildung ausgesetzt sind, und dieselben daher wie sich verschlechternde Sänger immer mehr dis-
toniren.

§. 516. Die F r e i h e it der phonetischen Phantasie ruht wie jede andere auf der Ungebundenheit in der Gebundenheit. Dieselbe duldet keine bloss scheinbare Harmonie oder Disharmonie, sondern trachtet das wahre Wesen herzustellen, aber nicht indem es den f r ü- h e r n Ein- oder Missklang, sondern indem es zugleich anknüpfend und fortschreitend, herstellend und umschaffend, überhaupt Ein- oder Missklang herbeiführt. Dass wahrhaft befriedigender Abschluss erst dann erreicht werde, wenn alle Dissonanzen zu Harmonien aufgelöst sein, nicht aber, wenn von Dissonanzen endlos zu neuen Dissonanzen fortgeschritten werde, d. h. wenn harmonischer G e i s t, nicht disharmonischer D ä m o n im Ganzen des phonetischen Empfindungs- bildes herrscht, ist kaum mehr erforderlich hinzu zu setzen. Die W a h r h e i t derselben aber besteht in der Treue der Nachbildung eines absolut wohlgefälligen phonetischen Vorbildes im wirklichen Ton- empfinden und hat, wie sich von selbst versteht, mit dem Ursprung des Vorbildes selbst, also eben mit dem Umstand, ob dieses ein A b b i l d eines anderswo z. B. in der Natur Gegebenen sei, so wenig zu thun, als bei irgend einem andern Kunstwerk des Vorstellens, bei irgend einer Phantasie überhaupt.

§. 517. Die Sprache als phonetisches Kunstwerk betrachtet, zeigt diese F r e i h e it nur mehr bei den sogenannten Natursprachen, in den Metastasen und Lautverschiebungen. Der Südsee- insulaner, gewöhnt an die einfache Combination eines Vocals mit einem Consonantem, schiebt dem europäischen mit den letztern über- häuften Worte Vocale ein, um seiner phonetischen Phantasie zu genügen. Beim Uebergang eines Wortes aus einer Sprache in die andere wird dem phonetischen Geiste der letzteren gemäss auch die Stellung der Laute desselben verändert, wie man an Worten, welche die deutsche und die slawische Sprache gegen einander ausgetauscht haben, wie Chlum und Kulm, Thaler und Toral, Ti- roler und Tilorer bemerken kann. (Naugart, Nowgorod, Stargard, Staryhrad).

§. 518. Bei dieser Reduction unserer Harmonienlehre auf Obertöne der menschlichen Stimme als allgemeiner Tonquelle können die Klangfarben aller übrigen Tonquellen nur so weit zur Verwendung kommen, als sie sich auf diese allgemeine Basis zurückführen lassen. Von der Quinte z. B. die auf der Trom-

pete geblasen wird, muss wie bei den Violinquinten der zweite
Oberton des Grundtons mit dem ersten der Quinte zusammenfallen,
wenn sie consoniren sollen. Aber es bleiben noch Obertöne bei
der Trompete übrig, die bei der Violine für das Ohr verschwinden und wir hören daher in der That bei dem Trompeten- noch
etwas Anderes, als bei demselben Ton auf der Violine und dieses Andere ist es eben, worin wir den Trompetenton c von dem
Violinton c sogleich unterscheiden. Und wie dem Einen der bläuliche Farbenton des Mondlichts willkommen, dem Andern dagegen
unerträglich werden kann, so erregt die Klangfarbe der Trompete
einem Mozart Nervenzuckungen und macht zugleich das Schlachtpferd
ungeduldig den Boden stampfen. Dieses Andere nun würde gänzlich unästhetisch sein, wenn es nicht selbst wieder Töne (Obertöne) oder Farben (Oberfarben, subjective Farbenerscheinungen,
Nuancen, die in der Form der Lichtwellen ihren Grund haben,
also eigentlich selbst aus Lichtwellen entspringen , die dem
reinen Lichte beigemischt sind) wären, wenn sie sich also
nicht wieder der harmonischen Regel unterwerfen liessen. In den
sogenannten Gemälden doppelter Beleuchtung bilden die
Farbentöne der einzelnen Beleuchtungs- und chromatischen Systeme
selbst wieder zusammengenommen ein chromatisches und Beleuch-
tungsganzes höherer Ordnung. In den Tonbildern verschiedener Klangfarben stellen die Obertöne, aus welchen die Verschiedenheit der letztern besteht, und in welche sie sich auflösen
lässt, für sich selbst wieder ein Tonganzes höherer Ordnung dar.
Die chromatische sowol, wie die phonetische Phantasie wäre unvollendet, wenn sie auf die Durchführung ihrer Regeln in dieser
höhern Ordnung verzichtete. Die chromatische Phantasie webt
aus den Farbentönen ihrer vereinigten chromatischen Systeme
abermals ein chromatisch harmonisches Ganzes. Wo z. B. das
Mondlicht einen bläulichen Schimmer ausströmt, da stellt ein
künstliches Herd- oder Fackellicht durch orange Farbe, gelbröthlichen Schimmer die complementären Farben und dadurch zwischen
den Farbentönen selbst erneuerte Harmonie her. Die phonetische
Phantasie aber wählt bei den künstlichen Klangfarben, aus denen
die orchestrale Musik sich zusammensensetzt, solche, deren nach
Coincidenz der harmonischen, restirende disharmonische Obertöne

selbst in einem Ganzen höherer Ordnung unter sich Harmonien bilden, wie der bläuliche Farbenton mit dem gelbröthlichen zum Farbeneinklang sich ergänzt. So gleicht das Schmetternde der Trompete durch das Dumpfe des Fagotts, das Schrillen der Geige durch das Brummen des Contrabasses sich aus und das gelle Piccolo contrastirt mit dem kaum einem Ton mehr ähnlichen hohlen Schalle der Trommel.

§. 519. Wo diese Ausgleichung ausbleibt, da wird das Vorherrschen der Klangfarben in dissonirenden Obertönen zur phonetischen Missbildung. Dergleichen gewahrt man am besten bei den sogenannten hohen quickenden Stimmlagen, bei denen die dissonirenden Obertöne unaufhörlich mitklingen und dadurch Missfallen erregen. Die phonetische Phantasie ist die Uebertragung der Form des Classischen auf das qualitative Tonempfinden. Wie sie aus vollendetem, so gehen die phonetischen Missbildungen aus unvollendetem Vorstellen hervor, indem sie entweder nur den stofflichen Reiz des Einzeltons oder die begleitenden subjectiven Erregungen berücksichtigen, oder wie es z. B. die Sprache thut, nicht den Ton, sondern die damit durch Association verknüpfte Vorstellung, das Bezeichnete des Tons als Zeichen betrachtet, ins Auge fassten. Geschieht das Erste, so kann der stoffliche Reiz entweder am Grundton ohne oder mit den Obertönen haften, am abstracten oder concreten Ton, an dem reinen Ton oder dem Klange. Im jenem Fall ist alle Bestrebung darauf gerichtet, die Periode und die richtige Schwingungszahl zu treffen. Der Sänger oder Spieler zieht den reinen Ton, in dem er sein Kehlen- oder Instrumentvirtuosenthum zeigen kann, dem harmonischen vor. In diesem Falle wird eine Quelle der andern z. B. der Ton der menschlichen Stimme dem jedes Instruments, oder wieder z. B. das Waldhorn der Geige oder Flöte vorgezogen. In beiden Fällen gilt die Befriedigung nicht der Form, sondern dem Stoff der akustischen Empfindung Der Italiener kann über einen einzelnen reinen Ton in Entzückung gerathen; in Deutschland gab es eine sentimentale Zeit, wo die Flöte, die Harfe die ausschliesslich begünstigten Instrumente waren, wie es seit Beethoven das Clavier ist. Was ein schönes Organ, eine „Silberstimme" vermag, ist bekannt genug. Der stoffliche Klangreiz gibt dem Stradivari, dem Bösendorfer, dem Erard seinen Werth. Es gibt Enthusiasten genug, die für Musik zu schwärmen glauben, während sie nur für den Klangreiz begeistert sind. Die subjectiven Erregungen, welche den Ton begleiten, können rein individuelle, sie können nationale oder geschichtliche sein. Der Klang der Osterglocken, an den Faust von Jugend an gewöhnt ist, ruft ihn auch diesmal zurück ins Leben. Der Schweizersoldat stürzt sich beim Klange des Kuhreigens in die Fluthen des Rheins, wird ergriffen und erschossen. Mit den Tönen der Marseillaise stürzten die jungen Rekruten der französischen Revolution in den Rachen des Todes. Der würde sehr fehl gehen, welcher darin ästhetische Begeisterung für die F o r m der Musik suchte. Seine nur aus vier Tönen bestehende Heimatmelodie ist dem Plantagenneger in Brasilien lieber, als eine Arie der Malibran. Nicht die Töne, die ä u s s e r l i c h e n V o r s t e l l u n g e n, welche sich mit diesen verknüpfen, sind hiebei das Mächtige.

§. 520. Die bloss äusserliche Verknüpfung zwischen Vorstellungen und Klängen, wozu in der National- und geschichtlichen Musik der Anfang liegt, wird in der Sprache vollendet. Die Aufmerksamkeit wendet sich vom Zeichen ab und dem Bezeichneten zu, der Sinn für das P h o n e t i s c h e nimmt ab und der für das L o g i s c h e zu. Das mag in Bezug auf das letztere eine Tugend sein, in Bezug auf das erste ist es eine ästhetische Versündigung. Man kann es am Klange wahrnehmen, dass er desto unmusikalischer wird, je mehr er etwas von ihm Unterschiedenes zu b e d e u t e n, einen Gedanken auszudrücken, sich als Z e i c h e n zu geben sucht. Die sogenannte „poetische" Musik ist auf dem Wege zu dieser phonetischen Missbildung.

§. 521. Nach unserm Sprachgebrauch können wir alle diese Missbildungen des Tonempfindens als aus unvollendetem Vorstellen hervorgegangen, r o m a n t i s c h nennen. Von dem reinen Werth der phonetischen Form sind sie alle gleichweit entfernt. Der phonetische Stil, indem er alle Tonempfindungen des Gesammttonbildes unter der Fahne des Einklanges sammelt und diese bis auf den Einklang der verschiedenen Klangfarben ausdehnt, schliesst alle phonetischen M a n i e r e n von sich aus.

§. 522. Die zugleich succesive und simultane Natur der Tonempfindung, indem stets mehrere Töne zugleich, aber nur einer stärker als alle übrigen empfunden werden, gestattet derselben sowohl in der successiven als in der simultanen Form des Vorstellens Verbindungen einzugehen. Die mit dem Grundton gleichzeitigen Obertöne stellen eine Tonlinie dar, welche mit der Zeitlinie, in welcher das nacheinanderfolgende Auffassen mehrerer Grundtöne stattfindet, einen rechten Winkel macht. Jene verhält sich zu dieser, wie die Ordinate zu der Abscisse. Die Reihe der Tonempfindungen erscheint unter dem Bilde einer Ebene, welche am Faden der Zeitlinie fortschreitend nacheinander mit Tonempfindungen ausgefüllt wird. Laufen mehrere Reihen von Tonempfindungen gleichzeitig ab, so müssen ihre Ebenen in der beiden gemeinschaftlichen Zeitlinie einander schneiden. Das Zusammenfallen der Obertöne kann nun ebenso gut stattfinden, wenn die Grundtöne nach- als wenn sie miteinander auftreten. In jenem Falle entsteht Melodie, in diesem Harmonie.

§. 523. Das melodische Tonschöne ist das des ästhetischen Tonempfindens in der Richtung der Zeitlinie; das harmonische Tonschöne wird durch den Einklang zweier oder mehrerer in demselben Puncte der Zeitlinie erfolgender Tonempfindungen hervorgebracht. Alles Uebrige bleibt bei dem Kunstwerk des ersten, der melodischen, wie dem des zweiten, der harmonischen Phantasie gleich, vorausgesetzt, dass die psychologische Rücksicht, die aus der Natur des successiven Vorstellens stammt, beobachtet und das Nacheinanderfolgende weder so weit von einander vorgestellt wird, dass jeder Zusammenklang aufhört *), noch des Zugleichempfundenen so viel empfunden wird, dass man endlich keines von allen mehr empfindet. Jenes verbindet sich daher mit der rhythmischen Zeit-, dieses mit der planaren Raumform, und so wie das successive chromatische Empfinden zur Farbenmelodie, so wird das simultane (planare) Tonempfinden zum Tongemälde.

§. 524. Die übrigen Arten des Empfindens, der Tast-, der Geruchs-, der Geschmacks-, der Drucksinn, wenn man von einem solchen reden darf, geben keine besondere Gelegenheit zu ästhe-

---

tischen Formen. Der Tastsinn, insofern er vom Drucksinn unterschieden ist, geht nur auf die Form der Fläche, sei es der Ebene oder der gebrochenen oder gekrümmten, und als solcher hat er seine Stelle bei dem plastischen Formvorstellen gefunden. Als Drucksinn aber, in wiefern er vom Widerstande der Muskeln gegen den Einfluss der Schwere Kunde gibt, lässt er sich nicht vom Gefühlten trennen und seine Empfindungen übersteigen nicht die Grenze des betonten Empfindens, d. i. des Gefühls. Nur auf indirectem Wege, insofern mit der Vorstellung körperlicher Form auch der Gedanke eines körperlichen Inhaltes und damit der Schwere sich verbindet, bringt der Drucksinn zu dem rein ästhetischen Formvorstellen ein unästhetisches Empfindungselement aus dem Bereich der Muskelempfindungen hinzu, welches die Verbindung verschiedener körperlicher Formen auch als eine Verbindung schwerer körperlicher Massen zu denken nöthigt und an die ästhetische Frage, ob sie als Formen harmonisch d. h. ästhetisch verknüpfbar seien, die unästhetische statische knüpft, ob sie auch als schwere Massen verträglich d. i. verknüpfbar seien. Sind sie es als solche nicht, ist z. B. eine Kugel auf einen Kegel, jedoch so, dass der Schwerpunkt der ersteren ausserhalb des Scheitelloths des Kegels fällt, aufgestellt, so legt die Statik, nicht die Aesthetik, ihr Veto gegen eine derartige Verbindung ein. Da dieses sie aber nur als körperliche Massen- nicht als körperliche Formenverbindung trifft, so hat die Aesthetik streng genommen als solche nicht nöthig, sich daran zu kehren. Erst wenn die Form als Form eines Inhaltes, wenn sie als Form eines Körpers gedacht werden soll, der entweder wirklich ist oder wirklich sein kann und werden soll, gewinnt jenes Veto Gewicht und die plastische Formphantasie als Phantasie der plastischen Form eines wirklichen oder wirklich sein könnenden Körpers, d. h. insofern sie nicht bloss Bild, sondern Abbild oder Vorbild eines Seienden sein will, hat sich an das Verbot der Statik zu halten. Eine solche indirect durch die Muskelempfindung als Druck- und Schweresinn, also durch die Bedingungen der Schwere geregelte plastische Phantasie kann dann statische, aber nur insofern sie bloss auf die körperliche Form, nicht insofern sie auf den

schweren erfüllenden Inhalt gerichtet ist, noch ästhetische und überhaupt Phantasie heissen.

§. 525. Der Geruchs- und Geschmacksinn lassen keine abgesonderte Vorstellung des Gefühlten vom Gefühle zu. Am ehesten
möchte dasselbe noch beim Geschmacksinn gelingen, der, wenn er
von der blossen Begierdebefriedigung befreit und zur Auffassung
des Einzelnen im Zusammen mit andern im gleichzeitigen und
successiven Genuss erhoben werden könnte, die Bestrebung, auch
der Kochkunst zum Rang einer Kunst zu verhelfen, wie sie Einer
der grössten Kunst- und Speisenforscher der neuern Zeit, Rumohr, versucht hat, vielleicht rechtfertigen würde. Bisher sind
freilich die Versuche, zu schmecken ohne zu schmecken, Ge
schmacksempfindungen ohne subjective Geschmacksgefühle zu gewinnen, erfolglos geblieben *).

C. Die Kunstwerke des durch Worte ausdrückbaren
Vorstellens.

§. 526. Dem leeren Zusammenfassen eines beliebigen Vorstellungsinhaltes, wie dem concreten Empfinden, das erst seine
Zusammenfassung erwartet, steht die erfüllte Form und der geformte Inhalt des im eigentlichen Sinne sogenannten Vorstellens,
des Anschauens und Denkens gegenüber. Von dieser Art
ist sowohl der Complex theilweise gleicher, theilweise entgegengesetzter, als jener durchaus disparater Empfindungen der verschiedenen Sinnesorgane, die Wahrnehmung, welche auf eine
äussere gemeinschaftliche Ursache bezogen zur sinnlichen Anschauung wird. Aus der Wechselwirkung ursprünglicher gleich-
artiger, wenn auch ungleicher Wahrnehmungen geht das die Form
derselben bei theilweise verlöschtem Inhalt bewahrende psychische Gemeinbild hervor, dessen vollendete Ausarbeitung durch Aussonderung des Individuellen und Hervorhebung des Gemeinsamen
zum Kunstwerk des psychischen, wie dessen Verarbeitung
mit Hilfe der logischen Regeln zum richtigen und giltigen
Begriff d. i. zur wahren Vorstellung, zum Kunstwerk des
logischen Vorstellens wird.

---

*) Vgl Phil. Prop. S. 204.

§. 527. Das Kunstwerk des psychischen [unterscheidet sich vom Kunstwerk des logischen Vorstellens dadurch, dass jenes die Form der Anschauung beibehält, dieses die des Begriffs annimmt, jenes ohne, dieses mit Anspruch auf Richtigkeit und Giltigkeit gebildet wird. Wo sich immer eine Complication aus, gleichviel ob richtigen oder unrichtigen Vorstellungen gebildet hat, da vollzieht sich im Wechselverkehr des psychischen Lebens allmälig die Verschmelzung des Gleichartigen, die Hemmung des Entgegengesetzten, ohne dass die ursprüngliche Form der Complication dadurch eine Veränderung erleidet; es findet sich zuletzt ein bestimmter gemeinsamer Rest aus allen denjenigen Wahrnehmungen, aus welchen das jetzige Ganze entstanden ist, in der ursprünglichen Verknüpfungsform und kann als solcher einen Charakter darbieten, welcher den ästhetischen Formen der Vollkommenheit, der Bedeutendheit, des Einklangs, der Correctheit und des Scheines der Beseelung gemäss ist. So löscht z. B. diejenige Complication disparater Empfindungen, welche beim Anblick der rothen Porphyrbildsäule eines Centaurs im Palaste Borghese zuerst entstanden ist, durch Wechselwirkung mit der gleichzeitigen durch die Wahrnehmung der daneben stehenden eines solchen im schwarzen ägyptischen Basalt entstandenen sogleich das Merkmal der Farbe in sich aus; mit erweiterter Umschau schwinden andere individuelle Merkmale bis zuletzt nur die allgemeine Form der ursprünglich gegebenen Anschauung und ein Inhalt zurückbleibt, der als das Gemeinsame aller ursprünglichen Complicationen zugleich der Rest und deren gemeinsamer Kern ist.

§. 528. Keine andern als Gründe des psychischen Mechanismus haben aus diesem schliesslich erwachsenen Normalbild die einander ausschliessenden Merkmale der ursprünglich gegeben gewesenen Anschauungen entfernt. Während die logische Kunst die gegebenen Complicationen nicht nur an dem Massstab des Denkbaren und Verträglichen prüft, und das Unverträgliche ausschliesst, sondern noch weiter gehend, die Richtigkeit und Giltigkeit des Inhalts des Gesammtbildes nach dem Verhältniss zu andern bereits als richtig und giltig erkannten Begriffen hofmeistert und folgert oder leugnet, dasselbe also nicht bloss den Normalgesetzen des richtigen, sondern auch jenen des giltigen Denkens gemäss billigt, umbildet, oder ausschliesst, begnügt sich die psychische Kunst, dasselbe den psychischen Naturgesetzen gemäss wachsen gelassen zu haben, ohne ihm weder durch Förderung Zwang noch durch Hinderung Hemmnisse anzulegen.

§. 529. Eine Gunst des Glückes, wenn auf diesem Wege ein ästhetisches, eine noch seltenere, wenn zugleich ein den logischen Normen entsprechendes psychisches Gebilde zum Vorschein gekommen ist. Eine reiche Fülle ursprünglicher lebhafter und unter sich verschiedener Anschauungen gibt dem Normalbild Mannigfaltigkeit zugleich und Intensität jedes einzelnen Gliedes, aus dem es erwachsen ist, so wie zugleich ein glückliches Verhältniss zwischen den verschmolzenen gleichartigen und den sich einander hemmenden entgegengesetzten Merkmalen bewirkt, dass die Anordunng der Merkmale nicht verschoben und das Dasein der homogenen nicht durch jenes der heterogenen gehindert werde. Die Gleich- artigkeit des Gemeinsamen in zahlreichen ursprünglichen Anschau- ungen führt dessen Verschmelzung zu einem starken Gattungsbilde herbei, während nicht nur die gegenseitige Hemmung des Entge- gengesetzten das Auftauchen eines bloss Individuellen an die Stelle des Gemeinbildes zurückhaltend, dasselbe dadurch correct erhält, sondern auch die Verschmelzung jener, die Hemmung dieser nicht duldet, dass ein engeres Bild, das sich an die Stelle des weitern gedrängt, aber auch nicht das weitere, das für das engere einge- treten ist, sich als solches behaupte, sondern an die Stelle des scheinbaren das wahre Normalbild in Folge des sich selbst überlassenen psychischen Mechanismus mit dem Schein der Freiheit und harmonischen Geistigkeit tritt. Ein sol- ches Vorstellen gleichviel was sein Inhalt, gleichviel ob es re- producirt oder so weit dies möglich ist, producirt sei, ob es auf unveränderter oder veränderter Reproduction, auf mittelbarer oder unmittelbarer beruhend sei, ist als solches ästhetisch, und wer es zu überblicken vermöchte im Einzelnen wie im Ganzen, hätte den wohlthuenden Eindruck eines Schönen im Einzelnen, eines Kunstwerkes des Vorstellens im Ganzen.

§. 530. Es ist schon gesagt, dass dieses Kunstwerk die Phan- tasie (§. 341), es ist hier nur. hervorzuheben, dass es weder die zusammenfassende, noch die Empfindungs-, dass es vielmehr die

im eigentlichen Sinne des Wortes vorstellende Phantasie
sei. Die Vorstellungen derselben haben nicht nur ein Was, wie
die der zusammenfassenden und der Empfindungsphantasie auch,
sondern dieses Was besteht auch nicht mehr bloss in räumlichen
und zeitlichen Formen, oder in Farben und Tönen, sondern in
geformten Complexen von Empfindungen aller Art und bezieht sich
durch diese auf von der Vorstellung unterschiedene wirkliche oder
doch mögliche Gegenstände der Aussenwelt. Der geometrische Körper,
auf den sich die zusammenfassende, die periodische Gestaltung
der Aether- und Lufterschütterung, auf welche die Farben- und Tonempfindungen sich beziehen, ist ein Verschiedenes von dem unbe-
kannten, aber durch den gegebenen Schein unabweislich gegebenen Seienden, welches wir z. B. durch den Empfin-
dungscomplex der gelben Farbe, der Schwere, des Metallglanzes
u. s. w. vorstellen und Gold nennen. Vorstellungen dieser Art,
weder blosse zusammenfassende räumliche oder zeitliche Formen,
noch blosse Gesichts-, Gehörs- oder Tastempfindungen sind es, die
wir jetzt ausschliesslich im Auge haben, auch wenn der Zusatz,
welcher sie von den beiden vorangehenden Classen von Vorstellungen scheidet, nicht mehr besonders hervorgehoben wird.

§. 531. Sie alle sind Bilder (Phil. Prop. S. 182.) d. h. sie
stellen etwas vor, was weder eine blosse räumliche oder zeitliche
Form, noch ein blosser, durch einen Vorgang im Aether oder in der
atmosphärischen Luft veranlasster Reiz im Seh- oder Hörnerv ist.
Aber es ist hier gleichgiltig, ob diese Bilder richtig und giltig d. h.
ob sie wahre Abbilder eines Seienden, oder wahre Vorbilder eines Seinsollenden seien, ob sie theoretische oder praktische
Wahrheit besitzen. Das Bild goldener Berge, wenn es auf eine den
ästhetischen Normen entsprechende Weise im psychischen Mechanismus
sich entwickelt hat, ist ein psychisches Kunstwerk, ungeachtet es ein
theoretich ungiltiger Gedanke ist. Bilder von Handlungs-, von
Gefühlsweisen, von Willensentschliessungen und Thatbestrebungen
können auf diese Weise wohlgefällige Ganze ihrem psychischen
Wie, ästhetisch missfällige Willens- Gefühls- und Strebensformen
ihrem Was nach sein. Ueber die Richtigkeit und Giltigkeit des
Was jener Bilder steht andern Wissenschaften zu urtheilen zu;
was sie der Aesthetik wichtig macht, ist, dass sie als psychische

Gebilde, als Producte des natürlichen Vorstellungsablaufs zugleich ästhetischen Normen genügen.

§. 332. Aber indem wir von der Richtigkeit und Giltigkeit des Inhaltes absehen, thun wir es doch nicht von dem Inhalt überhaupt. Aus zahlreichen gleichartigen Anschauungen ist das Product des mechanischen Vorstellungsverlaufs, das psychische Kunstwerk des Vorstellens, entstanden, durch Verschmelzung des Gleichartigen, durch Hemmung des Entgegengesetzten. Die ursprüngliche Form der Anschauung ist erhalten; nur dasjenige, was in den einzelnen Anschauungen unter sich im Widerstreite sich befand, ist aus dem Bewusstsein verdrängt und zeigt im gegenwärtigen Anschauungsbild die Stellen dunkel, die es in den ursprünglichen ausgefüllt hat. Wie in Interferenzphänomenen die Stellen, wo einander begegnende Wellenberge und Wellenthäler sich zur Ebene ausgleichen, durch dunkle Punkte bezeichnet, der Punkt aber nichts destoweniger in der Figur des Ganzen noch enthalten und erhalten ist, so lassen die einander aufhebenden Merkmale der einzelnen ursprünglichen Anschauungen, aus welchen das psychische Gemeinbild entstanden ist, ihre Stellen in diesem leer, aber die Stellen als solche sind im Gesammtbilde noch merklich. Das psychische Gemeinbild repräsentirt daher in der That jede ursprüngliche einzelne Anschauung, aus der es entstanden ist; es ist gleichweit entfernt von der hohlen Abstraction, welche nur die allen ursprünglichen Anschauungen gemeinsamen Merkmale umfasst, und die Verbindung mit den ursprünglich zugleich gegebenen Unterscheidungsmerkmalen der einzelnen völlig abgeschnitten hat, wie von der erfüllten Concretion der einzelnen Anschauungen, welche nicht nur die Form mit allen andern und mit dem Gemeinbilde theilt, sondern in welcher auch alle Stellen durch bestimmten und zwar specifisch eigenthümlichen Inhalt besetzt erscheinen. Dem Inhalt nach nicht reicher als die Abstraction, ist das psychische Gemeinbild doch vollständiger der Form nach, weil es die leergelassenen Stellen mitumfasst; der Form nach nicht weiter reichend als die ursprüngliche Anschauung ist das psychische Gemeinbild doch ärmer dem Inhalt nach, weil es viele unter den Stellen der anfänglichen Anschauungen leer lässt. Nennen wir den Inbegriff der die Form erfüllenden Merkmale die Materie des Inhal-

tes, so können wir sagen: das psychische Gemeinbild theilt mit
der Abstraction die Materie, mit der ursprünglichen Anschauung
die Form des Inhaltes.

§. 533. Da es nun wesentlich zur Natur der ästhetischen
Vorstellung d. h. des psychischen Kunstwerkes des Vorstellens mit-
gehört, dass eine Einzelanschauung zum Schein an die Stelle des
Gemeinbildes treten könne (§. 529), und dieses sich schliesslich wieder aus jener herstelle, so begreift sich, warum die Abstraction nicht zur ästhetischen Vorstellung taugt. Das psychische
Gemeinbild theilt mit der Einzelanschauung die Form; es braucht
also nur seine leer gelassenen Stellen mit den specifischen Merkmalen
irgend einer Einzelanschauung zu erfüllen d. h. die Hemmung,
welche bisher auf denselben lastete, aufhören zu lassen, so steht
die concrete Einzelanschauung vollständig im Bewusstsein da.
Die Abstraction theilt mit jeder der Einzelanschauungen nur einen
Theil ihres Inhaltes, die allen gemeinsamen Merkmale; sie besitzt keine leergelassenen (in der Form beharrenden) Stellen, die
sie mit Materie erfüllen kann; sie steht daher der Einzelanschauung fern und ist von ihr durch eine psychische Kluft getrennt, die
sie, weil die Verbindung zwischen den gemeinsamen und den einander ausschliessenden Einzelmerkmalen abgeschnitten ist (§. 530),
nicht zu überspringen vermag. Da nun auf dem Eintreten der Einzelanschauung an die Stelle des Gemeinbildes und ihrem Wiederauf-
gehobenwerden durch dieses wesentlich der Schein des Lebens,
der Beseelung, des Geistes im ästhetischen Vorstellen beruht (§. 529),
so begreift sich, warum diesem nichts feindlicher sein könne, als
hohle d. h. des Zusammenhangs mit den ursprünglichen Einzelanschauungen entbehrende Abstractionen, von dem für die Aesthetik gleichgiltigen Umstande, ob diese Anschauungen sowohl als
jene Abstractionen richtige und giltige Vorstellungen (Erkenntnisse)
seien oder nicht, völlig abgesehen.

§. 534. Darum und nur insofern Begriffe, seien sie nun
giltig oder ungiltig, Abstractionen sind, bleiben dieselben vom
Gebiet des ästhetischen Vorstellens ausgeschlossen. Der sogenannte
„lebendige Begriff", d. h. derjenige, dessen erhaltener Zusammenhang mit den ursprünglichen Anschauungen, aus denen er erwachsen ist, die beständige Unterschiebung und Wiederaufhebung einer

Einzelanschauung an dessen Stelle möglich macht, gehört, weil er nicht
mehr reine Abstraction, sondern psychisches Gemeinbild, Kunstwerk
des psychischen Vorstellens ist, der P h a n t a s i e mit an. Die Phantasie des Naturforschers äussert sich nicht in e r d i c h t e t e n, wie
die des Naturphantasten, sondern in „lebendigen" Begriffen d. h.
in solchen, welche beständig ihre Abkunft aus ursprünglichen Einzelanschauungen durch die Leichtigkeit verrathen, vom Gemein-
zum Einzel- und von diesem zum Gesammtbilde überzugehen.

§. 535. Sehen wir ab von der Richtigkeit und Giltigkeit, so
bleibt für die Kunstwerke des ästhetischen Vorstellens, die ästhetischen Gemeinbilder, nur die Rücksicht auf E i n k l a n g oder M i s s-
k l a n g des Inhaltes übrig. Die überwiegende Identität oder das
Ueberwiegen des Gegensatzes in ihren Qualitäten muss darüber entscheiden.

§. 536. Es läge nahe, an die theilweise Identität und den
theilweisen Gegensatz der Vorstellungen ihrem logischen Inhalt
nach zu denken, an das Verhältniss der Unterordnung, der Ver-
kettung, des conträren und contradictorischen Gegensatzes. Der
untergeordnete Begriff schliesst seinem Inhalt nach den überge-
ordneten g a n z, den verketteten zum Theile ein, der conträre und
contradictorische schliessen einander aus. Aber es ist nicht zu
übersehen, dass wir hier Kunstwerke des p s y c h i s c h e n Vorstellens, p s y c h i s c h e Vorstellungen, nicht logische Begriffe vor
uns haben, die Vorstellung von psychischer, nicht von logischer
Seite betrachtet (Phil. Prop. S. 8) Die harmonirenden oder disharmonirenden Q u a l i t ä t e n sind psychische, nicht logische.

§ 537. Was heisst das? Die Vorstellungen, welche miteinander im Einklang und Missklang stehend, im vollendeten Vorstellen das Urtheil des Beifalls und des Missfallens erwecken sollen, sind p s y c h i s c h e, d. h. sie sind Erscheinungen des psychischen Vorstellungslebens, wie die einzelne Naturerscheinung
eine solche des allgemeinen Naturlaufes. Wie sich nun die einzelne Naturerscheinung aus diesem nicht anders als höchstens
künstlich und nur bis zu einem gewissen Grade isoliren lässt,
so steht auch die psychische Erscheinung nicht vereinzelt, sondern
mit dem Ganzen des Vorstellungsablaufes verknüpft, als ein „Stück
Seelenleben" da. Einmal g e g e b e n, führt sie daher auch die-

jenigen mit sich ins Bewusstsein, ohne welche sie nicht, und die nicht von ihr getrennt sein können, mit denen sie nach p s y c h i - s c h e n, wie der Blitz mit dem Donner nach p h y s i s c h e n Naturgesetzen zusammenhängt. Dieses Naturgesetz ist für sie die I d e e n a s s o c i a t i o n. Jede gegebene Vorstellung führt diejenigen mit sich ins Bewusstsein, mit welchen sie durch das Gesetz der Ideenassociation näher und entfernter verknüpft ist. Sie thut dies entweder mit oder ohne Rücksicht auf den I n h a l t (Phil. Prop. S. 220), also vermöge einer der Vorstellung selbst bloss ä u s s e r - l i c h e n (psychischen) oder zugleich i n n e r l i c h e n (vom Inhalt ausgehenden, logischen) Nöthigung. Wo es sich um Einklang und Missklang der Vorstellungen handelt, kann begreiflicher Weise nur von letzterer die Rede sein.

§. 538. Die g e g e b e n e Vorstellung führt also alle diejenigen ins Bewusstsein zurück, welche mit ihr vermöge des Reproductionsgesetzes der A e h n l i c h k e i t oder des C o n t r a s t e s psychisch verbunden sind (Phil. Prop. S. 220). Die w i r k l i c h e Qualität der gegebenen Vorstellung ist daher nicht die einzelne, sondern die ganze Schaar von Vorstellungen, von welchen sie nur der reproducirende Anführer ist, zu denen sie sich wie die gegebene Farbenempfindung zur begleitenden der complementären Oberfarbe, die gegebene Tonempfindung des Grundtons zu den mitgegebenen der Obertöne verhält. Das Ueberwiegen des Identischen oder des Gegensatzes muss daher auf diese w i r k l i c h e n, nicht auf die s c h e i n b a r e n Qualitäten d. h. sie muss auf die durch die gegebenen Vorstellungen reproducirten Vorstellungsmassen mitbezogen werden, und wenn diese sich überwiegend bei beiden identisch zeigen, d. h. beide überwiegend d i e s e l b e n oder doch ähnliche Vorstellungen reproduciren, dann c o n s o n i r e n, im Gegenfall d i s s o n i r e n die beiden Vorstellungen.

§. 539. Bei consonirenden Farbenempfindungen führt jede die andere als Oberfarbe mit sich; bei consonirenden Tonempfindungen führt jede Obertöne mit sich, welche mit Obertönen der andern coincidiren; bei consonirenden Gedanken führt jeder derselben Reproductionen mit sich, welche mit denen des andern zusammenfallen. Die Folge dieses Zusammenfallens ist, wo die Vorstellungen sich selbst überlassen werden, überall dieselbe, unbedingter Beifall, absolutes Lustgefühl. Die Frage ist nur, ob dieses Zusammenfallen sogleich, oder erst dann erfolge, nachdem durch scheinbares Nichtzusammenfallen eine Spannung herbeigeführt worden ist, welche durch schliessliches Zusammenfallen endlich gelöst wird. Letzteres ist bei den contrastirenden Vorstellungen, wie bei den dissonirenden Farben und Tonempfindungen der Fall.

§. 540. Jene zusammenfallenden Reproductionen, durch welche der Einklang zweier Vorstellungen bewirkt wird, sind dasjenige, was man sonst wohl auch das tertium comparationis genannt hat. Jeder Einklang zwischen Gedanken setzt ein solches voraus, welches selbst ausserhalb dieser Gedanken in der Reproduction liegt. Es ist daher klar, dass, wo es an dieser fehlt, in einem armen und beschränkten Vorstellungskreise, oder in einem solchen, der bloss durch das Gesetz der Gleichzeitigkeit, nicht durch jenes der Aehnlichkeit oder des Contrastes beherrscht wird, der Einklang der Gedanken nur beschränkt sein kann, oder gänzlich fehlen muss. Vorstellende Wesen, deren Gedankenablauf lediglich durch das Gesetz der Gleichzeitigkeit beherrscht wird, wie Thiere, Träumende, Geisteskranke u. s. w. müssten hienach vom ästhetischen Vorstellen gänzlich ausgeschlossen erklärt werden, wenn nicht das Gesetz der Aehnlichkeit in einer Beziehung zu jenem der Gleichzeitigkeit stünde, welche den Schein der Phantasie auch über jenes Vorstellen verbreitet. Aehnliche Vorstellungen sind solche, deren Inhalt so überwiegend identisch ist, dass sie leicht verwechselt werden können. Wer daher eine gewisse Vorstellung hat, hat in Bezug auf das, was sie mit dieser gemein haben, gleichzeitig auch alle ähnlichen. Sein Gedankenablauf scheint daher vom Gesetze der Aehnlichkeit beherrscht, während er es in Wahrheit nur von dem der Gleichzeitigkeit ist. Er hat Vorstellungen, welche vermöge ihres Inhalts zu einander passen, aber nur desshalb, weil er die einen vermöge ihrer Aehnlichkeit gleichzeitig mit den andern, und ohne zu wissen, dass er jetzt in Wahrheit eine andere, obwohl leicht zu verwechselnde, also eine harmonirende hat. Der Narr ist wie das Kind nur unwillkürlich witzig.

§. 541. Die beseelte Form des Einklangs zwischen Gedanken, welcher der Schein des Nichteinklangs vorangeht und die gerade dadurch den Einklang desto auffälliger macht, ist es, die Witz heisst. Jean Paul hat den Scharfsinn den Witz des Verstandes genannt, was auf dasselbe herauskommt. Der Witz ist dafür der Scharfsinn der Phantasie. Beide verhalten sich zu einander, wie ästhetisches und logisches Vorstellen. Der Scharfsinn geht auf die Richtigkeit und Giltigkeit der Vorstellungen, gegen welche der Witz indifferent ist. Dieser ist rein ästhetisch d. h. er hat es nur mit den Vorstellungen als Bildern zu thun. Der Scharfsinn findet logisch Zusammengehöriges und scheidet aus logisch Nichtzusammengehöriges in den Begriffen, wo der gemeine Verstand Nichtverknüpfbarkeit im ersten und Verknüpfbarkeit im zweiten Falle sieht. Der Witz findet ästhetischen Einklang, wo das gemeine Vorstellen Missklang, und findet Missklang, wo dieses Einklang erblickt. Der Scharfsinn zeigt sich dort am hellsten, wo sich vorher die Unmöglichkeit weiter zu gehen, am klarsten erwiesen zu haben scheint; der Witz brillirt dann am meisten, wenn der Einklang oder Missklang bisher am unerschütterlichsten schien. Lichtenberg's berühmter Witz über das „Kellereselsglück des Tausendfusses, der doch nur vierzehn Füsse hat" ist gerade dadurch so schlagend, dass er so nahe liegt, und es doch Niemandem einfiel aus dem Namen „Tausendfuss" auf die Zahl der Füsse zu schliessen, während der Neid beim Menschen, auch wenn er „tausend Füsse" hätte, am liebsten nur vierzehn zählte. Der Witz ist immer Gedankenwitz, weil er auf wirklicher Aehnlichkeit des Inhalts beruht; der sogenannte „Wortwitz," der nur auf der Aehnlichkeit des Wortklangs ruht, setzt dagegen zwar Reproduction voraus, reproducirt aber den Gedanken durch das Wort (äusserliches Zeichen), nicht Gedanken durch Gedanken, und ist also eigentlich kein Witz.

§. 542. Das zusammenfallende Aehnliche selbst bestimmt die verschiedenen Formen, welche der Einklang zwischen Gedanken annehmen kann. So harmonirt der Gedanke des Theils mit dem des Ganzen, weil unter den Vorstellungen, welche der Theil reproducirt, die Vorstellung des Ganzen, unter jenen, welche das Ganze, die des Theils sich befindet. So harmonirt die Vorstellung „Schiff der Wüste" mit der des Kameels, weil unter den Vorstellungen, welche das Schiff reproducirt, sich auch die des grenzenlosen Meeres, durch welches es einsam dahin segelt, dagegen unter jenen, welche die Wüste reproducirt, auch die einer grenzenlosen Fläche, durch

welche das Kameel einsam hindurchzieht, sich befindet. Der schein-
bare Contrast, in welchem das für das nasse Element bestimmte
Schiff sich mit dem trokensten aller Erdstriche befindet, macht den
Einklang noch lebhafter; das Bild ist zugleich w i t z i g. In A.
Grün's Bilde von der abblühenden Weltenblume, an welcher Erden,
Sonnenballe wie Blütenstaub versprühen, liegt der Vergleichungs-
punkt nicht nur in der Form der Weltkörper, die den runden
Körperchen des Blütenstaubs verglichen werden, sondern in der
Art des Untergangs, den sich der Dichter bei der Welt, wie bei der
Blume durch den Hauch des Windes, so durch den Odem Gottes
erfolgend denkt, der die Blume in der Hand hält, und der Grössen-
unterschied zwischen den Welt- und Blütenstaubkörpern macht den
Contrast grösser, aber das Bild zugleich nicht frei von Gesuchtheit.

§. 543. Die allgemeinen ästhetischen Formen auf das Gedankenvorstellen angewandt, verlangt zuerst die des V o l l k o m m e n e n,
dass jeder der beiden Gedanken lebhaft, möglichst intensiv und energisch sei, und gibt dem energischen den Vorzug vor dem minder
lebhaften. Da nun der ästhetische Gedanke selbst ein Kunstwerk des
Vorstellens, ein psychisches Gemeinbild ist, so kann darunter nichts
anderes gemeint sein, als dass der Gedanke aus einer möglichst grossen Anzahl von ursprünglichen Anschauungen erwachsen, dass er von
beiden Extremen einer vereinzelten Anschauung und einer blossen
Abstraction gleich weit entfernt, dass er ein w a h r e s psychisches
Normalbild, mit der ganzen A l l g e m e i n h e i t der abstracten (der
Materie) und der ganzen I n d i v i d u a l i t ä t der Einzelvorstellung
(der Form nach) zugleich universell und individuell, Gattungsindi-
viduum sei. Dadurch wird der ästhetische Gedanke ebenso sehr
aus der gemeinen Wirklichkeit, wie sie sich in der vereinzelten
Anschauung, wie aus dem hohlen Schemenreich, wie es sich in der
weitgetriebenen Abstraction findet, herausgenommen, steht in beiden
Welten und doch in keiner von beiden, in jener der F o r m, in
dieser der M a t e r i e nach, von beiden so unterschieden wie es
die reine Ton- von der blossen Geräuschempfindung, das reine
Licht von der gesetzlosen Aetherdämmerung ist.

§. 544. Der E i n k l a n g der Gedanken ruht auf dem überwiegenden Zusammenfallen ihrer Reproductionen nach dem Gesetz
der Aehnlichkeit und des Contrastes. Das Zusammenfallen von

Reproductionen nach dem blossen Gesetz der Gleichzeitigkeit oder der Succession kann den S c h e i n eines Einklangs erregen, wie es z. B. beim Wortspiel der Fall ist, der ästhetischen Parallele des auf dem Gleichklang der Worte beruhenden logischen Trugschlusses. Jener S c h e i n des Einklangs selbst ist die ästhetische Parallele des Trug- wie der wirkliche Einklang die des logischen richtigen und giltigen Schlusses. In diesem wird aus der giltigen Verknüpfung von S und M, von M und P auf die ebenfalls giltige von S und P geschlossen; dort macht die Dazwischenkunft eines Dritten, der von beiden vermöge der Aehnlichkeit reproducirten Vorstellung, beide Gedanken selbst harmonisch. Das tertium comparationis ist der ästhetische Mittelbegriff. Wo das Zusammenfallende dagegen ein nur um ursprünglicher Gleichzeitigkeit willen Reproducirtes ist, kann sein Inhalt entweder auch nach dem Gesetz der Aehnlichkeit reproducirt d. h. dem Inhalt nach wirklich ähnlich sein oder er ist es nicht. Im letzten Fall findet daher streng genommen k e i n Einklang statt. Der Einklang geht nicht, wie er soll, aus dem I n h a l t der Vorstellungen, sondern aus äusserlichen Umständen hervor, und wenn er dennoch als Einklang behandelt wird, so ist das ein e r k ü n s t e l t e r, u n w a h r e r Einklang, der bei vollendetem d. h. nur den Inhalt der Gedanken berücksichtigenden Vorstellen nothwendig verschwinden muss.

§. 545. Die Form der C o r r e c t h e i t auf die Gedanken angewandt, trachtet vor allem das Missfällige im Zusammen derselben zu vermeiden. Wo im vollendeten Vorstellen Gedanken gegeben sind, die nicht zu einander passen, d. h. deren Reproductionen nirgends coincidiren, hat das Subject, das dennoch das Missfallen vermeiden will, keinen Ausweg, als den Inhalt der Gedanken zu ändern d. h. zusammenfallende Reproductionen statt der nicht zusammenfallenden unterzuschieben. Diese können jedoch dann offenbar nicht dem Gesetz der Aehnlichkeit, sondern nur dem der Gleichzeitigkeit entlehnt, also auch nur für Denjenigen von Werth und Bedeutung sein, bei dem sie wirklich einmal gleichzeitig s i n d oder w a r e n. Wo das Reproductionsgesetz der Aehnlichkeit herrscht, müssen bei Jedem bei einem gewissen Gedanken d i e s e l b e n, wo das der Gleichzeitigkeit, werden bei Jedem andere, jenachdem bei ihm diese oder jene Vorstellungen mit dem Gedanken einmal gleichzeitig waren, Reproductionen entstehen. Daher werden nach dem Gesetz der Aehnlichkeit harmonirende Gedanken für Alle, nach dem Gesetz der Gleichzeitigkeit consonirende nur für Den- oder Diejenigen consoniren, welche jene Nebenvorstellungen mit der Hauptvorstellung auch w i r k l i c h verbinden. Solche nicht aus der A e h n l i c h k e i t, sondern aus dem Zufall der G l e i c h ,z e i- t i g k e i t, also nicht aus der wahren, sondern aus einer untergelegten Qualität hervorgegangene Gedankeneinklänge müssen daher noth- wendig e r k ü n s t e l t e im Gegensatz zu den n a t ü r l i c h e n, und, jenachdem nun ein Einzelner oder grössere Kreise, Stämme, Natio- nen, Zeitalter, jene Nebenvorstellungen mit gewissen Gedanken wirklich verbinden, individuelle, nationale oder einem bestimmten Zeitalter angehörige G e d a n k e n h a r m o n i e n sein.

§. 546. Es verhält sich mit diesen erkünstelten ästhetischen Harmonieen, wie mit dem Gebrauch gewisser Schlussfiguren auf logischem Gebiet. T r e n d e l e n b u r g hat mit grossem Scharfsinn nachgewiesen, dass die Grundwurzel vieler Irrthümer der Hegel'schen Logik darin zu suchen sei, dass dieselbe sich erlaubt, die zweite Schlussfigur, die nur allgemein verneinende Schlusssätze gestattet, im bejahenden Sinne zu gebrauchen. Diese subjective Unterschie- bung einer nicht erlaubten Schlussweise als erlaubt erzeugt zwar innerhalb eines von dieser Erlaubniss ausgehenden Schliessens Correctheit, im Licht des vollendeten logischen Vorstellens jedoch Incorrectheit. Ebenso haben jene künstlichen Gedankenharmonien zwar für Diejenigen, welche mit gewissen Gedanken gewisse Neben- vorstellungen zu verbinden gewohnt sind, Consonanz, sobald aber diese subjectiven Nebenvorstellungen hinwegfallen, verschwindet auch der E i n k l a n g.

§. 547. Es ist unberechenbar, welcherlei Vorstellungen irgend einmal und irgendwo durch Gleichzeitigkeit mit einander verknüpft sein können, und darum kann auch der willkürlichste Vergleich noch irgend Jemanden finden, für den er treffend ist, d. h. für den er zusammenfallende Reproductionen herbeiführt, wie er anderseits für Denjenigen, welchem diese Nebenvorstellungen fehlen, sinnlos, für Denjenigen aber, der durch die beiden Gedanken auf durchaus dissonirende Reproductionsreihen geführt wird, missfällig und durch die Prätension für Harmonie gelten zu wollen, anstössig wird. Es ist nicht bloss ein Vergnügen, einen falschen oder gesuchten Vergleich in seiner Nichtigkeit zu zeigen, es ist eine ästhetische Pflicht. Der bloss scheinbare Einklang zwischen Gedanken missfällt als g e l t e n d e r S c h e i n. Dieses Missfallen hört nicht auf, so lang nicht der Schein des Einklangs aufgehört hat. Unerbittlich wird die Basis, auf welcher die Harmonie errichtet ist, in ihrer Blösse gezeigt. Nicht wahre innere, bloss mechanische ä u s s e r l i c h e Verknüpfung eines Gedankens mit gewissen andern hat den S c h e i n des Einklangs hervorgerufen. Das tertium comparationis ist g e m a c h t, nicht g e g e b e n. Die w a h r e n Reproductionen, welche die Gedanken mit sich führen, springen hervor. Es zeigt sich, ob unter ihnen welche zusammenfallen, oder keine. Das Associations-gesetz der Aehnlichkeit setzt sich gegen das der blossen Gleichzeitigkeit, die auf dem I n h a l t begründete gegen die auf dem M e-c h a n i s m u s oder auf der W i l l k ü r beruhende Vorstellungsassociation, das l o g i s c h e gegen dass bloss m e c h a n i s c h e Element durch. Der Schein der Beseelung entsteht (§. 139), welches auch das Resultat sei. Der S c h e i n löst sich auf; Einklang oder Missklang, einerlei, wird hergestellt. Ja der vorausgegangene Schein des Gegentheils macht ihn nur um so auffälliger. Unwiderstehlicher als irgendwo drängt sich hier die Vorstellung des G e i s t e s auf, wo der w a h r e Inhalt des Vorstellens über einen bloss angedichteten triumphirt. Der Geist des W i t z e s ist es daher auch, der vorzugsweise G e i s t heisst. Dämonisch, schneidend, wenn er die erkünstelte Gedankenharmonie zerreisst, um die Disharmonie in nackter Blösse zu zeigen, Lichtblitz, strahlend, wenn er das unvereinbar Geglaubte in ungeahntem neuem blendendem Licht der Verträglichkeit zeigt. Er ist auch hier im Aesthetischen das Gegenstück des Scharfsinns im Logischen. Auch dieser zeigt seinen Geist, wo er unerbittlich den geltenden Schein zerstört, aber den w a h r e n Inhalt der Vorstellungen als richtig und giltig gegen einen v e r m e i n t l i c h richtigen und giltigen ins Licht setzt. Er tritt bloss verneinend, kritisch auf, wo er sich begnügt die Unwahrheit des bisher für wahr Gehaltenen zu zeigen; entdeckend, productiv, wo er das bisher für unverknüpfbar Gehaltene verknüpft und auf diese Weise N e u e s lehrt. Der Scharfsinn ist logischer, wie der Witz ästhetischer Gedankengeist.

§. 548. Das treue Nachbild eines der Form des Vollkomme-

nen, des Einklangs, der Correctheit, der Geistigkeit entsprechenden
Gedankenvorbilds ist das G e d a n k e n s c h ö n e; die Ausdehnung
desselben auf eine Mehrheit, ja auf die Gesammtheit der Gedanken
e i n oder d a s K u n s t w e r k d e s G e d a n k e n v o r s t e l l e n s,
e i n e oder d i e G e d a n k e n p h a n t a s i e. Wie die Formenphantasie Formen, die Empfindungsphantasie Empfindungen, so hat
die Gedankenphantasie Gedanken zu ihrem Stoff, und prägt ihnen
die Formen der Reinheit, der Freiheit, der Einheit, der Wahrheit
und der Vollkommenheit auf. Wie das logische Vorstellen auf
Richtigkeit und Giltigkeit, das ästhetische auf Schönheit des Vorstellens, so geht das l o g i s c h e K u n s t w e r k, das W i s s e n, auf
Richtigkeit und Giltigkeit, das ä s t h e t i s c h e Kunstwerk des Vorstellens, die G e d a n k e n p h a n t a s i e, auf Classicität des gesammten Gedankenkreises aus. Sie selbst ist nichts Anderes als die
Uebertragung der Form des Classischen auf das gesammte Vorstellen.

§. 549. Die R e i n h e i t der Gedankenphantasie verlangt die
Vermeidung jeder Gedankendisharmonie. Was immer durch Reproduction nach dem Gesetze der Aehnlichkeit Vorstellungen herbeiführt, deren überwiegender oder auch nur ein Theil mit den durch
die übrigen Theile des Gedankenganzen reproducirten Vorstellungsmassen nicht zusammenfällt, verletzt die Reinheit der Gedankenphantasie. Dieselbe duldet in ihrem Umkreis nur überwiegend
verwandte Gedanken und Reproductionsmassen. Der Eindruck der
reproducirten muss den Inhalt der gegebenen Gedanken wesentlich
verstärken, nicht schwächen, wie auch die Obertöne dem Grundton
harmonisch sind. Die nur nach dem Gesetz der Aehnlichkeit erfolgenden Reproductionen können mit den nur durch das Gesetz der
Gleichzeitigkeit mit den Hauptgedanken verbundenen sich niemals
berühren, letztere können sie b e g l e i t e n, aber nicht vertreten. Das
Gegentheil dieser Reinheit stellt die Durchführung des Grundsatzes,
nichts Missfälliges zu dulden, zum Systeme dar, welches mittels auf
blosser Gleichzeitigkeit ruhender Nebenvorstellungen Einklang in
einem Gedankenkreise herzustellen sucht. Eine solche erkünstelte Reinheit vermeidet zwar für Diejenigen, welche mit gewissen Gedanken
gleiche Nebenvorstellungen zu verknüpfen sich gewöhnt haben, das
Missfällige, aber sie lebt unter dem Damoklesschwert des vollen-

deten Vorstellens. Sie muss ängstlich darüber wachen, dass das natürliche Gesetz der Aehnlichkeit nicht stärker werde als das gleichfalls natürliche, aber bloss mechanische der Gewohnheit. Die Schmeicheleien der dänischen Hofleute mochten immerhin Knut den Grossen den Beherrscher des Meeres nennen; als er seinen Thron vor den Fluthen des anstürmenden Meeres zurückweichen lassen musste, sah das Volk, wie die sklavischen Perser des Xerxes am Hellespont, dass sein König kein Gott sei. So wenig das erkünstelte Wissen d. h. das für richtig und giltig ausgegebene vor dem Fortschritt des Erkennens, vor der erweiterten Erfahrung, vor dem durchdringenden Scharfsinn, so wenig hält der erkünstelte Vergleich und das auf demselben, mit je mehr Consequenz desto schlimmer, errichtete Einheitssystem harmonirender Gedanken vor dem Licht des vollendeten Vorstellens, dem Reproductionsgesetz der Aehnlichkeit Stand.

§. 550. Die Freiheit der Gedankenphantasie besteht wie die jeder andern in der Ungebundenheit in der Gebundenheit. Der Schein muss aufgelöst, das wahre Gedankenverhältniss, harmonisch oder disharmonisch, hergestellt werden. Die freie Phantasie ist der Todfeind jedes erkünstelten Einklangs unter den Gedanken, jener gezierten, gesuchten, unwahren Vergleiche, der (individuellen, nationalen und geschichtlichen) subjectiven Willkürlichkeiten, welche sich erlauben, dem durch das Gesetz der Aehnlichkeit herbeigeführten natürlichen den nur durch Gleichzeitigkeit oder Zwang verursachten künstlichen Reproductionsverlauf zu substituiren. Der offene Spalt der Gedanken ist ihr erträglicher als deren getünchte Ebenheit. Aber indem sie das wahre Gedankenverhältniss herstellt, muss sie dies nicht gerade zwischen denselben Gedanken. Was die Form der Ausgleichung verlangt, ist Herstellung des ursprünglichen Verhältnisses, rein formell. Die Materie, an welcher die Form wiederhergestellt wird, muss nicht die nämliche sein. Nur der Zusammenhang darf nicht so weit zerrissen werden, dass das Spätere nicht mehr als Wiederherstellung des Früheren erkennbar würde. So schweift die freie Phantasie von Gedankenverhältniss zu Gedankenverhältniss an dem Faden der Ausgleichung fort, wie der logische Geist von Schlüssen zu Schlüssen an dem Faden des Mittelbegriffs. Ist das Verhältniss Harmonie, so

muss es auch das wiederhergesellte Verhältniss sein, d. h. es muss
auch zwischen den Gliedern des letzteren zusammenfallende Reproductionen nach dem Gesetz der Aehnlichkeit geben, wie es zwischen
den Gliedern des ersten gab. Soll aber zugleich der Zusammenhang
zwischen dem früheren und späteren aufrecht erhalten bleiben, so dürfen die Glieder des neuen nicht durchaus neue, es muss wenigstens
eines derselben eines des alten oder doch ein ähnliches des alten
sein. Sagen wir nun z. B. $A : B$ sei das ursprüngliche Verhältniss
und A sowohl als B hätten die Reproduction α mit sich geführt,
so muss das neue Glied C auch die Reproduction α mit sich führen, um mit A zu harmoniren. Da aber A und B nicht bloss α,
sondern auch α', α''.... reproduciren, so erfüllen auch alle Gedanken, welche selbst nach dem Gesetz der Aehnlichkeit von einem
Glied der Reihe α', α''... reproducirt werden, die erforderliche
Bedingung und können zur Wiederherstellung des ursprünglichen
Verhältnisses der Harmonie im neuen Stoff verwendet werden. Es
findet hier dasselbe statt, wie bei der phonetischen Harmonie,
wo es sich auch nur um die Herstellung der Harmonie handelt,
aber, da die Harmonie vom Zusammenfallen der Obertöne abhängt,
alle Töne dieser Bedingung genügen, bei welchen Obertöne mit
denen des stehenbleibenden Grundtons zusammenfallen. Es ist
z. B. die ursprünglich zwischen Grundton und Terz stattgehabte
Harmonie herzustellen, so kann dies auch durch Grundton und Quinte,
Grundton und grosse Sext geschehen, denn in allen diesen Fällen
tritt Harmonie ein, um die es sich allein in der Freiheit der Phantasie handelt. Es leuchtet ein, welche grosse Beweglichkeit sonach
der freien Phantasie gestattet und welche Grenzen demungeachtet derselben gesteckt sind. Ihr Ziel ist bestimmt, aber der Wege zum
Ziel gibt es in jedem Falle m e h r e r e.

§. 551. Die Freiheit der Phantasie erscheint als h a r m o n i -
s c h e r G e i s t, wenn das wiederherzustellende Verhältniss Harmonie,
d ä m o n i s c h e r, wenn es Disharmonie ist. Dieser ist rastlos,
treibt unaufhörlich zur Auflösung, die er stets selbst wieder vereitelt, jener sucht und gelangt zu wahrem, beifällig befriedigendem
Abschluss. Nur letzterer führt zu einem allseitig begrenzten und
abgeschlossenen Gedankenkunstwerk, so wie nur der w i s s e n d e
d. h. im Besitz durchaus richtiger und giltiger Begriffe befindliche

Geist zur allseitig begründeten und vollendeten W i s s e n s c h a f t.
Das Gegenbild des dämonischen Geistes auf logischem Gebiete,
der Geist des N i c h t w i s s e n s, die den Zweifel nicht als Vorstufe
des W i s s e n s, sondern um seiner selbst willen wollende Skepsis
dagegen hebt sich wie jener selbst auf, diese indem sie im Behaupten des Nichtwissens selbst ein Wissen behauptet, jener, indem er im
Widerstreben gegen das absolut Beifällige durch den Stachel des
absoluten Missfallens nichts desto weniger sich gezwungen sieht,
über die gewonnene Disharmonie selbst wieder weiter zu schreiten,
also die Macht des ästhetischen Urtheils zugleich verlacht und doch
anerkennen muss (§. 187).

§. 552. Die E i n h e i t der Gedankenphantasie liegt in dem
durchgängigen Einklang aller Gedankenverhältnisse des Gesammt-
gedankenganzen. Da nun der Einklang auf der Gemeinsamkeit der
durch die Reproductionen nach dem Gesetz der Aehnlichkeit herbeigeführten Vorstellungsmassen beruht, so folgt, dass, wo Einklang
durch den ganzen Gedankenkreis herrschen soll, diese Reproductionen nach dem Gesetz der Aehnlichkeit sämmtlich unter einander
v e r w a n d t sein müssen. Innerhalb des Gedankenganzes kommen
nur homogene Reproductionen vor, das Ganze umweht eine und
dieselbe Atmosphäre. Darin liegt der S t i l der Gedankenphantasie.
Im Homer, im Cervantes, im Shakespeare, in Goethe's und Schiller's
Werken treffen wir weder Gedanken an, noch werden wir durch die
angetroffenen auf Reproductionsreihen verlockt, die ausserhalb der
Luft des Ganzen liegen, oder wie sich die Sprache glücklich ausdrückt, „aus dem Tone fallen." In den Werken, wo blosse M a n i e r
herrscht, wird zwar der Grundton der Verwandtschaft gleichfalls
festgehalten, aber dieser selbst ist ein künstlicher und theilt sich
daher auch der ganzen Atmosphäre mit; es ist als ob mit vieler
Kunst und Consequenz auf einem durch und durch verstimmten
Instrument gespielt würde; es entsteht das A f t e r b i l d eines Ge-
dankenstils d. i. gegen diesen selbst gehalten eine S t i l v e r i r r u n g,
welche da sie mit dem erkünstelten Einklang, ihrer Grundbasis,
aus dem Subject entspringt (§. 312), wo sie sich in einer Reihe
von (indivuellen, nationalen, geschichtlichen) Persönlichkeiten
verkörpert, die Geschichte, d. i. die P h ä n o m e n o l o g i e d e s
e c h t e n G e d a n k e n s t i l s im Gegensatz zu diesem selbst als vor

dem vollendeten Vorstellen unwandelbaren N o u m e n o n ausmacht.

§. 553. Die V o l l k o m m e n h e i t der Gedankenphantasie beruht nicht nur auf der Intensität jedes einzelnen, sondern auf der grösstmöglichen Mannigfaltigkeit aller Glieder des Gedankenbildes, indem jedem nicht mehr, aber eben so viel Spielraum gewährt wird, als ihm bei verhältnissmässiger Berücksichtigung aller übrigen zukommen darf. Dadurch stellt sich von selbst die Nothwendigkeit einer solchen Anordnung der Gedanken heraus, bei welcher jedem die ihm zukommende Stelle zu Theil wird. Dieselbe ist auf ästhetischem Gebiet das Gegenstück zu der erschöpfenden Vollständigkeit zugleich wie zu der Deutlichkeit und übersichtlichen Anordnung der Erkenntnisse auf logischem Gebiete, während die Form der E i n h e i t die Parallele der durchgängigen systematischen B e g r ü n d u n g der letzteren ist.

§. 554. Die W a h r h e i t der Gedankenphantasie ist die treue geistige Nachbildung des sowohl vollkommenen, als harmonischen, correcten und geisterfüllten Gedankenvorbildes. Wo das geistige Kunstwerk mehr oder weniger enthielte, als das absolut - wohlgefällige Vorbild, da bliebe es hinter demselben zurück, es wäre u n w a h r. Ein Dichter mag immerhin ausser Stande sein, sein tiefstes Selbst zu s i n g e n, ein Maler es zu m a l e n, aber wenn er es auch nicht einmal g e i s t i g abzubilden verstand, dann ist er weder das Eine noch das Andere, sondern ein Stümper.

§. 555. Der Grundton erklingt gleichzeitig mit seinen Obertönen, die complementäre Farbenempfindung wird mit der Grundfarbe gleichzeitig auf der Netzhaut erregt, von welcher stets mehrere Puncte zugleich vom Licht getroffen werden. Die Reproduction aber der nach dem Gesetz der Aehnlichkeit durch den gegebenen Gedanken hervorgerufenen Gedankenmassen, auf welchen die Consonanz der Gedanken beruht, erfolgt nicht auf einmal, sondern a l l m ä l i g, und zwar jenachdem es die mit jedem der ähnlichen verbundenen unähnlichen Merkmale gestatten. Der Gedankeneinklang kann daher gar nicht anders als in successiver Auffassungsform vor sich gehen, er kann nur G e d a n k e n m e l o d i e sein. Die Gedankenphantasie kann daher nur mit der rhythmischen und mit der zeitlichen Form der phonetischen Phantasie in Verbindung treten.

Nur indirect, indem bei jedem der in der Zeitlinie aufeinanderfolgenden Gedanken stillgehalten und den durch denselben geweckten Reproductionen Zeit gelassen wird, aufzutauchen, kommt ein Element des
Mit- oder Nebeneinander, welches im Grunde gleichfalls ein Nacheinander ist, in dieses selbst, auf welches sich ein harmonisches
Austönen oder chromatisches Ausmalen des gegebenen Gedankens gründen lässt. Diese Unterbrechung des Fortschreitens, diese
Ruhe in der Bewegung, im Gegensatze sowohl zu dem stürmischen
Fortdrängen, welches den Reproductionen keine Zeit lässt, aufzukom-
men, also auch den Harmonien zwischen den Gedanken keine, klar zu
werden, wie zu den mit der forteilenden Hauptgedankenreihe zugleich
ohne Zeitverlust sich einstellenden Reproductionen, begründet schon
hier einen dreifachen tiefgreifenden Unterschied innerhalb der Form
des Gedankenschönen sowohl wie der Gedankenphantasie, indem die
erste der epischen, die beiden andern Eigenschaften der dramatischen und lyrischen Unterart derselben eigen sind.

§. 556. Betrachten wir die erste. Das successive Vorstellen
schreitet hier von Gedanken zu Gedanken gemessen fort. Nach
jedem Gedanken tritt eine Pause im Fortschreiten ein, innerhalb
deren derselbe seine vermöge des Gesetzes der Aehnlichkeit zu
ihm gehörigen Reproductionen sammelt. Der Gedanke verweilt,
und malt sich mittels des Aehnlichen in die Breite aus. Die Schilderung, das Gemälde ist hier am Platze. Je länger angehalten wird,
desto mehr Aehnliches wird reproducirt, das Gleichartige gehäuft.
Tritt nun der zweite mit dem ersten harmonische Gedanke ein,
so sind seine Reproductionen, die nach dem Begriff der Gedankenharmonie mit jenen des ersten überwiegend zusammenfallen, durch
diese schon vorbereitet, sie werden durch diese verstärkt, der Einklang zwischen beiden Gedanken liegt des Breiteren ausgemalt klar
vor Augen; wir thun keinen Schritt vorwärts, bevor wir nicht den
vorangegangenen vollständig übersehen und das harmonische Gedankenverhältniss ausgenossen haben. Jeder Schritt ist ein Gemälde; wir
kommen auf diese Art zwar langsam vorwärts, aber intensiv; der
ganze Zeitraum der Ilias umfasst nur wenige Tage, aber was ist
nicht Alles in diesen kurzen Zeitraum hineingesponnen?

§. 557. Betrachten wir das entgegengesetzte Extrem. Kaum
hat das successive Vorstellen einen Gedanken erfasst, so fasst es

schon wieder einen neuen. Dieser ist zwar harmonisch, aber wir haben keine Zeit, dieser Harmonie inne zu werden. Der Gedanke haftet nicht lang genug, dass seine zugehörigen Reproductionen, also das Identische beider Gedanken, Zeit hätte sich zu entwickeln. So treiben wir rastlos vorwärts, kurz und knapp, ohne Gemälde, ohne Schilderungen, und erst am Schlusse fast athemlos angelangt, wenn wir die zurückgelegte Gedankenreihe überblicken, gewahren wir die bisher verborgene Harmonie. So peitscht uns der dramatische Flügelschlag Shakespeare's von Act zu Act, von Scene zu Scene, von Gedanken zu Gedanken durch scheinbaren Widerspruch, zusammenhanglose Willkür und erst am Schlusse der tollen Gedankenjagd entwirrt sich das Gewebe, enthüllt sich das Gemälde, tritt, was bis dahin bedeutungs- und zusammenhanglos geschienen, bedeutend und nothwendig ins rechte Licht!

§. 558. Und nun die dritte Form. Hastig wie die zweite, aber doch in Ruhepuncten sich fortbewegend wie die erste. Das fortschreitende Vorstellen auf jedem einzelnen Gedanken eben lang genug verweilend, um die zunächst und am auffallendsten sich darbietenden Reproductionen, die schlagendsten Aehnlichkeiten abwarten zu können. Die Harmonie der Gedanken nicht wie bei der zweiten Form erst am Schlusse, aber doch auch nicht wie bei der ersten in breiter Auseinanderlegung ersichtlich, sondern kurz, knapp, blitzähnlich, eine rasche Folge von Lichtpuncten in bald beschleunigtem, bald stockendem Tempo, jenachdem die Reproductionen rascher oder langsamer fliessen, während die erste in gleichmässig langsamer, die zweite in gleichbleibend hastiger Bewegung, jene wandelt, diese stürmt. So trägt die Pindar'sche Ode wie das schmucklose Volkslied uns von Gedanken zu Gedanken in schlagenden Bildern bald langsamer, bald rascher fort, und ersetzt was ihr der Mangel der epischen Breite entzieht, dadurch, dass derselbe Gedanke, in mehrfachen Wendungen immer von neuem wiederholt wird, während die erste und die zweite Form des successiven Vorstellens zu neuen Gedanken übergehen.

§. 559. Wenn aber hier die Dreitheilung der Gedankenphantasie von einem Gesichtspuncte ausgeht, der nur in der successiven Form des Vorstellens wurzelt und daher auch auf diejenigen Weisen des Empfindens übertragen werden kann, welche dieselbe

Form zulassen z. B. des phonetischen, so gibt es dagegen einen
anderen, welcher der Gedankenphantasie als solcher specifisch
eigenthümlich ist. Von jenem aus unterschieden sich die drei
Formen nur durch das längere oder kürzere Verweilen auf einem
Gedanken in der Zeitreihe d. h. durch das Mass der Zeiteinheit,
welches dem rhythmischen Gedankenablauf zu Grunde liegt. Je
länger dieselbe gedacht wird, um desto mehr, je kürzer, um desto
minder kommt das mit dem Gedanken Gegebene, die Reproduction,
und damit die Harmonie der Gedanken zu ihrem Rechte. Uebertragen
wir dies auf das phonetische Empfinden, so zeigt sich, dass dem langsamen Rhythmus, bei welchem auf der einzelnen Tonempfindung verweilt, und andern gleichzeitigen Zeit gegönnt wird, sich geltend zu machen, vorzugsweise das Harmonische, dem beschleunigten, bei
welchem das Empfinden von Ton zu Ton fortstürzt, die blosse Rhythmik, dem dritten dagegen, in welchem die Tonempfindung eben Zeit
hat, der coincidirenden Obertöne, nicht aber der gleichzeitigen begleitenden Tonempfindungen sich bewusst zu werden, das Melodische
entspricht, die epische Musik daher vorzugsweise harmonisch, die
dramatische rhythmisch, die lyrische melodisch sein wird. Der dramatische Charakter der Beethoven'schen Scherzos liegt wesentlich
in ihrem rhythmischen, das Lyrische der Mozart'schen Musik
in ihrem melodiösen Wesen, während die ernste Fuge, die lang-
same Harmonienfolge Seb. Bach's das Epische repräsentirt.

§. 560. Das der Gedankenphantasie specifisch Eigenthümliche
liegt darin, dass ihre Gedanken Inhalt haben. Sie können,
auch abgesehen davon, dass sie schön sind, noch irgend etwas vorstellen, sie können auch richtig und giltig sein, wenn es
auch die Aesthetik nichts angeht, ob sie es wirklich sind. Niemandem wird es wohl einfallen, eine phonetische Phantasie mit Natur und
Geschichte, aber es liegt nahe, eine Gedankenphantasie mit wissenschaftlichen Gedanken in Vergleich zu bringen. So nahe, dass
die neuere Aesthetik darüber den Unterschied zwischen beiden
fast ganz aus den Augen verloren hat. Unsere Darstellung nun
ist gerade bemüht, diesen Unterschied festzuhalten, und es kann
nicht oft genug wiederholt werden, dass der Aesthetik die Schönheit, die Richtigkeit und Giltigkeit der Gedanken aber der theoretischen Wissenschaft anheimfalle, bei welcher die formale

Logik, insofern sie über Verknüpfbarkeit oder Unverknüpfbarkeit der Begriffe zu Urtheilen und Schlüssen entscheidet, die erste Rolle spielt. Dennoch bleibt genug Grund für die Aesthetik, dem Umstand, dass die ästhetischen Gedanken Inhalt haben, also auch richtigen und giltigen Inhalt wenigstens haben können, Aufmerksamkeit zuzuwenden.

§. 561. Es ist wahr, dass er richtig und giltig ist, macht den Gedanken nicht ästhetisch; hindert ihn aber der Umstand, dass er ästhetisch ist, richtig und giltig zu sein? Beides ist nicht Eins, aber es schliesst sich auch nicht aus, so wenig wie die schöne körperliche Form die schwere körperliche Massenerfüllung. Der Umstand, dass er schwer, also im physischen Sinne Körper ist, macht ihn nicht schön; aber die schöne Form seiner Oberfläche hindert ihn nicht, mit Materie erfüllt, d. h. schwer zu sein. Wie daher die plastische Formenphantasie, wenn sie Körperphantasie sein will, darauf Rücksicht zu nehmen hat, die Verbindung der Formen so herzustellen, dass sie auch bei dem äusserlichen Umstande, dass es erfüllte Formen, geformte schwere Körper wären, bestehen könnten d. h. den Gesetzen der Statik nicht widersprächen, so wird die Gedankenphantasie, wenn sie Phantasie möglicher d. h. richtiger und giltiger sein könnender Gedanken sein will, dieselben so zu verbinden haben, wie sie auch bei dem äusserlichen Umstande, dass sie wahre Gedanken, richtige und giltige Vorstellungen wären, verbunden sein könnten d. h. sie wird den Gesetzen der Logik nicht widerstreiten dürfen.

§. 562. So wenig jedoch aus dem Umstande, dass die Formen der plastischen Phantasie wohl auch erfüllte, schwere Körperformen sein könnten, so wenig folgt aus dem Grunde, dass die Gedanken der Gedankenphantasie dem logischen Gesetze nicht widerstreiten d. h. dass sie wahr sein könnten, dass sie es beide seien. Jene Anforderung ist vielmehr die weitgehendste, schon nicht mehr bloss ästhetische, die an die Phantasie, betreffe sie Körperformen oder Gedanken, gestellt werden darf, und sie hätte, wenn sie darauf verzichtet, dass ihre gekrümmten und gebrochenen Formen als Körper-, ihre schönen als mögliche Gedankenbilder sollen vorgestellt werden, das Recht, auch diese abzuweisen. Nur würde sie sich dann einer ähnlichen Intoleranz von ihrer, wie die speculative Philosophie von ihrer Seite gethan hat, schuldig machen, wenn sie wie diese den s c h ö n c n Gedanken z w a n g, so ihrerseits ihm v e r b i e t e n wollte, w a h r zu sein.

§. 563. Die Normen der Logik existiren ve r b i e t c n d für die Gedankenphantasie, wie die der Statik für die plastische ; beide aber existiren auch ge b i e t e n d für dieselben, insofern dabei sowohl vom b e s o n d c r n Inhalt der Gedanken, wie von der b e s o n d e r n Qualität der erfüllenden Materie abgesehen wird. Wenn z. B. einmal eine Person im Gehen dargestellt wird, so verlangt die Statik dieselbe so zu denken, wie sie sich als s c h w e r e r Körper erhalten kann, ohne zu fallen ; wenn einmal gewisse Gedanken ihrem Inhalt nach gegeben sind, so verlangt die Logik, auch dasjenige als gegeben anzusehn, was aus dem Inhalt jener mit Nothwendigkeit f o l g t. Auf die physikalische Beschaffenheit des schweren Körpers, der z. B. ebensogut lebendig als leblos sein kann, kommt es in diesem Fall so wenig wie auf die w i s s c n s c h a f t l i c h c des Gedankeninhalts, ob er z. B. wahr oder bloss erdichtet sei, an. Sobald A und B im Verhältnisse des Grundes zur Folge zu einander stehen und A wird gedacht, so m u s s auch B gedacht werden.

§. 564. Es kommt nun ganz darauf an, ob die Gedankenphantasie, da alle ihre Gedanken Inhalt besitzen, sich bei der Verbindung ihrer Gedanken von der Rücksicht auf den Inhalt in dieser, also in l o g i s c h e r Beziehung g ä n z l i c h, oder ga r n i c h t, oder wi e w e i t sie sich von demselben leiten lassen will. Denn dass sie die ä s t h c t i s c h c, die Rücksicht auf den E i n k l a n g der Gedanken ihrem Inhalt nach, nicht fallen lassen dürfe, das liegt schon im Wesen der Phantasie als des Kunstwerks des Vorstellens begründet. Sie würde sonst eben aufhören, ästhetisch zu sein, vielleicht W i s s e n - s c h a f t, vielleicht blosse P h a n t a s t e r e i, in keinem Falle aber mehr P h a n t a s i e sein. Sie kann sich aber b l o s s durch den E i n - k l a n g, oder unbeschadet diesem auch n o c h durch den Inhalt in anderer Beziehung leiten lassen, und darin liegt der Keim zu einer neuen Eintheilung verborgen.

§. 565. Nimmt sie bei der Aufeinanderfolge ihrer Gedanken n u r auf den ä s t h c t i s c h e n E i n k l a n g Rücksicht, so verfährt sie in logischer Hinsicht w i l l k ü r l i c h, d. h. sie sorgt zwar dafür, dass zwischen den einzelnen Gedanken Harmonie, nicht aber, dass in irgend einer andern Beziehung der Inhalt der Gedanken herrsche. Es ist ihr z. B. ganz gleichgiltg, ob der Inhalt des Gedankens *A*, der in ihrer Gedankenreihe früher steht, so beschaffen sei, dass er eigentlich erst nach dem Inhalt des Gedankens *B*, der bei ihr später steht, kommen dürfte, entweder weil er die Folge von *B* und dieser sein Grund, oder weil *B* einem Punct in der Zeitlinie verknüpft ist, der vor dem Punct in derselben, der durch *A* ausgefüllt wird, gelegen ist. Sie verstellt daher nicht nur die Zeit- sondern auch die Causalitätsverhältnisse der Inhalte ihrer Gedanken, oder sie behält sie bei, jenes ohne sich ein Gewissen, dieses, ohne sich ein Verdienst daraus zu machen, denn beides ist ihr „ganz egal." Sie springt mit den zeitlichen und Causalitätsbestimmungen ihrer schönen Gedanken mit so souveränem Belieben um, wie es ihr Ebenbild auf wissenschaftlichem Gebiete, der Sophist, mit der Rücksicht auf wahre oder bloss scheinbare Begründung der Ge- danken thut, indem er sich rühmt, schwarz weiss und weiss schwarz machen zu können. Sie ist der reinste Ausdruck blosser Phantasie auf ästhetischem, wie der Sophist bloss subjectiver Meinung auf wissenschaftlichem Gebiete, und die Producte des Letztern stehen daher mit Rücksicht auf deren objective Giltigkeit und Richtigkeit angesehen, blossen „Märchen" am allernächsten. Beide gleichen auch hierin einander, dass der Sophist, da ihm die Sache selbst gleichgiltig und seine Meinung nicht durch die Uebereinstim- mung mit dieser, sondern durch seine Willkür dictirt ist, auch nicht aus der Sache den Antrieb zum weitern Fortschritt findet, sondern statt durch die Dinge bewegt zu werden, sich an ihnen beliebig hin und her bewegt, also eigentlich immer bleibt, wo er längst war, nämlich im Netz seiner Subjectivität; während die lyri- sche Gedankenphantasie, da sie ausschliesslich durch den auf der Aehnlichkeit beruhenden Einklang ihrer Gedanken gelenkt wird, auch aus dem einmal eingeschlagenen Zauberkreise nicht hinaus findet, sondern sich beständig in verwandten Bildern, die also alle wesent- lich desselben Inhalts sind, wie im Kreise dreht, und uns dasselbe, jedesmal schön, aber immer wieder sagt.

§. 566. Nimmt dagegen die Gedankenphantasie Rücksicht auf den Inhalt der Gedanken auch noch in anderer als bloss in ästhetischer Beziehung, so kann sie, um diess so allgemein als möglich zu thun, vorerst nur auf das Verhältniss Rücksicht nehmen, in welchem derselbe zur fortlaufenden Zeitlinie steht. Denn da die Gedankenphantasie selbst die Form der Zeitlinie, das successive Fortschreiten in gerader Linie festhält, so geht, im Fall sie auf die zeitlichen Bestimmungen des Inhalts ihrer Gedanken Rücksicht nimmt, das vermöge dieser Vorangehende auch in ihrer Darstellung dem vermöge derselben jenem Nachfolgenden voran, im Fall sie dagegen keine Rücksicht darauf nimmt, nicht. Sie lässt demnach in ihrem Nacheinander die Gedanken so nacheinander folgen, wie sie den zeitlichen Bestimmungen ihres Inhalts nach a u f e i n a n d e r folgen. Diese Form der Gedankenphantasie ist die e p i s c h e.

§. 567. Das Gegenbild der epischen Gedankenphantasie auf wissenschaftlichem Gedankengebiete ist der H i s t o r i k e r, der seine w a h r e n, wie jene ihre schönen Gedanken nur mit Rücksicht auf die Beziehung ihres Inhalts zur Zeitreihe aufeinander folgen lässt. Derselbe ist folglich gebundener als der Sophist, der ohne jegliche Rücksicht nur seiner subjectiven Willkür folgt, aber er ist n u r durch die zeitlichen Bestimmungen gebunden. Sein beherrschendes Gesetz ist, wie das der epischen Gedankenphantasie, das Früher und Später, und er hat mit diesem v o r dem Lyriker und Sophisten den Vortheil voraus, dass er wirklich „vom Flecke" kommt, indem die aufeinanderfolgenden Gedanken wenigstens in Bezug auf ihre zeitlichen Bestimmungen a n d e r n Inhalts sind als die frühern. Darum und weil er sicher ist, zu a n d e r n d. h. zu Gedanken des Späteren zu gelangen, andererseits aber auch, weil der blosse Unterschied der zeitlichen Bestimmung an und für sich wenig Einladung zur Eile darbietet, haben beide Neigung und Musse, auf dem Gegenwärtigen zu verweilen, der Epiker, um alle Reproductionen, welche in Bezug auf die zeitlichen Bestimmungen dem gegenwärtigen Gedanken ä h n l i c h d. h. an d e n s e l b e n Punct der Zeitreihe geknüpft sind, aufsteigen zu lassen, der Historiker, um alle w a h r e n Gedanken, für welche dieser Punct der Zeitreihe den gemeinschaftlichen Anknüpfungspunct bildet, d. h. alle gleichzeitigen Begebenheiten zu sammeln. Die epische Gedankenphantasie wie die historische Darstellung gehen daher an jedem Punct in's Breite, Ausmalende, sie bewegen sich nur im langsamen Rhythmus fort, der, weil alle Theile der Zeitlinie, welche der einzige Faden des Fortschreitens ist, einander ähnlich sind, naturgemäss nicht nur ein feierlicher, sondern ein durch das Ganze des schönen oder wahren Gedankenvorstellens sich gleichbleibender sein wird. (§. 556).

§. 568. Die lyrische wie die epische Gedankenphantasie und so auch ihre wissenschaftlichen Seitenstücke, der Sophist und der Historiker, haben das mit einander gemein, dass der Geist des Vorstellenden das Element der Bewegung sichtlich unterhält, und sich dabei in jenem Fall nur durch seine Willkür, die von Bilde zu Bilde, von Meinung zu Meinung taumelt, in diesem nur durch die zeitlichen Bestimmungen des Aufeinanderfolgenden leiten lässt. Die Gedanken selbst schieben einander nicht, sondern sie werden durch ihn geschoben, im ersten Fall in jeder beliebigen, im zweiten nach der Richtung der Zeitlinie. Nimmt der Schiebende jedoch zugleich Rücksicht auf den Zusammenhang, in welchem die Inhalte seiner Gedanken als Gründe und Folgen zu einander stehen, dann ändert sich dem Anschein nach wenigstens die Sache. Die geschobenen Gedanken scheinen nun selbst einander zu schieben, das Spätere nicht bloss auf, sondern aus dem Frühern zu folgen; die schiebende Persönlichkeit tritt über den geschobenen Gedanken, die nun einander selbst zu schieben scheinen, in den Hintergrund der Vergessenheit; das behäbige Verweilen macht einem unaufhaltsamen Forteilen, das sich reproducirenden Gedanken Nachhängen einem rastlosen von Gedanken zu Gedanken Fortdrängen Platz; der bewegende Geist, der bisher ausser den Gedanken im Lyriker und Erzähler, im Sophisten und Historiker war, ist nun in den Gedanken, den schönen wie den wahren zum Scheine wenigstens selbst immanent, regt, bewegt, trägt sich selbst ohne Krücke und Beihilfe als lebendige Phantasie, als lebendiges Wissen. Diese Form der Gedankenphantasie ist die dramatische.

§. 569. Das Gegenbild derselben auf wissenschaftlichem Gebiete ist der Denker, der seine wahren, wie jene ihre schönen Gedanken, nur mit Rücksicht auf das Verhältniss derselben als begründete und begründende, also nur so nacheinander folgen lässt, wie sie aus einander folgen. Derselbe ist folglich noch gebundener als der Historiker, so dass man von ihm sagen kann, nicht er habe die Gedanken, sondern nach Schelling's Ausdruck, „diese haben ihn." Die Subjectivität, die beim Historiker nur in

Bezug auf die zeitliche Aufeinanderfolge der Gedanken zurücktrat, übt hier auf die A u f e i n a n d e r f o l g e derselben keinen Einfluss mehr aus. Die Gedanken selbst fordern einander ihrem Inhalt nach; die frühern treiben die spätern mit Nothwendigkeit aus sich hervor; es entsteht das Schauspiel eines selbstständigen Lebens der Gedanken, bei welchem das denkende Subject nur den passiven Zuschauer abgibt, einer Gedankendialektik, wie sie H e g e l, eines Universalcalculs, wie er L e i b n i t z vorgeschwebt hat.

§. 570. Die d r a m a t i s c h e Gedankenphantasie unterscheidet sich nicht nur wie die epische dadurch von der lyrischen, dass sie vom Flecke, d. h. dass sie in der Zeitlinie weiter, sondern auch von der epischen dadurch, dass sie zu dem I n h a l t nach, nicht bloss der zeitlichen Bestimmtheit nach, n e u e n Gedanken kommt. Die Folge im Verhältniss zum Grunde charakterisirt sich nicht nur dadurch, dass sie des G r u n d e s Folge, d. h. mit diesem identisch, sondern dass sie desselben F o l g e d. h. mit ihm nicht identisch ist. Fände das Erste nicht statt, so hinge sie mit demselben nicht zusammen; mangelte das Zweite, so wäre sie nur die Wiederholung des Grundes. Dieser Widerspruch, denn ein solcher ist es, löst sich mit Hilfe der Herbart'schen Methode der Beziehungen wie ein ähnlicher in einem vorhergehenden Falle (§. 294) auf die Weise, dass der Grund selbst ein vielfacher und die Folge a l l e n Gründen zusammengenommen g l e i c h, j e d e m derselben aber u n g l e i c h ist. (Vgl. Phil. Prop. S. 78 ff.) Daraus ergibt sich von selbst, dass die dramatische Gedankenphantasie, da sie zu wirklich n e u e n Gedanken, die aber a u s den vorhergehenden folgen, gelangen will, nicht eine e i n z i g e Gedankenreihe, sondern zum wenigstens z w e i parallel mit einander ablaufende enthalten müsse, welche zusammen den dritten Gedanken, die Folge, ergeben. Und es leuchtet weiter ein, dass, da jeder Gedanke der dramatischen Gedankenphantasie, um den nächsten zu e r z e u g e n, eines l o g i - s c h e n Nebenmanns bedarf, er umsoweniger Zeit findet, sich um seine ä s t h e t i s c h e n Nebenmänner d. h. um die Reproductionen umzuschen, auf welchen seine Harmonie mit dem darauf folgenden Gedanken ruht, dass er sich also keiner e p i s c h e n Behaglichkeit und noch weniger der l y r i s c h e n auf einem und demselben Orte beharrenden Beschaulichkeit hingeben darf, sondern von Gedanken zu Gedanken, wie sie als Folge aus einander hervorgetrieben werden, unaufhaltsam fortstürtzt.

§. 571. Daher hat zwar die dramatische Gedankenphantasie eine Breite, wie die epische, aber eine von dieser ganz verschiedene. Die epische Breite wird durch den Ruhepunct im Fortschreiten hervorgerufen, welcher den Reproductionen Zeit gönnt, empor zu tauchen. Die dramatische dagegen durch das Zugleichsein zweier oder mehrerer Gedanken, welche als Gründe den dritten als Folge aus sich hervortreiben. Dieselbe duldet daher kein Ausmalen, wie es die epische Breite, dagegen ruht sie auf einem Zusammen der Gedanken, wie es die epische Phantasie nicht kennt. Was Schiller im Briefwechsel mit Goethe von der Tragödie sagt, gilt von der dramatischen Gedankenphantasie überhaupt: sie steht unter der Kategorie der Causalität, die epische nur unter der Vorstellungsform der Zeit. Das Gesetz der Motivation d. h. der Begründung des Spätern durch das Frühere ist der dramatischen Gedankenphantasie specifisches; das Gesetz der epischen ist nur jenes der zeitlichen Aufeinanderfolge d. i. der frühern Einreihung des Früheren, der spätern des Späteren.

§. 572. Daher eignet sich die Form der epischen Gedankenphantasie ebensosehr zur Darstellung von Begebenheiten, wie die Form der dramatischen zu jener von Handlungen. Begebenheiten als solche hängen unter einander nur durch die gemeinschaftliche Zeitlinie zusammen, an welche sie alle, entweder mehrere an demselben, oder jede an einem anderen Puncte angeknüpft sind. Indem die epische Gedankenphantasie ihre Gedanken in der Zeit nach den zeitlichen Bestimmungen ihres Inhalts ordnet, stellt sie dieselben von selbst in derjenigen Form dar, in welcher Begebenheiten auftreten, und wenn ihre Gedanken Vorstellungen von Begebenheiten sind, so werden sie sich in der Form der epischen Gedankenphantasie wie „zu Hause" fühlen.

§. 573. Handlungen dagegen sind Veränderungen und setzen als solche Ursachen voraus, fallen daher unter die Kategorie der Causalität. Die Begründung des Nachfolgenden d. h. des Zustandes nach der Handlung, muss in dem Vorhergehenden d. h. in dem Zustand vor der Handlung enthalten sein, jener muss aus diesem von selbst hervorspringen. In der dramatischen Gedankenphantasie nun stehen die Gedanken selbst ihrem Inhalt nach in diesem Verhältniss zu einander. Die frühern, sich selbst überlassen, e r z e u g e n, zusammengenommen, die spätern; das Subject, dessen Gedanken es sind, steht scheinbar unthätig im Hintergrunde. Wie aber die Handlung als solche stets ein Thätiges und ein Leidendes, einen Punct, von dem sie ausgeht, und einen, auf den sie zueilt, voraussetzt, so schliesst das Verhältniss der Gedanken als Gründe und Folgen stets eine Vielfachheit, wenigstens eine Zweiheit (Phil. Prop. S. 79) der Gründe ein, aus welchen zusammengenommen die Folge hervorgeht. Die dramatische Gedankenphantasie hat daher selbst die Form der Handlung an sich, und daher nimmt das Gedankenbild der Handlung von selbst die Form der dramatischen Gedankenphantasie an und fühlt sich in dieser, wie das Gedankenbild der Begebenheitsreihe in jener der epischen, „zu Hause."

§. 574. In der epischen Form der Gedankenphantasie, wo das vorstellende Subject nur in Hinsicht der zeitlichen Folge gebunden wird, verhält es sich übrigens gegen den Inhalt seiner Gedanken nicht müssig. Die Gedanken selbst bedingen einander nicht weiter, als betreffs ihrer zeitlichen Bestimmungen; also ist es das Subject, dass sie diesen gemäss, wie Perlen an der Schnur, an dem Faden der Zeitreihe aufreihen muss. Das vorstellende Subject schwebt ganz ü b e r seinen Gedanken, denkt und ordnet dieselben, wie ihre zeitlichen Bestimmungen es fordern; seine Gedanken sind selbst für dasselbe ein V e r g a n g e n e s, welches es in der entsprechenden Folge der Zeitreihe reproducirt. Da es dabei nur bedacht ist, das Frühere früher, das Spätere später zu stellen, das Frühere aber ein noch Früheres, wie das Spätere ein noch Späteres vor und nach sich haben kann, so gibt es für die epische Form der Gedankenphantasie so wenig wie für die Zeitreihe selbst einen bestimmten Anfang oder ein bestimmtes Ende. Der Anfang ist dort, wo innerhalb eines gewissen Gedankeninbegriffs kein Früheres, das Ende dort, wo innerhalb desselben kein Späteres mehr vorhanden ist, und die epische Gedankenphantasie hat ihr Ziel erreicht, wenn sie von den gegebenen Gedanken den frühesten zuerst, den spätesten zuletzt, und, wenn jene Gedanken Begebenheitsbilder sind, das Bild der frühesten Begebenheit an den Anfang, das der spätesten an das Ende der Reihe gesetzt hat.

§. 575. Geschichte und Epos, je näher sie dem rein Historischen und dem rein Epischen stehen, lassen sich beliebig fortsetzen. Vor dem bekannten Anfang der Geschichte liegt die unbekannte Urgeschichte; auf die bekannte Gegenwart folgt eine unbekannte Zukunft. Um den einfachen Kern des hindostanischen
Ramayana haben sich zahllose Episoden angesetzt; an die home-
rischen Gedichte schliessen sich vorwärts und rückwärts die cy-
clischen Dichtungen an. Das orientalische Märchen ist im Grunde
nur eine einzige weit ausgesponnene Erzählung, und der arabische
Erzähler in der Wüste fängt dort an, wo sein Vorgänger den Faden fallen gelassen hat. Wenn nichts anderes zu beobachten ist,
als dass nicht Früheres nach dem Späteren gesetzt werde, so kann
man die Folge der Begebenheiten nach vor- und rückwärts ins
Endlose erweitern, ohne je an den Anfang oder das Ende der
Zeitlinie und damit an die Grenzen des Früher und Später zu
gelangen.

§. 576. Anders in der dramatischen Form. Hier bedingen
die Gedanken einander selbst und das Subject tritt hinter dieselben zurück. Es steht weder ausser, noch über, es geht auf
in den Gedanken. Jeder einzelne der mehrfachen Gedanken, welche
zusammen den neuen wie die Gründe die Folge aus sich erzeugen,
ist ein Theil des Subjects, d. h. selbst Subject. Der dramatisch
Phantasirende löst sich in Theilsubjecte, der Dichter in seine Gestalten auf; er lebt, denkt in ihnen, aber so wie jede selbst leben
und denken würde; sie sind Geist von seinem Geist, aber er selbst
denkt als Geist von dem ihren. Die Gedanken sind nicht wie beim
Epiker, ein Vergangenes für den Erzähler; der begründete Gedanke
wird aus dem begründenden; das Erfolgende erfolgt aus dem
Bedingenden; in unmittelbarer Gegenwart treibt sich Gedanke
aus Gedanken, Bewirktes aus Bewirkendem, Verändertes aus Ver-
änderndem hervor; der dramatische Gedanke wird nicht gelebt
wie der epische, sondern er lebt sich selbst.

§. 577. Damit ist aber zugleich ein bestimmter Anfang und
ein bestimmtes Ende der dramatischen Gedankenphantasie festgesetzt. Jener ist dort, wo sämmtliche begründende, dieses da, wo
sämmtliche durch sie begründete Gedanken gegeben sind. Weder
dem Inhalt nach beliebige Gedanken können als Ausgangs-, noch

ebensolche als Endpunct gesetzt werden. Der Inhalt der dramatischen Gedankenphantasie trägt seinen Beginn und seinen Schluss
gebieterisch in sich. Die Totalität der Gründe ist die Folge selbst.
§. 578. Wissenschaft und Drama, je näher sie dem reinen
Wissen und dem rein Dramatischen stehen, lassen sich daher auch
um desto weniger beliebig nach rück- oder vorwärts fortsetzen. Die
objective Wissenschaft d. i. das System der richtigen und giltigen
Begriffe, ist ein abgeschlossenes Ganzes, das alle seine Principien
und alle Folgerungen daraus in sich fasst, und dem weder etwas
hinzugesetzt, noch etwas weggenommen werden darf, ohne es selbst
zu zerstören. Nur Euklids Geometrie hat bisher etwas dem Aehnliches anfzuweisen; alle übrigen Wissenschaften, am meisten die
Philosophie, trotz der Versicherung der absoluten Dialektik, sind
erst auf dem Wege zu diesem Ideal. Aber zum wenigsten ist das
Streben aller Wissenschaften dahin gerichtet, Totalität d. i. er-
schöpfendes und nach dem Verhältniss von Grund und Folge geordnetes Wissensganzes zu werden. Die allgemeine Naturwissenschaft ist bestrebt, alle einzelnen Naturwissenschaften unter gemeinsamen Gesichtspuncten und gemeinsamen Naturgetzen zu sammeln, das Leblose wie das Lebende, das Chemische wie das Physikalische, das Ponderable wie das Imponderable, das Licht wie
den Schall, die Wärme, den Magnetismus und die Elektricität.
Diese neue Wissenschaft erstrebt, Männer wie Helmholtz und
Lotze an der Spitze, dasselbe Ziel von der Erfahrung aus, welches
die Naturphilosophie vom Begriff aus zu erreichen versucht hat:
ein System des Naturwissens.

§. 579. Das wahre Drama d. i. das vollständige Gedankenbild einer Handlung lässt eben so wenig Ergänzung zu. Wenn die
Bedingungen einer Handlung vollständig gegeben sind, so läuft
diese ab und schliesst nicht eher, als bis sämmtliche Bedingungen
des weitern Ablaufes erschöpft sind. Wer wird zum Hamlet, zum
Lear, zum Macbeth, zum Oedip auf Kolonos noch etwas hinzusetzen
mögen? Der Schluss ihrer Handlungen ist wie das Stillstehen einer
Uhr, deren Gewichte abgelaufen, das Verlöschen des Lebens, nachdem der letzte Herzschlag erfolgt. Wie es über das absolute Wissen hinaus kein Wissen, so gibt es über das Beginn und Schluss
in sich tragende Handlungsbild keinen dazu gehörigen Gedanken

mehr. Die dramatische Gedankenphantasie ist das nicht nur ästhetisch, in Bezug auf die Schönheit, sondern auch logisch d. h. in Bezug auf die Begründung seiner Gedanken aus und durch einander vollständig abgeschlossene Gedankenkunstwerk. §. 580. Die dramatische Gedankenphantasie steht daher zur Gedankenphantasie überhaupt in demselben Verhältniss, in welchem sich die statische Formenphantasie (§. 524) zur plastischen Formenphantasie überhaupt befindet. Wie diejenigen Körperformen, bei denen zugleich auf die physischen Bedingungen der Schwere Rücksicht genommen worden ist, auch als Formen wirklicher Körper gedacht, keine Besorgniss der Unhaltbarkeit einflössen, vielmehr sich selbst tragen, stützen und erhalten zu können nicht bloss scheinen, sondern als geformte Körper sich wirklich erhalten, so flössen diejenigen Gedankenphantasien, deren Gedanken nach dem Verhältniss ihres Inhaltes als Gründe und Folgen geordnet und verbunden sind, nicht nur keinen Verdacht willkürlicher Zusammenwürfelung ein, sondern sie scheinen nicht nur einander gegenseitig zu fordern, und auseinander hervorzutreiben, sondern als Gedanken eines logischen Denkers gedacht, bedingen und fordern sie einander auch wirklich und unabweislich. Die dramatische Phantasie obgleich kein Wissen, steht daher dem Wissen, wie das statische Körperbild, obgleich kein Körper, doch dem Bild des wirklichen Körpers am nächsten, weil jene die Rücksichtnahme auf Grund und Folge mit jenem, dieses die analoge auf die Bedingungen der Schwere mit diesem gemein hat. Die lyrische Phantasie und das ohne alle Rücksicht auf statische Bedingungen entworfene plastische Körperbild bleiben beiden aus demselben Grund am fernsten; die epische Phantasie, bei welcher wenigstens auf die Anordnung in der Zeit geachtet und dasjenige plastische Formbild, bei welchem wenigstens mechanisch z. B. durch Aufhängen, durch künstliche Stützen, durch den festen Hintergrund bei halberhabener Arbeit, dafür gesorgt ist, dass das Gleichgewicht erhalten bleibe, bilden die Mitte zwischen beiden.

§. 581. Wenn es an dieser Stelle, wo bloss von den Arten der Phantasie die Rede ist, nicht zu früh wäre, auf die geschichtlichen Erscheinungen der verkörperten Phantasie d. i. die realen Kunstwerke hinzuweisen, so möchte es leicht sein, zwischen der indischen Epik und den mit halberhabenen Bildwerken bedeckten

Wänden ihrer Höhlentempel, so wie zwischen der hellenischen Dramatik und ihrer freistehenden Plastik Beziehungen zu finden, der Lyrik der semitischen Stämme und zugleich ihres doch nur angeblichen Mangels an plastischer Kunst zu gedenken. Wir versagen uns dies, um unserem Satze getreu zu bleiben, dass die Aesthetik als solche nichts vom Scienden wisse. Alles was sie thun kann, ist, nachdem die Begriffe lyrischer, epischer und dramatischer Gedankenphantasie gewonnen sind, sich die Frage vorzulegen, wodurch dieselben absoluten Beifall zu erwerben im Stande seien und dieselbe durch Rückweisung auf die allgemeinen ästhetischen Formen zu beantworten

§. 582. Die lyrische Gedankenphantasie unterscheidet sich in nichts von der Gedankenphantasie überhaupt, wenn es nicht dies ist, dass sie sich es geradezu versagt, durch die zeitlichen Bestimmungen oder durch das Begründungsverhältniss des Inhalts ihrer Gedanken sich binden zu lassen, während die Gedankenphantasie überhaupt letzteres gestattet und in ihrer epischen und dramatischen Form wirklich thut. Der lyrische Gedanke will daher nichts wissen von zeitlicher oder causaler Bestimmtheit; er verlacht, um sich recht als lyrischer zu fühlen, beide geradezu; seine Zeit ist die Zeitlosigkeit, seine Begründungsform die Grundlosigkeit und er entspricht seinem Wesen daher desto mehr, je mehr er sich von zeitlichen und causalen Beziehungen seines Inhalts emancipirt, um sich allein durch das Reproductionsgesetz der Aehnlichkeit leiten zu lassen. Die Nichtberücksichtigung zeitlicher und causaler Beziehungen macht den lyrischen Gedanken den Eingebungen des Traumes, des orgiastischen Wahnsinns, des Rausches und des Deliriums verwandt, ja sie würde ihn gänzlich mit denselben verschmelzen lassen, wenn er nicht eben ästhetischer d. h. durch das Reproductionsgesetz der Aehnlichkeit, nicht blosser wüster Gleichzeitigkeit, gelenkter Gedanke wäre. Schon Plato im Phädrus nennt die Begeisterung des Dichters „Wahnsinn," Shakespeare, der Dichter treffender als der Philosoph, „schönen Wahnsinn."

§. 583. Die Reinheit der lyrischen kann daher im Gegensatz zu jener der epischen und dramatischen Phantasie wesentlich in nichts Anderem bestehen, als dass darin nichts vorkomme, was gegen die Verwandtschaft d. i. gegen den ästhetischen Einklang aller ihrer Gedanken, gegen die Aehnlichkeit der Bilder verstosse. Diese Aehnlichkeit allein ist es, welche das lyrische Gedankenganze zusammenhält, da es weder die Zeit- noch die causale Einheit sein darf. Die lyrische Einheit ist daher wesentlich Bildeinheit; der lyrische Stil noch insbesondere dadurch bedingt, dass der zu Grunde liegende Gedankeneinklang ein ungekünstelter, im vollendeten Vorstellen gegebener, also natürlicher, nicht gemachter, auf wirklicher Aehnlichkeit, nicht auf bloss zufälliger Gleichzeitigkeit oder willkürlicher Verknüpfung mit Nebenvorstellungen beruhender sei. Wo letzteres nicht stattfände, der Gedankeneinklang erkünstelt, eben nur auf willkürlichen, sei es nun von Individuen, oder von einer Nation, von einem Zeitalter mit gewissen Gedanken verbundenen Nebenvorstellungen beruhend wäre, da entstünde ein Afterbild des lyrischen Stils, eine blosse lyrische Manier, deren geschichtliche Verkörperung in individueller, nationaler oder Zeitlyrik die Geschichte d. i. die Phänomenologie des lyrischen Stils im Gegensatz zu diesem selbst als dem im vollendeten Vorstellen unwandelbar wohlgefälligen Noumenon desselben ausmacht.

§. 584. Das Gegentheil der Reinheit ist die Einmengung künstlicher, das Gegentheil der Einheit die Mengung verschiedenartiger Gedankeneinklänge, d. i. der Mangel an Haltung im Bilde. Wie die Freiheit des Lyrischen im Fortschreiten zu stets neuen, der harmonische Geist der Lyrik im Fortschreiten zu stets harmonischen, der dämonische im Fortschreiten zu stets neuen disharmonischen Bildern, so liegt ihr Gegentheil in der einförmigen Wiederkehr derselben Aehnlichkeit oder Unähnlichkeit, in der erkünstelten statt sich von selbst ergebenden Aneinanderreihung von fern herbeigeholter Aehnlichkeiten, wenn der Vorstellende, statt von Bild zu Bild unaufhaltsam fortzugleiten, mühsam eins an das andere klebt, die eben nur das Heftpflaster zusammenhält. Die Vollkommenheit des Lyrischen aber liegt in der Mannigfaltigkeit der Gedanken, die alle unter einander verwandt, beinahe alle dasselbe und es doch jeder auf seine Art sagen, ebensowohl wie in der Intensität jedes einzelnen Gedankens und in ihrer Anordnung, vermöge deren jeder an dem Platze steht, wo er sich am lebhaftesten geltend machen kann. Die sinnlichsten Gedanken sind daher der

lyrischen Phantasie die liebsten, und da sie weder an Zeit- noch
Causalverhältnisse sich zu binden nöthig hat, so zieht sie bei der
Stellung ihrer Gedanken nur ihre Lebhaftigkeit in Betracht. Vom
logischen Gesichtspuncte aus angesehen, der nicht der ihre ist,
bietet daher die Folge ihrer Gedanken den Anblick von Sprüngen
dar; dies kümmert sie jedoch nichts, wenn dieselben nur iu's rechte
Licht führen. In Bezug auf das Was ihrer Gedanken ist sie des
Höchsten wie des Niedrigsten fähig; religiös oder weltlich, wenn
es nur lebhafte und alle unter einander zugleich ähnliche und
doch verschiedene Gedanken sind; wie jede Phantasie hat sie das
Wie, nicht das Was, die Form, nicht den Inhalt im Auge.

§. 585. Das wissenschaftliche Gegenbild des Lyrikers, der
Sophist, nimmt bei seiner subjectiven Meinung ebenso wenig wie
Jener bei seinem Bildertaumel, auf die zeitlichen und causalen
Bestimmtheiten der Gedanken Rücksicht. Da er darauf ausgeht,
seine subjectiven für richtige und giltige Gedanken d. i. seine
Ansicht für Wahrheit auszugeben, so richtet er Alles diesem
seinen Zwecke gemäss ein und schont dabei weder Zeitbestimmung
noch objective Begründung. Er reisst nicht nur als Geschichts-
sophist die Begebenheiten aus ihrer Zeitfolge, sondern auch als
Afterphilosoph die Begriffe aus ihrem Zusammenhange nach Grund
und Folge; er springt mit dem objectiv Richtigen und Giltigen
ganz nach Willkür zu seinen persönlichen Beweiszwecken um, bei
welchen ihm nur um Ueberredung, nicht um Wahrheit zu thun ist.
Dabei überredet er allerdings zunächst sich selbst, da bisher nur
von der Erscheinung des Geistes für sich selbst die Rede ist; versucht er aber als für Andere erscheinender Geist auch diese Andern zu überreden, dann wird er Rhetor, der sich zum Redner
d. h. zu demjenigen, der Andere durch Gründe von dem zu überzeugen sucht, was er selbst für das Richtige und Giltige hält,
verhält, wie der Sophist zum Denker d. i. zum wirklichen
Philosophen.

§. 586. Die weitere Eintheilung der lyrischen Gedankenphantasie erfolgt nach dem Was, nicht mehr nach dem Wie der Gedanken und gehört bereits der Aesthetik der einzelnen Künste, im
vorliegenden Fall der Poetik an. Die Gegensätze des Religiösen
und des Weltlichen treten hier zugleich mit der Bemerkung hervor,

dass der Geist, indem er weder an das zeitliche noch an das causale Verhältniss seiner Gedanken ihrem Inhalt nach sich hält, sondern deren Verknüpfung lediglich an der Hand der Aehnlichkeit selbst übernimmt, dadurch dem Wesen des Allgemeinen d. h. des verständigen durch den Inhalt seiner Gedanken in Bezug auf logische Verknüpfbarkeit oder Nichtverknüpfbarkeit allein geleiteten Denkens am fernsten, dagegen der Aeusserung seines, des individuellen Selbstes, des „Privatgeists", am nächsten steht und dadurch der Versuchung, statt des reinen Inhalts seiner Gedanken, das Verhältniss desselben zu dem Bilde, das er als Geist von sich selbst hat, auszudrücken, am schwersten widersteht. Denn da er als Geist bewusstes Wesen d. h. von sich wissendes, sich selbst sich vorstellendes Ich ist, so befindet sich der Gedanke seiner selbst auch mit unter seinen Gedanken, und die Folge ist, dass was er auch denke, er im Vergleich mit seinem Was denken kann, und ohne „Selbstvergessenheit" im eigentlichen Sinn des Worts d. h. ohne Beisetzung seines privaten Selbstes wie es im vollendeten Vorstellen statthat, auch wirklich denken wird. So trifft der Gedanke des Ueberweltlichen sogleich mit dem Bilde seiner selbst als des Weltlichen, des Unendlichen mit dem Bilde seiner als des Endlichen, zusammen; die Folge davon ist eine Vergleichung, welche nicht zu Gunsten des letzteren ausfällt; daraus entspringt eine subjective Erregtheit des Vorstellenden, welche ihre trübenden Schatten auf das vollendete Vorstellen des Gedankeninhalts wirft und dem Ablauf jener Reproductionen sowohl, auf welchen die Harmonie derselben ruht, wie der Gemüthsruhe, aus welcher die Werthschätzung dieser Harmonie, das ästhetische Urtheil erfolgen soll, hemmend in den Weg tritt.

§. 587. Eine derartige Missleitung des Gedankenvorstellens von den im vollendeten Vorstellen gegebenen Gedanken zu einem mittels Beziehung auf das eigene (individuelle, nationale, geschichtliche) Subject gemachten Gedankeninhalt, ist nicht bloss der lyrischen, sondern jeder Gedankenphantasie überhaupt möglich, liegt aber der ersteren am allernächsten. In ihr erscheint der Gedanke aus dem Aether des vollendeten Vorstellens in die beschränkte Atmosphäre des „Privatgeistes" herabgezogen, das Individuelle, Nationale, Geschichtliche mengt sich ein, statt des reinen

Gedankens erblicken wir dessen Luftspiegelung im Dunstkreis des Subjectes. In der lyrischen Phantasie, wo das vorstellende Subject weder an zeitliche noch causale Bestimmungen seiner Gedanken gefesselt ist, äussert das unvollendete Vorstellen sich in der Unterschiebung des Verhältnisses zwischen dem Bilde, das das Subject von sich selbst, und dem Bilde, das es in seinen Gedanken hat, an die Stelle der Betrachtung des letztern allein; in der epischen und dramatischen Phantasie dagegen äussert es sich in der Unterschiebung der w i l l k ü r l i c h e n Zeit- und Causalverknüpfung an die Stelle der durch den Inhalt der Gedanken v o r g e s c h r i e b e n e n und n o t h w e n d i g e n. Während dort an die Stelle des objectiven ein bloss subjectives B i l d, tritt hier an die Stelle der objectiven eine subjective Verknüpfung in Zeit und Causalität. Den Mangel an reiner B i l d f r e u d e, wie sie nur aus vollendetem Vorstellen entspringt, den Mangel an l o g i s c h e r B e f r i e d i g u n g, wie sie nur der im vollendeten Vorstellen sich kundgebenden Objectivität der zeitlichen und causalen Anordnung entquillt, sucht das unvollendete Vorstellen, die „romantische" Gedankenphantasie durch subjective Erregungen und stoffliche Reize des Gedankeninhalts zu ersetzen, den Mangel an F o r m s c h ö n h e i t durch bestechenden S t o f f r e i z der Gedanken, die Lücken im W i e des Gedankenbildes durch dessen blendendes W a s zu verbergen.

§. 588. Die Stoffreize des Gedankenbildes haften am I n h a l t der Gedanken, sofern er ausserhalb der F o r m, die subjectiven Erregungen am Inhalt derselben, sofern er als Gegenstand eines unvollkommenen Vorstellens, eines G e f ü h l s, einer B e g i e r d e, eines A f f e c t s oder einer L e i d e n s c h a f t gedacht wird. Das (individuelle, nationale, geschichtliche) Subject hat Lieblingsgedanken, wie es Lieblingsempfindungen, Lieblingsfarben, -Töne und -Formen hat, in denen es sich, der Hirt auf dem Berge, der Jäger im Walde, der Krieger im Lager „mit wenig Kunst und viel Behagen" heimisch fühlt. Der Reiz, den der geschichtliche vor dem erfundenen Gedankenstoff, der nationale Gedankenkreis vor dem fremdländischen voraus hat, ist ein stofflicher Reiz, der in erhitzten Zeiten und Köpfen oft als Narcose für die ästhetische Form wirkt. Die subjectiven Erregungen sind mannigfacher Art. Bald beziehen sie sich allein auf den wirklichen, bald auf einen bloss eingebildeten

Gedankeninhalt, erscheinen bald als Unterschätzung, bald als Ueber-
muth des vorstellenden Subjects, das entweder im Zurückbleiben
seiner subjectiven Auffassung hinter dem objectiven Gedankeninhalt, in der Gebundenheit seiner Willkür an die objective zeitliche
und causale Gedankenverknüpfung, seine Ohnmacht fühlt, oder sein
subjectives an die Stelle des objectiven Bildes, seine Willkür an den
Platz der objectiven Nothwendigkeit hinaufschwindelnd, im Taumel
der Selbstüberhebung und souveräner Selbstherrlichkeit mit dem Inhalt und der Reihenfolge seiner Gedanken nach Belieben schaltet.

§. 589. Die romantische Lyrik steht der lyrischen Gedankenphantasie, welche die Uebertragung der Form des Classischen auf
das lyrische Gedankenvorstellen ist, wie unvollendetes subjectives
dem vollendeten subjectlosen Vorstellen gegenüber. Wo die Subjectlosigkeit d. i. die Ausscheidung des Privatgeistes vollständig ist, das
individuelle, nationale, geschichtliche Subject ganz im allgemeinen
aufgeht, da ist vollkommene Lyrik und diese ist folglich vom Stand-
puncte des endlichen Subjects aus nur entweder im Zustand der
Extase, der religiösen oder weltlichen, der völligen Selbstvergessenheit, sei es aus künstlichen oder natürlichen Ursachen, oder in
philosophischer Hingabe an den Inhalt der Gedanken zu erreichen.
Die Hymne, die Ode, der Dithyrambus entspringen auf jenem,
Schillers Gedankenlyrik, Elegie, Epistel, Epigramm auf diesem Wege.
Am nächsten kommt dieser Stufe das Lied, die Unterschiebung
eines möglichst allgemein gedachten Vorstellens, das der völligen
Subjectlosigkeit nahe steht, und innerhalb des gewählten Kreises
wirklich subjectlos ist, an die Stelle desselben. Das Alterslied
(Kinderlied, Greisenlied), Standeslied (Jägerlied, Soldatenlied,
Studentenlied u. s. w.), Stammeslied, Nationallied, das Lied
für gewisse allgemein menschliche oder völkerschaftliche oder
geschichtliche Zustände (das Hochzeitlied, Trinklied, Grablied,
Loblied, Danklied, Andachtslied, Trostlied, Trauerlied, Spottlied,
Tanzlied, geistliche Lied) gehören hieher. Hier sind Goethe,
das Volkslied, der Chanson und das protestantische Kirchenlied unerreichbare Muster. Da das Subject, zwar ein relativ allgemeines, hier schon mitspielt, so nähert sich das Lied schon der
romantischen Phantasie, welcher jene erstgenannten Formen fern-
stehen. Je enger der Umfang des Subjects wird, desto mehr muss

es zu ausserästhetischen Reizmitteln greifen, die es entweder im Gedankenstoff (lyrische Sophistik) oder in subjectiven Erregungen (sinnliche Lyrik) oder gar in dem blossen Zeichen des Gedankens (im musikalischen Ton, Laut, Stimme u. s. f.) oder endlich in der rhythmischen Folge der Gedanken und Zeichen findet (gesuchtes Verschlingen, Verketten der Gedanken, künstliche Versmasse).

§. 590. Die wissenschaftliche Parallele der ecstatischen Lyrik ist die Prophetie und orphische Weissagung, die der Gedankenlyrik die begeisterte, die des Liedes die Spruchweisheit. In jener erreicht das wissende Subject den höchstmöglichen Grad der Subjectlosigkeit auf ausserordentlichem, in der begeisterten Weisheit auf ordentlichem Wege, ohne auf letzterem in eigentliche Entwicklung des Wissens nach Gründen und Folgen sich einzulassen. Der Platonische Phädrus ist davon das schönste Muster. In der Spruchweisheit tritt ein möglichst allgemeines Subject, aber nicht nothwendig das allgemeine, als wissend auf und stellt den verschiedenen Arten des Liedes die verschiedenen Arten der Sprüche (Alters-, Stammes-, Standes-, Gelegenheits-, nationale und geschichtliche Sprüche) zur Seite. Je enger der Umfang des wissenden oder sich dafür ausgebenden Subjects wird, desto mehr nähert die Spruchweisheit sich der Casuistik, der Trugweisheit, das Wissen der Sophistik, dem Scheinwissen.

§. 591. Die epische Gedankenphantasie hat mit der dramatischen das gemein, dass beide sich an den Inhalt der Gedanken halten, sie unterscheidet sich aber darin, dass sie die causale Verknüpfung derselben zwar gestattet, aber nicht fordert, dagegen deren Anordnung nach der zeitlichen Bestimmtheit unbedingt verlangt. Ihre Vollkommenheit kann daher im Gegensatz mit jener der dramatischen Gedankenphantasie in nichts weiter bestehen, als dass sämmtliche Theile des Gesammtgedankenbildes so nach einander auftreten, wie ihre Aneinanderreihung auf der Zeitlinie es mit sich bringt. Das Gegentheil dieser Vollkommenheit wäre nicht nur Anhäufung aller oder doch fast aller Gedanken an einer einzigen Stelle der Zeitlinie, also Mangel an Mannigfaltigkeit der zeitlichen Bestimmungen, sondern auch Unbestimmtheit des Punctes in der Zeitreihe, an welchem angeknüpft werden soll, d. h. Mangel an Zeitcharakter, sowie das Gegentheil der chronistischen Anordnung, die Verwirrung in den Zeiten.

§. 592. Die Einheit der epischen Gedankenphantasie aber ist wesentlich Zeiteinheit, d. h. der Einklang aller zeitlichen Bestimmungen der Theile des Gesammtbildes, Festhalten an einem geordneten nicht nur, sondern auch an dem natürlichen Zeitsystem, vermöge dessen alle zeitlichen Bestimmungen der Gedanken sich auf ein gemeinschaftliches zugleich und natürliches Zeitmass zurückbringen lassen. Es kann nichts Verwirrenderes geben, als wenn innerhalb eines Ganzen von zeitlichen Bestimmungen mehrere verschiedene Zeiteintheilungen herrschen sollten, wie es andererseits nichts Unpassenderes geben kann, als die zu Grunde liegende Zeitmasseinheit entweder zu gross (etwa nach Aeonen) oder zu klein (nach Secunden, Minuten u. dgl.) anzunehmen, durch jenes zu steten Bruchtheilen, durch dieses zu übergrossen Vielfachen gezwungen zu werden. In der Vermeidung widerstreitender Zeitbestimmungen liegt die Reinheit, bei zweckmässig gewählter Zeitmasseinheit natürliche, bei erkünstelter Zeitmasseinheit, aber durchgeführtem Zeitsystem, erkünstelte Reinheit genannt. Das auf einer künstlichen Einheit aufgebaute Zeitsystem bietet zugleich ein Afterbild wahrer Zeiteinheit dar und verhält sich zu jener wie Manier zu epischem Stile. Solche herrscht z. B. in den indischen Epen, wo das Jahr eine höchst unbestimmte Zeiteinheit, in den Weissagungen der Propheten, wo es bald Wochen, bald Monate, bald überhaupt Zeitepochen repräsentirt, in der Geschichte der Schöpfung, wo die Zeiteinheit Tag nicht den gewönlichen Tag bedeuten kann und doch ihr Verhältniss zu diesem im Dunkel gelassen wird. Derlei künstliche Zeitsysteme stellen daher, wo sie in (individuellen, nationalen, geschichtlichen) Subjecten hervortreten ebenso viele Stilverirrungen der epischen Gedankenphantasie dar, und bilden eine Reihe, welche die Phänomenologie des epischen Stils d. h. seine Geschichte, im Gegensatz zu ihm selbst als im vollendeten Vorstellen sich gleichbleibendem Noumenon ausmacht.

§. 593. Die natürliche Zeiteinheit für die Menschen bildet die tägliche Umdrehung der Erde um ihre Axe, der astronomische Tag, dessen Theile in Stunden, Minuten, Secunden zerfallen, aus dessen Vielfachen sich Wochen, Monate, Jahre, Jahrhunderte zusammensetzen. Der Umgang der Planeten um die Sonne bietet für alle Bewohner desselben Planetensystems gemeinschaftliche Anhaltspuncte, und für die des Milchstrassensystems sind dergleichen vielleicht in der Umkreisung einer „Centralsonne" gegeben. Welche von diesen die epische Gedankenphantasie zu Grunde legen will und soll, kommt auf die Classe an, zu welcher der epische Geist gehört, und s e i n e Gedankenphantasie wird für ihn und seines Gleichen desto vollkommener sein, je mehr die gewählte Zeiteinheit seiner und ihrer räumlichen Stellung im Weltalle entspricht. Die von Menschen ausgehende Epik wird am liebsten den menschlichen Tag wählen. Vom causalen Gesichtspunct, wie vom lyrischen, die nicht die ihren sind, wird ihre zeitliche Anordnung sehr verschieden beurtheilt werden. Für den lyrischen Gesichtspunct, der um die zeitliche Entfernung nicht frägt, hält sie auseinander, was er im Fluge seiner Bilder am liebsten in Eins zusammenzöge. Zwischen die „Tage der Schöpfung" schiebt sie fast unabsehbare Zeitreihen ein, zwischen Verheissung und Erfüllung lagert sie Jahre, Jahrhunderte, Aeonen. Für den causalen Gesichts·punct, den die A u f e i n a n d e r folge in der Zeit nur insofern interessirt, als dieselbe das ä u s s e r e Zeichen der A u s e i n a n d e r folge ist, sind die Zeitreihen, welche die Epik zwischen Grund und Folge verlaufen lässt, leere Zeit, unnützer Ballast, den er am liebsten überspringen, den er über Bord werfen möchte, um von der Ursache unmittelbar zu der künftigen Wirkung zu gelangen. Was in der Zeit geschehend, ausser Zusammenhang mit i h r e m Geschehen steht, ist für die dramatische Phantasie so gut wie n i c h t geschehen; Bedeutung und Werth hat für sie nur, was mit dem endlichen Erfolge ihrer begründenden Gedanken mittelbar oder unmittelbar sich berührt und Aristoteles hat daher mit so unnachahmlicher Naivetät gesagt, dass die Poesie, die dramatische nämlich, denn nur von dieser handelt er an dem Orte, philosophischer sei als die Geschichte.

§. 594. Was die Einheit der Zeit für den Epiker, ist die Chronologie für den Historiker. Wie das Bestreben des Ersteren darauf geht, ein s c h ö n e s, so geht das des Letzteren dahin, das w a h r e Zeitverhältniss seiner Gedanken herzustellen. Wo er das Früher und Später nach Belieben zusammenwirft und sich davon selbst überredet, wird er zum G e s c h i c h t s p h a n t a s t e n, wo er davon auch Andere zu überreden sucht, zum G e s c h i c h t s f ä l s c h e r, der sich zum G e s c h i c h t s s c h r e i b e r d. h. zu demjenigen, der, was er selbst nach sorgfältiger Prüfung für geschichtlich wahr annehmen muss, Andern als Solches mittheilt, verhält, wie der R h e - t o r zum R e d n e r, der S o p h i s t zum P h i l o s o p h e n.

§. 595. Die F r e i h e i t der epischen Gedankenphantasie bewegt sich nicht wie die der lyrischen auf dem Gebiet ähnlicher Bilder, welches der Lyriker nur zeitweise zu verlassen scheint, um desto auffälliger dazu zurückzukehren, sondern auf dem der zeitlichen Bestimmungen, welche der Epiker zuweilen scheinbar durcheinander wirft, um die Einheit, die in denselben herrscht, bald desto deutlicher hervortreten zu lassen. Mit Unrecht setzt man sie oft in ein Recht, das er sich nehme, an geschichtlich beglaubigten oder sonst wahren Begebenheiten etwas dem Stoffe nach zu ändern. Sollen wir abermals einschärfen, dass vom S t o f f als solchem, d. h. von dem b e s o n d e r n Inhalt der Gedanken die Aesthetik hier wie überall keine Notiz nimmt, und es dahin gestellt lässt, ob die Begebenheiten, welche den Inhalt des epischen Gedankenbildes ausmachen, geschichtliche oder ungeschichtliche, wahre oder ganz oder theilweise erdichtete seien? Nicht in der willkürlichen oder unwillkürlichen Entstellung eines Factums, sondern in der scheinbaren Aufhebung des Einklangs in der zeitlichen Bestimmtheit seiner Gedanken liegt die Freiheit des Erzählers. Darum springt er in medias res, erzählt das Spätere zuerst, das Frühere nachher, lässt die Sonne nicht aufgehen, solange Jupiter in Amphitryons Haus verweilt, und nicht untergehn, solang Josua sie zum Siegen nöthig hat, aber er thut dies nicht wie ein dämonischer Geist, um alles Zeitbewusstsein zu verwirren, sondern wie ein harmonischer, um das Bewusstsein herrschender Zeitordnung desto ersichtlicher herzustellen. Warum sind doch die Märchen, die alle mit: Es war einmal ein Prinz, diese Familienromane, die mit oder gar schon vor der Geburt ihrer Helden beginnen, so unausstehlich langweilig?

§. 596. Die W a h r h e i t der epischen Phantasie ist auch nur ästhetische Wahrheit. Dass sie ein wirkliches, treues Nachbild eines den ästhetischen Formen der Vollkommenheit, Einheit, Reinheit und Freiheit genügenden epischen Gedankenvorbildes sei, das ist ihr Wesen ganz und gar; auf die g e s c h i c h t l i c h e Wahrheit des Gedankeninhalts selbst kommt es der epischen Phantasie nicht an, so wenig wie der Phantasie überhaupt darauf, ob ihre schönen Gedanken auch noch obendrein ganz oder theilweise richtige und giltige Gedanken seien. In den grossen Volksepen der Indogermanen, der Hellenen, der Inder, der Perser, der Skandinavier, der Deutschen, in den Ueberresten der Heldenlieder der Celten und Slaven liegt allerdings auch ein gut Stück Geschichte dieser Völker. Dem Historiker, dem Ethnographen, dem Culturgeschichtschreiber strömen darin reiche Quellen; der Philologe und Sprachforscher findet darin unerschöpfliches Material. Für die Aesthetik sind sie nur von Seite ihrer Form, nicht von der ihres Stoffes von Wichtigkeit, ob und wie sie als episches Gedankenvorstellen den allgemeinen ästhetischen Normen gemäss oder fremd sind. Der wunderbare Tact, mit welchem der epische Dichter in gewissen oder durch alle Theile seines Begebenheiten darstellenden Werks sich an ein zu Grunde liegendes Zeitsystem hält, Früheres kunstreich nach Späterem einflicht, seine Natur als Früheres aber doch deutlich errathen lässt, eine schwindelerregende Fülle zeitlicher Ereignisse in ein leicht zu übersehendes Netz von Zeitfäden spinnt, und den künstlich verschlungenen Zeitknoten zu rechter Stunde aufwickelt, das ist's, was der Aesthetiker an Homer oder wie sonst der „Redacteur“ der beiden epischen Mustergedichte heissen mag, bewundert, das Kunstwerk der Zeitlichkeit, nicht ein Geschichtswerk der Zeiten.

§. 597. Der „romantischen“ Epik ist daran freilich wenig gelegen, so wenig wie der romantischen Lyrik an der harmonischen Einheit des Bildes. Ihre Tendenz geht dahin, Mangel an epischer Formschönheit durch die Reize des epischen Stoffs d. h. der Gedanken, der zeitlich an einander gereihten Begebenheiten selbst sowie durch die subjectiven Erregungen zu verbergen, in welche sie theils das Gefühl, theils das Begehren, den Affect wie die Leidenschaft durch unvollendetes Vorstellen zu versetzen weiss. Wenn das Subject in dem Ganzen seines epischen Gedankenbildes Bilder von Begebenheiten findet, die mit seinem (individuellen, nationalen, geschichtlichen) Ichbild im Zusammenhang stehen, dann überwiegt das Interesse an der (persönlichen, nationalen, geschichtlichen) Lebensbeschreibung das reine Formurtheil leicht so sehr, dass es zu diesem gar nicht kommt, und die erbärmlichste Familien-,

Orts-, Landeschronik den Sieg über das vollendete Epos davon-
trägt. Der „vaterländische" Erzähler ist damit schon eines Reizes
sicher, und eines um so stärkern, auf je weniger vollendetes Vorstellen er trifft. Der Ungar hört am liebsten von seinen nationalen
Türkenkämpfen, der arabische Scheik wie der christliche Ritter
hörten im Mittelalter gern von den Kreuzfahrern erzählen. Aber
auch durch Wilhelm Tell ist Schiller der populärste Dichter der
Schweiz geworden; der Tirolerbauer, dem sein Pfarrer die deutsche
Literatur verschlossen hielt, bewahrte wie ein Heiligthum im Schränk-
chen Immermann's „Trauerspiel in Tirol." Dieser stoffliche Reiz ist
natürlich und Wenigen wird es gelingen, ihn dergestalt in sich
auszurotten, wie etwa Fichte'n, der die natürliche Tochter, diesen
„krystallenen Eispallast" allen andern Werken Goethe's vorzog.
Zum ästhetischen Formwerth aber gehört er nicht und für die
Mängel desselben vermag er nicht zu entschädigen.

§. 598. Unter den anmuthigen Erzählungen des Boccaccio
gibt es doch nicht wenige, die eine mehr als pikante Zuthat sinnlicher Begierdeerregungen keineswegs verschmäht haben. In dem
„tollen Zeug" Ariosto's spielt auch Gott Priapus seine Rolle und
der schlüpfrige Roman ist von den Contes de la reine Marguerite
bis auf Ernst Feydeau eine Specialität der französischen Literatur
In der romantischen Schule that sich das souveräne Ich auch in
der kolossalen Nichtbeachtung der zeitlichen Regelmässigkeit wohl-
behaglich Genüge und kitzelte bald das Gefühl bald die Begierde
mit der Versicherung unsagbaren Genusses und unsäglicher Befriedigung. Die Einmischung des Idealismus, die Selbstbespiegelung
des Subjects führte das Uebergewicht der bald sentimentalen, bald
satirischen Biographie, jene subjectivistische Epik herbei, in welcher das vorstellende Ich die zeitlichen Bestimmungen seiner Gedanken unter einander warf, an dieser Willkür seine Eitelkeit, an
dem Reflex des Geschehenden seine Selbstgefälligkeit, an der
Abenteuerlichkeit des Stoffs seine Neugierde sättigte.

§. 599. Die Eintheilung des Epischen geht das Was, nicht
das Wie an und gehört in die Poetik. Fragen wir, welche Gedanken überhaupt zeitliche Bestimmtheit an sich tragen, so können es
nur die Bilder von Ereignissen sein, deren Träger entweder das
Bewusste oder das Bewusstlose, der absolute oder der endliche Geist

und die Natur sind. Götter-, Geister-, Helden- und Menschengeschichte,Thier- und Naturfabeln sind die Geschöpfe der epischen
Gedankenphantasie und wenn sie mehr als blosse Märchen sind,
die Werke der göttlichen, menschlichen und Naturgeschichte. Solange der streng epische Ton richtig eingehalten wird,
kommt der Unterschied zwischen wahren und erdichteten Begebnissen
gar nicht, der Unterschied zwischen möglichen und unmöglichen
nur in Bezug auf die zeitlichen Bestimmungen in Frage. Episch
unmöglich ist nur, dass das Früher auf das Später folge; das
einzige Wunder für die Epik ist das Zeitwunder. Da nun
die epische Phantasie nur an die zeitlichen Bestimmungen gewiesen
und ausserdem völlig ohne verknüpfenden Faden ist, so würde sie
durch die Zulassung des Zeitwunders sich selbst vernichten; da
sie aber zugleich nur dies einzige Wunder kennt, so ist jedes
andere Wunder für sie keines und sie nimmt daher die in jeder
andern Beziehung wunderbarsten Ereignisse der Geist- und Natur-
welt mit gleicher Indifferenz in ihren Gedankenkreis auf: sie ist
das Reich und die Form des Wunders.

§. 600. Alle Wundergeschichten, insofern sie nicht wahre
Geschichten sind oder dafür gelten sollen, gehören dem epischen Vorstellen, wenn sie als solches Kunstwerke sind, der epischen Phantasie an. Dass sie, obgleich nicht wahr, doch mit dem Anspruch
für wahr zu gelten auftreten, nicht epische Märchen, sondern
Geschichte sein wollen, geht die Aesthetik nichts, sondern nur
die historische Kritik an, die ihnen diesen ihren Anspruch
als ungiltig nachzuweisen hat. Für die Aesthetik sind auch wahre
Wundergeschichten, wenn es solche gibt, nur als epische Phantasien, wie die unwahren Wundergeschichten, deren es sicher gibt,
noch als Kunstwerke des epischen Vorstellens von Wichtigkeit.

§. 601. Der Charakter des wunderbaren Ereignisses aber
liegt darin, dass es als Naturwunder eine Ausnahme von den
Natur-, als Geisteswunder eine solche von den Geistesgesetzen
bildet (§. 242) d. h. dass es eine Ausnahme von demjenigen Gesetze ist, welches über alle Ereignisse sich erstreckt, vom Causalitätsgesetz. Wo das letztere als nichtherrschend vorausgesetzt wird, gibt es daher keine wunderbaren Ereignisse mehr;
eine Natur- oder Geisteswelt aber, in welcher das Causalitätsgesetz

nicht als herrschend vorausgesetzt würde, wäre selbst das Wunder aller Wunder. Die Frage, ob es eine solche gebe, ist für die Aesthetik, die nichts vom Seienden weiss, transcendent; es handelt sich hier nur um die Gestaltung der epischen Gedankenphantasie unter Voraussetzung der Geltung des Causalitätsgesetzes, von welchem im Wunder eben eine Ausnahme stattfinden soll. Da aber dasselbe das eigentlich Charakteristische der dramatischen Gedankenphantasie ausmacht, so sieht man zugleich, dass in dem Mass als in derselben das Causalitätsgesetz zur Herrschaft gelangt, die rein epische der dramatischen weichen und umgekehrt in dem Mass, als die dramatische Phantasie Wunder d. i. Ausnahmen vom Causalitätsgesetz in sich aufnimmt, diese in die bloss epische zurückfallen müsse.

§. 602. Das Kennzeichen der epischen Phantasie liegt daher darin, dass sie Wunder duldet, das der dramatischen dagegen darin, dass sie dergleichen ausschliesst. Dadurch hat die Form der epischen Gedankenphantasie eine ebenso unmittelbare Verwandtschaft mit der wunderbaren Geschichte d. i. mit dem Inhalt der positiven Religion, wie die der dramatischen mit dem System objectiv giltiger und richtiger Begriffe d. i. mit dem Inhalt der Philosophie. Das Gesetz der vollkommenen Begründung des Nachfolgenden durch das Vorhergehende kommt bei der dramatischen durchgehends, bei der epischen nur mit gewissem Vorbehalt zur Durchführung. Letztere bleibt daher stellenweise vom Standpunct des Causalitätsgesetzes angesehen, lückenhaft, es finden Sprünge in der Begründung, wie bei der lyrischen Phantasie statt; das Spätere wird an das Frühere eben nur zeitlich angereiht, ohne durch dasselbe causal hervorgetrieben zu werden; statt der Alleinherrschaft des Gedankengehalts als solchen macht sich der Einfluss des Subjects, des Trägers der epischen Gedankenphantasie geltend, der dasjenige causal verknüpft, was sich selbst zu verknüpfen nicht im Stande ist.

§. 603. Der Einfluss dieses Dritten kann sich vom causalen Gesichtspunct aus nicht anders denn als Willkür zeigen. Der Epiker bleibt, auch wenn er sich dem Dramatischen insofern nähert, als er eine theilweise Selbstbegründung des Gedankeninhalts zulässt, doch immer Herr seiner Gedanken; er kann den Lauf des freiwillig

zugestandenen Gesetzes in jedem Moment unterbrechen; die Begründung des Nachfolgenden durch das Vorhergehende ist für ihn
nicht mehr als eine Laune, der er sich hingeben und entziehen
kann, wie er will, ohne dadurch aufzuhören, seinem eigentlichen
Beruf getreu d. h. Epiker zu bleiben. Er kann daher auch abbrechen, sobald es ihm beliebt; er kann den Schluss anfügen, ohne
zu sagen, wie es zu diesem kommen musste oder konnte, wenn
er ihn nur an einen späteren Zeitmoment knüpft; er kann Umstände
weglassen, die zur Erklärung des Gewordenseins eines gewissen
Ereignisses nothwendig und solche hinzufügen, die dazu überflüssig
sind. Sein einziges Gesetz ist das der Zeitfolge.

§. 604. In diesem selbst aber ist indirect wenigstens das
Causalitätsgesetz verborgen. Die Begriffe von Ursache und Wirkung,
um die es sich bei Ereignissen handelt, verdanken ihre Entstehung
zunächst der Zeitfolge der Erscheinungen. Das so oft wir es
beobachtet haben einem Andern Vorausgehende nennen wir Ursache, das letztere Wirkung. Die zeitliche Bestimmung eines Ereignisses im Verhältniss zu einem Andern gilt uns daher auch als
Kennzeichen seines Begründungsverhältnisses zu diesem Andern.
Stets aufeinandergefolgte Erscheinungen nehmen wir um
deswillen als auseinanderfolgende an. Indem nun die
epische Gedankenphantasie sich nur an die zeitlichen Bestimmungen
ihrer Gedanken hält, stellt sie dieselben, soweit in diesen letztern
der Ausdruck ihres causalen Verhältnisses enthalten ist, allerdings
auch diesem letztern gemäss, das Aufeinanderfolgende auch
so dar, wie es auseinander folgt, d. h. sie scheint, indem
sie bloss epische ist, zugleich dramatische Phantasie zu sein.
Und da wir gewohnt sind, das zeitlich Aufeinanderfolgende auch
als causal Auseinanderfolgendes anzusehn, so nehmen wir alles in
der epischen Phantasie zeitlich Nacheinanderauftretende auch für
causal durch einander begründet an d. h. wir lassen uns in der
epischen Darstellung auch dasjenige wie ein durch das Vorhergehende Begründetes gefallen, von dessen causalem Verhältniss zu
demselben wir keinen Begriff haben, das Wunder.

§. 605. Der Epiker erzählt später, was die zeitliche Bestimmung des Später an sich hat. Da nun in unserer gewohnten
Vorstellungsweise das Spätere für die Wirkung, das Frühere für die

Ursache gilt, so fassen wir auch das Wunder, wenn es nur später auftritt, als die Wirkung was immer für eines Ereignisses auf, wenn dieses nur früher eingetreten ist, d. h. wir lassen die Zeitfolge für den Beweis der Causalitätsfolge gelten. Die Qualität des Ereignisses, das wir als Wirkung, sowie dessen, das wir als Ursache betrachten, bleibt dabei ganz indifferent, da die epische Phantasie nur den zeitlichen Bestimmungen folgt. Das Aufeinanderfolgende und desshalb auseinander zu folgen Scheinende kann ebensogut wirklich auseinanderfolgen als nicht; die Aufeinanderfolge ist für uns hinreichender Grund, an die Auseinanderfolge zu glauben. Vom causalen Gesichtspunct aus ist daher ebensowohl Alles, was uns in der epischen Phantasie berichtet wird, Wunder, als vom zeitlichen aus nichts; denn dadurch, dass wir gewohnt sind, das Aufeinander- als ein Auseinanderfolgendes anzusehen, ist dieses selbst noch nicht erklärt; die Begründung des Nachfolgenden durch das Vorhergehende ist nur von uns hinzugedacht, an sich noch immer unbegreiflich; nicht der Inhalt des einen Gedankens treibt den des andern aus sich hervor, sondern vermöge der zeitlichen Bestimmung knüpfen wir den Inhalt des einen als Folge an den des andern Gedankens als des Grundes an.

§. 606. Dieses wird am anschaulichsten beim Gegenbild der epischen Phantasie, bei der Geschichte. Diese ordnet wahre, wie jene schöne Gedanken, nach ihren zeitlichen Bestimmungen. Das Ereigniss *B*, das in den spätern Zeitpunct *t'* fällt, wird darum auch dem Ereigniss *A*, das in den frühern *t* fällt, nachgesetzt; zugleich aber wird es auch, da es mit *A* einerseits immer verbunden und immer in einen spätern Zeitpunct als *A* eintritt, als Wirkung von *A* und dieses als dessen Ursache angesehen. Daraus entspringt eine Wissenschaft, welche nicht mehr als Geschichte ist und doch mehr sein will d. h. welche mit der Aufeinanderfolge der Ereignisse zugleich deren Auseinanderfolge erkannt zu haben glaubt, die nicht bloss erzählende, sondern auch das Erzählte zugleich begründende Wissenschaft, als Geschichte zugleich Philosophie sein will. Und dies zwar sowohl bei der göttlichen, wie bei der menschlichen und bei der Naturgeschichte, welchen zugleich Philosophie der positiven Religion, pragmatische Geschichtsschreibung und Physik als erklärende Naturwissenschaft zur Seite gehen. Der einzige Grund, auf das causale Verknüpftsein der wahren Ereignisse

zu schliessen, ist hier der rein äusserliche der Zeitfolge: das
blosse Aufeinander gilt als genügender Beweis für das uner-
klärte und unerklärliche Auseinander.

§. 607. Erfahrungswissenschaft und epische Gedankenphantasie
grenzen hart an einander. Beide halten sich streng an die zeitlichen Bestimmungen und lassen dieselben als Kennzeichen causaler
Begründung gelten. Beide erreichen daher rücksichtlich der causalen
Begründung ihrer erzählten Begebenheiten nichts mehr als blosse
Wahrscheinlichkeit: jene, dass gewisse aufeinander zu
folgen pflegende Erscheinungen auch wirklich auseinander folgen,
diese, dass sie, deren zeitliche Bestimmungen aufeinander folgen,
auch selbst auseinander folgen könnten. Die gesammte Erfahrungswissenschaft ist vom causalen Gesichtspunct angesehen, nicht mehr
als ein grosser Erklärungsversuch, Bild einer möglichen Natur,
einer möglichen Geschichte und verhält sich zur wirklichen Wissenschaft, d. i. zum Abbild der wirklichen Natur und der
wirklichen Geschichte, in welchem die zeitliche Aufeinanderfolge nur der äussere Ausdruck der causalen Auseinanderfolge
der Ereignisse ist, so wie sich die Möglichkeit und Wahr-
scheinlichkiet zur Wirklichkeit und Nothwendigkeit,
die unvollkommene Induction zur synthetisch apriorischen Deduc-
tion verhält. (Vgl. Phil. Prop. S. 56.)

§. 608. In dem Grade als die blosse Aufeinanderfolge nicht
mehr als genügend angesehen wird, die Auseinanderfolge der Ereignisse zu motiviren, geht die Form der epischen in die der dramatischen Gedankenphantasie, die blosse Erfahrungswissenschaft
in begrifflich erklärende Wissenschaft vom Scienden d. h. in
Metaphysik über. Die Geschichte der Epik wie jene der Physik
ist daher wesentlich jene der Umformung des Causalbegriffs. Je mehr
die blosse Zeitfolge, desto mehr herrscht das rein epische und das
Erfahrungselement, je mehr sich die wirkliche Begründung geltend
macht, desto mehr herrscht das dramatische und das begriffliche
(philosophische) Element vor. Phantasie und Wissenschaft zeigen
in der Gegenwart einen umgekehrten Entwicklungsgang. Während
jene im Epos der Gegenwart, im Roman, fast ganz in's dramatische,
droht diese in der Philosophie der Gegenwart, in der Erforschung
des Gegebenen, sich fast ganz in's Erfahrungselement aufzulösen.

§. 609. Jenachdem in der epischen Gedankenphantasie das Element des B e h a r r e n s in demselben Zeitpuncte, in der epischen B r e i t e (§. 567) oder das des z e i t l i c h e n F o r t s c h r i t t s in der L ä n g e n dimension vorherrscht, scheiden sich die Gegensätze der vorzugsweise m a l e n d e n und der eigentlich e r z ä h l e n d e n Epik. Jener entspricht als wissenschaftliches Gegenstück die (Natur- oder Geschichts-) S c h i l d e r u n g des in einem einzigen, dieser die (Natur- oder Geschichts-) B e s c h r e i b u n g des in einer Reihe von Zeitmomenten Geschehenden.

§. 610. Die d r a m a t i s c h e Gedankenphantasie kehrt das Verhältniss der Gedanken in der epischen dergestalt um, dass was bei dieser die Hauptsache, die zeitliche Bestimmung, bei ihr nur die Nebensache, das H i n z u k o m m e n d e , das Causalverhältniss der Gedanken dagegen in ihr das B e s t i m m e n d e ist. In der Natur des Grundes liegt es, dass die Theilgründe jeder für sich der Folge vorangehn; wie in jener der Folge, dass sie mit dem Zusammen a l l e r Theilgründe z u g l e i c h auftritt. (Vgl. Phil. Prop. S. 79.) Die zeitliche Aufeinanderfolge der Theilgründe und der Folge stellt sich daher mit dem causalen Verhältniss der Gedanken von selber ein; die z e i t l i c h e Einheit der epischen ist nur das nothwendige Con-sequens der c a u s a l e n Einheit der dramatischen Phantasie. Die V o l l k o m m e n h e i t der letztern besteht daher nicht bloss darin, dass die zeitliche Bestimmtheit, sondern dass der ganze Inhalt der einzelnen Gedanken, soweit er auf die Begründung derselben d u r c h und Abfolge a u s einander Einfluss nimmt, zu seinem vollständigen Recht komme d. h. dass nicht nur jeder einzelne bedingende wie bedingte Gedanke in gehöriger Intensität, sondern auch beide Arten in gehöriger Mannigfaltigkeit vorhanden seien, und eine solche Ord-nung herrsche, dass das Verhältniss jeder Bedingung und jedes Bedingten zum Ganzen und unter sich vollständig, übersichtlich und anschaulich erscheine. Wo der Bedingungen soviele sind, dass sie nicht mehr überschaut werden können, wie es z. B. in der wirk-lichen Natur oder in der wirklichen Geschichte stattfindet, da ver-schwindet die Form der Vollkommenheit. Die dramatische Phantasie zieht daher dieselben zusammen; wie der experimentirende Natur-forscher hebt sie gewisse Bedingungen aus allen übrigen hervor, isolirt sie und entwickelt aus diesen das Bedingte; ihr Sinn geht auf das Wesentliche und schneidet das Unwesentliche ab, auch darin „philosophischer" als die reine Geschichte, welche das der Zeit nach Vorangehende oder das Gleichzeitige ohne Rücksicht auf Wesentlichkeit oder Unwesentlichkeit einfach zusammenstellt.

§. 611. Die Einheit der dramatischen Gedankenphantasie liegt im Einklang aller Gedanken derselben als Gründe und Folgen angesehen, wie ihre Reinheit im Ausschluss aller derjenigen, welche nicht, sei es als bedingende oder bedingte, hineingehören, oder wohl gar den causalen Zusammenhang aufheben würden. Dabei wird aber vorausgesetzt, dass dieser Einklang ein natürlicher d. h. im vollendeten Vorstellen gegebener, nicht gemachter d. i. ein an die Stelle eines im vollendeten Vorstellen gegebenen Missklangs unterschobener sei. Gesetzt zwei oder mehrere Gedanken stünden im vollendeten Vorstellen betrachtet, nicht im Verhältniss des Grundes und der Folge zu einander, das Subject aber wollte, um das Missfallen an diesem Missklang zu umgehen, dieselben so denken, dass der Missklang verschwinde, so folgt, dass dasselbe diesen veränderten Inhalt nur „aus Eigenem" entlehnen d. h. aus seinem „Privatgeist," seiner Privaterfahrung, Privatmeinung, sei sie nun enger oder weiter (individuell, national oder geschichtlich) herbeiziehen und dem „Gegebenen" künstlich substituiren könne. Zugleich aber ergibt sich auch daraus, dass die auf diesem Weg entstandene Correctheit nur eine erkünstelte, nur so lange haltbar sei, als jene Unterschiebung und nur für jene Personen (Kreise), bei welchen dieselbe willkürlich oder unwillkürlich besteht, sogleich aber verschwinden müsse, wenn jene Unterstellung aufhört, und der künstlich verdeckte Causalriss dadurch nur um so auffälliger sichtbar werde. Sind die Gedanken Begebenheitsbilder, und betrifft also ihr Verhältniss als Gründe und Folgen das Verhältniss dieser Begebenheiten als Ursachen und Wirkungen, dann erscheint dieser künstlich hergestellte Causalzusammenhang als Unterschiebung von Ursachen, wo keine, oder solcher, die keine sind d. h. als die Aufhebung des natürlichen und die Herstellung eines erkünstelten Causalverhältnisses zwischen Begebenheiten d. i. als Wunder.

§. 612. Die dramatische Gedankenphantasie kennt kein anderes Wunder als die Aufhebung des Verhältnisses, in welchem der Inhalt ihrer Gedanken als Gründe und Folgen steht. Nur insofern durch ein Wunder eine solche herbeigeführt wird, schliesst sie dasselbe von sich aus. Liesse etwas, was in einer andern Beziehung immer ein Wunder heissen mag, den causalen Zusammenhang des Inhalts i h r e r Gedanken unberührt, so wäre es f ü r s i e k e i n Wunder und sie liesse es sich gefallen. Die Geistererscheinung im Hamlet mag vom naturhistorischen Standpunct angesehen, ein Wunder heissen, vom dramatischen aus ist sie keines. Sie steht mit dem ganzen Inhalt der Gedankenphantasie, welche den Hamlet ausmacht, d. i. mit dem Gesichts- und Anschauungskreise aller Personen desselben im vollkommensten c a u s a l e n Einklang. Die Geistererscheinung des Ninus in der Semiramis V o l t a i r e's aber ist nach L e s s i n g's treffender Bemerkung allerdings (nicht nur ein naturhistorisches, sondern) ein d r a m a t i s c h e s Wunder, denn sie steht mit dem ganzen Gedankenkreis des Dramas im causalen Widerspruch.

§. 613. Nur insofern das Wunder, welches die künstliche Correctheit einführt, d r a m a t i s c h e s Wunder ist d. h. den causalen Zusammenhang der Gedanken der Gedankenphantasie aufhebt, steht es daher mit der dramatischen R e i n h e i t im Widerspruch, und insofern dadurch der Einklang aller Gedanken derselben als Gründe und Folgen betrachtet, aufgehoben wird, hebt es die dramatische E i n h e i t auf. Als Grundsatz durchgeführt, allenthalben, wo der causale Zusammenhang mangelt, deos ex machina einzuführen, bringt die künstliche Correctheit jene Häufung zugleich und Mengung widerstreitender Motive hervor, von welcher Napoleons bekannte Kritik des Werther ein Beispiel geliefert hat. In der gemässigten Gestalt, welche auf ein zu Grunde liegendes „dramatisches Wunder" ein in sich consequentes System von Gründen und Folgen baut, erzeugt sie das A f t e r b i l d der dramatischen Einheit, das sich zu dieser, die auf natürlicher causaler Basis ruht, wie Manier zum Stil verhält, und dessen Verkörperungen im (individuellen, nationalen, geschichtlichen) Vorstellen die Geschichte d. i. die P h ä n o m e n o l o g i e d e s d r a m a t i s c h e n S t i l s im Gegensatz zu diesem selbst als im vollendeten Vorstellen unwandelbarem N o u m e n o n ausmachen.

§. 614. Die dramatische Einheit ist daher ganz und durchaus C a u s a l e i n h e i t. Was nicht innerhalb des Gesammtgedankenbildes

dem Inhalt nach betrachtet wirklich im Verhältniss von Grund und
Folge steht, wird von derselben schlechterdings abgewiesen. Da
die dramatische Phantasie jedoch es nicht mit wahren, sondern
mit schönen Gedanken zu thun hat, so braucht das innerhalb
des Gesammtgedankenbildes herrschende Causalverhältniss keineswegs dasselbe zu sein, welches zwischen richtigen und giltigen Begriffen herrscht, weil die Gedanken dieses Bildes selbst nicht solche
sein müssen. Wer z. B. aus dem Vorkommen des Geistes im
Hamlet schliessen zu dürfen glaubt, Shakespeare selbst sei vom
Gespensterglauben seiner und jener Zeit befangen gewesen, in
welcher er seinen Dänenprinzen auftreten lässt, thut ihm gewiss
grosses Unrecht. Die dramatische Gedankenphantasie „Hamlet" ist
nicht Shakespeare selbst, sondern ein Bild in ihm, ein Gedankenkunstwerk, das seine eigenen Gesetze und damit auch seinen eigenen
Gedanken- und Anschauungskreis in sich trägt, in welchen letzteren der Gespensterglaube so nothwendig hineingehört, wie er als
persönliche Ueberzeugung des Dichters gedacht uns unbegreiflich
sein könnte. Gesetzt aber Shakespeare hätte selbst an Geister geglaubt, so wäre dies ein geringeres Wunder, als wenn sein Hamlet
in der Zeit, in der er ihn denkt, der Sohn des Reformationszeit
alters, nicht an Geister glaubte.

§. 615. Das wissenschaftliche Gegenbild der dramatischen
Phantasie ist auch in diesem Puncte das philosophische
System. Der Denker duldet innerhalb seines wissenschaftlichen
Gedankenbau's keinen Satz, der mit den Principien desselben nicht
im Verhältniss causaler Begründung steht d. h. er duldet kein
logisches wie die dramatische Phantasie kein dramatisches Wunder.
Wie aber, was er für richtig und giltig hält, deshalb noch nicht
richtig und giltig sein, wie der causale Zusammenhang, in welchem
er seine Gedanken setzt, keineswegs derjenige sein muss, in
dem sie als richtige und giltige Begriffe wirklich stehn, so kann,
was dramatisch d. h. innerhalb der einzelnen Gedankenphantasie
kein Wunder ist, wissenschaftlich d. h. vom theoretischen Gesichtspunct betrachtet, immerhin eines sein, und Hamlet, der, wie
Shakespeare ihn zeichnet, Gespenster sehen muss, ist damit noch
kein Beleg für die „Spirits" der Geisterklopfer.

§. 616. Daraus ergibt sich ganz von selbst, dass, wo die

Gedanken der dramatischen Phantasie Bilder von Begebenheiten
sind, diese alle wie Ursache und Wirkung unter einander nach
einem gemeinsamen Gesetz verknüpft, wo es Bilder von Handlungen sind, diese gleichfalls unter einander wie Gründe und Folgen
verbunden sein müssen. Die sogenannte Einheit der Handlung im
Drama ist nur ein einzelner Fall der Causaleinheit in jeder dramatischen Phantasie. Aus dem Umstande, dass in der dramatischen
Phantasie das vorstellende Subject lediglich durch das causale Verhältniss seiner Gedanken unter einander bestimmt wird, und daher hinter dieselben zurücktritt, während die Gedanken selbst als
die einander Schiebenden, also Thätigen erscheinen, zeigt es sich,
dass dadurch über jeden einzelnen Bestandtheil des Gedankenbildes d. h. über jeden einzelnen Gedanken der Schein der Thätigkeit, also des Handelns sich ergiesst, das gesammte Gedankenbild selbst als ein Ganzes unter einander nach einem
gemeinsamen Gesetze verknüpfter Handlungen, also selbst als Handlung und zwar als eine sich in unmittelbarer Gegenwart vollzie-
hende sich darstellen muss, d. h. als Drama.

§. 617. Und zwar, welcher Art die Gedanken ihrem Was
nach auch immer sein mögen. Sind es Gedanken von Naturerscheinungen, so erscheinen sie in der Form der dramatischen Gedankenphantasie als lebendige und handelnde Natur-, sind es
Geisteserscheinungen, als ebensolche Geisteskräfte. Die epische
Folge von Naturbegebenheiten verwandelt sich in ein Natur-, die
gleiche von Geschichtsereignissen in ein Geschichtsdrama;
die todte zeitliche Auf- wird zur lebendigen causalen Auseinanderfolge. Die dramatische Phantasie beseelt Felsen und Bäume,
weckt Todte auf, die längst, und macht Gestalten lebendig, die
niemals gelebt haben, und räumt ihnen den hellen Vordergrund
der Bühne ein, indess der Dichter bescheiden hinter dem Vorhang
sich verbirgt.

§. 618. Psychologisch betrachtet geht das Subject, das sich
nur an den Inhalt seiner Gedanken als Gründe und Folgen bei
der Aufeinanderfolge derselben hält, in denselben gänzlich auf. Es
versenkt sich in den Inhalt seines gegenwärtigen Gedankens A
ganz und vollständig und verursacht als dieser den daraus
folgenden Gedanken B d. h. A füllt in jenem Moment das ganze

Bewusstsein des Geistes aus, ist der Geist und als solcher verursacht es das B, welches seinerseits im darauffolgenden Moment das ganze Bewusstsein des Geistes ausfüllt d. h. der Geist
ist. Mit Bewusstsein aber verursachen d. h. nicht nur wollen,
sondern auch erreichen heisst handeln. Das Subject handelt
also als A und bringt hervor B, welches B jedoch seinerseits
wieder das Subject, nur mit einem verschiedenen Gedankeninhalt
ist, in den es sich wie früher in A ganz und vollständig vertieft
hat. Der Erfolg der Handlung trifft daher wieder keinen andern,
als denjenigen, welcher der Handelnde war. Dass das Subject jetzt
B ist, ist die Folge davon, dass es vorher A war. Der Pfeil
springt auf den Schützen zurück: das Loos des Subjects ist die
Folge seiner That.

§. 619. In dem dramatischen Gedankenvorstellen findet daher das Eigenthümliche statt, dass das Subject, weil es sich mit
dem Inhalt seiner Gedanken gänzlich identificirt, auch die Folgen
desselben auf sich nehmen d. h. dass es von diesen auch sein Loos
empfangen muss. Das vorstellende Subject ist das Thätige und
Leidende zugleich, seine Gedanken sind zugleich seine Herren.

§. 620. Da aber zu der Begründung eines Gedankens niemals ein einzelner Gedanke hinreicht, sondern wenigstens zwei
sein müssen, so kann auch das A, dessen Vorhandensein im Subject die Ursache des Vorhandenseins von B ist, der Grund, dessen Folge B, nicht einfach, sondern muss wenigstens zweifach
sein, wie es die Prämissen des Schlusses sind d. h. das Subject
muss sich wenigstens in zwei Gedanken theilen, um durch deren
Zusammen B hervorzubringen. Das ganze Bewusstsein des Geistes
wird daher auch im Zeitmoment t nicht von einem einzigen,
sondern von mehreren Gedanken ausgefüllt, deren jeder für sich
Theil des Bewusstseins, Theilsubject und als solches selbst Bewusstsein und selbst Subject ist.

§. 621. Im Moment t ist der Geist nichts Anderes als Ursache von B d. i. That. Diese selbst setzt daher ein Mehrfaches voraus, welches nach Obigem nur ein Mehrfaches von
Bewussten d. h. von Subjecten sein kann d. h. die That des Subjects setzt ein Thätiges und ein Leidendes voraus, welches selbst
beides Subjecte sind. Da nun B, die Wirkung der That, Loos,

aber nur wieder Loos des Subjects sein kann, dieses aber in Thätiges und Leidendes gespalten ist, so muss die Wirkung der That
als Loos des Thätigen und des Leidenden erscheinen, welche sonach beide zusammen ihr Loos selbst v e r u r s a c h e n.

§. 622. That und Loos z u s a m m e n d. i. Grund und Folge
machen die d r a m a t i s c h e Handlung, das Verhältniss zwischen
That und Loos das d r a m a t i s c h e Causalverhältniss aus. Das
Subject, indem es sich ganz dem Inhalt seiner Gedanken überlässt,
spinnt sich selbst sein Loos d. h. seine Gedanken; das Theilsubject, in welches es sich als Thätiges dem Leidenden gegenüber
und umgekehrt verwandelt, empfängt davon den Theil, den es als
solches verursacht hat, als s e i n e n Theil. Die dramatische Handlung zwischen dem thätigen Theilsubject und s e i n e m, dem leidenden Theilsubject und dessen Antheil am Loose sind daher im
Grunde nur das vertheilte Innere der dramatischen Handlung zwischen dem g a n z e n Subject und seinem g a n z e n Loose.

§. 623. Psychologisch betrachtet stellt die dramatische Gedankenphantasie ein Schauspiel im Innern des Geistes dar. Dieser
spaltet sich zum Schein in mehrere Subjecte, deren jedes einer
besondern Vorstellungs- und Gedankengruppe entspricht, jedes aus
seiner specifischen Bestimmtheit heraus denkt und will, und deren
Wechselwirkung zusammengenommen eine Veränderung des Bewusstseins bewirkt, welche sich auf die verschiedenen Theilsubjecte,
die sie verursacht haben, selbst vertheilt. Die g a n z e That empfängt ihr Loos; jeder Theil der That sein Theilloos. Im Faust
z. B. als dramatische Gedankenphantasie betrachtet, sind die Gedanken, zu welchen der Dichter fortgetrieben wird, rücksichtlich des
Looses Gretchen's und Faust's sein e i g e n e s Loos, das Loos s e i -
n e r „freundlichen Gestalten“, das nach s e i n e r T h a t d. h. nach
der Art wie er sie dachte und anlegte, nicht anders fallen kann
als es fällt. Weil er sie s o am Beginn gedacht, muss er sie s o
nun am Schlusse denken; trug ihre ursprüngliche Anlage den
Todeskeim in sich, ist E r der Gestrafte, wie E r der Verschuldende
ist. Aber des Dichters Theilsubject, Gretchen, wie sein Theilsubject Faust empfangen als solche auch ihr eigenes Theilloos. Wie
seine g a n z e That, die Schöpfung des Ganzen, auch sein g a n z e s
Loos, das Geschick des Ganzen, so trägt seine Theilthat, die ein-

zelne Gestalt, auch sein Theilgeschick, ihr Theilloos an sich. Wie jeder Theilgrund am ganzen Grund, so hat jeder auch an den Folgen seinen Theil.

§. 624. Das dramatische Causalverhältniss ist die Begründung des eigenen Looses durch die eigene That. Dasselbe unterscheidet sich daher ebensowohl vom logischen, in welchem ein wahrer Gedanke durch wahre Gedanken, wie vom metaphysischen, in welchem ein wahres Geschehen durch ein anderes wahres Geschehen begründet, wie vom ästhetischen, in welchem ein Lust- oder Unlustgefühl durch blosse Betrachtung eines Formverhältnisses verursacht wird. Als That setzt es Wissen, Wollen und Handeln d. h. Absicht und Erfolg, als Loos Veränderung des ursprünglichen Zustandes, also einen neuen Zustand des Thätigen, als Begründung des Looses durch die That den Zusammenhang zwischen dem ursprünglichen und dem neuen Zustande in einer solchen Weise voraus, dass der neue Zustand als Veränderung des alten, also mit demselben theilweise identisch, theilweise nicht identisch erscheine.

§. 625. Insofern die That Absicht d. h. Wissen, Wollen und Handeln d. i. ganzen oder doch theilweisen Erfolg in sich begreift, hängt sie einerseits vom Charakter d. i. von der Uebereinstimmung zwischen Wissen und Wollen (§. 357), andererseits von den Umständen ab d. i. von der Situation des Thätigen. Insofern das Loos Veränderung des ursprünglichen Zustandes des Thätigen entweder zum Bessern oder zum Schlechtern ist, nennen wir es ein heiteres oder ein trauriges. Insofern der neue Zustand entweder ein gänzlich neuer, oder nur ein veränderter des ursprünglichen ist, nennen wir ihn ein „vom Himmel gefallenes", grundloses, oder ein begründetes Loos. Das erstere, weil es durch nichts auf den vorhergegangenen Zustand zurückweist und mit diesem nichts gemein hat, kann daher auch nicht als Folge aus diesem d. h. es kann überhaupt nicht als dramatisches Loos angesehen werden, sondern als ein „dramatisches Wunder" d. i. als die Aufhebung des dramatischen Causalzusammenhangs.

§. 626. Die dramatische Handlung setzt daher das dramatische Causalverhältniss, dieses wieder dramatische Charaktere, Situationen, heitere und traurige, in jedem Fall aber begründete und zwar, da das Loos aus der That folgt, selbstbegründete Loose voraus. Dieselbe beginnt, sobald sämmtliche Theilgründe d. h. die ganze That gegeben, schliesst, sobald sämmtliche Folgen erschöpft sind d. h. das ganze Loos erfüllt ist. Sie allein hat daher einen wahren Anfang und ein wahres Ende in der Zeit, während die epische Gedankenphantasie in jedem Puncte der Zeitlinie beginnen und in jedem schliessen kann, sobald unter den gegebenen Gedanken keiner an einen früheren und keiner an einen späteren Punct derselben geknüpft ist. Sie trägt wie der physische auf sich ruhende Körper ihren Schwerpunct in sich; sie umfasst alle ihre Voraussetzungen und alle ihre Folgen, sie ist ein nach allen Seiten hin causal abgerundetes und geschlossenes Ganzes, wie der Körper von einer nach allen Seiten hin geschlossenen Oberfläche begrenzt und mit schwerer Masse erfüllt ist.

§. 627. Wie nun die plastische Phantasie die Uebertragung des Classischen auf die körperlichen Formen, so ist die dramatische Gedankenphantasie die Uebertragung der Form des Classischen auf das dramatische Vorstellen. Das dramatische Vorstellen ist eine Art des Vorstellens überhaupt wie es das epische und das lyrische ist, aber erst durch die Annahme der Formen des Vollkommenen, Bedeutenden, Harmonischen, Correcten und harmonisch Abschliessenden wird es schönes dramatisches Vorstellen, dramatisches Gedankenschönes. Es ist eine irrige, obwohl vielverbreitete Ansicht, das dramatische Vorstellen als solches schöner zu finden als das epische und lyrische; es gibt Naturen, denen dasselbe so von Ursprung eigen ist, wie Andern in Bildern zu sprechen oder in der Zeitform Gedanken an einander zu reihen. Das Kind, das Naturvolk, das in der dritten Person von sich redet, und sich dadurch gleichsam von sich selbst ablöst, stellt in dramatischer Form vor; Verkleidungen, Mummenschanz gehören zu den gewöhnlichsten sowohl wie zu den ältesten Vergnügungsarten, aber diese dramatische Natur macht das Vorstellen nicht schön, sondern das dramatische Vorstellen soll erst durch Annahme der ästhetischen Formen zur Schönheit werden.

§. 628. Es verhält sich damit wie mit dem wissenschaftlichen Gegenbild des dramatischen Gedankenvorstellens, dem philosophischen Denken. Wie das Subject sich dort in Theilsubjecte auflöst, so thut es der seinem Nachdenken hingegebene Denker in Theilgründe, welche zusammengenommen, wie dort die ganze That, hier den ganzen Grund ausmachen, und wie dort das ganze Loos, so hier die ganze Folge, den Schlusssatz hervortreiben. Das dramatische Gedankenganze, welches dort, das Gedankensystem, welches hier entsteht, indem das dramatische Vorstellen und das logische Folgern auf eine Mehrheit verwandter Gedanken ausgedehnt und die einen als Folgen der andern angesehen werden, muss keineswegs darum jenes schön, dieses richtig und giltig d. i. wahr sein, wenn dort die Normen des ästhetischen, hier die des logischen Denkens nicht beobachtet worden sind. Erst durch die Erfüllung der ersteren wird das dramatische Gedankenganze Kunstwerk des dramatischen Vorstellens, Gedankenphantasie; erst durch die Erfüllung der letzteren, wozu auch die Anwendung richtiger und giltiger Principien gehört, der Inbegriff von Vorder- und Schlusssätzen, das Gedankensystem zum richtigen und giltigen Gedanken- d. i. zum lebendigen Wissenssystem, zum Kunstwerk des logischen Denkens. Principien und System verhalten sich wie That und Loos; der Denker, der jenen sich hingegeben hat, muss auch die Schlussfolgerung daraus als selbst verschuldetes Geschick auf sich nehmen.

§. 629. Es ist nun nicht schwer zu sagen, worin die Eigenschaften liegen werden, durch welche das dramatische Vorstellungsganze sich in eine dramatische Gedankenphantasie d. i. in ein Kunstwerk verwandle. Dieselben können keine anderen sein als die des Kunstwerks überhaupt, angewandt auf die specifische Natur des dramatischen Vorstellens. Vollkommenheit, Wahrheit, Einheit, Reinheit und harmonische Geistigkeit bringen dessen Erhöhung hervor, wie ihre Gegentheile das dramatische Vorstellungsganze zur ästhetischen Missbildung machen. Da aber das Wesen des Dramatischen in dem dramatischen Causalverhältniss zwischen That und Loos ruht, so werden alle jene Eigenschaften dieses Wesen betreffen; dort, wo dasselbe zugleich vollkommen, wahr, einheitlich, rein und in freier zugleich und harmonischer Geistigkeit hervortritt, da wird dramatisches Kunstwerk sein.

§. 630. Da das dramatische Causalverhältniss die That in

Thätiges und Leidendes zugleich auflöst, das Leidende aber, da es
eben so sehr wie das Thätige Theilursache des ganzen Looses, selbst seinerseits gleichfalls Thätiges, also auch Charakter
und in einer Situation befindlich ist, so folgt, dass, da bei der
einfachsten Annahme der Theilgründe nicht mehr als zwei, aber
wenigstens zwei sein müssen, der Charakter des Einen die Situation des Andern sein d. h. dass die Zusammenwirkung Beider
zur gemeinsamen Folge, dem ganzen Loose, zugleich die vollkommene Wechselwirkung beider auf einander sein müsse d. h.
dass sich der ganze Grund des Looses auf Charaktere und
ihre Handlungen reducire.

§. 631. Da aber zugleich das dramatische Causalverhältniss
das Loos nur auf die That zurückführt und durch dieselbe bewirkt werden lässt, so folgt, dass innerhalb der dramatischen Handlung, was nicht durch die Charaktere, überhaupt nicht begründet
sei, also gar nicht hinein gehöre, sowie auch, dass das Loos, da es
nach §. 618 nur den Thätigen trifft, nur die Charaktere selbst als
das einzige Thätige treffen könne, also alles, was nicht diese angeht, von der dramatischen Handlung abermals auszuschliessen sei.

§. 632. Die Vollkommenheit der dramatischen Gedankenphantasie kann sich demnach auf nichts Anderes als auf die
dramatischen Charaktere als die einzigen Träger der dramatischen
Handlung beziehen und dafür sorgen, dass ihrer sowohl eine
gehörige Mannigfaltigkeit vorhanden, wie auch, dass jeder einzelne möglichst intensiv entwickelt und zugleich an den Ort
gestellt sei, wo er seine specifische Eigenthümlichkeit unbeschadet derjenigen aller Uebrigen geltend machen könne. Sie hat
zugleich darauf zu achten, dass das Aristotelische „nicht zu
gross noch zu klein" festgehalten d. h. dass die Charaktere
weder durch ihre Menge, noch durch ihre Unverhältnissmässig-
keit das vollendete Vorstellen, in dem sie vom Geiste
wahrgenommen zu werden haben, um ästhetisch beurtheilt werden
zu können, unmöglich machen. Dieses würde der Fall sein, wenn
derselben so viele wären, dass sie sich einander gegenseitig ver-
wischten, oder so grosse oder so kleine, dass das Vorstellen derselben sich in ein blosses Streben vorzustellen verwandelte. Das
Göttliche ist nur wieder für Götter ein Gegenstand des vollendeten

Vorstellens. Das Charakterbild, das dem endlichen Geist erscheinen und von ihm im Verhältnisse mit andern zusammengefasst werden soll, kann nur selbst wieder ein endliches, das Theilsubject des menschlichen Geistes nur wieder ein Mensch sein. Wenn der Inhalt der dramatischen Gedankenphantasie daher Naturerscheinungen sind, so verwandelt dieselbe sie nicht nur dem Geist des dramatischen Vorstellens gemäss in lebendige und handelnde Naturkräfte, sondern der Form der Vollkommenheit gemäss gibt die menschliche Phantasie denselben auch menschliche Natur, beseelt Quellen und Bäume mit Najaden und Dryaden, Berge und Schachte mit Berggeistern und Kobolden, gestaltet die ganze Natur in ein Naturgeisterreich um und begreift die physikalischen, geologischen, chemischen, organischen Processe als ein lebendiges Naturdrama.

§. 633. Die Einheit der dramatischen Gedankenphantasie kann sich dem Wesen der dramatischen Handlung gemäss nur auf den Zusammenhang zwischen That und Loos, Grund und Folge beziehen ; sie muss daher wesentlich Causaleinheit sein. Da jedoch das Thätige nur Charaktere sind, sonach alles Loos nur durch solche erzeugt ist, so müssen dieselben und ihre Handlungen untereinander im unzerreissbaren Causalzusammenhang stehn, d. h. jede Handlung muss nicht nur aus dem Charakter desjenigen, dessen Handlung sie ist, sondern zugleich aus den Charakteren und Handlungen aller Uebrigen vollkommen begründet sein. Letzteres aber setzt nothwendig eine Verwandtschaft nicht nur der einzelnen Handlung mit dem Charakter des Einzelnen, sondern zugleich des Charakters dieses Einzelnen mit den Charakteren und Handlungen aller Uebrigen d. h. es setzt eine Familienverwandtschaft aller handelnden Charaktere voraus, die zur Erzeugung des Looses als der Gesammtfolge der Gesammtthat so unentbehrlich ist, wie das Vorhandensein desselben Terminus medius in beiden oder sämmtlichen Prämissen des Schlusssatzes. Sämmtliche Charaktere und Handlungen müssen zu einem Charakter- und Handlungsgeschlecht, wie sämmtliche Tonempfindungen eines phonetischen Kunstwerks zu einem Ton-, sämmtliche eines chromatischen zu einem Farbengeschlecht gehören (§. 489, §. 509). Shakespeare ist in diesem Punct unerreichbares Muster. Die Charakterc jedes Dramas nehmen sich bei ihm aus wie verschiedene Instrumente, die alle auf denselben Ton gestimmt sind; durch alle Personen des Lear z. B. geht ein Zug der Unbesonnenheit; selbst der redliche Kent macht davon keine Ausnahme, und Lear und Cordelia fallen schliesslich als sein Opfer.

§. 634. Die causale Einheit der dramatischen Gedankenphantasie schreibt damit den berüchtigten Einheiten des Orts und der Zeit ihre Grenzen vor. Werden die letzteren so verletzt, dass sie den causalen Zusammenhang unmöglich erscheinen lassen, so ist um des letztern Umstandes willen die dramatische Gedankenphantasie allerdings selbst gestört. Einer pedantischen Natur kann es unbegreiflich scheinen, dass Richard III. in dieser Scene noch in London, in der nächsten in Bosworth sei; einer dramatischen Natur wird es viel unbegreiflicher scheinen, wie ein dramatischer Held in zwei verschiedenen Augenblicken entgegengesetzte Entschliessungen fassen und durch seine Handlungen seinem Charakter widersprechen könne.

§. 635. Die Reinheit der dramatischen Gedankenphantasie schliesst jede Verletzung auch der künstlichen Correctheit des dramatischen Causalzusammenhangs aus. Letztere sucht auch, wo der Zusammenhang zwischen That und Loos, zwischen Charakter und Handlung, zwischen dem Einzelnen und allen Uebrigen fehlt, um das Missfallen an diesem Fehlen zu vermeiden, einen solchen künstlich herzustellen. Während z. B. im vollendeten Vorstellen das Loos aus der That nicht folgt, so ändert sie das im vollendeten Vorstellen Gegebene solange aus Eigenem, bis ein Causalzummenhang scheinbar hergestellt ist, d. h. sie fügt zu den Gründen, welche in der That vorliegen und zum Loose nicht ausreichen, aus Eigenem weitere Gründe hinzu, die also nicht aus der Natur der objectiven That, sondern aus dem Privatvorstellungskreise des (individuellen, nationalen oder geschichtlichen) dichtenden Subjectes geschöpft sind. Da aber, was in der That vorliegt, die Charaktere und nur diese sind, so kann das, was das Subject hinzufügt, nicht in diesen, sondern muss ausser denselben gelegen sein, in einer ergänzenden Mitursache des Looses, in einem Handelnden ausser den Handelnden, einem unsichtbaren neben den sichtbaren Theilgründen, dessen Wirksamkeit gerade soweit ausgedehnt wird, als der Abstand zwischen dem sichtbaren Loose und den nicht ausreichenden sichtbaren Theilgründen beträgt.

§. 636. Diese aus dem Privatvorstellungskreis des (individuellen, nationalen oder geschichtlichen) Subjects hinzugedachte unsichtbare Mitursache des Looses der Handelnden stellt daher den Causalzusammenhang zwischen That und Loos zwar her, aber n u r so lang und n u r für Diejenigen, welche jene ergänzende Ursache auch wirklich hinzudenken, also nur für ein unvollendetes, nicht aber für das vollendete Vorstellen, für welches letztere jenes Loos aus jener That n i c h t folgt. Jene ergänzende Mitursache ist daher nichts als eine vom (individuellen, nationalen oder geschichtlichen) Privatsubject aus Privatmitteln und für s e i n Privattheater arrangirte dramatische Maschinerie, ein wahrer deus ex machina, um den fehlenden und dem vollendeten Vorstellen als fehlend erkennbaren Causalzusammenhang für sich und die Seinen herzustellen, ein „dramatisches Wunder." Es entsteht nun die Frage, ob dasselbe innerhalb des gesammten Causalzusammenhangs e i n h e i t l i c h durchgeführt oder an jeder Lücke des letzteren von Neuem probirt werde, so dass die einzelnen dramatischen Wunder noch mit einander in Widerstreit kommen können. In letzterm Fall geht dem „dramatischen Machwerk" auch noch der Reiz der Consequenz ab, welchen das durchgeführte „dramatische Wunder," das A f t e r b i l d des dramatischen Stils bietet. Letzteres leitet zwar eine Handlung aus einem Charakter causal ab, aus welchem sie causal n i c h t folgen kann, aber dies einmal zugegeben, behauptet es den Zusammenhang zwischen Charakter und Handlung, That und Loos mit anerkennenswerther Consequenz, etwa wie ein falsches, aber folgerichtiges philosophisches System, das auf ein falsches Princip logisch richtige Schlüsse baut.

§. 637. Die dramatische M a n i e r in diesem Sinne bietet das Bild einer concreten d r a m a t i s c h e n S t i l v e r i r r u n g dar, deren Verkörperungen (in individuellen, nationalen oder geschichtlichen) Werken des dramatischen Gedankenvorstellens die Geschichte d. i. die P h ä n o m e n o l o g i e d e s d r a m a t i s c h e n S t i l s im Gegensatz zu diesem selbst als im vollendeten Vorstellen unwandelbaren N o u m e n o n des absoluten Causalzusammenhangs zwischen

That und Loos ausmachen. Die echte dramatische Gedankenphantasie verletzt keine dieser Manieren, weil sie auf dem im vollendeten Vorstellen g e g e b e n e n Causalzusammenhang zwischen That und Loos, Charakter und Handlung des Einzelnen und Aller unter einander beruht, und daher gar nicht in die Lage kommt, zu einem e r k ü n s t e l t e n, n i c h t gegebenen sondern g e m a c h t e n Zusammenhang, zu e r d i c h t e t e n Mitursachen zu greifen, die nur das Zeugniss d r a m a t i s c h e r A r m u t h, ein Zeichen m a n g e l - h a f t e r E r k e n n t n i s s sind, wie die Unterschiebung unrichtiger und ungiltiger an die Stelle richtiger und giltiger Principien.

§. 638. Die F r e i h e i t der dramatischen Gedankenphantasie beruht darauf, dass sie den dramatischen Causalzusammenhang, wo er nur zum S c h e i n e gegeben ist, vernichtet, wo er scheinbar n i c h t gegeben ist, herstellt d. h. das w a h r e über das s c h e i n - b a r e Causalverhältniss zwischen That und Loos triumphiren lässt. Vor dem vollendeten Vorstellen besteht auf die Länge kein un- vollendetes, also auch vor dem wahren kein unwahres, vor dem g e g e b e n e n kein g e m a c h t e s Bild des Causalverhältnisses zwischen That und Loos. Das „dramatische Wunder" muss sich zuletzt als ein solches, die Maschinerie als blosse Maschine er- weisen. Aber wie das scheinbare Abfolgen, muss sich der schein- bare Widerspruch zwischen That und Loos, zwischen Charakter und Handlung zuletzt aufheben, also nicht nur das Unbegründete, sondern auch das Begründete des Looses, wenn es bisher verbor- gen war, durch diesen Schein des Gegentheils nur um so lebhafter hervortreten. In die dramatische Handlung d. i. in das Verhältniss zwischen Loos und That wie in die dramatischen Charaktere d. h. das Wollen im Verhältniss zum Wissen, das Handeln im Verhält- niss zum Wollen kommt dadurch d r a m a t i s c h e s L e b e n, d r a m a - t i s c h e B e w e g u n g und da zuletzt das w a h r e V e r h ä l t n i s s siegreich hervortritt, der Schein einer verständigen Absicht, dasselbe sichtbar zu machen d. h. der Schein eines G e i s t e s.

§. 639. Es kommt nun auf das ursprüngliche Verhältniss an, welches auf diese Weise auffällig sichtbar wird, in welchem Lichte dieser Geist uns erscheinen soll. Ist dasselbe w i r k l i c h e r Causal- zusammenhang zwischen That und Loos, so tritt das Sichtbarmachen desselben, also des eigentlich D r a m a t i s c h e n, als Ziel und Zweck des Geistes hervor und macht ihn selbst d r a m a t i s c h. Ist es dagegen das entgegengesetzte d. h. eine Nichtbegründung des Looses durch die That, so tritt die Einschärfung dieser Nichtbegründung, also die Verleugnung des eigentlich dramatischen als Ziel und Zweck des Geistes hervor und derselbe ist daher ein durchaus u n d r a m a t i s c h e r, der böse Dämon des dramatischen Gedanken-vorstellens, der die Basis zerstört, auf welcher dasselbe sich gründet. Der Sinn des letzteren ist alsdann nichts Geringeres, als zu zeigen, dass das L o o s blosses Werk des Z u f a l l s, die voraus-gegangene T h a t nichts weniger als die Begründung desselben sei.

§. 640. Die W a h r h e i t der dramatischen Gedankenphantasie beruht auf der Treue, mit welcher das Nachbild im Vorstellen das sowohl vollkommene als einheitliche, reine und vom dramatischen Geist erfüllte Vorbild einer dramatischen Handlung wiedergibt. Da das Subject im dramatischen Vorstellen sich ganz in Theilsubjecte, in die handelnden Charaktere auflöst, so behält dasselbe nichts übrig, was störend, fördernd oder hemmend in den Causalzusammen-hang derselben einzugreifen vermöchte. Die dramatische Gedanken-phantasie ist ein Schauspiel, das der Geist v o r sich in s i c h auf-führt, und wobei er Schauspielertruppe, Schauplatz und Zuschauer-publikum zugleich ist.

§. 641. Die Eintheilung der dramatischen Gedankenphantasie erfolgt nach dem W a s, nicht nach dem W i e der dramatischen Handlung und gehört in die P o e t i k. Was immer handelnd ge-dacht werden kann, kann auch das W a s einer dramatischen Ge-dankenphantasie abgeben, welche sonach auch Begebenheiten als Handlungen darstellt, wie die epische Handlungen als Begeben-heiten. Da nun die Handlung Bewusstsein fordert, so ist das Be-wusstlose im Grunde von der dramatischen Form ausgeschlossen; es kann aber, indem ihm das Bewusstsein g e l i e h e n wird, nichts-destoweniger zum Inhalt einer Handlung gemacht werden. Götter-, Geister-, Helden-, Menschen-, Thier- und Naturbegebenheiten nehmen dramatische Form an. Die Mythologie der alten und der neuen Götter, die Naturauffassung der ältern und neuern Völker, ja jedes Einzelnen im Kindesalter, das wirkliche Leben und Zusammen-wirken der geschichtlichen Menschen bilden ein grosses Götter-, Natur- und Geschichtsdrama.

§. 642. Durch die Herrschaft des Causalgesetzes steht die dramatische Gedankenphantasie dem Abbilde des wirklichen, dadurch, dass ihr Gegenstand die Begründung des Looses durch die That ist, dem praktischen Leben am nächsten. Mit jenem berührt sie sich, wie es der plastische Körper mit dem physischen, mit diesem, wie es der schöne mit dem verwendbaren thut. Wie die plastische Phantasie hart an das Nützliche, so streift die dramatische nah an das Sittliche. Wie es bei der schönen Körperform fast unmöglich ist, sich des Gedankens an den eingeschlossenen Körperinhalt und dessen statische Schwere, so ist es bei der Begründung des Looses durch die That fast unmöglich, sich des Gedankens an die Vergeltung der That durch das Loos zu erwehren. Und doch hat die letztere mit der erstern nicht mehr, als die specifische Schwere des Körpers ihrerseits mit dessen ästhetischer Form zu schaffen. Die dramatische Begründung des Looses durch die That ist theoretisch d. i. metaphysisch, nicht ästhetisch d. i. ethisch: die Vergeltung der That durch das Loos ist ästhetisch, nicht theoretisch. Die unvergoltene That ist missfällig; aber dabei bleibt es. Die dramatische That mag ästhetisch gleichgiltig sein, aber sie bringt ihr Loos hervor. Der Moralist, der Vergeltung anstrebt, hat ein ganz anderes Ziel im Auge, als der Dramatiker, der nur Verursachung will. Das Drama als solches ist keine Besserungsanstalt, kein „moralisches Correctionshaus;" wenn es Vergeltung lehrt, so thut es dies ohne es zu wissen, und der blosse Dramatiker auch ohne es zu wollen.

§. 643. Wie die epische Gedankenphantasie die Uebertragung der Form des Classischen auf das epische, so ist die dramatische die des Classischen auf das dramatische Gedankenvorstellen. Die Missbildungen derselben gehen daher nur diese Form, nicht das dramatische Gedankenvorstellen als solches an. Ein Vorstellen, bei welchem das dichtende Privatsubject hinter seinen Gedanken immer wieder durchguckt, ist nicht einmal dramatisch, geschweige denn dramatisch schön. Die dramatische Unvollkommenheit zeigt sich in der Häufung überflüssiger, wie in dem Weglassen nothwendiger Charaktere und Charakterzüge, in der Eintönigkeit, die nicht mit der Familienähnlichkeit verwechselt werden darf, welche die Einheit fordert, der Charaktere und Handlungen, dem Mangel an Ordnung, der den Charakter, seine Züge und Handlungen an den unrechten Ort und dadurch in falsches Licht rückt, endlich in der Ungeheuerlichkeit oder Kleinlichkeit der Personen und Thaten, in dem unrichtigen C h a r a k t e r m a s s, das dem Ganzen zu Grunde liegt. Der M a n g e l a n E i n h e i t tritt hervor in der Zerrissenheit der Handlung, in der Lockerheit der Motivirung der einzelnen Action durch den ganzen Menschen, des Einzelnen durch alle Uebrigen, in der Abwesenheit einer gemeinschaftlichen Denk-, Willens- und Handlungsatmosphäre, die dem ganzen einen gemeinsamen Duft, wie der Farbenton dem Bilde, die Klangfarbe dem Tonstück wie der Landschaft Luft und Licht gibt. Der M a n g e l an R e i n h e i t in erkünstelter, unwahrer Motivirung, willkürlicher Zusammenwürfelung, äusserlichem statt innerlichem Zusammenhalt der Handlung, in Göttermaschinerien und jeder Art künstlicher Hilfen, die wohl das a u s s e r, aber nicht das i n den handelnden Personen befindliche Subject erdenken konnte. Der Mangel an d r a m a t i s c h e m G e i s t endlich äussert sich in der Herrschaft des Z u f a l l s, welcher das Loos ohne Beziehung auf die That blosser Willkür preisgibt und damit das Dramatische selbst, den Causalzusammenhang zwischen That nud Loos vernichtet.

§. 644. Alle Missbildungen der Art, da sie aus u n v o l l e n d e t e m Vorstellen, wie die Formen des Classischen aus vollendetem Vorstellen entspringen, bezeichnen wir mit §. 216 als r o m a n - t i s c h e D r a m a t i k, Missbildungen, welche aus einem nicht einmal zum Dramatischen gediehenen Vorstellen hervorgehen, aber als U n d r a m a t i k. Die romantische Dramatik sucht ihre Formenmängel womöglich durch stoffliche Reize des Inhalts, wie durch die subjectiven Erregungen, welche die dramatische Form selbst veranlasst, zu verhüllen. Zu den letztern gehört vor allem der Reiz der absoluten Willkür und Zufallsherrschaft, der souveränen Freiheit, mit welcher das Subject, ohne sich an den Inhalt seiner dramatischen Gedanken d. h. der Charaktere und Thaten zu binden, das Loos derselben beliebig wählt, um über die Einen ebenso grundlos grenzenloses Glück, als über die Andern grenzenloses Wehe auszugiessen, d. h. die Lust des despotischen Subjects, G n a d e n a u s z u t h e i l e n und Martern zu verhängen, w a n n, w o und w e i l es ihm beliebt.

Diese Stimmung des Subjects, welche nur in der gänzlichen Abwesenheit alles c a u s a l e n Zusammenhangsbewusstseins d. h.
in der rein lyrischen Ecstase ihre Entschuldigung finden kann, erscheint, wo die letztere fehlt, als bewusstes und freiwilliges Ver-
höhnen und Aufgeben des Causalgesetzes und damit des Verstandes,
also als Feindschaft gegen den Verstand, und insofern die Begründung des Looses durch die That an die Vergeltung der That
durch das Loos, der causale an den sittlichen Standpunct erinnert
(§. 642), auch als H a s s und V e r a c h t u n g gegen diesen. Dieselbe kommt daher mit dem bloss ästhetischen Vorstellen, welches
sich an die Wahrheit oder Falschheit seiner Gedanken nicht kehrt,
insofern überein, als auch sie sich um die Begründung des Looses
durch die That nicht kümmert, aber sie geht in offene Feindschaft
und Widerspruch selbst über, weil sie zugleich die Basis des Dramatischen vernichtet und doch dramatisch sein und heissen will,
also nicht sein will, was sie ist, und sein, was sie nicht ist.

§. 643. Zu den stofflichen Reizen der Handlung rechnen wir
diejenigen, welche diese selbst, abgesehen von ihrer Verknüpfung
von That und Loos ausübt, und zwar ebenso nach der Seite der
T h a t, die entweder ihrer Quantität nach wohlgefällig oder missfällig, ihrer Qualität nach lobens- oder tadelnswerth sein kann,
wie nach jener des L o o s e s, das beweinens- oder belachenswerth
erscheint, wenn man die f i x e n, oder das bald das eine bald das
andere ist, wenn man die v a g e n Gefühle ins Auge fasst, welche
dasselbe durch z u f ä l l i g e s Verknüpftsein mit (individuellen, nationalen, geschichtlichen) Nebenvorstellungen bei Diesem oder Jenem
hervorruft. Dort ist es die T h a t, die uns Interesse einflösst, sei
es um der Ziele willen, welche sie sich gesetzt, sei es um der
Motive willen, aus welchen sie hervorgegangen, sei es um der Energie willen, womit sie ausgeführt ist; hier ist es das L o o s, das
uns r ü h r t, freudig, wenn es unserem Wunsche gemäss, traurig,
wenn es ihm entgegen ist. Und das traurige Loos, das wir auch
f ü r u n s zu f ü r c h t e n Ursache haben, berührt uns in Mitleid
und Furcht am heftigsten, sowie das heitere, das wir verstehen,
das wir auch f ü r u n s h o f f e n können, uns am freudigsten bewegt;
während wir dort, wo uns die That weder an sich besonderes
Interesse, noch das Loos erhebliche Theilnahme einflösst, am meisten

geneigt sind, der abstracten Causalverknüpfung zwischen That und Loos als solcher unsere Aufmerksamkeit zu schenken. Die vagen Gefühle, welche durch die zufällige Verknüpfung der Handlung mit Nebenvorstellungen entstehen, sind unberechenbar, und wir heben unter den individuellen nur diejenigen hervor, die aus der anschaulichen Vorstellung solcher Handlung entstehen, die mit unsern eigenen Erlebnissen, solcher Charaktere, die mit unserem eigenen oder uns bekannten Aehnlichkeit haben. Namentlich in der Komödie beruht das Vergnügen oder das Missvergnügen, das sie uns verschafft, gar häufig auf derlei zufälligen Nebenumständen. Moliere's „Mr. le président ne veut pas, qu'on le joue" entschied über den Erfolg des Tartüffe. Aristophanes errang mit der Darstellung Kleon's seinen grössten Triumph. Das Volksstück politisch bewegter Völker nahm selbst politische Tendenzen an; das beste deutsche Lustspiel, die Minna von Barnhelm, spiegelt das Deutschland des siebenjährigen Krieges; die moderne französische Comödie bewegt sich in der unmittelbaren Gegenwart. Die Nation, das Zeitalter wollen sich selbst, ihre Umgebung, ihre Vorfahren, ihre Freunde und Feinde, Parteistreite und Ansichten auf der Bühne erblicken; beide wollen verspotten, beweinen, belachen, verehren, hassen, bewundern, verabscheuen auf der Bühne wie im Leben, kurz an allen Seiten ihres Vorstellungskreises berührt, angeregt, zu Gefühlen und Begehrungen aller Art dramatisch gekitzelt werden. Alle diese stofflichen Reize und subjectiven Erregungen sind, da die Form stets am Stoffe erscheinen muss, dieser aber seine eigenen Nebengefühle und Nebenvorstellungen mitführt, ebenso unvermeidlich, als ihre Gegenwart für das reine Form- als einziges wahres Kunstinteresse gefährlich, und, wo sie über das unumgänglich Nothwendige hinausgeht, verderblich ist, weil sie dazu führt, den Stoff auf Kosten der Form, das unvollendete auf Kosten des vollendeten Vorstellens, das Gefühl und das Begehren auf jene des ästhetischen Urtheils zu begünstigen.

§. 646. Wie dem ästhetischen der wahre Gedanke, so steht der Gedankenphantasie, dem ästhetischen Ganzen ästhetischer, das Erkenntnisssystem, das logische Ganze wahrer Gedanken zur Seite. Während bei jener das ästhetische das Haupt-, das logische Verhältniss der Gedanken das Nebenband, macht bei diesem umgekehrt das letztere das Hauptband unter denselben aus, welches im Fall seiner Abwesenheit durch jedes anders beschaffene nur sehr unvollkommen ersetzt werden kann, im Fall seiner Anwesenheit dagegen durch jedes hinzukommende andere nur überflüssig vermehrt wird. Nimmt man bei der Aufeinanderfolge der Gedanken auf ihren Inhalt als solchen keine Rücksicht, so kann der Grund derselben nur in dem verbindenden Subject selbst liegen, welches mit diesen verfährt, wie es ihm beliebt, also w i l l k ü r l i c h, dasjenige z. B. voranstellt, was seinem Inhalt nach nachfolgen sollte und umgekehrt, sich also auch nicht durch die Rücksicht auf wirkliche Wahrheit oder Falschheit der Gedanken bestimmen, sondern einen Gedanken wie den andern beliebig als wahr oder als falsch gelten lässt, wie es ihm eben bequem ist, mit einem Wort: f a s e l t. Ein solches Gedankenganzes drängt daher den Gedanken eine Reihenfolge auf, welche nicht die ihnen gebührende, deren Grund nur in der Willkür des Subjects, in seinen p e r s ö n l i c h e n Z w e c k e n gelegen ist, bildet ein nur subjectiv giltiges G e d a n k e n g e w e b e, eine M e i n u n g, welches, wenn es mit dem Anspruch auftritt, mehr als ein solches d. h. objectiv giltig, W i s s e n s c h a f t zu sein, ein s o p h i s t i s c h e s S y s t e m heisst.

§. 647. Dasselbe hat mit der lyrischen Gedankenphantasie gemein, dass beide auf die zeitlichen sowohl als causalen Bestimmungen des Gedankeninhalts bei dessen Verknüpfung keine Rücksicht nehmen, also insofern beide „faseln," unterscheidet sich aber von letzterer dadurch, dass diese nur „Phantasie" d. i. s c h ö n e r, die Meinung aber „Wissen" d. i. w a h r e r Gedanke entweder s e i n oder wenigstens s c h e i n e n d. i. von sich oder von Andern dafür gehalten sein will. Zu diesem Zweck nimmt die letztere den Schein an, als liesse sie sich in der That durch den Inhalt ihrer Gedanken leiten; während im Grunde sie es ist, welche den Inhalt ihrer Gedanken nach Willkür bestimmt. Und da dasjenige, was den logischen Normen widerspricht, weder wahr s e i n, noch auch wahr s c h e i n e n kann, so nimmt sie entweder den Schein an, als seien ihre Gedankenverknüpfungen den logischen Normen gemäss, oder sie folgert aus unwahren Vordersätzen auf formell richtige Weise unwahre Schlusssätze, oder sie bestreitet die Giltigkeit der logischen Normen selbst und setzt andere an deren Stelle, denen zufolge,

wenn sie selbst zulässig, auch ihre sophistischen Gedankenverknüpfungen erlaubt oder sogar nothwendig wären.

§. 648. Dieser sophistischen „Gedankenfaselei," die sich zur
lyrischen Gedankenphantasic wie Prosa zur Poesie verhält, steht
die historische Gedankenauf- und die philosophische Gedanken-
auseinanderfolge wie epische und dramatische Gedankenphantasic der lyrischen gegenüber. Geschichtlicher wie philosophischer Gedankengang halten sich an den Inhalt der wahren
oder für wahrgehaltenen Gedanken, jener an dessen zeitliche,
dieser an dessen Causalbestimmungen. Beide lassen die Sache
selbst reden, während der „Fasler" sich reden macht. Beide verknüpfen die Gedanken ihrem natürlichen, der Sophist einem
aufgezwungenen Zusammenhang gemäss, und stellen dem
künstlichen Gedankengespinnst des Letztern das geschichtliche
und das philosophisch nothwendige Gedankensystem
entgegen.

II. Die zusammengesetzten Kunstwerke.

§. 649. Die bisher betrachteten Arten der Phantasie sind
einfache Kunstwerke des Vorstellens d. h. ihr Stoff ist durchaus
homogener Art. Es sind entweder wie bei der Simultan- durchaus simultane, oder wie bei der successiven Phantasie durchaus
successive Verhältnisse; das Schöne ist entweder Formen- oder
Empfindungs- oder Gedankenschönes und daraus ergeben sich nacheinander die metrische, lineare, planare und plastische
einer-, die rhythmische, luminare, chromatische, modulatorische, phonetische und Gedankenphantasie
andererseits. Da es nach §. 69 zu den ersten Bedingungen des
ästhetischen Verhältnisses gehört, dass dessen Glieder vergleichbar seien, so lassen sich die Glieder der genannten Arten unter
einander nicht mischen, sondern höchstens mengen d. h. sich
wohl in ein Ganzes vereinigen, aber so, dass immer die Glieder
derselben Art ein Solches unter einander ausmachen. Und zwar
wird das letztere um so leichter angehen, je verwandter die übrigens heterogenen unter höhern Gesichtspuncten angesehen sind
und daher unter diesen verträglich erscheinen.

§. 650. Ein solcher höherer Gesichtspunct ist für alle Arten des simultanen Vorstellens die Simultaneität, für alle des successiven die Succession der Verhältnissglieder, für simultanes und successives Vorstellen zusammen die Messbarkeit. Die metrische Phantasie mit der linearen vereinigt gibt die architectonische, alle drei Arten der simultanen Phantasie mit der metrischen zusammen geben die eigentliche bildnerische Phantasie. Von den Empfindungsphantasien verträgt sich die vorzugsweise simultan auffassende des Gesichtempfindens, die luminare und chromatische am besten mit jeder Art der simultanen so wie mit der Vereinigung aller zusammengenommen, wodurch dieselbe zur malerischen wird. Die vorzugsweise successiv auffassende des Gehörempfindens dagegen, die modulatorische sowohl als die phonetische, vereinigen sich mit der rhythmischen zur musikalischen, die nur successive des Gedankenvorstellens mit der rhythmischen, modulatorischen und phonetischen zur poetischen Phantasie.

§. 651. Unvereinbar sind nur jene zwei, in welchen dieselben leeren Stellen des Vorstellens durch zweierlei einander disparate Vorstellungsarten müssten ausgefüllt werden, also die malerische und die poetische, die musikalische und die poetische Phantasie. Bei der erstern sind die leeren Stellen der Raumform bereits durch Gesichtsempfindungen ausgefüllt und können es daher nicht nochmals durch Gedanken werden; bei den letzteren sind es die leeren der Zeitform durch Gehörsempfindungen und können daher nicht nochmals bestimmten Vorstellungen Platz gewähren. Das simultane leere Formvorstellen kann in die Zwischenräume wohl Farbenempfindungen, das successive leere rhythmische Vorstellen wohl Musikalisches oder Poetisches, aber nicht beides zugleich so aufnehmen, dass jedes seine selbstständige Geltung behaupte und sich mit andern seiner Art zu einem ästhetischen Ganzen zusammenschliesse. Entweder das Eine oder das Andere, die Gesichtsempfindung oder der Gedanke, das Musikalische oder das Poetische müsste dann zum blossen Medium, zum Stellvertreter des Andern herabsinken d. h. Zeichen werden statt selbst Bezeichnungswerthes zu sein.

§. 652. Man könnte nun fragen, ob sich die bildnerische,

bei welcher die leere Raumform weder durch Empfindungen noch durch Gedanken ausgefüllt ist, sowohl mit der musikalischen als poetischen Phantasie vertrage? Der Vereinigung steht in beiden Fällen die Heterogenität des simultanen und successiven Vorstellens entgegen. Dieselbe lässt sich zwar künstlich dadurch überwinden, dass die simultane selbst in eine successive Form verwandelt d. h. dass die zugleichseiende Form nach einander vorgestellt wird, als entstehende oder aus einer in die andere übergehende Form, etwa wie die sogenannten Nebelbilder oder wie die Antiken des Belvederes, wenn sie nach Goethe's Vorschlag mit Fackeln flackernd beleuchtet oder mit im raschen Wechsel geschlossenen und wieder geöffneten Augen betrachtet werden. Jedoch bleibt in allen diesen Fällen ein reines Gesichtsempfindungselement übrig, da wir weder Lineares ohne eingeschlossene Ebene, noch körperliche Flächenform ohne wechselnde Beleuchtung vorzustellen gewohnt sind, Achromatismus keineswegs mit Licht und Schattenlosigkeit identisch ist. Im Allgemeinen lässt sich aber hier schon bemerken, dass sich zur poetischen oder musikalischen Illustration die Randzeichnung, die schattirte Arabeske, die farblose Plastik besser schickt, als das Gemälde, die illuminirte Miniatur oder die bunte Majolica. Das volle Malerische mit dem vollen Poetischen oder Musikalischen vertragen sich nicht untereinander; zum mindesten wird die Farbe gedämpft, die das Gedicht, der Ton, der das Gemälde begleiten soll.

§. 653. Daher ist auch das Phonetische des Poetischen ein ganz anderes als das des Musikalischen. Hier ist es selbst das Letzte, dort hat es am Gedanken, dessen Zeichen (als Wort) es ist, noch einen weiteren Hintergrund. Das Phonetische der Musik beansprucht selbstständige, das der Poesie nur dem Gedanken sich unterordnende Geltung. Zwar ist es nicht bloss Zeichen, ja vielmehr, da hier bloss von der Erscheinung des Geistes für sich, noch nicht von jener für Andere die Rede ist, es ist noch gar nicht Mittheilungszeichen, es lässt sich als blosser Klang, Laut betrachten; die phonetische Phantasie, die sich mit der Gedankenphantasie zur poetischen verbindet, tritt als Klangphantasie auf, welche die leeren Zeitabschnitte der rhythmischen Form ausfüllt. Dennoch, weil die Gedankenphantasie dieselben Zeitabschnitte

gleichfalls, aber mit Gedanken erfüllt, frägt es sich, ob die Klang-
vorstellung dem Gedanken, oder dieser jener Platz zu machen habe.
Die Antwort kann nicht zweifelhaft sein; Poesie, in welcher der
Gedanke dem Klange weicht, ist „Klingklang"; solche aber, in
welcher das Phonetische zum blossen gleichgiltigen Lautzeichen
erniedert ist und für sich gar keine eigenthümliche Schönheit besitzt, „unmusikalisch". Es gehören eben alle drei Elemente, das
Gedanken-, das phonetische und das rhythmische Element dazu,
um das Poetische vollständig zu machen. Wie das Musikalische,
ist es für das Gehör bestimmt; der Rhapsode erst macht das Gedicht lebendig, wie der Virtuos das Tonwerk; der Dichter hört
seine poetische, wie der Componist seine Tonschöpfung. Darin
liegt der Vortheil, welchen „musikalische" d. i. Sprachen, in denen das phonetische Element selbstständige Schönheit besitzt, vor
unmusikalischen, die romanischen Sprachen vor den germanischen,
die älteren Formen der deutschen Mundart vor den jüngeren voraus haben. Gesellt sich dazu überdiess eine modulatorische Schönheit, für welche gleichfalls die südlichen, sowie überhaupt die der
Natur näher stehenden Völker mehr Neigung und Sinn besitzen,
als die nördlichen, die modernen und die mehr civilisirten, so
wird begreiflich, dass das Poetische bei musikalischen und modulatorischen Völkern mehr nach der phonetischen Seite neigt, oder
diese wenigstens werth hält, während bei unmusikalischen und
unmodulirten Nationalsprachen das Gedankenelement desto stärker
in den Vordergrund tritt, überhaupt dort mehr um des Klanges,
hier um des Sinnes willen (Klinggedicht und Sinngedicht) ge-
dichtet wird.

§. 654. Daher kann eine Richtung, welche auch im Musikalischen auf den Gedanken im poetischen Sinne des Worts hin-
arbeitet, nicht anders als dem Phonetischen d. i. dem Musikalischen
der Musik Schaden bringen. Die Gedanken zwar wohnen „leicht",
Gedanke und Ton aber schwer beisammen. Es gibt da eine Ehe,
in welcher entweder der Ton oder der Gedanke unter dem Pan-
toffel steht. Wenn der Gedanke nicht zum Zeichen des Tons, so
sinkt nothwendig der Ton zum Zeichen des Gedankens herab.
Das erstere hat nur dann Sinn, wenn man z. B. wie es die Minne-
und Meistersängerschule that, das Volkslied (die „G'stanzl'n" der

Alpenbewohner) und die italienische Oper noch heute thut, beliebige Texte auf eine und dieselbe Melodie dichtet. Der Text ist hier für die Musik und diese für den Text gleichgiltig; was sie verbindet, ist die gemeinsame rhythmische Form, welche beiden in gleichem Zeitmass mit einander fortzuschreiten gestattet. Das letztere aber hebt die selbstständige Schönheit des Tons ganz auf und führt folgerichtig zum blossen Sprechen. Consequenterweise herrscht daher in jener Richtung die Arie, die sich bis zur blossen Solfeggio (Ton ohne Wort) steigert, hier das Recitativ, das bis zum blossen parlando (Wort ohne Ton) herabsteigt, vor. Beides ist überdiess schon V e r b i n d u n g des Musikalischen m i t dem Gedanken, nicht E r s a t z des Poetischen d u r c h das Phonetische. Letzteres ist schon deshalb vollkommen undenkbar, weil das Phonetische eben blosse (Ton-) E m p f i n d u n g, das Poetische dagegen G e d a n k e n v o r s t e l l u n g (ästhetische Anschauung, Wahrnehmungsbild, auf Objecte bezogene Vorstellung) ist.

§. 655. Nur eine falsche Psychologie, welche E m p f i n d u n g (d. i. Sinnesperception) mit G e f ü h l, d. h. einen psychischen Zustand, welcher dem Vorstellen a n g e h ö r t, mit einem solchen verwechselt, der dasselbe v o r a u s s e t z t, konnte dahinführen, durch Töne Gefühle, wie durch Worte Vorstellungen ausdrücken zu wollen, und daher auf die Meinung gerathen lassen, dass, weil sich Gefühle an Vorstellungen knüpfen, auch mittels der Töne, welche jene ausdrücken, diese sich aussprechen lassen müssten. Wem es klar ist, dass auch Empfindungen Vorstellungen, aber eine ganz a n d e r e Art derselben als die eigentlichen Gedanken, dass die musikalischen z. B. eben reine T o n e m p f i n d u n g e n seien, wird es aufgeben, eine A r t durch die a n d e r e, wie einen Neger durch einen Weissen vertreten zu lassen.

§. 656. Soll nun aber darum, weil das Phonetische nie den Gedanken ersetzen kann, deshalb die Musik ein blosses „Spiel mit Tonformen" sein, wie man sich ausgedrückt hat? Vor allem ist zu erinnern, dass das Musikalische nicht im Phonetischen allein, sondern in der Verbindung desselben mit dem R h y t h m i s c h e n und dem M o d u l a t o r i s c h e n besteht. Beide letzteren bilden das verknüpfende Band des Musikalischen mit Vorstellungsreihen, denen es als bloss Phonetisches fernbleiben müsste. Vage und fixe

Gefühle, Begehrungen, Affecte und Leidenschaften, Gemüthsstim-
mungen und Bewegungen, die als solche sämmtlich auf dem Vor-
stellungsverlauf beruhen, zeigen nicht nur gewisse Intensitätsgrade,
sondern auch rhythmische Verhältnisse ihres Abflusses, ein An-
und Absteigen, regelmässige oder unregelmässige Beschleunigung
oder Verlangsamung, Ebbe und Fluth, ruhiges Dahinwallen und
hastiges Unterbrechen, allmäliges Anwachsen und augenblickliches
Abbrechen, sowie plötzliches Hervortreten und schmachtendes Aus-
klingen u. s. w. Das Rhythmische und Modulatorische dieses psychischen Vorstellungslebens ist es, was die Musik sich anzueignen
und mit dem Phonetischen zu verbinden vermag, wodurch ihr zugleich die Möglichkeit geboten ist, das Psychische darzustellen,
„soweit es eben in blossen Formen des Fliessens" d. i. in Bewe-
gungsformen sich äussert. Die Vorstellungen selbst aber, welche
im Flusse d. i. im Wie sich befinden, das Was des psychischen
Gedankenlebens vermag die Musik als solche niemals wiederzugeben.

§. 637. Die bloss bildnerische d. i. achromatisch bildende Phantasie vermag sich mit der malerischen, welche zu
der körperlichen Form die Farbe, die bloss poetische d. i. nur
sprechende, nicht musikalisch tönende (articulirt, nicht unarticulirt
schallende, den Ton zum Zeichen des Gedankens herabsetzende)
Phantasie mit der bloss musikalischen zu verbinden, zur
chromatisch-plastischen und musikalisch-poetischen
Phantasie, wie sie das gemalte Bau- und Bildhauerwerk (der po-
lychrome Tempel, das pompejanische Wohnhaus, die ausgemalte
Kirche, Halle, Palast u. s. w.), das gesungene oder von Musik
begleitete recitirte Wort repräsentirt. Beide verbinden nur homogenes Schönes; aber die chromatisch-plastische Phantasie ist
insofern begünstigt, als das chromatische Empfinden den Platz
in dem bildnerischen Formvorstellen unbesetzt, das musikalische
Empfinden jedoch denselben entweder schon durch den Gedanken, oder dieser ihn durch den Ton besetzt antrifft. Jene daher
ist durch nichts, in dieser aber ist immer das Eine durch das
gleichzeitige Andere gehindert. Daher ist beim musikalisch-poetischen Kunstwerk (dem Wortgesang, Lied) der Vortrag d. h.
das Rhythmisch-Modulatorische von solcher Wichtigkeit und tritt

das rein Phonetische der S t i m m e dagegen zurück, weil jenes
(das Rhythmisch-Modulatorische) das E i n i g e n d e des Poetischen
und Musikalischen, dieses dagegen (das rein Phonetische) das
T r e n n e n d e beider ausmacht. Daher kann uns in der Arie die
schöne Stimme eher den mangelnden Vortrag, als jene diesen im
Recitativ oder im L i e d e ersetzen, die beide nicht wie die Arie
das Wort über den Ton herunter, sondern hinauf setzen.

§. 658. Die chromatisch - plastische mit der rhythmischen
vereint gibt die T a n z p h a n t a s i e, zu der sich die c h o r e o -
g r a p h i s c h e verhält, wie die metrisch - lineare d. i. die a r c h i -
t e c t o n i s c h e zur c h r o m a t i s c h - b i l d n e r i s c h e n. In der
Regel ist die chromatisch-plastische Form, die in rhythmischer
Bewegung gedacht wird, die menschliche; man hat aber treffend
auch von einem „Tanz der Sphären" gesprochen. Wesentlich ist
nur, dass die aufeinanderfolgenden chromatisch-plastischen Formen
schön und ihre Aufeinanderfolge selbst ein rhythmisches Kunstwerk sei. Das Chromatische ist hier wesentlich, bunte Kleider,
Blumen und Schmuck; den „steinernen" Gast möchten wir so
wenig tanzen sehen als blut- und farblose Gespenster. Der Tanz
gehört daher der Jugend, deren Teint noch frisch, oder der Baja-
dere, deren Wange geschminkt ist. In der T a n z m u s i k ist das
phonetische Element eigentlich überflüssig, da das rhythmische genügt; man kann zu jedem Instrument tanzen, zum Tambourin und
zur Castagnette, auch zu gar keinem, indem man bloss mit dem
Fuss oder der Hand oder nur in Gedanken den Rhythmus markirt.
Noch überflüssiger ist das Gedankenelement im T a n z g e d i c h t,
oder im musikalisch-poetischen T a n z l i e d e, welche nur durch
das rhythmische Element wie die Tanzmusik mit dem Tanze zu-
sammenhängen.

§. 659. Die chromatisch-plastische mit der musikalischen
oder der poetischen oder musikalisch-poetischen Phantasie vereint,
hängt mit diesen, wie mit der rhythmischen bei der Tanzphantasie
durch die dem simultanen und successiven gemeinsame m e t r i s c h e
Phantasie zusammen. In Verbindung mit der ersten gibt sie, jenachdem das chromatisch-plastische oder das musikalische Element die
Oberhand hat, entweder Tanz mit Musik- oder Musik mit Tanzbeglei-
tung. Im zweiten Fall, jenachdem das chromatisch-plastische oder

das poetische Element überwiegt, entweder Attitnden (Lady H a-
m i l t o n; Ida B r u n), lebende Tableaux, Gemälde mit begleitendem
Gedicht, oder Dichtung mit begleitenden bildnerischen Darstellungen. Im Dritten endlich herrscht entweder das chromatisch - plastische oder das musikalische oder das poetische Element vor d. h.
es sind entweder Bilder mit Gesang, oder Musik mit Tableaux
und verbindendem Gedicht, oder Dichtung mit begleitender Musik
und chromatisch - platischer Darstellung.

§. 660. Die poetische Phantasie, die sich hiebei mit der
chromatisch-plastischen verbindet, kann nun entweder lyrische,
epische oder dramatische sein d. h. die chromatisch-plastischen
Formen, welche in rhythmischer Aufeinanderfolge das Gedicht begleiten, können sich unter einander sowie die lyrischen, oder wie
die epischen oder wie die dramatischen Gedanken verhalten. Geschieht das Erste, so herrscht blosse B i l d-, geschieht das Zweite,
blosse Z e i t-, geschieht das Dritte, C a u s a l e i n h e i t zwischen denselben. Im ersten Fall treten sie bloss n a c h e i n a n d e r auf; im
zweiten folgen sie a u f-, im dritten folgen sie a u s e i n a n d e r; ein
Tableaux e r z e u g t das nächstfolgende; die chromatisch-plastische
Form selbst tritt als h a n d e l n d auf; der Schein des Lebens, der
Bewegung ist über sie ausgegossen ; die aufeinanderfolgenden Formen
verhalten sich wie T h a t und L o o s, wie Ursache und Wirkung;
jede folgende Stellung ist die Consequenz der frühern. Da nun
nach §. 570 der Grund stets ein Vielfaches sein muss, so folgt,
dass der bewirkenden Formen, welche als Ursachen der folgenden
erscheinen, stets mehrere, zum wenigsten zwei sein, dass aber die
eine ebenso gut die Bedingung der andern, wie diese der ersten
d. h. dass sämmtliche gleichzeitige chromatisch-plastische Gestalten
in Wechselwirkung stehen müssen, um die aus ihnen folgenden
hervorzurufen. Es besteht also die t h e a t r a l i s c h e Handlung aus
That und Loos wie die dramatische; die theatralische That d. i. die
Scene setzt Thätiges und Leidendes, Schauspieler und Umgebung, wie
die dramatische Charaktere und Situationen voraus, und wie dort
das Leidende selbst wieder ein Thätiges, die Situation selbst nur
der Charakter des oder der Andern ist, so ist hier jeder Schauspieler
in seiner Stellung, Geberde, äusseren Erscheinung durch den ihm
Gegenüberstehenden d. h. durch den oder die anderen Schauspieler

bedingt, und die folgende Stellung darf nichts, was nicht, aber sie muss zugleich Alles enthalten, was in dem vorausgehenden Zusammen der Beiden oder Mehreren wie die Folge im Grunde enthalten ist.

§. 661. Diese Verbindung der chromatisch-plastischen mit der dramatischen ist die theatralische Phantasie. Als solche sieht und hört der Theaterdichter im Geiste sein Werk zugleich und wäre keiner, wenn er es nicht so sähe und hörte. Nur ein Werk, das aus theatralischer Phantasie hervorgegangen ist, ist auch theatralisch lebensfähig, sonst ist es wohl dramatische Dichtung, aber kein Schauspieldrama. Sie ist eine der complicirtesten Combinationen, deren die Phantasie fähig ist, weil sie sich über Simultanes und Saccessives, über Bildnerisches, Malerisches und Poetisches, über die Gedanken-, rhythmische und Klangwirkung zugleich ausdehnt. Zwar sieht auch der Componist in Gedanken sich am Pulte stehen, den Taktirstab in der Hand und hört sein Werk, während er das volle Orchester um sich versammelt sieht; aber der chromatisch-plastische Eindruck ist hier unwesentlich, die sichtbare Ausführung gehört nicht zum Werk, während in der theatralischen Phantasie das Chromatisch-Plastische ein Theil des Werks, das Sichtbare ebenso gut wie das Hörbare, das nicht gespielte Stück nur das halbe Stück ist. Daher treten mit Recht die Ausführenden im Orchesterwerk in der schlichtesten Kleidung auf; es wäre am besten, wenn man sie gar nicht sähe, wie Goethes „Oheim" will, denn in der musikalischen Phantasie ist nichts, in der theatralischen dagegen mindestens ebensoviel Sicht- als Hörbares. Auch muss jedes classische Theaterstück bei der Aufführung durch gute d. h. durch subjectlose in der Rolle aufgehende Schauspieler nothwendig gewinnen, während manches gute dramatische Gedicht bei der besten Aufführung ebenso nothwendig verliert. Dagegen verliert letzteres auch bei der ärmlichsten nicht so viel als das gute bei schlechter, weil dieses die Hälfte seines Ichs, das Sichtbare einbüsst, jenes dagegen sein bestes Ich, das Hörbare, behält.

§. 662. Die musikalisch-poetische Phantasie ist, jenachdem ihr poetisches Element lyrisch, episch oder dramatisch ist, musikalisch-lyrische, musikalisch-epische, musikalisch-dramatische Phantasie. Das Lied, die Romanze, die Cantate geben Beispiele davon. Durch die Verbindung mit dem Chromatisch-Plastischen wird das erste zum Costumlied, die zweite zur Costumromanze, die dritte zur Opernphantasie, die zur musikalisch - dramatischen sich verhält, wie die theatralische zur dramatischen. Alle Schwierig keiten, welche das Verhältniss des gleichzeitigen Tons und Gedankens bereitet, und welche sich dort, wo der Gedanke das Vorherrschende ist, d. h. wo er sogar sein logisches Causalgesetz geltend macht, in der dramatischen Poesie, am höchsten steigern, finden sich in der Opernphantasie wieder und nöthigen, da sie unlösbar sind, zu einem beständigen Compromiss oder zum Gegensatz zweier Richtungen, in deren einer der Ton das Wort, in deren anderer der Gedanke den Ton dominirt. In letzterer leistet nach Gluck's Ausdruck in der Dedication seiner Alceste an den Grossherzog von Toscana: „die Musik dasselbe, was bei einer richtigen und wohl angelegten Zeichnung die Lebendigkeit der Farben thut, und der wohlgewählte Gegensatz von Licht und Schatten, welcher dazu dient, die Figuren zu beleben, ohne die Umrisse zu verunstalten." Letztere muss daher, was sie an musikalischer Schönheit dem Gedanken opfert, auf andere Weise einzubringen suchen, wozu ihr zwei Wege offen stehen : ein hörbarer und ein sichtbarer. Ergreift sie jenen, so entstehen grosse Instrumentalopern, wie die Mozart's, Gluck's, Beethoven's, in welchen durch Ouverture, Introductionen, reiche Begleitungen der Abgang an rein Musikalischem im dramatischen Gesange wieder gedeckt wird. Ergreifen sie diesen, so entstehen Spectakelopern, wie die Spontinischen und R. Wagner'sches „Rheingold." Dominirt dagegen der Ton das Wort, wie bei den Italienern und theilweise den Franzosen, so fällt sowohl das Bedürfniss selbstständiger Instrumentalmusik, wie grosser Beschäftigung der Schaulust hinweg, das ganze Gewicht fällt vorzugsweise auf den Gesang, und bei diesem wieder weniger auf den Vortrag, als auf das rein Phonetische, die Stimmen. Arie und Coloratur spielen die prima donna.

§. 663. Eine Verbindung der Tanzphantasie mit der poetischen, mit Ausschluss des phonetischen Elements der letzteren, oder mit der musikalisch-poetischen, aber mit vorwiegend musikalisch - phonetischem Element, die daher an sich nicht anders als unvollkom-

men sein kann, da das p o e t i s c h e Element nur verstümmelt auftritt,
ist das sogenannte T a n z p ö e m, und zwar entweder als lyrisches
oder episches oder dramatisches d. h. als stummes Costumetanzlied
(Solo) oder stumme Costumetanzromanze, oder stummer Costume-
tanzdialog (Pas de deux, Tanzduett) und in erweiterter Gestalt, als
stumme dramatische Tanz- d. i. B a l l e t p h a n t a s i e. Die Schwierigkeit ist hier im Grunde geringer als bei der Oper, weil der Gedanke die plastische Form zwar durch eine Empfindung, aber nur
durch eine simultane, die optische und Farbenempfindung ausgefüllt
findet, also z u g l e i c h gesehen und gehört werden kann, während
in der Oper der Ton und der Gedanke, weil beide die successive Form
beanspruchen, einander stören. Dafür tritt der andere Nachtheil ein,
dass dem Gedanken das Wort fehlt, er sich also eine andere und
zwar, da ihm das Hörbare versagt ist, eine s i c h t b a r e Sprache
schaffen muss, die M i m i k (Geberdensprache). Was dieser zur phonetischen Lautsprache fehlt, sucht das Ballet durch begleitende Musik
zu ersetzen, ohne doch wie natürlich durch beide Hilfsmittel je
die Bestimmtheit des W o r t s erreichen zu können, indem die
Geberde was sie als Z e i c h e n gewinnt, als s c h ö n e B e w e g u n g
verliert, so wie der Ton um desto unmusikalischer wird, je mehr
er zum Gedankenzeichen d. h. zum Worte herabsteigt. Wie sich
daraus in der Opernphantasie der Gegensatz zwischen musikalischer
und poetischer Oper, so entwickelt sich hier der zwischen r e i n e r
und m i m i s c h e r T a n z p h a n t a s i e, deren erstere mehr s c h ö n,
die letztere a u s d r u c k s v o l l, jene vor allem T a n z, diese C h a-
r a k t e r t a n z zu sein sucht.

§. 664. Wie die Gedankenphantasie, so kann auch das
(wahre oder für wahr ausgegebene) Gedanken s y s t e m eine Verbindung mit Phantasieen, ja mit der Gedankenphantasie selbst eingehen. Dadurch dass der Gedanke als s c h ö n e r einem andern
Gesichtspunct der Beurtheilung unterliegt, denn als w a h r e r, ist
nicht ausgeschlossen, dass d e r s e l b e Gedanke, unter beiden Gesichtspunkten angesehen, z u g l e i c h s c h ö n u n d w a h r sei. Wo
die Verbindung der Gedanken nicht bloss der Rücksicht auf
deren ästhetische Harmonie und Disharmonie wie in der lyrischen,
sondern zugleich auf die zeitliche oder causale Bestimmung ihres
Inhalts folgt, wie bei der epischen und dramatischen Gedanken-

phantasie, rückt diese Möglichkeit nicht nur in Bezug auf den einzelnen, sondern auf das Gedanken g a n z e noch näher, in der dramatischen Gedankenphantasie am nächsten. Hier ist die M ö g l i c h k e i t nicht nur, dass der einzelne Gedanke zugleich ästhetisch schön und theoretisch wahr, sondern dass die ganze epische oder dramatische Gedankenphantasie zugleich geschichtliches und philosophisches Gedankensystem sei, gegeben, obgleich die Nothwendigkeit, dass beide zusammen fallen müssen, so wenig, wie beim einzelnen schönen Gedanken dessen theoretische Wahrheit, um ästhetisch zu gefallen, g e f o r d e r t.

§. 665. Wie diese Möglichkeit zwischen dramatischer Gedankenphantasie und philosophischem System am nächsten (man denke an Schiller, den Dichter u n d Denker, an Goethe, an Lessing), so liegt sie aus gleichem Grund zwischen lyrischer Gedankenphantasie und sophistischem Gedankengewebe am fernsten, weil die eine auf den logischen Inhalt der Gedanken bei deren Verbindung so wenig Bedacht nimmt wie das andere. Beide entfernen sich von der theoretischen Wahrheit in dem Masse, als die dramatische Gedankenphantasie und das philosophische System sich derselben nähern, während die epische Gedankenphantasie und das geschichtliche Gedankensystem, da sie beide nur auf die zeitliche, nicht auf die causale Gedankenbestimmung, die Epik nur auf die Z e i t l i c h k e i t, die Geschichte nur auf die T h a t s ä c h l i c h k e i t, keine von beiden auf die N o t h w e n d i g k e i t achten, jener gleich nah und gleich fern stehen.

§. 666. Verbindet sich nun das wahre oder für wahrgehaltene Gedankensystem mit der Gedankenphantasie in der Art, dass beide zusammenfallen, der schöne Gedanke zugleich w a h r, der wahre s c h ö n erscheint, so wäre dadurch ein Gedankenganzes erreicht, dass nicht nur ä s t h e t i s c h, sondern auch t h e o r e t i s c h befriedigte, aber dadurch eben m e h r leistete, als die Aesthetik verlangt, welche sich schon an der ästhetischen Befriedigung genügen lässt. Da ihr die Wahrheit oder Falschheit des Gedankens gleichgiltig ist, so kommt es ihr auch nicht zu, die M ö g l i c h k e i t einer Verbindung wie die obige, noch weniger ihre R e a l i t ä t zu untersuchen, und sie würde, auch wenn die letztere durch eine Wissenschaft, welche nicht die Aesthetik sein kann, erwiesen sein sollte, an diesem zugleich schönen und wahren Gedankenganzen ihrerseits doch nichts weiter als dessen S c h ö n h e i t zu loben wissen, in Bezug aber auf dessen Wahrheit sich für incompetent erklären.

§. 667. Ebenso geht es ihr mit den Verbindungen, welche das Gedankensystem mit Phantasien anderer Art, seien es nun simultane oder successive, einginge. Nach Art der Verbindung der Gedankenphantasie mit der phonetischen und rhythmischen könnte auch das Gedankensystem sowohl, insofern es mit der Gedanken-phantasie zusammenfällt, als abgesondert für sich, mit der phone-tischen, modulatorischen und rhythmischen Phantasie sich verbinden und wie das aus jener Verbindung hervorgehende zusammengesetzte Kunstwerk P o e s i e, so als zugleich schönes und wahres Gedan-kenganzes P o e s i e u n d P r o s a, als bloss w a h r e s Gedanken-ganzes von phonetischer, rhythmischer und modulatorischer Schön-heit, s c h ö n e P r o s a heissen, ohne dass dabei der Aesthetik mehr als Dasjenige zur Beurtheilung anheimfiele, wodurch jene Prosa p o e t i s c h und diese s c h ö n wird. Schillers Gedankenlyrik ist Poesie u n d Prosa, denn sie würde auch, wenn der Gedanke nicht wahr wäre, als schön gefallen; das sophistische, geschichtliche, philosophische System dagegen, in wohlklingender Sprache, in wogenden Rhythmen vorgetragen, wird dadurch noch nicht poetisch.

§. 668. Ebenso wie mit successiven, lassen Gedankensysteme sich mit simultanen Phantasien in Verbindung gebracht denken. Der Stammbaum der Habsburger in der Klosterneuburger Bibliothek ist ein geschichtliches Gedankensystem, das zugleich bildlich dar-gestellt ist, dennoch wird es der Aesthetik nicht beikommen, indem sie letzteres beurtheilt, die Wahrheit des erstern prüfen zu wollen. Das Schöne und Wahre liegen hier räumlich n e b e n und in-, aber sie bleiben nichts destoweniger begrifflich a u s s e r einander.

§. 669. Scheinbar verschwindet dieses gleichgiltige Neben-einander des Gedankensystems und der Phantasie, sie sei eine Ge-dankenphantasie oder sonst eine andere, sobald die letztere nicht bloss n e b e n dem, sondern f ü r das erste, der schöne Gedanke f ü r d e n w a h r e n, das phonetische, rhythmische, modulatorische, malerische, bildnerische Schöne f ü r den wahren Gedanken steht. Das Gedankensystem verbindet sich dann mit der Phantasie der-gestalt, dass diese an dessen Stelle tritt, die E r s c h e i n u n g d e s wahren Gedankens, das Abbild desselben ausmacht, so wie er selbst als wahrer das Abbild der Sache ist, auf die er sich bezieht. Die Folge ist, dass das Schöne, die Phantasie zum blossen Mittel herabsinkt, die Prosa die Herrin, Phantasie die Magd wird, zugleich aber nicht zu begreifen ist, warum der wahre Gedanke, den das Subject schon hat, demselben noch einmal unter fremder Hülle erscheinen d. h. es denselben Gedanken zweimal haben soll.

§. 670. Letztere Schwierigkeit hört allerdings auf, wenn das Subject, das den wahren Gedanken als solchen hat, denselben einem Andern mittheilen, und dazu sich der Phantasie als eines Zeichens für den mitzutheilenden Gedanken bedienen, ihn „bildlich" ausdrücken, also den Andern mittels der Phantasie belehren will. Aber die andere stellt sich ein, da auf diesem Wege „Belehrung" der einzige Zweck der Kunst, Prosa ihr ganzer Kern und Inhalt wird, dass alle Arten der Phantasie nicht nur zu blossen Dienerinen des Gedankens, sondern nur der wahren d. i. theoretischen Gedanken sich gebrauchen, und wenn man einmal den wahren Gedanken ohne Bild zu fassen im Stande ist, sich gefallen lassen müssen, abgedankt zu werden, somit alle Kunst nichts als „Nothbehelf" ist.

§. 671. Wir können nicht nur desshalb nicht dieser Meinung sein, weil wir bisher noch gar keinen Anlass fanden, von einem Andern, dem der Geist erscheint, zu sprechen, sondern auch, weil weder alle Producte des psychischen Vorstellens Gedanken, noch alle Gedanken wahre Gedanken sind. Die Selbsterscheinung des Geistes ist ebenso gut eine Formen- und Empfindungen- wie eine Gedankenproducirende; die Belehrung über wahre Gedanken mittels der Phantasie setzt also selbst dann, wenn der zu belehrende nur der sich erscheinende Geist selbst wäre, die Phantasie, also gerade Dasjenige voraus, was für uns das Kunstwerk des vorstellenden Geistes, das absolut wohlgefällige Vorstellen ist; die Belehrung mittels der Phantasie, welche das Schöne sein soll, setzt also das Schöne schon voraus.

§. 672. Vielmehr gibt die Verbildlichung des wahren oder für wahrgehaltenen Gedankens als wahren mittels der Phantasie nur poetische Prosa, nicht Poesie, seine Versinnlichungideale

Symbolik, nicht schöne Kunst. Ist die Phantasie, mittels welcher der wahre Gedanke versinnlicht wird, selbst Gedankenphantasie, so entsteht die poetische, ist es die tonische, chromatische, Formenphantasie, die tonische und bildnerische Abbildung, von welcher die erstere selbst abermals, und zwar hörbar oder sichtbar abgebildet werden kann, wodurch das Poetische scheinbar wächst, während die Prosa des Gedankens immer dieselbe bleibt. Unter den poetischen Gedankenabbildungen sind es zuerst die theoretischen, dann die moralischen Gedanken, welche, die ersten durch Mythenbilder, Natur und Geschichtsmythen, das theoretische Lehrgedicht z. B. des Lucretius, des Horaz etc., die letztern durch die äsopische Fabel, das Gleichniss, die Parabel und Paramythie und das moralische Lehrgedicht z. B. L. Racine vertreten werden; unter den tonischen und bildnerischen sind es die musikalische Nachahmung, natur- und geschichtstreue Darstellung, die wissenschaftliche Abbildung, welche hieher gehören. Das Mythenbild wie das Gleichniss und die Parabel lassen sich selbst wieder abbilden. Alle Phantasie, und damit alle Schönheit gehört hier dem Bilde, nicht dem Abgebildeten, das völlig jenseits, während das Bild allein diesseits der Grenzen der Aesthetik liegt.

§. 673. Wie die Verbindung der Gedankenphantasie mit der rhythmischen und phonetischen das poetische, so gibt die Vereinigung des Gedankensystems mit der poetischen Phantasie, sei es, indem es mit dieser zusammenfällt, oder diese als dienende benützt, das rhetorische Kunstwerk; aus der Verbindung aber des Gedankensystems mit der bildnerischen Phantasie, wobei die letztere, da die Wahrheit die Hauptsache ist, nicht anders als dienend auftreten kann, entspringt das illustrirende, und, wenn der abgebildete Gedanke nicht der ursprüngliche wahre, sondern selbst schon ein Bild desselben ist, das symbolisirende Bildniss.

§. 674. Jenes ist je nach der Natur des Gedankensystems lyrisch, episch oder dramatisch rhetorisch, also sophistische, historische oder philosophische Rhetorik, von denen das erste die Aufeinanderfolge der Gedanken aus Gründen, die dem Inhalt desselben fremd, die beiden andern aus solchen, die diesem eigen und zwar entweder dessen zeitlichen oder causalen Bestimmungen entnommen sind, regelt. Dieses macht den Gedanken entweder unmittelbar durch die Abbildung des Gegenstandes, auf den er sich bezieht oder mittelbar durch die Abbildung eines Gegenstandes, dessen Vorstellung das Bild des eigentlichen sichtbar zu machenden ist, sichtbar, als d i r e c t e (nachahmende) ober i n d i r e c t e (symbolische) B i l d s p r a c h e.

§. 675. Da die bildnerische Phantasie, welche hier dem Gedankensystem zur Verbildlichung dient, sowohl plastische als malerische u n d als jene auch Phantasie theils illustrirender theils symbolisirender Bewegungen des e i g e n e n Körpers (Gesticulationen) d. i. gesticulatorische Phantasie sein kann, so lässt s i c h nun auch das rhetorische Kunstwerk mit der gesticulatorischen Phantasie zum rhetorischmimischen Kunstwerk d. i. zur o r a t o r i s c h e n Phantasie vereinigen, welche auf wissenschaftlichem das Gegenstück zur theatralischen Phantasie auf ästhetischem Gebiete ist.

§. 676. Weitere Combinationen ergeben keine nennenswerthen neuen Ergebnisse. Der b i l d n e r i s c h e n Phantasie steht mit Rücksichtnahme auf s t a t i s c h e B e d i n g u n g e n und p h y s i s c h e S c h w e r e als chromatisch - plastisches Werk die w i r k l i c h e K ö r p e r w e l t, der menschliche nicht weniger, wie der gesammte Weltkörper und das Weltkörpersystem, der auf sich ruhende, in Licht und Farben getauchte K o s m o s zur Seite; der t h e a t r a l i s c h e n P h a n t a s i e die sicht- und hörbar rhythmisch bewegte Welt des wirklichen fortschreitenden N a t u r - u n d M e n s c h e n l e b e n s, in welcher die Erde die Schaubühne, die Menschen, Thiere und Naturgeister die Schauspieler, und das in jedem der letzteren entwickelte und h ö r b a r hervortretende Gedanken-, Gefühls- und Begehrungsleben die Rollen darstellen, deren Zusammenspiel das Natur- und Geschichtsdrama der Menschheit ausmacht.

DRITTES BUCH.

Die besonderen Formen:

c) des socialen Geistes.

Erstes Kapitel.

Der schöne sociale Geist.

———

§. 677. Die Aesthetik weiss nichts vom Seienden. Weder ob eine Natur, noch ob ein Geist, ebensowenig ob ihrer nur einer oder mehrere seien: ihre ganze Aufmerksamkeit als Wissenschaft von den absolut wohlgefälligen Formen ist dahin gerichtet auszumachen, wenn eine Natur, wenn ein Geist, wenn mehrere Geister seien, wie sie sein müssen, um zu gefallen.

§. 678. Natur, Geist, Geister sind für die Aesthetik nichts als Bilder, welche Realität haben können oder auch nicht, und deren Richtigkeit und Giltigkeit nachzuweisen, sie der Wissenschaft vom Seienden, der Metaphysik anheimstellt. An den Bildern aber übt sie das ihr eigenthümliche Recht, durch Anwendung ihrer allgemeinen Formen auf dieselben sie zu wohlgefälligen zu machen. Es ist ebensowenig ihr Ziel, die Existenz der auf diese Weise gewonnenen gefallenden, wie es ihr Geschäft war, jene der ursprünglichen Bilder darzuthun; ihre Natur, ihr Geist, ihre Geistergemeinschaft sind Formen, die für eine nachbildende seiende Natur, seienden Geist, oder Geistergemeinschaft zu Normen werden können, ja werden müssen, wenn diese den Tadel des Missfälligen vermeiden wollen.

§. 679. Dass der Geist sich erscheine, liegt in seiner Natur als bewusster, dass er aber auch Anderen erscheine, in seiner Qualität als wollender Geist, verbunden mit dem Dasein anderer Geister in mit ihm gemeinsamer Sinnenwelt. Das Bild des Geistes als bewussten und wollenden Geistes hat die Aesthetik sich nicht gemacht, sondern es ist ihr von der Metaphysik gegeben;

aber auch wenn sie es selbst gemacht hätte, würde sie doch für dessen Realität keine Verantwortung übernehmen, weil es eben nur Bild ist. Ebensowenig macht sie sich das Bild einer gleichzeitigen Existenz mehrerer Geister selbst; die Wissenschaft vom Seienden, sei sie monistisch oder monadistisch, behauptet die Vielheit der Geister, ob sie dieselben nun als blosse Incarnationen des Einen, als Erscheinungen des einen Geists, oder als ebenso viele selbstständige Seiende, als individuelle Geister ansehe. Aber auch, wenn diese sie nicht behauptete, würde doch Niemand der Aesthetik, die keine Wissenschaft vom Seienden ist, verwehren können, das Bild einer Geisterwelt als Bild aufzunehmen, und durch Anwendung ihrer Formen auf dasselbe als ein wohlgefälliges zu zeichnen.

§. 680. Der Geist neben Geistern in einer gemeinschaftlichen Sinneswelt, welche die Erscheinung des Einen für den Andern ermöglicht, ist der sociale Geist, dessen Realität zu erweisen die Aesthetik von sich ablehnt, dessen Gestalt, insofern er dadurch Wohlgefälligkeit erlangt, d. i. als socialer Geist schön wird, zu entwerfen, sie sich anschickt. Wie er erscheinen solle, frägt sie; dass er erscheine, und wie er es bewerkstellige, dass er mittels der Sinneswelt dem Andern erscheine, entnimmt sie der Wissenschaft vom Geist als seiendem, der Psychologie, und von der Sinneswelt als seiender, der Naturwissenschaft. In der Natur des Geistes liegt es, dass er sich verkörpert, wo ihm ein Stoff gegeben ist; in der Natur des sinnlichen Stoffs liegt es, wie weit er sich verkörpern d. h. in demselben sich abbilden kann. Das Kind, das nicht zu sprechen und keine zweckmässige Bewegung mit seinen Gliedern vorzunehmen vermag, rührt mit den Stimmmuskeln die Stimmorgane und lallt, mit den Gehmuskeln die Beine und zappelt. Das Vorstellungsleben übersetzt sich mittels der motorischen Nervenerregungen von selbst in die Leiblichkeit, und wo sein Ausdruck nicht gelingt, wo sein Sprechen nur Stammeln, sein Fassen nur Greifen bleibt, da ist es der Widerstand des Leibes, dessen Ueberwindung erst gelernt und durch Uebung erworben werden muss, welcher die vollkommene Ausprägung des Innern im Aeusseren hindert. Der sich entwickelnde Geist dehnt allmälig seine Herrschaft über die ihm zunächst liegende Sinnen-

welt, seinen eigenen L e i b, und mittels desselben über entfernter
liegende Theile derselben, über die eigentliche A u s s e n w e l t aus.
Je weiter er dringt und je mehr er die ursprüngliche Beschaffenheit derselben nöthigt, zum A b b i l d seiner selbst, zur E r s c h e i n u n g
des Geistes zu werden, um so mehr setzt er s i c h in den Stand
A n d e r n zu e r s c h e i n e n, und d i e s e wieder, aus der sinnlichen
Erscheinung des Geistes ihn selbst zu b e u r t h e i l e n.

§. 681. Die Ueberwindung des sinnlichen Stoffs, und die
Herabsetzung desselben zum A b b i l d des erscheinenden Geistes
ist die Voraussetzung des s o c i a l e n G e i s t e s. Solange die Sinnenwelt sich wie eine unübersteigliche Schranke zwischen den Geistern
lagert, sei es nun, dass dieselben wie Parallelen, die nicht in derselben Ebene lägen, in getrennten Sinneswelten sich verkörperten,
sei es, dass die Materie zu straff und spröde, oder der Geist zu
ohnmächtig sei, jene ein B i l d des Geistes in ihrer Oberfläche
abzuspiegeln, dieser dasselbe ihr aufzuzwingen, so lange ist von
einer Erscheinung des Geistes f ü r den Andern keine Rede. Die
vollkommene Beherrschung des Stoffs, gleichviel durch welche Mittel
herbeigeführt, ist die Bedingung der vollkommenen Erscheinung
des Geistes f ü r den andern Geist, und liegt als solche, so wie die
Mittel der Stoffbewältigung v o r und a u s s e r der Aesthetik des
socialen Geists, als s o c i a l e T e c h n i k.

§. 682. Die letztgenannte als Ueberwindung der in der p h y-
s i s c h e n Natur des Stoffs begründeten Schwierigkeiten verhält sich
zur adäquaten Erscheinung des Geists für den andern Geist, wie
sich die p s y c h i s c h e Technik d. h. die Fertigkeit des Geists,
sein eigenes Bild sich selbst zum Bewusstsein zu bringen, zur
Selbsterscheinung des Geists sich verhält. Wie die letztere v o l l e n-
d e t e s V o r s t e l l e n d. h. Absonderung jedes zur Selbsterscheinung
des Geists nicht Gehörigen, so setzt die sociale Technik v o l l e n-
d e t e s A u s p r ä g e n d. h. sowohl Absonderung alles zum Bilde
des Geists nicht Gehörigen a u s und Vereinigung alles dazu Erforderlichen i n der sinnlichen Erscheinung voraus; wie jene auf
ein adäquates Bild des Geistes für diesen selbst, so geht diese auf
ein solches für den Andern aus. Wie daher die psychische die
Kenntniss des inneren geistigen Vorstellungslebens, welches sie
zum Bild des Geistes für diesen formt, so setzt die sociale die

Kenntniss des äusseren sinnlichen Stoffs voraus, welchen sie zum Bild des Geistes für den Andern bearbeitet.

§. 683. Die Erscheinung des Geistes für sich selbst, weil selbst n u r Vorstellung, ist ideal; die Erscheinung des Geistes für den oder die Andern, im sinnlichen Stoff ausgeprägt, r e a l. Die Selbsterscheinung des Geistes, wenn dieser ästhetisch, ist daher i d e a l e s, die Erscheinung des ästhetischen Geistes für Andere r e a - l e s Kunstwerk. Ist er dagegen logischer d. h. richtig und giltig denkender, w i s s e n d e r Geist, so ist auch sein logisches Kunstwerk, das Wissen, so lang es nur ihm erscheint, bloss ideal, sobald es auch Andern mittels des sinnlichen Stoffs erscheint, r e a l. Ist er p r a c t i s c h e r d. h. auf subjective Zwecke, Nützliches oder An- genehmes, gewandter Geist, so ist seine Selbsterscheinung zwar gleichfalls ideal, seine Erscheinung für Andere real, aber da es nicht mehr absolut, sondern nur bedingt Wohlgefälliges ist, was auf diese Weise erscheint, auch nicht mehr Kunst-, sondern H a n d w e r k.

§. 684. Wodurch sich beide unterscheiden, ist daher nicht sowohl ein W a s, als ein W e r, welches übrigens selbst wieder ein W i e ist. Der ästhetische Geist, das Kunstwerk des vorstel- lenden, fühlenden und wollenden, wie der w i s s e n d e, das Kunst- werk des erkennenden Geistes, macht auch seine adäquate Er- scheinung im Sinnlichen zum Kunstwerk; der unästhetische, der nur das „Handwerk" des vorstellenden, fühlenden und wollenden, wie der sophistische das des erkennenden Geistes übt, dem Ein- bildungen für Phantasie, Gefühle für ästhetisches Urtheil, Naturell und Trieb für Charakter, wie der sophistische, dem Meinungen für Erkenntnisse gelten, prägt auch seiner Erscheinung im Sinnlichen das Siegel des Handwerks auf. Der ä s t h e t i s c h e Geist eben verdankt seine Eigenthümlichkeit dem Umstand, dass sein Vor- stellen den ä s t h e t i s c h e n, wie der w i s s e n d e die seine dem- jenigen, dass sein Vorstellen den l o g i s c h e n N o r m e n gemäss, der unästhetische und der sophistische die ihre jenem, dass es beiden zuwider ist.

§. 685. Es ist ebenso hoffnungslos, das Handwerk zum Kunstwerk zu erheben, wenn nicht vorher der unästhetische zum ästhetischen Geist umgewandelt worden ist, als es fruchtlos wäre, die

Meinung in Wissen verkehren zu wollen, ohne vorher den sophistischen Geist an sachrichtiges Denken gewöhnt zu haben. Die psychische und sociale Technik, die Ueberwindung der im idealen und realen Stoff liegenden Schwierigkeiten setzt das Kunst- wie das Wissens- und das Handwerk voraus; die Formen sind es, die als ästhetische den Kunst- vom Handwerksgeist, als logische den wissenden vom nur meinenden Geiste unterscheiden.

§. 686. Die Anwendung der allgemeinen ästhetischen Formen auf den socialen Geist geht zuerst von der einfachsten Annahme aus, indem sie die blosse Vorstellung eines andern Geistes neben dem eigenen dem Wissen um das wirkliche Dasein eines solchen in jenem vorausgehen lässt. Der sociale Geist vergleicht sich zunächst vom rein quantitativen Standpunct aus mit der Vorstellung eines mächtigern oder weniger mächtigen Geistes, findet jenen gefallend, diesen missfallend, bewundert jenen um seiner Grösse, verachtet diesen um seiner Geringfügigkeit willen. Und zwar, da er selbst vorstellend, fühlend und wollend ist, so bezieht er jene Ueberlegenheit des grösseren Geistes sowohl auf dessen Vorstellen, wie auf dessen Fühlen und Wollen, schätzt den Wissenden höher als den Nicht-Wissenden, den Phantasievollen höher als den Phantasielosen, den richtig Urtheilenden höher als den bloss dunkel Fühlenden, den Charakterfesten mehr als den von Begierden und Affecten haltlos hin und her Getriebenen. Da es bei dieser Grössenschätzung keine Grenzen gibt, indem jede erstiegene Stufe der Vollkommenheit selbst wieder überstiegen werden kann, so kommt er auf diesem Wege zum Bilde eines jedes Mass der Grösseschätzung überschreitenden absolut vollkommensten Geistes, dessen sämmtliches Vorstellen Wissen, dessen gesammtes Fühlen ästhetisches Urtheilen, also practisches Wissen (Geschmack, Gewissen), dessen gesammtes Wollen Charakter, zugleich aber auch dessen ästhetisches Urtheilen d. h. um die Normen Wissen zugleich Wollen der Normen, und dessen gesammtes Wollen zugleich Ausführung des Wollens d. h. That, Schaffen ist, über welchen hinaus sich nichts Vollkommeneres vorstellen, der sich aber in dieser Vollkommenheit auch eben nicht vorstellen lässt, sondern bei dessen Bild sich das

Vorstellen in ein blosses Streben vorzustellen verwandelt. Dadurch geht das Verhältniss zwischen dem nicht absoluten und dem absoluten Geist (beide als social d. h. im F ü r e i n a n d e r gedacht) schon über die Aesthetik hinaus, weil die beiden Verhältnissglieder nicht mehr homogen sind, das eine derselben blosses Streben vorzustellen, nicht wirkliches Vorstellen ist. Es entsteht die Form des Erhabenen auf den Geist angewandt, welche als solche das Bild des e r h a b e - n e n Geistes, durch die Unfähigkeit ihn zu fassen, B e s c h ä - m u n g, D e m u t h, durch das Bewusstsein, seine Vorstellung wenigstens in der Form des S t r e b e n s, wenn auch nicht des vollendeten Vorstellens zu besitzen, A u f r i c h t u n g, S e l b s t g e f ü h l erzeugt.

§. 687. Während hier der andere Geist, mit dem der sociale sich in Gedanken verglich, in seinem qualitativen Verhältniss zu diesem unbestimmt gelassen ward, derselbe eben so gut ein vom Vorstellenden V e r s c h i e d e n e r (Gott), als der Vorstellende s e l b s t sein kann (Selbstvergötterung), so wird mit der Anwendung der qualitativen ästhetischen Formen auf den Socialgeist dieser Umstand präcisirt: der Geist, mit dem er sich vergleicht, wird von ihm entweder als sein e i g e n e r, mit dem er sich im Verhältniss des N a c h b i l d s zum V o r b i l d, oder als der eines A n d e r n vorgestellt, mit dem er sich in H a r m o n i e oder D i s h a r m o n i e denkt. Findet das erstere statt, so entsteht durch die Anwendung der Idee des Charakteristischen auf den Socialgeist die Form der E b e n - b i l d l i c h k e i t, und zwar entweder der G ö t t l i c h k e i t, wenn das Vorbild als der göttliche, oder der H u m a n i t ä t, wenn es als der menschliche, oder der N a t ü r l i c h k e i t, wenn es vermöge des Leihens des Geistes an das Geistlose, wie es im Wesen der schönen Natur liegt (§. 253) als der Naturgeist angesehen wird. Die Uebereinstimmung des Geistes mit j e n e m Vorbilde, dem Geiste, ist es, die hier gefällt, während die Nichtübereinstimmung missfällt, gleichviel wie das Vorbild selbst auch beschaffen sein möge. Der Socialgeist verhält sich hier zu dem Bilde, das er von sich selbst hat, n a c h a h m e n d und es kommt ganz auf die Qualität dieses seines B i l d e s an, ob das n a c h a h m e n d e Bild, das als solches durch seine Treue jedenfalls gefällt, auch sonst noch als n a c h - g e a h m t e s gefalle d. h. nachahmenswerth sei. Wer im Menschen das Ebenbild Gottes sieht, macht den Werth dieses Ebenbildes, wer in der Nachahmung des Urbildes der Menschheit oder in jener des Naturbildes die ganze Aufgabe des Menschen erblickt, diese vom Werthe des Vorbildes abhängig. Der ästhetische Geist setzt seine Ebenbildlichkeit in die Nachahmung des schönen, der denkende in die des wissenden Geistes; aber auch der Handwerks- und der sophistische Geist legen die ihre in die Nachahmung des praktischen und des frivoldialektischen Geistes, und wenn es beiden letztern gelingt, diese vollständig darzustellen, so kann ihnen die Schönheit, die in der Ebenbildlichkeit liegt, nicht abgesprochen, nur das Vorbild selbst, das sie sich gesetzt, und das mit seinem Privatcharakter auch keine allgemeine, sondern nur (individuelle, nationale, geschichtliche) Privatgiltigkeit besitzt, kann ihnen zum Vorwurf gemacht werden.

§. 688. Wird aber der Geist, mit dem sich der Socialgeist vergleicht, als der eines Andern, so wird er doch zunächst ebenso nur als Bild eines Andern vorgestellt, wie dieser vorher sich selbst mit seinem Vorbilde verglich. Wie bisher das des eigenen, so sieht der Geist nun sein Bild eines andern Geistes als Vorbild an, nach dem er sich richtet, d. h. er ahmt einen Andern nicht obgleich sondern weil er ein Anderer ist, nach. Nicht die besondere Qualität des Andern, sondern dass er ein Anderer ist, macht hiebei das Bestimmende aus. Der Einzelgeist überschreitet sich selbst und nimmt hier zum erstenmale die Vorstellung eines Geistes, der weder ein beliebiger, noch sein eigener, sondern ein fremder ist, in sich auf und sucht sich selbst mit dieser seiner Vorstellung in Harmonie zu setzen. Kein Zweifel, dass diese Harmonie gefällt. Es ist ein Einklang der Geister, der nicht auf der substantiellen Einerleiheit, sondern gerade auf dem Bewusstsein der substantiellen Unterschiedenheit, nicht der monistischen Einheit, sondern der individuellen Vielheit beruht, also auch nicht versteckt einen Egoismus des Geistes in sich bergen kann, wie ihn die Einheit des Seins, sei es nun des spiritualen oder materiellen, die metaphysisch-monistische Ethik, sei es der Idealisten oder Materialisten, dem Bande der Geister unterschiebt. Die Nachfolge des einen Geistes auf dem Wege, den er sich als den des Andern denkt, aus keinem andern Grund, als weil ihn der Andere betritt, ist ein freies Geschenk, eine uneigennützige Gabe, die nicht mit rohem gedankenlos e m Nachlassen verwechselt werden darf, welchem gerade dasjenige fehlt, was jenen Einklang zum schönen d. h. zum wahren Einklang erhebt, das Bewusstsein der Unterschiedenheit, der Gedanke des Andern.

§. 689. Nachahmen ist mechanisch, nachachten bewusst. Der Geist als nachahmender ist nicht Geist, weil nicht bewusst, der Geist als bewusster nicht mechanischer Nachtreter. In dem er sich nach seiner Vorstellung eines andern Geistes richtet, ist sein Thun motivirt, nicht bloss verursacht; indem er es aus keinem andern Grunde thut, als weil das eben ein Anderer ist, motivlos, uneigennützig, freiwillige Hingabe des eigenen an den andern Geist, Gunst, nicht Dienst. So weiht sich der schöne Geist dem Andern, den er als schönen denkt, weiss sich der Wissende Eins mit dem, den er für wissend hält. Aber auch der unästhetische und der sophistische Geist schliessen sich gern an diejenigen an, denen sie zutrauen, dass sie ihre subjectiven Zwecke und Meinungen theilen ; der Wissende fühlt sich als Glied der Gesellschaft der Wissenden, der Sophist macht Schule.

§. 690. Noch besteht der Einklang der Geister erst in Gedanken. Das Bild vom Geiste eines Andern mag mit dem eignen Geist stimmen, ob jener selbst mit dem Bilde stimme, ist ungewiss. Die Schönheit des Einklanges verliert dadurch nichts, denn zwischen dem Geist und seinem Bilde des andern Geistes bleibt er aufrecht, auch wenn dieses Bild ein erträumtes ist. Dass es erträumt sei, davon erhält der sociale Geist erst dann Kenntniss, wenn seine Erscheinung in der Sinneswelt, die für den Andern bestimmt, von diesem als die seine genommen werden soll, von diesem als nicht die seine genommen wird. Der Geist verleiblicht sich d. h. er erscheint, aber ein anderer wirklicher Geist verleiblicht sich auch d. h. erscheint gleichfalls. Wäre nun die Sinnenwelt, in der das geschieht, nicht für Beide gemeinsam, so würden die beiden Erscheinungen auch nicht auf einander treffen, der eine Geist aber auch nichts vom Dasein des Anderen erfahren. Ist sie gemeinsam, und die beiderseitigen Erscheinungen berührten einander nicht, so würden sie abermals der Eine vom Anderen keine Kenntniss erhalten. Soll daher letzteres geschehen, so muss Beider Erscheinung dieselbe sein, dieselbe Partie der

sinnlichen Welt B e i d e n z u r Verkörperung dienen, Beide müssen sinnlich betrachtet „zwei Seelen in einem Leibe" sein.
§ 691. Darin liegt nichts Beifälliges, weil nichts Unterschiedenes. Es herscht I d e n t i t ä t, nicht Harmonie. Beide verstehen
einander; der Andere nimmt die Erscheinung des Einen auf, wie
der Eine sie bietet. Der Einklang zwischen dem Bilde, das sich
der Eine vom Andern machte, und seinem Benehmen darnach bei
seiner sinnlichen Erscheinung ist nicht gestört; der Andere entspricht dem Bilde. Der erscheinende Geist hat sein Ziel erreicht,
er ist dem Andern e r s c h i e n e n und von diesem v e r s t a n d e n
worden, der schöne Geist von dem schönen, der wissende vom
wissenden; aber auch dem prosaischen und sophistischen kann es
glücken, sich ähnlichen prosaischen und sophistischen Geistern verständlich zu machen, wenn das Bild, das sie sich von diesem gemacht, das zutreffende war. Die freie Hingabe an das Bild des
göttlichen Geistes, wie es das Wesen des r e l i g i ö s e n, an das
des Nebenmenschen, wie es das des m e n s c h e n f r e u n d l i c h e n,
an das der Natur, wie es jenes des n a t u r f r e u n d l i c h e n
G e i s t e s ausmacht, und äusserlich in den Worten und Werken der
F r ö m m i g k e i t, der H i l f e l e i s t u n g, der N a t u r p f l e g e sich
verkörpert, trifft ihr Ziel ohne Störung, wenn das B i l d Gottes dem
wirklichen Gott, das Bild des Nebenmenschen, das Bild der Natur
dem wirklichen Menschen, der wirklichen Natur entsprach. Umgekehrt geht die M i t t h e i l u n g des göttlichen Geistes an den menschlichen, des Angesprochenen an den Aussprechenden, des Natur-
an den Menschengeist ohne Schwierigkeit von Statten, wenn der
Mensch die Sprache Gottes, des andern Menschen und der Natur,
der Hörer den Sprecher, der Beschauer den Bildner, der, für welchen
das Zeichen bestimmt ist, das sinnliche Zeichen versteht.
§. 692. Die Hinderung wird sogleich fühlbar, wenn das
Gegentheil der Fall ist. Die sinnliche Erscheinung des Geistes
wird von dem Andern für etwas anderes genommen, als wofür sie
genommen werden sollte. Die Aufnahme von Seite des Andern findet
so, wie sie geschehen sollte, nicht wirklich statt; dieselbe sinnliche
Erscheinung gibt als Leib nur e i n e r Seele Raum und stösst die
andere von sich. Damit hört die E i n t r a c h t zwischen den Geistern,
insofern sie sich f ü r e i n a n d e r in der Sinnenwelt verkörpern,

auf; an deren Stelle tritt die Zwietracht und damit ein ursprüng-
liches Missfallen. Dieselbe sinnliche Erscheinung soll zwei Herren
zugleich dienen, zweier Geister Verleiblichung sein; kann sie es
nicht, so wird sie absolut missfällig.

§. 693. Die Ursache des Missfallens liegt dort, wo die Ursache der Zwietracht vorhanden ist; dort entspringt auch die Möglichkeit der Heilung. Sobald die Geister es aufgeben, sich sinnlich zu
verkörpern, fällt das Missfallen hinweg. Aber dem Geist verwehren, sich zu verleiblichen, heisst so viel, als ihm verwehren, zu sein.
Des Dichters „Verbiete du dem Seidenwurm zu spinnen" gilt nicht
bloss wieder vom Dichter, sondern vom Geist überhaupt, so lange
er Vorstellungen hat, d. h. so lange er existirt. Gefühle, Strebungen sind nur die Folge von Vorstellungen, Bewegungen d. i.
Verleiblichungen des Geistes die Folgen von Strebungen. Wer gar
nichts mittheilen will, dessen unwillkürliche Bewegungen können
doch von dem Andern als Ausdruck innerer Zustände, als Mit-
theilungen genommen d. h. missverstanden werden.

§. 694. Da nun der Geist nicht gehindert werden kann, sich
zu verleiblichen, so bleibt, wenn Zwietracht entstanden ist, nichts
übrig, als zur Vermeidung des ursprünglichen Missfallens an dieser
auf künstlichem Wege Eintracht herzustellen. Wo eine sinnliche
Erscheinung nicht zugleich als Leib den Erscheinungen zweier Geister dienen kann, da soll sie von nun an zur Vermeidung des Missfallens so angesehen werden, als sei sie das im Stande. Natürliches Zeichen im ersten, wird sie in diesem Fall erkünsteltes
Zeichen der Eintracht zweier Geister, auf einer Uebereinkunft
beruhend, die nur für Diejenigen und nur darum Verbindlichkeit hat, welche und weil sie dieselbe geschlossen haben, und deren einzige Sanction in dem Umstande liegt, dass mit
der Verletzung derselben sogleich die missfällige ursprüngliche
Zwietracht zurückkehrt.

§. 695. Der Inbegriff der sinnlichen Erscheinungen, durch
welche der Geist sich für Andere verkörpert, ist die Sprache,
der Inbegriff der natürlichen Zeichen die Natur-, der gemachten
die künstliche Sprache. Der Geist als vorstellender, als
fühlender, als wollender, redet seine eigene Sprache; der göttliche,
der menschliche, der Naturgeist, der schöne, der wissende, aber auch

der prosaische und sophistische, der religiöse, menschen und naturfreundliche Geist, der menschliche Geist als individueller, nationaler
und geschichtlicher, jeder von diesen spricht seine besondere sicht-,
hör- oder tastbare Sprache. Das Gesetz, von dem die Bedeutung
der natürlichen Zeichen innerhalb jeder derselben abhängt, heisst
das n a t ü r l i c h e, dasjenige, von dem die der künstlichen bestimmt
wird, das k ü n s t l i c h e S p r a c h g e s e t z dieser Sprachen. Für
die Aesthetik insbesondere kommt nur die Sprache des s c h ö n e n,
für die Logik die des w i s s e n d e n Geistes in Betracht, wie für
die Theologie die des göttlichen Geistes in Natur und Geschichte,
für die Natur- und Geschichtswissenschaft die des Gegebenen in
der Erfahrung. Das natürliche Zeichen ist durch sich selbst verständlich; es ist die unmittelbare Gegenwart des Geistes in der
Erscheinung. Das künstliche Zeichen bedarf des Festhaltens an dem
ursprünglichen Sinn, und gibt, wenn selbst zweifelhaft, zu mehrfacher Auslegung Anlass. Sein Werth erlischt, wenn es dem Streite
der Geister nicht mehr vorbeugt; der ursprüngliche Missklang, welchen dasselbe nur verhüllte, tritt dann offen wieder ans Tageslicht.

§. 696. Wenn der Geist zum Schein mit dem Andern in
Eintracht, aber in Wahrheit in Zwietracht ist, d. h. wenn die Erscheinung als Erscheinung des Geistes g i l t, aber es nicht i s t,
so erfolgt von Seite Desjenigen, der dies Verhältniss gewahrt, das
Urtheil: Der Schein missfällt! Dasselbe Urtheil ergeht, wenn die
Erscheinung nicht für die Erscheinung d e s Geistes gilt, dessen
sie es wirklich i s t. In beiden Fällen verschwindet das Missfallen
nicht eher, als bis der Anlass verschwunden, d. h. bis das wahre
Verhältniss der beiden Geister hergestellt ist. W i e es sich herstelle, ist gleichgiltig; es kann ebensogut durch ein Sichbesinnen
des Einen oder des Andern der beiden Geister eintreten, indem
entweder Derjenige, dessen Erscheinung bisher für s e i n e Erscheinung
g a l t, ohne es zu sein, eine andere, die w a h r e Erscheinung substituirt, oder der Andere, welcher bisher die falsche Erscheinung
für die wahre nahm, besser zusieht und dieselbe fallen lässt. Im
andern Fall aber zerstört entweder der Eine oder der Andere den
falschen Schein, als sei die wirkliche Erscheinung des Ersten n i c h t
seine Erscheinung. Ob das eine oder das andere eintrete, in jedem
Fall siegt zuletzt spät oder früh das w a h r e über das s c h e i n-

b a r e Verhältniss und wird dadurch desto auffälliger; es entsteht
der S c h e i n einer Bewegung, Beseelung, eines Geists über den
Geistern, die sich in jenem Verhältniss befinden, und der, jenachdem das hergestellte ursprüngliche Verhältniss Eintracht oder Zwietracht zwischen den Geistern ist, entweder als E i n t r a c h t w o l l e n-
d e r und folglich u n e i g e n n ü t z i g e r, der Vorstellung des andern
Geistes sich h i n g e b e n d e r G e i s t oder als z w i e t r a c h t s-
f r o h e r D ä m o n sich darstellt.

§. 697. Dieser Schein ist für die Aesthetik n u r Schein, aber
n o t h w e n d i g e r Schein. Wie es sich auch mit der Zurücknahme
des falschen Scheins von Seite des einen oder des andern der
beiden Geister verhalten möge, ob der eine sich besser d a r s t e l l e,
oder der andere besser a u f f a s s e, des Scheines, als würden sie
durch das g e g e b e n e Verhältniss dazu gezwungen, das g e m a c h t e
fallen zu lassen, können sie sich unmöglich, und dadurch auch
nicht des Scheines eines sie zwingenden Geistes oder Dämons
erwehren. Sie s c h e i n e n sich g e s c h o b e n z u w e r d e n, während
sie selber s c h i e b e n; sie, die entweder jetzt besser Darstellenden
oder besser Auffassenden, welche sonach ihre frühere Erscheinungs-
und Auffassungsstufe t r a n s c e n d i r e n, erscheinen sich selbst als
von einem der Erscheinung immanenten Geiste getrieben, das wahre
an die Stelle des scheinbaren Verhältnisses zu setzen.

§. 698. Das getreue E b e n b i l d eines energischen, uneigennützig an Andere hingegebenen, nicht nur selbst einträchtigen
sondern die Eintracht trotz ja mittels scheinbarer Aufhebung derselben herstellenden, also die Eintracht auch bei Andern wollenden,
sich diesen hingebenden Geistes ist das Bild des s c h ö n e n s o-
c i a l e n G e i s t e s, und auf eine Mehrheit oder die Gesammtheit
von Geistern ausgedehnt, das Kunstwerk des socialen Geistes, die
s c h ö n e G e i s t e r g e n o s s e n s c h a f t.

§. 699. Weder muss der schöne sociale Geist darum socialer
s c h ö n e r Geist, noch muss die absolut wohlgefällige Geistergenossenschaft darum Genossenschaft s c h ö n e r G e i s t e r sein. Auch
der religiöse, der practische Geist treten als solcher nicht nur als
Socialgeist, sondern auch ihre Genossenschaften als s c h ö n e Geister-
genossenschaften auf. Nur tragen diese alle schon Bestimmungen in
den Begriff des Geistes hinein, die nicht in diesem als solchem liegen.

In ihm liegt vielmehr nichts Anderes, als dass er Geist d. i. mit Bewusstsein vorstellendes, fühlendes und wollendes Wesen und seine Genossenschaft ein Bund ebensolcher sei. Von dem Geiste überhaupt verlangt die Form der E b e n b i l d l i c h k e i t eben weiter nichts, als dass er Ebenbild des Geistes ganz sei. Von dem ästhetischen fordert sie dagegen, dass er das Ebenbild des ästhetischen, d. h. dass er s ch ö n e r Geist sei. Eine Genossenschaft der letzteren aber kann nicht nur als Genossenschaft s c h ö n, sie muss zugleich Genossenschaft s c h ö n e r Geister sein. Eine solche gleicht dem Tonwerk, in welchem der in schöne Formen gebrachte Stoff, die Töne, selbst schon geformter Stoff d. i. Schönes sind. Im Ganzen und im Einzelnen ist in derselben nichts Unästhetisches, wie in der Tonphantasie nicht die Vorstellung eines unreinen Tones anzutreffen.

§. 700. Wo eine Mehrheit von Geistern in gemeinschaftlicher Sinneswelt gegeben ist, deren jeder sich zu verkörpern strebt, da wird es nicht ausbleiben, dass die E r s c h e i n u n g e n des Einen mit den Erscheinungen eines oder mehrerer Anderer in Conflict gerathen, und dadurch Missfallen hervorrufen. Soll nun dieses im ganzen Umfang jener Mehrheit vermieden werden, so muss der Grundsa'z, k ü n s t l i c h e Eintracht an der Stelle der gegebenen Zwietracht herzustellen, zum Princip erhoben und innerhalb des ganzen Umfangs derselben durchgeführt d. h. es muss von Allen eingewilligt werden, gewisse sinnliche Erscheinungen, welche als Erscheinungen eines Geistes gelten, nicht als Ursachen eines Conflictes unter sich anzusehn. Da der Conflict nun nur dadurch entsteht, dass gewisse Erscheinungen als Leib zweier Seelen dienen sollen, aber nicht können, so sollen sie angesehen werden, als ob sie es könnten d. h. die Erscheinung soll beiden g e m e i n s c h a f t l i c h, das sinnliche Zeichen des Geistes g e m e i n s c h a f t l i c h e s Z e i c h en sein, dessen der Eine sich wie der Andere bedient, ohne Missfallen zu veranlasse.. Es herrscht daher zwischen den Geistern dieses Kreises eine gewisse g e m e i n s a m e k ü n s t l i c h e Z e i c h e n- s p r a c h e, durch welche all jenem Missfallen vorgebeugt wird, welches aus dem Conflict zweier Geisterscheinungen in einer und derselben Partie der Sinneswelt entspringen könnte und würde, welche zugleich aber n u r für Diejenigen und n u r so lange Giltig- keit hat, welche sie festgesetzt haben und für welche und so lange sie das Missfallen wirklich vermeidet. Die Mehrheit der Geister, welche zur Vermeidung des Missfallens, zur Durchführung dieser künstlichen Zeichensprache sich vereinigt haben, bilden unter sich eine S p r a c h g e n o s s e n s c h a ft.

§. 701. Werden nicht bloss innerhalb der Sprachgenossenschaft überall, wo aus dem Conflict zweier Geister in derselben sinnlichen Erscheinung Missfallen entstehen müsste, dergleichen künstliche Zeichen angewandt, sondern dieselben noch überdiess unter einander in Uebereinstimmung gebracht und nach einem bestimmten Gesetze, dem künstlichen Sprachgesetz, geregelt, so entsteht ein k ü n s t l i c h e s Z e i c h e n s y s t e m, eine g e r e g e l t e K u n s t s p r a c h e, in welcher nicht nur die Bedeutung jeder sinnlichen Erscheinung für sich, sondern im Verhältniss zu allen übrigen als Zeichen verwandten sinnlichen Erscheinungen festgesetzt ist. So verwendet z. B. das eine künstliche Zeichensystem nur sicht-, das andere nur hörbare Zeichen. Das Princip des Systems wie des künstlichen Zeichens selbst ist an sich völlig w i l l k ü r l i c h und wird nur durch die Rücksicht auf den Zweck, zu dessen Durchführung es eingeführt wird, b e s c h r ä n k t. Der Conflict soll vermieden werden, welcher durch das Zusammensein zweier oder mehrerer Geister in e i n e r Erscheinung entsteht; ist das Zeichen nun so beschaffen, dass es zu diesem eher r e i z t, als von ihm abhält, ist es z. B. als Wort doppelsinnig, mehrdeutig, als Willenszeichen unbestimmt und schwankend, ist es dergestalt beschaffen, dass das Zusammensein v e r s c h i e d e n e r Geister in d e r s e l b e n Erscheinung dadurch mehr v e r r a t h e n, als v e r b o r g e n wird, dann ist es ein s c h l e c h t g e w ä h l t e s Z e i c h e n, das aber immer noch besser ist, als gar keines, und dem solange Respect gebührt, als nicht andere gewählt, und den v e r s c h i e d e n e n Geistern auch v e r s c h i e d e n e sinnliche Erscheinungen zugewiesen sind. Einseitiges Aufgeben eines Zeichens ist daher Bruch eines innerhalb der Sprachgenossenschaft geltenden Uebereinkommens, das Aufbringen neuer eine N e u e r u n g, welche immer ein Tadel trifft, indem sich dadurch ein einzelner Geist in den Besitz eines Theiles der Sinneswelt setzt, um darin zu erscheinen, welcher ihm nicht zu diesem Zwecke von allen Uebrigen zugestanden worden ist. Jeder Gebrauch des Zeichens in anderem Sinn, als in dem allgemein zugestandenen, vernichtet dessen Gemeinschaftlichkeit d. h. hebt es aus dem festgestellten Zeichensystem, aus der künstlichen Sprache heraus; der sich durch dasselbe äussernde Geist steht mit seiner Aeusserung allein und wird, wenn dieselbe Partie der Sinneswelt auch von andern Geistern zu ihrer Erscheinung in Anspruch genommen wird, so lange Urheber des Missfallens, als das vereinzelte Zeichen nicht durch vorläufige oder nachträgliche Uebereinkunft zum gemeinschaftlichen gemacht worden ist.

§. 702. Auf welche Weise das Uebereinkommen selbst erfolge, ob ausdrücklich oder stillschweigend, durch bewusste (Erlernen) oder unbewusste Aneignung (Gewöhnung), mit einem Wort, die Genesis des künstlichen Zeichens ist für den ästhetischen Werth desselben gleichgiltig. Nur sind selbstverständlich alle diejenigen Entstehungsarten, durch welche die Absicht des künstlichen Zeichens, Missfallen zu vermeiden, vollkommen erreicht wird, vorzuziehen. Wie weit die Gemeinschaftlichkeit desselben reichen solle, bleibt gleichfalls unbestimmt; jedenfalls erstreckt sie sich nicht weiter als sie durch Uebereinkommen festgesetzt worden. Die Menge der Genossen thut nichts zur Sache, so wenig wie die physische oder moralische Beschaffenheit des Bandes, das sie in anderer (z. B. nationaler, geschichtlicher) Beziehung unter sich verknüpfen mag oder auch nicht. In der zahlreichsten wie in der wenigstzahlreichen Gemeinschaft (Familienjargon; Dialect; Gaunersprache) können sich künstliche Zeichen entwickeln, welche eben nur innerhalb der Grenzen dieser letztern ihre Giltigkeit haben und dieselbe verlieren, sobald sie ausserhalb dieser Grenzen angewandt werden; die Glieder selbst können ebensogut blutsverwandt wie blutsfremd sein, wenn sie nur „Sprachgenossen" sind. Die Aesthetik weiss nichts vom Scienden.

§. 703. Wenn innerhalb der Sprachgenossenschaft das unwillkürliche Zusammentreffen zweier oder mehrerer sich sinnlich äussernder Geister in demselben Theile der Sinneswelt, der nicht allen zugleich als Erscheinung dienen kann, zu ursprünglichem Missfallen Veranlassung gibt, welches durch die Einführung künstlicher gemeinschaftlicher sinnlicher Zeichen gehoben werden soll, so kann nun das obige Zusammentreffen ebensogut willkürlich herbeigeführt d. h. es kann eine gewisse sinnliche Erscheinung vom

Geiste, damit sie als die seine gelte, absichtlich gewählt oder von Andern als solche absichtlich genommen werden, als das Eine wie das Andre auch absichtslos eintreten kann. In beiden Fällen gilt ein scheinbares für das wahre Verhältniss und entsteht das ursprüngliche ästhetische Urtheil: Der Schein missfällt.

§. 704. Wird nun innerhalb einer Mehrheit von Geistern eine Genossenschaft eigens zu dem Zwecke gegründet, dass das Missfallen, welches durch Geltung des Scheins für Wahrheit verursacht wird, innerhalb ihrer Grenzen allenthalben vermieden, zu dem Ende der Schein überall aufgelöst und das wahre Verhältniss zwischen der Aeusserung und Auffassung des Geistes durch den Geist hergestellt werde, so entsteht die Aufklärungsgenossenschaft, deren gemeinsame Aufgabe die Vernichtung des Scheins ist, als herrsche innerhalb ihres Kreises Eintracht zwischen den Geistern, wo diese nicht, und als herrsche sie nicht, wo sie wirklich herrscht. Dieselbe wirkt daher überall zerstörend, aber so, dass sie nur das Zerstörenswürdige niederreisst, zunächst allerdings, ohne an dessen Stelle etwas Anderes aufzubauen. Wenn nun die „Aufklärer" auch in dem Ersten „admirabel," in Letzterem nach Goethe's Ausdruck wirklich „ganz miserabel" wären, so dürfte das ihnen doch nicht zur Last gelegt werden, denn mit dem Aufbau'n haben sie es vorerst gar nicht zu thun. Sind sie doch nichts mehr als die Anwendung der Form der Ausgleichung auf die Geistergenossenschaft, welche als solche nichts weiter verlangt, als dass der Schein aufgelöst werde. Durch die Auflösung des Scheins kommt aber von selbst das Gegentheil des Scheins, durch die Vernichtung des Scheins, es herrsche Eintracht, zwar die Zwietracht, aber auch durch die Vernichtung des Scheins, es herrsche keine, die herrschende Eintracht, in jedem Falle das wahre Verhältniss zwischen den Geistern zum Vorschein. Die Aufklärungsgenossenschaft wirkt wie Rolands Schwert zwar Wunden schlagend, aber auch heilend, jenachdem eben Zwietracht oder Eintracht das wahre Verhältniss der Geister ist.

§. 705. Ist dieses nun Zwietracht, so wirkt die Aufklärungsgenossenschaft allerdings wie der schlimme Dämon, welcher den künstlich gewobenen Schleier unerbittlich zerreisst und „der Spottgeburt aus Dreck und Feuer" die Larve abnimmt. Dieselbe befindet sich daher mit der Sprachgenossenschaft, welche auf künstlichen, also auf solchen Zeichen beruht, durch welche eine vorhandene Zwietracht der Geister in Eintracht umgewandelt, also geflissentlich verhüllt wird, in unaufhörlichem bald offenem, bald heimlichem Kampf, indem sie den unwahren Schein, den die künstlichen Zeichen verbreiten, aufzulösen trachtet. Daher ist es natürlich, dass sie von dieser Seite gehasst wird. Die wahre Eintracht zwischen den Geistern hat dagegen von der Aufklärung nichts zu fürchten, wol aber Alles zu hoffen, weil die letztere, die allen Schein zerstreut, auch denjenigen vertilgt, mittels dessen die Geister in ewiger Zwietracht befangen s c h e i n e n oder scheinen sollen. Daher herrscht zwischen dem principiellen Subjectivismus der sophistischen Meinung auf dem Wissens-, des romantischen Ich's (Fr. Schlegel's Lucinde) auf dem Kunstgebiet und der Aufklärungsgenossenschaft unversöhnliche Feindschaft, weil die letztere den Schein zerstreut, den die ersteren nähren, als sei weder im Wahren noch im Schönen, weder im richtigen und giltigen Denken, noch im ästhetischen Gefallen Objectivität, Uebereinstimmung, mit einem Wort E i n t r a c h t zwischen den Geistern vorhanden, und so die übelverhehlte Absicht jener, im Trüben zu fischen, vereitelt. Der Historismus, welcher sich an das Positive, durch Uebereinkunft jeder Art, laute oder stillschweigende, durch Gewalt oder durch Gewohnheit künstlich zu Stande Gekommene hält, hasst darum die Aufklärung, weil sie den übertünchten Missklang, welcher dem Positiven zu Grunde liegt, aufdeckt, während er selbst, um das Missfallen am offenen Zwiespalt zu vermeiden, sich immer von neuem genöthigt sieht, den g e g e b e n e n Conflict der Geister durch einen künstlichen Mantel zu verdecken.

§. 706. Die Mitglieder der Aufklärungsgenossenschaft, insofern sie den unwahren Schein zu zerstören und das wahre Verhältniss der Geister wieder a u f z u r i c h t e n bemüht sind, heissen selbst R i c h t e r, die Urheber des missfälligen Scheins aber, auf welche als solche das Missfallen an dessen Geltung zurückfällt, sind die G e r i c h t e t e n. Da nun die Absicht der Genossenschaft nur dahin gerichtet ist, den falschen Schein, der in i h r e r eigenen Mitte entstanden ist, zu nichte zu machen, so können nur jene

382

Urheber falschen Scheins, die selbst Richter d. h. Mitglieder der
Genossenschaft sind, zugleich Gerichtete d. h. als Schein
erregende missfällig, Objecte der Ausgleichung, sein d. h. es können
diejenigen, welche jetzt selbst Schein erregen, zu andrer Zeit selbst
zur Auflösung von Schein beitragen, jedes Mitglied der Aufklärungsgenossenschaft kann daher ebensowohl Richter, als Gerichteter, es
kann zugleich sein eigener Richter sein.

§. 707. Ist nun die Eintracht das herrschende, nur scheinbar
in sein Gegentheil verkehrte Verhältniss der Geister, so erscheint
dasselbe durch die Wiederaufrichtung im verdoppelten Glanz und
dieser fällt auf den Richter als den Aufrichtenden zurück. Der
richtende Geist erscheint nicht bloss als Schein vernichtender,
welcher dem Missfallen am Schein ein Ende macht, sondern, indem
er das wahre Verhältniss zwischen den Geistern ans Licht bringt,
schreiben wir ihm die Absicht zu, dasselbe ans Licht bringen
zu wollen; d. h. wir behaupten von ihm, nicht nur dass er ein
Bild von dem wahren Verhältniss zwischen Geistern gehabt, sondern
auch diesem seinem Bilde gemäss sein eigenes Wollen und Verhalten eingerichtet habe, und da sich davon zunächst kein anderer
Grund, als das Dasein jenes Verhältnisses selbst denken lässt, so
erscheint der richtende als uneigennütziger, an das Wahre
um dessen selbst willen sich hingebender Geist.

§. 708. Dieser Schein ist vielleicht nur Schein, aber er
ist nothwendiger Schein. Dem wirklichen Richter ist es
vielleicht um nichts weniger als um die Herstellung der Eintracht
zwischen Geistern in völlig uneigennütziger Hingabe zu thun; er
hat gar nichts weiter als die Zerstörung des Scheins im Auge; da
aber durch diese die wahre Eintracht der Geister, wenn sie vorhanden ist, auch zu Tage kommt, so scheint er dieselbe beabsichtigt d. h. er scheint sich jenen Geistern mit völliger Uneigennützigkeit gewidmet zu haben, und der Aesthetik, welche vom
Seienden nichts weiss, genügt dieser Schein, dem Gerichteten
gegenüber. Auch der Verdacht blossen Scheins schwindet jedoch,
wo der Richter und der Gerichtete in eine Person zusammenfallen.
Der sich selbst Richtende nimmt den Schein zurück. dessen
Urheber er selbst gewesen ist. Er steht sich selbst als einem
Andern gegenüber, mit dessen Bild er sich selbst in Ueberein-

stimmung zu setzen bemüht ist. Der Andere, dessen Bild er sich mit uneigennütziger Hingabe widmet und um dessen willen er sich selbst verlengnet, ist er selbst, der Scheinerregende, aber nicht insofern er den Schein (als Gerichteter) für S e i n, sondern indem er ihn (als Richter) eben für S c h e i n nimmt.

§. 709. Diejenige Aufklärungsgenossenschaft, in welcher nicht nur jedes Glied Richter u n d Gerichteter, sondern in welcher überdiess das herrschende Verhältniss die Eintracht, also jede Verletzung derselben nur sich selbst aufhebender Schein ist, bietet als solche das Bild eines sich s e l b s t r i c h t e n d e n G e i s t e s dar, während in Wahrheit die Geister es sind, welche einander richten. Die Ge- richteten aber, insofern der unwahre Schein, welchen sie für wahres Sein nehmen, verschwunden, die scheinbare Zwietracht der wahren und nun auch offenkundig gewordenen Eintracht gewichen ist, sind dadurch in ein neues Verhältniss zu einander getreten. Da sie Geister d. h. bewusste Wesen sind, so kann ihre Eintracht von nun an auch nicht anders, denn b e w u s s t d. h. als Folge des W i s s e n s des Einen vom und um den Andern gedacht werden, indem Jeder nach dem Bilde, dass er vom Andern sich macht, seine eigene für denselben bestimmte sinnliche Aeusserung einrichtet. Die Herstellung des ursprünglichen Verhältnisses hat nicht bloss einem Miss- fälligen (der Zwietracht) ein Ende gemacht; an die Stelle der nur nicht missfälligen E i n t r a c h t ist der absolut beifällige E i n k l a n g der Geister getreten. Die Gerichteten sind durch die Vernichtung des Scheins in einen vollkommenern Zustand, als der ursprüngliche war, übergetreten: sie sind als u n e i g e n n ü t z i g ihr Verhalten z u m Andern nach ihrer Vorstellung v o m Andern einrichtende Wesen jetzt b e s s e r, als sie waren. Der richtende Geist in der Genossenschaft erscheint nun zugleich als b e s s e r n d e r, e r z i e h e n- d e r; ihr Stifter als B e s s e r e r, E r z i e h e r; der immanente sich selbst richtende Geist der Aufklärungsgenossenschaft als s i c h s e l b s t e r z i e h e n d e r; während im Grunde die Geister es sind, welche einander transcendirend, Einer den Andern, oder sich selbst transcendirend, Jeder sich selbst erziehen. Die Aufklärungsgenossen- schaft bildet sich um in eine E r z i e h u n g s g e n o s s e n s c h a f t d e r Geister.

§. 710. Wo der Geist der Eintracht nicht der herrschende,

die Folge der Aufklärung nur die Aufdeckung der Zwietracht ist, da fällt auch der Schein uneigennütziger Hingebung nicht auf den Richter zurück. Je heller die Zwietracht strahlt, desto mehr fühlen wir uns versucht, in der Aufdeckung derselben die eigentliche Absicht des Richters zu wittern, deren Erreichung ihm Freude macht. Wir sind geneigt ihm zuzutrauen, dass er dies Verhältniss zwischen den Andern gesucht und nur desshalb sein Betragen dem Bilde gemäss eingerichtet habe, um an der Offenlegung der Zwietracht seine Lust an derselben zu befriedigen.

§. 711. Dieser Schein ist vielleicht auch nur Schein, aber das Missfallen an der so zu Tage kommenden Zwietracht ist kein Schein. Der Erreger des falschen Scheins der Eintracht ist zwar gerichtet, aber er ist nicht besser geworden d. h. er ist nicht aus einem absolut missfälligen in einen beifälligen Zustand übergegangen, sondern nur von einem missfälligen befreit worden, um in einen andern desgleichen zu verfallen. Er scheint nicht mehr, aber er ist jetzt zwieträchtig. Er ist es als Geist d. h. als bewusstes Wesen, mit Bewusstsein; er richtet sich nicht nur nicht nach dem Andern, weil er ein Anderer ist, sondern er richtet sich, weil er ein Anderer ist, nicht nach ihm. Der Dämon der Aufklärung macht nicht nur die Geister nicht besser, als sie scheinen, sondern er macht sie so schlecht scheinen, als sie sind.

§. 712. Eine Genossenschaft, deren Zweck die ewige Zwietracht zwischen ihren Gliedern wäre, ist ein Selbstwiderspruch. Der Dämon der Aufklärung kann daher nur vereinzelt, er kann in der Aufklärungsgenossenschaft als dienendes Glied der Aufklärung, aber nicht selbst als Geist der Genossenschaft wirken. Damit sinkt jedoch die Zwietracht selbst nur zum Scheine, welcher der Auflösung harrt, herunter. Die wahre Aufklärungsgenossenschaft, welche des Scheins der Zwietracht bedarf, um ihn desto auffälliger und absichtlicher zu vernichten, kann nur die Erziehungsgenossenschaft sein.

§. 713. Der Kampf der Aufklärungs- mit der Sprachgenossenschaft löst sich daher in einen der Erziehungsgenossenschaft mit derselben auf, in welchem wie aller Schein, auch derjenige, den das künstliche Zeichen erzeugt, nur als Mittel der Erziehung zu dienen bestimmt ist. Aller vermeintlich gegebene Missklang zu dessen Vermeidung das künstliche Zeichen erdacht ward, kann vom Gesichtspunct der Erziehungsgenossenschaft aus nur ein vermeintlicher, in Wahrheit keiner sein, ein Mittel, um durch den erregten Schein des Gegentheils die bestehende Eintracht der Geister desto auffälliger zu machen. Alle künstlichen Zeichensysteme, auf illusorischer Basis nur scheinbarer Eintracht errichtet, können daher selbst nur erkünstelte, die Verträglichkeit zweier oder mehrerer Geister in derselben Erscheinung kann nur blosser Schein, jedem Geist muss in Wahrheit seine nur ihm angehörige Erscheinung, sein Leib in der Sinneswelt gegeben, alles damit in Widerspruch Stehende widerruflich sein. Die künstliche Correctheit der Geister in der Sinnenwelt muss ihrer natürlichen Reinheit, der negativen Kehrseite der positiven Einheit der Geisterwelt Platz machen.

§. 714. Die uneigennützige Hingabe des Geistes an sein Bild des andern Geists auf die Mehrheit der Geister übertragen, bringt die Folge hervor, dass jeder Geist nach seinem Bild von allen Uebrigen und alle Uebrigen nach ihrem Bilde von ihm sich richten. Dadurch entsteht eine gegenseitige Abspiegelung, eine qualitative Verwandtschaft aller dieser Geister unter einander, welche als geistige Einheit dieselben zur Geisterfamilie macht. Da nun die sinnlichen Erscheinungen verwandter Geister selbst auch Verwandtschaft zeigen müssen, so folgt, dass zwischen ihren Aeusserungen kein Streit herrschen wird, dass jede Erscheinung des einen Geistes auch Erscheinung eines andern Geistes, dass jedes ihrer sinnlichen Zeichen von selbst Allen gemeinschaftlich, dass die gesammte Geisterfamilie nicht nur das Bild eines Geistes, sondern auch eines Leibes darbieten muss. Da nun kein Streit zwischen ihren sinnlichen Aeusserungen herrscht, so wird es auch keines künstlichen Zeichens, da alle ihre Erscheinungen unter einander ähnlich sind, wird es auch nur einer gemeinsamen Sprache bedürfen d. h. die Sprache der ganzen Geisterfamilie wird eine Allen von selbst ohne Uebereinkommen verständliche natürliche Zeichen-, es wird eine Universalnatursprache sein, deren Geltung so weit als die qualitative Verwandtschaft der sie sprechenden Geister reicht und so lang, als diese Verwandtschaft selbst besteht.

§. 715. Bei der Verwandtschaft der Geister denkt hoffentlich Niemand an Blutsverwandtschaft. Die Aesthetik, die nichts vom Seienden weiss, weiss noch viel weniger vom Leiblichen im physiologischen Sinne des Worts. Die Sprache der Geisterfamilie ist keine „Nationalsprache", obwohl der sinnliche Stoff, dessen der Geist zu seiner Erscheinung sich bedient, den Geistern gemeinsam, Stoff der „Geisternation" ist. Worin der Geist sich verkörpert, das ist seine Sprache und so wird auch die Sprache im gemeinen Sinn des Worts, die Nationalsprache, für ihn zum Stoff, wie die Welt des Lichtes und der Farbe, der Luft und der Klänge, der palpablen Materie und des Getastes. Die Verwandtschaft der Geister unter einander, in welche die Leiber, die physiologische Nation, hinein- wachsen, denen aber auch jeder Zweig, der nicht am Stamme gewach- sen ist, aufgepfropft werden kann, bildet die w a h r e Nation, die vom Blut nur so viel oder so wenig als das psychische Leben über- haupt von physiologischen Bedingungen abhängt, und von einer spiritualistischen, die den Leib aus dem Geist, wie von einer mate- rialistischen Anthropologie, die den Geist aus dem Leibe erklärt, entweder gar n i c h t oder a l l e i n als „Volk" angesehen wird.

§. 716. Dem natürlichen stehen die künstlichen Zeichensy- steme wie M a n i e r e n dem S t i l, wie im unvollendeten Vorstel- len G e m a c h t e s dem im vollendeten G e g e b e n e n, wie das künstliche Natur- und künstliche Regel- dem natürlichen Natur- und Kunstregelsystem gegenüber. Wie sie geschichtlich in engern oder weitern (Familien-, Stammes-, Standes-, Nations-, Zeitalter-) Kreisen hervorgetreten sind, stellen sie, wo sie mit den natürlichen nicht zusammenfallen, gleichfalls eine Reihe von Z e i c h e n v e r i r- r u n g e n dar, welche zusammen die Geschichte d. i. die P h ä n o- m e n o l o g i e d e s n a t ü r l i c h e n Z e i c h e n s y s t e m s im Gegen- satz zu diesem selbst als im vollendeten Vorstellen, unwandelbarem N o u m e n o n ausmachen. Nach dieser als innerhalb des Umkreises der verwandten Geister Allen ohne Erklärung verständlicher und gemeinschaftlicher Zeichensprache strebt jeder Geist, der s e i n e Erscheinung Andern sicht-, hör- oder tastbar machen will, der ästhetische nicht weniger, als der wissende und practische, der göttliche wie der menschliche und der Naturgeist, der religiöse, der menschen- und naturfreundliche, der Geist der Schrift- und Bild- wie jener der Laut- und Geberdensprache, wovon um nur Eines zu

nennen, die Bemühungen der heutigen Sprachforschung um das
natürliche Laut - und gemeinschaftliche Buchstabensystem, um
der vielfach genannten und versuchten „Universalsprachen" und
„Schriften-, „Pasilalicen" und „Pasigraphieen" zu geschweigen,
hinreichendes Zeugniss geben.

§. 717. Die Form der Ebenbildlichkeit auf die Mehrheit
übertragen verlangt, dass in jedem der darin begriffenen Geister
ein Vorbild vom Geist, in den denkenden das des logischen, wie
in den überhaupt vorstellenden das des ästhetisch vorstellenden, in
den religiösen das des Göttlichen, dessen Ebenbild der Mensch
zu sein berufen sei, lebe. An sich besitzt keines dieser Vorbilder
vor den andern einen Vorzug; in der Gesammtwelt der Geister
nimmt der denkende, insofern er ein getreues Ebenbild des logischen Geistes abspiegelt, denselben Rang ein, wie der Schöngeist, der ohne Rücksicht auf Wahrheit das Kunstwerk des Vorstellens repräsentirt, der fühlende, welcher das Musterbild des
Fühlens, der wollende, welcher das Ideal des Wollens nachahmt.
Nur innerhalb seiner Classe weist dem Einzelnen der Grad,
in welchem er seinem mit allen Uebrigen derselben Ordnung gemeinsamen Vorbild Genüge thut, seine gebührende höhere oder nie-
drigere Stufe an. Alle aber demselben Vorbilde Nachstrebenden
haben in diesem ihre Seele, die sie zur Einheit verbindet; sie stellen insofern eine beseelte und durch das gemeinsame Vorbild,
welches sie alle abbilden, verwandte Genossenschaft dar, deren
gemeinsamer Zweck die Durchführung ihres Vorbildes ist, eine beseelte Gesellschaft.

§. 718. Geisterfamilie und beseelte Gesellschaft der Geister
verhalten sich so, dass in jener Jeder den Andern, in dieser
Alle dasselbe Vorbild nachahmen, welches bei letzterer daher nicht
wie bei jener aus dem Kreise der Mitglieder selbst genommen sein
muss. So ist die religiöse Gesellschaft des göttlichen Geistes voll,
aber nur die Gemeinschaft Gottes mit den Gläubigen begründet
die „Gottesfamilie", die Kirche; für Jene ist Gott, ihr Vorbild,
ausser, für diese als lebendiges Haupt, dessen Stellvertreter nur
der sichtbare Vorstand der Kirche ist, selbst mit in der Gesellschaft, Mitglied, nicht bloss Muster. Die beseelte Gesellschaft
setzt durchaus Gleiche (Freunde, Waffenbrüder, Schulgenossen)

voraus, die Geisterfamilie nur Gleichartige (Eltern und Kinder, Herren und Knechte, Lehrer und Gläubige).

§. 719. Die Form der Vollkommenheit schliesst die grösste Mannigfaltigkeit wie die intensivste Entwicklung aller und jedes Gliedes der Geistergenossenschaft und zugleich eine solche Anordnung derselben ein, welche jedem die ungehinderte Entfaltung seiner Anlagen und Kräfte gestattet. Die Genossenschaft der Geister erscheint hier als Genossenschaft der Geistvollen, sei dieses nun vorstellender, fühlender oder wollender Geist, wenn nur in der Ordnung des Ganzen dafür gesorgt ist, dass des Kopfes nicht zu viel gegen das Herz und beider gegen den Willen werde. Wie der einzelne Geist als vorstellender, fühlender und wollender in sich, so soll auch die Geistergemeinschaft in dieser Beziehung einen vollkommenen Anblick gewähren, in welcher jeder mit starker Einseitigkeit und Vielseitigkeit ausgerüstet, jeder zugleich als Individuum geltend und dem Gesammtgeist dienend, die Gegensätze der Einheit und Mannigfaltigkeit gegen einander aus gleichen helfe.

§. 720. Dies Alles zusammengefasst, entsteht das Bild einer beseelten Gesellschaft, deren Vorbild Sprach-, Aufklärungs- und Erziehungsgenossenschaft, Geisterfamilie und Genossenschaft der Geistvollen in sich fasst, das Kunstwerk des Socialgeists, die schöne Geistergenossenschaft, das Geisterreich.

Zweites Kapitel.

Der sociale schöne Geist.

———

§. 721. Auf die besondere Beschaffenheit des Socialgeists, ob er selbst schöner und zwar s c h ö n v o r s t e l l e n d e r (S c h ö n - g e i s t) oder s c h ö n f ü h l e n d e r (s c h ö n e S e e l e) oder s c h ö n w o l l e n d e r Geist (s c h ö n e r Charakter §. 366) sei, ist bei dem Entwurf seines wohlgefälligen B i l d e s keine Rücksicht genommen worden. Die nachstehende Auseinandersetzung hat den Zweck, die Aenderungen sichtbar zu machen, welche an diesem Bilde, sowie an dem des Geisterreichs sich ergeben, wenn dabei lediglich a) auf dessen V o r s t e l l e n und zwar, da die Aesthetik dasselbe ausschliesslich als V o r s t e l l e n, nicht als E r k e n n e n betrachtet, auf das Vorstellen als solches, auf den vorstellenden Geist als ä s t h e t i s c h e n, den S c h ö n g e i s t, oder b) auf dessen F ü h l e n oder c) auf das W o l l e n gesehen wird.

A. Das sociale schöne Vorstellen: die ästhetische Gesellschaft.

§. 722. Darin bleibt es sich gleich, dass der S c h ö n g e i s t, die P h a n t a s i e, wie der l o g i s c h e G e i s t, das W i s s e n, seine Verkörperung sucht und findet in einer sinnlichen Erscheinung für den andern Geist, aber das Eigenthümliche kommt hinzu, dass es ihm dabei weder um gemeinschaftliches F ü h l e n noch um ein eben solches W o l l e n, sondern nur um ein gemeinschaftliches V o r s t e l l e n, dem logischen Geiste eben um ein g e m e i n s c h a f t l i c h e s E r k e n n e n zu thun ist, dass also sowohl die Vollkommenheit des social vorstellenden Schöngeistes, wie seine übrigen Formeneigenschaften n u r das ästhetische (beim logischen Geist das erkennende) Vorstellen angehen. Während daher die ·V o l l k o mmenheit des socialen schönen Geistes verlangt, dass dessen Vorstellen mannigfaltig, in jedem Theile vollendet entwickelt, in allen wohlgeordnet, die des socialen logischen Geistes insbesondere fordert, dass dessen Vorstellen mannigfaltiges, entwickeltes und systematisches Wissen sei, heischt die Form der E b e n b i l d l i c h k e i t, dass jeder sociale schöne Geist als vorstellender seinem Vorbilde, dem Geist als vorstellenden gleiche d. h. dem psychischen, jeder sociale logische Geist als erkennender dagegen dem seinen, dem Geist als wissenden d. h. dem logischen Kunstwerk des Geistes d. i. dass jener S c h ö n g e i s t, dieser w i s s e n d e r Geist sei.

§. 723. Die Form der uneigennützigen Hingabe eines Geists an den andern Geist verwandelt sich hier für den ästhetischen in eben solche des schönen Geists an sein Bild eines andern schönen Geists, für den logischen dagegen in eben solche des erkennenden Geistes an s e i n Bild eines andern erkennenden Geistes, dem er erscheint oder zu erscheinen sich vorstellt. Die Phantasie richtet sich als sinnlich erscheinende nach ihrem Bilde dessen ein, dem sie erscheint, oder erscheinen zu können glaubt, das Wissen (Denken) als sinnlich erscheinendes nach dem Vorbild dessen, dem es sich mittheilt, oder mittheilen zu können der Meinung ist. Die Uneigennützigkeit liegt dabei darin, dass der Grund, s o vorzustellen, s o zu denken, kein anderer ist, als die Vorstellung, ein A n d e r e r stelle s o vor, denke s o. Das eigene Vorstellen und Denken ist daher zwar m o t i v i r t, aber da dieses Motiv eben nichts anderes als die eigene Vorstellung ist, ein A n d e r e r stelle so vor und denke so, zugleich m o t i v l o s. Es ist reine Gabe, freies Geschenk an den Andern, dessen Bilde das eigene Vorstellen sich a n b e q u e m t. Die Harmonie bleibt, auch wenn das Bild selbst ein falsches, wenn weder das Vorstellen noch das Denken des Andern s o beschaffen ist, wie i c h es vorstelle; denn sie ist bloss subjectiv, sie besteht zwischen meinem w i r k l i c h e n Vorstellen (Denken) und m e i n e m B i l d e eines andern Vorstellens (Denkens), die A b b i l d s c h a f t meines Bildes ist dazu nicht erforderlich.

§. 724. Der reine ästhetische Geist also c o p i r t sein Bild eines Andern, der reine denkende ahmt sein Bild eines Andern im wirklichen Denken nach. Das scheint auf den ersten Blick nichts anderes zu sein, als Nachäfferei, Copistenthum, der Tod

aller geistigen Originalitat. Möchte es sein, dass in der uneigennützigen Hingabe des eigenen an ein fremdes Vorstellen etwas
Schönes liege, so wurzelt doch zugleich eine grosse Gefahr darin,
nicht nur dass u n v e r s t ä n d i g, sondern zugleich dass nur
n a c h g e a h m t werde. Sei es, dass sich der Nachahmende treu an
s e i n Bild eines Andern halte, wer bürgt dafür, dass dieses Bild
verdiene nachgeahmt zu werden, sei es nun richtig oder falsch?
§. 725. Darauf bemerke man Folgendes. Es findet hier ein
ästhetisches Verhältniss statt, also müssen die Glieder h o m o g e n
sein. Wenn der Nachahmende ästhetischer Geist, so kann das Bild,
das er nachahmt, nichts anderes als wieder das Bild eines ästhetischen Geistes sein. Sein Vorstellen wird s o, wie das B i l d des
Andern, dem er erscheint, beschaffen ist. Ist dieses ästhetisch, so
ist auch sein Nachbild ästhetisch, ist dieses wahres Denken, so ist
auch das Nachbild ein solches. Es kommt also nur auf den Nachahmenden an, das Bild dessen, dem er erscheinen will, so hoch, freilich auch es so niedrig zu stecken, als immer möglich, der Einklang zwischen seinem Bilde und seinem wirklichen Vorstellen
(Denken) wird immer wohlgefällig bleiben. Ist das Bild, das er
vom Andern hat, das Bild eines ästhetischen d. h. durchaus wohlgefällig geformten Geists, so wird er, um mit ihm in Harmonie zu
bleiben, selbst seinem Vorstellen ästhetische Formen geben. Ist es
das Bild eines nach logischen Normen verfahrenden Denkens, so
wird sein eigenes Denken um desswillen logischen Normen zu
entsprechen sich bemühen. Aber auch wenn das Bild des andern
Geistes, das eines unästhetischen, irrthümlichen, wird die uneigennützige Treue, mit welcher, ohne nach dem W e r t h des Andern
zu fragen, bloss das Bild des Andern nachgeahmt wird, ihren
Werth behalten.

§. 726. Zwischen dem Bilde, das sich der aufmerksam
G e n i e s s e n d e vom S c h a f f e n d e n macht, und dem G e n i e s s e n-
d e n selbst entsteht in Folge dieses Verhältnisses ebenso wie zwi-
schen dem S c h a f f e n d e n und dem Bilde, das dieser sich vom
G e n i e s s e n d e n macht, eine innere Verwandtschaft. Der Schaf-
fende schmiegt sich dem Geniessenden, der Geniessende Jenem an,
Jeder sucht sein eigenes Vorstellen ganz und ungetrübt nach seinem
Bilde des Andern zu gestalten. Einer assimilirt sich dem Andern,

oder doch wenigstens dem, was er für den Andern hält. Der Schaffende vergisst sich selbst, um sich ganz in die Seele des Betrachters, der Betrachter sich selbst, um sich ganz in den Geist des schaffenden Künstlers zu versetzen. Ob es ihm gelingt, ob der Hörer, der Leser, der Beschauer den Musiker, den Dichter, den Bildner verstanden, ob umgekehrt dieser sein wirkliches, nicht sein erträumtes Publicum richtig erkannt hat, wer weiss es? Aber der uneigennützigen Hingebung des Einen an den Andern nähme auch dieser äusserliche Irrthum des Erkennens nichts an jener Schönheit.

§. 727. Wo es sich nicht bloss um die Mittheilung von Vorstellungen, wo es sich um solche richtiger und giltiger Vorstellungen handelt, wird das Verhältniss zum Einklang zwischen dem Lehrenden, der dem Bedürfniss des Lernenden, dem Gläubigen, welcher der Mittheilung des Lehrenden uneigennützig und rückhaltslos entgegenkommt. Der Lehrende, der etwas mitzutheilen hat, muss vor allem ein Bild von demjenigen in sich tragen, dem er mitzutheilen denkt. Mit diesem Bild in seiner wirklich erfolgenden Mittheilung in Uebereinstimmung zu bleiben, ist sein erstes Gesetz und die Schönheit dieser Harmonie wird nicht gestört dadurch, dass das Bild, das er sich von seinem Schüler macht, mit demselben, wie er wirklich ist, nicht harmonirt. Der Gläubige aber macht sich aus der Mittheilung des Lehrenden ein Bild von dem, was dieser für wahr halte, mit dem er sein eigenes Fürwahrhalten in Uebereinstimmung setzt, und diese Harmonie wird nicht gestört, weder wenn sein Bild von der Mittheilung des Lehrenden (seine Auffassung) falsch, noch wenn diese selbst unwahr ist. Die Hingebung des Lehrers an den Schüler, wie die des Gläubigen an den Lehrer ist ein freies, motivloses Geschenk; weder der Inhalt der Mittheilung, noch das Gewicht der Gründe, einfach der Umstand, dass der Andere ein Anderer ist, wird zum Grunde des Lehrens, des Glaubens. Zwischen Lehrer und Schüler, zwischen Gläubigem und Lehrer bildet sich in Folge der gegenseitigen Anbequemung an des Andern Bild, wenn dasselbe das richtige ist, wirkliche, wenn dasselbe ein erträumtes ist, wenigstens erträumte Geistesverwandtschaft heraus, in welcher der Lehrer des Schülers, der Gläubige des Lehrers Bild abspiegelt im Lehren und Fürwahrhalten wenigstens, so wie ihnen dasselbe mit Recht oder mit Unrecht beim M i t t h e i l e n und E m p f a n g e n vorgeschwebt hat.

§. 728. In der Schönheit der Harmonie zwischen dem Bild eines f r e m d e n und dem e i g e n e n Vorstellen stehen Geniessen der und Schaffender, Lehrender und Glaubender einander g a n z g l e i c h. An jedem gefällt die uneigennützige Selbstverleugnung, mit welcher er ganz im Bilde des Andern aufgeht, und mit Recht hat man gesagt, dass ein Glaube, der nicht auf solcher beruhe, kein rechter Glaube sei. Wer es nicht zu diesem Aufgeben seines individuellen Selbstes dem Bild eines Andern gegenüber bringen kann, taugt so wenig zum Geniessen wie zum Schaffen, zum gläubigen Aufnehmen wie zum Lehren. Der Beschauer muss das Bild, das er vom Schaffenden gewinnt, selbst im Innern n a c h s c h a f f e n, der Gläubige das Wissen, das er vom Andern annimmt, selbst im Innern n a c h w i s s e n. Er muss es thun, weil das Bild eben das eines A n d e r n, nicht aber, weil es etwa das eines Mächtigern, Berühmten, auch nicht etwa, weil es einmal das eines nicht anders als wissend sein könnenden ist (eines absoluten Geistes, das allein ästhetische Geniessen wie das ästhetische Glauben hat keinen andern, als den grundlosen Grund, kein anderes als das motivlose Motiv, dass es eben ein A n d e r e r ist, der so v o r s t e l l t und f ü r w a h r h ä l t.

§. 729. Wie sehr diese Art Aufnahme vom mechanischen Nachäffen, diese Art Glauben vom rohen Autoritätsglauben unterschieden sei, bedarf keiner weitern Auseinandersetzung. Es ist der einzige Glaube, der keiner Gründe bedarf, während jeder andere, das W i s s e n parodirend, Gründe anführt, die keine s i n d. Es ist das einzige Aufnehmen, das treu und doch b e w u s s t, weil aus der Vorstellung eines A n d e r n hervorgehend, nicht gedankenlos als ein Spiel der Association zwischen Sinneswahrnehmung und Muskelbewegungen, wie das ansteckende Gähnen oder Lachen erfolgt. Es ist eine Nachahmung, wie deren keine Mittheilung, die für einen A n d e r n bestimmt ist, eine Hingabe, wie deren kein Empfangen, dessen Object v o n einem A n d e r n kommt, entbehren kann, dessen ästhetische Wohlgefälligkeit aber in der Entäusserung des Privatsubjectes, in der vollendeten Harmonie des eignen Vorstellens mit dem Bilde des f r e m d e n liegt.

§. 730. Geniessender und Lernender sind für den Schaffenden und Lehrenden, Diese für Jene bisher nur noch in Gedanken
vorhanden. Der für Andere Schaffende trägt sein Publikum zunächst in sich, selbst als ideale Schöpfung, wie der Andere
Lehrende die Schüler. Auf den Inhalt des zu Schaffenden wie
auf jenen des zu Lehrenden kommt es dabei gar nicht an, so
wenig wie auf die Stufe der Bildung, welche der ideale Hörer
oder Beschauer einnimmt, am wenigsten auf den Umstand, ob
ein Solcher, wie ihn der Schaffende und der Lehrer denkt, auch
wirklich vorhanden sei. Der für einen Andern Vorstellende
dient diesem Andern, oder vielmehr seinem Bilde desselben in
diesem Augenblick wirklich, und nicht darin, dass er ihm dient,
kann etwas Missfälliges liegen, sondern allein in der Beschaffenheit
dessen, dem er dient. Wenn der dramatische Dichter ein lach-
lustiges, niedrig gestimmtes Publikum sich denkt, aber für dieses
in Uebereinstimmung mit dem Bilde sein Schaffen einrichtet, mögen
wir die Mühe und Zeit bedauern, die er an Niedriges verschwen-
det, aber das Lob, dass er im Einklang mit seinem Bilde des
Geniessenden geblieben, werden wir ihm nicht versagen können.

§. 731. Am wenigsten wird aber der Tadel, dass sein Bild
selbst ein falsches gewesen, dem Lob des Einklangs mit demselben Schaden thun. Der Dichter, der Schriftsteller, der Lehrer
kann sich in seinem Bilde vom wirklichen Publikum irren,
wenn er nur in der fortdauernden Harmonie seines Schaffens mit
seinem Bilde des Publikums sich nicht irren lässt. Die Unver-
ständlichkeit der Geistesäusserung für ein gegebenes empi-
risches Publikum ist nur dem augenblicklichen Erfolge desselben
ungünstig ; der Schaffende hat seinen Beruf erfüllt, wenn er dem
Publikum, das er sich dachte, verständlich blieb. Auch das Werk
des Künstlers kommt wie das Paradoxon oft „um ein Jahrhundert
zu früh." Der ästhetische Geist denkt als Geniessende ästhetische,
der logische als Empfangende logische Geister ; dächte er andere,
er wäre nicht, was er ist. So bleibt er, indem er mit diesem
Bilde im Einklang bleibt, selbst ästhetisch, der logische selbst
logisch, dichtet der Dichter mit Dichtern, denkt der Denker mit
Denkern in Harmonie.

§. 732. Das alte Wort „sage mir, mit wem du umgehst, und

ich sage dir, wer du bist- gilt auch vom s o c i a l e n V o r s t e l l e n.
Wer sein Vorstellen nach dem Bilde richtet, das er von einem
Andern hat, wird dem Bilde selbst ähnlich, wer sein Fürwahr
halten nach dem Fürwahrhalten eines Andern modelt, macht dessen
Glauben zu dem s e i n e n. Die Vorstellung eines niedrigen Publikums zieht den hohen Künstlergeist herab, das Bild eines erhabenen
Dichtergeistes hebt ein niedriges Publikum empor. Der Dichter
kann der Sohn seiner Zeit werden, wenn er sich ihrem Bilde bequemt, die Zeit kann des Dichters Kind werden, wenn sie sein
Bild als Panier entfaltet. S c h i l l e r und G o e t h e haben ihre Zeit gemacht, weil sie sich von ihrer Zeit nicht haben machen lassen.

§. 733. Wie der Geist überhaupt, so verkörpert das Vorstellen sich in der sinnlichen Erscheinung, als der S p r a c h e d e s
V o r s t e l l e n s. Die Sinneswelt als materieller, belebter oder leb-
loser, ponderabler oder imponderabler Stoff wird Stoff f ü r das
Vorstellen, verwendbares Material, um dadurch Andern zu erscheinen.
W i e es der vorstellende Geist mache, um des sinnlichen Stoffes
Herr zu werden, gehört nicht hieher; d a s s er desselben Herr sei,
wird vielmehr vorausgesetzt. Wie der Geist in seiner Selbsterscheinung i d e a l e r, so ist er in seiner Erscheinung für Andere
r e a l e r Künstler; wie dort des psychischen (des Vorstellungsmate-
rials und Ablaufs), so ist er hier des sinnlich gegebenen physischen
(des körperlichen Materials mit seinen Bedingungen) Stoffs mächtig;
wie dort das i d e a l e d. h. das nur von i h m selbst, die P h a n t a s i e,
so bringt er hier das r e a l e d. h. das von A n d e r n, also s i n n-
l i c h wahrnehmbare Kunstwerk des Vorstellens hervor, die v e r-
k ö r p e r t e P h a n t a s i e, die als Erscheinung des Geists für den
Andern Phantasie des Geists als Socialgeist, also S o c i a l p h a n t a-
s i e ist. Die Mittel, mittels deren der Geist den psychischen Stoff,
das gemeine Vorstellen, zur Phantasie, zum Kunstwerk des Vorstellens bewältigt, machen die p s y c h i s c h e, diejenigen, mittels
deren er hier den physischen Stoff, die sinnliche ponderable oder
imponderable Materie zur realen Phantasie, zum realen Kunstwerk
des Vorstellens gestaltet, die p h y s i s c h e T e c h n i k des Kunstwerks aus. Diese aber kann ebensogut in einer einzigen Person vereinigt, als an Mehrere vertheilt sein, wodurch der Unterschied
zwischen schaffenden und ausführenden Künstlern, welcher nur der

physischen Technik d. i. der Verkörperung der Phantasie in der Sinneswelt für Andere angehört, zum erstenmal hervortritt.

§. 734. Wie den Arten der Phantasie d. i. des idealen, so widmen wir auch den Arten der Socialphantasie d. i. des realen Kunstwerks des Vorstellens ein besonderes Capitel. Von selbst erhellt, dass sie so vielfach sein müssen, als die Phantasie es selbst ist, wobei die anhaftende Natur des in der Erfahrung gegebenen sinnlichen Materials, des Leblosen und Lebendigen, des Imponderablen wie des Ponderablen mit allen demselben innewohnenden physiologischen, anatomischen, chemischen und physikalischen Bedingungen der Verkörperung des Vorstellens je noch besondere Schwierigkeiten in den Weg stellt. Die Phantasie, das Aesthetische, das nichts vom Seienden weiss, berührt sich hier mit dem Scienden, mit der Metaphysik, die nichts von Aesthetik weiss, und es ist nicht von vornherein zu erwarten, dass die erstere, wenn sie alle Forderungen der Aesthetik, alle Normen des Wohlgefälligen erfülle, desshalb auch mit allen Bedingungen der Natur, den Naturgesetzen, sich im Einklang befinden werde. Letzteres ist vielmehr eine Annahme, welche sich auf die Voraussetzung einer ästhetischen Natur, d. h. einer solchen, für welche ästhetische Normen zugleich Naturgesetze sind, gründet, von deren Sein die Aesthetik aber ebensowenig weiss als von dem irgend einer andern.

§. 735. Die in der sinnlichen Erscheinung verkörperte Phantasie, das reale Kunstwerk, ist insofern eine gesprochene. Ob die Sprache des Vorstellens durchaus natürliche oder zum Theil wenigstens künstliche sei, hängt von der weitern Ueberlegung ab, welcher Art das zu verkörpernde Vorstellen selber sei. Dasselbe ist nämlich entweder Formenvorstellen oder Empfinden oder eigentliches Gedankenvorstellen. Das Bedürfniss künstlicher Zeichen aber hängt von dem Umstande ab, ob eine gewisse sinnliche Erscheinung zweien oder mehreren Erscheinenden Raum biete, oder das Gegentheil. Wo es der Fall ist, herrscht Eintracht zwischen den erscheinenden Geistern, wo es nicht der Fall, Zwietracht. Im ersten Fall von selbst gemeinschaftlich, muss das Zeichen im zweiten erst gemeinschaftlich gemacht werden.

§. 736. Für das blosse Formenvorstellen sind die Formen

selbst, seien es nun simultane oder successive, im sinnlichen Stoff
wahrnehmbar dargestellt, das natürliche Zeichen. Die metrische, lineare, planare und plastische wie die rhythmische Phantasie
hat nichts weiter zu thun, als ihre Formen im Stoffe (leblosem
oder lebendigem, ponderablem oder imponderablem) wahrnehmbar
zu machen, so versteht von selbst der Andere, welche Form hier
gemeint sei. Proportion, Symmetrie, Rhythmus, Linien, Ebenen und
Körperflächen lassen sich nur durch sich selbst aus der
Phantasie des Einen in die des Andern übertragen, aus dem vereinzelten in ein gemeinschaftliches, sociales Formvorstellen
verwandeln. Der messende, zeichnende, formende, rhythmische Geist
spricht durch seine sinnlich wahrgenommenen Masse, Linien, Körperformen und Rhythmen unmittelbar zu uns, mag er sie nun wie der
Baukünstler an Gebäuden, oder wie der Bildhauer an Menschen
und Thiergestalten in Stein, Metall oder Holz, wie der Zeichner
durch Umrisse, wie der Antomimiker an seiner eigenen, wie der
Chorage an der lebendigen Person des Tänzers, Mimikers und
Schauspielers zur Versinnlichung gebracht haben.

§. 737. Ebenso sind für die blossen Empfindungen, die
Farben- und Tonempfindungen, die Farben und Töne d. i. die
physikalischen Vorgänge im Aether- und Luftmeer, die rhythmischen Wellenbewegungen, das natürliche Zeichen, welche
ihrerseits wieder auf den Seh- und Hörnerv des oder der Anderen
wirkend dieselben Empfindungen in diesem erzeugen, deren Vorstellung Grund ihrer Entstehung im Aether- und Luftmeer geworden
sind. Hier ist es gleichfalls unmöglich, dass ein Missverständniss
stattfinde. Die Empfindungsphantasie des Einen muss sich der für
Beide gemeinsamen Gesetze des optischen und akustischen
Stoffs wegen, in dieselben physikalischen Vorgänge übersetzen, in
welche der Andere bei gleicher Empfindungsvorstellung sie trans-
poniren müsste. Die physikalischen Medien, wie die Raum- und
Zeitformen sind schlechthin Allen gemeinschaftlich; Formen-,
Farben- und Tonsprache daher auch Jedem ohne Weiteres verständlich. Aus den Licht- und Farbenreizen, welche die Folgen
der physikalischen Aetheroscillationen, der Intensität und Gestalt
der Aetherwellen sind, spricht uns unmittelbar die chromatische
wie aus den Hörreizen, den Folgen der atmosphärischen Luftwellen,

ihrer Zahl, Grösse und Form, die phonetische Phantasie des Andern an, es bedarf keines Schlüssels, um aus den Farben den Farben-, aus den Klängen den Tongeist des Andern zu errathen.

§. 738. Formen- und Empfindungsvorstellen hat seine natürliche Sprache, die so weit als das Reich der in Raum und Zeit mit Auge, Ohr und Tastorganen sinnlich vorstellenden Geister reicht, von Jedermann ohne Schwierigkeit verstanden wird. Erst dort, wo die Möglichkeit eintritt, dass dieselbe Sinnlichkeit zweien oder mehreren verschiedenen Aeusserungen zur Erscheinung dienen soll, beginnt mit der Möglichkeit des Nichtverstehens auch das Bedürfniss künstlicher Zeichen.

§. 739. Diese Möglichkeit tritt beim Gedankenvorstellen ein, und hier finden sich auch zuerst die künstlichen (sicht-, hör- oder tastbaren) Zeichen. Zwar nicht jedes Gedankenzeichen muss nothwendig künstlich, es kann auch natürlich d. i. ohne Erklärung Jedermann verständlich sein und dazu gehören alle, welche eine Darstellung, sei es sicht- oder hörbare, des Gegenstands des Gedankens z. B. der Anschauung, oder doch irgend eines wesentlichen oder unzertrennlichen Merkmals desselben enthalten, welche daher ein sicht- oder hörbares Abbild des ganzen oder eines hervorragenden Theils dieses Gegenstandes sind. Die Bilderschrift, insofern sie den Gedanken durch das Bild seines ganzen oder theilweisen Objects sichtbar, die Onomatopöe, insofern sie denselben durch einen den Klang desselben nachahmenden Laut hörbar, die Mimik, indem sie das zu Bezeichnende oder eine charakteristische Bestimmung desselben an den Theilen des eigenen Leibes sicht- und tastbar darstellt, ruhen insofern auf natürlichen Zeichen von allgemeiner Verständlichkeit. Dieselben reichen nicht aus, wo sich nichts sicht- oder hörbar abbilden, oder doch nichts so abbilden lässt, dass es ohne Verständigung verstanden werde. Die Fülle der Gedanken geht weit über die sinnliche Gegenstandsvorstellung hinaus und auch für den Umfang der letztern sind die Mittel der Darstellung, insbesondere aber die am eigenen Leibe zur Verfügung gestellten, die Stimm- und Bewegungsmuskeln, das Organ hörbarer und sichtbarer Gedankenzeichen, beschränkt.

§. 740. Das menschliche Stimmorgan ist durch seine physio-

logische Beschaffenheit auf die Hervorbringung einer beschränkten
Anzahl von Urlauten (Vocalen) angewiesen, welche musikalischen
Tönen ähnlich, durch das Hinzukommen mannigfacher Geräusche
in der Mundhöhle zu Consonanten artikulirt und damit zu einer
verhältnissmässig noch immer geringen Menge von Lauten erweitert
werden, mit welcher das Gedankenvorstellen die hörbare Versinnlichung seines Gedankenschatzes bestreiten muss. Physiologische
Ursachen verringern oder verändern im Laufe der Zeit die ursprüngliche Lautirfähigkeit noch beträchtlich und legen dadurch den
körperlichen Grund zu verschiedenen Sprachen, insofern sich dieselben auch durch das verwendbare Lautmaterial von einander
unterscheiden. Combination dieser Laute zu kleinen und grossen
Ganzen nun bildet den phonetischen Schatz, dessen Ausbildung
und Bereicherung mit jener des Gedankenschatzes weit entfernt ist
Schritt zu halten. Hier stellt sich zuerst in der Verwendung desselben Lautzeichens für verschiedene oder verschiedener für
dieselben Gedankenäusserungen das Bedürfniss ein, gewisse
Lautcombinationen gewissen Gedanken als gemeinschaftliche
Lautzeichen zuzuweisen.

§. 741. Wie dieses vor sich gehe, ob bewusst oder unbe-
wusst, die Genesis der Lautsprache, sei es nun als Natur- oder als
geschichtliche Erscheinung, geht die Aesthetik nichts an, nur dass
es geschehe und auf diese Weise missfälliges Missverständniss nicht
geduldet werde, liegt in ihrem Interesse. Dasselbe Lautzeichen
soll verschiedenen Geistern zur Erscheinung ihrer Gedanken
dienen und kann es nur dann, wenn diese Gedanken selbst nicht
verschieden sind d. h. Beide mit demselben Wort auch denselben
Gedanken verbinden. Wo nun das Lautzeichen selbst nicht ein
natürliches ist, kann diese Verbindung desselben Gedankens mit
demselben Wort nur auf künstlichem Wege hergestellt werden,
aber zugleich auch nur für Diejenigen und nur so lang
Giltigkeit besitzen, von welchen und für wie lange sie hergestellt
worden ist. Die Folgen sind künstliche Lautsprachen,
deren es ebenso gut mehrere, als es der natürlichen, bei welcher
jedes Laut- das natürliche Zeichen des Gedankens wäre, nur eine
geben kann. Dass die letztere nicht wirklich besteht, davon ist
die Ursache nebst andern schon in der Verschiedenheit

der physiologischen Lautbasis bei verschiedenen Volksstämmen zu suchen.

§. 742. Jede menschliche Sprache, Laut- oder Geberden-oder Bildersprache enthält daher sowohl natürliche als künstliche, allgemeine und nur im Kreise der Sprachgenossen verständliche Zeichen. Je weniger der letztern, je mehr sie der erstern enthält, desto weiter dehnt sich der Umfang ihrer Verständlichkeit aus. Die sicht- und hörbare Bild, die Geberdensprache haben in dieser Hinsicht Vortheile vor der Lautsprache voraus, welche nur in einzelnen Lauten (Interjectionen, onomatopöischen Lauten) qualitative, im Modulatorischen des Lauts, so wie in der Zuhilfenahme des Rhythmischen quantitative Auskunftsmittel besitzt, nachahmend und andeutend Verständlichkeit über den Kreis der künstlichen Sprachgenossenschaft hinaus zu gewinnen.

§. 743. Die künstliche Sprache (sichtbare oder hörbare) weist jedem Gedanken, wo misfälliger Streit darüber entstehen könnte, sein ihm gebührendes künstliches (sicht- oder hörbares) Zeichen zu und das Gesetz, worin diese Vorschrift für den Gebrauch des künstlichen Zeichens enthalten ist, mag das künstliche Sprach gesetz, der gesetzliche Sprachgebrauch heissen. Dasselbe hat wie sich von selbst versteht, nur für Diejenigen Giltigkeit, welche darüber (auf welche Art immer, durch Gewalt oder Gewöhnung) übereingekommen sind, und seine einzige Sanction ist sein Zweck, Eintracht zwischen den Geistern der Sprechenden und Vernehmenden herzustellen. Wo dieser Zweck nicht mehr erreicht wird, da erlischt die Verbindlichkeit des Sprachgesetzes von selbst; solange er aber noch erreicht wird, ist jede einseitige Aufhebung der zugewiesenen Bedeutung ein Bruch des Uebereinkommens, der den Uebertreter missfällig macht, weil er die Zwietracht wiederherstelle. Da alle künstlichen Zeichen auf Willkür beruhn, so hat der Sprachgebrauch Recht, wenn er sich selbst einen „Tyrannen" nennt; solange die Tyrannei aber allgemein d. h. die Tyrannen die überwiegende Mehrzahl sind, ist die Minderzahl der Verbrecher. Archaismen und Solöcismen sind einmal „Sprachgebrauch" gewesen und der jetzige „Sprachgebrauch" wird einmal Archaismus sein. Das nur künstliche Zeichen hat keinen Anspruch auf unverändert dauernden Fortbestand.

§. 744. In Ermangelung einer natürlichen d. h. für jeden

Gedanken ein besonderes Zeichen, welches ohne Schlüssel für Jedermann verständlich sei, umfassenden, d. h. einer Leibnitz'schen „Universalsprache," gilt innerhalb jeder künstlichen Sprachgenossenschaft, welche die allgemein verständlichen natürlichen Zeichen ihrer Gattung in sich aufnimmt, der herrschende d. h. der Sprachgebrauch der Besten der Zeit für das natürliche Sprachgesetz dieser Sprache, und vertritt daher den Sprachstil. Im Gegensatz zu diesem wird sodann jeder abweichende zur Sprachmanier, und verhält sich zu jenem als Sprachverirrung. Deren Verkörperungen in engeren oder weitern (Familien-, Stammes, geschichtlichen) Kreisen machen die Phänomenologie des wahren Sprachstils aus, der insofern als noumenon gilt, aber als selbst nur auf künstliche Zeichen gegründet, selbst nur ein phänomenon ist, eine eben wenn gleich bei den Besten übliche Sprechweise, also sich selbst wieder ändern kann. Daher auch nichts lächerlicher ist als ein Dictionnaire de l'academie, eine „Verknöcherung" des Sprachgesetzes, ein dictator perpetuus des Sprachgebrauchs.

§. 745. Das sicht- oder hörbare Gedankenzeichen, sei es natürlich oder künstlich, ist aber selbst wieder als sicht- oder hörbares für sich Gegenstand des Vorstellens, entweder des Form- oder des Empfindungsvorstellens, räumlich oder zeitlich, Farben- oder Tonempfindung, Chromatisches oder Phonetisches, von bestimmter qualitativer und quantitativer Beschaffenheit. Es versteht sich von selbst, dass sich nun auf das Zeichen, insofern es eben nicht Zeichen für den Gedanken, sondern Form, Farbe, oder Klang für sich ist, dieselben ästhetischen Normen anwenden lassen, die von Form, Farbe und Klang überhaupt gelten. Die für sich schon ästhetische Form, Farbe oder Klang, die nun überdies auch noch Zeichen für einen Gedanken, also nicht bloss Gedankenzeichen, sondern schönes Gedankenzeichen, schöne Sprache ist, muss darum eben noch nicht Zeichen für einen schönen Gedanken, sondern sie kann ebensogut auch solches für einen wahren, nicht eben nothwendig für einen ungewöhnlichen, sondern auch für einen ganz gewöhnlichen Gedanken sein, wie sich denn in sehr schöner Sprache sehr gemeine und in sehr alltäglicher die ausserordentlichsten Dinge vorbringen lassen, wie vor allem die Mathematik beweist.

402

§. 746. Die Schönheit des Gedankenzeichens ist daher
für das reale Gedankenkunstwerk, insofern es eben Versinnlichung
des einfachen Kunstwerks einer Gedankenphantasie (§. 548)
ist, gleichgiltig, wenn es aber die einer zusammengesetzten
z. B. eines poetischen Kunstwerks d. h. der Verbindung eines Gedan-
kens- mit einem phonetischen und einem rhythmischen Kunstwerk
ist, wichtig. Das Gedankenkunstwerk bedarf dann eines künstlichen Gedankenzeichens; da es aber zugleich phonetisches und
rhythmisches sein soll, die jedes für sich nur natürlicher Zeichen
sich bedienen (§. 736), so liegt es nah, dies Gedankenzeichen
selbst phonetisch und rhythmisch als Kunstwerk zu behandeln
d. h. es so phonetisch und rhythmisch wohlgefällig zu machen, als
seine Bestimmung als Zeichen es nur immer zulässt, also die
musikalischsten und rhythmischsten Worte in der
musikalischsten und rhythmischsten Folge zur Bezeichnung der Gedanken zu verwenden.

§. 747. Dasselbe gilt nun, wenn das Gedankenzeichen sichtbar, also Bildsprache, entweder mit oder ohne Vermittlung
eines hörbaren Gedankenzeichens ist. In jenem Fall ist die Bildsprache Schrift und zwar entweder so, dass das Zeichen Aehnlichkeit mit dem bezeichneten Gedanken etwa als Darstellung seines
Gegenstandes oder eines Theiles desselben hat, daher Abbild ist,
was man Bilderschrift nennt, oder so, dass wenn dies nicht
der Fall ist, ein Zeichen für das ganze Wort (wie bei den Chinesen)
oder eines für jede Silbe (Silbenschrift) oder eines für jeden Laut
steht (Lautschrift). In diesem Fall aber ist sie Bild und zwar directes, wenn das Zeichen den Gedanken selbst, indirectes, wenn es einen
Gedanken abbildet, der selbst wieder einen andern vertritt, also
selbst Zeichen für einen Gedanken ist. In beiden Fällen kann
sich das Zeichen begnügen, Zeichen oder es kann den Anspruch
erheben, überdies schön zu sein, woraus dann Schönschrift
(Kalligraphie) und schöne Bildsprache entstehn, in welchen
sich zu der Beschaffenheit des Gedankens auch noch die Beschaffenheit des Zeichens gesellt. Letzteres stellt den Gedanken sichtbar
dar und zwar entweder unmittelbar oder durch einen andern Gedanken (Sinnbild) mittelbar; im letztern Fall also selbst mit einer
neuen und zwar einer Gedankenschönheit, einem Gedankeneinklang

als poetischem Bilde (§. 344). Ob sie es aber nun direct oder indirect thue, anders kann sie nicht Gedanken abbilden, als indem sie ihren Gegenstand ganz oder theilweise abbildet d. h. nachahmt. Da sie nun aber nichts anderes sichtbar machen kann, als Linien, Ebenen, Körperformen und Farben, so folgt, dass sie den Gegenstand ganz oder theilweise nur durch Nachahmung seiner Formen und Farben nachzuahmen d. i. sichtbar zu machen vermag, dass es ihr also nicht anders gelingt, Gedanken sichtbar zu machen, als indem sie Formen und Farben der Gegenstände desselben nachbildet. Dadurch wird die Bildsprache von selbst nachahmende bildende Kunst und zwar sowohl nachahmende zeichnende als malende und plastische Kunst und zwar entweder directe oder indirecte, nachbildende oder sinnbildernde Bildsprache.

§. 748. Da es in der Bildsprache darauf ankommt, den Gedanken durch seinen Gegenstand zu bezeichnen, so kommt hier zu dem Charakter des Bildes als Zeichen für den Gedanken noch der weitere desselben als Abbild eines Gegenstandes hinzu. Dasselbe muss also nicht nur den Gedanken bezeichnen, sondern auch den Gegenstand kenntlich machen, als Zeichen charakteristisch, als Abbild treu sein. Die Schönheit der Formen tritt demnach hier am weitesten zurück, sie nimmt erst den dritten Platz ein, und muss immer mehr zurückweichen, je mehr die Treue der Abbildschaft oder das Bezeichnende des Bildes als Gedankenzeichen in den Vordergrund tritt. Die Formen dienen in diesem Fall nur, um an den Gegenstand, dieser, um an den Gedanken zu mahnen; letzterer selbst ist das Herrschende, eine Gedankenphantasie die Seele der sinnlichen Verkörperung.

§. 749. Während daher die Formen- und Empfindungsphantasie sich in Formen und Empfindungen, stellt die Gedankenphantasie sich in Zeichen dar, die nicht selbst wieder Gedanken, sondern etwas Anderes, Formen und Empfindungen sind, abgesehn also von dem Gedanken, den sie bezeichnen, noch als Formen und Empfindungen an sich Schönheit besitzen können oder auch nicht. Die Schönheit des realen Kunstwerks kann sich dadurch vervielfachen: zu den Gedanken, die für sich ästhetisch sein und ästhetische Verhältnisse besitzen können, kommen die ästhetischen Qualitäten und Verhältnisse des oder der Zeichen als hörbare und sichtbare, als phonetische, modulatorische und rhythmische oder als chromatische und räumlich und zeitlich geformte hinzu; das gesprochene Gedankenkunstwerk ist zugleich rhythmisch und phonetisch, das gemalte oder in Stein, Holz, Metall gebildete zugleich malerisch und bildnerisch wohlgefällig; jenes bezaubert durch Wohllaut, dieses entzückt durch Natur- oder Geschichtstreue des zur Versinnlichung des Gedankens abgebildeten Gegenstandes, beide aber müssen, soweit sie Zeichen für Gedanken und diese die Hauptsache sind, die selbstständige rhythmische, phonetische und modulatorische, die lineare, planare, körperliche und Farbenschönheit dem Gedanken, das Wie dem Was des Darzustellenden im Collisionsfalle unbedingt aufopfern.

§. 750. Die Bildsprache wird also zwar, wo sie Gedanken sichtbar darstellt, die bildnerisch und malerisch wohlgefälligsten Formen d. h. sie wird solche Gegenstände wählen, die von ihrer bezeichnenden Natur abgesehn, sich in rein ästhetischer Beziehung durch ihre Formen empfehlen, aber sie wird die Formen nicht schaffen, sondern dieselben durch theoretische, nicht ästhetische Rücksichten sich bis zu einem gewissen Grade vorschreiben lassen, sie wird die in der Natur gegebenen Formen dulden müssen, wenn die darzustellenden Gedanken nur durch Objecte der scienden Welt und deren Formen bezeichnet werden können. Wenn sie ein geschichtliches Ereigniss, eine menschliche Handlung, eine Partie der leblosen oder lebendigen Natur, also Gedanken historischen, philosophischen oder naturhistorischen Inhalts zu versinnlichen unternimmt, so ist sie in der sichtbaren Bezeichnung derselben durch die gegebene Natur- und Geschichtsform gebunden, nicht frei, von seienden (theoretischen), nicht von gefallenden (ästhetischen) Formen abhängig, nachahmend, was ist, nicht was unbedingt gefällt.

§. 751. Die bildende Kunst, insofern sie als Bildsprache, d. h. als Dienerin der Gedankenmittheilung erscheint, wird daher nicht frei erfundene Formen und Farbenphantasien verkörpern, sondern höchstens die gegebenen Formen und Farben verschönern, das ästhetisch Stillose, nur von Natur- oder Geschichtsgesetzen Beherrschte, stilisiren können. Formen und Farben drücken sich selbst aus, aber die Formen und Farben der Bildsprache dienen nur dazu, etwas Anderes als sie selbst, Anschauungen, Begriffe, psychische Gemeinbilder, Gedanken auszudrücken. Der Geschichtsmaler versinnlicht eine historische Thatsache, die sich auch in Worten erzählen, der Vedutenmaler eine Gegend, die sich auch in solchen beschreiben liesse; blosse Formen und Farben kann Niemand in Worten erzählen noch beschreiben, sie müssen gesehn werden.

§. 752. Je weiter die bildende Kunst sich zur Bildsprache hergibt, desto mehr ist sie in Gefahr, von ihrem speciellen Beruf, von dem Formen- und Farbenschönen abgelenkt zu werden. Was sie an Tiefe gewinnt, kann sie an Formschönheit einbüssen; der Gedanke, der sie lockt, ist ein Dauergeschenk; für sie ist es schon ein Gewinn, wenn sie bloss nachbildende Kunst bleibt; ein Schritt weiter hinweg von ihrem eigenthümlichen Gebiet, wenn sie sinnbildernde Kunst, der weiteste Schritt, wenn sie nicht bloss über das bildende, sondern schon über das ästhetische Bereich hinaus, symbolische d. h. Gedanken mit Rücksicht auf ihre Wahrheit versinnlichende Kunst wird.

§. 753. Die Schönheit des sinnlichen Gedankenzeichens hat nichts mit dessen Zeichennatur, das Gedankenzeichen nichts mit der Wahrheit des bezeichneten Gedankens zu thun. Der wahre Gedanke lässt sich ebensogut in schönen, wie der schöne in unschönen Gedankenzeichen vortragen; letzterer, auch noch in unmusikalischen Worten und unrhythmischer Rede, bleibt, den wahren Gedanken macht auch die rhythmisch-musikalische Einkleidung nicht schön. Rhythmus und Wohllaut der Rede vervollständigen zwar die Gedankenphantasie, aber erheben nicht das (philosophische oder historische) Gedankensystem zum poetischen Kunstwerk; wie denn auch nach des Aristoteles Worten nicht das Versmass den Dichter macht und nicht jeder Versmacher ein Dichter ist.

§. 754. Die Poesie hat ihre zugehörige Sprache, das rhythmisch-phonetische Gedankenzeichen, das blosse Gedankenschöne hat eine solche nicht. Die Dichtung, um mit Aristoteles zu reden, als Gedankenschöpfung ($\delta\iota\acute{a}\nu o\iota\alpha$) drängt von selbst nach der $\lambda\acute{e}\xi\iota\varsigma$ $\acute{e}\mu\mu\epsilon\tau\rho o\varsigma$ *). Die gebundene Rede muss zum Gedankenschönen so

---

*) Vgl. Vahlen: Aristoteles Lehre von der Rangfolge der Theile der Tragödie S. 189.

nothwendig hinzukommen, wie dieses zu ihr, wenn daraus Poesie werden soll. Die ungebundene Rede (λέξις ἄμετρος) aber schliesst das Gedankenschöne nicht aus, so wie dieses nicht nothwendig das rhythmisch - phonetische Gedankenzeichen verlangt. Die Prosa steht dem G e d a n k e n s c h ö n e n , nicht der P o e s i e gegenüber. Der wahre Gedanke, insofern er n u r dies ist, bleibt Prosa, auch wenn er in gebundener Rede, auch wo er im poetischen Bilde, aber mit der Absicht erscheint, als wahrer sich geltend zu machen. Die Fabel, die Parabel, die Allegorie, das sogenannte didaktische Gedicht sind Prosa trotz ihrem poetischen Gewande.

§. 755. Darum gehört das Gedankenschöne dem Einzel-, die Poesie dem socialen Geiste an , weil diese die Rücksicht auf das Gedankenzeichen ein-, und sie gehört dem Socialgeist als s c h ö n e m Geiste an, weil sie die Rücksicht auf das s c h ö n e Gedankenzeichen einschliesst. Der schöne Geist begnügt sich mit seiner nur ihm vorgaukelnden Phantasie; der Socialgeist möchte sein Vorstellen zum allgemeinen machen; jener erscheint nur sich und bedarf des Zeichens nicht, dieser will A n d e r n und als socialer schöner Geist will er ihnen s c h ö n erscheinen und darum wählt er das schöne Gedankenzeichen, die rhythmisch - musikalische, die gebundene Rede. Der prosaische Geist, Einzel- oder Socialgeist, verschmäht den Redeschmuck und begnügt sich mit dem schlichten Ausdruck der W a h r h e i t.

§. 756. Wer daher nur in dem sich A n d e r n mittheilenden Geist einen Künstlergeist und nur in dem sich in schönen Gedankenzeichen mittheilenden Gedankengeist die Kunst sieht, muss sowohl in der durch s i c h t b a r e wie in der durch h ö r b a r e schöne Gedankenzeichen erfolgenden Gedankenmittheilung P o e s i e, und er kann in dem schönen, jedoch nur dem Gedankenkünstler allein erscheinen- den Gedankenkunstwerk k e i n e erblicken. Ihm sind nothwendig alle Künste nur Arten der Poesie, der A l l k u n s t; die nicht A n d e r n erscheinende, die ideale Kunst, so wie die reine Form- und Empfindungskunst aber gelten für ihn n i c h t als Kunst. Daraus entsteht nicht nur die Schwierigkeit, dass die K u n s t bedroht scheint, wenn die Schönheit des G e d a n k e n z e i c h e n s es ist, wie es bei dem in unmusikalischer und unrhythmischer Sprache oder in unschöner Bildsprache vorgetragenen Gedanken der Fall ist, sondern auch, dass man Künste, welche zum G e d a n k e n a u s d r u c k nicht taugen, wie Architektur und Musik, nicht unterzubringen weiss, und daher diese Künste zur Poesie macht, was sie nicht s i n d, und ihnen Gedanken unterlegt, die sie nicht h a b e n, mit einem Wort die einzelnen Künste ihrer selbstständigen Schönheit beraubt, um sie als ärmliches Surrogat derjenigen gelten zu lassen, der eine andere zukommt.

§. 757. Das Gedankenvorstellen ist daher insofern vor dem blossen Formen- und Empfindungsvorstellen b e g ü n s t i g t, als es der Wege zur Versinnlichung mehrere hat, und sowohl zu sicht- als hörbaren, schönen wie bloss bezeichnenden Z e i c h e n greifen k a n n, im N a c h t h e i l dagegen, insofern es zu k ü n s t l i c h e n Zeichen greifen m u s s, und dadurch ebensowohl an allgemeiner Zugänglichkeit e i n b ü s s t, als es durch den Gebrauch unschöner Zeichen, auch bei an sich beifallswerthen Gedanken, von einem Miss- fallen am Zeichen nicht zu trennen ist. So bewundern wir an den Werken gewisser neuerer Malerschulen mitunter die Tiefsinnigkeit der versinnlichten Gedanken, ohne uns an den sinnlichen Formen ihrer Erscheinung, dem G e d a n k e n z e i c h e n, sonderlich zu er- freuen und lernen daraus den ästhetischen ja selbst den p h i l o s o- p h i s c h e n D e n k e r mitunter höher achten als den bildenden Künstler. An den Werken der „Zukunftsmusik" aber, wo das ausführliche „Programm" durch Worte zu ersetzen trachtet, was den Tönen als „Gedankenzeichen" an Bestimmtheit natürlich abgeht, ist häufig nicht einmal der Denker zu bewundern.

§. 758. Da das Gedankenvorstellen auf k ü n s t l i c h e Zei- chen angewiesen ist, während Formvorstellen und Empfindungs- vorstellen auf n a t ü r l i c h e, jene aber ihrer Natur nach auf die Kreise beschränkt bleiben, innerhalb welcher sie eingeführt wurden und verstanden werden, zu dem künstlichen Zeichen aber auch die N a t i o n a l s p r a c h e n gehören, so ist die Poesie als sinnliches Gedankenverkörpern auch vorzugsweise die n a t i o n a l e Kunst, während die Künste des Formen- und Empfindungsvorstellens, die „reinen Formen" ihrer Natur nach k o s m o p o l i t i s c h e sind. Architektur, Malerei, Plastik, Musik, Tanz werden überall verstanden; was Poesie durch Uebersetzung aus einer künstlichen

Laut- oder Zeichensprache in die andere nicht bloss in Bezug auf das Phonetische und Rhythmische des Zeichens, sondern aus nicht seltenem Mangel der Zeichen für gewisse Gedanken, die sich in einer andern Sprache eben „nicht sagen lassen," auch in Bezug auf den Gedanken selbst leide, ist zu bekannt, um hier weiter ausgeführt zu werden. In diesem Puncte hat daher die sichtbare Bildsprache vor der Lautsprache den Vorzug, weil sie Formen als Zeichen wählt, die wenn auch ihre gegenwärtige Bedeutung nicht bekannt ist (wenn wir „nicht wissen was das Bild vorstellt") doch jedenfalls etwas vorstellen, das wir kennen, nämlich Formen, die Allen, und mittels der Formen Gegenstände (Menschen, Thiere, Naturobjecte), die wenigstens den Bewohnern desselben Himmelsstrichs sämmtlich bekannt sind. Wer z. B. in Kaulbach's Wandbildern auch die tiefsinnige Gedankencomposition nicht zu erkennen im Stande ist, findet doch an den Figuren und ihren Formen und Farben Befriedigung für seine Schaulust. Poesie verliert daher durch ihre sichtbare oder so weit dies möglich ist, musikalische Darstellung ihre nationale Abgeschlossenheit, bildende Kunst und Musik aber büssen durch ihre Annäherung an poetische Gedankenvorstellung ihre weltbürgerliche Allverständlichkeit ein; jene wird dadurch eine Kunst für weitere, diese werden es für engere Kreise.

§. 759. Religion und Wissenschaft, welche ihren Gedanken die weiteste Verbreitung zu geben wünschen, suchen sich aus diesem Grunde der bildenden Kunst als Sprache zu bedienen. Unter den christlichen Confessionen räumt diejenige, welche Universalreligion zu werden strebt, der (hör- und sichtbaren) Bildsprache den weitesten (symbolische und allegorische Dichtung; symbolische Liturgik; kirchliche Baukunst, Malerei und Plastik in der katholischen Kirche), diejenige, welche einen mehr national abgeschlossenen Charakter trägt, den verhältnissmässig geringsten, dagegen der hörbaren Zeichensprache des Gedankens, der Wortpoesie desto weiteren Spielraum ein. (Ausschliessung des Bildschmucks in der reformirten Kirche; das protestantische Kirchenlied.) Unter den Wissenschaften sind es die Natur- und die Menschengeschichte, welche durch Abbilder, Philosophie, Theologie, Jurisprudenz u. a., welche durch Sinnbilder ihr Wissen allgemein zugänglich zu machen suchen. Sie bedienen sich dabei der Zeichen der bildenden Kunst wie sonst des gedankenmittheilenden Worts von Kanzel und Katheder.

§. 760. Das natürliche Zeichen stört die Eintracht der Geister nicht, das künstliche stellt sie her, wo sie gestört ist. Die reale Kunst als die Sprache der schönen Geister unter einander vermittelt die Phantasie des Einen mit der des oder der Andern und erhebt sie zur gemeinschaftlichen, zur socialen Phantasie, wie die sicht- oder hörbar dargestellte Wissenschaft (Literatur und Schule), die Sprache der auf das Erkennen des Richtigen und Giltigen gerichteten Geister unter einander, die Ueberzeugung des Einen mit der des oder der Andern vermittelt und sie zur gemeinschaftlichen, zur socialen Ueberzeugung, zum socialen Wissen erhebt. Da beide, insofern sie Gedanken darstellen, auf künstliche Zeichen angewiesen sind, so sind sie in ihrer Vermittlung unter den Geistern auch beständigen Gefahren des Missverständnisses ausgesetzt; das reale sicht- und hörbar gewordene Kunstwerk wie das mitgetheilte Wissen können in Folge des mangelhaften Zeichens anders gedeutet werden als sie gemeint waren, die dadurch erscheinenden Geister also den Andern anders erscheinen als sie es beabsichtigten, oder sie können dies auch, weil sie es wollten, und sich des Risses, welchen das künstliche Zeichen wohl verdeckt, aber nicht aufhebt, dazu mit Vorsatz bedienten.

§. 761. Geschehe das Eine oder das Andere, in jedem Fall wird eine Erscheinung für die des Erscheinenden genommen, die es nicht ist. Und da der Geister der Annahme zufolge zunächst nur zwei, der Erscheinende und der Auffassende, sind, so ist es natürlich, dass Jeder die Schuld des Vergreifens dem Andern zuschreibt, also der falsch Auffassende behauptet, der Andere habe ihn täuschen, der falsch Erscheinende dagegen, der Andere habe ihn missverstehen wollen, Jeder also dem Andern eine Absicht beilegt, die dieser theoretisch betrachtet zwar haben kann, aber nicht nothwendig haben muss. Hat sie keiner, so muss der Grund der Zwietracht entweder darin liegen, dass der Eine nicht vollkommen erscheint, der Andere nicht vollkommen auffasst, d. h. der Eine muss zu wenig realer Künstler, der Andere zu wenig richtiger Beobachter sein, Jener den Stoff sich nicht

gehörig dienstbar zu machen, dieser seine Sinne nicht zu vollendetem
Auffassen freizulassen vermögen. Beides sind einfach Uebel,
keine Verbrechen. Den Tauben schilt man nicht, wenn er nicht
hören, den Blinden, wenn er nicht sehen kann; den realen Künstler,
welcher des sinnlichen Stoffs noch nicht Meister geworden ist,
weist man in seine technische Werkstatt zurück.

§. 762. Unter der Voraussetzung, dass man es mit einem realen
wirklichen Künstler einer-, mit einem gesunden Beobachter andererseits zu thun habe, kann entweder kein Missverstand des Zeichens
stattfinden, oder es muss, wenn dergleichen nichtsdestoweniger sich
ereignet, bei einem der beiden Theile Absicht zu Grunde liegen.
Die natürliche Zeichensprache, die der Formen- und Empfindungen,
ist von der Möglichkeit des Missverstands ohnehin ausgeschlossen,
daher jene ästhetischen Formen, die nur auf letzterer beruhn (z. B.
die des Komischen), auf den Gebieten der räumlichen und zeitlichen Formen, des Chromatischen wie des Phonetischen keine oder
doch nur eine beschränkte Anwendung finden können. Für Musik
und Bildnerei ergeben sich hieraus interessante Folgerungen.

§. 763. Sobald eine Erscheinung für die des Geistes genommen wird, die es nicht ist, herrscht Schein und dieser miss
fällt. Da aber nach Obigem diese Herrschaft des Scheins für
die Folge einer Absicht von Seiten entweder des Erscheinenden
oder des Auffassenden gilt, so missfällt auch dieser als Urheber.
Das Missfallen verschwindet nicht eher, als bis der Schein aufgehoben ist und dieses wiederum tritt nicht eher ein, als bis entweder der Erscheinende oder der Auffassende seine Absicht, falsch
zu erscheinen oder das Erscheinende falsch zu verstehen,
aufgegeben hat. Da er dies aber nicht eher thut, als bis das
wahre ursprüngliche Verhältniss mächtig, das unwahre bestehende
unhaltbar geworden, er also scheinbar zur Zurücknahme wider
Willen gezwungen ist, so entsteht der Schein, als ob ein Anderer thäte, was er selbst thut; das wahre Verhältniss scheint
selbst das Thätige, welchem das scheinbare als leidendes unterliegt;
die Veränderung, welche innerhalb des Geistes, der erscheint
oder auffasst, vor sich geht, wird ausserhalb desselben in die
beiden Verhältnisse, das wahre und scheinbare, selbst verlegt;
beide letztern kämpfen, bis das erstere siegt. Dieses nun, durch

die vorausgegangene Verdunklung im verstärkten Glanz erscheinend, stellt sich dar, als hätte es diese Erhöhung von vornherein als Zweck im Auge gehabt, die Verdunkelung dazu als Mittel angewandt, also nicht nur beseelt, sondern verständig, als Geist gehandelt, gleich als hätte es als Person sein eigenes Wollen nach seinem Wissen selbst geregelt d. h. es entsteht der Schein eines Geistes über den Geistern, der dem Verhältniss selbst immanent, während die letztern in Wahrheit, insofern ihnen Absicht beigelegt wird, demselben transcendent sind, der Schein eines Geistes der Ironie über den ironischen Geistern.

§. 764. Der ironische Geist als erscheinender hat wirklich die Absicht, dass seine Erscheinung, die wissentlich nicht die seine ist, für die seine genommen werde; als auffassender aber hat derselbe den Vorsatz, eine Erscheinung, von welcher er weiss, dass sie nicht die des Andern sei, für die des Andern zu nehmen. Es entsteht aber der Schein, als hätte er beides nicht, sondern als bringe ein anderer Geist, der Geist der Ironie, das wahre Verhältniss zwischen den Geistern ans Licht, welches bis dahin verborgen gewesen sei. Letzterer schwebt wie eine Phantasmagorie über den beiden vorstellenden Geistern, die das allein Wirkliche sind, während jener nur eine „optische Täuschung,“ ein „Tartinischer Ton“ ist. Die Immanenz daher ist nur Schein, die Transcendenz Wirklichkeit, der ironische Geist, nicht der Geist der Ironie, nimmt selbst seine Erscheinung für den Andern als die seine oder seine Auffassung der Erscheinung des Andern, als Auffassung der Erscheinung des Andern zurück. Gleichwol ist derselbe nothwendiger Schein, Folge der Form der Ausgleichung, angewandt auf das Verhältniss zweier vorstellender, in gemeinsamer Sinneswelt für einander sich äussernder Geister, und es wäre ebenso unbegreiflich, wenn er nicht, als es ein Paralogismus wäre, wenn daraus die Folgerung der Existenz jenes Geistes der Ironie als eines von den ironischen Geistern Verschiedenen entstünde.

§. 765. Die Form des Ironischen stellt nur das wahre Verhältniss zwischen den Vorstellenden her, unbekümmert, welcher Art dies Verhältniss selbst sei, ob eines der Ein- oder der Zwietracht. Ist es jenes, so wird dadurch zwar nichts Wohlgefälliges hergestellt, denn die Eintracht ist nur die Abwesenheit der Störung,

aber der Geist der Ironie, der als der Hersteller der Eintracht
zwischen den Geistern angesehen wird, erscheint dadurch selbst
als einer, der mit demjenigen, was er als Bild anderer vorstellender Geister in sich trägt, in Uebereinstimmung handelt, also
als ein uneigennützig sich Andern hingebender, als
„gutmüthiger" Geist. Ist es dagegen dieses, so wird dadurch etwas
absolut Missfälliges an den Tag gebracht, obgleich das Missfallen
an der Geltung des Scheins als solches jetzt aufgehoben ist, und
dieses Missfallen fällt auf den Geist der Ironie zurück, der in
Verdacht geräth, an der Herstellung des Missfälligen seine Freude
zu haben, er erscheint als „bösartiger" Geist. Weder das Eine noch
das Andere muss bei dem ironischen Geist, dem wahren Ironiker
der Fall sein. Dieser stellt die Eintracht her, wie er sie aufgehoben
hat, zwecklos; nimmt die falsche Auffassung der Erscheinung des
Anderen zurück, wie er sie eingeleitet hat, grundlos. Er hat das
Missfallen an der Geltung des Scheins erregt, er entfernt es auch
wieder, damit ist sein Beruf als Ironiker erfüllt, ob der geltende Schein, den er erregt und zerstört hat, Ein- oder Zwietracht
sei, ficht ihn als solchen nicht an.

§. 766. Der Ironiker richtet sich selbst, er hebt sein eigenes
Werk auf. Ist dieses der Schein der Zwietracht, so scheint er nicht
nur durch dessen Aufhebung besser geworden, der Schein des gutmüthigen Geistes der Ironie fällt auf ihn; indem er als erscheinender
die Erscheinung, die der Andere für die seine nahm, zurücknimmt,
belehrt er den Andern eines Bessern, macht ihn wirklich klüger;
indem er als auffassender seine falsche Auffassung des Andern fallen
lässt, belehrt er sich selbst eines Bessern, macht er sich,
wird er klüger. Insofern der Andere die Erscheinung, die der
Ironiker für die seine gab, für die des Ironikers nahm, erscheint
er diesem dumm, dieser selbst sich als klug. Insofern der Auffassende die Erscheinung zwar für die des Andern nahm, zugleich
aber wusste, dass es nicht die des Andern sei, erscheint er sich
selbst als Getäuschter und besser Wissender, dumm und klug
zugleich. Es findet also entweder ein Besserwissen des Einen,
Nichtwissen des Andern, oder ein Besserwissen und Nichtwissen
in demselben Geist zugleich, und obendrein ein blosses Verhältniss
zwischen Vorstellenden statt; weder Gefühl noch Begehren, also

auch nicht etwa Mitgefühl, sei es Mitleid oder Mitfreude mit dem Neid oder Schadenfreude gegen den Andern haben damit etwas zu schaffen: es entsteht die Form des Komischen.

§. 767. Das Charakteristische des Komischen liegt darin, dass es dem socialen Geist und zwar nur dem vorstellenden und endlich nur dem Gedankenvorstellenden, also nicht dem Formen- und Empfindungsvorstellen angehört. Musik und räumliche und zeitliche Formkunst schliessen daher sowohl das Ironische wie das Komische von sich aus und führen es höchstens auf dem Umweg der Poesie wieder in sich ein. Der Geist als Einzelgeist ist weder komisch noch ironisch, und eben so wenig der Geist als fühlender oder wollender. Aristoteles hatte Recht, wenn er dasselbe ein „unschädliches Ungereimtes" nannte, durch erstere Bestimmung auf die Indifferenz des Mitgefühls, durch letztere auf die ausschliessliche Betheilung des Gedankenvorstellens, d. h. des Verstandes, des „Besserwissens" hinwies. Wo das Gefühl mit ins Spiel kommt, ist überhaupt kein Aesthetisches (§. 40.), wo das Mitgefühl, kein Komisches. Freude sowohl wie Trauer über das Loos des Andern heben dessen Komisches auf, daher Menschen von tiefem leichterregbarem Mitgefühl, Menschenfreunde wie Menschenfeinde, keinen „Sinn" für Komik zeigen. Wir können nur lachen, wenn „uns leicht ums Herz ist". Der komische Geist ist nicht „warm" nicht „kalt"; Bezeichnungen, die vom Gefühl hergenommen sind, passen nicht auf ihn, dessen Gefühl hier nicht mitredet. Der „Geist des Komischen" kann nicht nur wie der Geist der Ironie „gutmüthig" scheinen, er scheint so, weil das zu Grund liegende Verhältniss, das er herzustellen scheint, das der Eintracht zwischen den Geistern ist, aber der „komische Geist" muss darum so wenig wie der ironische gutmüthig sein. Dem wirklich Gutmüthigen ist es um Eintracht, dem Komiker ist es nur um den „Spass" zu thun. Er macht den Andern „dumm", um ihn „klug" machen zu können, er macht sich selbst „dumm", um sich „klug" zu machen. Zu diesem Zwecke muss er daher Denjenigen, welcher dumm ist, zuerst in die Lage versetzt haben, dumm werden zu können, d. h. er muss ihn in Gedanken vorher klug gemacht haben. Die bewusstlose Natur, das Thier, das Kind, der rohe Mensch sind weder klug noch dumm; damit sie es uns scheinen und wir uns durch Besserwissen über sie erheben können, müssen wir ihnen erst entweder Wissensfähigkeit, wie der Natur und dem Thier, oder wirkliches Wissen, wie dem Kind und dem rohen Menschen unterschieben. Wer so dumm ist, dass er nicht einmal dumm sein kann (der Blöde), über den lachen wir auch nicht. §. 768. Lächerlich wird das Komische, indem der zu Grunde liegende Missverstand mit überraschender Plötzlichkeit merklich wird. Da es von der Natur des Missverständnisses selbst, und Desjenigen, dem es merklich werden soll, nothwendig abhängt, ob diese Merklichkeit für ihn schnell oder langsam erfolge, so folgt, dass dasselbe, was den Einen zum Lachen reizt, den Andern ermüden, oder ihm ganz indifferent bleiben kann, weil er die Vorstellungen, die zur Auflösung des Missverstandenen führen, entweder gar nicht oder nicht schnell genug hat. Da das Komische auf der Gedankenmittheilung durch künstliche Zeichen ruht, so ist es durch alle Gattungen der Gedanken hindurch, welchen Inhalts sie seien, möglich, und dem Denker kommt der Irrthum des andern Denkers, den dieser seiner Meinung nach hätte vermeiden können, ebensogut komisch vor, wie nach Jean Paul's Ausdruck der Erzengel über den Engel lacht, und dem absoluten Geist gegenüber alle endlichen Geister schlechthin komisch erscheinen müssten, wenn der absolute Geist als solcher überhaupt schöner Geist sein könnte, und nicht vielmehr nothwendig richtig und giltig denkender d. i. wissender Geist sein müsste. §. 769. Das Gegenbild der Ironie ist auf dem Gebiet des wissenschaftlichen d. i. des erkennenden Gedankens die Täuschung. Wo der Schein besteht, als herrsche Eintracht zwischen den Geistern rücksichtlich der Wahrheit ihrer Gedanken, während doch Zwietracht herrscht, kann derselbe herrühren entweder von der Unfähigkeit oder von der Abneigung Wahrheit mitzutheilen oder aufzufassen. Jene ist theoretisch bedauerns-, nicht ästhetisch verurtheilenswerth. Wer nicht zu lehren oder zu lernen im Stande ist, möge es lernen, das ist der einzige Rath, den man ihm ertheilen kann. Ist er aber unfähig aufzufassen d. h. hat sein Erkenntnissvermögen Schranken, die es nicht zu überschreiten vermag, dann hört die Möglichkeit des Fortschritts im Wissen von selbst auf, sobald er einmal an diesen angelangt ist. Der endliche Geist kann sich als erkennender nicht zum unendlichen, der anthropocentrische nicht zum theocentrischen machen. Die Aesthetik weiss davon nichts, da sie es nicht mit dem Geist, wie er ist, sondern mit dem, wodurch er gefällt oder missfällt, wenn er ist, zu thun hat. Ist er aber fähig aufzufassen, und fasst nur im gegenwärtigen Fall nicht auf, d. h. erkennt nicht, irrt, so kann er bei fortgeschrittenem Denken den Irrthum selbst wieder fallen lassen, so wie der Andere, wenn er überhaupt nur fähig ist sich mitzutheilen, seine Mittheilung ein anderesmal verbessern kann. Es ist folglich ein Fortschritt im Lehren sowohl von Seite des Einen als einer im Erkennen, ein Fortschritt im Wissen von Seite des Andern möglich, welcher nur durch Abneigung, Wahrheit mitzutheilen, oder anzunehmen, vereitelt werden kann.

§. 770. Insofern nicht diese, sondern nur vorübergehende, keineswegs absolute Unfähigkeit sich mitzutheilen oder aufzufassen dem Irrthum zu Grunde liegt, herrscht unvorsätzliche Täuschung. Schwindet dieselbe, was entweder durch die Verbesserung der Mittheilung oder der Auffassung geschieht, so entsteht ganz wie oben der Schein eines Geistes, welcher als immanenter dem Processe der Aufhebung der Täuschung d. i. der Herstellung des wahren, durch mangelhafte Mittheilung oder Auffassung verdunkelten, Verhältnisses zwischen den Erkennenden innewohnt, eines Geistes der Wahrheit, welcher den Irrthum zerstört, und das wahre Verhältniss, sei es der Eintracht oder der Zwietracht, zwischen den Geistern, dem mittheilenden und dem auffassenden, zum Vorschein bringt. Dieser Schein entsteht, ungeachtet die Täuschung unvorsätzlich, deshalb weil den beiden im Mittheilen und Auffassen Begriffenen alle Täuschung absichtlich scheint, der Missverstehende seinen Missverstand nicht der Unfähigkeit, sondern dem bösen Willen des Andern zuschreibt, und den, der sich nicht mittheilen kann, der Verheimlichung, der Missverstandene nun den, der noch nicht aufzufassen vermag, der Abneigung zu verstehen beschuldigt. Vorsätzliche oder unvorsätzliche Täuschung erzeugen daher auf dem Gebiet der erkennenden Forschung gleichen Effect; sie bringen den Schein eines Geistes hervor, welcher die Wahrheit d. h. das wahre Verhältniss zwischen den Geistern weiss und will, und der je nach der Natur des letztern, je nachdem es nun Uebereinstimmung oder Nichtübereinstimmung im Wissen ist, als

u n e i g e n n ü t z i g e r F r e u n d oder als F e i n d der nach gemein-
samem Erkennen Ringenden erscheint, die Uebereinstimmung liebt,
oder der Nichtübereinstimmung sich freut, ein Geist des W i s s e n s
oder einer des Z w e i f e l s.

§. 771. Das Seitenstück des Komischen auf dem Gebiete des
gemeinsamen Erkennens ist die sogenannte S o k r a t i s c h e I r o n i e,
indem der Mittheilende sich anstellt, als halte er das Wahre selbst
nicht für wahr, zu keinem andern Zwecke, als damit dessen Wahrheit
später desto auffälliger werde. Die Folge davon ist, dass der Andere
sich k l ü g e r d ü n k t, als der scheinbar Nichtwissende, dieser aber in
Wahrheit klüger i s t, da er nicht nur w e i s s, was er n i c h t zu
wissen s c h e i n t, sondern auch der Andere nur deshalb zu wissen
s c h e i n t, weil der Ironiker es so gewollt hat. Während daher der
Andere sich über den Ironiker erhaben dünkt, erhebt dieser im Grunde
sich über ihn, und zwar desto höher, je tiefer er sich zum Schein
unter denselben gestellt hat. Dadurch aber, dass der Ironiker dem
Andern ein Wissen zumuthet, das er selbst nicht zu haben scheint,
regt er die Selbstthätigkeit nicht nur, sondern auch die Eitelkeit
des Andern an. Dieser will jetzt belehren, weil sich der Ironiker
zum Scheine belehren lassen will. Er wendet also nicht nur einem
Gegenstande Aufmerksamkeit zu, an dem er sonst vielleicht gleichgiltig vorübergegangen wäre, sondern er gibt auch bereitwillig Antwort auf die Fragen, die der Ironiker an ihn stellt, weil er dadurch sein zugemuthetes Wissen zu rechtfertigen bemüht ist. Gerade dadurch aber dient er, indem der Ironiker seinen Zwecken zu
dienen scheint, vielmehr jenen des Ironikers, der ihn nicht nur
zum R e d e n über einen gewissen Gegenstand zu bringen, sondern
ihn auch zur S e l b s t b e s i n n u n g über denselben zu führen strebt.
Er ist also der Gefoppte, ein Werkzeug in des Ironikers Händen,
während er diesen ein solches in den seinen glaubt; er ist der Belehrte,
während er zu belehren meint, der Unwissende, während er als
Wissender zu erscheinen wähnt. Und insofern für den Ironiker in
jeder Beziehung k o m i s c h, während der Vorgang selbst vom Ironiker e r n s t genommen wird. Dieser w i l l belehren, und der
S c h e i n, selbst der Belehrung zu bedürfen, ist nichts als ein
didaktisches M i t t e l zu diesem Z w e c k, eine L e h r m e t h o d e,
kein freies ä s t h e t i s c h e s S p i e l mit dem Andern; die Unwis-

senheit des Andern wird vom Ironiker zwar als „Ungereimtheit“, nicht aber als „unschädlich“, sondern im Gegentheil als s c h ä d l i c h, als etwas angesehen, was n i c h t bestehen und auf jede Weise in W i s s e n, richtige Erkenntniss, verwandelt werden soll. Aus der a n- t h e i l l o s e n Sphäre des K o m i s c h e n sind wir damit in die a n- t h e i l v o l l e des U n t e r r i c h t s versetzt. Nicht bloss das gemeinsame V o r s t e l l e n, sondern das gemeinsame F ü r w a h r h a l t e n dessen, was der Unterrichtende selbst für wahr hält, soll hergestellt, nicht bloss das ästhetische Missfallen an der Geltung des Scheins vermieden, sondern eine t h e o r e t i s c h e Ueberzeugung von Seite des Andern angeeignet werden. Die Ironie, das Aesthetische, ist damit zum Mittel des Fürwahrhaltens, des Theoretischen, herabgesunken oder hinaufgehoben, wie man will, in jedem Falle d i e n e n d.

§. 772. Auch hier ist dieser „Geist“ nur ein nothwendiger Schein, die wirklich Fortschreitenden in Mittheilung und Auffassung sind die Geister selbst. Von Täuschung zu Täuschung, wie von Missklang zu Missklang geht das Streben nach Wissen fort, um sich zuletzt, wenn das ursprüngliche Verhältniss der Geister Uebereinstimmung war, in Consonanz d. i. in gemeinsames W i s s e n, wenn es Zwiespalt war, in i n d i v i d u e l l e M e i n u n g e n, in S o p h i- s t i k aufzulösen. Der Inhalt des Wissens wie der Meinung liegt als solcher schon ausser dem Gebiete der Aesthetik, die nur so viel zu sagen weiss, dass wie der F o r s c h e n s p r o c e s s des ironischen so der W i s s e n s p r o c e s s auf wissenschaftlichem das Gegenbild des komischen Vorgangs auf ästhetischem Gebiete sei.

§. 773. So ergibt sich schliesslich das Bild der s o c i a l e n P h a n t a s i e, die nicht nur Phantasie, sondern als solche das Abbild eines vollkommenen zugleich und dem Andern, sei es Geniessenden oder Schaffenden, geistesverwandten, in vollkommen realer Erscheinung verständlich sich ausprägenden und durch den Schein des Gegentheils die Eintracht der Geister nur im verstärkten Glanz leuchten lassenden schönen Geistes ist, das Bild des schönen Geistes als des s o c i a l e n S c h ö n g e i s t e s. Als solcher w i l l er nicht nur verstanden werden, sondern er w i r d es auch; aber er unterbricht die einförmige Stille des Verständnisses durch muthwillige Sprünge; er gefällt sich selbst darin, sich oder Andern vorübergehend unverständlich zu erscheinen; seiner unverlierbaren Hoheit gewiss lässt er sich wie „Prinz Heinz" oft freiwillig spielend in die Tiefe fallen. Wie die Phantasie überhaupt, indem sie als Kunstwerk des vorstellenden Geistes die allgemeinen ästhetischen Formen der schönen Geisteserscheinung an sich trägt, so kann auch die sociale die Gestalt eines neckenden koboldartigen Geistes an sich nehmen; aber als Geist der r e a l e n Kunst zieht er sich aus dem Gebiet der reinen Form- und der Empfindungskunst, der bildenden Kunst und der Musik, auf das der Gedankenkunst, der P o e s i e in Worten, Tönen und Bildern zurück, weil nur in dieser die Formen, welche dem Geist der Ausgleichung und des harmonischen Abschlusses in der idea-len, als Ironisches und Komisches in der realen Kunst entsprechen, darstell- und durchführbar sind.

§. 774. Auf eine Mehrheit von Geistern angewandt entsteht das Kunstwerk des socialen Vorstellens, die G e n o s s e n s c h a f t der S c h ö n g e i s t e r. Die Gemeinschaftlichkeit der Sprache be-gründet die S p r a c h-, die Gemeinsamkeit der realen Kunst als Sprache des Vorstellens die K u n s t g e n o s s e n s c h a f t. So weit die natürlichen Zeichen reichen, in der Formen- und Empfindungs-kunst, erstreckt sich auch die Genossenschaft der dieselben Ver-stehenden, der reine bildende und der reine musikalische Geist finden überall Genossen. Wo dagegen das Bedürfniss der künstlichen Zeichen, da beginnt auch die Scheidung der Genossenschaften, also bei der G e d a n k e n d a r s t e l l u n g, sei es durch s i c h t- oder h ö r-b a r e k ü n s t l i c h e Z e i c h e n. Nationalsprachen erzeugen auch nationale Gedankenversinnlichung und damit eine nationale Kunst-genossenschaft, während Musik und bildende Kunst über die Gren-zen derselben hinauswirken. Die Kunstgenossenschaft umfasst die den Andern erscheinenden ebensogut wie die deren Erscheinung aufnehmenden Geister, die S c h a f f e n d e n wie die G e n i e s s e n-d e n, Künstler und Kunstfreunde. Beide bedingen einander und Einer vermag nichts ohne den Andern, sowenig wie der Lehrer ohne den Schüler und umgekehrt. Nach der sichtbaren oder hörbaren Beschaf-fenheit der künstlichen Zeichen selbst gliedert die Kunstgenossen-schaft sich weiter in Genossenschaften der bildenden und der tö-nenden Kunst, deren Aufmerksamkeit darauf gerichtet ist, innerhalb ihrer Grenzen das S p r a c h g e s e t z ihrer besondern Kunst, das System ihrer künstlichen Zeichen, den Sprachgebrauch festzuhalten, und über die Nichtverletzung, sei es der Naturformen, deren die Bildsprache, sei es der Sprachformen, deren die Lautsprache sich bedient, zu wachen. Die Genossenschaft der bildenden Kunst, welche als Bildsprache die Gedanken durch die Abbilder ihrer Gegenstände, den Gedanken einer Begebenheit, einer Handlung durch das Bild der Begebenheit, der Handlung, den Gedanken eines Naturobjects durch das Bild des Objects selbst ausdrückt, richtet ihr Augenmerk dahin, dass diese Abbilder t r e u seien, dass das Bild der geschichtlichen Begebenheit, Handlung, Person, des Naturobjects oder Vorgangs dem Abgebildeten auch wirklich gleiche. Ihr höchstes Gesetz ist daher G e s c h i c h t s t r e u e und N a t u r w a h r h e i t der Abbildung, welche durch jede noch so geringe Abweichung von dem Gegebenen eben so sehr, wie das Ohr durch einen Fehler gegen die Grammatik verletzt wird. Wenn es erfüllt ist, so ist damit eben nur die Forderung der Grammatik der Bildsprache erfüllt, es ist nichts erreicht als C o r r e c t h e i t. Die Genossenschaft der tönenden Kunst, welche als Lautsprache die Gedanken durch künstliche Lautzeichen versinnlicht, achtet ihrerseits nur auf die Beobachtung der Gesetze der letztern, des künstlichen L a u t s y-s t e m s, betreffe es nun deren S i n n oder F o r m, und zwar sowohl die des einzelnen Lautzeichens, wie ihrer Verbindung unter einander, (Exegese, Etymologie, Grammatik, Syntax der Sprache). Ihr Augenmerk geht dahin, nicht nur dass jedes Zeichen in dem ihm angewiesenen Sinn verwandt, sondern auch dass jedem diejenige Form und Stellung gegeben werde, welche das durchgehende Sprachprincip dieses künstlichen Lautzeichensystems zur Bezeichnung der Gedanken und Gedankenverhältnisse festsetzt. Dieses ist theils allen künstlichen Sprachen gemein, insofern eben durch a l l e Gedanken versinnlicht werden, theils jeder eigenthümlich; daher haben einerseits alle Sprachen eine gemeinsame und hat jede abermals ihre besondere Grammatik; überdiess hat in jeder Sprache jedes Zeitalter seine besondere Sprache, Gesetze und Sprachgebräuche, die Sprache selbst als solche ihre G e s c h i c h t e. Durch die Beobachtung alles dessen, was die Genossenschaft aufrecht erhält, wird indess nur Correctheit erreicht, nur Missfallen vermieden; auf dem Gebiete des Sprachgebrauchs und der Sprachneuerung gilt es wie anderswo, dass summum jus oft summa injuria sei. Die

Umwandlungen des Sprachgebrauchs werden durch N e u e r e r auf-
gebracht und allmälig, indem sie selbst allgemein werden, als
Sprachgebrauch eingeführt. Dies gilt sowohl von dem Sprachgebrauch der hör- wie der sichtbaren Gedankensprachen.

§. 775. Dass es bei letzterer minder auffällig erscheint,
kommt daher, weil in den sich immer gleichbleibenden Formen
der Aussenwelt eine C o r r e c t i o n der von der realen Kunst als
Bildsprache verwandten Formen gleich an die Hand gegeben ist.
Die Bildsprache kann einen Menschen nicht mit zwei Köpfen und
vier Händen a b b i l d e n, weil ein solcher in der Natur eben nicht
vorhanden ist. Ein Blick in die Kunstgeschichte lehrt indess,
wie oft conventionelle Formen in der Bildsprache heimisch gewesen sind und ganze Zeitalter und Generationen ohne Anstoss
beherrscht haben. Die knochenlosen Figuren F i e s o l e's, die er für
Menschengestalten ausgibt, beweisen nur die Unbekanntschaft des
Klosterbruders mit der wirklichen Natur; die kurzen gequetschten
Körpergestalten der romanischen, die überlangen der germanischen
Plastik sind die einen wie die andern nicht der Natur, sondern
dem herrschenden Formgebrauch dieser Zeit entnommen. Die bildende Kunst aber n u r auf die treue Nachbildung der Naturformen
zu verweisen, wäre so viel als dem Dichter bloss grammatische
Correctheit zur Pflicht zu machen; wer natur- und geschichtstreu
bildet, grammatikalisch correct spricht und schreibt, ist damit
weder realer Bildner noch Dichter.

§. 776. Wo eine Mehrheit von einander erscheinenden Geistern gegeben ist, kann und wird, sei es a b s i c h t l i c h oder u n-
a b s i c h t l i c h, durch Missverstand oder Missbrauch des künstlichen
Gedankenzeichens Zwietracht entstehen. Geschieht dies unabsichtlich,
so sorgt die Kunstgenossenschaft dafür, dass dieselbe aufhöre, entweder indem sie den Sinn des alten Zeichens erneuert oder ein neues
für einen inzwischen neu aufgekommenen Gedanken einführt. Geschieht es jedoch absichtlich, sei es von Seite des erscheinenden oder
von Seite eines auffassenden Geistes, so dass Missfallen innerhalb
jenes Kreises sich einstellt, so kann sich die Mehrheit vereinigen,
dieses Missfällige innerhalb ihres Umkreises nicht zu dulden, die
Absicht des Erscheinenden, eine Erscheinung, die nicht die seine
i s t, für die seine auszugeben, oder des Auffassenden, eine solche,

die nicht die des Erscheinenden ist, als dessen Erscheinung zu nehmen, zu vereiteln, die wahre Erscheinung statt der scheinbaren herzustellen, den erscheinenden Geist sowohl wie den auffassenden im gebührenden statt im erborgten Licht zu zeigen. Dieselbe
spielt auf diese Weise die Rolle des Geistes der Ironie (§. 763)
d. h. eines Geistes über den Geistern; insofern sie das wahre Verhältniss der Geister gegen das scheinbare aufrichtet, die eines Richters
(§. 706) und zwar, da das Verhältniss hier nur zwischen Geistern
als Vorstellenden d. h. zwischen sich durch die Sprache der realen Kunst für einander sinnlich verkörpernden ästhetischen Geistern besteht, die eines Kunstrichters (ästhetischen Kritikers).

§. 777. Die auf diesem Wege entstehende ist also eine Genossenschaft der Kunstrichter, die kunstkritische Genossenschaft, und da sie nur zu dem Zwecke sich vereinigt hat, um jedes in ihrer Mitte durch absichtliche Entstellung der eigenen oder
fremden Erscheinung entstehende Missfallen aufzuheben, so müssen
die Urheber dieser Entstellung, die Gerichteten, selbst Mitglieder
der Genossenschaft sein, also auch ihrerseits fähig, als Kunstrichter aufzutreten, und insofern sie im Stande sind, sich selbst „als ob
es ein Anderer wäre" entgegen zu treten, fähig, ihre eigenen Kritiker sein zu können. Ein Mitglied der Kunstgenossenschaft beurtheilt die Werke des andern, ja sein eigenes Werk, wenn er es
dahin bringt, es so wie das eines Andern anzusehen, d. h. es un-
parteiisch, entsubjectivirt, ästhetisch zu beurtheilen. Kann er dies
nicht, so thut es die kunstkritische Genossenschaft für ihn, indem
sie so urtheilt, wie er bei vollendetem Vorstellen selbst urtheilen
müsste.

§. 778. Insofern es die Frage gilt, ob die Erscheinung, die
der erscheinende Geist für die seine ausgibt, wirklich die seine
sei, wird dabei von der kunstkritischen Genossenschaft eine Aufgabe
gefordert, die über ihre Kräfte geht. Nur der Erscheinende selbst
kann wissen, ob er dem Andern so erscheinen wolle, wie er sich
selbst erscheint; Andere können dies höchstens glauben. Dieser
Theil der Kunstkritik ist daher der ungewisseste und unzuverläs-
sigste, ungeachtet er bei seiner Berührung mit innerlichem und
äusserlichem biographischem Detail in unserer klatschsüchtigen Zeit
gerade mit Vorliebe angebaut und über das, was sich nicht beweisen

lässt, endloser Streit erhoben wird. Von den hiebei zu vergleichenden
Gliedern liegt dem Kritiker nur das eine, die wirkliche r e a l e Erscheinung, greifbar vor; das andere, das Bild des Erscheinenden, wie er
sich denselben d e n k t, ist ein Geschöpf des Beurtheilers und damit
meist auch die darauf gebaute Vergleichung. Insofern jedoch die
andere Frage, ob nämlich die Erscheinung des Erscheinenden auch
für die des Erscheinenden genommen, oder dafür eine andere substituirt worden sei, beantwortet werden soll, liegen b e i d e Verhältnissglieder greifbar vor, die r e a l e E r s c h e i n u n g einer-, die r e a l e
A u f f a s s u n g andererseits; diese Entscheidung lässt sich daher auch
mit aller Entschiedenheit ins Licht setzen. Letztere Art der Kritik
daher ist wahrhaft fruchtbar, indem sie jedem das Seine, dem Erscheinenden s e i n e Erscheinung, dem Auffassenden s e i n e Auffassung
zurückgibt, und nicht zulässt, dass jene durch diese oder diese
durch jene verfälscht werde. Dieselbe übt der Philologe am h ö r-
b a r e n, der Kunstkritiker am s i c h t b a r e n Zeichen des Gedankens; jener, indem er den T e x t, dieser, indem er die F o r m herstellt, ersteren, wie er aus dem Mund des sich in Worten oder
Tönen, letztere, wie sie aus der Hand des sich in Formen und
Farben darstellenden Gedankengeists hervorgegangen ist.

§. 779. Dass diese Art der Kritik nicht ästhetische Kritik
d. i. nicht Vergleichung eines gegebenen Kunstwerks mit den
ästhetischen Formen als Normen der Kunst sei, braucht wohl nicht
erst bemerkt zu werden. Vielmehr ist sie nur dazu bestimmt, das
w a h r e Verhältniss zwischen den vorstellenden Geistern, Eintracht
oder Zwietracht ihres Vorstellens darzuthun, keineswegs aber, ob die
Erscheinung selbst schön oder hässlich sei, zu entscheiden. Letzteres zu vermögen, müssen die absoluten Normen des Beifälligen
und Missfälligen vorher, es muss also die Aesthetik gegeben sein.
W i e obige Kritik ihrer Aufgabe nachkomme, hängt ganz von der
specifischen Beschaffenheit dieser Aufgabe selbst ab und kann nicht
durch allgemeine Regeln vorher festgesetzt werden. Der Philologe
bei verdorbenen Texten, der Gemäldekenner bei verdorbenen Gemälden, der Antikenkenner bei verstümmelten Statuen befolgen jeder
seinen besondern durch die Umstände gebotenen Weg, wie ihn
vielseitige Erfahrung, genaue Kenntniss des Sprachgebrauchs der
Zeit oder des einzelnen Schriftstellers, Schärfung des Ohrs und

des Auges, in sehr vielen Fällen ein kritischer „Instinct" (Lachmann) ihnen vorzeichnet.

§. 780. Dabei kommt es auf die Natur des zwischen den Geistern herzustellenden Verhältnisses an, ob der „Geist der Kritik" als ein „gutmüthiger" (wohlwollender), oder „bösartiger" (hämischer), der Eintracht oder der Zwietracht zwischen den Vorstellenden günstiger sich darstelle. Ist es Eintracht d. h. lassen die Missverständnisse sich ohne Verletzung Eines der Beiden beseitigen, mögen sie nun in der Erscheinung oder in der Auffassung liegen, so kommt das Behagen, das wir dabei empfinden, dem Geist der Kritik zu Gute; diese erscheint als uneigennütziger, die Eintracht zwischen den Geistern wünschender und wollender Geist. Ist es Zwietracht, so geräth jener Geist selbst in Verdacht, dass er am Zwiespalt der Meinungen, an dauerndem Missverstand, unaufhörlichem Streit und Hader der Geister unter einander seine boshafte Freude habe. Die kritischen Geister selbst aber sind wie die Ironiker (§. 765) und Richter (§. 708) meist an diesem auf sie fallenden Schein, sei er gut oder schlecht, völlig unschuldig, da sie nur thun, was ihres Amtes ist, ohne Neid und ohne Gunst.

§. 781. Herrscht nun wirklich Eintracht und stellt sich dieselbe daher infolge wahrer Kritik immer mehr heraus, so werden dadurch unrichtige Auffassungen realer Kunstwerke beseitigt, letztere selbst, seien es tönende oder bildende, in ihrer ursprünglichen Gestalt Jedermann innerhalb der Kunstgenossenschaft hör- und sichtbar hergestellt. Dadurch tritt sowohl der erscheinende als der auffassende Geist in ein richtigeres Licht, als jenes war, in welchem sie bis dahin standen; das Besserwissen, welches bis dahin nur ein Vorzug der Kunstrichter war, wird den Gerichteten selbst, welche jenen bis dahin als relativ Unwissende erschienen, vermittelt. Letztere werden demnach eines Bessern belehrt, von einem Irrthum des Vorstellens befreit, intellectuell erzogen: die kunstkritische Genossenschaft tritt als eine echtes Kunstverständniss lehrende und lernende Genossenschaft zwischen Kunstmeistern und Kunstzöglingen, als Kunstschule auf, wie die Kunstgenossenschaft der Schaffenden und Geniessenden als Kunstverein.

§. 782. Dieselbe entspricht einerseits der Erziehungsgenossenschaft (§. 712), andererseits der Form des Komischen

(§. 766). Wie diese macht sie dem Nichtwissen Einiger, dem Besserwissen Anderer ein Ende durch Allen gemeinsames Vorstellen; wie jene führt sie einen Zustand des Vorstellens herbei, der vorher nicht war und der dem vorherigen vorzuziehen ist. Sie ist Schule der bildenden und tönenden Gedankensprache, Bildner-, Musiker- und Dichterschule; sie nimmt neben den künstlichen Gedanken- auch die natürlichen Formen· und Empfindungszeichen in sich auf, obwohl bei diesen kein Missverstand möglich ist (§. 738) und sie zerfällt dadurch von selbst in eine n i e d e r e und eine h ö h e r e Schule, von denen jene es bloss mit Formenvorstellungen und Empfindungen, also mit den natürlichen, diese mit G e d a n k e n und ihrer Darstellung durch die S p r a c h e, entweder durch sichtbare oder hörbare, durch Worte, Formen, Farben und Töne, also mit den künstlichen Zeichen zu thun hat. So geht der Kunstakademie, welche Gedanken durch Bildsprache ausdrücken, die Zeichenschule, welche nur Formen als Formen darstellen lehrt, der musikalischen Hochschule, welche Gedanken durch Töne ausdrücken lehren will, die Compositionsschule voraus, welche die Tonformen als Tonformen entwickelt. Die Dichterschule allein lässt sich nur als n i e d e r e r Curs, als Lehre von den rhythmischen Wort- und Gedankenformen, als Prosodie, Sprach-, Tropen·, Figuren- und Dichtungsformenlehre, Poetik, in dürftige Regeln fassen; für den Gedankenkünstler gibt es keine poetische Hochschule, als die Welt der Gedanken, und keinen anderen Lehrer, als den eigenen an sich und Anderen erfahrenden, nachdenkenden, sich bildenden Geist.

§. 783. Die Form des Einklangs zwischen Schaffenden und Geniessenden, die zur Geistesverwandtschaft führt, auf eine Mehr heit von Geistern ausgedehnt, macht aus diesen K u n s t v e r w a n d t e, ihre Genossenschaft zur K u n s t f a m i l i e, die sich untereinander nicht bloss wie die Kunstgenossen verstehen, sondern sich Einer nach dem Andern und Alle nach Jedem formen und bilden, sich einander gegenseitig qualitativ assimiliren *), eine „geistige Freimaurerschaft" ausmachen, wie sie die „Beethovenianer," „Goethe

---

*) S c h r ö d e r z. B. hielt darauf so viel, dass er sogar grossen Werth auf das Zusammenspiel von Familiengliedern legte, die sich ganz in einander eingelebt haben und einander in Geberden, Tonfall u. s. w. ähnlich geworden sind. S. Devrient: Gesch. d. d. Schausp. III, 164.

aner," „Classiker" und „Modernen," an undefinir- und doch sogleich jedem Eingeweihten merkbaren Zeichen kenntlich untereinander verbindet. Jeder erscheinende Künstlergeist hat in dieser Beziehung auch sein besonderes Publicum von Geistesverwandten, das sich nach ihm, und nach dem er sich richtet, eine lebendige Wechselwirkung, die, weil sie nicht an die Existenz, sondern nur an die Vorstellung des Andern (§. 714) geknüpft ist, über die Schranken von Zeit und Raum hinaus längst Geborne mit Nachgebornen und noch Ungebornen durch ein geistiges Band verschlingt. Homer und die semitischen Scheiks, welche die Psalmen dichteten, Kalidasas und Dschelal - Eddin - Rumi, Sophokles und Shakespeare, Raphael und Phidias stehen mit ihren Geistesverwandten in ihrer, in jetziger und in künftiger Zeit in unzerreissbaren Familienbanden. Ihr Bild in ihren Werken wirkt noch heut, als ob sie selbst es wären und ähnlich sich den Geist Desjenigen an, der nach dem Einklang mit ihnen ringt.

§. 784. Die Form der Ebenbildlichkeit, auf die Mehrheit angewandt, verlangt, dass Jeder als Vorstellender e i n e m Vorbilde, aber sie schliesst keineswegs ein, dass Alle demselben gleichen. Alle, welche dasselbe Vorbild in sich tragen, sind insofern von demselben Geist, Alle, welche überhaupt das Vorbild des bloss vorstellenden Geistes, die P h a n t a s i e, in sich tragen, sind insofern vom Schöngeist, von Phantasie beseelt. Die Genossenschaft der Schöngeister nach der Form der Ebenbildlichkeit ist die der P h a n - t a s i e v o l l e n. Welchem Gebiete seine Phantasie auch angehören möge, dem simultanen oder successiven, dem bildnerischen, musikalischen oder poetischen, der phantasievolle Mensch erscheint neben dem phantasielosen, wie einer besondern Menschengattung angehörig. Zwischen beiden besteht eine Kluft, sie können einander weder begreifen noch verstehen. Jeder von ihnen redet eine für den Andern unübersetzbare Sprache. Bis in die Tiefen des Vorstellens hinein geht diese Verschiedenheit, nicht des W a s, sondern des W i e. W a s der Schöngeist denkt, spricht, thut, sieht dem des unschönen ähnlich, aber w i e er denkt, spricht und thut, darin liegt der Unterschied bergehoch. Der Eine hat für die Form keinen, der Andere nur für die F o r m Sinn; darum heisst der prosaische Mensch materiell, der formelle poetisch.

§. 785. Die Arten der Phantasie begründen unter den Phantasievollen weitere Unterabtheilungen. Die mit Formen-, mit Empfindungs-, mit Gedankenphantasie Begabten bilden besondere Gruppen. Die specifische Phantasie schöpferischer Originale zündet in verwandten Geistern und bringt die beseelte Geistergenossenschaft der Geistesfamilie nahe. Zuletzt unterscheiden sich beide nur mehr, wie etwa die blosse religiöse Genossenschaft und die Kirche, indem die erstere, des göttlichen Geistes voll, aus Gleichen, diese, mit dem göttlichen Geist als Oberhaupt in ihrer Mitte, an ihrer Spitze, aus Ungleichen aber Gleichartigen besteht (§. 718). Das „wo drei in meinem Namen beisammen stehen, bin ich mitten unter ihnen," macht die religiöse Genossenschaft zur Kirche. Der Drang der beseelten Genossenschaft geht dahin, durch Einschliessung des gemeinsamen Geistes in persönlicher Gestalt in ihre Mitte zur Familie unter einem Familienoberhaupt, zu Kindern e i n e s Vaters zu werden. Wie der religiöse seinen Gott, so wählt der phantasievolle Geist den G e n i u s seiner Phantasie dazu, und erhebt ihn zum Geist seiner Genossenschaft. So sind Beethoven, Goethe, Raphael Heroen geworden, Halbgötter ihrer Jünger.

§. 786. In der allgemeinen Genossenschaft der Phantasievollen hat jede Art der Phantasie g l e i c h e s R e c h t. Die Formengeister stehen auf gleicher Stufe mit den Farben- und Tou- wie mit den Gedankengeistern. Phidias strahlt neben Goethe, Shakespeare neben Raphael; Beethoven, Mozart neben Allen. Damit die Genossenschaft der Phantasievollen vollkommen sei, muss innerhalb ihrer jede Art der Phantasie und jede im höchsten Grade vertreten sein. Innerhalb des Umkreises der kleineren Genossenschaften wiederholt sich das Gleiche. Aber die Vollkommenheit verlangt auch, dass keine die andere störe, dass Gleichgewicht zwischen den Geistern herrsche, und weder die Formen- die Gedanken-, noch diese die Empfindungsphantasie, Töne und Farben, erdrücke. Es ist nicht zu erwarten, dass dieses Gesetz überall werde gewahrt werden; aber es ist auch nicht zu verlangen, dass, wo es nicht gewahrt wird, dieser Mangel nicht missfalle. Innerhalb seiner Phantasiegenossen weist die Intensität seiner Phantasie jedem Einzelnen seinen Rang an. Der coloristische Genius muss darum noch kein Formengenius sein, der Phonetiker kein

Gedankenkünstler. Bach's Fugen sind harmonische Meisterwerke; Beethoven ist Gedankenkünstler, der in Tönen nach dem Ausdruck dessen ringt, was nur Worte, die nicht bloss künstliche Gedanken zeichen wären, vollkommen sagen könnten. Mengs gibt Raphael den Vorzug in der Zeichnung, Correggio im Helldunkel, Titian im Colorit. Auch die „freundliche Tochter Jovis" tröstet ihre Jünger mit den Worten, dass in ihres Vaters Hause „viele Wohnungen" seien.

§. 787. So entsteht das Bild einer beseelten Genossenschaft, davon jedes Mitglied phantasievoller Geist, deren Vorbild zugleich Kunstgenossenschaft, Kunstschule und Kunstfamilie, darin jede Art der Phantasie im höchstmöglichen Grad, welchen die übrigen gestatten, und zugleich in solcher Anordnung gegeben sei, dass ein Geist den andern hebe, nicht hemme, stütze, nicht hindere, das Bild einer schönen Genossenschaft schön vorstellender Geister, einer Welt socialer Phantasie, der R e p u b l i k d e r S c h ö n g e i s t e r, eines F r e i s t a a t s d e r G e n i e n, der ästhetischen Gesellschaft.

§. 788. Das Gegenbild derselben auf wissenschaftlichem Gebiet ist die R e p u b l i k d e r G e l e h r t e n, die w i s s e n s c h a f t l i c h e (gelehrte) G e s e l l s c h a f t. Auch das wissenschaftliche Vorstellen hat seine künstlichen Gedankenzeichen, seine Kunstsprache, seinen Sprachgebrauch. Die erscheinenden d. i. die sich m i t t h e i l e n d e n und die a u f n e h m e n d e n Denker bilden als solche eine sprachliche Kunstbruderschaft, der jede Verletzung des üblichen wissenschaftlichen Sprachgebrauchs für sträfliche Neuerung, für Bruch des Herkommens gilt. Eifersüchtig wacht sie darüber, dass keine neuen Bezeichnungen für Begriffe eingeführt, dass jede Abweichung vom Gewöhnlichen gerechtfertigt werde oder sich selbst rechtfertige. Auch hier wird das anfänglich „Revolutionäre" auf dem Weg allmäliger Einführung oft alsbald zum geltenden erhoben. Als Kant auftrat, schalten Herder und Andere über die „unerhörte" Terminologie; wenige Jahre nachher galt es für „guten Ton," Kant'sche Formeln zu gebrauchen. Nur die Mathematik, deren Grundbegriffe ihr Feststehen nach Jahrtausenden zählen, hat auch grösstentheils ihre Kunstsprache unverändert erhalten; die Metaphysik und die Naturwissenschaften, deren Begriffe sich mit dem Fortschritt der Erfahrung beständig ändern, gestalten auch fortwährend ihren Sprachgebrauch um

§. 789. Wo ein als wahr mitgetheilter Gedanke nichts destoweniger falsch, so wie, wo ein mitgetheilter wahrer in seiner Auffassung entstellt worden ist, da herrscht Täuschung, weil Wahrheit für Falschheit und umgekehrt gilt. Wenn sich die Mehrheit
der Geister vereinigt, um jede Täuschung in ihrem Umkreise zu
vernichten, die Falschheit sowohl eines als wahr mitgetheilten falschen, wie die Wahrheit eines für falsch gehaltenen wahren Gedankens darzuthun, so entsteht eine kritische Genossenschaft, deren Zweck aber nicht auf Verständniss oder Missverständniss, sondern auf Wahrheit oder Falschheit des Mitgetheilten
und Aufgefassten geht, Sachkritik, nicht Zeichenkritik ist.
Die Glieder derselben sind wissenschaftliche Richter, die
Gerichteten, welche Urheber der Geltung des Wahren für
Falsches, und des Falschen für Wahrheit geworden sind, als Mitglieder der Genossenschaft selbst Richter in Sachen des Wissens,
fähig, wenn sie ihr eigenes Fürwahrhalten wie das eines Andern
zu beurtheilen im Stande sind, Richter in eigener Sache zu sein.
Sonst thut es die kritische Genossenschaft in ihrem Namen und
an ihrer Statt d. h. wie sie es selbst thun müssten, sine ira cum studio.

§. 790. Durch die Aufhellung der Irrthümer, in welchen
entweder der Mittheilende befangen war, oder in welche der Auffassende sich verfing, entsteht innerhalb der Genossenschaft der
Gelehrten ein „Geist der wissenschaftlichen Kritik,“ wohlthätig in
jedem Fall, dagegen gehasst, wenn er nur Irrthümer darzuthun,
geliebt, wenn er auch zu beweisen scheint, dass irgendwie Wahres
mitgetheilt, oder Mitgetheiltes richtig verstanden worden sei.

§. 791. Welches von beiden der Fall sei, hängt von der
ursprünglichen Beschaffenheit der mitgetheilten und nachgefassten
Gedanken rücksichtlich ihrer Wahrheit und Falschheit ab. Zeigt
die Kritik, dass innerhalb ihres Umkreises entweder alles Mitgetheilte falsch oder doch alles mitgetheilte Wahre falsch aufgefasst
worden sei, so bemächtigt sich der Mitglieder des Kreises Verzweiflung; im entgegengesetzten Fall äusserste Zuversicht;
ist bei einigem dieses, bei anderem jenes der Fall, so besteht je
nach dem Ueberwiegen des einen oder des andern bald Hoffnung,
bald Furcht, bald Glaube, bald Zweifel. Ist nun die Natur des
Mittheilenden oder jene des Auffassenden von der Art, dass sie

die Möglichkeit eines Nichtwissens oder Nichtverstehens ausschliesst, so muss Zuversicht, schliesst sie die Möglichkeit des Wissens und Verstehens aus, Verzweiflung, schliesst sie dieselbe, aber auch das Gegentheil ein, kann abwechselnd Glaube und Zweifel herrschen. §. 792. Jenes ist der Fall, wenn als mittheilender der absolute Geist, dessen sämmtliches Vorstellen Wissen ist, oder als aufnehmender zwar der endliche, aber in einer Verfassung gedacht wird, welche den Irrthum nicht zulässt. Eine solche Mittheilung heisst dann Offenbarung, eine solche Auffassung unfehlbar. Da die Mittheilung nicht anders als durch Verkörperung in der Sinnenwelt erfolgen kann, so erfolgt auch die Offenbarung entweder durch sicht- oder durch hörbare Gedankenzeichen, durch Werke und Worte, während die unfehlbare Auffassung durch Auge oder Ohr, durch Gesichte oder durch Gehörstimmen (Eingebungen) geschieht. Die Ecstase, die Vision, die intellectuelle und absolute Anschauung sind Arten der für unfehlbar gehaltenen Auffassung. Der Inbegriff dessen, was als Gedankenzeichen des absoluten sich mittheilenden Wissens gilt, macht die Sprache des absoluten Geistes, und insofern der absolute Geist als wissender Logos ist, die sinnliche Erscheinung desselben, den verkörperten Logos aus. §. 793. Da nun sowohl sichtbare Formen, als phonetische Klänge sich zu Gedankenzeichen verwenden lassen, so gebraucht der absolute Geist, insofern er sich dieser bedient, solche Formen, welche sonst der Gedankenkünstler verwendet. Wendet er nun überdies unter denselben solche an, welche auch sonst noch als Formen oder als Klänge unabhängig von ihrer Bedeutung als Zeichen gefallen, so erscheint er als Gedankenkünstler, welcher zur Mittheilung seiner wahren Gedanken schöne Gedankenzeichen verwendet, d. h. Wahres in schöner Form mittheilt. Sehen wir nun Natur und Geschichte als Offenbarungen Gottes durch die Sinneswelt an und finden in jener und in dieser schöne, d. i. absolut wohlgefällige Formen, so nennen wir beide zugleich das reale Kunstwerk des absoluten Geistes als Wissenden, und gilt uns Natur und Geschichte nicht bloss als verkörperter, sondern als der in schöner Form verkörperte Logos. §. 794. Der sich offenbarende Geist als absolutes Wissen wird denen, welchen er sich offenbart, insofern als überlegen, diese als Nichtwissende, werden insofern als ihm untergeordnet gedacht; er erscheint als Lehrer den Schülern gegenüber. Der auffassende Geist muss vor allem gewiss sein, dass er die Sprache des sich offenbarenden richtig verstehe, d. h. dasselbe vernehme, was Jener als seine Erscheinung ihm vorstellt. Beide bilden daher zusammen eine göttliche Sprachgenossenschaft, welche auf alle mögliche Weise über die Reinhaltung des göttlichen Sprachgebrauchs wacht, jede Entstellung und Fälschung des „göttlichen Worts," wie es immer sich offenbare, hindert, dass sie nicht und aufklärt, wo sie auch immer geschehe. Insofern sich der göttliche Geist zu seinen Gläubigen als Wissender verhält, entsteht die lehrende Kirche, deren Lehrer der göttliche Geist selbst ist ; insofern göttlicher Geist und Gläubige eine Sprachgenossenschaft bilden, machen beide zusammen die kirchliche Confession aus, welche sich über einen bestimmten Sinn der Sprache des göttlichen Geistes geeinigt hat und über die Festhaltung desselben wacht; insofern das allenfalls eingetretene Missverständniss aufgeklärt und die wahre Erscheinung des göttlichen Geistes zurückgeführt wird, sei es in Werken oder in Worten, entspringt die theologische Kritik und zwar entweder des hörbaren, die Textkritik, die sich auf das gesprochene oder geschriebene Wort, oder des sichtbaren, die Wunderkritik, die sich auf die sinnlichen sichtbaren Erscheinungen bezieht, welche als Gedankenzeichen des absoluten Geistes angenommen werden.

§. 795. Wo der Mittheilende nicht der absolute Geist selbst, die Weise der Auffassung keine unfehlbare ist, der Gerichtete in einer, in anderer Beziehung ebensogut selbst Richter, der nach einer Seite hin Wissende nach einer andern hin ein Nichtwissender sein kann, gestaltet sich die kritische Genossenschaft, insofern sie zugleich lehrende und lernende d. i. Unterrichtsgenossenschaft ist, entweder als Akademie oder als Schule. Letzteres, wenn der Mittheilende wenigstens relativ der Wissende, die Aufnehmenden sämmtlich die Nichtwissenden, Ersteres, wenn Jeder relativ Wissender und Nichtwissender zugleich ist, als wissenschaftliche Literatur oder als wissenschaftliche Unterrichtsanstalt, jenachdem die Mittheilung schriftlich oder mündlich ist. Zwischen der Akademie und der Schule mitten inne steht die Universität (wie schon ihre Namen Akademie und Hochschule andeuten), insofern der Nichtwissende hier wie in der Akademie als in anderer Hinsicht Wissender angesehn, zugleich aber doch die Form der Schule d. h. die Mittheilung durch einen Wissenden an Nichtwissende beibehalten, zugleich aber die Kunst, vom Nichtwissen zum Wissen zu gelangen, nicht nur in einer besondern Facultät, in der philosophischen, gelehrt, sondern vor den Ohren der Hörer in allen Zweigen des Wissens ausgeübt d. h. alle Mittheilung wissenschaftlich gehalten wird.

§. 796. Durch die Anwendung der Form des Einklangs auf die Wissenden, insofern als jeder sein eigenes Fürwahrhalten nach dem Bilde formt, das er sich von dem Fürwahrhalten der Andern macht, geht die Genossenschaft derselben in eine Wissens-, wenn der sich mittheilende Geist der göttliche ist, in eine Glaubensfamilie über. Jeder richtet sich nach allen Uebrigen, es entsteht eine allgemeine Verwandtschaft der Geister rücksichtlich dessen, was von jedem derselben für wahr angenommen wird. Dieses Verhältniss erscheint am reinsten dort, wo der Eine relativ als der Wissende, die Andern beziehungsweise als Nichtwissende mitwirken, der Mittheilende also völlig uneigennützig Art und Weise seiner Mittheilung nach dem Bilde einrichtet, das er sich von der Fassungskraft und Verständnissfähigkeit desjenigen macht, für welchen die Mittheilung bestimmt ist, also zwischen Lehrer und Schüler, Schriftsteller und Publicum; es erscheint am schönsten, wenn die Fassungskraft des Aufnehmenden als geringer vorgestellt wird, der Mittheilende sich also zu dem Empfangenden herablässt. Wo der sich mittheilende Geist der sich Offenbarende, der absolute Geist ist, tritt die letztere Erscheinung am auffallendsten hervor, indem sich derselbe dem endlichen Geist, für den die Offenbarung bestimmt ist, zulieb selbst in endliche, um der menschlichen Schüler willen selbst in menschliche Formen kleidet, ja seine Assimilation an das Bild des menschlichen Empfängers so weit treibt, dass er selbst unter dem Bilde des Menschen, als Menschensohn, menschgewordener Logos, als Lehrer der Menschheit auftritt, und mit dieser zusammen eine Glaubensfamilie, die sichtbare, und insofern die Verwandtschaft der Geister über die Schranken der Zeit und des Raums hinausreicht, die unsichtbare Kirche ausmacht.

§. 797. Die Form der Ebenbildlichkeit auf die Wissenden übertragen, gibt die Form der Gesinnungsgenossenschaft. Sie zeigt jeden derselben als Nachbild des wissenschaftlichen d. h. des durch die Befolgung der Normen des richtigen und giltigen Denkens zu formell richtigen und giltigen Gedanken, zu Ueberzeugungen aus Gründen gelangten Geistes. Der bloss gläubige weist zwar ebenfalls Ebenbildlichkeit auf, aber nicht des wissenschaftlichen, sondern des gläubigen, der religiöse des religiösen Geistes. Da es nun im Wesen des gläubigen Geistes liegt, zu glauben, was und weil es ein Anderer glaubt, des religiösen, was und weil es der göttliche Geist geoffenbart hat, dagegen im Wesen des wissenschaftlichen, für wahr zu halten, wovon und weil er aus Sachgründen sich überzeugt hat, so kann auch das Ebenbild des einen nicht das des andern und die Genossenschaft wissenschaftlicher nicht Eins mit der Genossenschaft gläubiger oder religiöser Geister sein. Jene erscheinen wie diese sämmtlich vom selben, aber jene vom wissenschaftlichen, diese vom gläubigen und religiösen Geiste beseelt, wobei natürlich nicht ausgeschlossen ist, dass dieselbe reale Persönlichkeit als wissender der einen, als gläubiger der andern, als religiöser Geist der dritten Genossenschaft einverleibt sei. Die Folge davon ist, dass in der wissenschaftlichen Geistergenossenschaft jede Ueberzeugung aus Gründen gleich, Ueberzeugung, die nicht aus Gründen folgt, ebendarum für keine geachtet, in der gläubigen Genossenschaft folgerichtig dagegen der bloss wissenschaftliche Geist für nichts angeschlagen wird. Die Gemeinschaftlichkeit des wissenschaftlichen Geistes ist das Band unter den Gelehrten, die des gläubigen und religiösen ein solches unter den gläubigen und andächtigen Seelen, die Einen wie die Andern wie Krieger verschiedener Fähnlein je treu ihrer Fahne folgend.

§. 798. Die Vollkommenheit der Gelehrtengenossenschaft besteht darin, dass innerhalb ihres Umkreises grösstmögliche Empfänglichkeit für jede Art des Wissens verbunden mit grösstmöglichster Leistungsfähigkeit in irgend einer bestimmten Gattung desselben in jedem Mitgliede bestehe, zugleich aber in

der Anordnung des Ganzen eine solche Vertheilung sichtbar sei,
dass keine Gattung des Wissens eine andere hemme, sondern alle
sich untereinander gegenseitig fördern. In jeder Form der Gelehr-
tenrepublik, in der Akademie wie in der Schule, in der Literatur
wie in der wissenschaftlichen Unterrichtsanstalt soll dieses Ziel
erreicht werden. Jene fordert daher ebenso die Verbindung a l l e r
Seiten des Wissens ohne Exclusivität de. einen gegen die andere,
wie die Schule das Gleichgewicht aller Zweige des Unterrichts
ohne vorwiegende Begünstigung des einen vor den übrigen. Die
Literatur ist unvollständig, so lange sie sich nur über gewisse
Gebiete des Wissens, die Unterrichtsanstalt, so lange sie sich nur
über gewisse Unterrichtszweige mit Vernachlässigung aller übrigen
erstreckt. Die Universität als Akademie kann nicht ohne die Vertretung aller Fächer des Wissens durch hervorragende Fachmän-
ner, als Schule nicht ohne Vertretung aller Zweige des Unterrichts
in wissenschaftlicher d. i. philosophischer Weise, sie kann aber
auch nicht ohne P h i l o s o p h i e d. h. ohne selbstständige Vertretung jener Wissenschaft gedacht werden, in welcher die Kunst
zum Wissen und zur Wissenschaft zu gelangen selbst gelehrt
wird.

§. 799. Die durch den unaufhörlichen Verkehr Wissender und
Nichtwissender erzeugte Aufklärung des gemeinsamen Fürwahrhaltens
macht den W i s s e n s - (E r k e n n t n i s s -), wie die durch den unun-
terbrochenen Verkehr des sich mittheilenden göttlichen und der aufnehmenden gläubigen Geister entstehende Berichtigung desselben den
G l a u b e n s p r o c e s s der Menschheit aus. Insofern bei jenem die
wirkliche Erkenntnissfähigkeit des menschlichen Geistes in immer
grösserem Umfang zu Tage käme, müsste jenes Bild sich in das
eines i m m e r w ä h r e n d e n F o r t s c h r i t t s d e r M e n s c h h e i t
i m W i s s e n, insofern der absolute Geist nur als „lebendiges
Wissen" gedacht werden kann, m u s s sich dieser in einen u n-
u n t e r b r o c h e n e n F o r t s c h r i t t d e r M e n s c h h e i t s o w o h l
i n d e r E r k e n n t n i s s d e r g ö t t l i c h e n O f f e n b a r u n g, als
d u r c h diese in der E r k e n n t n i s s des a b s o l u t e n G e i s t e s
d. i. der W a h r h e i t selbst verwandeln.

B. Das sociale schöne Fühlen: die Humanitätsgesellschaft.

§. 800. Wie wir in §. 352 den Geist, insofern er fühlender ist, mit den ästhetischen Formen verglichen, und als dessen Kunstwerk den Geschmack gefunden haben, so wollen wir den Fühlenden nun in Beziehung auf andere Fühlende (auf seines Gleichen), als fühlenden Socialgeist der Anwendung derselben Formen unterziehen. Dabei ist nicht nur von selbst klar, dass als fühlender Geist angesehen, gleichviel ob es der eigene oder der eines Anderen sei, der Form der Vollkommenheit gemäss der stärker Fühlende einen Vorzug vor dem schwächer Fühlenden, also im Allgemeinen der Gefühlvolle vor dem Gefühllosen haben werde, sondern es lässt sich auch leicht einsehen, dass die Form der Ebenbildlichkeit, auf den fühlenden Geist übertragen, von diesem die Uebereinstimmung seines wirklichen Fühlens mit dem Muster eines fühlenden Geistes d. h. mit dem Kunstwerk des fühlenden Geistes, dem Geschmack d. i. dem Inbegriff evidenter ästhetischer Urtheile fordern werde. Der fühlende Geist, welcher diesem Muster entspricht, muss nothwendig schöne Seele (§. 366) sein.

§. 801. Ein neues Element tritt erst dann hinzu, wenn die Anwendung der Idee des Einklangs auf das Gefühl erheischt, dass sich das Fühlen des Einen nach dem Bilde richten solle, welches er sich von dem Fühlen eines Andern macht, aus keinem andern Grunde, als weil es eben das Fühlen eines Andern sei. Die Form der uneigennützigen Hingebung (§. 689) wird nun auf das Gefühl übertragen. Der Unterschied vom mechanischen Nachäffen des Andern liegt auch hier darin, dass dieses unwillkürlich durch einen psychisch-physischen Process (als „ansteckendes“ Gähnen, Lachen, Weinen u. s. w.) erfolgt, das nachahmende Gefühl aber die Vorstellung des Andern voraussetzt, ja gerade durch diese Vorstellung erzeugt wird. Die Schönheit aber kommt dem Einklang zu, welcher zwischen dem wirklichen Fühlen des Fühlenden und seiner Vorstellung von dem Fühlen eines Andern herrscht, die darum ebensowenig, wie das Bild von dem Vorstellen des Andern (§. 723) selbst richtig zu sein nöthig hat.

§. 802. Es erhellt, dass hier von der bekannten psychologischen Erscheinung des Mitgefühls die Rede ist. Dass das sogenannte Wohlwollen nicht mit der mechanischen Wiederholung des Gefühls eines Andern z. B. dem ansteckenden Lachen oder Weinen zu verwechseln sei, hat Herbart bekanntlich vortrefflich gezeigt; aber auch das Mitgefühl, dünkt uns, sollte noch vom Wohlwollen geschieden werden. Jenes gehört dem Gefühl, dieses dem Streben an; bei jenem begnügen wir uns ein Gefühl, bei diesem schreiten wir dazu fort ein Wollen des Andern zu unserem eigenen zu machen. Die Schönheit des Mitleids beginnt nicht nur erst da, wo die Vorstellung, dass es das Leid eines Andern sei, das wir als Leid fühlen, bereits vorhanden ist; es bleibt auch nur so lang Mitleid, als es bei dem Leidgefühl bleibt; sobald wir in's Wollen z. B. Helfenwollen übergehn, wird es zur werkthätigen Güte. Das Wohlwollen bildet erst den Schluss des psychischen Processes, der mit dem bewusstlosen Nachahmen des fremden Gefühls beginnt, durch das entstehende Bewusstsein, dass es das Gefühl eines Andern sei, nach dem unser eignes sich richte, zum Mitgefühl veredelt und nur durch den Wunsch, des Andern Leid zu entfernen, seine Freude zu erhöhn, indem wir sie theilen, „(Getheilte Freud' ist doppelt Freude, Getheilter Schmerz ist halber Schmerz") in's Wohlwollen übergeleitet wird.

§. 803. Das Mitgefühl bringt, wenn die Vorstellung von dem Gefühle des Andern richtig ist, zwischen diesem und dem Mitfühlenden eine qualitative, zwar nicht, wie Schopenhauer, die Schönheit des Mitleids dadurch zum blossen Egoismus erniedrigend (Vgl. I. S. 646) behauptet, Einerleiheit, aber doch Verwandtschaft der Fühlenden hervor. Wenn sie aber unrichtig ist, so herrscht wenigstens zwischen dem wenn gleich bloss erträumten Inneren des Andern und dem eigenen Gemüth Verwandtschaft. Der Mitfühlende assimilirt sich dem Andern, wie er denselben in Gedanken trägt, und zwar motivlos d. h. aus keinem andern Grunde als weil es eben der Andere ist. Es ist also wahr, was Immermann seinen Andreas Hofer sagen lässt, und was Grillparzer von der Treue des Dieners rühmt, welche Manche „Hundetreue" schelten, dass die Liebe „keinen Grund" habe, so wenig wie die Güte. Hätte sie einen, sie wäre so wenig uneigennützige Hingabe an das Fühlen, wie die Güte eine solche an das Wollen des Andern, nicht obgleich, sondern weil er ein Anderer ist.

28 *

§. 804. Die ästhetische Form des Mitgefühls ist die Form der Liebe. Selbstliebe darum ist ein innerer Widerspruch, weil keiner sein eigenes Fühlen als das eines Andern nachahmen kann. Alle andern Beziehungen des Andern zu uns thun zu der Liebe nichts hinzu, sondern sie nehmen, je lebendiger sie mitwirken, desto mehr von ihr hinweg. Die Verwandtschaft des Fühlens reicht von Geist zu Geist, nicht von Körper zu Körper; sie ist daher weder an die Bande noch an die Regungen des Bluts, weder an Physisches noch Geschlechtliches, sie ist nicht einmal an die Grenzen des Raumes und der Zeit geknüpft. Von wessen Gefühl wir ein Bild haben können, mit dem können wir auch fühlen.

§. 805. Daraus folgt von selbst, dass wir mit Demjenigen, von dessen Wesen wir nur ein Bild haben können, auch nur unter diesem Bilde fühlen, ihn nur unter diesem Bilde lieben können. Und weil ein ästhetisches Verhältniss, · wie das des Einklangs, nur zwischen Homogenen, nicht zwischen qualitativ Unvergleichbaren bestehen kann, so folgt, dass wir den absoluten Geist nur unter menschlichem Bilde, dass wir Gott nur als Vater lieben, mit dem leidenden Gott nur unter dem Bilde des menschlich leidenden, des leidenden Menschensohn's mitfühlen können.

§. 806. Um dieser allgemeinen Form der Liebe willen fordert des Menschen Liebe zu Gott wie die Gottes zum Menschen entweder Vergöttlichung des Menschen oder Vermenschlichung Gottes. Nur zwischen Aehnlichen kann Liebe bestehen; wenn der absolute Geist seinem Begriff nach dem endlichen so wenig ähnlich werden kann wie dieser jenem, so muss er es doch im Bilde scheinen; er muss Menschengestalt annehmen, damit er mit dem Menschen, damit der Mensch mit ihm fühlen könne; der Mensch aber muss sich, wenn die Gottheit ihm Liebe, nicht Schrecken einflössen soll, seinem innersten Grunde nach selbst göttlich dünken, er muss im Urstande, im Orgiasmus, in der Verzückung vorübergehend wenigstens Gottgestalt annehmen, damit er mit dem Gotte, damit der Gott mit ihm fühlen könne. Wie die Menschwerdung Gottes das Zeichen der Liebe Gottes zum Menschen, ist die Sehnsucht Gott gleich zu sein (vor, im oder nach dem irdischen Dasein) das Zeichen der Liebe des Menschen zu Gott.

§. 807. Der wahrhaft Liebende daher ist der stärkste Idealist, denn er begnügt sich mit dem B i l d e des Geliebten. D i e s e m gleich zu sein, dessen Gefühle als die seinen mitzufühlen, seien sie freudig oder schmerzlich. Diese Liebe ist unverlierbar, wie das Bild es selbst ist; sie kann niemals getäuscht werden, weil sie nie über ihr Bild hinausgeht. Das Bild des geliebten Gegen standes ist eine blosse „Seelenbraut," ein „Seelenbräutigam," ein Geschöpf, ein Idol des eigenen Vorstellens, vielleicht in der That nicht mehr als eine blosse E i n b i l d u n g. Aber es sei nur dies, oder es sei noch mehr, die Schönheit des Einklangs zwischen dem eigenen und dem Bilde des fremden Fühlens wird dadurch nicht berührt, sie wird erst dadurch recht anschaulich. Der geliebte Gegenstand, Mann, Weib oder Gott, ist der liebenden Seele un mittelbar gegenwärtig, weil er zunächst nur in ihrem Gedanken existirt; der Umgang mit demselben ist ein solcher mit einem Wesen der eigenen Phantasie; der G l a u b e des Besitzes macht s e l i g wie dieser selbst.

§. 808. Nach dem Hauptunterschied des Fühlens als ange nehmes und unangenehmes äussert sich das Mitgefühl als Mitfreude oder Mitleid. Weil wir nur dann unser Fühlen nach dem Bilde eines Fühlens richten, wenn dieses Bild selbst ein Fühlen darstellt, das wir fassen können, so folgt, dass für den Menschen alles Mit leid m e n s c h l i c h e n Leiden, alle Mitfreude m e n s c h l i c h e r Freude gelten müsse. Weil aber jedes Leid, das uns widerfahren kann, Furcht weckt, so folgt, dass mit jedem Mitleid, da es nur einem menschlichen d. h. einem Leide gelten kann, das unsers Gleichen widerfährt und also auch u n s widerfahren könnte, nothwendig und von selbst F u r c h t f ü r u n s verbunden sein müsse, dass also M i t l e i d u n d F u r c h t (für uns) niemals ohne einander sein können. Da sich nun mit der Grösse des Leids auch die Grösse der Furcht für uns erhöht, so versteht es sich von selbst, dass mit der Stärke des Mitleids auch der Grad der Furcht sich steigern müsse, bis zuletzt bei dem schwersten Leid, dass wir fassen und vorstellen können, auch die lebhafteste Furcht (für uns) sich ein stellt und so stets mit dem äussersten Mitleid auch die äusserste Furcht (für uns) sich verbündet.

§. 809. Dann entsteht die F o r m d e s T r a g i s c h e n, welches sonach immer mit Liebe zum tragischen Objecte verbunden sein muss. Von dem, was wir als Leid selbst kennen gelernt, welchen Grad des Gefühls wir ihm selbst bei uns eingeräumt haben, hängt es ab, ob im concreten Fall gleichstarkes Mitleid von Verschiedenen werde gefühlt werden. Feststeht aber, dass wir nur für uns selbst Furcht und eben darum auch nur für unseres Gleichen Mitleid und Furcht d. h. ein tragisches Mitleid zu fühlen vermögen. Die Realität unseres Bildes ist dabei so wenig, wie beim Mitgefühl überhaupt erforderlich. Wir vergiessen über den Schauspieler, dem „Hekuba nichts ist," Thränen des aufrichtigsten Mitleids; das Bild, der Schein, das Schauspiel ist es, das uns rührt, die Wirklichkeit ausser dem Bilde thut nichts hinzu.

§. 810. Da den meisten Menschen der Tod als das fürchterlichste Bild erscheint, und Jeder denselben für sich fürchtet, so ist der Tod eines Andern am sichersten, jedesmal tragische Gefühle zu erwecken. Wir schenken daher selbst Demjenigen unsere Thränen, der den Tod nicht fürchtet, sondern das Misslingen seiner Pläne, an die er sein Leben gesetzt hat, als ein weitgrösseres Leid, die Hoffnung, durch seinen Tod deren Gelingen zu fördern, als eine Freude fühlt, welche den Tod überwindet. Sokrates Schüler beweinten seinen Tod, den er selbst nicht beweinenswerth fand. Wie daher aus demjenigen, was dem Einzelnen als komisch gilt, der Grad seiner Einsicht, so kann man aus dem, was er als tragisch fühlt, den Massstab dessen entnehmen, was ihm als grösstes Leid erscheint. Vom Standpunct dessen, was den bei weitem Meisten als tragisch galt, hatte daher Aristoteles ein Recht, Euripides den „Tragischsten" aller griechischen Tragödiendichter zu nennen. Rechnet doch dieser am meisten von den erhaltenen griechischen Tragikern in seinen Werken auf dasjenige, was die Menge als Leid fühlt, und versteht durch allerlei Anblick von Armuth, Elend, kummer- und qualvollem Seelen- und Körperleiden Mitleid und Furcht in den Zuschauern reichlich zu zünden und zu schüren, während Aeschylus und Sophokles, welche ein Leid schilderten, das eben nur grossen Seelen als solches erscheinen kann, und eine Seligkeit, zu der sich nur erhabene, den Tod verachtende Geister aufzuschwingen vermögen, in den Augen der Vielen die minder „Tragischen" sein mussten. Aus diesem Grund fordert der Erzvater der Poetik die „Reinigung" des Tragischen. Dieses als solches ist nicht Zweck, sondern es selbst bedarf der Bearbeitung, der Herabsetzung auf ein bestimmtes Mass, der Aussonderung des Nichtgehörigen. Klar genug hat er angedeutet, welches Mass er gestatte: kein anderes, als welches durch das Verhältniss zwischen Schuld und Schicksal, That und Loos gefordert wird. Lernen sollen wir, das nicht als Leid ansehn, was nur Folge der Schuld ist; daher auch mit dem schuldig Leidenden nicht mehr Mitleid haben, als Unschuld an ihm ist, und nicht mehr Furcht für uns, als Aussicht vorhanden ist, wir könnten in gleiche Schuld verfallen. Mitleid mit dem Schuldigen, insofern er überhaupt l e i d e n d ist, das eigentliche Mitgefühl, bezeichnet er als blosse φιλανθρωπία und setzt sie als ungereinigtes dem gereinigten Mitleid entgegen.

§. 811. Die verschiedenen Arten der Liebe, die sich auf das Bluts- und geschlechtliche, auf das Verhältniss zu Familien-Stammesangehörigen u. s. w. beziehen, gehören nicht in die Aesthetik, sondern in die Physiologie und Ethnographie. Alle Eltern-, Kindes-, Geschwister-, Gatten- und Geschlechterliebe, Stammes- und Vaterlandsliebe erlangt erst durch die U n e i g e n n ü t z i g k e i t der Hingabe des eigenen an das Bild des fremden Fühlens Werth, als bloss physisches oder sexuales Band ist sie ästhetisch gleichgiltig. Die Wissenschaft vom S e i e n d e n mag immerhin die Frage aufwerfen, ob es eine Liebe ganz frei von geschlechtlicher und Blutsbeimischung thatsächlich g e b e; die Aesthetik aber ist eine Wissenschaft vom G e f a l l e n d e n. Die „Stimme des Bluts" ist für sie indifferent und gegen die Stimme des Cunnus hat sie einen entschiedenen Widerwillen. Ebensowenig gibt sie aber etwa der Gleichheit des Geschlechts vor der Ungleichheit den Vorzug; ihre „Geister suchen keine Braut;" der liebende Geist fühlt im Einklang mit seinem B i l d e eines Andern.

§. 812. Der Liebende, dem sein Bild des Andern als Realität gilt, trachtet dem Gegenstande des Bildes auch real zu e r s c h e i n e n. Er v e r k ö r p e r t sein Gefühl durch sinnliche Zeichen, er schafft sich eine S p r a c h e. Welcherlei Zeichen, ob sicht- oder hörbare, er dafür wähle, ist gleichgiltig; wenn sie nur von Demjenigen, für welchen sie bestimmt sind, v e r s t a n d e n, wenn die Erscheinungen seines Gefühls als E r s c h e i n u n g e n seines Gefühls auch wirklich genommen werden. Er kann es in Worten, Tönen, Farben, Formen,

Geberden thun, gleichviel; Missfallen entsteht nur dann, wenn es sich trifft, dass dieselbe Erscheinung zweierlei Aeusserungen zum Zeichen dienen soll und nicht dienen kann, der Erscheinende sich also der Gefahr aussetzt, von Andern sowohl auf die eine als auf die andere Weise aufgefasst d. h. verkannt zu werden.

§. 813. Dass es nun, wie es natürliche Zeichen des Vorstellens gibt, ebensolche des Gefühls geben könne und gebe, können wir unausgeführt lassen. Gerade über das Gemeinsame einer weitverständlichen Gefühlssprache sind alle Menschenbeobachter einig. Das Erröthen ist ein ebenso untrügliches Zeichen der angenehmen, wie das Erbleichen der Wange der unangenehmen Ueberraschung; frohblitzende Augen weiss Jedermann von traurigen, freundliche Blicke von feindseligen zu unterscheiden. Das unbefangene Gemüth braucht seinen Gefühlen nur freien Lauf zu lassen und sie führen von selbst zu nicht missverständlichen Aeusserungen, welcher Art die Gefühle auch immerhin sein mögen.

§. 814. Für Gefühlsäusserungen dagegen, welche keine natürlichen Zeichen besitzen, wird sich das Bedürfniss ergeben, dergleichen künstlich festzustellen. Die schöne Seele, deren Gefühle selbst durchgehends ästhetisch sind, wird sich ebensogut wie die hässliche, deren Gefühle von subjectiven Erregungen, heftigen Begierden, von Affecten und Leidenschaften herrühren, zu ihrer natürlichen eine künstliche Zeichensprache schaffen, um dadurch ihre Gefühle den Andern verständlich und den Missklang, welcher darin liegt, dass ein Zeichen mehreren Gefühlsäusserungen als solches dient, verschwinden zu machen. Welche Zeichen gewählt werden, ob sicht- oder hörbare, hängt dabei gänzlich von der Willkür der Betreffenden ab, welche einander ihre Gefühle mittheilen wollen, und es kann, wie die Geschichte der Zeiten und Völker lehrt, das dem Stoffe nach Verschiedenartigste dazu mit Erfolg verwandt werden. Man braucht nicht eben zu den Malayen, wo ein Jüngling als Liebeszeichen einen Mann erschlagen haben muss, zurückzugehn; im romantischen Mittelalter, an einem Ulrich von Lichtenstein und Aehnlichen sind der Beispiele genug zu finden. Die Blumensprache der Orientalen, die Devisen und Bändersprache der Ritter und Damen der Chevalerie, die Complimentirbücher der guten alten Zeit unserer Grossväter, die Titulaturen, Ceremonien und

Anstandsgesetze der ältesten bis auf die neuesten Zeiten sind ebensoviele Beweise, dass es nie an Versuchen gefehlt hat, den fühlenden Seelen Zeichen ihrer Gefühle ebensogut zu gewähren und vorzuschreiben, als zu nehmen und zu verbieten. Diese künstliche Zeichensprache des Gefühls ist der Anstand, das Gesetz derselben das Anstandsgesetz.

§. 815. Zu der künstlichen, auf Willkür beruhenden Zeichensprache des Fühlens gehört auch die willkürlich gebotene Enthaltung von Aeusserungen, das gänzliche oder theilweise Verleugnen und Verschweigen eines Gefühls, das man hat, so wie das Aeussern eines solchen, das man nicht hat, das Heucheln von Gefühlen. Der künstliche Anstand, über welchen zwei einander erscheinende fühlende Wesen übereingekommen sind, kann auch darin bestehn, gewisse Gefühle gänzlich oder theilweise zu verbergen, dagegen gewisse sinnliche Erscheinungen, die als Aeusserungen von Gefühlen betrachtet werden können oder werden sollen, auch dann anzunehmen, wenn das Gefühl selbst nicht vorhanden ist. Alle darauf sich beziehende Einrichtung der sinnlichen Erscheinung des Gefühls, des Benehmens, die Beobachtung der künstlichen Anstandsregeln heisst guter Ton, Lebensart, feine Sitte. Die fühlende Seele, welche dieselbe verletzt, entweder bewusst oder bewusstlos, heist Verletzerin des Anstands, im letztern Fall naiv; wenn sie zugleich schöne Seele, d. h. das sich äussernde Gefühl selbst schön und nur die Aeusserung desselben entweder überhaupt oder doch in der von ihr gewählten Weise durch das künstliche Anstandsgesetz verboten ist, sittliche Unschuld.

§. 816. Das Gefühlszeichen selbst, natürlich oder künstlich, kann für sich betrachtet schön oder unschön, als Zeichen angesehn mehr oder minder ausdrucksvoll sein. Ist es schön, so wird der Anstand graciös, es sei natürliches oder künstliches Zeichen; ist zugleich das sich äussernde Gefühl schön, der fühlende Geist, der so erscheint, schöne Seele, so wird er zur Grazie d. h. zur schönen Erscheinung eines schönen Gefühls, die wieder entweder bewusst oder bewusstlos, in diesem Fall als naive, in jenem aber dann als gesuchte Grazie auftritt, wenn das Zeichen selbst ein künstliches, eine Regel des künstlichen Anstands ist. Tritt zu der letztern noch der Wunsch zu gefallen hinzu, so wird sie zur **Koketterie**; erregt sie naiv oder bewusst Begierden, so wird sie zur **reizenden Naivetät** oder zur ebensolchen **Gefallsucht**.

§. 817. Unter den natürlichen oder künstlichen Zeichen des Gefühls nehmen die Veränderungen und Bewegungen der leiblichen Erscheinung des Fühlenden den ersten Platz ein. Dieselben lassen sich entweder als Bewegungen des ganzen Körpers oder als solche eines gewissen Körpertheiles, insbesondere des Gesichts und der Hände zu dem Zwecke der Gefühlssprache verwenden, wodurch **pantomimische** oder bloss **mimische** (physiognomische) Gefühlszeichen entstehen. Beinahe jeder lebhafte Affect hat seinen besondern Gesichtsausdruck; le Brun hat von diesem Standpunkte aus seine bekannten **Charakterköpfe** entworfen. Die conventionelle Anstandsregel, welche gewisse Aeusserungen des Gefühls entweder ganz untersagt oder in vorgeschriebene Formen einzwängt, legt der natürlichen Sprache des Gefühls Hindernisse in den Weg, welche dasselbe oft gewaltsam durchbricht. Da sie durchaus positiv ist, so hat sie **nur** für Jene, welche sie eingeführt haben, Verbindlichkeit und nur solange, als der Zweck, zu dem sie eingeführt ist, durch sie wirklich erreicht wird.

§. 818. Welches ist nun dieser Zweck? Offenbar kein anderer, als **Eintracht** des Fühlens zu erzeugen oder wo diese nicht vorhanden ist, wenigstens den **Schein** davon. Zu dem Ende soll nicht nur jedes Gefühl, um die Gefahr des Missverstandes zu vermeiden, sich in eine Form kleiden, in welcher es auf Verständniss rechnen darf, sondern es soll sich lieber gar nicht äussern, wenn es dies nicht darf d. h. wenn dem Bilde vom Fühlen eines Andern im Fühlenden, in diesem Andern selbst kein Gefühl entspricht, Liebe z. B. keine Gegenliebe findet. Gibt sich in letzterem Fall ein Fühlen in der Voraussetzung, ein Anderer hege ein gewisses Gefühl, diesem entsprechend kund, so herrscht **Zwietracht** des Fühlens; es wäre besser, der Erste hätte sein Gefühl gar nicht kundgegeben. Soll dieselbe verschwinden, so muss **dieselbe** sinnliche Erscheinung der Gefühlsäusserung Beider entsprechen, oder wenigstens zu entsprechen **scheinen**, sie muss als **gemeinschaftliches** Zeichen erscheinen d. h. dasjenige Gepräge aufgeben, wodurch sie zur **individuellen**, dem (vereinzelten) **wirklichen** Gefühl des

Andern nicht entsprechenden Gefühlsäusserung gestempelt wird. Damit wird aber die sinnliche Erscheinung zur Aeusserung eines Gefühls, welches so wie es e r s c h e i n t, nicht i s t, also zu einer unwahren erkünstelten Gefühlserscheinung und eben das ist der c o n v e n t i o n e l l e A n s t a n d.

§. 819. Indem derselbe den S c h e i n d e r E i n t r a c h t der Fühlenden zu erhalten sucht, trachtet er auch zu verhindern, dass der M a n g e l a n M i t g e f ü h l sichtbar werde. Denn da die Gefühls- äusserungen beider g e m e i n s c h a f t l i c h sind, also kein Zwiespalt ihrer Gefühle sich verräth, so entsteht der S c h e i n, als richte sich Jeder nach dem Bilde, das er vom Gefühle des Andern zu haben scheint. So wenig daher der Anstand selbst auf Beifall Anspruch hat, so verhindert er doch die Erscheinung eines absolut Missfälligen und hat insofern ein wenigstens negatives Verdienst.

§. 820. Da sich derselbe auf alle socialen Gefühlsäusserungen der Form der C o r r e c t h e i t gemäss ausdehnt, so umfasst er auch diejenigen sinnlichen Zeichen, welche in dem Verhältniss des ab- soluten zu dem oder den endlichen Geistern und umgekehrt den Gefühlen der Liebe und des Erbarmens des Ersten für den (oder die) Letztern, der Verehrung und Dankbarkeit des (oder der) Letztern für den Erstern zum Ausdruck dienen. Jene lassen sich unter dem Namen der ä u s s e r l i c h e n g ö t t l i c h e n H e i l s- a n s t a l t e n, diese unter dem der ä u s s e r l i c h e n m e n s c h- l i c h e n G o t t e s v e r e h r u n g zusammen fassen; beide zusammen machen den C u l t und das C u l t g e s e t z aus.

§. 821. Die Liebe des absoluten Geistes kann sich als Er- barmen mit der gefallenen und tief verschuldeten Menschheit nicht energischer äussern, als indem er nicht nur, um dieser ähnlich zu werden, selbst Menschengestalt a n-, sondern in dieser das Leid der Menschheit als sein eigenes zu fühlen u n t e r- und das schwerste Leid derselben, den ewigen Tod, als Strafe ihrer Verschuldung a u f sich nimmt. Der sichtbare Versöhnungstod des menschgewordenen Heilands ist daher auch der sichtbare Mittelpunct der äusserlichen göttlichen Heilsanstalt einer-, sowie der eigentliche Gegenstand der Liebe und Dankbarkeit der durch denselben von ihrer Strafe Er- lösten andererseits, deren sinnliche Erscheinung in festgesetzten äussern Zeichen den Inhalt der äusserlichen Gottesverehrung, der sichtbaren Frömmigkeit ausmacht.

§. 822. Durch den Anstand ist nun zwar für die scheinbare Eintracht auch dort, wo keine wahre vorhanden ist, Sorge getragen, aber das hindert nicht, dass Derjenige, welcher den Schein als Schein erkennt, das Urtheil fälle: der Schein missfällt Dieses Missfallen verschwindet nicht früher, als bis der Anlass desselben gehoben, also an die Stelle des scheinbaren Verhältnisses zwischen den Fühlenden das wahre getreten ist. Der Schein der Eintracht aber wird dadurch herbeigeführt, dass die Aeusserung, welche der Fühlende für sein Gefühl wählt, entweder nicht die des wirklichen Gefühls ist, aber dem Andern dafür gilt, oder dies ist, aber von dem, welchem der Fühlende erscheint, „als blosse Redensart" genommen wird, hinter welcher vielmehr das entgegengesetzte Gefühl vorauszusetzen sei. Im ersten Fall herrscht die Absicht, anders zu erscheinen als er ist, beim Erscheinenden, im zweiten die Absicht, anders zu nehmen als ihm erschienen wird, beim Auffassenden. Dort findet Gefühlsheuchelei, hier Gefühlsentstellung statt.

§. 823. Da die Geltung des Scheins missfällt, so missfällt auch der, welcher der Urheber desselben ist, also der Heuchler dort, der Gefühlsentsteller hier. Der künstliche Anstand, insofern er blosser Schein ist, missfällt daher als Heuchelei von der einen, als Gefühlsentstellung von der andern Seite. Jener Schein verschwindet, wenn der Erscheinende selbst seine unwahre Erscheinung, der Auffassende seine entstellende Auffassung zurücknimmt, also in der Gestalt seines wahren Gefühls erscheint und auch in dieser aufgefasst wird. Wird nun das wahre Gefühlsverhältniss so mächtig, dass der künstliche Schein dem gegenüber nicht mehr sich halten lässt, so entsteht der Schein, als würden die beiden in der Gefühlsäusserung Befangenen gegen ihren Willen gezwungen, nicht nur das erkünstelte Verhältniss ihrer Gefühle zurückzunehmen, sondern als nehme das letztere sich selbst zurück, mache dem wahren Platz; dieses, dadurch doppelt auffällig, wirft die Larve weg, die es nur zur Erhöhung seines ursprünglichen Eindrucks vorgenommen zu haben scheint, und erscheint, seine nunmehrige verstärkte Wirkung nicht nur von Beginn an beabsichtigend, sondern

auch mittels eines zweckmässigen Mittels, nämlich des vorgespiegelten Scheins des Gegentheils, auch erreichend, nun als s e l b s t
b e w e g t, s e l b s t b e s e e l t, als G e i s t d e r L a u n e.

§. 824. Die L a u n e treibt mit dem künstlichen Schein der
Eintracht, dem Anstand, aber auch mit dem der Zwietracht, sie
treibt überhaupt mit dem S c h e i n im F ü h l e n, wie die I r o n i e
mit dem im V o r s t e l l e n ihr Spiel. Damit das wahre Verhältniss
zwischen zwei Fühlenden recht anschaulich werde, nimmt dasselbe
die Maske des entgegengesetzten Verhältnisses an, um sie nach
gethaner Wirkung wieder abzuschütteln. Nur um den E f f e c t des
Verhältnisses, nicht um die Qualität dieses letzteren selbst ist es
ihr zu thun; sie steckt sich ebenso gern in die Mummerei der
Zwietracht, wenn das Grundverhältniss Eintracht, wie in die der
Eintracht, wenn jenes Zwietracht zwischen den fühlenden Seelen ist.
Von der Natur jenes Verhältnisses nun hängt es ab, ob die dasselbe
wiederherstellende Laune selbst b o s h a f t oder g u t m ü t h i g, zwie-
tracht- oder eintrachtfreundlich erscheine; die L a u n e als solche
ist weder das eine noch das andere.

§. 825. Dieser G e i s t d e r L a u n e ist als solcher nothwendig
S c h e i n, das eigentliche Thätige sind die l a u n i s c h e n G e i s t e r.
Das erscheinende Gemüth nimmt die Maske eines Gefühls vor, in
der nun der Andere es erblickt; es nimmt sie aber auch wieder
zurück. Der Auffassende missversteht absichtlich des Andern Gefühlsäusserung (schmollt); er lässt seine falsche Auffassung aber
auch wieder fahren, sobald es ihm beliebt. Beide sind der Bewegung vom scheinbaren zum wahren Verhältniss der Gemüther,
welcher der Geist der Laune i m m a n e n t scheint, als launische
Geister t r a n s c e n d e n t; sie m a c h e n dieselbe, während sie
selbst sich zu machen s c h e i n t.

§. 826. Ist nun das w a h r e Verhältniss unter den Fühlenden E i n t r a c h t, d. h. macht sich der Fühlende nicht nur ein
Bild von dem Fühlen des Andern, sondern auch das r i c h t i g e
Bild, während ihr scheinbares Verhältniss Z w i e t r a c h t darstellt
d. h. die Erscheinung des Fühlenden oder die Auffassung des
Aufnehmenden so beschaffen ist, als machte er sich ein falsches,
so wird der G e i s t d e r L a u n e, welcher das wahre Verhältniss
zurückführt, zum Geist des H u m o r s, der launische Geist zum

h u m o r i s t i s c h e n. Der dem Andern e r s c h e i n e n d e Humorist
hat ein richtiges Bild vom Gefühle des Andern. Statt nun seine
Erscheinung so einzrichten, dass der Andere gewahre, jener fühle
mit ihm, wählt er vielmehr eine solche Erscheinung, dass der Andere
meinen muss, jener habe das dem seinen entgegengesetzte Gefühl;
er thut dies jedoch nur zu dem Zwecke, damit der Auffassende
späterhin desto lebhafter inne werde, jener h a b e gefühlt und f ü h l e
fortwährend auf das Innigste m i t ihm. Der den Anderen auffassende
Humorist w e i s s, was der Andere fühlt. Er stellt sich aber, als
verstände er ihn nicht und glaube, jener fühle im Grunde das Entgegengesetzte; er richtet also seine Gefühlserscheinung nach diesem
seinem scheinbaren Missverständniss des Andern zu dessen grösstem
Verdrusse ein: jedoch zu keinem andern Zwecke, als damit der
Andere am Schluss desto deutlicher inne werde, der Humorist sei
vom Anfange an mit ihm e i n e s Sinnes gewesen. Beide s i n d mitfühlend, während sie nicht nur o h n e Mitgefühl, sondern vielmehr
dem Frohen neidisch, des S c h a d e n s des Traurigen f r o h s c h e i n e n.

§. 827. Der G e i s t d e s H u m o r s , welcher die Eintracht
der Fühlenden durch den Schein ihrer Zwietracht desto auffälliger
herstellt, erscheint als uneigennützig dem Andern sich hingebender,
v e r s ö h n e n d e r, der D ä m o n d e r L a u n e, welcher die Zwietracht der Seelen durch den Schein ihrer Eintracht doppelt sichtbar
hervortreten macht, geräth in den Verdacht eines der Zwietracht sich
freuenden, b o s h a f t e n Geistes. Während der Humorist aus einem
scheinbaren Feind in den wärmsten Freund, verwandelt der Satan
der Laune aus einem scheinbaren Freund sich in den schlimmsten
Feind. Beide vertilgen das Missfallen, das an der Geltung des
Scheins haftet, aber der erstere, indem er als Mitfühlenden sich
offenbart, wird absolut bei-, der letztere, indem er mit Recht oder
Unrecht den Verdacht der Lust an der Zwietracht auf sich lädt,
wird absolut missfällig.

§. 828. Die V e r s ö h n u n g durch den Humor ist eine wirkliche, nicht bloss scheinbare, weil der Zwiespalt der Geister, soweit
er diese als bewusste Wesen angeht, von Seiten entweder des
Aufnehmenden oder des Erscheinenden wirklich als solcher gewusst
wird. Der erscheinende Humorist zwar weiss, dass er anders fühlte,
als er dem Andern zu fühlen scheinen muss, aber der Aufnehmende

weiss es nicht; der Aufnehmende zwar weiss, dass er die Erscheinung anders nehme, als der Andere fühlt, aber, dass er dieses
wisse, weiss der Erscheinende nicht. Beide sind, solange sie dies
nicht w i s s e n, einander so ernstlich böse, als ob zwischen ihnen
wirklich Zwietracht bestünde; und diese Stimmung der Gemüther
kann sich bis zum wirklichen Hass gegen den scheinbar Hassen-
den, bis zum wirklichen Groll gegen den scheinbar nicht verstehen Wollenden steigern. Der Humorist kann daher, solang jene
Unwissenheit währt, sich ebensowol bittere Feinde, als sobald diese
ein Ende nimmt, warme Freunde machen; bei Vielen aber währt
jene Unwissenheit ihr Leben lang und macht sie zu Gegnern alles
Humors, der ihnen nur offene oder versteckte Feindseligkeit scheint.
Es gehört ein starker Glaube an die unauslöschliche Güte der
Menschennatur dazu, um durch soviel scheinbaren Mangel an Mitgefühl, als ihn der Humor zeigt, sich nicht davon abbringen zu
lassen, dass dieser Mangel bloss Schein sei. Daher haben diejenigen, welche dessen wenig besitzen, auch meist wenig Glauben an
den Humor, den sie gern mit satanischer Laune verwechseln. Meist
sicht der Humorist seinen scheinbaren Mangel an Mitgefühl von
Andern durch wirklichen Mangel an solchem, seinen scheinbaren Neid
und seine ebensolche Schadenfreude vom Andern durch wirkliche
vergolten und die Klage über Verkennung ist ihm nur allzu geläufig. Da er selbst besser weiss, wie er wirklich fühle, so kommt
ihm der Andere, der seine Erscheinung buchstäblich nimmt, zugleich komisch, dabei aber er sich selbst, wenn er über Verkennung klagt, da er doch wissen musste, auf seinem Wege könne
er nur zu leicht verkannt werden, gleichfalls komisch vor. Er könnte
daher über des Andern und über die eigene „Ungereimtheit" lachen,
wenn sie nicht zugleich „schädlich" d. h. für ihn selbst, der gehasst wird, wo er Liebe verdient, im höchsten Grad schmerzlich
wäre. Das Gefühl des Humoristen wird daher ein g e m i s c h t e s,
ein „Lachen unter Thränen" über den Andern und über sich
selbst, das, wo die grösste Liebe von der einen und der grösste
Hass von der anderen Seite auf einander treffen, zu dem Ausruf
wird: Vater, vergib ihnen, denn sie wissen nicht, was sie thun.

§. 829. Auf die besonderen Arten des Mitgefühls als Mitfreude
und Mitleid, dessen scheinbare Verleugnung die Form des Humors

begründet, ist dabei noch keine Rücksicht genommen. Der mitfreudige Humor, der sich in das Gewand des Neides, der mitleidige, der sich in das der Schadenfreude kleidet, können sich jener bis zur scheinbaren Bosheit, dieser bis zum grausam scheinenden Spott steigern. Das Bewusstsein der im Grunde verborgenen Eintracht des Fühlens, welches dort, wo der Humorist dem Humoristen begegnet, der humoristisch Erscheinende dem humoristisch Aufnehmenden, wo also durch die Homogeneität der Glieder erst das rein ästhetische Verhältniss vorhanden ist, unverlierbar sein muss, erhält beide immer in den Grenzen des sich selbst aufhebenden Scheins, während, wo der Humorist auf den Nicht-Humoristen trifft, wirkliche Spaltung eintritt. Im letztern Falle bemächtigt sich des Humoristen, der bei aller Bemühung, Eintracht zwischen sich und dem Andern herzustellen, immer auf Zwietracht stösst, ein unendlicher Schmerz, den man „Weltschmerz" genannt hat, der aber eigentlich nur der Verdruss ist, seine Gefühle dem Andern nicht verständlich machen zu können, weil dieser, für die Form des Humors unzugänglich, den Schein stets für Sein nimmt. Der Andere, die „Welt" erscheint dem Humoristen dieser Gattung (Sterne) daher zugleich dumm und platt, am Buchstaben klebend, „philisterhaft"; er, welcher trotzdem fortfährt, seine Gefühle verständlich machen zu wollen, erscheint sich als thöricht; weil er sich nicht entschlagen kann, den Andern trotzdem als „Geist" und geistempfänglich zu denken, wie er selbst ist, als geistreich; und weil er sich trotz des Verkanntwerdens nicht enthalten kann, mit dem Andern zu fühlen d. h. ihn zu lieben, als gut. Die „satanische Laune" dagegen, welche allenthalben Zwietracht aufdeckt und sich in dieser Entblössung gefällt, ist „Zerrissenheit" (Heine).

§. 830. So entsteht das Bild eines Gemüths, welches zugleich gefühlvoll, mitfühlend, anstandsvoll, dessen Laune Humor d. h. trotz allem Anschein des Gegentheils unversiegbares Mitgefühl, und das in jeder seiner Aeusserungen mit diesen seinen Vorbildern einstimmig d. h. ästhetisches Gemüth, schöne Seele sei, das Bild des socialen schönen Fühlens, des humanen Gemüths, wie vorher (§. 773) das Bild der schönen Socialphantasie, des socialen Schöngeistes. Der absolute Geist selbst, der Gott der Liebe und des Erbarmens, entspricht diesem

Bilde, indem er nicht nur, um mit dem Menschengeschlecht zu fühlen und zu leiden, selbst Menschengestalt annimmt, sondern um seine göttliche Milde in desto hellerem Glanze strahlen zu machen, den Schein des Gegentheils, des unerbittlichen Richters, nicht verschmäht, um als Heiland der Menschheit durch einen blutigen Opfertod ihr desto gewisser V e r s ö h n u n g zu erwerben. Nur bleibt es bei ihm, dem Absoluten, dessen Vorstellen W i s s e n, dessen praktisches Wissen d. i. ästhetisches Urtheilen zugleich schon heiliges W o l l e n ist, nicht beim blossen M i t f ü h l e n, sondern dies geht sofort in W o l l e n d. h. in werkthätige Liebe, in H e l f e n über: er bemitleidet nicht bloss, er e r b a r m t sich der Leidenden als werkthätiger E r l ö s e r d e s M e n s c h e n g e s c h l e c h t s.

§. 831. Die ästhetischen Formen des humanen Gemüths auf eine Mehrheit von Geistern übertragen gibt das Kunstwerk des fühlenden Socialgeistes, die s c h ö n e S e e l e n g e n o s s e n s c h a f t, die Bruderschaft des Fühlens, wie die Republik der Schöngeister und die der Gelehrten jene des D i c h t e n s und D e n k e n s. Die Gemeinsamkeit der Gefühlszeichen, sei es natürlicher oder künstlicher, begründet zunächst die Sprachgenossenschaft des Fühlens, die A n s t a n d s g e n o s s e n s c h a f t, die „feine Welt" der Sitte und des Benehmens. Ihr Ziel geht dahin, über die Beobachtung des festgesetzten Gebrauchs oder Nichtgebrauchs gewisser Gefühlszeichen, hörbarer oder sichtbarer, Worte, Bilder oder Handlungen, zu wachen, alles nach natürlichen oder künstlichen Anstandsregeln A n s t ö s s i g e zu vermeiden, innerhalb ihres Umfangs den herkömmlichen Sprachgebrauch des Fühlens, den „guten Ton" aufrecht zu erhalten. Die Tyrannei des üblichen Sp r a c h g e b r a u c h s wird hier durch jene der herrschenden M o d e ersetzt, welcher gegenüber jede Abweichung im Benehmen, wie bei jenem im Sprechen, als Auflehnung, als Verletzung des Herkommens gilt, auf die Gefahr hin, die verpönte „Neuerung" binnen kurzem durch Annahme von Seiten der Majorität ihrerseits zum „bon ton", zur „Modelaune" erhoben zu sehn. Alles, was „Sitte und Gebrauch" in der Gefühlsäusserung werden kann, Tracht, Bewegungen, Redensarten, häusliche Umgebung, geselliges Betragen, gehört hieher, entsteht und veraltet als „Manieren" des Landes, des Standes, des Zeitalters, im Gegensatz zu dem unwandelbaren „Stil" des Benehmens, dem „natürlichen Anstand", der

ungeschminkten, aber mass-, tact- und rücksichtsvollen, g r a c i ö s e n
oder doch a u s d r u c k s v o l l e n Aeusserungsweise „schöner Seelen". Die „edlen Frauen", bei welchen „fragen" soll, nach des Dichters Wort, derjenige, der „wissen will, was sich ziemt", sind die
ewigen Hüterinnen der natürlichen feinen Sitten; die „unedlen", bei
denen eben deswegen auch Niemand zu fragen braucht, die launen-
haften Despotinnen erkünstelter Anstands- und Modethorheiten.

§. 832. Wo sich innerhalb einer Mehrheit der Geister Zwietracht des Fühlens zeigt, missfällt dieselbe; wo dagegen Eintracht
zu wohnen s c h e i n t, aber in Wahrheit nicht wohnt, missfällt dieser Schein. Den Anstandswächtern der Anstandsgenossenschaft
(meist werden es Wächterinnen sein) wirkt daher die Genossenschaft derjenigen entgegen, denen die Geltung des bloss scheinbaren Gefühls verhasst und deren Vorhaben ist, so weit ihre Macht
reicht, nur w a h r e G e f ü h l e, seien es nun einhellige oder zwie-
spältige, zu dulden. Derjenige, welcher den Andern über seine
wahren Gefühle durch entgegengesetzte Aeusserungen zu täuschen
sucht, wie derjenige, welcher beharrlich die Gefühle des Andern
misszuverstehen sich den Anschein gibt, wird dem Zweck der Genossenschaft entsprechend rücksichtslos in seiner wahren Gestalt ent-
larvt, der Friede zwischen den Gemüthern, wo er wirklich vorhanden ist, aber es nicht zu sein scheint, ebenso gewissenhaft geoffenbart, wie der Streit zwischen denselben, dem „faulen" Frieden
zum Trotz, blossgelegt. Die Mitglieder derselben, die über den bestehenden Frieden und Krieg zwischen den Gemüthern urtheilen,
wie jene der kritischen Genossenschaft über Verständniss und
Missverständniss zwischen den Schaffenden und Aufnehmenden, heissen insofern F r i e d e n s-, wie die letztern K u n s t r i c h t e r, wenn
sie auch ebenso oft den thatsächlichen Streit, wie diese die thatsächliche Nichtkunst zu constatiren haben sollten. Da sie jedoch nur
innerhalb ihrer Genossenschaft das Missfallen am Schein vermeiden,
so gehören die von ihnen Gerichteten als ihres Gleichen dieser selbst
als Mitglieder an, können also ihrerseits ebensogut Richter Anderer,
ja wenn sie fähig sind, sich selbst wie einen A n d e r n zu beurtheilen, ihre eignen Richter sein. Von der Natur des zwischen den
Einzelnen obwaltenden Verhältnisses wird es nun abhängen, ob
der Geist der Laune, welcher das wahre Verhältniss gegen das

scheinbare aufrichtet, ein Geist des Friedens oder einer des Streits scheinen, ob er durch Wiederherstellung gestörter Eintracht als versöhnender, oder durch parteilose Herstellung ursprünglicher Zwietracht der Gemüther ein „Geist des Kriegs Aller gegen Alle", die Genossenschaft selbst, die derselbe beseelt, als eine friedliebende, oder eine hassensfrohe erscheinen werde.

§. 833. Ist das wahre Verhältniss der Gemüther das des Mitgefühls, der gegenseitigen Liebe, so wird obige „Genossenschaft der Aufrichtigen" sich in eine der Versöhnungsstiftenden und werden die Friedensrichter sich in Friedensstifter verwandeln. Aus dem scheinbaren „Krieg Aller gegen Alle" wird ein Reich der Liebe, des ewigen Friedens hervorgehen, in dem selbst der Streit, Heraklits „Vater des Alls", nur ein vorübergehender Moment, Mittel zum Zweck, der Hass ein Diener der Liebe, des Friedens, der Versöhnung sein wird.

§. 834. Das vollkommenste Bild einer derartigen Versöhnungsgenossenschaft liefert die Gemeinschaft der von dem göttlichen Geiste in Menschengestalt durch seinen Opfertod Erlösten mit dem verzeihenden Gotte. Aus dem Zustand der Entfremdung, der scheinbaren Feindseligkeit zwischen Gott und den Menschen, ist ein Reich der Versöhnung, der erbarmenden, erlösenden und verzeihenden Liebe hervorgegangen. Der Versöhnungsprocess, welcher in der Versöhnungsgenossenschaft durch die friedenstiftenden Richter, innerhalb jedes einzelnen Gliedes durch Selbstversöhnung des wahren mit dem feindseligen scheinbaren Ich sich vollzieht, wird hier durch den zur Versöhnung der Menschheit mit Gott freiwillig dem Tod sich hingebenden Gott selbst in's Werk gesetzt.

§. 835. Durch die Ausdehnung des Mitgefühls von dem Einen auf Alle, indem Jeder sein Fühlen nach seinem Bilde des Fühlens aller Uebrigen, und diese das ihre nach ihrem Bild von dem seinen formen, wird das Gemüth eines Jeden dem aller Uebrigen qualitativ verwandt, bilden alle zusammen eine Seelenfamilie, eine Genossenschaft seelenverwandter Geister. Ein Band der Liebe verknüpft Alle unter einander, indem Jeder Lust und Leid des Andern zu seinem und diese das seine zu dem ihren machen, „in allen Seelen ein Gedanke, in allen Herzen ein Schlag" herrscht.

29·

Diese Genossenschaft der Liebe, die von allen nicht unmittelbar aus der Vorstellung des Andern als des Fühlenden ausfliessenden Motiven, von Bluts-, nationalen und geschlechtlichen Regungen schlechthin unabhängig ist, reicht über leibliche, Raum- und Zeitschranken hinaus, verknüpft Seelen mit Seelen, Personen gleichen Geschlechts in der Freundschaft, wie verschiedenen in der Geschlechtsliebe, Blutsverwandte auf- und absteigender Linie in Eltern und Kindern, gleicher Stufen in den Geschwistern und Seitenverwandten, Angehörige desselben wie verschiedener Stämme, Lebende, Verstorbene und noch Ungeborene, endliche Geister und den absoluten Geist, Menschen mit Gott und Gott mit der Menschheit. Dieser „Seelenbund", der auf innerer Seelenverwandtschaft ruht, ist das Gegenstück zur Anstandsgenossenschaft, die nur auf gemeinsame conventionelle äussere Gefühlszeichen sich gründet; wie der Bund der Erlösten mit Gott durch den Erlöser, die innere, das Seitenstück zur äusseren göttlichen Heilanstalt, wie die Gemeinschaft der inneren Gottesverehrung, die Seelen-, ein ebensolches zu jener der äusseren, zur Cultgemeinde ausmacht.

§. 836. Die Form der Ebenbildlichkeit auf die Mehrheit übertragen bringt hervor, dass Jeder der Fühlenden dem Vorbilde des Fühlens, der schönen Seele, als Geschmack und Gewissen gleicht d. h. nicht nur Jeder weiss, was absolut wohlgefällig und missfällig sei, sondern auch darnach fühlt d. h. richtig urtheilt. Da das ästhetische Urtheil evident ist (§. 61), so kann hierin selbst der absolute Geist nichts vor dem endlichen voraus haben d. h. was für diesen im vollendeten Vorstellen schön oder hässlich, absolut wohlgefällig oder missfällig ist, das ist es auch für jenen. Insofern er Geschmack und Gewissen besitzt, ist sonach der endliche Geist nicht nur Gott ähnlich, sondern er ist wie Gott; der ästhetische und der sittliche Geschmack (das Gewissen) sind der göttliche Funke in ihm, dasjenige im Menschen, wodurch er wie durch das vollendete (subjectlose) Vorstellen über das „Privatvorstellen", so über die „Privatgefühle" erhaben, selbst ein Erhabener wird, wie es der Absolute ist. Alle Erhabenheit, welche dem endlichen Geiste zukommen kann, ist daher nur hier zu finden. Dass er über sein früheres Begehren und Wollen hinausgerückt, dieses selbst wieder

zum Gegenstand einer unfehlbaren Beurtheilung machen, sich selbst
verdammen kann, wenn er unrecht, sich selbst freisprechen, wenn
er alles Anscheins des Gegentheils ungeachtet recht gethan hat,
das ist es, was ihn in demselben Augenblick, in welchem er durch
den Tod der Sinnlichkeit gänzlich unterliegen zu müssen scheint,
über dieselbe emporhebt und das scheinbar der Vernichtung an-
heimfallende Subject zum Träger einer subjectlosen Allgemeinheit,
des w i l l k ü r l o s e n Urtheils macht. So entsteht die Genossenschaft
der schönen S e e l e n d. h. der der innern Stimme im Urtheilen
Gehorchenden, der G e w i s s e n h a f t e n im F ü h l e n, derjenigen,
welche nicht bloss w i s s e n, was gefalle und missfalle, sondern
auch so u r t h e i l e n wie sie es wissen, d. i. der K e n n e r, und
zwar entweder auf dem Gebiete des ästhetischen Urtheils über das
W o l l e n d. i. der praktischen W e i s e n, oder auf dem des ästhetischen Urtheils über was immer für Gegenstände, also Kenner der
schönen Natur, wie des schönen Geistes, des Einzel- wie des Socialgeistes, des bildenden wie des tönenden, musikalischen und poetischen
Schöngeistes. Dieselben bilden, insofern sie alle durch objective Normen (§. 77) geleitet werden, eine e i n z i g e, insofern sie ihre evi-
denten Urtheile nur über ein gewisses Gebiet gegebener Formen er-
strecken, besondere untergeordnete K e n n e r g e m e i n d e n, innerhalb deren jedes Mitglied von dem Allen gemeinsamen Geiste beseelt
erscheint. Da nun jedes ästhetische Urtheil als solches absolut ist,
so hat keine derselben, welches ihr Gebiet auch immer sein möge,
durch dieses allein irgend wie Vorzüge vor den andern. Wie die
K e n n e r des ästhetischen so bilden auch die (wahren oder ver-
meintlichen) K e n n e r des w i s s e n d e n, des g ö t t l i c h e n Geistes,
insofern sie denselben nicht durch den Verstand zu erkennen, sondern durch das Gefühl unmittelbar wahrzunehmen meinen oder behaupten (J a c o b i; die Mystiker), abgesonderte in sich geschlossene
Gemeinden, und nehmen den Namen sowohl wie die Unfehlbarkeit
der „schönen Seelen" auch für sich in Anspruch. Leider mit
Unrecht, da beides, sowohl jener Name als die Evidenz der Aus-
sprüche sich auf ästhetische Urtheile beschränkt (§. 366), blosse
Gefühle aber ihrer Dunkelheit wegen zur Begründung eines Wissens ebenso untauglich (§. 39) als ästhetische Urtheile hiezu geeignet sind (§. 44.

§. 837. Auf die Urtheile der Kenner gründet sich als auf evidente die Wissenschaft der Aesthetik (§. 44). Das mit gänzlicher Beiseitesetzung aller „Privatgefühle" gefällte Urtheil ist evident (§. 61) und das, worüber es urtheilt, kann nur blosse Form sein (§. 57). Dasselbe kann daher nicht nur Princip einer Wissenschaft, sondern die letztere muss überdies Formwissenschaft sein (§. 57).

§. 838. Die Form der V o l l k o m m e n h e i t auf die Genossenschaft der Fühlenden angewandt, macht dieselbe zu einem Bunde der G e f ü h l v o l l e n. Nicht nur fordert die Mannigfaltigkeit, dass keinerlei Qualität der Gefühle ausgeschlossen, sondern die Intensität verlangt, dass jedes derselben zum höchsten Grade der Stärke erhoben werde, deren es neben dem übrigen fähig ist. Weder das sittliche Gefühl soll durch das specifisch ästhetische, noch durch dieses das Mitgefühl leiden ; das zarte Kunst- soll von einem ebenso ausgebildeten moralischen Urtheil, die strenge Gewissenhaftigkeit gegen sich selbst mit eben solcher gegen Andere gepaart sein. Das Ganze aber biete das Bild einer Seelenfamilie, in welcher jede Gefühlsart in ihrer Weise und zugleich alle dergestalt vertreten und geordnet seien, dass jedes durch jedes gefördert, das sittliche durch das ästhetische, beides durch das sociale Gefühl belebt und gestützt erscheine.

§. 839. So entsteht das B i l d einer Seelengenossenschaft, darin jedes Glied schöne Seele, die zugleich eine Familie gefühlvoller, liebender, zartfühlender, Frieden und Versöhnung trotz jedes Anscheins des Gegentheils suchender und stiftender Geister sei, der R e p u b l i k d e r s c h ö n e n S e e l e n, der H u m a n i t ä t s - g e s e l l s c h a f t, eines Geisterreichs der Liebe, dessen Gegenstück auf religiösem Gebiet das Reich der göttlichen Liebe, die Gemeinschaft des erlösten Menschengeschlechts mit Gott durch den Versöhnungstod des menschgewordenen Gottes, die g ö t t l i c h e H e i l s - g e n o s s e n s c h a f t, ausmacht.

C. Das sociale schöne Wollen: die sittliche Gesellschaft *).

§. 840. Der w o l l e n d e Geist, wie vorher der vorstellende und fühlende als S o c i a l g e i s t gedacht, lässt zuerst nicht nur

---

*) Vgl. zu dem Folgenden H e r b a r t: Allg. prakt. Philosophie. S. W. VIII. Bd. H a r t e n s t e i n: Grundbegr. d. eth. Wiss. A l l i h n: Allg. Ethik.

wie diese seine Vollkommenheit darin erkennen, dass sein
Wollen energisch, mannigfaltig, und so geordnet auftritt, dass keines
dem andern hinderlich wird, vielmehr eines das andere ins rechte
Licht stellt, sondern er verräth auch seine Ebenbildlichkeit dadurch, dass er als wollender dem Vorbilde eines wollenden Geistes als solchem d. i. dem Kunstwerke des Willens, dem
Bilde des Charakters entspricht (§. 359). Da nun dieser
erfordert, nicht nur dass eine Gesinnung, ein Wissen von dem
was löblich oder schändlich, wenn gleich keineswegs nothwendig
die richtige, vorhanden, sondern auch dass dieselbe als praktischer
in's System gebrachter Grundsatz für das gesammte Wollen mass-
gebend sei (§. 363), so folgt, dass dieses auch beim Socialgeist als
Wollendem, insofern die Form der Ebenbildlichkeit auf ihn Anwendung findet, der Fall sein müsse. Nur dass sich die Gesinnung
des Socialgeists eben auf sein Verhältniss zu andern wollenden
Geistern beziehen und sein wirkliches Wollen dieser entsprechen
wird. Inwiefern nun das Wollen praktischen Grundsätzen, diese
mögen richtige oder unrichtige sein, gehorcht, heisst der Wille
frei und zwar im Gegensatz gegen die blosse Unabhängigkeit von
äusserem Zwang, als durch innere Gründe motivirt, innerlich
frei. Da nun die Form der Ebenbildlichkeit nach der Form des
Charakteristischen überhaupt gefällt, so gefällt auch die innere
Freiheit, während ihr Gegentheil, die innere Unfreiheit, das
Nichtgehorchen des Willens, die Hingabe an unordentliche Begierden missfällt. Der Inhalt der Gesinnung führt dabei so wenig
wie die Beschaffenheit des Vorbildes bei der Form des Charakteristischen und aller, welche durch deren Anwendung entstehen, einen
Unterschied herbei. Auch der in anderer Beziehung tadelnswerthe
Wille wird als freier noch einem übrigens lobenswerthen aber
knechtischen d. h. eigentlich gar keinem Willen vorgezogen werden.
Auf der Fähigkeit nach Grundsätzen zu wollen und in deren Folge
zu handeln, beruht der ganze persönliche Werth des Wollenden,
insofern ihm die Handlung nur dann als die seine zugerechnet
werden kann, wenn sie nicht nur aus seinem Wollen, sondern auch
dieses aus seiner Gesinnung d. i. aus seinem Charakter entsprang.

§. 841. Die Untersuchung der Art und Weise, auf welche die
Gesinnung das Wollen zu beeinflussen vermag d. i. des causalen

Zusammenhangs zwischen Wissen und Wollen gehört der Psychologie, der Aesthetik als solcher nur das absolute Gefallen an der Form der Uebereinstimmung zwischen beiden an. Alle Streitigkeiten daher, welche die Frage über Indeterminismus oder Determinismus, Fatalismus und transcendentale Freiheit veranlasste, liegen vom Feld der Aesthetik fern, da jene das Sciende oder sein Könnende betreffen, diese aber sich nur mit dem Gefallenden abgibt. Die Schönheit des Charakters als Kunstwerk, die der Freiheit als psychischer Zustand betrachtet, würden auch dann nicht leiden, wenn beide nichts mehr als Bilder, wenn nach der Meinung der Indeterministen der Wille absolut grundlos, also die Uebereinstimmung zwischen Wissen und Wollen Werk blossen Zufalls, oder nach der Meinung der strengen Determinsten absolut begründet d. h. die Uebereinstimmung zwischen beiden Werk der Nothwendigkeit wäre: denn nicht der Ursprung des Einklangs, sondern dieser selbst ist das Gefällige. Daher wird sich die ästhetische Auffassung, was auch immer die theoretische behaupten möchte, immer für die Freiheit d. h. für die Harmonie zwischen practischer Einsicht und Wollen, für den Charakter aussprechen, und, wenn beide nach der Meinung gewisser Schulen in der wirklichen Welt „Chimären" sein sollten, sie wenigstens in ihrer, in der ästhetischen Welt, also z. B. in der dramatischen Phantasie, aus ästhetischen Gründen durchzuführen bemüht sein.

§. 842. Ein neues dem Wollen specifisches Element tritt hinzu, wenn das Wollen eines Andern, zunächst als blosses Bild, auf das eigene Wollen Einfluss nimmt. Wie beim Vorstellen und Fühlen wird zwischen dem eigenen und dem, was ich für das Wollen des Andern halte (mit Recht oder Unrecht), entweder Harmonie oder Disharmonie stattfinden, Mitwollen oder Entgegenwollen, jenes ebensogewiss gefallen, als dieses missfallen. Wie zwischen dem Bilde des fremden Vorstellens und Fühlens und dem eigenen Vorstellen und Fühlen, besteht also auch hier Sympathie und Antipathie, nur dass unser Wollen mit fremdem Wollen statt Gefühl mit Gefühl, Vorstellen mit Vorstellen sympathisirt oder antipathisirt. Jenes nennen wir Wohl-, dieses Uebelwollen. Beide sind ebenso motivlos, wie das Mitvorstellen und Mitfühlen, beide aber auch ebenso motivirt, nämlich durch die Vorstellung. dass ein A n d e r e r wolle. Von einem m e c h a n i s c h e n gedankenlosen sich Aneignen des fremden Wollens kann ebensowenig wie beim Mitgefühl und Mitvorstellen, beim Wohlwollen die Rede sein, weil die Vorstellung, dass ein A n d e r e r dies wolle, lebendig sein muss. Es ist die reinste Form der Uneigennützigkeit des Wollens, wie das Mitgefühl und das Mitvorstellen die der Uneigennützigkeit des Fühlens und Vorstellens.

§. 843. Wie das Mitgefühl L i e b e, so ist das Wohlwollen G ü t e. Beide unterscheiden sich dadurch, dass es bei jener beim Fühlen bleibt, diese zum Wollen fortschreitet. Güte ist werkthätige Liebe, Liebe „faule" Güte. Jene gehört dem Streben, diese dem blossen Fühlen an; eines B i l d e s des Strebens oder des Fühlens eines Andern aber bedürfen sie alle beide. Wie nun die Liebe nichts dadurch verliert, dass sie das Gefühl des Andern bloss träumt, so thut es auch der Güte nichts, wenn sie sich in ihrem Bilde vom Wollen des Andern i r r t. Der Gütige ist wie der Liebende und wie der schaffende Künstler, der sich sein Publicum träumt, I d e a l i s t d h. der Gegenstand seines Wollens ist zunächst blosse Vorstellung, nicht Object, existirt in s e i n e r Gedanken-, vielleicht nicht einmal in der wirklichen Welt. Die Folge davon ist eine Willensverwandtschaft zwischen dem Wollenden und seinem Bilde eines andern Wollenden, vermöge welcher der Erstere sein gesammtes Wollen nach dem B i l d e formt, ihm gleich zu wollen trachtet, und dadurch, wenn jener Charakter ein heiliger ist, selbst h e i l i g w o l l e n d, wenn das Gegentheil, selbst zu einem solchen wird, hier wie dort, ohne dass die Schönheit der uneigennützigen Hingabe des eigenen Wollens an das fremde darunter leidet. Da der Inhalt des Wollens des Andern dabei gleichgiltig ist, so kann es ebensogut eine in a n d e r e r B e z i e h u n g tadelnswerthe. wie eine auch in solcher lobenswerthe Güte geben, während sie als Güte immer beifallswürdig bleibt. Die sogenannte „Affenliebe" ist immer noch Güte; die weiseste Leitung und Erziehung des Menschengeschlechts kann nicht m e h r als Güte sein.

§. 844. Der absolute d. h. in sich abgeschlossene, keines Andern bedürftige Geist ist der reinste Ausdruck der Güte. Da er keines Andern b e d a r f, so kann er, wenn er das Wollen des Andern zu seinem eigenen macht. kein anderes Motiv haben, als dass es eben das Wollen des Andern ist. Aber wie es bei ihm nicht beim Vorstellen bleiben kann, sondern dieses das Wissen, wie sein ästhetisches Urtheil die Beherrschung des Wollens durch dasselbe, den Charakter einschliesst, so beharrt er auch nicht beim blossen Wollen, d. i. bei der Vorstellung der Erreichbarkeit des Begehrten, sondern diese Vorstellung als Wissen ist schon Vorstellung der Erreichung selbst, sein Wollen zugleich That d. h. mit Erfolg begleitet, seine Liebe daher nicht nur werkthätig, Güte, sondern auch mit vollständigstem Erfolg gekrönt, Schöpfung, die vom Geiste des Wissens, der Weisheit, der Liebe, des Erbarmens und der Versöhnung, und der Güte, der Seligkeit, durchdrungen und beseelt ist.

§. 845. Zunächst besteht das Wollen des Anderen für den Wollenden als blosses Bild, nicht als wirkliches Wollen. Als letzteres wird er erst erfahren, wenn das Wollen des Einen wie des Andern, das in der gemeinschaftlichen Sinneswelt seine Verkörperung sucht, aneinander gerathen. Der Wille hat wie das Fühlen und Vorstellen, seine sinnlichen Zeichen in der Aussenwelt, seine Sprache, und wenn es sich nun zeigt, dass ein und dasselbe sinnliche Ding nicht zwei wollenden Wesen zugleich als Willenszeichen zu dienen im Stande sei, so entsteht Streit zwischen den beiden, über welchen das Urtheil des Missfallens ergeht. Wäre es möglich, dass ein und dasselbe sinnliche Ding mehreren Willen zum Zeichen diene, so entstünde kein Streit und daher auch kein Missfallen. Luft und Licht scheinen dergleichen zu sein, wie sie es bei der Zeichensprache des Vorstellens sind, für Formen und Empfindungen; aber auch über sie kann Streit entstehen. Ich kann dem Andern die zum Athmen nöthige Luft entziehn (das Erwürgen ist nichts Anderes), ihm das Licht verbauen u. s. w. Bei den gerichtlichen Zweikämpfen des Mittelalters ward „Sonne und Wind" getheilt. Der Wille kann kein Zeichen in der Sinneswelt finden, über welches nicht Streit mit einem andern Willen entstehen könnte, jedes natürliche Zeichen, das er sich gibt, kann Missfallen erzeugen. Willenszeichen, die kein Missfallen erregen, können daher nur künstliche Zeichen sein.

§. 846. Dieses Missfallen verschwindet nicht eher, als bis die Ursache, der Streit, gehoben ist. Dieser aber währt so lang als beide Willen dieselbe Partie der Sinneswelt zu ihrem Zeichen zu machen bestrebt sind. Wenn es verschwinden, an die Stelle der Zwietracht der Willen Eintracht treten soll, so muss dies Zeichen so eingerichtet werden, dass es beiden gemeinschaftlich als Zeichen ihres Willens dienen kann d. h. beide Willen müssen sich vertragen. Diese Einrichtung kann aber nur von den beiden bezeichnenden Willen selbst ausgehn und daher auch nur für sie Geltung haben: sie sind es, welche, wo dem vollendeten Vorstellen ein Zwiespalt vorliegt, aus ihrem „Eigenen" das Gegebene so verändern, dass für sie derselbe verschwindet und zwischen ihnen Eintracht herrscht.

§. 847. Letztere ist daher eine künstliche, das Zeichen selbst, wie es zum Zweck der Vermeidung des gegebenen Missfälligen verändert worden ist, ein künstliches. Die Sanction desselben liegt darin, dass es zwischen denjenigen, welche es festgesetzt haben, den Streit fern hält, und es büsst dieselbe ein, wenn es diesen Zweck nicht oder nicht mehr erfüllt. Der Inhalt des Zeichens selbst ist schlechthin willkürlich, jenachdem die beiden sich Vertragenden denselben unter einander festgesetzt haben. Ebenso mannigfaltig kann die Art sein, wie sie dies ihr Vertragen unter einander kundgegeben haben, laut oder stillschweigend, durch sichtbare oder hörbare oder tastbare Zeichen (Einkerbung, Handschlag, Jawort u. s. w.) Der Inbegriff jener künstlichen Zeichen der Willenseintracht, die Willenssprache zur Vermeidung des Streits, ist das Recht, das Gesetz derselben das Rechtsgesetz.

§ 848. Hätte der Wille natürliche Zeichen, wie das Formenvorstellen und Empfinden, wie ein Theil des Fühlens dergleichen hat, so würde der Inbegriff derselben eine natürliche Willenssprache gegenüber der künstlichen ausmachen. Da es jedoch keine Partie der gemeinschaftlichen Sinneswelt gibt, über welche nicht Streit entstehen könnte, d. h. welche zwei Willen ohne vorhergehende Uebereinkunft von selbst Raum gewährte, so gibt es auch keine natürlichen Willenszeichen, sondern lediglich künstliche, kein natürliches Recht, wie es einen natürlichen Anstand, sondern lediglich ein künstliches, wie es künstlichen Anstand gibt.

§. 849. Alles Recht ist daher positiv, Folge einer vorhergegangenen übrigens wie immer beschaffenen Uebereinkunft zum

Zweck der Vermeidung des Streits. Es gilt nur unter denjenigen, die es unter einander festgesetzt haben, und nur solange, als sie es festhalten wollen; der Sprachgebrauch des Willens, der R e c h t s b r a u c h ist veränderlich, wie jener des Fühlens, „die Bräuche und Sitten" und jener des Vorstellens und Wissens, der künstlerische und wissenschaftliche Sprachgebrauch. Da es gleichgiltig ist, w i e das Uebereinkommen geschlossen worden sei, so kann er ebensogut wie „der Anstand-" und „Wortbrauch" durch G e w o h n h e i t wie durch d i r e c t e (gesetzgeberische und gelehrte) E i n f ü h r u n g entstanden, Gewohnheits- oder gesetzliches oder Juristenrecht sein, Unterschiede, welche nur die G e n e s i s der Rechte, nicht das Wesen des R e c h t s angehen. Wie bei Sprachen und Moden lässt sich auch beim Recht über die „Tyrannei" des Rechtsbrauchs Klage führen, und ebenso unmerklich wie bei jenen kann, was ursprünglich als R e c h t s b r u c h, Rechtsneuerung erschien, durch Anschluss der Mehrheit zur R e c h t s m o d e d. h. selbst zum geltenden Rechte werden. Nur weil es hier sich um Mein und Dein, bei der Sitte und dem wissenschaftlichen und künstlerischen Sprachgebrauch nur um „werthlose Bräuche, Begriffe und Worte" handelt, auf die Verletzung der Rechte Strafen gesetzt sind, auf die Verletzung des Anstands höchstens gesellige Geringschätzung, auf die des wissenschaftlichen und dichterischen Sprachgebrauchs als grösstes Uebel Miss- oder Unverstand folgt, erfolgt die allmälige Umgestaltung der R e c h t e langsamer oder gewaltsamer, als jene der Moden im Benehmen und Reden, hält die bürgerliche Gesellschaft zäher und härter am Herkommen fest als die sociale, die Umgangs-, die ästhetische und die gelehrte Welt.

§. 850. Wie jede Verletzung des Sprach- und Sittenbrauchs so erweckt auch jede des bestehenden Rechtsbrauchs als solche, vom Inhalt des letztern gänzlich abgesehn, absolutes Missfallen, und dieses fällt auf den einseitigen R e c h t s n e u e r e r d. h. auf den Rechtsverletzer ganz allein zurück. Da die Heiligkeit des Rechts von dessen Inhalt gänzlich unabhängig ist, so kann das Missfallen am Rechtsbruch durch gar keine wie immer beschaffenen Motive der Rechtsverletzung vertilgt d. h. die Rechtsverletzung kann auch n i c h t durch die vorgebliche oder wirkliche Mangelhaftigkeit des Rechtsinhalts e n t s c h u l d i g t werden. Wie es als künstliches

Willenszeichen durch Uebereinkommen entstanden, so kann es, ohne der Gefahr des Missfallens sich auszusetzen, auch nur wieder von beiden (oder allen) sich mittels desselben vertragenden Theilen durch ein solches ausser Kraft gesetzt werden. Die besondere Art und Weise aber des lösenden wie des stiftenden Uebereinkommens bleibt den Parteien anheimgestellt: die Aesthetik ist befriedigt, wenn keinerlei missfälliger Streit erfolgt.

§. 851. Wie jedes unbestimmte Zeichen, so ist auch das unbestimmte Willenszeichen, das z w e i f e l h a f t e Recht, ein Uebel, dessen Folgen dort, wo es vorhanden ist, getragen werden müssen. Die Aesthetik weiss dafür keinen andern Rath, als für alle andern Arten künstlicher Zeichen gleichfalls: jedes Mittel anzuwenden, um die Zweifelhaftigkeit zu entfernen. Ob dies durch Texteskritik bei g e s c h r i e b e n e m (urkundlichem), oder m ü n d l i c h - f o r t g e p f l a n z t e m (Gewohnheits-) Recht, ob es durch Prüfung der inneren Möglichkeit und logischen Widerspruchlosigkeit, also durch historische oder logische Kritik zu erreichen sei, hängt von der Natur der sicht , hör- oder tastbaren (schriftlichen oder mündlichen) Zeichen ab, welche zur Kundgebung des Willens bei Feststellung des künstlichen Willenszeichens, des Rechtes, gewählt worden sind.

§. 852. Ist jedes Willenszeichen künstlich, so versteht es sich von selbst, dass es keine sogenannten angeborenen Rechte gebe. Solche würden natürliche Willenszeichen sein, dieselbe Partie der Sinneswelt würde ohne Streit zu erregen, verschiedenen Willenswesen zur Aeusserung dienen können. Das ist aber z. B. nicht einmal beim eigenen Leibe der Fall, dessen nicht vorher gestattete Aneignung von Seite eines fremden Willens gleichfalls S t r e i t erregt

§. 853. Die Folge davon , dass alle Willenszeichen künstliche Zeichen sind, muss nun nothwendig die sein, dass dieselben Spuren ihres Ursprungs d. h. der Individualität (Nationalität, geschichtlichen Stellung, des Zeitalters) derjenigen an sich tragen , durch welche und für welche sie errichtet worden sind. Daher sind nicht nur alle Rechte p e r s ö n l i c h e, sondern sie sind auch F a m i l i e n -, S t a m m e s -, V o l k s - und g e s c h i c h t l i c h e R e c h t e. Die Wollenden, da sie im vollendeten Vorstellen nur Zwietracht vorfinden, geben, um Eintracht herzustellen, etwas „aus Eigenem" dazu, sie lassen etwas von ihrer (individuellen nationalen oder geschichtlichen) Privatnatur in das künstliche Willenszeichen einfliessen, welches dadurch selbst einen (individuellen, nationalen, geschichtlichen) Beigeschmak, einen weiteren oder engeren Privatcharakter erhält. Es gibt daher nicht nur Nationalrechte, wie es Nationalsprachen und Nationalsitten, ja es gibt sogar k e i n e kosmopolitischen Rechte, wie es kosmopolitische Sprachen (z. B. die Tonsprache) und Gebräuche (z. B. den natürlichen Anstand, der beim Indianer wie beim Europäer gilt) gibt. Ein allgemeines Naturrecht, d. h. ein Codex von „Menschenrechten," die allenthalben und jederzeit nicht bloss r e c h t, sondern geltende R e c h t e wären, gehört ebenso wie eine Universalmenschenlautsprache in das Reich der Träume.

§. 854. Mit einem solchen ist jedoch ebensowenig die R e c h t s-wie mit der unreifen Idee einer Universalsprache die allgemeine S p r a c h p h i l o s o p h i e zu verwechseln. Jene hat es mit dem B e g r i f f des Rechts, wie diese mit dem der Sprache im Allgemeinen, also jene mit Rechts-, diese mit Sprachlehre zu thun, ohne dass jene darum a l l e Rechte, diese a l l e Sprachen in sich befasste. Nur eine Philosophie, welche von der Identität des B e g r i f f s mit der S a c h e selbst ausginge, könnte zu einem derartigen Irrthum verleiten.

§. 855. Durch das Recht ist, wo Zwietracht bestand, wenigstens künstlich Eintracht hergestellt. Dass es nur künstlich geschah, stellt das Recht dem Angriff desjenigen bloss, welchem alles Erkünstelte zuwider ist. Diesen hat das positive Recht zu allen Zeiten auf sich nehmen müssen. Wer die Geltung des Scheins unter allen Umständen hasst, ist auch die durch das Recht hergestellte Eintracht, sobald er sie nur als g e m a c h t e, nicht gegebene, erkannt hat, nicht zu dulden im Stande. Dieser Kampf des sogenannten „Vernunftrechts" gegen das positive Recht ist daher eigentlich nichts weiter als ein Kampf gegen die angeblich absolute Geltung des nur relativ d. h. nur im Umkreis derjenigen Giltigen, welche es als geltend aufgerichtet und angenommen haben. Masst sich das positive Recht absolute Geltung an, so hat es selbst zu verantworten, wenn sie ihm abgesprochen wird; der Krieg gilt jedoch nur der A n m a s s u n g, nicht dem R e c h t e.

§. 856. Gesetzt nun, der Wille habe sich geäussert, d. h.

sich dem Andern durch ein Zeichen kundgegeben, so muss diese Aeusserung nothwendig bis zum andern durchgedrungen und sie muss als Zeichen des Willens beabsichtigt gewesen sein. Ohne dieses wäre sie zwar Aeusserung, aber nicht Zeichen für den Andern; ohne jenes erführe der Andere nichts von ihr, sie existirte also als Zeichen nicht für ihn. Beides zusammen macht den Willen zur That, die also nicht bloss die Absicht, dem Andern ein Zeichen des Willens zu geben, sondern auch den Erfolg d. h. den Empfang dieses Zeichens von Seite des Anderen einschliesst. Durch dieselbe ist ein Zustand herbeigeführt, wie er vorher nicht bestand. Erfolgt aber nichts auf die That, so scheint es, als währte der frühere Zustand noch unverändert fort, als sei nichts geschehen. Es herrscht also Schein und diese Herrschaft des Scheins missfällt.

§. 857. Es wäre unrichtig, zu glauben, die That missfalle, noch unrichtiger, zu meinen, es missfalle etwa der Inhalt der That, ihr Was. Von diesem ist hier noch gar nicht die Rede; wir bleiben beim Dass der That. Aber auch dieses missfällt als solches nicht; sondern dass geglaubt wird, es sei nichts geschehen, während in der That etwas geschehen ist, dieses irrige Glauben, welches den Schein für die Wahrheit nimmt, dieses allein wird vom Missfallen getroffen.

§. 858. Dasselbe währt so lang, als der Schein währt, dass nichts geschehen sei. Dieser aber währt so lang, als nicht sichtlich dargethan wird, der jetzige Zustand sei nicht mehr derjenige, welcher früher bestand. Dieses aber geschieht, wenn man den frühern Zustand als den frühern und jetzt nicht gegenwärtigen herzustellen unternimmt, d. h. die Störung ausgleicht und dadurch anerkennt.

§. 859. Ursache, dass der frühere Zustand nicht mehr ist, ist die That. Da die Ursache der Wirkung gleicht, und diese nicht mehr enthalten kann, als in jener enthalten war, so muss die Veränderung, welche der frühere Zustand erfahren hat, um zum gegenwärtigen zu werden, ihrer Ursache, der That, gleich sein. Soll nun der frühere Zustand hergestellt, d. h. die Veränderung vom gegenwärtigen zum frühern Zustand zurückgemacht werden, so muss auch diese Zurückbewegung der Ursache der Vorwärtsbewegung d. h. der That gleich sein, die Wirkung der That aufgehoben werden durch gleiche Gegenthat d. i. die That wird vergolten.

§. 860. Sobald der frühere Zustand als früherer wiederhergestellt, also der Schein, als sei nichts geschehen, verschwunden ist, hört das Missfallen auf. Dasselbe besteht daher nur, solang die That unvergolten, und verschwindet mit demselben Augenblick, in welchem sie vollständig vergolten ist. Es bleibt aber immer noch Missfallen zurück, so lang die vergeltende rück stossende noch nicht das Mass der vorwärtsstossenden Bewegung erreicht, es beginnt von Neuem, sobald sie dasselbe überschritten hat. Denn sobald sie dies thut, verändert sie selbst den frühern Zustand, wird selber That und Ursache einer Störung, die ihrerseits Vergeltung fordert.

§. 861. Die Form der Vergeltung daher ist zunächst rein quantitativ, das Mass, nicht qualitativ, das Was der Störung betreffend. Soviel gestört worden ist, soviel muss nach der Seite zurückkehren, von welcher die Störung herkam. Da nun die Störung Folge der That, in dieser aber die Absicht eines Wollenden von Erfolg begleitet war, so kehrt die Vergeltung auf die Person des Thäters zurück, während die Person des Vergelters unbestimmt bleibt (§. 131).

§. 862. Die Vergeltung ist daher nichts anderes, als der Sieg der wahren Sachlage, dass etwas, über die scheinbare, dass nichts geschehen sei. Durch die Wiederherstellung des frühern Zustands wird zugleich der Schein des Nichtsgeschehenseins vernichtet und das Geschehene ungeschehen gemacht. Es entsteht nicht nur der Schein einer Bewegung, durch welche die wahre über die scheinbare Sachlage emportaucht, sondern zugleich einer verständigen Beseelung, eines Geistes der Billigkeit, welcher zur Aufhellung der wahren Sachlage das zweckmässigste Mittel, die Herstellung des frühern Zustandes durch Vergeltung der That wählt.

§. 863. Da die Person des Vergelters unbestimmt bleibt, so kann dieses auch der Thätige selbst, die ursprüngliche Ursache der Störung, so wie jeder beliebige Andere, nur derjenige darf es nicht sein, für welchen die That als Willenszeichen bestimmt war. Denn das ästhetische Verhältniss findet nicht zwischen ihm und dem Thätigen, sondern zwischen dem früheren und dem gegenwärtigen Zustand, zwischen der wahren und scheinbaren Sachlage statt. Sein Antheil ist rein passiv; er ist nur dazu da, um das Willenszeichen, die That, an seine Person zu adressiren; er gehört insofern zur That des Thätigen, als Leidender, der sie erst vollständig macht, zum ersten, nicht als zweites Glied zum ästhetischen Verhältniss. Rache ist keine ästhetische Vergeltung.

§. 864. Ist der Thätige, die Ursache der Störung, zugleich der Vergeltende, d. h. hebt er selbst die angerichtete Störung wieder auf und stellt den ursprünglichen Zustand wieder her, so wird die Vergeltung zur Selbstvergeltung. Wo die That die Ursache des Looses, dieses selbst die Wirkung der erstern ist, also eines dem andern dem Masse nach, wie Ursache und Wirkung im Drama (§. 624) gleicht, herrscht ebendarum auch quantitative Herstellung des ursprünglichen Zustandes durch die Hand des Thätigen selbst, d. h. Selbstvergeltung. Wie nur die causale Verknüpfung zwischen That und Loos, so ist auch nur die selbstvergeltende Vergeltung dramatisch. Der Schuldige selbst wirft sich den Strick um den Hals; der Tückische fällt in seine eigene Grube. Während daher die Vergeltung im Allgemeinen die Person des Vergelters nur negativ, durch Ausschluss des Leidenden, bestimmt, die dramatische Vergeltung sie positiv durch ausdrückliche Forderung des Thätigen als solche. Darin liegt der wahre Grund, warum der Selbstmord im Schauspiel uns weniger anstössig scheint als im wirklichen Leben. Der Schuldige im bürgerlichen Leben mag sich dem Henker stellen, der Schuldige auf der Bühne legt Hand an sich selbst. Das Eingreifen einer äussern vergeltenden Macht, einer persönlichen oder unpersönlichen, eines Gottes (Calderon) oder des Schicksals (antike Tragödie; Müllner, Werner) gehört daher unter allen Formen der dramatischen am wenigsten, viel eher der epischen und der lyrischen zu.

§. 865. Auf die Natur der ursprünglichen That selbst kommt es an, ob die Herstellung des ehemaligen Zustands ausserdem, dass sie das Missfallen an der Geltung des Scheines hinwegschafft, angenehm oder unangenehm uns berühren wird. Ist sie von der Art, dass derjenige, welchem sie gilt, sie als Zeichen eines Wohlwollens ansehn kann, so ist sie Wohl-; muss er sie als Ausfluss eines

Uebelwollens ansehn, Uebelthat für ihn. Für den Empfänger ist es gleichgiltig, ob sie überhaupt aus wirklicher Absicht hervorging. Ihm spricht nur der Erfolg, das angenehme oder unangenehme Gefühl, das sie ihm verursacht: hinter diesem vermuthet er, mit Recht oder mit Unrecht, die entsprechende Absicht. Für den Vergelter ist weder der wirkliche Erfolg, noch die wirkliche Absicht gleichgiltig, denn beide gehören zur That, die specifische Natur des Erfolgs überdies noch zur Wohl- oder Uebelthat; das unbeabsichtigte Ereigniss, die misslungene Absicht vergilt er, jenes nicht am Thäter, diese nur soweit Absicht darin enthalten war, als Versuch.

§. 866. In Bezug auf die specifische Qualität des Erfolgs steht der Vergeltung der Wohlthat durch ein gleiches Quantum Wohl, dem Lohn, die Vergeltung der Wehethat durch ein gleiches Quantum Wehe, die Strafe, zur Seite. In Bezug auf die Absicht, d. h. die Betheiligung der Gesinnung des Wollenden bei der That gesellt sich der directen Betheiligung, dem Vorsatz, die indirecte, die Unterlassung. Durch jenen, der bei der beabsichtigten Wehethat böser Vorsatz (dolus) heisst, wird die vollständige, durch diese, die bei entstandener Wehethat Schuld (culpa) genannt wird, die Zurechnung der That zum Thäter so weit begründet, als die Fortsetzung der Aufmerksamkeit, deren Unterbrechung das Uebel herbeiführte, geboten war. Die Zurechnung des Wollens selbst zu dem Charakter des Wollenden unterliegt der weitern Beurtheilung von dem Gesichtspuncte aus, ob dasselbe nur in einer einzelnen vorübergehenden oder in einer bleibenden Charakterbeschaffenheit oder im Mangel eines Charakters seinen Grund habe, in letzterm Falle weiter, ob oder ob nicht dieser Mangel dem Schuldigen zur Schuld angerechnet werden dürfe.

§. 867. Die Zufügung eines gleichen Quantums Wohls von Seite des Vergelters an den Wohlthäter lässt jenen selbst als wohlwollend, die Zufügung des Wehes an den Wehethäter droht den Vergelter als übelwollend erscheinen zu lassen. Wie der Empfänger der Wohl- oder Wehthat, der Passive, so sieht der jetzt seinerseits passiv Gewordene, der ursprüngliche Wohl- oder Wehethäter, in dem Thun des Vergeltenden Absicht, legt ihm Freude am Wohl- oder am Wehethun bei. Während jenes ein beifälliges, erzeugt daher die Strafe zunächst ein missfälliges Urtheil, wie es sich in den Hass der Gerichteten gegen den Richter, des Volkes gegen den sichtbaren Strafenvollzieher, den „unehrlichen" Henker gleichsam instinctiv auszusprechen pflegt. Dasselbe besteht so lang, als der Gestrafte in der Strafe nur die Absicht, ihm wehe zu thun erblickt, und seinerseits als Gepeinigter dem Peiniger wieder Vergeltung wünscht.

§. 868. Soll dieser Misston verschwinden, so muss dessen Veranlassung aufhören; die Strafe darf dem Gestraften nicht mehr im Licht eines Wehethunwollens, sie muss ihm vielmehr durch Motive gerechtfertigt erscheinen, die er selbst billigt und anerkennt. Die Strafe darf keine andere sein, als die er sich bei vollendetem Vorstellen selbst zuerkennen würde d. h. der Wille des Strafenden muss im Einklang mit dem eigenen Willen des Gestraften, wenn nicht in diesem Augenblick sein, doch, wenn derselbe als über sich selbst zur Besinnung gekommen vorgestellt wird, wenigstens sein können.

§. 869. Am vollendetsten tritt dieses Verhältniss allerdings bei der Selbstvergeltung ein, wo der Gestrafte mit dem Strafenden in einer Person vereinigt zugleich den Irrthum und die sich darüber erhebende bessere Einsicht repräsentirt, nicht nur den Willen zu strafen, sondern auch den gestraft zu werden in sich trägt. (Don Cesar; Räuber Moor; Ajas; Othello u. a.). Darauf ruht die grosse Anschaulichkeit und zugleich die sittliche (nicht gesuchte, sondern von selbst sich einstellende) Wirkung des Dramas, in welchem gar keine andere als Selbstbestrafung oder doch wenigstens Einwilligung in die verhängte Strafe, Ergebung, stattfinden darf. Während im gewöhnlichen Laufe der Dinge die wirkliche Strafe und die Erkenntniss seiner Strafwürdigkeit von Seite des Gestraften, der Wille gestraft zu werden, weit auseinander fallen oder gar nie sichtbar werden, rückt die dramatische Poesie beide in unmittelbare Nähe an einander, lässt uns im Laufe eines oder weniger Abende die Schuld. die Strafe und entweder die Selbstvollziehung derselben oder doch die ruhige Erduldung derselben, in jedem Fall die Selbsteinwilligung des Schuldigen in die Strafe wahrnehmen. Auch in diesem Puncte hat Aristoteles die Poesie mit Recht philosophischer als die Geschichte genannt. Nicht nur erscheint in der letzteren die Vergeltung oft spät, oft erst in kommenden Jahrhunderten, wo sie den Schuldigen nicht mehr erreicht und die Schuld selbst fast vergessen ist, sondern sie stellt sich auch meist als das Eingreifen einer ausserhalb des Geschichtslaufs waltenden Schicksalsmacht dar, so dass wir eher dem Schuldigen, wenn er jene der Ungerechtigkeit anklagt, als dem Vergelter, der nur der Lust am Wehethun zu folgen scheint, Beifall zu geben geneigt wären.

§. 870. Mit der wirklichen oder doch wenigstens bei einst erlangter Einsicht (wie bei Kindern bei erlangter Reife) vorauszusetzenden Einwilligung nicht nur, sondern mit dem Wunsche gestraft zu werden verschwindet jeder Misston aus der wehthuenden Vergeltung und tritt an dessen Stelle die Erkenntniss eines uneigennützigen Vergeltungsgeistes, welcher im Einklang mit dem (wirklichen oder doch von ihm billigerweise vorausgesetzten) Willen desjenigen, an dem vergolten wird, also wohlwollend handelt, der straft, nicht um zu strafen, sondern um den wahren (entweder schon vorhandenen oder doch bei vollkommener Einsicht nothwendig dereinst sich einfindenden) eigenen Willen des Gestraften zu thun, nicht aus Feindseligkeit, sondern aus Güte. Dadurch wird aus der Form der bloss billigen die der erziehenden Vergeltung, welcher die Strafe nur Mittel, den Willen des Andern, der erzogen d. h. gebessert werden nicht bloss soll, sondern auch will, zu thun, welcher der Lohn nur der freudige Ausfluss des eigenen Wohlwollens für den Wohlthätigen, die Strafe nur durch das Wohlwollen für den Wehethäter motivirt und von diesem jetzt oder künftig selbst als Ausfluss des Wohlwollens, d. i. als Abbild seines eigenen Willens anzuerkennen ist.

§. 871. So entsteht das Bild eines Wollens, welches Charakter d. i. innerlich frei, und dessen Vorbild ein zugleich energisches, wohlwollendes, rechtliches und nicht nur billiges, sondern durch Lohn und Strafe zum eigenen Besten erziehendes Wollen ist, das Bild des socialen schönen Wollens, des sittlichen Charakters, der geselligen Tugend, das sich zum Kunstwerk des Wollens, zum Charakter als solchem verhält, wie der sociale Schöngeist, der reale Künstler, zum Kunstwerk des ästhetischen, der sociale Wissensgeist der (mündliche oder schriftliche) Lehrer zu dem des er-

kennenden Einzelgeistes, wie die sociale schöne Seele, das h u m a n e
G e m ü t h, zum Kunstwerk des fühlenden Geistes, zu Geschmack
und Gewissen.

§. 872. Während die Zahl der wollenden wirklichen Wesen
bisher zwei nicht überschritt, lassen sich deren nun wie vorher
beim socialen Fühlen und Vorstellen eine unbestimmte Vielheit
annehmen, wodurch wie dort das Kunstwerk des socialen Fühlens
und Vorstellens, so hier das des socialen Wollens zu Stande kommt.
Und zwar ergibt das Bild einer Mehrheit, die innerhalb ihres Umkreises keinen Streit duldet, sondern demselben durch Errichtung von
Rechten allenthalben zuvorzukommen, aber auch, wo er einmal
vorhanden ist, durch besondere Veranstaltungen ihn zu bannen
sucht, das Bild einer R e c h t s g e n o s s e n s c h a f t (R e c h t s g e s e l l-
s c h a f t), innerhalb deren, wie innerhalb der Sprachgenossenschaft
einerlei künstliche Gedanken-, ein S p r a c h , so einerlei künstliche d. h. zu e i n e m System gehörige Willenszeichen, ein
R e c h t s s y s t e m herrscht. Grundbedingung eines solchen ist ein
allgemeines gegenseitiges Uebereinkommen rücksichtlich aller denkbaren Veranlassungen zu streiten d. h. ein derartiges, welches „die
Möglichkeit des Streits erschöpft".

§. 873. Ein solches kann zunächst schon unter nur zwei
wollenden Wesen vorkommen, welche sobald eine Menge von Veranlassungen zum Streit geboten, eine Menge von Gegenständen
möglicher Disposition dargeboten werden, ein vielfaches Wollen
entwickeln können. Da es ebenso unmöglich ist, alle Arten des
Gebrauchs einer Sache vorauszusehn, wie alles, was ein gemeinsamer Boden in fernste Zukunft hinaus zu gewähren vermag, vor-
herzuwissen, so muss ebensowohl eine Verfügung getroffen werden, welche alle Dispositionsarten, wie eine, welche alle möglicherweise auffindbaren Sachen zugleich umfasst. Jenes führt auf
das ganze und theilweise Eigenthums-, dieses auf das sogenannte
Occupationsrecht, welche nur dann und nur soweit Rechte, als
sie im vorhinein von Beiden an Beide zugestanden sind.

§.874. Sind anstatt der Beiden Mehrere, die alle einander gegenseitig überlassen, vorhanden, so muss es darum eben noch keineswegs
einen Zeitpunct gegeben haben, in welchem Alle auf Alle warteten und
Keiner nahm. Diese Frage, bemerkt H e r b a r t, ist vielmehr ganz

gleichgiltig, da es sich nur frägt, wie der Einzelne sein Betragen einzuzurichten habe, um nicht Streit zu erregen. Es ist zu fürchten einerseits, wenn er, um ganz sicher zu gehen, nur überlässt, nicht nimmt, dass er dann auch nichts erhalten und, wenn er nimmt, immer Streit erregen werde. Anderseits, wenn er zwar, aber Allen zugleich, überlässt, so scheint er damit wieder Niemandem zu überlassen, da doch nicht Alle zugleich sich desselben bemächtigen können.

§. 875. Für letzteres ist die Hilfe leicht. Er weicht bloss zurück, macht den Andern Platz. Thut dies Jeder, so überlässt Niemand einer bestimmten Person, und ebendarum kann Jeder sich so ansehn, als sei unter denjenigen, denen überlassen ward, auch Er und dasjenige, was er vorher nahm, begriffen und dasselbe daher ihm, wenn auch nicht gerade namentlich, doch als das Seine überlassen worden. Das auf diese Art erlangte Recht gilt im Kreise der Ueberlassenden (nicht ausserhalb desselben) gegen jeden Dritten, als Analogie des dinglichen Rechts und stellt verbunden mit der im Vorhinein ausgesprochenen Befugniss des unendlichen Gebrauchs (wozu auch der Nichtgebrauch gehört) das innerhalb der Rechtsgenossenschaft geltende Eigenthumsrecht dar.

§. 876. Um dem Vorwurf zu entgehn, dass der auf solche Art Ueberlassende sich bloss passiv, unthätig, verhalte, wollen lasse, nicht selbst wolle, nehme man Rücksicht darauf, ob es eine Art des thätigen Wollens gebe, die nicht Streit erregt. Sich, wenn die Andern streiten, in den Streit mengen, heisst mit Streit erheben; die einzige Art mitzuwollen, ohne zu streiten, ist nur das Sichanschliessen des Einzelnen an die Uebereinkunft Aller, welche den Streit schlichtet oder ihm vorbeugt; dergestalt, dass wer die einmal getroffene Uebereinkunft bräche, nicht bloss demjenigen Unrecht thun würde, welchen er verletzte, sondern auch allen denen, welche vollständigen Theil haben an der Rechtsgenossenschaft. Durch dasselbe kommt, indem Jeder nicht unbestimmt, sondern bestimmt dem zu überlassen erklärt, welchem entweder schon überlassen worden ist oder werden soll, ein actives Wollen in die Genossenschaft, in welcher Jeder über Alles disponirt, und dadurch sich werkthätig mit allen Uebrigen verbindet.

§. 877. Wie die Uebereinkunft getroffen, wie das Vorliegende vertheilt sei, ist für die Rechtsgenossenschaft ganz gleichgiltig, wenn nur der Streit vermieden wird. Weil aber nicht nur der Sinn des Willenszeichens zweifelhaft sein, sondern auch aus andern Veranlassungen Streit entstehen kann, so muss die Rechts-genossenschaft auch für solche Fälle vorgesehn und Anstalt ge-troffen haben, dass durch besondere Personen in solchem Falle der Sinn der Willenszeichen (der Rechte) endgiltig bestimmt und entstandener Streit hiernach auf eine Weise geschlichtet werde, welche durch die vorausgegangene Einwilligung Aller, sich dem Ausspruch der Rechtswächter (Civilrichter) und des Ge-setzes zu unterwerfen, bedingt ist.

§. 878. Dazu gehört auch die Einwilligung, die zur Durch-führung des Rechts allenfalls nöthigen Gewaltsmassregeln, den Zwang, sich gefallen lassen und dieselben nicht als Streitveran-lassung ansehen zu wollen. Zwang ohne dieselbe wäre einfach Streiterhebung. Die Befugniss zu demselben reicht daher auch nicht weiter als die Einwilligung, und Niemand, der nicht zur Rechts-genossenschaft, welche das Zwangsrecht unter sich aufgerichtet hat, gehört, ist verpflichtet, denselben zu dulden.

§. 879. Wie die Rechtsgenossenschaft innerhalb ihrer Grenzen über die Aufrechthaltung der Willenssprache, die Rechte, und den Sprachgebrauch derselben, den Rechtsbrauch auch immer wachen möge, so wird es doch nicht ausbleiben, dass innerhalb des Um-fangs einer Mehrheit von Wollenden nicht nur Absichten auf An-dere gehegt, sondern auch zum Theil wenigstens durchgesetzt und zu Thaten werden, die als Wohl- oder Wehethaten vom Em-pfänger gefühlt und so lang sie unvergolten bleiben, als solche missfällig werden. Vereinigt sich nun eine Mehrheit, innerhalb ihres Umkreises keine solchen zu dulden, so bildet sie eine Ver-geltungsgenossenschaft (Lohnsystem), und zwar je nachdem die zu vergeltenden Thaten selbst Wohl- oder Wehetha-ten sind, ein Belohnungs- oder ein Strafsystem.

§. 880. Da es hiebei darauf ankommt, dass der ursprüngliche Zustand (vor der That) wieder aufgerichtet und dadurch das Miss-fallen an dem Schein, als ob nichts geschehen sei, aufgehoben werde, so müssen durch die Vergeltung der That deren Folgen vernichtet, der Schein als sei eine Aenderung eingetreten, zerstreut werden. Insofern jene Wiederaufrichtung erfolgt, heissen die

Glieder der Vergeltungsgenossenschaft selbst R i c h t e r und zwar
entweder L o h n- oder S t r a f r i c h t e r; weil sie aber nur innerhalb des Umkreises der Vergeltungsgenossenschaft das an unver-
goltenen Thaten klebende Missfallen entfernen, so müssen die G e
r i c h t e t e n d. h. die Thäter selbst Glieder der Vergeltungsgenossenschaft, ihres Gleichen, also fähig sein, in anderer Hinsicht selbst als
V e r g e l t u n g s r i c h t e r im Namen derselben aufzutreten. Daraus
folgt schon einerseits, dass Niemand, dem nicht selbst an der
Durchführung des Vergeltungsprincips gelegen, d. h. der nicht Mitglied des Vereines zur Durchführung desselben ist, weder b e l o h n t
noch b e s t r a f t d. h. dass Niemand wider Willen belohnt oder
bestraft werden, andererseits, dass Jedermann nur von seines Gleichen gerichtet, und endlich, dass Jeder, wenn er sich selbst wie
einen Andern zu beurtheilen im Stande ist, sich selbst v e r g e l-
t e n, belohnen oder bestrafen könne; wenn er dies aber nicht
vermag, zugeben müsse, dass er so belohnt oder bestraft werde,
wie er sich selbst bei vollendetem Vorstellen vergelten müsste.

§. 881. Die Durchführung des Vergeltungsprincips innerhalb
der Vergeltungsgenossenschaft erzeugt den Schein eines G e i s t e s
d e r V e r g e l t u n g über den Geistern, während doch diese selbst
die w a h r e n Vergelter sind. Von der qualitativen Natur der Vergeltung, die sich nach jener der ursprünglichen That richtet, hängt
es ab, ob dieser Geist als einer der Billigkeit oder Unbilligkeit,
wenn man bloss die Quantität, ob als ein feindseliger oder wohlwollender, wenn man die Qualität der Vergeltung ins Auge fasst,
erscheinen werde. Der belohnende Geist wird dem belohnten stets
wohlwollend, der Bestrafende dem Gestraften so lange übelwollend
erscheinen, als dieser ihm als Motiv die Lust am Wehzufügen unterlegt. Der Strafende wird daher stets eines Motivs bedürfen und
zwar eines solchen, von dem sich annehmen lässt, dass auch der
Gestrafte, wenn er bei voller Besinnung wäre, dasselbe anerkennen,
d. h. sich die S t r a f e gefallen lassen würde. Ist ein solches vorhanden, so stimmt zwar vielleicht das Wollen des Strafrichters
im gegenwärtigen Augenblicke noch nicht mit dem w i r k l i c h e n
Wollen des Gestraften, aber doch mit einem m ö g l i c h e n, also
mit einem B i l d e zusammen, welches sich der Strafrichter von
dem Wollen des Zustrafenden zu machen nicht nur berechtigt ist,

sondern welches er sich wirklich macht, es ist folglich nicht nur uneigennützig, sondern wahres Wohl-, nicht, wie es dem Gestraften scheint, Uebelwollen. Da aber als das wahre Wollen des Gestraften kein anderes, als das g e b e s s e r t zu werden vorausgesetzt werden kann, so folgt, dass das Wollen des Strafenden, da es mit dem des Gestraften zusammenstimmen soll, auch nichts Anderes als die B e s s e r u n g desselben im Auge haben dürfe, das Ziel jeder Strafe demnach B e s s e r u n g sein, die Strafe selbst ein blosses Erziehungsmittel sein müsse. So gestaltet sich schliesslich die Vergeltungs- zu einer durch B e l o h n u n g und B e s t r a f u n g das W o l l e n i n n e r h a l b i h r e s K r e i s e s e r - z i e h e n d e n G e n o s s e n s c h a f t.

§. 882. Der absolute Geist, da nur er allein alle geschehen- den Thaten als Thaten d. h. nicht bloss als Ereignisse, sondern auch als aus Absicht entsprungene Erfolge vollständig zu übersehn vermag, ist ebendarum der einzige, welchem nicht nur die voll- kommene zur Vergeltung erforderliche K e n n t n i s s des Geschehenen (der Absicht und dem Erfolge nach), sondern vermöge seiner Güte für die Menschheit das W o h l w o l l e n, vermöge seiner Absolutheit die M a c h t zur erziehenden Belohnung und Bestrafung derselben im vollen Umfang beiwohnt. Er ist innerhalb der ganzen zur Ver- geltung unvergoltener Thaten vereinigten Genossenschaft der einzige unfehlbare und durch Lohn und Strafe bessernde Vergelter, der W o l l e n u n d C h a r a k t e r b i l d e n d e E r z i e h e r des M e n - s c h e n g e s c h l e c h t s.

§. 883. Die Form des Wohlwollens, angewandt auf eine Mehrheit von Geistern, bedingt die gegenseitige Aneignung der Wünsche Aller durch Alle d. h. eine Vereinigung Aller zu einer einzigen W i l l e n s f a m i l i e, zu einer allgemeinen Verwandtschaft der Wünsche und Bestrebungen. Da nun nicht nur Jeder die Wünsche aller Andern zu den seinigen macht, sondern das Gleiche auch ihm von jedem Andern widerfährt, so bildet die Summe der gemeinschaftlichen Wünsche Aller ein Ganzes, wel- chem auf der einen Seite die Summe der vorhandenen und zur Befriedigung jener verwendbaren Güter, auf der andern die Summe der überhaupt möglichen Befriedigungen gleichfalls als Ganze der- gestalt entsprechen, dass v o n dem Vorhandenen Jeder nach Massgabe seines Wunsches so viel Befriedigung empfangen soll, als die Befriedigung der Wünsche aller Uebrigen in demselben Verhältniss zu dem Masse ihrer Wünsche zulässt. Die Durchführung dieses Grundsatzes innerhalb der Mehrheit auf Grund der innerhalb derselben zu Gebot stehenden Güter einer- und der vorhandenen Wünsche andererseits gibt das Bild der V e r w a l t u n g s g e n o s - s e n s c h a f t (Verwaltungssystem).

§. 884. Solang eine solche nicht Wunder thun kann, muss sie sich begnügen, die vorhandenen Güter auf solche Weise fruchtbar zu machen, dass dadurch der h ö c h s t m ö g l i c h e, welcher keineswegs der höchste sein muss, Grad der allseitigen Wunschbefriedigung d. h. des allgemeinen Wohlseins entstehe. Das Ideal einer solchen ist das Bild der b e s t e n W e l t im Sinne des Leibnitz'schen Optimismus, d. i. der b e s t e n unter den m ö g l i c h e n, in welcher der Grundsatz der allgemeinen Glückseligkeit aller Theilnehmer in höchstmöglichem Grade d. h. in einem solchen realisirt ist, dass jede andere Gestalt der Welt m e h r Uebel erzeugen müsste *).

§. 885. Die Form der inneren Freiheit auf die Mehrheit der Geister übertragen bringt die b e s e e l t e G e n o s s e n s c h a f t (beseelte Gesellschaft), wenn Jeder einer Gesinnung gemäss s e i n, die G e s i n n u n g s g e n o s s e n s c h a f t, wenn Mehrere derselben Gesinnung gemäss i h r Wollen einrichten, hervor. Diejenigen, bei welchen dieses letztere der Fall ist, und die sonach vom Hauch d e r s e l b e n practischen Einsicht belebt sind, bilden insofern einen S t a n d, innerhalb dessen der Grad des gesinnungsvollen Wollens und Leistens Jedem seinen Rang anweist, während die einzelnen Stände, vom Gesichtspunct der innern Freiheit aus angesehn, vor einander nichts voraushaben.

§. 886. Die Form endlich der Vollkommenheit erzeugt die Genossenschaft der C h a r a k t e r-, wie oben jene der G e f ü h l s- und P h a n t a s i e v o l l e n (Cultursystem). Dieselbe duldet nicht nur, sondern fordert die grösste Mannigfaltigkeit der Gesinnungen wie des Wollens, vorausgesetzt, dass jede derselben mit der gehörigen Intensität entwickelt, und doch gleichzeitig weder der Entwicklung aller übrigen

---

*) Vgl. des Verfassers: Das Rechtsprincip bei Leibnitz. Wien 1852.

hinderlich, noch der Würdigung derselben, auch der heterogensten an ihrem Ort unempfänglich sei. Vielseitige Empfänglichkeit neben starker Einseitigkeit der Charaktere ist auch hier das Erwünschliche. Eine Gesellschaft von durchaus männlichen ist so störend wie eine von durchaus weiblichen Charakteren. Nadel- und Laubwald bringen gemischt die erfreulichste Wirkung hervor.

§. 887. So entsteht das B i l d einer beseelten Genossenschaft, in welcher jedes Glied Charakter, deren gemeinschaftliches Vorbild zugleich die Rechts-, Vergeltungs- und erziehende Vergeltungsgenossenschaft, das beste Verwaltungssystem und die grösste Mannigfaltigkeit bei vollendeter Entwicklungsstärke und wohlgegliederter Ordnung der Charaktere umfasst, das Bild eines Kunstwerks des socialen Wollens, der R e p u b l i k d e r s i t t l i c h e n C h a r a k t e r e, der geselligen Tugendrepublik, der s i t t l i c h e n G e s e l l s c h a f t, welcher nur das Kennzeichen der äusseren physischen M a c h t mangelt, um zum Ideal des sittlichen Gemeinwesens, zum vollkommenen S t a a t e zu werden.

§. 888. Insofern innerhalb derselben als Erziehungsgenossenschaft die einzelnen Glieder durch Lohn und Strafe erzogen, die vorübergehenden Aufhebungen des Rechtszustands zu einem Mittel der sittlichen Willensbildung umgestaltet werden, stellt dieselbe in ihrer fortschreitenden annähernden Entwicklung zum Musterbilde das Bild der S e l b s t e r z i e h u n g, wie die erziehende Bestrafung und Belohnung innerhalb eines Geisterreichs, an dessen Spitze der absolute Geist selbst steht, das Bild einer g ö t t l i c h e n E r z i e h u n g d e s M e n s c h e n g e s c h l e c h t s, den s i t t l i c h e n W i l l e n s p r o c e s s, „Gott in der Geschichte" dar.

Drittes Kapitel.

Die realen Kunstwerke des Vorstellens.

———

§. 889. Das reale Kunstwerk ist die gesprochene Phantasie, ihre Erscheinung für den Andern oder die Anderen. Da der Andere nicht anders als durch die Sinne aufnehmen kann, so gehört Alles, was sich nicht sinnlich wahrnehmbar machen lässt, auch nicht zum realen Kunstwerk. Eine ihre äussere Verkörperung überragende Phantasie würde daher, wie schön sie auch an sich sein möchte, doch zur Vollkommenheit des realen Kunstwerks nichts hinzuzufügen vermögen, eine hinter derselben zurückgebliebene würde durch eine vollkommene Erscheinung von Seite des Aufnehmenden selbst ergänzt zu werden scheinen. Dem Aufnehmenden gibt die Erscheinung das Bild des Erscheinenden; was nicht erscheint, ist für ihn ebensowenig vorhanden, als er sich darum bekümmert, ob Alles, was ihm erscheint, auch wirklich vorhanden sei.

§. 890. Ob der Erscheinende mehr enthalte als die Erscheinung oder die Erscheinung mehr als der Erscheinende, ist eine Frage, die zu entscheiden beide, die Erscheinung und der Erscheinende ausserhalb derselben, klar und handgreiflich gegeben sein müssen. Für den Aufnehmenden ist dies nicht der Fall. Diesem gibt sich der Erscheinende eben nur durch die und in der Erscheinung kund, und „quod non est in actis, non est in factis.“ Der Künstler mag besser oder schlechter sein als sein Werk, dem Aufnehmenden, also auch dem Beurtheilenden, gilt nur das Werk.

§. 891. Eine Erscheinung daher, welche nur mit Hilfe des

und durch den Erscheinenden verständlich würde, wäre unverständlich und da sie zu ihrer Verständlichkeit einer weiteren andern Erscheinung bedürfte, unvollständig. Die erste Bedingung des realen Kunstwerks ist daher, dass es für sich und aus sich verständlich und dass es die vollständige Erscheinung Dessen sei, welcher dadurch dem Andern erscheint.

§. 892. Ob er demselben erscheinen wolle oder nicht wolle, ob er überhaupt darum wisse, dass er dem Andern erscheine, ist dabei unwesentlich, dass er ihm erscheine, allein wesentlich. Der Unterschied zwischen naiver, bewusstloser, und sentimentalischer, bewusster, Kunst geht nur das Verhalten des Künstlers zu seinem Werk, nicht dieses selbst an. Die vollständige Erscheinung zeigt von jenem keine Spur; ob die Rose sich für sich selbst oder für Andere geschmückt hat, sie „schmückt den Garten."

§. 893. Dadurch, dass die Erscheinung aus sich und für sich selbst verständlich, dass sie vollständig ist, löst sie sich von ihrem Ursprung für den Aufnehmenden los, verschwindet der Erscheinende hinter und in der Erscheinung. Das vollkommenste Kunstwerk ist dasjenige, worüber man den Künstler vergisst. Die sinnliche Erscheinung hält und trägt sich selbst; sie bedarf weder einer äussern Stütze, noch eines Commentars; sie ist eine Welt für sich mit ihren eigenen Gesetzen, geregelt und scheinbar sich selbst regelnd, mit dem Schein der Beseelung, des Lebens, der Freiheit, der Geistigkeit, der Persönlichkeit.

§. 894. Jedes vollkommene reale Kunstwerk muss diesen Schein für den Aufnehmenden hervorrufen. Wie das Kunstwerk des Vorstellens, die Phantasie, die Selbsterscheinung, gegen den Geist, dem sie erscheint, d. h. den Träger der Phantasie, so muss das reale Kunstwerk, die Erscheinung der Phantasie für Andere, objectiv sich verhalten gegen den Geist, der darin dem Andern erscheint, d. h. gegen den realen Künstler. Wie der Phantasirende dort in seiner Phantasie, so geht der Künstler hier in dem Kunstwerk auf.

§. 895. Alles, was im realen Kunstwerk nicht zur Erscheinung der Phantasie, d. h. des Erscheinenden geworden ist, heisst insofern roher Stoff und gehört nicht zum Kunstwerk. Alles dagegen, was Verkörperung der Phantasie, des Erscheinenden ist, heisst geformter Stoff und macht das Kunstwerk selbst aus. Die „Vertilgung des Stoffs durch die Form" nach Schillers treffendem Wort d. h. die Ausscheidung alles dessen aus der sinnlichen Erscheinung, was nicht zur Erscheinung der Phantasie für den Andern erforderlich ist, macht daher das „Kunstgeheimniss" nicht nur des idealen, sich selbst, sondern auch des realen, Andern erscheinenden, Meisters aus.

§. 896. Das reale Kunstwerk hat daher allerdings ein Was, die Phantasie nämlich, die es verkörpert, und ein Wie, die Art wie es dieselbe verkörpert, es hat einen Inhalt, der geistiger, und eine Form, welche sinnlicher Beschaffenheit ist; aber jenes Was ist selbst ein Wie, der geistige Inhalt sind blosse Formen; dieses Wie ist selbst eine Form, nämlich der Einklang zwischen Erscheinung und Erscheinendem, der Verkörperung der Phantasie und dieser selbst, Aeusserem und Innerem, realem und idealem Kunstwerk; die sinnliche „Form" dagegen, insofern sie nicht „Erscheinung" des Erscheinenden ist, bleibt unüberwundene Materie, und nur so weit sie dies nicht ist, gehört sie zum Kunstwerk.

§. 897. Dass es wirklich nur „Formen" seien, welche das Was des realen Kunstwerks, die darin verkörperte Phantasie ausmachen, ergibt sich aus §. 341. Die Phantasie, sei sie nun Formen- oder Empfindungs- oder Gedankenphantasie, ist das Kunstwerk des Vorstellens, eine Form von Formen, ein schönes Ganzes schöner Verhältnisse, deren Glieder: Formen, Farben, Töne, Gedanken selbst schöne Form, d. i. ästhetische Formen, Farben, Töne und Gedanken sind. Dass es wirklich nur der sinnliche Stoff sei, welcher die Verkörperung derselben, das reale, von der Phantasie selbst, dem idealen Kunstwerk, unterscheide, geht daraus hervor, weil das reale Kunstwerk kein anderes, sondern nur für einen Andern als das ideale zu erscheinen bestimmt ist, jenes daher unsinnlichen (psychischen) Materials, blosser Vorstellungen, des Idealen sich bedient, dieses zu sinnlich Wahrnehmbaren, zum Realen greifen muss. Reales und ideales Kunstwerk verhalten sich wie Erscheinung im physischen und solche im psychischen, wie äusserer zu innerem Sinn. Durch das ideale Kunstwerk spricht der Künstlergeist zu sich, durch das reale zum Hörer und Beschauer.

§. 898. Wie jedes Sprechen, sei es zu sich oder zu Andern, erfordert, dass man vor Allem die Sprache selbst beherrsche, um, was man zu sagen weiss, auch sagen zu können, so erheischt das ideale Kunstwerk nicht weniger Macht über den idealen, wie das reale Gewalt über den realen Stoff, d. i. technische Fertigkeit. Der ideale Künstler besitzt diese entweder „vom Haus aus" durch jene Beweglichkeit zugleich und ursprüngliche Regelmässigkeit des psychischen Vorstellungsablaufs, wodurch der rege phantasievolle Kopf sich vor dem trägen, phantasielosen auszeichnet, oder er erwirbt sie durch Bereicherung zugleich und bewusste Ansammlung seines Vorstellungskreises um gewisse Mittelpuncte, von welchen aus sie ihren eigenen psychischen Reproductions- und Verwandtschaftsgesetzen überlassen, in neuer Gestalt und reichlichem Flusse als Phantasiegebilde hervorströmen. Der reale Künstler besitzt die Anlage zur Beherrschung des realen Stoffs entweder gleichfalls von Geburt aus, sei es durch eine „geschickte" Hand, deren eigenthümlicher Bau den künftigen Bildhauer, den Zeichner, den Clavierspieler, begünstigt, oder durch ein scharfes, für die Unterscheidung von Massen, Lichtstärken und Farbennuancen wohlorganisirtes Auge, ein feines Rhythmen, Tonstärken, Töne und Klangfarben sicher auffassendes und distinguirendes Ohr. Oder er erwirbt sie wie jener durch Unterweisung und stärkt sie durch Uebung, wie jeder, der eine Sprache lernt, das Sprachmaterial und die Sprachlehre sich aneignen, aber sie auch nicht nur sprechen, sondern überhaupt Sprachfähigkeit und Sprachtalent mitbringen muss.

§. 899. Der ganze Inbegriff dessen, was zur Bewältigung des Stoffs erfordert wird, als solches nicht nur gelernt, sondern geübt und zur Fertigkeit gebracht sein muss, die Technik der realen Kunst, gehört nicht zur Aesthetik, ja nicht einmal in die einzelnen realen Kunstlehren, sondern bildet die Vorbedingung der realen Kunst, ohne welche von der Erscheinung des Kunstgeists für Andere so wenig die Rede sein kann, wie von Mittheilung seiner Gedanken an Leute, die eine fremde Sprache sprechen, ohne Kenntniss der letzteren. Mit Recht schliesst daher der reale

Künstler jeden, dem diese nothwendige Vorbedingung mangelt, von seiner, der Genossenschaft der realen Künstler aus, obwohl er darum von der Kunstgenossenschaft (§. 774), welche den Aufnehmenden wie den Erscheinenden umfasst, keineswegs ausgeschieden ist. Der „Künstlerstolz", welcher sich daraus entwickelt, rührt daher keineswegs von dem Bewusstsein der Hoheit seiner Phantasieen und des ästhetischen Geistes, den er verkörpert, sondern lediglich von dem Bewusstsein der vollkommenen Herrschaft über den sinnlichen Stoff, der Fähigkeit her, Alles ausdrücken zu können, was er nur will, ohne darum eben schon etwas besitzen zu müssen, was des Ausdrückens werth ist. Diese technische Fertigkeit heisst Virtuosität und der „Künstler", der nur sie besitzt, steht nicht über dem Handwerker, der sein Gewerbe versteht, wie auch jene Art von „Künstlerstolz" eins mit dem Handwerkerstolz ist.

§. 900. Handwerker und realer Künstler kommen beide darin überein, dass sie sich des realen Stoffes bedienen, unterscheiden sich aber nicht nur dadurch, dass der Künstler Phantasieen, ästhetische, der Handwerker Prosa, unästhetische Geisteserscheinungen darin verkörpert, sondern auch dadurch, dass der Künstler bei seiner Verkörperung nur seine Erscheinung für Andere, der Handwerker dagegen andere beliebige Zwecke (eigenen oder fremden Nutzen, Erwerb oder Dienstleistung) im Auge hat. Daher sinkt der Künstler nicht nur, wenn ihm das zu Verkörpernde seinem ästhetischen Werthe nach gleichgiltig, sondern auch, wenn die Erscheinung für Andere ihm nicht der einzige Zweck seines Erscheinens ist, wenn er dabei überhaupt sogenannte Zwecke verfolgt, also nicht motivlos (d. h. nur durch den Andern, für den er erscheint, motivirt [§. 689]), sich verkörpert, zum Handwerker herab, während dieser, sobald er sein Handwerk nicht nur mit Berücksichtung des ästhetischen Werths, also verschönernd, formgebend, sondern auch mit darum treibt, um dadurch als eigenes Selbst Andern zu erscheinen, sich dem Künstler nähert.

§. 901. Kunsttechnik daher ist die Vorschule, der Vorhof der realen Kunst, aber nicht diese selbst. Da sie allein die Herrschaft gibt über den realen Stoff, durch welchen alle Erscheinung für Andere bedingt ist, so kann, was durch sie nicht zur Erscheinung gebracht werden kann, überhaupt nicht für Andere zur Erscheinung kommen, und bleibt vom Gebiet der realen Kunst ein für allemal ausgeschlossen. Jeder Fortschritt der Technik wirkt natürlicherweise auch auf das Gebiet der realen Kunst zurück, indem der Kreis des für Andere erscheinen Könnenden durch denselben erweitert wird. Der Künstler, der Andern erscheinen will, hängt daher ebenso nothwendig von den Bedingungen der realen Technik ab, als derjenige, welcher nur sich erscheint, von den letzteren frei ist. Lessing's „Maler ohne Hände" könnte für sich immer noch ein Maler gewesen sein, wenn er auch als Maler für Andere über den Kreis des Erreichbaren aus Mangel an technischer Erfahrung in seinen Erfindungen hinausgegangen wäre. Die Entdeckung der Oelmalerei erweiterte das Gebiet der Malerei als realen Kunst wie die Erfindung etwa des Claviers, der Physharmonika, des Cello in gleicher Beziehung dasjenige der Musik. Mozart, Beethoven, Mendelssohn würden nicht so vortreffliche Compositeure für das Clavier, Bach für die Orgel geworden sein, wenn sie nicht gleichzeitig fertige Clavierspieler und Organisten gewesen wären. Die antiken Dramendichter waren zugleich Choragen, Shakespeare Schauspieler, Goethe und Schiller Theaterdirectoren. Auf den Einfluss, welcher der oft mangelhaften Technik auf den Stil in den bildenden Künsten gebührt, hat am beredtesten Rumohr hingewiesen; am anschaulichsten erscheint der Zwang, welchen die Technik übt, in den realen Werken der plastischen Phantasie, welche mit schweren Massen zu thun haben, in den Werken der Baukunst und der Bildhauerei. Die einzige Technik des Kuppelbaues lenkte die Bauphantasie der römischen Architecten auch äusserlich auf Wege, welche den griechischen nur in Gedanken betretbar, in der Ausübung versagt waren.

§. 902. Die ideale nur sich erscheinende Kunst ist absolut freie Kunst, die reale Andern erscheinende bequemt sich nothgedrungen nach den Bedingungen des realen Stoffes. Was dieser auch bei vollendetster Technik nicht darzustellen gestattet, erscheint eben dem Andern nicht, wenn es auch in der Phantasie des Erscheinenden mit vorhanden sein mag. Je spröder und selbstständiger der reale Stoff, um desto härtere Bedingungen schreibt er dem sich darin Verkörpernden vor, desto mehr muss die Er-

scheinung, das r e a l e, hinter dem Erscheinenden, dem i d e a l e n
Kunstwerk zurückbleiben. Der ideale, der blosse Vorstellungsstoff
ist von allen gegebenen der l e i c h t e s t e und fügsamste, dennoch
ist er nicht ein absolut leichter und absolut fügsamer Stoff, denn er
ist durch die p s y c h i s c h e n Natur-, und wo er schon als Gedanke auftritt, überdies durch die l o g i s c h e n N o r m a l g e s e t z e
gebunden. Der r e a l e sinnliche Stoff aber ist nicht nur im Allgemeinen durch physische wie der i d e a l e durch psychische N a-
t u r g e s e t z e gefesselt, er bietet auch im Besonderen innerhalb
seiner Grenzen mannigfache Abstufungen grösserer oder geringerer
Gebundenheit dar. So ist der p o n d e r a b l e Stoff, unter welchem
die physikalisch wägbare atmosphärische Luft hier nicht mit begriffen sein soll, an die Bedingungen der Schwere geknüpft ; der
sogenannte i m p o n d e r a b l e, dem wir die Luft für unsern Zweck
beizuzählen uns erlauben, von denselben frei. Unter dem ersten
ist der l e b e n d i g e überdies durch physiologische, der l e b l o s e
zwar nicht durch diese, aber durch chemische, im engern Sinn
physikalische, mechanische, dynamische Gesetze beherrscht. Das
ganze Gebiet der realen Kunsterscheinung, da es den Andern
nur durch die Wahrnehmung seiner Sinne zugänglich werden
kann, ist überdies von der Natur dieser letztern selbst, von den
Gesetzen der tastenden, optischen, akustischen Erscheinung, des
Tast-, Raum- und Zeit-, des Gesichts- und Gehörssinnes abhängig.

§. 903. Jenachdem das reale Kunstwerk nur durch einen oder
durch mehrere Sinne zugleich wahrgenommen zu werden bestimmt
ist, unterscheiden wir das e i n f a c h e vom z u s a m m e n g e s e t z-
t e n. Jenachdem es dem Tast-, Raum- oder Zeitsinn, Gesichts-
oder Gehörssinn als s o l c h e m oder nur in V e r t r e t u n g eines
anderen Sinnes zugewiesen wird, unterscheiden wir das d i r e c t e
vom i n d i r e c t e n, insofern es für vorzugsweise z u g l e i c h (Tast-,
Raum-, Gesichtssinn) oder für vorzugsweise n a c h e i n a n d e r auffassende Sinne (Zeit-, Gehörssinn) bestimmt ist, das s i m u l t a n e
vom s u c c e s s i v e n realen Kunstwerk. Diese Eintheilungen kreu-
zen sich, während die erste den durchgehenden Faden abgibt. Wir
beginnen mit den e i n f a c h e n.

A. Die einfachen realen Kunstwerke.

§. 904. Das einfache reale Kunstwerk ist entweder für einen simultanen oder einen successiven Sinn und kann für jeden derselben direct oder in Vertretung eines andern entweder wieder demselben oder dem entgegengesetzten Gebiet angehörigen Sinnes indirect bestimmt sein. Jener ist zunächst der Tast- als solcher und als Raumsinn, insofern er räumliche Masse, Entfernungen und ihre Verhältnisse, sowie lineare, planare Formen, gekrümmte und gebrochene, geschlossene und ungeschlossene Körperflächenformen wahrzunehmen, zugleich als eigentlicher Tastsinn von Glätte, Weichheit, Schmelz oder deren Gegentheilen sich Vorstellungen zu verschaffen im Stande ist. Als solcher ist er derjenige Sinn, welcher mit der palpablen Materie unmittelbar ohne Dazwischenkunft irgend eines andern Stoffs in Berührung tritt, von deren Mass, Form und Gestalt Eindrücke erhält. Räumliche Masse und Formen sind durch ihn auch dem Blinden, ja ihre Vorstellung ist zum Theil auch dem Sehenden auf directem Wege nur wie dem Blinden zugänglich.

§. 905. Handelt es sich daher um die Mittheilung reiner Formen- d. i. geometrischer, linearer, planarer und körperlicher Formenphantasieen, so ist der directe Weg kein anderer als die Uebertragung derselben auf palpable Materie, von welcher sie der Andere, sei er nun blind oder sehend, durch den Tastsinn in sich herübernimmt. Die Hilfe des Auges ist hiebei förderlich, aber keineswegs unentbehrlich, wie das Beispiel der Blinden beweist; das auf diesem Wege entstehende reale Kunstwerk, der in geometrische, lineare, planare, körperliche Form gebrachte palpable Stoff, ebensogut für Nichtsehende wie für Sehende fassbar, und da das Auge, das ausschliessliche Organ der Farbe, dabei entbehrlich ist, zugleich wesentlich achromatisch.

§. 906. Ein solches Kunstwerk heisst plastisch und die dasselbe herstellende reale Kunst Plastik, der palpable Stoff mag nun für sich leblos oder lebendig, Stein, Metall, Holz oder thierischer Körper, die mitgetheilte Form die einer regelmässig geometrischen Figur, oder einer Combination von solchen, oder die eines leblosen oder lebendigen Naturkörpers, eines Berges, Baumes, Thieres

oder Menschen sein. Dieselbe heisst f r e i e, r u n d e P l a s t i k, wenn
die dargestellte Körperform in sich geschlossen, dagegen u n-
fr e i e, wenn sie nach irgend einer Seite hin offen ist. Das freistehende Gebäude, die freistehende Statue, der Schauspieler gehören jener, der Höhlenbau, das Basrelief, das lebendige Tableau
mit Hintergrund dieser an. Jene kann man, wie man sich auszudrücken pflegt, umgehen, von allen Seiten, während diese nur von
gewissen b e s e h e n. Letzterer Ausdruck ist ungenau, weil er den
u n p l a s t i s c h e n Sinn des Gesichts herbeizieht. Das Wahre an
der Sache ist, dass bei dem freistehenden Werk die tastende Hand
in keiner Richtung Puncte findet, die nicht mehr zu demselben
gehören, also zum Punct des Ausgangs von der entgegengesetzten
Richtung her zurückkehrt, während bei dem unfreien Werk diese
Bewegung des Tastorgans nach gewissen Richtungen hin an eine
Grenze stösst und nur auf demselben Wege zurückkehren kann.

§. 907. Das plastische Werk, weil aus palpablem Stoff be-
stehend, unterliegt dem Gesetz der S c h w e r e, und wird durch
den Tastsinn als schwer e m p f u n d e n; daher dürfen die Formen,
welche dasselbe annimmt, nicht von der Art sein, dass sie demselben widersprechen. Das Werk zwar selbst, bloss als Masse betrachtet, wird sich von selbst so stellen, dass seine S c h w e r e
unterstützt ist; wenn aber der Schwerpunct der Masse anderswohin
f ä l l t, als wohin er uns nach den Formen, welche wir an demselben wahrnehmen, hinfallen zu müssen s c h e i n t, so s c h e i n t
die Masse, obgleich gestützt, doch n i c h t gestützt und es entsteht
ein unbehagliches Gefühl, welches den Eindruck des Werks stört.
Ist es ein Thurm wie der Pisaner, eine Menschengestalt in einer
unhaltbaren Stellung der Glieder, so s c h e i n e n beide zu fallen,
auch wenn sie gehörig unterstützt sind. Das plastische Werk fordert daher nicht bloss die R u h e, welche die natürliche Folge
des unterstützten Schwerpuncts der Masse, sondern auch den S c h e i n
der R u h e, welcher die Folge davon ist, dass der Schwerpunct
dort, wo er nach den Formen der Masse uns hinfallen zu müssen
s c h e i n t, auch wirklich unterstützt s c h e i n t.

§. 908. Akrobatische Stellungen sind dadurch ausgeschlossen.
Die Kunst des Luftspringers, englischen Reiters und Seiltänzers
besteht gerade im Gegentheil der Plastik, nämlich darin zwar

unterstützt zu sein, aber es nicht zu scheinen. Keine Lage, in welcher der darin befindliche nicht dem Anschein nach beharren zu können im Stande ist, kann plastisch sein; die Grenzen selbst aber, innerhalb deren dieser Anschein noch besteht oder schon verschwindet, lassen sich sehr verschieden, enger oder weiter, ziehn. Von der unbeweglichen ägyptisirenden Götterstatue mit parallelstehenden Füssen bis zu dem berühmten Bilde des im vollen Rennen begriffenen Schnellläufers Ladas, von Phidias bis zu den rhodischen und pergamenischen Künstlern ist eine weite Entfernung und doch erblicken wir nirgend eine Stellung angewandt, in welcher wir für den Dargestellten in Sorge sein müssten. Das scheinbare Schwinden des Schwerpuncts, dem ein sicheres Wiederfinden folgt, erzeugt nun den Schein des Belebten, Beseelten, sich selbst Bewegenden, welcher dort, wo das Gleichgewicht auch nicht einmal zum Schein eingebüsst wird, ebenso nothwendig fehlen muss. Der Gegensatz zwischen Bewegtem und Unbewegtem, der auch der Schönheit als beharrender und wiedergefundener Einklang (§. 151) schon eigen ist, auf die plastischen Werke übertragen, bringt daher eine bewegte und eine unbewegte Manier der Darstellung hervor, welchen die bewegungsunfähige (starre) vorangeht, während nur eine aus Uebermass der Bewegtheit völlig unplastische ihnen folgen kann.

§. 909. Jenachdem die Formen des plastischen Werks Nachbildungen lebendiger Naturformen, Abbilder, oder geometrischer Formen und ihrer Combinationen, blosse räumliche Formbilder sind, scheiden sich Bildhauerei (Sculptur) und Baukunst (Architectur). Jene wählt pflanzliche, thierische und menschliche, diese überhaupt körperliche Formen; bei jener, die ihre Vorbilder nur der Natur, dem Gegebenen entlehnt, tritt die Naturtreue, bei dieser, welche kein Vorbild in der Natur hat, das Verhältniss zwischen dem Tragenden und dem Getragenen, das statische Gleichgewicht in den Vordergrund. Jene, indem sie unmittelbar Naturformen nachbildet, verwendet gelegentlich wirkliche Naturkörper, Pflanzen, Thiere, Menschen als plastischen Stoff, stellt in Mienen, Geberden, Stellungen des eigenen oder des Körpers Anderer ihre plastischen Formgedanken dar (Mimik, Automimik; die Attituden der Hamilton: lebende Gruppe). Diese, indem sie sich von der eigentlichen Nachbildung der Naturkörper im Ganzen fern hält, verwendet dieselben doch gelegentlich als S c h m u c k, entweder in ursprünglicher Naturgestalt, indem sie Kränze, Guirlanden aufhängt, oder in mehr oder weniger freier Nachbildung durch die Sculptur als O r n a m e n t (Akanthuskorb als korinthisches Kapitäl). Nähert sie die Formen derselben hiebei mehr ihrem eigenen Princip d. h. entfernt sie sich von der Naturtreue zu Gunsten der geometrisch regelmässigen Form, so „stilisirt," sie d. h. führt dieselben auf die ihnen zu Grunde liegenden regelmässig geometrischen Körperformen, die sich als solche nicht in der Natur finden, annäherungsweise zurück.

§. 910. Die B a u k u n s t, da sie nichts weiter als Körper darstellt, die keine Naturformen sind, lässt sich mit allen jenen Zwecken verbinden, bei welchen körperliche Massen überhaupt eine Form erhalten. Der Feld-, Land- und Gartenbau, welcher die äussere, der Bergbau, welcher die innere Gestalt der Erdrinde verändert, der Höhlenbau, welcher die letztere zu Wohnräumen benützt, der Zelt-, Hütten- und Hausbau, welcher aus gegebenen Naturkörpern freistehende Wohnräume herstellt, der Palast-, Tempel- und Festungsbau, welcher für die Bedürfnisse des Herrschers, des Gottes und der Sicherheit Massenanhäufungen vornimmt, alle können neben diesem unmittelbaren Zweck auch noch den Forderungen architectonischer und plastischer Phantasie genügen, und dadurch in einer Beziehung zu realen d. i. zu B a u k u n s t w e r k e n werden. Wie hier das Bauhandwerk, so berührt das schnitzende, giessende, schmiedende, überhaupt das formende Handwerk bei der Verfertigung der Gegenstände des täglichen Gebrauchs sich mit der f o r m e n d e n Kunst und streift, indem es dieselben theils als Naturformen gestaltet, theils mit solchen schmückt, oder mehr streng geometrisch „stilisirt," auf das Gebiet der S c u l p t u r oder der b a u k ü n s t l e r i s c h e n O r n a m e n t i k hinüber, wo K u n s t und K u n s t h a n d w e r k zusammentreffen.

§. 911. Die S c u l p t u r, da sie gegebene Naturformen, Pflanzen-, Thier- und Menschenkörperformen nachahmt, stellt dieselben entweder einzeln, oder in Gruppen, als freie oder als unfreie Plastik, d. h. auf eigenem oder auf künstlichem Schwerpunct ruhend dar. In jenem Fall ruht die Masse in sich selbst, in diesem wird sie durch eine andere Masse gehalten, mit der sie unzertrennlich zusammenhängt, ohne dass letztere zur nachgebildeten Naturform gehört. Diese bildet sodann den G r u n d, in dem oder auf dem die Naturform nachgebildet erscheint, während die freistehende keinen hat. Jenachdem die Sculpturform in jenen ein- oder aus demselben herausgearbeitet, also gegen ihn vertieft oder erhöht ist, heisst das unfreie Sculpturwerk vertiefte oder erhabene Arbeit, B a s r e l i e f oder H a u t r e l i e f

§. 912. Insofern die Plastik fast und sichtbare Körperformen darstellt, eignet sie sich auch zur „Bildsprache" d. h. zur Gedankenmittheilung durch sichtbare Zeichen, und zwar sowohl zur Mittheilung solcher Gedanken, die selbst wieder als Zeichen für andere dienen (Sinnbilder, Symbole), als solcher, bei denen dies nicht der Fall ist. Da nun die Wahl des Mitzutheilenden nicht dem Plastiker als solchem angehört, sondern demjenigen, der sich zur Mittheilung seiner Gedanken der plastischen Formen bedient, so kann es vorkommen, dass sich dasselbe so wie es gegeben wird, durch die letzteren gar nicht mittheilen lässt, sondern vom Plastiker erst an die Stelle des mitzutheilenden Gedankens ein anderer gesetzt werden muss, für welchen die sichtbare Sprache des Plastikers ein „Wort," d. i. eine bezeichnende Körperform hat. Ein solcher für den Plastiker unaussprechlicher Begriff ist z. B. der eines gestaltlosen Gottes. Soll er ihn mittheilen können, so muss er an dessen Stelle zuerst den eines gestalteten Gottes, an der Stelle der grenzenlosen Ausdehnung eine begrenzte gedacht haben. Für diesen substituirten Begriff eines verendlicht·u Gottes stehen dem Bildhauer organische, dem Architecten unorganische Naturformen zur wahrnehmbaren Versinnlichung für Andere zu Gebot. Die plastischen Götter der Griechen mussten Menschen bleiben, weil der übermenschliche Gott nicht mehr plastisch gewesen wäre; wenn der Tempel des Gottes zu seiner Wohnung werden sollte, musste dieser selbst vorher aufgehört haben, der einzige Weltumfassende zu sein.

§. 913. Daraus folgt aber weder, dass alle Plastik Bildsprache, noch dass alle plastische Bildsprache symbolisch sein müsse. Die Wände von Ninive bezeugen, dass sich die älteste Geschic..te der Plastik bedient hat, um von ihrem Dasein sichtbare Spuren zu hinterlassen; die religiöse Symbolik hat die Sculptur wie die Baukunst angewandt, ihren das Ueber- und Unsinnliche versinnlichenden Gedankenbildern dauernde Erscheinung für Andere zu geben. Der Grund, warum beide zu diesem Endzwecke der Plastik sich bemächtigten, ist doch nicht bloss, wie es den Schein haben könnte, in dem dauerhaften Material, sondern vielmehr in der Eigenthümlichkeit dieser als realer Kunstform selbst zu suchen. Da diese nämlich als simultane Kunst nur das G l e i c h z e i t i g e und um des Scheins der Ruhe willen, der ihr eigen ist, dasselbe nur als des B e h a r r e n s F ä h i g e s (sei es auch durch einen noch so kurzen Zeitraum) darzustellen vermag, so ist die ihr auch als Bildsprache eigene Gedankenform weder die der epischen, noch jene der dramatischen Gedankenphantasie, welche beide ein N a c h -, jene ein A u f -, diese ein A u s e i n a n d e r einschliessen, sondern die der l y r i s c h e n, deren Nacheinander kein Fortschreiten von Gedanken zu Gedanken, sondern nur die Wiederholung d e s s e l b e n oder ä h n l i c h e r und durch diese A e h n l i c h k e i t zusammenhängender Gedanken, also dem Inhalt nach B e h a r r e n, nicht Veränderung ist. Dieselbe eignet sich daher vornehmlich zum sichtbaren Zeichen des Gedankens eines B e h a r r e n d e n, dergleichen das Weltall, die Götter, eines U n v e r ä n d e r l i c h e n, dergleichen das Vergangene, die historische Thatsachen sind, zum B i l d e i n e s G o t t e s, wie zum g e s c h i c h t l i c h e n D e n k m a l.

§. 914. Soll daher durch die Plastik, ihrem Charakter entgegen Nicht-Beharrendes, in Veränderung Begriffenes, sollen nicht vollendete, sondern geschehende Thatsachen, Handlungen dargestellt werden, deren verschiedene Stadien in verschiedene Zeitmomente fallen, so muss auch dieses, da es in mehreren geschieht, und nur in einem Zeitpunct gesehn werden kann, in lyrischer Form, d. h. in einem einzigen oder besser in g a r k e i n e m Zeitmoment, sondern herausgehoben aus der Zeit dargestellt werden. Da nun dieses nicht möglich ist, sondern die Begebenheit sowohl als die Handlung eine Folge von Zuständen in der Zeit umfasst, deren jeder anders als der vorhergehende und der nachfolgende ist, die sichtbare Darstellung also nothwendig nur e i n e n dieser Zustände versinnlichen kann, so folgt, dass die geforderte lyrische Zeitlosigkeit doch annähernd durch die Wahl desjenigen Zustands in der Reihe der nacheinanderfolgenden erreicht werden müsse, mit welchem der frühere und der spätere zugleich, zwar nicht sichtbar aber errathbar und durch den also annähernd wenigstens die ganze Reihe gegeben ist.

§. 915. Dieser Zustand ist jener des sogenannten fruchtbarsten Moments. Dieser kann weder der Anfangs- noch der Schlusszustand, er muss, da aus ihm sowohl das Frühere als das Spätere errathen werden soll, ein Zustand aus der Mitte der Veränderungsreihe sein. Da die früheren sowohl wie die späteren aus ihm erkannt werden sollen, so muss er selbst mit den früheren sowohl als mit den späteren in einem Causalzusammenhang stehen, d. h. er muss aus den früheren und die späteren müssen aus ihm hervorgegangen sein. Ist nun das Dargestellte eine Handlung, so liegt die Möglichkeit jener dramatischen Auffassung schon in ihrer Natur als solcher (§. 622): ist es dagegen eine Begebenheit, so folgt, dass sie erst dramatisch aufgefasst d. h. zur Handlung umgestaltet werden müsse. Apoll den Sonnengott zeigt die vaticanische Statue, wenn die Deutung richtig ist, nicht bloss als Pythontödter, sondern als den Python tödtend.

§. 916. Dem statischen Charakter des plastischen Werks gemäss, der nicht bloss wirkliche Ruhe, sondern zugleich auch den Schein der Ruhe fordert, kann dieser fruchtbarste Moment kein absolut vorübergehender, er muss vielmehr ein solcher sein, in welchem ein Beharren, sei es auch durch einen noch so kurzen Zeitraum, denkbar ist. Es tritt daher in demselben ein scheinbarer Widerspruch an den Tag, indem der fruchtbarste Moment ein Hinausgehn nach vorwärts und rückwärts über das Sichtbare fordert, dagegen der Schein der Ruhe ein Beharrenkönnen in dem Gegebenen verlangt. Im Laokoon z. B. ist derselbe wie Henke vortrefflich gezeigt hat, am fühlbarsten. Der Widerspruch erscheint aber nur, wenn eine Begebenheit oder Handlung in plastischer Form dargestellt und dadurch dem rein lyrischen Charakter derselben widersprochen wird. Er steckt also nicht sowohl in der Natur der Sculptur als Kunst- , als vielmehr in dem Gebrauch dieser Form für die epische und dramatische, statt für die lyrische Gedankenform.

§. 917. Dadurch, dass das plastische Kunstwerk wesentlich auf den Tastsinn berechnet und durch diesen sowohl dem Blinden vollständig wahrnehmbar, als durch Blinde, wie Pigalle's, dem ein

Maler Augen an die Fingerspitzen malte, Beispiel beweist, vollständig herstellbar ist, gehört es nicht nur einer Sinneswelt für sich, sondern einer von unserer gewöhnlichen, die durch den Gesichtssinn vermittelt wird, völlig verschiedenen lichtlosen Welt an. Schon die Ausdrücke „hart," „weich" von räumlichen Formen gebraucht weisen auf diese Herrschaft des Tastorgans hin, und muthen demjenigen, welcher das plastische Werk in der ihm ausschliesslich eigenthümlichen Weise sinnlich geniessen will, eine Abstractionsfähigkeit von der gewöhnlichen sinnlichen Auffassungsweise zu, welche den specifisch plastischen Genuss zum Eigenthum Weniger macht. Folgerichtig dürfte man sagen, dass sich die reinen Formen bei völliger Abwesenheit des Gesichts, die antiken Statuen, welche Goethe „bei Fackellicht" beschaut wissen wollte, überhaupt ohne Licht wie Musik im Dunkeln geniessen lassen. Freilich dürften dann nicht wie jetzt Verbote und hölzerne und eiserne Schranken die Berührung der Bildwerke hindern. Das Abtasten des Rückens des ruhenden Herkulestorso, der schwellenden Glieder der Venus von Melos oder des barberinischen Fauns müsste der Hand eine Wonne gewähren, welche nur mit dem Genuss des Ohrs bei dem mächtigen Wogen Bach'scher Fugen oder schmelzender Mozart'scher Melodien zu vergleichen wäre.

§. 918. Strenggenommen daher ist die sichtbare Umgebung für das plastische Werk gleichgiltig. Es ist eine Welt für sich; sein Licht quillt in die Fingerspitzen. Das Piedestal oder der Sockel, auf dem es ruht, deutet dies sein Entrücktsein aus der Welt des irdischen Sehns kenntlich an; seine Umgebung nur ist für das Auge da, für welches das Werk selbst nicht da ist. In Bezug auf seine „Nicht-Sichtbarkeit" erinnert es wirklich an den Gott, von dem seine Tastbarkeit es scheidet. Wie die Sculptur seine sinnliche Erscheinung, bildet die Baukunst dem Gott sein Haus.

§. 919. Zwischen dem Tast- und Gesichtssinn macht nur die vorherrschende Simultaneität der Empfindungen das Gemeinsame aus; ihre Gebiete wie die aller Sinnesnervenreize gegen einander, sind disparat. Wie Alles, was getastet werden soll, mit dem Tastnervenende unmittelbar, so muss Alles, was gesehn werden soll, mit dem Sehnervenende wenigstens mittel-

b a r in Berührung treten. Was letzteres unmittelbar, wie die palpable
Materie den Tastnerv, tangirt, ist der physikalische, zu den Imponde
rabilien gezählte Lichtäther, der unendlich feine Stoff, dessen
transversale Oscillationen die Basis der Lichterscheinungen ausmachen.
Wer daher an den Sehnerv gelangen will, muss zuerst sich des
Aethers versichern. Wie der Tastnerv die Eindrücke des palpablen
Stoffs, so nimmt der Sehnerv seine Reize von den Bewegungen der
Lichtmaterie an und die Beschaffenheit der letzteren b e s t i m m t
jene der ersteren. Für denjenigen, der auf das Auge wirken will,
ist der Lichtäther der r e a l e zu bearbeitende Stoff, wie für jenen,
der auf das Tastorgan zielt, die schwere Materie.

§. 920. Man hat das Sehen ein „Tasten in die Ferne" genannt; man könnte die Kunst dem Auge des Andern zu erscheinen,
eine P l a s t i k d e s A e t h e r s nennen. Welcherlei Lichtwellen
das Auge treffen und von diesem in Gesichtsempfindungen verwandelt werden, hängt bei der Gemeinschaftlichkeit der natürlichen
Lichtquelle des Sonnenlichts von dem Vorhandensein, von der Entfernung und von der Beschaffenheit der Oberfläche jener Gegenstände ab, welche zwischen der Lichtquelle und dem sehenden Auge
gelagert sind. Halten dichte Objecte den Fortschritt der Lichtwellen auf, so entsteht für das Auge L i c h t b e r a u b u n g, Schatten;
wirft deren Oberfläche das auffallende Licht in das Auge des Beschauers, so werden die Gegenstände s i c h t b a r; bricht sie das
auffallende weisse Licht in seine verschiedenen Bestandtheile, deren
sie einige absorbirt, die andern reflectirt, so dass nur die letzteren
zum Auge gelangen, so erscheinen die Gegenstände g e f ä r b t;
befindet das Licht zurückwerfende Object sich in geringer oder
in grosser Entfernung, so nimmt seine Sichtbarkeit zu oder ab;
ändert der Beschauer seinen Standpunct gegen dasselbe, so gelangen andere Lichtstrahlen, wenn gleich von demselben reflectirenden
Objecte zu ihm, der Gegenstand erscheint ihm a n d e r s, und wenn
seine Oberfläche in dieser Richtung das Licht auf andere Weise
reflectirt, auch verschieden gefärbt; wenn jener sich nähert, deutlicher, entfernt er sich, unbestimmter.

§. 921. So hängt, o b und w a s das Auge sieht, von der
Beschaffenheit der es berührenden Aetherwellen, diese selbst aber
von der Beschaffenheit der lichtreflectirenden Oberflächen u n d von

der Lage dreier Puncte im Raume gegen einander ab, dem Ort der Lichtquelle, jenem des lichtreflectirenden Objects, und dem des sehenden Auges. Der Standort des Empfindenden, für den Tastenden gleichgiltig, ist für den Sehenden entscheidend. Das plastische Werk ist überhaupt nicht für die Ansicht, also sind ihm alle Ansichten indifferent; für das Auge aber gibt es von jedem Punct im Raume aus auch bei und von demselben Object eine verschiedene Ansicht.

§. 922. Darin liegt der Grundunterschied zwischen der realen Kunst des Tastsinnes, der plastischen, und jener des Gesichtssinnes, der malerischen Kunst, so dass eben dadurch auch das plastische Werk, wenn es nur für gewisse Ansichten berechnet ist, einen malerischen Charakter erhält, das malerische aber dadurch, dass es mehrere Ansichten zuliesse, einen plastischen erhielte. Wer dem Auge erscheinen will, setzt daher von vornherein einen bestimmten Standpunct desselben voraus und richtet nach diesem seine Bearbeitung des Lichtstoffes ein, indem er entweder, um gewisse Farbeneindrücke hervorzurufen, körperliche Oberflächen so wählt und zurichtet, dass sie vom auffallenden Licht nur gewisse Strahlen ins Auge gelangen lassen, um den Eindruck von Hell und Dunkel hervorzubringen, oder das auffallende Licht ganz oder theilweise reflectiren macht, um gewisse Formenvorstellungen hervorzubringen, von Puncten, welche zusammen diese Formen darstellen, gefärbtes oder ungefärbtes Licht (gebrochenes oder ganzes), von den anliegenden Puncten aber anders gefärbtes oder gar kein Licht auf die Netzhaut fallen lässt.

§. 923. Auch das plastische, nicht für das Auge bestimmte Werk, wird bei offenem Auge, dem Sonnenlicht oder sonst einer Lichtquelle ausgesetzt, demselben sichtbar und bietet ihm je nach dem Standort eine gewisse, aber für jeden nur eine Ansicht dar. Nicht nur wirft seine Oberfläche Lichtstrahlen ins Auge, sondern nach der verschiedenen lichtbrechenden Eigenschaft derselben erscheint sie gefärbt, durch die verschiedene Stellung ihrer Theile gegen die gemeinschaftliche Lichtquelle theils beleuchtet (hell), theils ganz oder theilweise lichtberaubt (dunkel), so dass aus den lichten und beschatteten Stellen das Vorragende und Vertiefte die plastische Körperform, für das Auge sich entnehmen lässt. Dasselbe bringt daher bei dieser Stellung gegen das Auge und gegen die Lichtquelle eine bestimmte und nur diese qualitative und quantitative Modification der Lichtwellen hervor, welche der Grund des G e s i c h t s b i l d s, der Ansicht des plastischen Werks bei d i e-s e r Beleuchtung und d i e s e m Standort des Beschauers, der p e r s p e c t i v i s c h e n A n s i c h t ist.

§. 924. Daraus ergibt sich die Folge, dass, wenn es gelänge, dieselbe qualitative und quantitative Modification der Lichtwellen auf anderem Wege als durch die Gegenwart des dem Licht ausgesetzten plastischen Werks hervorzubringen, das Gesichtsbild d a s-s e l b e sein und, würde ihm gemäss auf das Dasein des plastischen Werkes geschlossen, zur G e s i c h t s t ä u s c h u n g führen müsste. Jener Schluss aber ist u n v e r m e i d l i c h , weil das Gesichtsbild d a s s e l b e ist, welches ursprünglich dem Tastbild bei offenem Auge gleichzeitig war. Hier also, wo das Gesichtsbild gegeben ist, wird das damit verbundene gewesene Tastbild als gegenwärtig vorausgesetzt.

§. 925. Durch die perspectivische Ansicht ist ein Mittel gegeben, das Bild plastischer d. i. gebrochener und gekrümmter körperlicher Oberflächenformen mittels des auf eine E b e n e auffallenden Lichts im Anderen zu erzeugen, so als ob es von dem auf die gebrochene oder gekrümmte Oberfläche auffallenden Licht selbst im Sehnerv erregt würde. Zu diesem Zweck muss die Ebene so bearbeitet werden, dass sie das auffallende Licht dergestalt modificire, wie die gekrümmte oder gebrochene Oberfläche es thäte; die Folge derselben Modification muss dann nothwendig dasselbe Gesichtsbild sein. Die perspectivische, eine perspectivische Ansicht mittels des auf eine Ebene auffallenden Lichts im Anderen erzeugende, reale Kunst für das Auge bringt daher ein p l a s t i s c h e s G e s i c h t s b i l d hervor und zwar, indem sie entweder nur auf die Umrisse oder auf Licht und Schatten oder auch auf die Farben desselben Rücksicht nimmt, als perspectivische Umriss- oder als ebensolche schattirte Zeichnung oder als p l a s t i s c h e s G e m ä l d e.

§. 926. Wie die Plastik directe, das G e s i c h t s b i l d des Körperlichen durch die Gegenwart des K ö r p e r l i c h e n selbst, so ist die perspectivische Zeichnung, Malerei, Schattirung indirecte, dasselbe mittels der bearbeiteten E b e n e hervorbringende Kunst. Das T a s t-b i l d des Körperlichen kann nur direct erzeugt werden. Wie diesem der A c h r o m a t i s m u s, so ist jenem der L u m i n a r i s m u s, die Abwechslung von Hell und Dunkel (das Helldunkel), wenn auch noch nicht eben die qualitative Verschiedenheit des Lichts, die F a r b e (Illuminatismus, Chromatismus) wesentlich. Die Plastik, für das Tastorgan bestimmt, ist eine lichtlose Kunst, die Malerei, für das Auge bestimmt, bedarf des Lichts. Jene ist auch für den Blinden, diese nur für den Schenden. Mittels des Lichts lassen sich lineare und planare, mittels der perspectivischen Ansicht auch Körperformen, mittels lichtabsorbirender reflectirender und brechender E b e - n e n die ästhetischen Formen des Helldunkels und des Colorits, Helldunkel und Farbenphantasieen durch das Auge m i t t h e i l e n. Die einfache Zeichnung, licht auf dunkelm oder dunkel auf lich tem, die mittels farbigen Lichtes auf anders gefärbtem Grunde entstehende, die schattenlosen Begrenzungen heller und dunkler oder verschiedenfärbiger Stücke einer Ebene durcheinander (Monochromen), die mittels perspectivischer Haltung erzeugte Täuschung mehrerer in Ebenen verschiedener Entfernung befindlicher weisses oder gefärbtes Lichtes aussendender Puncte, stellen ebensoviele Abstufungen dar, innerhalb deren die den Aether mittels präparirter Ebenen bearbeitende Kunst, welche sich von der Photographie nur durch den chemischen Fixirungsprocess der letzteren unterscheidet, die Mittheilung der Formen- oder Licht und Farbenphantasieen des Einen durch das Auge an den Anderen zuwegebringt.

§. 927. Was der Künstler hier thut, thut bei der Photographie der Gegenstand. Der Maler bearbeitet seine Mauer, Holz- tafel oder Leinwand chemisch dergestalt, dass sie dem Licht aus gesetzt dessen Beschaffenheit so modificirt, dass ein bestimmtes Gesichtsbild im Auge des Anderen entstehen muss. Der zu photo- graphirende Gegenstand verändert durch seine blosse Abspiegelung unter der gleichzeitigen Einwirkung des Sonnenlichts auf die jo- dirte Silberplatte deren Oberfläche dergestalt, dass sie dem Licht ausgesetzt solche Modificationen in diesem erzeugt, dass das Ge- sichtsbild des photographirten Objects im Beschauer entstehen muss. Der Maler ist thätig durch Farbenauftragung und Glasur; das pho- tographirte Object unthätig, da es nur dadurch wirkt, dass Licht- strahlen von ihm auf die Platte fallen ; ihr Ziel, mittels einer blos- sen Ebene das auffallende Licht so zu modificiren, dass ein gewisses plastisches Gesichtsbild im Beschauer entstehen muss, erreichen beide.

§. 928. Dadurch, dass das Werk der Malerei als realer Kunst durch die relative Lage dreier Orte im Raum, der Lichtquelle, des Beschauers und der lichtreflectirenden und brechenden Ebene bedingt ist, ist es gegen das p l a s t i s c h e, das der Lichtquelle nicht bedarf, dessen Betaster beweglich, dessen Oberfläche die Reflection und Brechung des Lichts unwesentlich ist, relativ gebunden. Dadurch, dass der Stoff der Plastik die palpable grobe Materie, der Stoff der Malerei der imponderable feine Lichtäther ist, in Bezug auf welchen die präparirte Ebene der Wand, der Tafel etc. nur als „Instrument" dient, um ihn in die gehörigen Schwingungen zu versetzen, erscheint sie gegen jene relativ leichter, ungebundener, jene dem Irdischen, diese dem Geistigen verwandt. Das plastische Werk lässt sich tasten und greifen, das malerische nur s e h e n ; die mit Oelfarbe bestrichene Leinwand oder Holztafel verhält sich zum eigentlichen Kunstwerk des Malers nur wie die Darmsaite der Geige zu dem, was auf derselben gespielt wird. Jene drei Puncte festgesetzt, ist es ein Ganzes in sich, wie das plastische ohne dieselben. Bei derselben Lichtquelle, demselben Standort des Beschauers und der lichtreflectirenden Ebene kann nur ein und dasselbe Gesichtsbild d. h. das malerische Kunstwerk entstehen. Seine Umgebung ist ihm daher nur aus dem Grunde nicht gleichgiltig, weil es eines bestimmten Standorts für alle genannten drei Bedingungen des Gesichtsbildes bedarf; es verlangt sein rechtes Licht, den rechten Gesichtspunct, den rechten Aufstellungsort für die lichtreflectirende Ebene.

§. 929. Letztere, das G e m ä l d e im engeren Sinne, ist daher nicht das g a n z e Kunstwerk. Das plastische Kunstwerk ist eine Welt f ü r s i c h ; das Gemälde hat seine Lichtquelle und seinen Augpunct a u s s e r s i c h. Man betrachte ein Bild, das für Sonnenlicht berechnet ist, bei Kerzenschein und man wird seine Wirkung nicht bloss in den Farbentönen geändert finden. Die malerische Ausschmückung eines auf künstliche Beleuchtung angewiesenen Raumes, eines Schauspielhauses etwa, wird anders gewählt werden müssen als die einer dem sonnigen Tageslicht zugänglichen Halle. Aber auch das plastische Werk, insofern es nicht g e t a s t e t, sondern wie es gewöhnlich ist, g e s e h e n werden soll, fordert sein richtiges Licht, seinen richtigen

Standort. Der Decorationscharakter eines Theils der griechischen, ja fast der ganzen späteren Plastik der römischen Kaiserzeit verräth sich auch darin, dass die malerische Wirkung mehr als die plastische ins Auge gefasst, dem Beschauer ein gewisser oder ein mehrfacher Standpunct, ein von gewissen Seiten einfallendes Licht genau vorgezeichnet ist. Die halberhabene Arbeit weist schon dadurch, dass sie an eine Fläche als Hintergrund sich anlehnt, eine directe Beziehung auf das Malerische auf; dass sie nur von einer Seite her tast- und sichtbar ist, verlegt dieselbe noch entschiedener an die Grenzscheide beider Künste.

§. 930. Was die malerische Wirkung durch die Beschränkung auf gewisse Gesichtspuncte einbüsst, das gewinnt sie wieder durch das Weitreichende des Auges. Wenn man den kleinen Spielraum des tastenden mit dem weiten Sehfeld des sehenden Organs vergleicht, welches nicht bloss ganze Flächen, sondern Gebäude, Gebäudegruppen, Statuen und Statuengruppen, lebende und landschaftliche Bilder mit einem Blick umfasst, so muss der Vergleich, besonders wenn man bedenkt, dass durch die perspectivische Ansicht das ganze Reich plastischer Formen auch zum Besitz des Sehorgans geworden ist, zu Gunsten des letzteren ausfallen. Die malerische, auf ein Gesichtsbild ausgehende Kunst bedient sich dazu jedes Mittels, welches zur Sichtbarmachung ihrer Phantasieen verhelfen kann, der directen nicht weniger, wie der indirecten Plastik, der krummen, gebrochenen, wie der ebenen Fläche, wenn dadurch nur das auffallende und zum Auge gelangende Licht so beschaffen gemacht wird, dass das Gesichtsbild, das sie bezweckt, auch im Andern entstehe.

§. 931. Wenn dort, wo das reale Kunstwerk, auf welches das Gesichtsbild sich bezieht, auch noch durch den Tastsinn wahrgenommen werden kann, malerische Plastik, so herrscht, wo dies nicht der Fall, das eigentliche Kunstwerk geformter Lichtstoff, Aether ist, Malerei im engeren Sinn des Worts. Da durch dieselbe Formen aller Art, lineare, planare und plastische sichtbar gemacht, Lichtempfindungen aller Art, luminare und chromatische geweckt werden können, so eignet sich dieselbe zur Bild- d. i. Gedankensprache durch sichtbare Zeichen, indem sie nicht bloss, wie die Sculptur für den Tastsinn, so für das Auge Naturformen

aller Art, sondern auch als perspectivisches Bild die plastischen Werke
selbst, sowohl Sculptur- als Architecturwerke, für dasselbe nachzu-
bilden im Stande ist. Ungeachtet nun nicht wie die Plastik durch die
wirkliche Schwere der Massen, ist sie doch, da sie das Bild schwerer
Massen für das Auge darstellt, durch den S c h e i n d e r S c h w e r e
gebunden, was für das Auge, das nicht tastet sondern sieht, auf dasselbe hinauskommt. Alles daher, was oben (§. 907. 915) von der Plastik bemerkt ward, gilt auch für die Malerei, soweit es den S c h e i n
des statischen Gleichgewichts, so wie die Wahl des fruchtbarsten
Moments betrifft, da die Malerei ebenso wie die Plastik nur den Zustand eines einzigen Augenblicks in der Zeit festzuhalten im Stande ist.
Der einzige Unterschied zwischen beiden liegt hier in dem erweiterten Gesichtskreis, welcher der Malerei verstattet, da sie es nur mit
einem G e s i c h t s b i l d e zu thun hat, auch einen grösseren Reichthum
des Darzustellenden in einem Augenblick zusammenzufassen, also zwar
immer wie die Plastik nur einen einzigen, aber einen reichhaltigeren
Moment, nicht wie diese das Object nur in einem einzigen, sondern
in mehreren Bildern z u g l e i c h darzustellen. Sie nähert sich daher
insofern dem (schildernden) Epischen, als sie das Zugleichseiende
in die Breite ausführt, bleibt aber doch insofern wieder der lyrischen Gedankenform verwandt, als sie das A u f e i n a n d e r f o l -
g e n d e durchaus wie diese von sich ausschliesst und dadurch
wie die Plastik für das B e h a r r e n d e sich vorzugsweise eignet.
Das Zugleichseiende im sich Verändernden aber fasst sie, wo sie es
darzustellen unternimmt, da sich das Frühere wie das Spätere
aus demselben errathen lassen muss, so auf, dass man erkenne,
das Gegenwärtige sei aus dem Früheren, und zugleich, das Spätere
sei aus jenem hervorgegangen, also d r a m a t i s c h, als H a n d l u n g,
wie es die Plastik thut.

§. 932. Da das Gemälde ein Gesichtsbild gibt, ein solches,
aber im Auge stets das ganze Sehfeld zum Hintergrunde hat, so
trachtet es auch seinerseits das ganze Sehfeld auszufüllen, indem
es das Dargestellte selbst auf einem Hintergrund auftreten lässt.
Derselbe ist, wenn kein anderer, die lichtreflectirende Ebene selbst,
die entweder weiss, oder, wenn sie zugleich lichtbrechend ist, in
einer beliebigen Färbung (etwa als Goldgrund) erscheint; bei Darstellung von Naturkörpern in einem eingeschlossenen oder im

freien Himmelsraume ist es am angemessensten die Färbung der einschliessenden Wände oder die des Raumerfüllenden umflutenden Luftmeeres. Die Naturformen, welche es darstellt, können unorganische wie organische, pflanzliche, thierische und menschliche, die Kunstformen ausserdem Sculptur- oder Werke der Baukunst, die Gedanken, denen dieselben zum Zeichen dienen, wahre oder erdichtete, philosophische, religiös- oder profangeschichtliche, Begebenheiten, Handlungen bestimmter oder unbestimmter Personen, auf die Gattung oder auf das Individuum bezügliche Motive sein. Die weitere Ausführung dieses Punctes gehört jedoch schon in die specielle Kunstlehre der Malerei, wie sie für diese und die bildende Kunst überhaupt am lehrreichsten und schlichtesten zugleich der verdienstvolle F. W. Unger (in Göttingen) gegeben hat.

§. 933. Der dritte Si , welchem die Phantasie des realen Künstlers erscheinen kann, ist das Gehör. Derselbe ist, wie die beiden andern simultan, so vorugsweise successiv, zur Auffassung des Nacheinander-, nicht des Zugleicherscheinenden geeignet. Die Rolle, welche der palpable Stoff für den Tast-, der Aether für den Seh-, spielt die atmosphärische Luft für den Hörnerv. Alles was durch diesen zur Seele des Andern gelangen soll, muss sich erst irgendwie dem Luftmeer mitgetheilt, und muss dieses in die entsprechende Wellenbewegung versetzt haben. Jenes daher ist der eigentliche reale Stoff, welchen der ausübende Musiker wie der recitirende Sprecher bearbeitet, um jener seine Ton-, dieser seine poetischen Phantasieen dem Ohre des Andern vernehmbar zu machen. Wie das optische Kunstwerk nichts anderes ist als eine vibrirende Licht-, so ist das akustische ebenso nichts als eine schwingende Luftmasse, welche wie jene durch lichtreflectirende oder brechende Oberflächen, so durch schwingende Körper, sei es nun ein Theil des menschlichen Körpers (das Stimmorgan), oder besonders dazu verwendbare elastische Natur- oder Kunstproducte (Saiten, Häute, Metallscheiben, hölzerne und metallene Röhren u. s. w.) mittelbar oder unmittelbar in Bewegung versetzt wird. Letzteres ist beim menschlichen Stimmorgan, ersteres bei allen andern musikalischen und schallenden Instrumenten, mit Ausnahme der Aeolsharfe und der offenen Orgelpfeife, durch welche hindurchstreichend die Luft entweder selbst tönt oder Saiten tönen macht, der Fall. Die Luftwellen, welche das menschliche Stimmorgan hervorbringt, entsprechen entweder articulirten oder unarticulirten Lauten, sind S p r a c h - oder T o n w e l l e n, die durch musikalische Instrumente erzeugten durchaus T o n w e l l e n. Mittels derselben vermag der Eine dem Andern Alles mitzutheilen, was sich überhaupt durch Laute mittheilen lässt, also rhythmische, modulatorische und phonetische Formen, blosse Tonempfindungen durch Töne, Gedanken durch W o r t e, Rhythmisches, Musikalisches und Poetisches sammt deren Zusammensetzungen.

§. 934. Dieses dritte reale Kunstwerk ist das t o n i s c h e. Wie das plastische auf den Tast-, das malerische auf den Gesichts-so ist dasselbe auf den Gehörssinn angewiesen. Wie jene beiden eine tonlose, stellt das reale Tonwerk eine dem Auge und Tastorgan unzugängliche, licht- und schwerelose Welt dar. Die Oscillationen der schweren Masse leuchten und tönen, die des Aethers klingen, die der atmosphärischen Luft leuchten nicht. In der uns umgebenden äusseren Welt streichen Luft-, Aether- und Masseuerschütterungen neben einander hin und reagiren gegen das aufnahmsfähige Organ je auf ihre besondere Weise. So sind auch die dreierlei Kunstwerke gegen einander disparat; der Maler kann weder auf das Ohr noch auf das Tastorgan, der Musiker weder auf dieses noch auf das Auge, der Plastiker nur insofern auf beide wirken, als eine willkürliche oder unwillkürliche Erschütterung der Oberflächen seines Werkes allenfalls auch den anliegenden Aether und die umgebende atmosphärische Luft in leuchtende und tönende Vibrationen zu versetzen vermag.

§. 935. Wie aber der Plastiker, indem er direct auf den Tastsinn, indirect zugleich unter dem Einfluss des den Weltraum erfüllenden Aethers auf das Auge wirkt, so erzeugt der Sprecher, welcher solche Wellen in der atmosphärischen Luft hervorbringt, wie sie den künstlichen Lautzeichen der Gedanken, den Worten entsprechen, zugleich phonetische Empfindungen im Andern, welche sich auf die Intensität des modulirten Sprechens und die Klangfarben seines Stimmorgans beziehen, also nicht nur solchen, wie sie bei den Tonwellen gleichfalls vorkommen, verwandte Erscheinungen, sondern, insofern die Sprachlaute selbst wie z. B. die Vocale musikalischen Tönen gleichstehn, wirkliche Tonempfindungen. Wie nun das perspectivische Gemälde als Gesichtsbild das plastische Tastbild ersetzen kann, so kann man auf den Versuch gerathen, blosse Tonwellen den Sprachwellen zu substituiren, Gedanken statt durch ein Wort-, durch ein blosses Tonzeichen mittheilen zu wollen. Diese Idee führt zur Tonsprache, so wie die weitere, an die Stelle des Tonbilds ein Gesichtsbild, an die Stelle der vermittelnden Luft- Aetherwellen einzuführen, zur Bildsprache, und wenn statt des Gesichtsbilds ein Tastbild, statt der Einwirkung auf den Seh- die auf den Tastnerv gewählt wird, zur plastischen Sprache, wie sie dem zugleich Blinden und Taubstummen verständlich bliebe *). Letztere beiden sind stumme, die Tonsprache zwar laute, aber unvollkommene, weil unbestimmte Gedankensprache. In der plastischen Schrift für Blinde (die erhabene Notenschrift der blinden Clavierspielerin Paradis) ist der Gedanke für das sichtbare das tastbare Zeichen anzuwenden, ausgeführt.

§. 936. Das plastische, malerische und tonische Kunstwerk erschöpfen die Möglichkeit der realen Kunstwerke überhaupt, so lang jedes derselben nur auf einen Sinn wirken soll. Dass der Träger der idealen Phantasie, welche erscheinen soll, dabei stets auch der Verfertiger des realen Kunstwerks sein müsse, welches diese Erscheinung für Andere vermittelt, ist so wenig gefordert, dass vielmehr jeder Clavierspieler, der eine Mozart'sche oder Beethoven'sche Tonphantasie seinem Hörer zu Gehör bringt, das Gegentheil factisch beweist. Das reale Kunstwerk ist nicht bloss die mögliche, es ist die wirkliche sinnliche Erscheinung des einen Geistes für den Andern, und an dieser hat derjenige, welcher Ursache der Tonempfindung im Andern durch die periodischen und kunstmässig geregelten Lufterschütterungen wird, welche er mittels seines Instrumentes hervorbringt, darum nicht weniger seinen Theil, weil die Art dieser selbst ihm durch die Phantasie eines andern Geistes, welchem er zur Erscheinung verhilft, vorgeschrieben ist. Bedingung dabei ist, da er nur die Erscheinung eines andern Geistes sein soll, dass er so erscheine, wie dieser selbst an seiner Stelle erscheinen wollte und würde. Die Tugend des reprodu-

*) Vgl. die merkwürdige Erziehungsgeschichte eines taubstummen Blinden (Progr. d. Mannheimer Töchterschule, Ostern 1864) von Th. Devrient.

cirenden Künstlers liegt darin, dass er selbst nichts produciren wolle, am wenigsten sich. „Es kommt mir, sagte Schröder zu seinem Biographen Mayer, gar nicht darauf an, zu schimmern oder hervorzustechen, sondern auszufüllen und zu sein. Ich will jeder Rolle geben, was ihr gehört, nicht mehr und nicht weniger. Dadurch muss jede werden, was keine andere sein kann."

§. 937. Schon früher (§. 499) wurde darauf hingewiesen, wie wenig die vorhandenen und verwendbaren Zeichen zur Bezeichnung aller der Schönheiten hinreichen, welche eine zusammen· gesetzte Phantasie wirklich enthalten kann und enthalten wird. Der Dichter z. B., der nicht selbst Rhapsode oder sein eigener Vorleser ist, kann sein Werk niederschreiben; den Ton, die Modulation dazu zu finden, muss er dem Recitirenden, die Begleitung mit entsprechenden Geberden und Stellungen (Gesticulationen) dem Declamator überlassen. Der Compositeur kann zur Beschleunigung oder Verlangsamung des Rhythmus, zum An- und Abschwellen, Aushalten und Ausklingenlassen des Tones nur mässige Vorschriften beifügen, wenn er sein Werk nicht selbst Andern vorspielen oder singen oder mit ihnen einüben und so seine Auffassung traditionell machen kann, bleibt es der Gunst des Schicksals anheim gestellt, ob sich ein Ausführender finden werde, der wie aus Eingebung erräth, was nicht in, sondern nur zwischen den Notenzeilen zu lesen ist. Der reproducirende Künstler, der Schauspieler, der Virtuose, der dirigirende Capellmeister findet hier nichts zu reproduciren, denn es ist ihm nichts vorgezeichnet; er muss erfinderisch, aber im Geist des Anderen, genial zugleich und congenial sein, nicht nur ein Kunst-, auch ein Geistesverwandter. Der Schauspieler muss nach Lessing's Vorschrift überall mit dem Dichter denken; er muss da, wo dem Dichter etwas Menschliches widerfahren ist, „für ihn denken." Und Eckhof äusserte zu Nicolai, „wenn der Autor so tief ins Meer der menschlichen Gesinnungen und Leidenschaften tauche, so müsse der Schauspieler wol nachtauchen, bis er ihn fiude."

§. 938. Der Maler, der Plastiker, Bildhauer wie Baukünstler sind in besserer Lage; denn sie haben es mit einem Ruhenden zu thun, das sich, wenn das rechte Licht und der richtige Gesichtspunct oder wenn die aufmerksam nachtastende Hand hinzutritt, von selbst ohne Beihilfe aufs Neue reproducirt. Die Rolle des

Vorlesers, des Virtuosen vertritt hier der auffallende S t r a h l, welcher die lichtbrechende Fläche mit seinen Wellen überflutet und wie „ein Meer des Lichts" ins Auge eindringt. Wie das Tonwerk im Concert-, das Gedicht im Schauspielsaal, erzeugt das reale bildende Kunstwerk im Sonnenglanz, im Fackelschein, unter der tastenden Hand des plastischen Kunstfreundes sich von Neuem als gleitendes Tast-, als schwebendes Licht-, wie jenes als rauschendes Tonbild.

B. Das zusammengesetzte reale Kunstwerk.

§. 939. Das mehreren Sinnen zugleich zu erscheinen bestimmte reale Kunstwerk kann entweder für Tast- und Gesichts-, oder für diesen und den Gehörssinn, oder für alle drei zugleich bestimmt sein, während eine Verbindung bloss des Tast- und des Gehörssinns höchstens als Gegenstand einer besondern realen Kunsterscheinung für hörende Blinde sich denken liesse.

§. 940. Die Verbindung zwischen Tast- und Gesichtssinn ist schon insofern eine natürliche, als jedes tastbare plastische Werk unter dem Einfluss des Lichts zugleich dem Auge sichtbar, die tastbare Oberfläche desselben zugleich eine lichtreflectirende oder brechende wird. Im erstern Fall erscheint dasselbe w e i s s und mit blosser Abwechslung heller und dunkler Stellen, im letztern Fall aber g e f ä r b t, und zwar jenachdem die lichtbrechende Eigenschaft der Oberfläche des palpablen Stoffs natürlich oder ihr künstlich mitgetheilt ist, in Naturfarbe oder in künstlicher Färbung (Tünche; Schminke; Bekleidung). Soll daher der rein tastbare Charakter des plastischen Werks festgehalten und zu dem Zweck die Sichtbarkeit nicht als Zweck, sondern nur als bei Licht und offenem Auge unvermeidliche Zugabe angesehn werden, so wählt man zu demselben ein Material, das keine lichtbrechende, sondern nur die jedem dichten Stoff eigene reflectirende Eigenschaft besitzt, die Wahrnehmbarkeit der F o r m, da die letztere beim plastischen Werk die Hauptsache ist, zugleich aber nicht vermindert, sondern voll gewähren lässt. Zu beiden dient ein Material, das unter dem Einfluss des Lichts weiss erscheint, eine Beschaffenheit der Oberfläche, die nicht lichtzerstreuend, sondern ruhig zurückwerfend wirkt, und eine Lichtquelle, welche ein möglichst homogenes, nicht aber ein mit verschiedenen gebrochenen Lichtstrahlen versetztes Licht ausströmt, am besten. Jene Eigenschaften finden sich bekanntlich bei dem weissen oder dem etwas gelblichen Marmor vereinigt; die letztgenannte wird durch Vorrichtungen, welche das von Oben kommende und zugleich gedämpfte Licht erzeugen (im Octogon des Belvedere; im Wiener Theseion; in der Villa Bethmann), gefördert.

§. 941. Der reinen Plastik als Kunst des Tastsinns gehört daher der Achromatismus, nicht weil man ihn fälschlicherweise an den Antiken zu finden glaubte, sondern weil sie gar nicht für das Auge bestimmt ist, ihrem Begriff nach an, und zwar sowohl der Sculptur wie der Baukunst. Von jenem kunstgeschichtlichen Vorurtheil ist man seit der Entdeckung unzweifelhafter polychromatischer Bemalung der griechischen Tempel und wenigstens theilweise auch der antiken Statuen glücklich zurückgekommen; dass es ein Vorurtheil sei, hätten übrigens die Chrysoelefantinen längst lehren können. Wenn man nun aber um desswillen den achromatischen Charakter der Plastik als solchen leugnen wollte, so hätte man wieder nur ein Vorurtheil gegen das andere eingetauscht. Die Plastik als einfache Kunst kann nicht anders als indifferent gegen dasjenige sein, was nur das Auge, nicht aber das Tastorgan wahrzunehmen vermag, gegen die Farbe; die polychromatische Plastik, sowohl als Baukunst wie als Sculptur, ist bereits eine zusammengesetzte, zur gleichzeitigen Einwirkung auf mehrere Sinne bestimmte Kunst.

§. 942. Die polychromatische Baukunst verwendet entweder das palpable Material mit seiner natürlichen oder mit einer in ihrem Verhalten gegen das auffallende Licht veränderten bunten Oberfläche, als Rohbau oder mit künstlicher Verputzung, Anstrich, Bemalung. Die polychromatische Sculptur, welche Naturformen entweder am leblosen oder am lebendigen Stoff darstellt, lässt denselben entweder in seiner natürlichen, oder gibt ihm, dem leblosen durch Anstrich, dem lebendigen durch Anzug eine künstlich gefärbte Oberfläche. Es kommt nun darauf an, ob die Wahl der Färbung, sei sie natürlich oder künstlich, selbst wieder ästhetische d. i. chromatisch wohlgefällige Formen zeige d. h. mit Rücksicht auf Farbenharmonie oder Disharmonie geschehe und ästhetisch d. i. in reinen Farben durchgeführt sei oder das

Gegentheil. Im ersten Fall wird die Chromatik des Plastischen selbst zur Kunst, im letzten sinkt sie zum blossen Handwerk herab. Am griechischen Tempel z. B. wurde die Farbenharmonie durch die drei Hauptfarben Blau, Roth und Gold hergestellt; in den Wandmalereien zu Pompeji sind meist harmonische Farbenverbindungen beobachtet. Die polychromatische Sculptur klingt, weil sie Naturformen nachbildet, in Wahl oder Färbung des Materials entweder nur leise an die Farben des nachgebildeten Gegenstandes an, wie in dem gelblichen Ton vieler Marmorbildwerke, der an Fleischton mahnt, oder sie gibt diese naturtreu wieder, stellt also Erdformen, Pflanzen, Thiere, Menschen, sei es im leblosen oder durch belebten Stoff, in ihren natürlichen Farben dar. In diesem Fall führt sie den besondern Namen der Chromoplastik, davon die Reliefdarstellungen von Ländern, Städten, Gebirgen, Gebäuden, die bunten Majoliken der della Robbia's und zahlreiche figurale und architectonische Darstellungen, wie sie im sechszehnten und siebenzehnten Jahrhundert Mode waren (im grünen Gewölbe; in der Ambraser Sammlung), Beispiele liefern. Geht die Naturtreue so weit, dass nicht bloss eine gleichgefärbte, sondern die wirkliche Oberfläche des Belebten zur Bekleidung des Leblosen verwendet wird, wie bei den ausgestopften Thieren, so pflegt die Plastik andern als Kunstzwecken zu dienen und der Contrast zwischen der scheinbaren höchsten Lebendigkeit und wirklichen Leblosigkeit wird störend, bei den Wachsfiguren, die statt der natürlichen Oberhaut die künstliche Tracht des Lebendigen angelegt haben, sogar grausenhaft und widerlich.

§. 943. Stellt die polychromatische Sculptur aber Natur d. i. Erd-, Pflanzen-, Thier- und menschliche Formen in lebendigem Stoff, in wirklichem Erdboden, durch lebendige Pflanzen und Bäume, Thiere und Menschen dar, dann wird sie in jenem Fall zur Garten- und Parkkunst (Versailles; Schwetzingen; Muskau), in den beiden letzteren zur Pantomimik, zu welcher auch das Cóstüme gehört. Jene legt künstliche Felsgrotten, Wasserstürze, Wälder und Wiesen an; diese stellt Menschen und Thiere, sei es im Allgemeinen, sei es in individueller Erscheinung, historische Thiere (z. B. das Ross Babieça des Cid), und Menschen (auf der Bühne; in Festaufzügen; auf Maskenbällen) durch lebende

Thiere und Menschen mittels künstlicher A u s s e n s e i t e n (Bemalung des Gesichts, Schminke, Vermummung, Verkleidung, zeitgemässe, individuelle Haar- und Kleidertracht) entweder im Einzelnen oder mit Andern zusammen als Gruppen mit oder ohne Hintergrund, in freier oder unfreier Plastik, als l e b e n d e s T a b l e a u oder als l e b e n d i g e s G e m ä l d e dar.

§. 944. Alles was von der Sculptur und Chromatik als solchen gilt, findet natürlicherweise auch auf die letztangeführte Darstellung des Lebendigen durch Lebendiges seine Anwendung; nur leidet die freie Entfaltung der Phantasie durch die Beschaffenheit des lebendigen zur Verfügung stehenden Stoffs ebenso wie die Naturtreue ihre besonderen Beschränkungen. Der Mummenschanz zwar, dem es nur um einen Scherz, die Maskerade, der es nur um eine Verkleidung, wo möglich eine vortheilhafte, zu thun ist, machen sich von denselben los. die Pantomimik als die äussere Menschenform durch Menschen nachbildende Kunst hat oft grosse Schwierigkeiten, dieselben zu überwältigen. Der Cothurn, der Soccus, die Larve, das falsche Haar und alle andern Arten künstlicher Vorstellungsmittel dienen als Kunstmittel zu diesem Endzweck.

§. 945. Minder natürlich als die Verbindung zwischen Tast- und Gesichtssinn, welche beide der s i m u l t a n e n, erscheint jene zwischen Tast- und Gehörssinn, welche v e r s c h i e d e n e n Auffassungsformen angehören. Die Möglichkeit der Verbindung liegt demungeachtet darin, dass der Gehörssinn, da er mehrere Töne (im Harmonischen) zugleich fasst, doch einer simultanen, der Gesichts- und Tastsinn, da sie in verschiedenen Zeitmomenten verschiedene Licht- und Tasteindrücke empfangen können, auch einer successiven Auffassung fähig sind, die A u f e i n a n d e r f o l g e der gleichzeitigen Gehörseindrücke dort, die S u c c e s s i o n der gleichzeitigen Gesichts- und Tastbilder hier einen leitenden Faden herstellt, welcher als Z e i t f o l g e nicht nur für sich einer selbstständigen r h y t h m i- s c h e n, sondern als T o n f o l g e zugleich einer selbstständigen m e l o- d i s c h e n Schönheit fähig ist. Das t o n i s c h e Kunstwerk, sei es nun Sprach- oder Tonwelle, läuft auf diese Weise gleichzeitig mit einer Reihe, sei es bloss plastischer oder chromatisch-plastischer Kunstwerke, ab, so dass jedem der aufeinanderfolgenden G e h ö r s b i l d e r ein mit ihm gleichzeitiges G e s i c h t s - oder T a s t b i l d entspricht.

§. 946. Diese Verbindung bleibt äusserlich, solange die
Quelle des Gehörsbildes ausserhalb jener des Gesichts- oder Tast-
bilds liegt, ist dagegen innerlich, sobald beider Quelle vereinigt,
das Getastete oder Gesehene zugleich das Gehörte ist.
Bei den Werken der Baukunst nun ist dies schon deshalb undenkbar; weil diese weder Naturwesen, die einen Klang aus sich
selbst erzeugen könnten, sind, noch auch Naturformen besitzen, welche den hörenden, tastenden und sehenden Anderen zu
dem Schluss verleiten könnten, dass die Quelle des vernommenen Schalles in ihnen zu suchen sei. Bei Werken der Sculptur,
welche Naturformen abbilden, wird der letztere Schluss möglich,
und wie nahe er dem Beobachter, der zugleich hört, sieht und
tastet, liege, beweist die Sage von der tönenden Memnonssäule.
Am nächsten muss der Schluss liegen, wo die Werke der Sculptur
nicht bloss Naturformen tragen, sondern zugleich aus lebendigem
Naturstoff geformt sind. Hier ist es die Grotte, der Hain von
Menschenhänden gehöhlt und gepflanzt, welcher klingt und tönt;
das heilige Ross wiehert, der Apis brüllt, der den Gott oder den
Helden darstellende Mensch spricht oder singt. Jean Paul's seelenvolle Parks, in denen die Aeolsharfen seufzen, waren einst das
Entzücken sentimentaler Naturfreunde. Das Tast-, Sicht- und Hörbare ist hier ein und dasselbe, ein reales Kunstwerk, das auf
sämmtliche ästhetischer Eindrücke fähige Sinne zugleich wirkt.

§. 947. Das tonische Kunstwerk ist rhythmisch erschütterte
Luft, sei es der Art, dass die Welle als Sprachlaut, sei es, dass
sie als musikalischer Ton, sei es, dass sie als blosser Schall von
dem Andern vernommen wird. Verbindet es sich mit dem pan-
tomimischen dergestalt, dass die Quelle des einen zugleich die
Quelle des andern, der wirkliche Mensch als lebendiger Sculptur-
stoff zugleich der sprach-, ton- oder schalllauterzeugende Gegenstand ist, so entsteht das reale Kunstwerk der theatralischen
Aufführung als sprechendes, singendes oder sogenanntes
stummes Schauspiel.

§. 948. Dabei kommt es darauf an, ob das eine Gesichtsbild in der Reihe, das hier stets mit einem tonischen verbunden
ist, dem andern in derselben bloss folge oder aus ihm folge.
Ist das Erste der Fall, so stehen dieselben weiter in keiner

andern Beziehung zu einander, ausser dass dieselben Personen, welche sprechen, singen oder sonst Schall erzeugen, auch die Ursache des Gesichtsbildes sind; es ist aber nicht gefordert, dass derselbe oder dieselben, welche die Ursache des vorangehenden Gesichtsbildes, auch jene des nachfolgenden seien. Die einzelnen succedirenden Stellungen des ganzen Körpers (Attituden) oder einzelner Körpertheile, des Gesichts (Miene), der Hände (Gesticulationen), Füsse (Pas) oder Gruppen (Tableaux) fallen nicht nur dem Inhalt, sondern auch den Personen nach auseinander; ihre Verbindung n a c h und u n t e r e i n a n d e r ist die loseste.

§. 949. Sie wird enger, wenn ganz oder doch theilweise dieselben Personen, welche Ursache des vorangehenden Gesichtsbilds waren, auch die des gegenwärtigen und des folgenden sind d. h. wenn der Einzelne seine, oder die Mehreren ihre Stellung v o r u n s e r n A u g e n verändern. Dabei brauchen aber die a u f - e i n a n d e r folgenden Gesichtsbilder noch nicht a u s e i n a n d e r zu folgen; sie können, aber müssen nicht dem Inhalt nach verwandt d. i. durch einander bedingt sein.

§. 950. Am engsten wird die Verbindung, sobald zwischen den einzelnen aufeinanderfolgenden Gesichtsbildern c a u s a l e Verknüpfung herrscht, d. h. jedes vorige das andere bedingt; die Aufeinanderfolge der einzelnen Stellungen und Gruppenanordnungen, welche im ersten Fall willkürlich (lyrisch), im zweiten Fall nur durch die Einheit der Personen (episch) bedingt war, wird nun d r a m a t i s c h d. h. durch das Verhältniss der einzelnen Stellungen und Gruppen zu einander als Ursachen und Wirkungen selbst bedingt.

§. 951. Bei den aufeinanderfolgenden Gehörsbildern findet dasselbe statt und zwar sowohl in Bezug auf das Qualitative (Melodie) wie Quantitative (Modulation) und Rhythmische der aufeinanderfolgenden Klangbilder. Zwischen den Klängen, welche zugleich Gedankenzeichen, und jenen welche bloss Tonzeichen sind, herrscht hier der Unterschied, dass bei jenen, den r e c i t i r e n d e n, auch noch der Gedanke, dessen Zeichen der Laut ist, zu berücksichtigen, also zu Wohllaut und Modulation noch die A c c e n t u a t i o n, welche dem Bezeichneten als solchem gebührt, hinzukommt. In jeder der angegebenen Beziehungen soll das Klangbild den Eindruck hervorbringen, als folge es nicht bloss willkürlich a u f das, sondern a u s dem vorhergehenden. Damit aber die Quelle des Klangbilds e b e n d o r t, wo die des Gesichtsbilds vom Hörer, der zugleich der Beschauer ist, gesucht werde, muss das jedesmalige Gehörsbild zum gleichzeitigen Gesichts-, das Klangbild zum Formen- und Farbenbild, das Gehörte zum Geschauten, die Stellung und Geberde zu Wort oder Ton passen.

§. 952. Diese Forderungen erfüllt, wird das theatralische Kunstwerk nach der Zahl der Personen M o n o -, D u o - oder P o l y d r a m, das sprechende Schauspiel, wenn es noch obendrein von Musik begleitet ist, zum M e l o d r a m, das singende, wenn es zugleich Worte singt und von Musik begleitet ist, zur O p e r, das stumme, wenn es unter musikalischer Begleitung geschieht, zum B a l l e t; wie das plastische und malerische der bildnerischen, wie das tonische als tönendes der musikalischen, als sprechendes der poetischen, so entspricht das theatralische reale Kunstwerk dem theatralischen idealen, der theatralischen Phantasie (§. 661).

§. 953. Wie die Gedankenphantasie, so verkörpert das wahre oder vermeintliche W i s s e n, das sophistische, historische oder philosophische G e d a n k e n s y s t e m sich in sinnlicher tast-, sicht- oder hörbarer Erscheinung für den Andern. So stellt der Krystallo- graph, der Geolog seine Erkenntnisse plastisch in Krystallgestalten, in Gebirgsreliefs, der Historiker, wenn er die Bilder dem Worte vorzieht, die Ereignisse, der Philosoph seine allgemeinen Gedanken direct oder mittels poetischer Bilder (in Symbolen) indirect in sicht- baren Zeichen oder beide die ihren in hörbarer Rede, in Worten dar. Wie sie es aber thun mögen, so tragen sie dieselben als ihre (wahre oder erheuchelte) U e b e r z e u g u n g, um diese wie der Künst- ler seine Phantasie zur g e m e i n s a m e n zu erheben, vor, und die Aufnahme als solche von Seite des Aufnehmenden gehört daher so gut dazu, wie die Erscheinung als solche von Seite des Erscheinen- den. Da es sich aber um gemeinsames F ü r w a h r h a l t e n, nicht bloss um ein solches Vorstellen handelt, so ist mit der blossen Auf- nahme des sinnlich Erscheinenden noch nichts erreicht; das Fürwahr- halten, von Seite des Aufnehmenden muss in Folge der aufgenommenen Erscheinung wirklich eingetreten sein ; es gehört so nothwendig dazu, wie das A uge des Beobachters zum realen sichtbaren, seine tastende

Hand zum realen tast-, das lauschende Ohr zum realen hörbaren Kunstwerk. Ohr oder Auge sind nur die Eingangspforten der als wahr mitgetheilten Gedanken; das Fürwahrhalten tritt im Innern ein, und zwar erst, nachdem die Gedanken durch Auge und Ohr der Seele zugeführt worden sind.

§. 954. Erfolgt die Aufnahme der Gedanken durch das Ohr allein, so kommen nicht bloss mittels der hörbaren Gedankenzeichen, der Worte, die Gedanken selbst, sondern es kommen auch die Worte als Klänge, als modulatorische, phonetische, rhythmische Eindrücke und diesen entsprechende Empfindungen zum Bewusstsein. Erfolgt nun das Fürwahrhalten, so entsteht die Frage, ob dasselbe die Folge der aufgenommenen Gedanken, oder nur der Gedankenzeichen, der Worte, des gesprochenen Was oder des Wie des Sprechens sei, der gehörten Gedanken, oder nur des melodischen Tons der Stimme, der anmuthigen Modulation, des rhythmischen Vortrags. Wenn das erste, so frägt es sich, ob die Ueberzeugung mittels des wahren, sei es zeitlichen, sei es causalen Zusammenhangs unter den Gedanken oder nur durch eine Stellung derselben bewirkt worden sei, welche ihnen nur der Vortragende gegeben hat; ferner ob mittels des eigentlichen oder mittels eines ihnen angedichteten Inhalts, endlich ob durch die wirklich vernommenen oder durch jene Gedanken, denen die letzteren nur als stellvertretende Zeichen d. h. als poetische Bilder (Symbole) dienten; oder ob gar nur durch solche, die mit den wirklich vernommenen in einem äusserlichen Zusammenhang standen, indem sie nur durch eine dem eigentlichen Inhalt des vernommenen Gedankens zufällige Gedankenassociation im Hörer herbeigeführt wurden. Nur die erstgenannten beiden dieser Arten und Weisen, mittels vernommener Gedanken zur Ueberzeugung veranlasst zu werden, können, weil sie aus dem Inhalt des Vernommenen selbst stammen, für wissenschaftliche gelten. Wer das Fürwahrhalten im Andern dadurch erzwingt, dass er ihm Gedanken in der zeitlichen Auf- und causalen Auseinanderfolge vorführt, in welcher sie ihrem wahren Inhalt nach zu einander stehen, der überzeugt aus wissenschaftlichen, jeder Andere überredet aus unwissenschaftlichen Gründen.

§. 955. Erreichen beide ihr Ziel, durch Gedankenmittheilung in Worten das eigene Fürwahrhalten zum gemeinsamen zu machen, so darf der weder durch unwissenschaftliche Ueberredungsmittel, noch durch die begleitenden phonetischen, modulatorischen und rhythmischen Eindrücke unterstützte schlichte rein wissenschaftliche Gedankenausdruck in Worten ebensogut wie der sophistische, durch Bilder und Redeschmuck, so wie der auf die persönlichen Gedankenkreise und augenblicklich herrschende Stimmung berechnete durch phonetische modulatorische und rhythmische Schönheit verstärkte Redevortrag ein r h e t o r i s c h e s K u n s t w e r k heissen, denn nur auf jenes Erreichen kommt es an. Das rhetorische Kunstwerk soll nicht bloss gefallen, wie die poetische Phantasie; es soll überreden oder überzeugen, d. h. es soll es dahin bringen, dass der Hörer dasjenige glaube, was ihn der Redner glauben machen will; w i e der Redner dies bewerkstellige, ist seine Sache, gehört zur r h e t o r i s c h e n T e c h n i k; d a s s er es erreicht, das macht das Kennzeichen der Beredsamkeit aus.

§. 956. Wenn wir nun nichts destoweniger zwischen Redekunstwerk und rhetorischem Kunststück zu unterscheiden gewohnt sind, die akustische Schönheit aber von Allem fordern, was überhaupt Kunstwerk für das Ohr sein soll, so stellen wir beide einander gegenüber wie R e d n e r und R h e t o r, wie D e n k e r und S o p h i s t e n. Wie der letztgenannte, um die S a c h e unbekümmert, seine bloss subjectiv giltige Meinung zur objectiv giltigen zu machen sucht, der Denker dagegen nur die Sache sprechen lässt, so ist es dem Redner um b l e i b e n d e s, dem blossen Rhetor dagegen nur um a u g e n b l i c k l i c h e s Fürwahrhalten, jenem um den Erfolg der Sache, diesem um den s e i n e n zu thun. Darum wird der Redner wie natürlich solche Mittel, die ein bleibendes Fürwahrhalten, solchen vorziehn, die nur einen augenblicklichen Effect verheissen. Da nun der Inhalt der Begriffe bleibend, alles Uebrige aber veränderlich ist, so wird der Redner am liebsten an jenen, der Rhetor dagegen an dieses sich halten, jener daher dem schlicht wissenschaftlichen Vortrag sich ebensosehr nähern, als der Rhetor sich von demselben entfernen, jener in dem Grade dem Historiker und Philosophen, als dieser dem blossen Sophisten verwandt sein.

§. 957. In der Natur des rhetorischen Kunstwerks liegt der Grund, warum gelesene Reden niemals die Wirkung erzeugen können wie gesprochene. Nicht nur dass das Akustische, das Kunstwerk für das Ohr (der „Ohrenschmaus") grösstentheils verloren geht; die Rede arbeitet auf den Erfolg und da dieser von äussern Bedingungen mit abhängt, die ganz so wie sie einmal gewesen sind, niemals sich wieder finden, so ist es ganz unmöglich, dass bei veränderten Bedingungen derselbe Erfolg wieder erreicht werde. Das poetische Kunstwerk ist darin begünstigter, da es, auch von dem Akustischen abgesehn, aus Schönheiten besteht, die bei vollendetem Vorstellen immer wieder denselben Effect, das Gefallen herbeiführen; während das rhetorische zum Theil wenigstens auch durch Mittel seinen Zweck, das Fürwahrhalten, bewirkt, die völlig zufälliger und veränderlicher Natur, mit deren Verschwinden daher auch die Möglichkeit des vollständigen Erfolgs verschwunden ist.

§. 958. Je mehr das rhetorische Kunstwerk daher auf wiederholten Erfolg soll zählen können, um desto mehr muss es sich von den zufälligen Mitteln desselben freizumachen und auf unveränderliche zurückzuziehen suchen, dergleichen der Inhalt der mitzutheilenden Gedanken selbst in seinem natürlichen, zeitlichen und Causalverbande ist. Das dauerhafteste rhetorische Kunstwerk steht der rein wissenschaftlichen Gedankenmittheilung am nächsten, sei es nun die historische oder philosophische, während das sophistische das flüchtigste ist.

§. 959. Aus diesem Grunde eignet sich das rednerische Kunstwerk besser dazu, durch sichtbare Zeichen an Stelle der hörbaren d. h. durch Schrift bleibend und zum wiederholten Genuss aufbewahrt zu werden, als das bloss rhetorische Kunststück, weil jenes meist auf dem durch blosse Worte mittheilbaren Inhalt der Begriffe, des letztern Erfolg dagegen auf äussern, theilweise durch Worte gar nicht vorstellig zu machenden, theilweise wenigstens sehr veränderlichen Umständen beruht. Der Schriftstil nähert sich daher dem rein wissenschaftlichen Vortrag, sei es indem er die Gedanken nach der Causal oder indem er sie nach der Abfolge ihrer zeitlichen Bestimmtheit aneinanderreiht (wissenschaftlicher, philosophischer, historischer Stil) oder doch wenigstens den Schein annimmt, dies zu thun. Lyrischer d. i. unzusammenhängender Gedankenvortrag wird in der Schrift unerträglich.

§. 960. Erfolgt dagegen die Aufnahme der mitzutheilenden

Gedanken ausschliesslich durch das Auge, so kommt das Sichtbare
für den Aufnehmenden in doppelter Beziehung, als G e d a n k e n-
z e i c h e n und überdies als S i c h t b a r e s, sei es Gestalt oder Farbe,
selbst in Betracht, und das Fürwahrhalten des Andern kann ebensowohl als ausschliessliche Folge von einem von beiden, wie von
beiden Umständen zusammen betrachtet werden. Jenes entspricht
von Seite des Auges dem rednerischen, dieses dem rhetorischen
Verhalten gegenüber dem Ohr; die sichtbare Gedankenmittheilung
(Gedankenverbildlichung) ü b e r z e u g t entweder durch die verbild-
lichten G e d a n k e n, oder sie b e s t i c h t durch das Wohlgefällige
des B i l d e s. Steht zwischen dem abgebildeten Gedanken und
dessen sichtbarem Zeichen noch ein anderer Gedanke, so dass das
sichtbare Bild zunächst Abbildung des letztern, dieser selbst aber
Abbild des eigentlich mitzutheilenden Gedankens ist, so gehört auch
dieses Gedankenbild (Symbol) mit zu der Verbildlichung des Mitzutheilenden, welche in diesem Fall m i t t e l b a r (indirect), im
andern dagegen u n m i t t e l b a r (direct) auf sichtbarem Wege erfolgt, s y m b o l i s i r e n d oder i l l u s t r i r e n d (§. 673).

§. 961. Das symbolisirende Bildniss steht daher dem rhetorischen Kunststück, dem lyrischen, das illustrirende dem eigentlichen Redekunstwerk, dem epischen und philosophischen Gedankensystem näher, dieses dem wissenschaftlichen, jenes dem unwissenschaftlichen Vortrag, daher die Illustration auch zur völlig wissenschaftlichen n a t u r- u n d g e s c h i c h t s t r e u e n Abbildung als
Seitenstück zum schlichten rein wissenschaftlichen Gedankenvortrag
in Worten (Kathedervortrag) werden und als Beigabe zu dessen
schriftlicher Fixirung (zum wissenschaftlichen Buche) dienen kann.

§. 962. Durch Letzteres ist zugleich schon ein Beispiel gegeben, wie die hör- und die sichtbare Erscheinung des wahren
oder für wahr gehaltenen Gedankens sich mit einander verbinden
lassen. Der dem Ohr mitgetheilte Gedanke wird durch das dem
Auge zugängliche illustrirende und symbolisirende Bildniss von
einer zweiten Seite her dem Aufnehmenden zugeführt; die Entstehung des F ü r w a h r h a l t e n s, der rednerische Erfolg, also
beschleunigt und erleichtert. Umgekehrt aber kann auch das
Verständniss nicht nur des Bildes, sondern die Annahme des dadurch mitgetheilten Gedankens durch Mittheilung des Gedankens

mittels Worten begünstigt und schneller herbeigeführt werden. Das Bild unterstützt das Wort, das Wort das Bild, oder wenn statt des Wortes, der Sprachwelle, ein blosser Ton, die Tonwelle, zur Gedankenmittheilung verwendet und diese schon um deswillen unbestimmter und vieldeutiger geworden ist, das Bild den Ton, der Ton das Bild. Erfolgt aber die Illustration oder Symbolisirung statt durch das Auge, durch das Ohr, statt durch Sichtbares durch Hörbares, statt durch ein Gesichts- durch ein Tonbild, hilft der Ton dem Wort und das Wort umgekehrt dem Ton.

§. 963. Die unvollkommenste Art dieser Unterstützung des Bildes oder Tones durch das Wort ist die blosse U e b e r s c h r i f t, die unvollkommenste der Unterstützungen des Wortes durch das Bild die e i n z e l n e Abbildung, die nur einen Gedanken versinnlichen kann, während das rhetorische Kunstwerk eine ganze Reihenfolge derselben mittheilt, der einzelne Accord, der nur die augenblickliche Stimmung veranschaulicht, während das rednerische Kunstwerk eine ganze Reihenfolge wechselnder Stimmungen theils weckt, theils voraussetzt. Die Ueberschrift, da sie nur e i n e n Gedanken ausdrückt, passt ihrerseits besser für das Bild, das auch nur einen unveränderlichen Zeitmoment festhält, als für den Ton, der als bloss gleichzeitiger, als Accord, wenig und erst als Tonreihe, als Ton- oder Harmonienfolge, also in einer Succession von Zeitmomenten etwas bedeuten kann, also auch einer Reihe von Ueberschriften bedürfte.

§. 964. Die vollkommenste Art der Unterstützung des Ohrs durch das Auge ist daher, wenn jedes der successiven Tonbilder durch ein gleichzeitiges Gesichtsbild, jeder Gedanke, welcher durch Wort oder Ton hörbar, auch durch ein Bild sichtbar mitgetheilt wird, der Succession der hörbaren Gedanken eine ebensolche von illustrirenden oder symbolisirenden Bildnissen zur Seite geht. Von der Natur des mitgetheilten Gedankensystems hängt es nun ab, welcherlei Art diese Bildnisse, ob sie nur locker und willkürlich, oder unter einander durch einen leitenden Faden verbunden und durch welchen sie es sein sollen. Ist das Gedankensystem selbst lyrischer d. i. sophistischer Art, so werden auch die illustrirenden Bildnisse sprunghaft, willkürlich, launisch, ist es historischer, episch d. h. durch die zeitliche Bestimmtheit, ist es philosophischer Art, selbst dramatisch d. h. durch den causalen Zusammenhang des Dargestellten in ihrer Reihenfolge bestimmt auftreten. Kaulbach's Fries und seine Fresken an der Aussenwand der neuen Münchner Pinakothek geben von der sophistischen, das Versailler historische Museum durch seine Geschichtsgemälde von der epischen, Kaulbachs tiefsinniger Gemäldecyklus im Treppenhause des neuen Berliner Museums von der philosophischen Illustration anschauliche Beispiele. Bei allen diesen erscheint das begleitende rhetorische Kunstwerk für das Ohr auf die unvollkommenste Weise, durch blosse Ueberschriften vertreten. Die Versuche grosse Bildercyklen zu componiren, um dadurch Kenntniss sei es der heiligen, sei es der profanen Geschichte zu verbreiten, Gedankenfolgen durch Bilder darzustellen, die sich durch das Wort ebensogut würden mittheilen lassen, und auf diese Weise den Eindruck der hörbaren Gedankenmittheilung durch die sichtbare sei es zu ersetzen oder zu verstärken, gehören bereits dem Alterthum an, finden sich bei Hellenen wie bei Aegyptern und Assyrern, im Pallast von Persepolis, wie in der Stoa Poikile, im Dom von St. Marcus wie in der Halle des „Giotto" zu Padua, im Pisaner Campo Santo, wie in der Münchner Glyptothek und in den Nibelungensälen. Die Rhetorik durch das Auge ist nicht weniger wirksam als die Beredsamkeit durch das Ohr; der stärkste Effect aber wird dort erreicht, wo beide Formen der sinnlichen Erscheinung des für wahrgehalten sein wollenden Gedankens in einem Punct zusammentreffen.

§. 965. Dies müsste der Fall sein, wo das Hörbare zugleich sichtbar, also nicht wie bei der Unterstützung des Einen durch das Andere, Eines gegen das Andere zurück- sondern Beides gleichberechtigt und gleichmässig aufträte, die fortlaufenden Tonbilder des rhetorischen, von fortlaufenden Gesichtsbildern, deren jedes für sich ein illustrirendes oder symbolisirendes· Kunstwerk darstellte, begleitet und zugleich so begleitet würden, dass wie sich jedes folgende Tonbild aus dem früheren, so jedes folgende Gesichtsbild aus dem frühern vor dem Wahrnehmungsorgan der Gegenwärtigen und damit auch jeder mitgetheilte Gedanke bei diesem aus dem früheren entwickelte, so dass das Fürwahrhalten als unausbleiblicher Effect der durch Ohr und

Auge zugleich hör- und sichtbar mitgetheilten Gedankenreihe von selbst im Hörer, der zugleich Beschauer ist, hervorspränge. Da nun die Mittheilung der Gedanken durch W o r t e vom Sprechenden ausgeht, so erscheint es, damit Ton- und Gesichtsbild zusammenfallen, am passendsten, wenn auch die Ursachen des Gesichtsbilds vom Hörer dahin verlegt werden, wo er die Ursachen des Gehörbilds findet d. h. in den Sprechenden; wenn dieser daher an seiner eigenen Person die jedem von ihm hervorgebrachten akustischen entsprechenden optischen Bilder, die „malenden Gesten" wie L e s s i n g lobend von Eckhofs Redeweise sagt, erzeugt, das rhetorische Kunstwerk für das Ohr und das illustrirende Bildniss für das Auge in seiner realen hörbaren und sichtbaren Erscheinung vereinigt, d. h. als Träger des realen o r a t o r i s c h e n K u n s t w e r k s, als O r a t o r auftritt.

§. 966. Dasselbe verhält sich zum t h e a t r a l i s c h e n K u n s t w e r k, wie das Wahre in schöner Erscheinung zum Schönen, wie das Theoretische in ästhetischem Gewande zum Aesthetischen, wie poetische Prosa zur Poesie. Dieses will nur gefallen, jenes will überreden; der Schauspieler hat seinen Zweck erreicht, wenn er als t a s t-, s i c h t- und h ö r b a r e s Kunstwerk dem Andern erschienen ist, der Redner erst dann, wenn er den Andern wirklich für seine Meinung gewonnen hat. Gelänge es dem Schauspieler, uns auch von der Wahrheit seiner mitgetheilten Gedanken, von der Wirklichkeit dessen was er scheint, zu überzeugen, dann verschwände der „heitere S c h e i n der Kunst," und es träte das trockene S e i n in den Vordergrund; wir müssten, wie jener plattdeutsche Bauer, als Eckhof den Bauer in der Erbschaft so natürlich spielte, ausrufen : „Wo hatte die Lut den Buren herkregt?" oder wie jener Hamburger Matrose auf die Bühne springen, um die unglückliche Königin, die wie das ganze Parterre wusste, rein war wie die Unschuld selbst, aus den Klauen ihrer Verfolger zu retten. Solche Erfolge aber, die der Schauspieler f l i e h t, sind es, welche der Redner s u c h t. Er will, dass für wahr gehalten werde, was er selbst dafür h ä l t, oder wenigstens zu halten sich den A n s c h e i n gibt und seine Geschicklichkeit ist, wenn er es dahin gebracht hat, dass Andere auch das Falsche auf s e i n e Mittheilung hin als wahr annehmen, nur um so grösser gewesen.

§. 967. Der Aesthetik aber, welche sich nicht um die Wahrheit oder Falschheit d. h. nicht um die Vorstellung in Bezug auf die durch sie allenfalls vorgestellte S a c h e, sondern nur um jene als solche kümmert, ist auch das Fürwahrgehaltenwerden, oder nichtwerden der mitgetheilten „Gedanken" gleichgiltig. Das Erkennen, das Wissen, die Gedankenprosa, das rhetorische, das verbildlichende, das oratorische Kunstwerk liegen schon theilweise a u s s e r h a l b ihrer Grenzen. Nur insofern, als der wahre Gedanke zugleich auch schön sein, oder mit schönen Formen sich verbinden, in Verbindung mit solchen, oder mittels solcher zur Erscheinung für den Denkenden, überhaupt für einen Anderen gebracht werden kann, widmet die Aesthetik auch ihm eine vom Uebrigen abgesonderte Beachtung.

§. 968. Das ausschliesslich durch den Hinblick auf den Inhalt des rein gedachten und auf dessen Abfolge aus andern ebenso gedachten Gedanken erzeugte, ist das d a u e r n d s t e F ü r w a h r h a l t e n. Ueber alle individuelle Unvollkommenheit erhobenes, „subjectloses" Erkennen, welches durch nichts als den rein gedachten Inhalt der Gedanken als solcher sich leiten lässt, kann kein anderes hervorbringen. Wer die Gedanken dem Andern in keiner andern Gestalt mittheilte, als in welcher das subjectlose von aller Einmischung des (individuellen, nationalen, geschichtlichen) Sondergeistes freie Erkennen dieselbe denkt, aber zugleich diese Gestalt dem Andern, sei es durch Auge oder Ohr vollständig mittheilte, könnte des sichersten und unzerstörbarsten Fürwahrhalten bei diesem gewiss, ein solcher müsste daher auch der g r ö s s t e R e d n e r sein. Von einer solchen Ueberredungskraft können uns die Erfolge grosser Denker ein Beispiel geben, die wie Plato, Plotin, Spinoza, Kant, Newton, Copernicus, Pope's Wort von Shakespeare entsprechend, dass er nicht w i e die Natur, sondern a l s die Natur gesprochen habe, ihren Jüngern nicht w i e der Geist des Wissens, sondern a l s der wissende Geist selbst zu sprechen s c h i e n e n. Das Fürwahrhalten aber, welches anstatt durch Hingebung an den Inhalt und innern Zusammenhang der mitgetheilten Gedanken, durch E i n s i c h t i n d i e G r ü n d e, vielmehr durch ä u s s e r e M i t t e l, hörbare oder sichtbare, die mit dem Inhalt des Mitgetheilten in keiner inneren Verbindung stehen und nur auf die veränderliche Beschaffenheit des Aufnehmenden berechnet sind, bewirkt wird, verhält sich zu jenem wie Ueberredung mittels unwissenschaftlichen, zur Ueberzeugung mittels wissenschaftlichen Gedankenvortrags, wie rhetorisches Kunststück zu rednerischem Kunstwerk.

§. 969. Ueber das reale theatralische und reale oratorische Kunstwerk hinaus sind keine weiteren Combinationen mehr denkbar. Es wäre denn das Zusammenfallen des einen mit dem andern, wie das des schönen Gedankens mit dem wahren, welches als eine weder im Wesen des einen noch des andern bedingte, und daher weder die Schönheit des schönen noch die Wahrheit des wahren vermehrende Beschaffenheit die Aesthetik, die es nur mit dem Schönen, eben so wenig als die theoretische Wissenschaft, die es nur mit dem Wahren zu thun hat, angeht. Wie aber das vollkommenste Beispiel einer theatralischen Phantasie, welche zugleich Abbild des Wahren und Wirklichen wäre, das ideale Gedankenbild eines sicht- und hörbaren rhythmisch bewegten fortschreitenden Ganzen lebender, handelnder und redender tastbar verkörperter Natur-, Thier- und Menschenseelen, eines sich selbst aufführenden Natur- und Geschichtsdramas war (§. 676), so liefert auch das anschaulichste Muster eines zugleich realen und das Wahre und Wirkliche für Hand, Aug' und Ohr versinnlichenden, also zugleich theatralischen und wissenschaftlichen Kunstwerks das Bild der wirklichen Welt, als der tast-, sicht- und hörbaren Erscheinung des absoluten in ihr und durch sie sich offenbarenden absoluten Geistes, dessen sämmtliches Vorstellen Wissen, dessen praktische Einsicht sittliches Wollen, dessen Gesammtwollen That, erreichtes Wollen, Schaffen ist. Das bunte organisch gegliederte Weltgebäude, Weltkörper, Erdformen, Pflanzen, Thiere und Menschengestalten, erscheint als Werk seiner polychromatischen Plastik, die reiche harmonisch entfaltete Symphonie der gesammten tönenden und sprechenden Schöpfung als Werk seiner polyphonischen Musik. In rhythmischer Auf- und unzerreissbarer Auseinanderfolge des sich selbst bewegenden lebendigen Natur- und Geschichtsablaufs verwandelt das Gesichtsbild der ersten, das Tonbild der zweiten sich unaufhörlich vor Aug' und Ohr des Beobach-

ters. So stellen beide zusammen die theatralische Aufführung jenes Natur- und Geschichtsdramas dar, dessen Schauspielhaus der
Kosmos, dessen Schauspieler die lebenden Wesen, dessen Inhalt
der sich offenbarende Gottesgeist ist, die tast-, sicht- und hörbare
Repräsentation der „göttlichen Komödie."

Schluss.

§. 970. Die Aesthetik als Formwissenschaft hat nicht nur die allgemeinen Formen, durch deren Annahme jeder beliebige (psychische oder physische, Geist- oder Natur-, ideale oder reale) Stoff gefällt, sondern auch die besonderen, welche durch die Anwendung der allgemeinen auf die Natur, den Einzel- und den socialen Geist sich ergeben, entwickelt, d. h. sie hat nicht nur das allgemeine Musterbild, sondern auch die besonderen der Natur, des Einzel- und des socialen Geistes für die das erstgenannte in jedem beliebigen, die letzteren je im Stoff der gegebenen wirklichen Natur, des gegebenen wirklichen Einzel-, und eben solchen socialen Geistes nachbildende Kunst damit entworfen. Die allgemeinen, wie die besonderen Kunstlehren, die sich hier anschliessen und zu jenem, dem theoretischen, den zweiten practischen Theil der Aesthetik ausmachen sollten, setzen nicht nur die Erkenntniss des absolut giltigen Musterbildes, sondern ebensosehr die Kenntniss des (psychischen oder physischen) Stoffs voraus, in dem dessen Verwirklichung, zu der sie Anleitung geben, erfolgen soll. Diese als Kenntniss eines Gegebenen ist aber keine ästhetische, sondern eine theoretische, eine Wissenschaft vom Seienden, nicht vom Gefallenden mehr und kann daher hier so wenig wie die von ihr abhängigen Kunstlehren einen Platz in der allgemeinen Aesthetik finden.

§. 971. Während die allgemeine Kunstlehre dasjenige in sich fasst, was von jedem beliebigen gegebenen Stoff gilt, in welchem das allgemeine Musterbild zum Dasein gelangen soll, nehmen die besondern Kunstlehren dasjenige auf, was sowohl durch die Besonderheit ihres zu realisirenden Vorbilds, wie durch die eigenthümliche Qualität des ihnen zu Gebot stehenden gegebenen Stoffes herbeigeführt wird.

§. 972. Wie viele der letzteren unterschieden werden können, ergibt sich aus der Menge der durch die Anwendung der
allgemeinen Formen auf besonderen Stoff entstehenden besonderen
Musterbilder. So erzeugt die Uebertragung der allgemeinen ästhetischen Formen auf Naturerscheinungen das Bild des N a t u r-
s c h ö n e n und eines ästhetischen Naturganzen, des K o s m o s, die
Uebertragung derselben Formen auf Geisteserscheinungen das Bild
des G e i s t e s s c h ö n e n, und das des Kunstwerk's des Geistes,
des s c h ö n e n G e i s t e s. Durch weitere Beschränkung des Stoffes,
auf bestimmte Gebiete der Geisteserscheinungen (Vorstellen, Fühlen, Wollen) entsteht das Bild des Schönen des vorstellenden
(fühlenden, wollenden) Geistes, und das des Kunstwerkes des vorstellenden (fühlenden, wollenden) Geistes, des S c h ö n g e i s t's, der
Phantasie (der s c h ö n e n S e e l e, des Geschmacks, des s c h ö n e n
W i l l e n s g a n z e n, des Charakters.) Die besonderen Arten des
Vorstellens, das Formenvorstellen, Empfinden, und das Vorstellen durch Worte mittheilbarer Gedanken gaben zu noch mehr
in's Einzelne herabsteigender Gliederung Anlass, indem das Schöne
und das Kunstwerk der ersten, die Formen-, von jenen der zweiten, der (phonetischen und chromatischen) Empfindungs- wie von
denen der dritten Art, der (lyrischen, epischen, dramatischen) Gedankenphantasie unterschieden, und durch Combination dieser einfachen zu zusammengesetzten Kunstwerken die drei Hauptmusterbilder des ästhetischen Vorstellens, die Bilder des b i l d n e r i s c h e n,
m u s i k a l i s c h e n und p o e t i s c h e n S c h ö n e n, der b i l d n e-
r i s c h e n, m u s i k a l i s c h e n und p o e t i s c h e n Phantasie
gewonnen wurden.

§. 973. Die Bestimmung des Geistes als des socialen, d. h.
Andern erscheinenden ruft eine Modification hervor, aus welcher
durch Anwendung der allgemeinen ästhetischen Formen das Bild
des s c h ö n e n s o c i a l e n G e i s t e s, und wenn der einander Erscheinenden mehr als zwei vorausgesetzt werden, das weitere der
schönen G e i s t e r g e n o s s e n s c h a f t entspringt. Führen wir weiter in den Begriff des socialen Geistes die Beschränkung ein, dass
er s c h ö n e r Geist (Schöngeist, schöne Seele, Charakter) sei, so geht
ersteres Bild in das des socialen, d. h. für Andere sich darstellenden Schöngeists d. h. des s c h ö n e n K ü n s t l e r s, der socialen

d. h. mit Anderen fühlenden schönen Seele d. h. des humanen Gemüths und des socialen d. h. sein Wollen nach Aussen auf Andere kehrenden Charakters d. h. der geselligen Tugend, letzteres dagegen in das der ästhetischen, der Humanitäts- und der sittlichen Gesellschaft über. Die Qualität aber des entweder tast-, sicht- oder hörbaren Materials, in welchem der schöne Künstler sich für Andere darstellt, leitet zu der weiteren Unterscheidung des plastischen, optischen und akustischen Künstlers, die Zusammenfassung der ersteren beiden unter den Gesichtspunkt des Auges, die Trennung des letzteren in einen durch Töne oder durch Worte auf das Ohr des Hörers wirkenden Künstlergeist aber abermals zu den Bildern des bildenden, musikalischen und poetischen Künstlers zurück, welche jenen der bildnerischen, musikalischen und poetischen Phantasie ihrerseits entsprechen.

§. 974. Wenn nun nach Obigem jedem besonderen ästhetischen Musterbilde eine besondere Kunstlehre zukommt, so ergibt sich aus Vorstehendem nicht nur, dass die drei üblichen Kunstlehren der bildenden, tönenden und dichtenden Kunst nach dieser Auffassung gleichfalls, aber auch, dass ausser ihnen noch eine Reihe anderer Kunstlehren, welche man gewöhnlich nicht hieher zu zählen pflegt, an die Aesthetik als Formwissenschaft anzuschliessen seien. Wo überhaupt ein Musterbild und ihm gegenüber ein gegebener Stoff, in welchem dasselbe verwirklicht werden kann, da müssen auch Regeln eines zweckmässigen Verfahrens zu finden sein, um jenem in diesem, so weit seine und des Verwirklichers Natur es nur immer gestattet, zur Existenz zu verhelfen.

§. 975. Wir stossen hier abermals auf die Parallelstellung, welche nach §. 80 die Aesthetik als Formwissenschaft zur Logik als eben solcher einnimmt. Auch diese stellt Normen für das Verfahren auf, zu richtigen und giltigen durch zweckmässige Bearbeitung der im gewöhnlichen Vorstellungs- und Erfahrungsverlauf gegebenen Begriffe zu gelangen und kann insofern gleichfalls Kunstlehre heissen. Da sie dies aber thut, um zu richtigen und giltigen Begriffen, nicht wie die practische Aesthetik, um zu Nachbildern absolut wohlgefälliger Vorbilder im Stoffe zu kommen, so ist sie eben keine ästhetische, sondern eine specifische Kunstlehre, die mit jener zwar Vergleichspuncte darbietet, aber nicht verwechselt werden darf. So tritt dem Kunstwerke des dichtenden Schöngeistes, der Gedankenphantasie, zwar jenes des denkenden logischen Geistes, das Gedankensystem, dem Lyriker der Sophist, dem Epiker der Historiker, dem Dramatiker der Philosoph, dem sich für Andere darstellenden Schönkünstler der sich Andern mittheilende Wissende, der Lehrer, der ästhetischen die wissenschaftliche Gesellschaft zur Seite, ohne dass wir darum den logischen, dessen Musterbild das Richtige und Giltige d. h. Wahre, mit dem ästhetischen Künstler, dessen Musterbild das Schöne ist, für Eines nehmen dürfen.

§. 976. Die vier besonderen Hauptmusterbilder der schönen Natur, des schönen Geistes, des schönen socialen und des socialen schönen Geistes ergeben demnach eben so viele Hauptkunstlehren, dieselben im gegebenen Stoff, in der wirklichen Natur, im wirklichen Geist, also auch im wirklichen socialen und im wirklichen socialen schönen Geist, d. h. unter den vorhandenen Gesellungen der Geister und insbesondere unter jenen der schönen Geister in's Dasein zu rufen. Davon setzt die erste, weil sie auf die Aesthetisirung der gesammten vorhandenen Natur (der Stein-, Pflanzen-, Thier- und Menschenwelt), die gesammte Naturwissenschaft, die zweite, weil sie auf die Aesthetisirung des ganzen Geistes (des vorstellenden, fühlenden und wollenden), die gesammte Geisteswissenschaft (Psychologie), die dritte, weil sie auf die Erhebung der gesammten Geisterwelt zur schönen Geistergenossenschaft, zum Geisterreich, ausgeht, die Kenntniss nicht nur aller geschichtlich gegebenen Aeusserungsarten des socialen Geistes (seiner Sprache im weitesten Sinn des Wortes), sondern aller vorhandenen Gesellungsarten der Geister, also die gesammte sociale Culturwissenschaft voraus. Die vierte aber, weil sie es nur auf die Realisirung des Musterbildes des socialen unter den schönen Geistern, auf die Erhebung der Welt der schönen Geister zum Reich der schönen Geister (zur ästhetischen, zur Humanitäts- und zur sittlichen Gesellschaft), abgesehen hat, erfordert dazu auch nicht der Kenntniss der geschichtlichen Aeusserungsweisen des socialen überhaupt, sondern nur jener des

socialen s c h ö n e n Geistes (des schönen Künstlers, des humanen
Gemüths, der geselligen Tugend, der K u n s t, der S i t t e, der b ü r-
g e r l i c h e n O r d n u n g), und eben so wenig der vorhandenen Gesel-
lungsweisen aller, sondern nur jener der s c h ö n e n Geister (der
Schöngeister, der schönen Seelen, der Charaktere), also nicht die
gesammte Cultur- sondern die Wissenschaft der Kunst und Kunst-
kreise, der Sitte und Umgangskreise, der geselligen Tugend und
Gesellungskreise.

§. 977. Indem die Wissenschaft dem ästhetischen Musterbild
des s c h ö n e n das des w e i s e n ̕wissenden) Geistes, jenem des
Künstlers das des L e h r e r s, jenem der ästhetischen das der
w i s s e n s c h a f t l i c h e n (Lehrer und Lernende) Gesellschaft an die
Seite stellt, setzt ihre Kunstlehre, die L o g i k, welche gegebene
Vorstellungen durch Bearbeitung zu richtigen und giltigen Begriffen
zu berichtigen anweist, die Wissenschaft vom Geist wie er i s t, die
P s y c h o l o g i e, voraus: indem sie sich Andern mitzutheilen sucht,
ruft sie eine besondere K u n s t l e h r e d e s L e h r e n s u n d L e r-
n e n s (Unterrichtskunstlehre; Didaktik), und eine weitere hervor,
welche die vorhandenen Gesellungen der (mündlich und schriftlich)
Lehrenden und Lernenden (Schule und Literatur) dem Musterbilde
der wissenschaftlichen Gesellschaft gemäss umgestalten lehrt (Kunstlehre der Unterrichts-, Schul- und Pressgesetzgebung), deren die
erstere die Kenntniss der geschichtlich bekannten Lehr- und Un-
terrichtsmethoden, die andere die der historisch bekannten Unter-
richtsgesellungen (der älteren und neueren Schulen und Unterrichts-
institute; die Bräuche der Schriftstellerwelt) als Bedingung in
sich schliesst.

§. 978. Der gemeinsame Grundzug aller dieser Kunstlehren
wird der einer E r z i e h u n g s k u n s t l e h r e (Pädagogik) sein,
welche sich in Bezug auf die Umbildung der gegebenen Natur
nach dem Bilde der ästhetischen als ä s t h e t i s c h e N a t u r e r z i e-
h u n g (ästhetische Physagogik), in Bezug auf die Umbildung des
gegebenen Geistes nach dem Bilde des schönen Geistes als ä s t h-
e t i s c h e G e i s t e s e r z i e h u n g (Psychagogik) darstellt. Die
Umbildung des gegebenen socialen zum schönsocialen, der gegebenen socialen zur schönsocialen Geisterwelt ist zwar auch eine Art
ästhetischer Psychagogik: da ihr Gegenstand jedoch der sociale

(neben und mit Andern lebende und ihnen erscheinende) Geist,
das πολιτικον des Aristoteles ist, so geben wir dieser lieber den
Namen der socialen Psychagogik (Politik). Ihr Absehen
geht dahin, sowohl das rohe Sein des Einzelnen neben dem Andern in ein gefälliges Sein desselben für den und mit dem
Andern zu verwandeln, als auch ihre Sorgfalt von der kleinsten
nur zwei umfassenden auf mehr und mehr erweiterte Geistergesel-
lungen auszubreiten. Sie erzieht nicht bloss den Einzelnen für
die, sondern die Vielen selbst zur Geistergemeinde.

§. 979. Dieser socialen Erziehungskunstlehre gibt die vierte
der genannten Hauptkunstlehre eine bestimmte Beschränkung auf
die schönen Geister (Schöngeister, schöne Seelen und Charaktere),
indem sie dieselben nicht nur zu darstellenden und auffassenden
Kunstgeistern (Künstlern und Kunstfreunden), sondern auch
zu humanen Gemüthern (theilnehmenden Menschenfreunden)
und tugendhaften Gemeindebürgern (sittlichen d. i.
wohlwollenden, rechtlichen und billigen Charakteren), sondern auch
ihre Genossenschaften von der kleinsten (nicht mehr als zwei
Glieder umfassenden) bis zur weitesten (auf die Gesammtheit der
schönen Geister ausgedehnten) in wahrhaft ästhetische, Humani-
täts- und bürgerlich sittliche Gesellschaften umzuwandeln anleitet.
Eine solche lehrt nicht nur den Künstler für sein Publicum, sondern auch ebenso dieses für jenen, beide zur wahren und echten
Kunstgemeinde bilden durch künstlerische, nicht nur eine
fühlende Seele der andern zu-, sondern beide gegenseitig zur Lie-
besgemeinde (Ehe, Freundschaft, theilnehmende Geselligkeit)
ausbilden durch humane, nicht nur den Willen des Einen sich dem
Wollen des Andern widmen, sondern zugleich dessen Recht achten
und dessen That ahnden, und so mit ihm eine sittliche Ge-
meinde ausmachen durch bürgerliche Erziehung. Jene lässt
sie als Kunst-, die zweite als Social-, die dritte als Gesell-
schaftspolitik bezeichnen. Setzt man statt des Schöngeists den
weisen (wissenden) Geist, so dass an die Stelle des Künstlers
der Lehrer, an die des Kunstfreunds der Wissensfreund
(der lernbegierige Schüler) tritt, so geht die Kunstpolitik in die
Unterrichtspolitik, die künstlerische Erziehung in die wissenschaftliche, die Kunst- in die Wissensgemeinde über,

in welcher der (mündlich oder schriftlich) L e h r e n d e dem L e r-
n e n d e n und dieser jenem angepasst mit ihm zur vollkommenen
Geistergenossenschaft sich ergänzt.

§. 980. Von diesen besondern Kunstlehren sind diejenigen,
welche sich auf den Einzelgeist als wollenden (Charakter), sowie auf
den socialen schönen Geist als wollenden (den socialen Charakter)
und dessen Genossenschaft beziehen, von H e r b a r t herausgehoben
und mit der Aesthetik des wollenden Einzel- und ebensolchen socialen
Geistes, so wie der entsprechenden Genossenschaft unter dem Namen
der p r a c t i s c h e n P h i l o s o p h i e (E t h i k) als theoretische und
practische Aesthetik des Wollens zusammengefasst worden. Die
Aesthetisirung der gegebenen Natur (durch verschönernde Bearbeitung der Erdoberfläche, Veredlung der Gewächse, Züchtung
der Thierracen, Gesundheitspflege, Gymnastik und Athletik des
menschlichen Körpers, landschaftliche Verschönerung des Erdbodens
im Allgemeinen) hat S c h l e i e r m a c h e r bekanntlich von seinem
Standpunct aus als „Ethisirung" bezeichnet. Die ä s t h e t i s c h e
E r z i e h u n g d e s M e n s c h e n g e s c h l e c h t s aber, welche S c h i l-
l e r'n am Herzen lag, trägt obige Darstellung kein Bedenken, auf
die g a n z e g e g e b e n e N a t u r und den g a n z e n (vorstellenden,
fühlenden und wollenden) M e n s c h e n g e i s t , ja auf die ge-
s a m m t e G e i s t e r w e l t auszudehnen.